Paris
1672

Bary, René

*La morale, où après l'examen des plus belles questions de l'école, l'on rapporte sur les passions, sur les vertus*

janvier

AVX CAPVCINS
DE S. HONORE

R

+ 1306.

Son eloquance sans egale
Et son admirable sçauoir
Dans ce grand ouurage font voir
Tous les secrets de la morale.
I.B.C.

# LA MORALE OV APRES L'EXAMEN DES PLVS BELLES QVESTIONS DE L'ECOLE,

**L'ON RAPPORTE SVR LES PASSIONS,** ſur les Vertus, & ſur les Vices, les plus belles Remarques de l'Hiſtoire.

*Par* RENE'. BARY *Conſeiller, & Hiſtoriographe du Roy.*

A PARIS

Chez JEAN COVTEROT, ruë ſaint Jacques, au petit JESVS, & à ſaint Pierre.

M. DC. LXXI

*AVEC PRIVILEGE DV ROY.*

# A MADAME MOLÉ, ABBESSE DE S. ANTOINE.

*ADAME,*

*Quoy que vous ne lisiez que des liures de deuotion, ie croy que vous regarderez de bon œil ma Morale. La science des mœurs entre dans la ſcience du ſalut ; c'eſt elle qui donne les premieres teintures du bien & du mal, de la vertu & du vice, & l'on ne peut aimer le tout qu'on n'aime les parties. Il eſt vray, MADAME, qu'encore que ſelon la condition humaine vous ſoyez ſujette à la violence des paſſions, vous n'eſtes agitée que des élans de l'amour diuin, que ma Morale met comme en veuë des mouuemens qui perdent la pluſpart de ceux qui en ſont atteints, & qu'il eſt mal-aiſé qu'vn eſprit tranquille comme le voſtre ſe puiſſe plaire à la lecture des tempeſtes & des orages ; mais comme quand du port nous voyons des nauigeurs que la tourmente abyſme, ces objets déplorables nous donnent lieu de leuer les yeux aux Ciel, & de luy rendre de nouuelles graces des maux dont nous ne ſommes point accüeillis, ainſi quand de voſtre tranquillité comme d'vn port vous verreʒ des hommes que les paſſions precipitent, ces foibleſſes humaines vous donneront ſujet de leuer les yeux au Ciel, & de luy faire de nouueaux remerciemens des infirmiteʒ dont vous eſtes éloignée; Que ſi les perſonnes qui ont embraſſé les dernieres exactitudes de la Vertu voyent auec joye les effets de la juſtice de Dieu, ie me perſuade, MADAME, que vous verreʒ auec ſatisfaction le traité de mes habitudes, puiſqu'il eſt accompagné de pluſieurs remarques hiſtoriques, & que dans ces remarques l'on y voit des recompenſes, & des punitions, des couronnes, & des fers, des protections, & des abandonnemens: Ce ſeroit icy, MADAME, où ſans tirer voſtre éloge des actions de vos Anceſtres, & particulierement de celles du grand Molé voſtre Pere, vn autre que moy pourroit dire cent belles choſes de voſtre belle vie; mais comme ie n'ay pas tout le feu qu'il me faudroit pour triompher ſur vn ſujet ſi noble & ſi precieux, ie me contenteray d'apprendre aux Epouſes de Ieſus-Chriſt que ce n'eſt pas ſans fondement que ie vous regarde comme vn grand exemple, que ce n'eſt pas ſans raiſon que ie vous conſidere comme vne grande Abbeſſe: La Croſſe ne renferme point de deuoirs qui vous ſoient inconnus, Vous joignez heureuſement la prattique à la connoiſſance. L'on vous voit tantoſt en la Communauté, & tantoſt en l'Infirmerie, Vous eſtes la premiere au Cœur, Vous eſtes la derniere au Dortoir, S'il faut vſer de remonſtrance vous ne dites rien qui ne preſſe, & s'il faut vſer de conſolation vous n'alleguez rien qui ne touche; Il n'eſt pas de vous, MADAME, comme de quelques autres qui ont les apparences religieuſes, & les inclinations ſeculieres, les ſoins de la maiſon de Dieu vous attachent & vous occupent, tout ce qui ne regarde point ſa gloire eſt incapable de vous inquieter, & quelque viſite qu'on vous rende pour vous dètourner de ces contemplations, où voſtre ame eſt plus en Dieu qu'en vous meſme, vous n'allez ordinairement à la grille que lors que la neceſſité des affaires vous chaſſe du deſert. De toutes les perſonnes voiſlées il n'y en a point de ſi abſtinentes que vous, vous viuez plus du Ciel que de la Terre, du Sanctuaire que du Refectoir, & comme* ſi ce n'eſtoit pas aſſez à voſtre auſterité de ſouffrir ſouuent par mortification la ſoif & la faim, vous regardez auec tant de mépris la moindre partie de vous-meſme, que peu s'en faut que vous n'exerciez ſur elle les dernieres rigueurs de la Religion. Enfin pour paſſer du dedans au dehors, vous accüeillez tendrement les filles qui aiment voſtre Epoux : L'intereſt qui regne dans la pluſpart des maiſons où le détachement des choſes deuroit regner, n'a jamais eſté vne de vos paſſions. Vous conſiderez incomparablement plus la vocation que le bien, & ſi voſtre reuenu égalloit voſtre pieté, les ſaintes filles qui n'ont point de dot trouueroient chez vous vn azile. Ie m'imagine, MADAME, que vous rougiſſez deſia des choſes que vous ve-

*neZ de lire, & que ie ne feray pas mal de passer sous silence cent actions que vostre modestie tasche tous les jours de cacher; aussi ay-je fait d'abord difficulté de parler de vos aduantages, de discourir de vos perfections, & si contre la connoissance que j'auois du peu d'estat que vous faisieZ de tout ce qui peut étendre le nom, j'ay pris la liberté de rendre vostre nom public, ça esté par des raisons de Zele, & par des motifs de charité. Il est important que de temps en temps on laisse à la posterité des modelles de vie qui puissent exciter l'émulation des Religieuses, qu'on trauaille sur les grands sujets, qu'on tire des tenebres les grandes actions, & qu'en mortifiant les personnes qui comme vous font vn secret de leurs vertus, l'on mette en eui-*

*dence ce qui doit eſtre mis en pratique, ce ſont les ſentimens d'vn homme qui eſt perſuadé des particularitez qu'il a répanduës, & qui eſt auec vn profond reſpect,*

MADAME,

Voſtre tres-humble & tres-obeïſſant Seruiteur,
BARY.

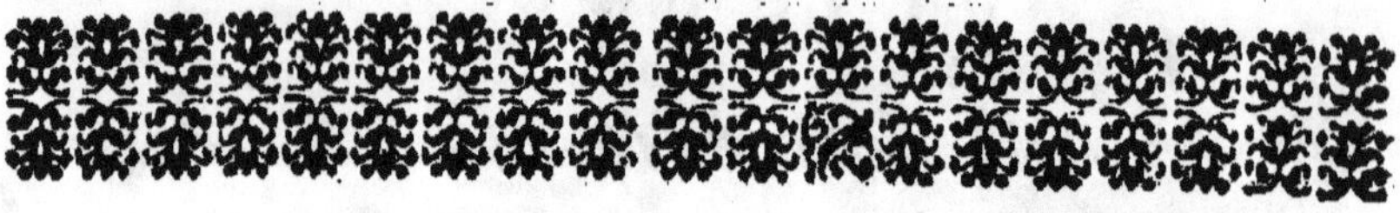

# AV LECTEVR.

VN homme qui veut parler de la Morale dans les belles compagnies, ne doit seulement pas sçauoir des définitions, il doit sçauoir encore quelqu'autre chose, & il me semble que pour meriter l'attention des honnestes gens, il doit estre en estat d'alleguer sur les Passions, sur les Vertus, & sur les Vices, ce que les Anciens & les Modernes ont dit de plus considerable. Ce sont les sentimens qui m'ont obligé de joindre le curieux à la science, le brillant à la doctrine, & de faire des pensées que j'ay recüeillies, les reflexions que ie vous donne. Quand il s'agit d'appuyer quelque verité comme dans le discours du souuerain bien, mes remarques conspirent à la preuue des titres, & quand il est question de parler des choses indifferentes comme dans le traité des mouuemens, mes remarques découurent seulement le bon & le mauuais vsage des passions. Comme la pluspart des choses que ie rapporte ne dépendent point les vnes des autres; il ne faut pas s'estonner si ie n'ay point estably d'ordre entre-elles, & si ie les ay placées selon le temps dans lequel la memoire me les a fournies; Que si au lieu de nommer les Auteurs dont ie produits les sentimens, ie me sers des noms d'Ancien & de Moderne, il n'est pas difficile d'en sçauoir la cause, c'est que ie n'ay pas le don de me resouuenir heureusement des noms propres, & que j'ay souuent plus fait d'estat des pensées que des lieux d'où elles venoient. Ceux qui aiment les discours secs & décharnez, me blasmeront peut estre de ce que i'ay donné quelques-fois aux mesmes choses diuerses expressions; mais ie les prie de considerer que la polyomnie est vn jeu de paroles qui n'est pas tousiours ennuyeux, & que tel n'entend pas bien vne chose dans vn tour élegant, qui la comprend aisément dans vne diction familiere. Encore qu'en matiere d'allegation les esclaues des Auteurs veulent qu'on s'attache mot à mot à la phrase, ie n'ay pas eu cette deference, l'on peut changer les paroles, & conseruer le sens, la verité reçoit diuerses parures, & c'est sur ces principes comme sur quelque chose de stable que j'ay fondé la liberté que j'ay prise d'vser quelquefois de circonlocutions. Quelque raison que ie produise pour justifier l'ordre que j'ay tenu, ie ne doute

doute point que ie n'aye manqué en beaucoup de choſes, le peché eſt le caractere de l'homme, & le Prouerbe a eu raiſon de dire, qu'vn grand liure eſtoit ordinairement vne grande faute; mais ie croy cher lecteur que vous aurez quelque indulgence pour moy, puiſque ie fais tout ce que ie puis pour vous plaire, que ie vous donne en ma Morale vn ouurage qui m'a couſté bien des ſueurs, & que ie vous donneray dans l'année où nous ſommes vne eſpece de nouuelle Rhetorique. Peut eſtre eſtes-vous en peine de ſçauoir en quoy conſiſte la promeſſe que ie vous fais, ſi cela eſt comme il y a grande apparence, il eſt raiſonnable de vous mettre en repos, de vous tirer d'inquietude, de vous dire par maniere d'éclairciſſement que ie reverray les preceptes & les exemples de mon art oratoire, que ie feray vn grand diſcours ſur les qualitez que doiuent auoir les mots, les phraſes, & les periodes, que ie donneray par forme de principes les obſeruations que j'ay faites ſur le beau langage, que ie rapporteray quelques periodes des plus grands Auteurs de noſtre temps, que ie reformeray ces periodes conformément à mes obſeruations, & que pour faire voir l'effet de mon inuention, j'oppoſeray les periodes corrigées aux periodes deffectueuses, il est raisonnable de vous dire encore pour vne plus grande lumiere, que ie feray vn traité de periodes methodiques que ie renfermeray dans ces sortes de maniere d'écrire, les plus belles matieres du monde, que ie mettray sous la lettre A toutes les belles expressions qui peuuent commencer par cette lettre, que ie mettray de semblables expressions sous toutes les autres lettres de l'Alphabet, que ie découuriray l'art de varier la suite des phrases, & le secret de diuersifier la cheute des periodes, & que pour faciliter les ouurages de longue haleine, ie donneray des exemples de plusieurs transitions. Vous direz, cher lecteur, que c'est vne grande entreprise que de prescrire des regles aux Escriuains, & qu'il est tousiours à craindre qu'en faisant le censeur, l'on ne fasse des ennemis, j'auouë qu'il y a quelque chose de hardy en ce que i'entreprend, & que comme ie n'épargne pas mesme les Auteurs les plus celebres, ie pourray, comme on dit, me faire des affaires; mais pourquoy m'en vouloir ? puisque i'expose mes principes par maniere d'aduis, qu'il n'y a point d'Auteurs qui n'ait ses negligences, que ceux qui donnent des regles pensent quelque-fois à quelqu'autre chose, & que si j'auois tousiours suiuy ce que ie propose, il y a cent endroits dans ma Morale qui seroient mieux tournez qu'ils ne sont, adjoustons à cela que chacun est libre, qu'on ne force personne, que ie me regarde icy comme vn estranger, qu'entre les periodes que ie détache, & que ie reprens, il y en a beaucoup des miennes, & que ie n'ay pas moins de seuerité pour elles que pour les autres. Voyla cher lecteur ce que ie deuois en gros & en detail à ma Morale, & à ma Rethorique, à vostre curiosité, & à ma justification, à vos objections, & à ma deffense. Il dépend de vous de me condamner, ou de prononcer en ma faueur, d'abandonner mon party, ou de deffendre ma cause. Si ie ne suis point à vôtre goust, ie quitte dés icy les Liures, ie renonce au cabinet, & si le bon-heur m'en veut, vous estes asseuré que j'acheueray s'il plaist à Dieu quatre volumes que ie vous destine, & que ie feray tout mon possible pour meriter tousiours l'honneur de vostre approbation.

# TABLE DES MATIERES.

# TABLE DES MATIERES.

## SECONDE PARTIE.



## DES PASSIONS EN PARTICVLIER.

## DES PASSIONS DE L'APPETIT iraſcible.



## DE LA CRAINTE.



Des

## DES PASSIONS DERIVE'ES.

## TROISIESME PARTIE de la Morale.



## DERNIERE PARTIE de la Morale.

## DES VERTVS QVI NE SONT pas Cardinales.

## DES PETITES VERTVS.

DISCOVRS

# DISCOVRS SVR LA MORALE.

## DE L'EXISTENCE de la Morale.

S'Il y a des lumieres reduites en preceptes qui se proposent d'incliner les actions à la vertu, il y a vne Morale artificielle : Or est-il que ce Liure est vne reduction de preceptes qui se proposent d'incliner les actions à la vertu ; donc il y a vne Morale artificielle.

Comme l'art suppose la nature, il ne faut pas douter qu'il ny ayt aussi vne morale naturelle, puisque la Morale naturelle n'est autre chose que l'entendement humain, entend qu'il discerne le bien d'auec le mal, par des connoissances que Dieu a comme imprimée dans l'ame des hommes, & qu'il y a même des enfans qui par des maturitez auancées, jugent de ce qui est licite, & de ce qui ne l'est pas.

*Des noms de la Morale.*

ON donne plusieurs noms à la Morale: On l'appelle l'art de bien viure, la science des mœurs, la mort du corps, la guide de la vie, la Medecine de l'Ame.

On l'appelle indeterminément l'art de bien-viure, parce qu'à la prendre largement, elle ne renferme pas moins l'Economie & la Politique, que la Monastique; & qu'en ce sens elle regle les Solitaires, les Chefs des familles, & les Citoyens.

On l'appelle la Science des Mœurs, parce qu'elle donne la connoissance des vertus & des vices.

On l'appelle la Mort du Corps, & la Vie de l'Ame, parce qu'elle presche la mortification des sens, & qu'elle procure l'empire de la raison.

On l'appelle la guide de la vie, parce qu'elle donne des preceptes pour porter les actions à l'honnesteté, & que l'honnesteté est la veritable vie de l'homme.

On l'appelle enfin la medecine de l'ame, parce qu'elle découure en quoy consiste le dereglement des mœurs: que par les lumieres qu'elle donne, l'on peut connoistre ses foiblesses & ses égaremens, & que la connoissance des maux dont l'on est attaqué est vn acheminement à la guerison.

Certes ce n'est pas sans sujet qu'on vante les vtilitez de la Morale, & qu'en veuë de ces vtilitez on luy donne des titres magnifiques. Il y a des Sciences, dit Seneque, dont il ne faut pas ſeulement s'arroſer, mais ſe teindre; & entre les ſciences dont il entend parler, il conſidere particulierement la Morale. Auguſte receüilloit les plus beaux endroits de cette ſcience, ſes maximes faiſoient ſouuent la matiere de ſes entretiens; & comme il les croyoit capables d'apporter quelque reglement aux mœurs, il ne ſe contentoit pas d'en faire part à ſes familiers, il les enuoyoit aux Gouuerneurs des Prouinces: Que ſi le ſalut eſt conſiderable, & que les connoiſſances qui y contribuent le plus, ſoient preferables à celles qui y contribuent le moins, qu'elles preferences ne doit-on point donner à la Morale? La Logique, la Phyſique, & la Metaphyſique, ne defrichent que l'entendement; mais la Morale éclaire le meſme entendement, & cultiue la volonté. Ces Sciences ne regardent que la ſatisfaction preſente, mais la Morale regarde tout enſemble & le bien preſent & la felicité future. Ces lumieres ne diſſipent que les erreurs; mais la Morale qui traite du bon-heur, refute en quelques endroits les faux ſentimens du bien, & combat en quelques autres l'empire du vice. Le propre de la Logique c'eſt d'affermir le raiſonnement, mais le propre de la Morale c'eſt de confirmer les bonnes inclinations. Le propre de la Phyſique c'eſt de parler de ce qui ſe paſſe dans le ſein de la nature; mais le propre de la Morale c'eſt de diſcourir de ce qui ſe forme dans le cœur de l'homme : Enfin le propre de la Metaphysique c'est de donner des connoissances sublimes ; mais le propre de la Morale, c'est d'inspirer des sentimens salutaires.

---

## DES CAVSES DE LA MORALE.

### *DES CAVSES FINALES DE la mesme Science.*

LA Morale a trois fins, elle se propose de donner la connoissance des moyens de bien viure, & cette fin est la fin prochaine.

Elle se propose d'incliner les actions humaines à la vertu, & cette fin est la fin éloignée.

Elle se propose enfin de procurer le souuerain bien, & cette fin est le couronnement des autres.

### *Des causes efficientes de la Morale.*

DIEV a infus la Morale à nostre premier pere : c'est à dire qu'en luy soufflant l'esprit de vie, il luy a donné toutes les connoissances necessaires, & par consequent toutes les connoissances pratiques. Et quoy que le peché ait comme détruit en sa posterité les dons dont il l'auoit enrichy : neantmoins il est resté en tous les hommes de certains rayons de raison, qui leur font connoistre le bien & le mal, & de certaines semences de vertu, qui leur donnent de l'amour pour l'vn & de la haine pour l'autre.

Les Liures de Salomon contiennent vne excellente morale, & c'est en partie de cet Hebreu que les Grecs ont emprunté les preceptes qu'ils nous ont laissez. Entre les Sages de la Grece, Socrate à esté le premier qui a traité de la Vertu. Platon qui estoit Disciple de Socrate, a tiré de ses Ecrits & de ses entretiens, les preceptes dont il a formé sa Morale : Et Aristote qui estoit Ecolier de Platon, a fait vn Corps methodique des beaux sentimens & de l'vn & de l'autre.

### *Des causes materielles de la Morale.*

LA Morale a trois causes materielles, la premiere c'est celle de laquelle ; la seconde c'est celle en laquelle, & la derniere c'est celle vers laquelle :

La premiere qui est la composante, n'est autre chose que les preceptes dont la Morale est construite.

La seconde qui est la subjectiue, n'est autre chose aussi que l'entendement humain, entend qu'il est le dépositaire des mesmes preceptes.

Et la derniere qui est l'objectiue, n'est enfin que les actions humaines, considerées comme dirigibles à l'honnesteté.

### *De la cause formelle de la Morale.*

IL n'est pas necessaire de se mettre en peine de montrer de quelle forme la Morale est reuestuë : c'est à dire, de quelle espece d'habitude elle est: l'on sçait bien que c'est vne habitude pratique, puis qu'elle donne des preceptes pour la reduction des actions humaines à la droite raison, & que tout precepte regarde le faire ou l'agir, il est seulement à propos de dire quelque chose contre ceux qui nient qu'elle soit vne Science, & qui sur quelques estranges coustumes, combattent l'vniuersalité de ses principes.

Quoy qu'au respect de la diuersité des mœurs, il semble que la Morale soit plutost vn amas de prejugez que de raisons : neantmoins les propositions suiuantes, *comme*, Qu'on doit adorer Dieu, que l'ingratitude est vne suite ou de l'orgueil ou de l'auarice, qu'entre les vertus les vnes sont preferables aux autres; qu'il faut aimer ses parens, que la raison doit estre la guide des actions humaines, qu'il faut auoir les intentions droites, que l'excés & le defaut sont vicieux : sont tellement conformes à la raison naturelle, que la Morale peut se vanter d'auoir pour appuy des veritez éuidentes, d'auoir pour fondement des maximes inuincibles.

L'on nous objecte que si les Sciences sont établies sur des veritez constantes, la Morale ne peut sans injustice prendre la qualité de Science, puisque ce qui est vne vertu chez les vns, est vn vice chez les autres: qu'il y a des hommes qui admettent le parricide, qu'il y a des peuples qui approuuent l'yurognerie, qu'on trouue des païs où la compassion est vne foiblesse, qu'on trouue des regions où le manquement de parole est vne prudence; mais outre que la bizarrie de quelques exemples ne tire point à consequence, & qu'il ne s'ensuit pas que ce qui n'est pas vniuerſellement receu, ne puiſſe eſtre vniuerſellement vray, l'on peut dire que les Nations dont il s'agit, tombent d'accord des principes que i'ay rapportez, & qu'encores qu'ils ſemblent n'en conuenir pas, ils les ſentent, ils les ſuiuent.

Ceux qui approuuent les parricides, ne ſe portent à cette extremité que parce qu'ils ne peuuent ſouffrir que les peres âgez gemiſſent ſous le faix de la vieilleſſe, & que la durée de leurs maux accuſe leurs enfans d'vne pitié impitoyable: & cette meſme extremité nous apprend qu'ils tiennent, qu'il faut aimer ſes parens, qu'il faut conſiderer leurs langueurs, qu'il faut finir leurs ſouffrances.

Ceux qui admettent l'yurongnerie n'ignorent pas les actions dont la débauche eſt capable, & comme ils ne ſe portent en partie à l'excez du vin que parce qu'ils ſe perſuadent que la retenuë qui accompagne ordinairement la ſobrieté eſt vn effet de quelque deſſein deſobligeant, l'excez dans lequel ils tombent, nous apprend qu'ils tiennent, qu'il faut auoir les intentions droites, & qu'en de certaines rencontres il eſt meſme de la bien-ſeance de donner aux dépens de ſa raiſon des témoignages de ſa ſincerité.

Ceux qui banniſſent la pitié, ne ſe fortifient contre les attaques de cette paſſion que parce que la tendreſſe eſt comme le partage des femmes, & qu'ils croiroient dementir en quelque façon leur virilité s'ils eſtoient compatiſſans; & quoy que le reſſentiment des maux du prochain ajoûte quelque degré d'actiuité au ſecours qu'on luy donne; neantmoins la dureté de ceux dont il eſt queſtion, nous apprend qu'ils tiennent, qu'il faut rendre à la plus haute vertu, puis qu'ils ne font vanité d'eſtre inſenſibles que parce qu'ils s'imaginent que les actions pures ſont plus excellentes que les actions mélées ; & par conſequent qu'il y a plus de gloire à faire le bien par les ſeuls aiguillons de la raiſon qu'à l'operer par le concours & de la raiſon & de la douleur.

Enfin ceux qui ſont ſujets à ſe dedire, ne negligent de tenir ce qu'ils ont promis que quand leurs promeſſes ont precedé leur reflexion, & que leur repentir ſuiuroit leur accompliſſement : & ces circonſtances nous apprennent qu'ils tiennent que la raiſon doit eſtre la guide des actions humaines, qu'il faut oppoſer les inexecutions judicieuſes aux paroles precipitées.

L'on nous objecte encore que la Science traite des choſes neceſſaires, que la Morale traite des choſes libres, & par conſequent que la Morale n'eſt pas vne ſcience ; mais l'on deuoit conſiderer que la Morale traite en general des actions humaines, que les actions humaines ſont des effets eſſentiels de la connoiſſance & de la liberté, & que ſi elles ſont contingentes au regard de leur exiſtence, elles ſont neceſſaires au reſpect de leurs principes.

### *De l'eſſence de la Morale.*

LA Morale en general eſt vne connoiſſance par laquelle l'on diſcerne le bien d'auec le mal ; mais pour bien diſtinguer la Morale artificielle, qui eſt celle est celle qui nous occupe à present, d'auec la Morale naturelle; l'on peut dire que c'est vne science qui découure ce qu'il faut embrasser, & ce qu'il faut fuïr, qui parle de l'entendement, de la volonté, & des passions, qui traite des actions humaines, & qui discourt enfin des vertus & des vices.

*Des differences qu'il y a entre la Morale & la prudence.*

LA Morale differe de la prudence, parce qu'elle est vn pedagogue, & que la prudence est vn guide; qu'elle considere les actions humaines en general, & que la prudence les regle en particulier; qu'elle enseigne le bien qu'elle ne fait pas, & que la prudence fait le bien qu'elle découure; qu'elle montre ce qu'il faut faire, & que la prudence montre comment il faut agir; qu'elle s'efface facilement de la memoire, & que la prudence dure jusques à la decrepitude; qu'elle ne requiert qu'vn raisonnement mediocre, & que la prudence demande vn jugement exquis; qu'elle est le fruit de plusieurs explications Scholastiques, & que la prudence est l'effet de plusieurs obseruations humaines.

Ceux qui confondent les choses, objectent que la Morale est enseignante, que la prudence est instructiue, que la Morale a ses preceptes, que la prudence a ses maximes, que la Morale considere les circonstances, que la prudence regarde les temps, les lieux, & les personnes; enfin qu'on peut estre Philosophe moral, & estre méchant, qu'on peut estre prudent & estre vicieux, & par consequent que la Morale & la prudence sont vne mesme chose.

Il est vray que la Morale & la prudence sont instructiues, mais la Morale enseigne ce que c'est que le bien, & la prudence montre comment il le faut pratiquer : que la Morale & la prudence ont leurs preceptes, mais les regles de la Morale, sont de certains principes qui sont tirez du fonds de l'ame : & les maximes de la prudence, sont de certaines conclusions, qui sont tirées de la diuersité des éuenemens : que la Morale & la prudence considerent les circonstances des choses, mais la Morale les considere en general, comme des principes de bonté ou de malice ; & la prudence les considere en particulier, comme des raisons de poursuite ou de negligence : que l'on peut estre Philosophe moral, & estre méchant, mais l'habitude dont je fais particulierement les eloges, est vne regle appliquée, & il est impossible d'estre en mesme temps & prudent & vicieux.

Enfin ceux qui sont encore contre nous, disent, que l'habitude qui contribuë à la pratique de la vertu, est vne prudence : que l'intelligence de la Morale contribuë à la pratique de la vertu, & par consequent, que l'intelligence de la Morale est vne prudence : mais outre que le temperament, & les Maistres, les Liures, & les exemples, peuuent contribuër à la pratique de la vertu, & que toutes ces choses sont bien éloignées d'estre des prudences : qu'on doit estre juste en la distribution des attributs, & que c'est estre prodigue des excellentes

Epithetes, que de donner à la Science des mœurs, le nom qui n'est deû qu'à la Reyne des Vertus ; il suffit de répondre, que les images des choses, ne sont pas les choses : que la Morale qui donne l'image de la prudence, ne donne pas la prudence ; qu'il y a bien de la difference entre les Sciences & les Vertus Morales, & que s'il est vray de dire qu'vn homme est ingenieur parce qu'il sçait les Mathematiques ; il est faux d'auancer qu'vn homme soit prudent, parce qu'il sçait la Morale.

### *Des proprietez de la Morale.*

L'Exacte connoissance du veritable bien & du veritable mal, a trois proprietez : elle fortifie les bonnes inclinations, elle combat les mauuaises habitudes, & elle ajoûte vn degré d'excellence à la conduite des gens de bien.

Les lumieres de la Morale sont à ceux qui ont de bonnes inclinations, ce que les beaux jours sont aux terres grasses ; pour peu que les beaux jours fauorisent les bonnes terres, les bonnes terres deuiennent fecondes ; pour peu que les lumieres de la Morale rayonnent sur les bons naturels, les bons naturels deuiennent fructueux.

Les lumieres de la Morale frequamment exercées, sont encore à ceux qui ne produisent que de mauuaises actions, ce que les rayons du Soleil frequamment agissans, sont aux champs qui ne portent que de mauuaises herbes ; les rayons du Soleil frequamment agissans, consument insensiblement la nourriture des mauuaises herbes : les lumieres de la Morale frequament exercées, amortissent insensiblement le principe des mauuaises actions.

Les lumieres de la Morale sont enfin aux gens de bien, ce que le Sol fauorable est aux bons arbres : le Sol fauorable ajoûte vn degré de saueur au fruit, les lumieres de la Morale ajoûtent vn surcroist de bonté à la conduite.

### *Des parties de la Morale.*

LA diuision de la Morale n'est pas fondée sur la diuersité des sujets, elle n'est établie que sur la diuersité des considerations ; & comme la Morale qui ne reside proprement qu'en l'homme, ne le regarde qu'en qualité de solitaire, de pere, & de citoyen ; l'on peut dire qu'elle n'est diuisée qu'en Monastique, qu'en Economique, & qu'en Politique.

La Morale monastique, est vne discipline qui s'étend sur les deuoirs que l'homme doit à Dieu, à soy-mesme, & aux particuliers.

La Morale économique, est vne discipline aussi qui s'étend sur les deuoirs que les chefs & les membres d'vne Famille, doiuent les vns aux autres.

La Morale politique, qui est encore vne discipline, s'étend sur les deuoirs que les Souuerains & les Sujets doiuent s'entrerendre.

Il y a trois sortes de Politique ; la premiere est appellée Monarchique, la seconde est nommée Aristocratique, & la derniere est dite Democratique.

La Politique Monarchique comme en France, est

vne eſpece de Morale, qui donne des regles pour contribuer par le commandement & par l'obeïſſance au bien d'vn Eſtat, où vn ſeul diſpoſe ſouuerainement des choſes.

La Politique Ariſtocratique comme à Veniſe, eſt vne eſpece de Morale encore, qui donne des preceptes pour contribuer par le commandement & par l'obeïſſance au bien d'vn Eſtat, où les ſeuls Nobles ont l'adminiſtration des affaires.

Enfin la Politique Democratique comme en Suiſſe, eſt vne eſpece de Morale auſſi, qui donne des lumieres pour contribuer par le commandement & par l'obeïſſance au bien d'vn Eſtat, où ceux qui gouuernent ſont ſucceſſiuement gouuernez.

Ie ne parleray point de la Morale Politique ou Ciuile, elle couronnera le Cours de ma Philoſophie. Ie ne parleray point non plus de la Morale Economique ou Domeſtique, les preceptes de cette partie, dont Picolominy a fait quelques Traitez, ſont ſi conformes à la lumiere naturelle, qu'ils me diſpenſent de cette peine; je ne m'attacheray icy, qu'à la Morale Monaſtique ou Solitaire, qu'à la Science qu'on appelle ſimplement Ethique; & certes, il eſt à propos que je debutte par cette diſcipline, parce qu'elle eſt le fondement de l'Economique & de la Politique, que pour bien commander, que pour bien obeïr, que pour bien recompenſer, que pour bien punir, il faut connoiſtre non-ſeulement le bien, & le mal, la vertu, & le vice; mais encore les circonſtances qui abbaiſſent & qui releuent les actions humaines; & que l'Ethique traite à fond de ce qui est honneste, & de ce qui est illicite; de ce qui est juste, & de ce qui est injuste; de ce qui est leger, & de ce qui est graue; de ce qui est vulgaire, & de ce qui est heroïque.

Comme le souuerain bien est la fin de l'homme, qu'il faut connoistre le bien où l'on tend, que celuy qui parle de la fin, doit parler des moyens; & qu'entre les moyens, les vns sont prochains, les autres sont éloignez, & les autres tres-éloignez; je parleray d'abord du bien, & de ses especes; je parleray en second lieu des principes des actions humaines; je parleray en suite des actions des mesmes principes; & je parleray enfin des vertus & des vices.

# PREMIERE PARTIE DE LA MORALE.

## DV BIEN.

SI l'on dit que c'est ce qui est desiré, l'on confond la proprieté d'vne chose auec son essence.

Si l'on dit que c'est ce qui conuient, l'on ne se resouuient pas que Dieu est la bonté mesme ; & que neantmoins auant la creation, il ne conuenoit à aucune chose.

Si l'on dit que c'est ce qui est parfait, l'on alleguera que tout ce qui est parfait de son estre, n'est pas bien-faisant.

Si l'on dit que c'est ce qui se communique, quelqu'vn dira, que le mal se communique aussi bien que le bien.

Si l'on dit que c'est ce que toutes choses souhaitent, l'on ne manquera pas de representer qu'il n'y a rien dans la nature qui soit desiré de toutes choses.

Si l'on dit enfin, que c'est ce que chaque estre desire, l'on objectera que les enfans, les fols, & les malades desirent cent choses qu'ils deuroient rejetter.

Pour leuer ces difficultez, il faut considerer qu'il y a en general deux sortes de bien; qu'il y en a vn qui regarde l'estre, & qu'il y en a vn autre qui regarde la communication; que le premier qu'on appelle absolu, n'est autre chose que ce qui est parfait; & que l'autre qu'on appelle relatif, n'est autre chose aussi que ce qui est conuenable.

Il faut remarquer en passant, que les mesmes biens absolus sont ordinairement des biens relatifs; que l'or, par exemple, est bon de soy, parce qu'il a tout ce qu'il doit auoir, pour estre ce qu'il doit estre; & qu'il est bon au regard de quelqu'autre chose, parce qu'il sert à l'ornement des Temples, qu'il est l'instrument du commerce, qu'il entre dans les remedes, & qu'il contribuë au soulagement des pauures.

Il faut remarquer encore que les biens absolus, sont quelques-fois des maux; que le poison, par exemple, est vn bien de soy, parce qu'il a tout ce qu'il doit auoir, pour estre ce qu'il doit estre, & qu'il est vn mal au regard de quelqu'autre chose, parce qu'il attaque le cœur, qu'il éteint la vie, qu'il sert d'instrument à la haine, à la trahison, à la cruauté.

## *Diuision du bien relatif.*

L'ECOLE diuise le bien relatif, en bien vtile, en bien agreable, & en bien honneste.

Le bien vtile, comme l'argent, n'est consideré comme vtile, qu'entant qu'il sert de moyen pour paruenir à ce que l'on se propose.

Le bien delectable, comme les belles veuës, comme les belles actions, n'est consideré comme delectable, qu'entant qu'il recrée, ou le sens, ou l'esprit.

Enfin le bien honneste, comme la vertu, n'est consideré comme honneste, qu'entant qu'il est conforme à la droite raison.

## *Si le seul bien est desirable.*

LES facultez appetitiues ont deux objects, elles ont pour object propre le bien, & elles ont pour object impropre le mal; le premier est desiré comme conuenant, & l'autre est rejetté comme contraire: Il est vray que les choses destructiues ont leurs poursuiuans, que ce qui sert d'effroy à quelques-vns, sert quelques-fois d'appas à quelques autres; mais ce n'est jamais sous les images du mal, & si le mécontent, par exemple, court au poignard, à la corde, au poison, il n'en faut accuser que ses imaginations trompeuses, qui ont comme seruy de filles de chambre à ces instrumens funestes, & qui les ayant, comme coëffez, parez & embellis, les ont rendus en apparence des objects d'amour & de delices.

### *De la fin.*

LA fin doit estre considerée, & comme principe, & comme terme ; elle doit estre considerée comme principe, parce qu'elle remuë la cause efficiente ; & elle doit estre considerée comme terme, parce qu'elle termine les mouuemens.

La fin est vne cause qui met toutes les autres en exercice ; La cause materielle n'est disposée à la reception de sa forme, que par l'action de la cause qui la meut, qui est la cause efficiente ; Le principe qui la meut, n'est meu que par l'impression de la cause finale, & la forme qui resulte de la puissance de la matiere, & de l'action des agents, n'agit aussi qu'en veuë de quelque fin.

### *Que la fin specifie les actions humaines.*

LA fin est la forme morale des actions humaines, c'est elle qui les constituë, c'est elle qui les détermine, c'est elle en vn mot, qui leur donne les conditions du bien ou du mal.

Quoy que la fin semble estre hors des choses, l'on peut dire qu'elle n'est pas entierement exterieure aux actions, parce qu'elle remuë les causes efficientes ; & que pour remuer les causes efficientes, il faut estre dans l'inclination des agents.

Il faut remarquer que la fin ne specifie pas les actions comme terme, mais qu'elle les specifie comme cause exemplaire ; qu'elle ne specifie pas les actions comme terme, parce qu'en cette qualité elle n'eſt pas encore dans la nature, mais qu'elle les ſpecifie comme cauſe exemplaire, parce qu'en cette qualité, elle eſt dans l'intention des cauſes efficientes, & que c'eſt ſur elle que les cauſes efficientes ajuſtent leurs mouuemens : Le baſtiment, par exemple, qu'on ſe propoſe de faire, ne ſpecifie pas les actions de l'artiſan en qualité de terme, parce qu'il n'eſt pas encore ſur pied, mais il les ſpecifie en qualité de cauſe exemplaire, parce qu'il eſt dans la penſée de l'Architecte, & que c'eſt ſur luy, comme ſur vne cauſe ideale, que le meſme Architecte compaſſe ſes ordres.

L'on nous objecte, que ſi la fin ſpecifie les actions humaines, vne action humaine pourroit auoir pluſieurs formes, & par conſequent pluſieurs natures, puis qu'vne action humaine peut eſtre faite en veuë de pluſieurs fins, mais il ſuffit de répondre à cela qu'vne action humaine ne peut auoir qu'vne fin dominante, & que les fins qui ſe rapportent à vne fin derniere, ſont plutoſt des moyens que des fins.

### *Que toutes choſes ont leur fin derniere.*

S'IL n'y auoit point de repos dans les mouuemens ; S'il n'y auoit point de bornes dans les actions, ou il n'y auroit point de Dieu, ou s'il y en auoit, Dieu ſe mocqueroit de ſes Ouurages, puis qu'ils ſeroient toûjours inquietez, puis qu'ils ſeroient toûjours auides, qu'ils n'auroient des pentes & des deſirs que pour des fins apparentes, & que pour des termes imaginaires : Diſons plus, ou la nature aimeroit à trauailler en vain, ou elle ne l'aimeroit pas; si elle l'aimoit elle seroit folle, & son autheur ne seroit pas sage, & si elle ne l'aimoit pas, & qu'elle trauaillast toûjours, elle seroit violentée, & l'autheur de sa violence, ne seroit pas bien-faisant; Que si elle n'atteignoit jamais à la derniere fin des choses, & qu'elle trauaillast toûjours, il arriueroit delà que ses productions tiendroient quelque chose de son chagrin & de sa lassitude; & que comme elle ne rencontreroit jamais l'acheuement que la perfection demande, le monde ne seroit remply que de productions imparfaites: Ajoûtons à cela que l'idée du bon-heur seroit vne imagination, que le desir de la beatitude seroit vne foiblesse, que le Paradis seroit vne inuention, & que les langueurs seroient aussi vniuerselles que l'estre; mais l'existence d'vn Dieu, ne peut estre raisonnablement mise en doute; la nature découure sa sagesse dans l'industrie de ses ouurages: il y a dans le monde vne subordination de causes, les productions des choses se resoluent dans leurs elemens, l'on ne voit point de nouuelles especes, les monstres sont rares, & il est éuident que Dieu, qui a prescrit aux cieux, aux élemens, aux mixtes inanimez, aux plantes, & aux bestes, le terme de leurs mouuemens, prepare à l'homme, qui est le chef-d'œuure de ses mains, la fin de ses inquietudes, la couronne de ses combats, la recompense de ses trauaux.

## De la diuersité des fins.

LA fin & le bien, sont réellemment vne mesme chose; toute la difference qu'il y a entre eux c'est, que le bien consideré en qualité de fin, est toûjours l'objet d'vn appetit connoissant, & que la fin considerée en qualité de bien, est quelques-fois le terme d'vne inclination aueugle; que le bien comme fin, renferme vne relation de moyens, & que la fin comme bien, ne renferme qu'vne conuenance de nature.

Il y a en general deux sortes de fins; il y a des fins moyennes, & des fins dernieres, des fins relatiues, & des fins absoluës.

Les fins moyennes ou relatiues, sont comme les remedes, & les fins dernieres ou absoluës, sont comme les cures.

Les remedes sont des fins, parce qu'ils sont les termes de quelque recherche; & ils sont des fins moyennes, parce qu'on les employe pour l'amour de la santé.

Les cures sont des fins, parce que le Medecin se les propose, & elles sont des fins absoluës, parce que le mesme Medecin ne se les propose que pour l'amour d'elles-mesmes.

Les fins absoluës, sont toûjours plus excellentes que les fins relatiues; l'art de faire des éperons est moins noble, que l'art de manier des cheuaux; & l'art de manier des cheuaux est moins considerable, que l'art de vaincre des hommes.

*Comment les choses se portent au bien.*

LEs choses pezantes & inanimées, comme les pierres, tendent à leur centre, comme centre par leur pezanteur; Les choses legeres & inanimées, comme le feu, s'éleuent à leur sphere, comme sphere, par leur legereté; Les choses pezantes & animées, comme les plantes, se meuuent vers leur bien, comme bien, par leur racine; & les choses pezantes sensitiues, se portent à leur bien comme fin, par leur connoissance; Ie dis qu'elles se portent à leur bien, comme fin, par leur connoissance, parce que les bestes, comme j'ay déja dit dans ma Logique, confrontent les moyens auec les moyens, & les moyens auec les fins; que de deux chemins qui se presentent pour atteindre le liéure, le léurier prend le plus court, & qu'auant que de s'élancer d'vn placet sur vne table, le chien balance quelques-fois: Il ne sert de rien d'alleguer, que la comparaison de la distance qui se trouue entre le placet & la table, auec les forces de la beste, est vn acte de l'entendement, que l'entendement est vne puissance spirituelle, & que telles sont les facultez, telles sont les essences, c'est assez de faire voir que les bestes raisonnent, qu'elles ont vn principe de lumiere, vn fond de rayons, qu'elles conferent les moyens auec les moyens, les moyens auec les fins, & qu'elles verifient ce que j'auance, & par la bonté de leur jugement, & par le succez de leur poursuite.

Si les bestes se portent à leur bien, sous la consideration de fin, à plus juste raison, les hommes & les Anges se portent à leur fin, sous la mesme consideration, puisque la connoissance de l'homme surpasse celle de la beste, & que celle de l'Ange surpasse celle de l'homme.

### *Du souuerain bien.*

QVOY qu'il soit aisé de sçauoir ce qui peut accomplir le bon heur de l'homme, la pluspart des hommes s'éloignent de la fin qu'ils deuroient embrasser : Et parce que pour bien juger des biens dont ils font follement leur felicité, il suffit de les mesurer sur les conditions du souuerain bien, nous dirons quelque chose par auance des conditions dont je parle, & nous les confronterons en suite, auec les proprietez des autres biens.

### *Des conditions du souuerain bien.*

LE souuerain bien doit auoir treize conditions; il doit estre indépendant, durable, interieur, bon de soy, delectable, pur, tranquille, inalterable, propre, incapable d'abus, perfectif, satisfaisant, & final.

S'il estoit dépendant, l'on apprehenderoit d'en estre priué, & la crainte de sa perte altereroit les douceurs de sa possession.

S'il estoit de peu de durée, l'on n'auroit pas le temps de le bien gouster; sa naissance & sa mort seroient comme confonduës; & comme il échaperoit à l'ardeur du desir, il seroit plus capable d'irriter, que de satisfaire.

S'il estoit exterieur, il ne seroit pas vne operation de l'ame, il seroit quelqu'autre chose, & outre qu'il ne seroit pas indépendant, il ne seroit pas la perfection des plus nobles facultez de l'homme, puisque l'entendement est né pour connoistre, que la volonté est née pour aimer, & qu'au regard du souuerain bien exterieur, ces puissances seroient purement passiues.

S'il n'estoit pas vn bien de soy, il seroit indifferent ; & comme par accident, il seroit deuenu vn bien, il pourroit par vn autre accident, deuenir vn mal.

S'il n'estoit pas delectable, il renfermeroit quelque disconuenance, & cette disconuenance pourroit exciter le dégout.

S'il n'estoit pas pur, il seroit vn meslange de bien, & de mal, & sa possession seroit sujette à de fascheux momens.

S'il n'estoit pas tranquille, c'est à dire, s'il n'estoit pas exempt de crainte, il dépendroit de quelque cause qui pourroit defaillir ; & comme ce qui peut defaillir est fresle en son fondement, il seroit incertain en sa durée.

S'il estoit alterable, il n'auroit pas la vertu de se conseruer, sa foiblesse démentiroit sa souueraineté, il pourroit estre le joüet des agents, & pour peu qu'il fust menacé, il donneroit plus d'inquietude que de plaisir.

S'il n'estoit pas propre, il n'auroit tout au plus qu'vne conuenance imparfaite ; & vne conuenance imparfaite, laisse toûjours quelque vuide à vne plus grande conuenance.

S'il estoit capable d'abus, il seroit, moralement parlant, quelque chose d'indifferent; sa bonté ne dépendroit pas d'vne bonté essentielle, elle dépendroit d'vne bonté exterieure : & comme les passions qui en pourroient faire vn mauuais vsage, sont plus souuent rebelles qu'obeïssantes, il seroit plus souuent vn mal, qu'vn bien, vn objet funeste, qu'vn objet salutaire.

S'il n'estoit pas perfectif, l'entendement ne seroit pas défait de ses erreurs, la volonté ne seroit pas deliurée de ses foiblesses, & où la science, & la vertu manquent, le souuerain bien defaut.

S'il n'estoit pas satisfaisant, c'est à dire, s'il ne remplissoit pas la capacité de nos desirs, il resteroit quelque chose à desirer, & ce qui resteroit à desirer, rendroit le bon-heur imparfait.

Enfin, s'il n'estoit pas final, il ne seroit pas desiré pour l'amour de luy-mesme, la chose pour laquelle on le desireroit, seroit plus aimable que luy, il ne seroit pas vne fin, il seroit vn moyen, & son excellence seroit inferieure à celle de son corelatif.

### *En quelles choses l'on met ordinairement le souuerain bien.*

COMME chacun se fait vne felicité à sa mode, l'auare le met dans les richesses, le sensuel dans les plaisirs, le coquet dans la beauté, le querelleux dans la force, le malade dans la santé, l'ambitieux dans les honneurs, le curieux dans la doctrine, & le juste dans la vertu.

### *Que le souuerain bien ne consiste point aux richesses.*

LE souuerain bien est tranquille, mais comme les richesses demandent autant de soin pour les conseruer que pour les acquerir, la crainte qu'on a de les perdre, trauerse le plaisir qu'on a de les posseder.

Le souuerain bien est exempt des malheurs de la vie, mais les richesses sont soûmises aux caprices de la fortune.

Le souuerain bien est le partage des belles ames, mais les richesses arriuent aux méchans aussi bien qu'aux bons, & à dire le vray, elles sont plus souuent le couronnement des crimes, que les recompenses de la vertu.

Le souuerain bien est satisfaisant, mais plus l'on a de biens, & plus l'on en veut auoir.

Le souuerain bien éleue l'entendement, & annoblit la volonté; mais les richesses engagent les hommes à des pensées basses & terrestres.

Le souuerain bien est incapable d'abus, mais l'on peut abuser des richesses.

Le souuerain bien est vne fin, mais les richesses sont des moyens.

### *Reflexions sur les richesses.*

LEs richesses amolissent les plus excellens naturels, & c'est ce qui a fait dire à vn Ancien, que Rome estoit deuenuë lasche, dés que Rome estoit deuenuë riche, & que Sparte estoit sortie de Sparte, dés que l'opulence y auoit fait son entrée.

Il n'y a rien de plus incommode, dit vn grand Poëte, que de garder ses commoditez.

Ceux qui ont beaucoup à perdre, ont beaucoup à craindre, & ceux qui ont beaucoup à craindre, ont beaucoup à souffrir.

Qui aime le repos, neglige ce qui le détruit, & qui neglige ce qui le détruit, neglige les richesses.

Seneque dit que les richesses sont meilleures à ceux qui les esperent, qu'à ceux qui les ont acquises; Il veut dire, ce me semble, que des choses qui portent ordinairement au mal, il est moins perilleux d'en auoir l'attente que la possession.

Les richesses ne sont pas au patrimoine, elles sont en l'ame; elles ne consistent point en la fortune de nos parens, elles consistent en la moderation de nos desirs.

Si les biens sont des corrupteurs, il vaut mieux faire des riches que d'estre riche; c'est se defaire obligeamment de ses ennemis, c'est se mettre innocemment en estat de faire des coupables.

Le bien ne se fait jamais du mal, mais l'opulence se fait souuent de l'injustice.

La pauureté a ses chagrins je l'auoüe, mais les richesses ont leurs inquietudes, & certes l'on peut dire, que de rechercher les satisfactions de l'esprit dans les presens de la fortune, c'est rechercher la tranquillité dans le trouble, & la bonace dans la tempeste.

Tant s'en faut que les Anciens ayent mis la beatitude dans les richesses, que les plus sages d'entr'eux ont fait le panegyrique de la pauureté. Qu'on menace de desolation quelque grande ville, la pauureté, dit vn Sage, n'en est point allarmée, elle est exempte du pillage ; Qu'on crie au feu, qu'on crie à l'eau, la pauureté n'en est point émeuë, elle porte tout sur elle ; Qu'on monte sur mer, la pauureté quitte allaigrement le riuage, elle n'a pas plus en vn lieu qu'en vn autre ; Que la rigueur des saisons pronostique la famine, la pauureté n'en est point abbatuë, elle est accoustumée aux legumes ; Que la peste répande la mortalité, la pauureté n'en pallit point, la vie & la mort luy sont comme indifferentes ; si bien qu'on peut dire, que la pauureté a des auantages que les richesses n'ont point, que c'est vne source de repos, que c'est vn principe d'assûrance, que c'est vne semence de resolution.

Tu desires, dis-tu, les richesses pour quelqu'autre chose que pour l'amour d'elles, je le croy ; mais si tu les desires pour quelqu'autre fin que pour estre en estat de bien faire à tout le monde, ta fin est condamnable ; Si tu les desires pour estre pompeusement paré, elles ne te rendront pas semblable à Dieu, Dieu est nud, Dieu est simple ; Si tu les desires pour corrompre les femmes, elles ne te rendront pas semblable à Dieu, Dieu est insensible, Dieu est pur ; Si tu les desires pour flatter ton corps, elles ne te rendront pas semblable à Dieu, Dieu est incorporel, Dieu est esprit ; Si tu les desires pour te faire connoistre, elles ne te rendront pas semblable à Dieu, Dieu est occulte, Dieu est caché; Si tu les desires pour tirer raison des injures qu'on t'a faites, elles ne te rendront pas semblable à Dieu, Dieu est bon, Dieu est indulgent; Si tu les desires enfin, pour te faire porter en littiere, elles ne te rendront pas semblable à Dieu, Dieu porte tout, Dieu soûtient tout.

Il y en a qui ont d'autant plus d'auidité pour les biens, qu'ils sont dépourueus de toutes choses, mais ils ne considerent pas, qu'il est perilleux de passer d'vne extremité à vne autre; que ceux qui ne peuuent souffrir vne pauureté pezante, ne peuuent supporter vne prosperité demesurée.

Les riches croupissent dans leurs defauts, l'on n'ose les entretenir des veritez qui les choquent, mais les pauures n'ont point de flateurs, & comme on les aborde sans crainte, on leur parle sans dissimulation.

Quelques douceurs qu'on tire des biens du monde, il est dangereux d'estre opulent; les valets sçauent-ils que vostre cassette est pleine, ils se proposent de vous égorger; les Medecins sçauent-ils que vostre bource est pezante, ils se proposent de faire durer vostre mal; les voleurs sçauent-ils que vous estes chargé d'argent, ils se proposent de vous dresser des embusches; les corrupteurs sçauent-ils que vous estes pecunieux, ils se proposent de vous produire des femmes; les goinfres sçauent-ils que vous auez vn grand reuenu, ils se proposent de tenter vostre friandise; les Procureurs sçauent-ils que vostre fortune est belle, ils se proposent d'éterniser vos procez; les Tailleurs sçauent-ils que vous estes solidement renté, ils se proposent de vous engager au luxe ; les flateurs sçauent-ils que vostre patrimoine est considerable, ils se proposent de déguiser vos defauts ; enfin, quelque mal-fait que vous soyez, les belles filles sçauent-elles que vous pouuez fournir pompeusement aux frais du mariage, elles se proposent d'allumer vostre concupiscence; de sorte qu'on peut auancer hardiment, que les richesses sont capables de faire naistre toutes sortes de maux, qu'elles sont capables d'armer la seruitude, de retarder la conualescence, d'exciter la cruauté, de combattre la continence, d'engendrer la molesse, de perpetuer la chicane, d'entretenir la fierté, d'inspirer l'insolence, & de violenter l'inclination.

Encore qu'entre les mains des Sages, les richesses puissent estre la matiere de cent belles actions, Fabrice se defend des offres de Pyrrhus ; Quoy que je n'occupe qu'vne petite maison, que je n'ensemence qu'vne petite terre, que je ne viue que de mes mains, que je ne subsiste que de mon trauail, vous trouuerez bon, Pyrrhus, que je vous dise que la priuation des choses qui allument le desir de la pluspart des hommes, n'a jamais fait mes inquietudes, & que quelques auantages que les richesses r'enferment, vous vous tromperiez si vous croyez que je fusse le plus malheureux des Romains : Entre ceux qui ne ne sont point entachez du vice de l'auarice, il y en a qui sont embrasez des ardeurs de l'ambition; mais quand je serois du nombre des derniers, en quel autre Empire que le nostre, pourrois-je estre plus honoré ? L'on confie à mon experience les guerres les plus considerables, L'on reserue à ma conduite les Ambassades les plus importantes, L'on commet à mes soins les Ceremonies les plus saintes : S'il suruient quelque difficulté dans les affaires, l'on me consulte ; S'il suruient quelque émotion parmy les peuples, l'on m'interpose, Ce que je conseille est suiuy, Ce que je condamne est rejetté : enfin, quelque enuie qui se glisse entre les égaux, Rome me regarde comme vn Sage dans les Conseils, comme vn infatigable dans les marches, comme vn intrepide dans les combats, & comme vn incorruptible dans les Negociations : Que si c'est à ma vertu seule que je dois la gloire qui m'enuironne, n'est-il pas vray, Pyrrhus, qu'il faudroit que je renonçasse à cette mesme gloire, si je me laissois éblouïr à l'éclat de vos presens, si je me laissois gagner à la grandeur de vos promesses, puis qu'il faudroit que je conuertisse ma frugalité en profusion, que je changeasse ma simplicité en faste, que j'abandonnasse nos Dieux, que je quittasse nos concitoyens, que je deuinsse le Lieutenant de nostre persecuteur, l'amy de nos aduersaires, & l'ennemy de nos amis.

Les Ambassadeurs des Samnites, presenterent de l'argent au mesme Personnage dont je viens de parler ; mais comme celuy qui méprise les plaisirs, méprise ce qui les entretient : à peine Fabrice eut-il porté ses mains ouuertes sur ses yeux, sur sa bouche, & sur son ventre, qu'il leur dit ; tant que je commanderay à toutes ces choses, les presens ne me commanderont point.

Il y a dans les richesses quelque chose de tentatif, elles réueillent les conuoitises, elles allument les passions, & c'est sans doute ce qui a fait dire à Tite-Liue, que les hommes estoient plus foibles dans les biens que dans les tribulations, dans l'éclat de la prosperité que dans l'obscurité de la misere.

Ceux qui tiennent qu'à l'exception de la patience; toutes les vertus sont éteintes en la pauureté, font sonner fort haut les richesses ; mais outre que la plusspart des riches sont mols & fastueux, & que la matiere des grandes vertus est ordinairement chez eux la matiere des grands vices, l'on peut dire que la plusspart des pauures sont humbles & laborieux, que l'impuissance dans laquelle ils se trouuent, les accoustume insensiblement à l'abstinence & à la sobrieté, & que par l'entremise de ces vertus elle leur donne vn corps robuste & vne santé vigoureuse.

Thomas Morus, ne constituoit pas le bon-heur de cette vie en la grandeur des biens, il les mettoit en la grandeur des vertus ; & quoy que dans les charges que ce grand homme auoit remplies, il eust pû s'enrichir, l'Histoire dit à peu prés, ce me semble, qu'il manqua quelque chose qu'il n'eust augmenté ses rentes de soixante & dix écus.

Qu'il est dangereux que la passion des richesses tombe dans l'ame des Ministres ; ils couppent les veines à vn Royaume, dit vn celebre Autheur, quand ils l'épuisent de finance ; & il semble, continuë-il, qu'ils ayent dessein de l'atterrer, de l'abatre, de le reduire en l'état où fut veû sur le chemin d'Antioche le

phantos-

phantosme qui apparut à l'Empereur Valens, qui ne témoignoit estre viuant que par ses larmes, qui ne paroissoit estre respirant que par ses soupirs.

Que ne dit point le Prophete Ioel contre ceux qui mettent leur souuerain bien aux richesses; ne dit-il pas qu'ils seront exposez aux sauterelles & aux bourdons, & ces paroles ne signifient-elles pas, selon plusieurs Docteurs, qu'ils seront la victime de leurs appetits, qu'ils seront toûjours veillans & toûjours inquietez, qu'ils seront toûjours auides & toûjours languissans.

Qu'vn auare viuant ne soit mort à la Grace, à la nature & à l'humanité; il n'y a rien de plus constant: il prefere les biens perissables aux biens eternels, il se refuse les commoditez de la vie, & son prochain & ses ennemis luy sont vne mesme chose.

L'Euangile qui combat les richesses, nous exhorte icy à quatre choses fort considerables, elle nous porte à n'y point mettre nostre derniere fin, elle nous ordonne à ne nous point confier en leurs promesses, elle nous oblige à ne nous point persuader qu'elles soient les purs ouurages de nostre industrie, & elle nous engage à ne nous point inquieter pour elles: La premiere exhortation, nous represente que la nature des biens de la fortune, est inferieure à la nature de l'homme; La seconde exhortation nous auertit, que les tresors de la terre sont soûmis à l'empire de la fortune; La troisiéme exhortation nous apprend à la confusion de nostre vanité, que les richesses arriuent aussi bien à ceux qui n'ont point d'esprit qu'à ceux qui en ont ; & la derniere exhortation nous enseigne, que la priuation des biens est indigne de nos soûpirs.

Les richesses ne sont des biens que quand elles logent sous le toict de la vertu ; & c'est ce qui a fait dire à Sappho, que quand elles logeoient sous vn couuert different, elles estoient de pernicieuses hostesses.

Quoy que je n'approuue pas l'action d'Aristippe, qui pour éuiter l'embarras qu'apportent les biens du monde, jetta dans les sables de la Lybie, vne partie de son bien ; neantmoins elle nous apprend, que les richesses sont des matieres d'inquietude, & que si vn si grand Philosophe n'a peû supporter son abondance, il est difficile aux autres de supporter leur fortune.

Il n'y a rien qui excite tant l'enuie que les richesses ; aussi remarque-t'on auec Marnix, que les guerres intestines sont plus frequentes aux païs riches qu'aux païs pauures.

L'amour des biens est vne passion si vile, que ceux mesmes qui en sont touchez, tâchent toûjours de representer cette Roturiere sous des noms honorables ; & c'est pour cette raison, que les auares la traitent de preuoyance, de precaution ; qu'ils en parlent comme d'vne des filles de la prudence, qu'ils en discourent comme d'vne des productions du bon sens.

Vn apprentif d'Apelles ne nous representa pas mal, à mon auis, la passion dominante de la pluspart des hommes, lors que ne pouuant bien peindre le colory de Solon, il creut neantmoins que son colory seroit agreablement receu, s'il donnoit à son visage la couleur de l'or.

Quand celuy qui aime les richesses fait quelque injustice en faueur de sa passion, il est toûjours preuenu de quelque mauuais sentiment. Pyrrhus enleua les tresors du Temple de Proserpine, & parce qu'il jugea bien que cette action passeroit pour vn sacrilege, il dit pour toute excuse, que la pieté auoit ses contre-temps, & que c'estoit estre fol que de refuser les presens de l'occasion.

Ce n'est pas sans sujet qu'on dit, que les grandes richesses exposent les riches à de grands dangers; Les petites Villes de la Grece, où l'on auoit trouué vn ample butin, porterent Philippe de Macedoine à faire la guerre à tout le païs. Les tresors qu'Antigonus auoit fait voir aux Ambassadeurs des Gaulois, armerent les mesmes Gaulois contre ce Prince: & l'or de Vexores Roy d'Egypte, tenta tellement la pauureté des Scythes, qu'il pensa faire la perte de son possesseur.

Les richesses qui attirent l'abondance de toutes choses, conspirent contre la moderation des riches: & comme il est tres-difficile d'auoir les instrumens du plaisir, & d'embrasser les austeritez, vn Ancien a eu raison de dire, que la vertu estoit ordinairement bannie des lieux où l'opulence sejournoit.

Si les affections tiennent quelque chose de leurs

objets, l'on peut conclure que comme l'or eſt pezant, l'auarice appeſantit l'ame.

Quels crimes les Princes auares n'impoſent-ils point à ceux dont la fortune eſt extraordinaire ? N'eſt-ce pas ce qui a donné lieu de dire, que comme les païs gras eſtoient ſujets à changer de Seigneurs, les biens immenſes eſtoient ſujets à changer de Maiſtres.

Comme les richeſſes combattent les plus belles inclinations, ce n'eſt pas donner de petites marques de la grandeur de ſon ame, que de viure noblement dans la grandeur de ſa fortune.

Chilon le Philoſophe diſoit de bonne grace, que les biens deceloient le naturel des hommes, & que comme la pierre de touche faiſoit diſcerner le bon or d'auec le mauuais, l'or faiſoit diſcerner les honneſtes gens d'auec les autres.

A quoy tend vn pere, qui ne tend qu'à laiſſer de grands biens à ſes enfans ? Il ne tend, à proprement parler, qu'à ruiner l'ordre des choſes, puiſque les enfans qui ſont riches, aſpirent ordinairement aux grandes Charges, & qu'encore qu'ils ſoient ignorans, l'on octroye à la fortune ce qu'on refuſe à la ſuffiſance.

Si le ſouuerain bien conſiſtoit aux richeſſes, le ſouuerain mal conſiſteroit en la pauureté ; mais tant s'en faut, que cela ſoit vray, qu'on peut dire que l'indigence eſt comme vne exemption d'inquietude, & qu'il y a des miſeres plus glorieuſes que pitoyables.

La multitude des biens eſt vn obſtacle au ſalut de

l'auare, & il est de luy comme du herisson ; le herisson ne peut retourner à sa cauerne, qui est le lieu de son repos, qu'il ne se décharge des pommes qu'il a dérobées, & l'auare ne peut aussi retourner au Ciel, qui est le lieu de son origine, qu'il ne se détache des biens qu'il a rauis.

Ce qui est vn obstacle au deuoir, ne peut estre le souuerain bien ; & il n'y a personne, dit vn Moderne, qui soit moins en estat de s'opposer à la violence des Grands, que ceux qui ont beaucoup à perdre.

Nostre ame, dit saint Augustin, a vn desir immense, & vn infiny ne peut estre satisfait que par son semblable.

Le souuerain bien est plus noble que la chose, dont il est le souuerain bien, & les richesses sont moins considerables que les riches.

Alexandre n'aimoit pas comme plusieurs Princes de son temps, à repaistre ses yeux de la veuë des tresors ; il ne consideroit l'argent que par les raisons de la necessité ; & comme quelques-vns de ses Familiers s'estonnerent de ce qu'il tiroit peu de choses des Peuples qu'il auoit conquis ; il répondit conformément au peu d'estat qu'il faisoit des richesses : Qu'il condamnoit le Iardinier, qui bien éloigné de se contenter du feüillage des choux, couppoit jusques à leur racine.

Comme l'amour des biens, dit vn Ancien, est vne passion veneneuse, il faut vser de grands remedes pour empescher qu'elle ne débauche les affections naturelles.

Quoy qu'il y ait des conditions qui requierent des biens ; neantmoins quand ils passent vn certain degré, il sont plus honteux qu'honorables, & c'est peut-estre, ce qui a fait dire à vn Roy de Lacedemone, qu'vn Roy deuoit s'éleuer au dessus des affections vulgaires, & que comme il deuoit tenir à gloire qu'on l'appellast pauure, il deuoit tenir à déshonneur qu'on l'appellast riche.

Quelle seureté y a-t'il aux richesses ? Auez vous des tresors, ou les Ministres vous engagent à des prests, ou ils vous accablent de taxes ; Auez vous de belles Terres, ou les Fauoris s'emparent de vos maisons, ou ils vous trauersent ; si bien qu'on peut dire, que les richesses sont des especes de fleaux, & qu'au defaut des incendies, & des inondations, des procés, & des banqueroutes, la violence prend ce que la Iustice refuse.

Lors que la raison est la mesure du desir, le desir est la mesure de la nature.

Ie tombe d'accord, que les richesses seruent à la majesté, qu'elles inspirent le respect, qu'elles preuiennent les mépris ; mais quelle apparence de mettre son bon-heur en des grimaces, en des genuflexions, en des postures que la crainte fait, & que l'esperance conseille ?

Que peut-on attendre, dit vn Philosophe, d'vn cœur qui s'allume à l'aspect de l'or, que des bassesses, que des laschetez, que des actions d'esclaue, & de coquin ?

O qu'il est difficile de conseruer ses richesses ! Si

nous ſommes incapables de les defendre, la violence les rauit, & ſi nous ſommes capables de les defendre, la fineſſe les dérobe.

Encore que le Prouerbe diſe, qu'il vaille mieux faire enuie que pitié; je tiens qu'il vaut mieux quelque-fois faire pitié, qu'enuie: Les magnifiques Iardins d'Aſciaticus ne tenterent ſeulement pas l'auarice de Meſſaline, ils tenterent encore ſa cruauté, & ils firent enfin de ſi violentes impreſſions ſur cette méchante Princeſſe, qu'ils couſterent la vie à leur maiſtre.

Comme l'auarice s'augmente par les meſmes choſes qui deuroient la diminuër, ceux qui aiment paſſionnément les richeſſes, & qui ſont déja riches s'appreſtent de nouuelles matieres d'inquietudes, dés qu'ils ſe procurent de nouueaux ſujets de gain: Ils reſſemblent aux rats, dit vn grand Homme, qui ont mangé de l'appas empoiſonné, ce qui les a attirez, les altere, & ils ne trouuent la fin de leur ſoif, que dans la fin de leur vie.

Platon qui n'auoit pas ſur les richeſſes, le ſentiment du vulgaire, ne ſe contentoit pas de dire, que la parole eſtoit folle, qui appelloit vn homme riche, Heureux, il diſoit encore, qu'elle rendoit fols, ceux qui croyoient qu'elle fuſt vraye.

Que les biens ſont ſujets à de grands accidens! Si nous ſommes mépriſables, la violence les rauit; ſi nous ſommes confians, la trahiſon les enleue; ſi nous ſommes ſecourables, les banqueroutiers les diſſipent; & ſi nous ſommes trafiquans, les mers les engouffrent.

Il eſt des biens comme des robes, dit vn Moderne, les robes font faire des cheûtes, quand elles ſurpaſſent la taille de ceux qui les portent, les biens font faire des faux pas, quand ils excedent l'eſprit de ceux qui les manient.

Vn Roy qui n'eſt point entaché de l'auarice, ne s'auiſe point de faire de ſon Royaume vn Royaume de gueux, la moderation dont il vſe, eſt vne puiſſante caution de l'amour de ſon peuple, & Loüis XII. qui fondoit vne partie de ſa conduite ſur cette meſme moderation, aimoit mieux eſtre riche en la perſonne de ſes Sujets, qu'en la ſienne.

Si les étranges effets doiuent faire haïr leurs cauſes; quelle haine ne doit-on point auoir pour l'auarice? Theophraſte parlant d'vn homme qui aimoit extrémement les richeſſes, dit à peu prés ce me ſemble, qu'il refuſoit du feu, qu'il fuyoit les pauures, qu'il mortifioit ſa faim, qu'il portoit des habits rapiecez, qu'il ſe faiſoit tondre de fort prés, qu'il comptoit & recomptoit ſes écus, qu'il alloit tous les jours ſur ſes terres, & que dans la crainte qu'il auoit qu'on ne viſitaſt ſes caues & ſes greniers, qu'on n'ouuriſt ſes chambres & ſes antichambres, il ne ſortoit jamais qu'il ne fût chargé de clefs.

Quelques excuſes qu'allegue la Politique pour colorer les exactions, la paix doit ſoulager les peuples: Loüis XII. témoigna bien qu'il eſtoit perſuadé de cette verité, lors qu'il fit ſcrupule d'exiger les quatre millions de liures que ſes Predeceſſeurs, auoient

auoient leuez, & qu'il fit resolution de viure du reuenu de son Domaine.

Comme les richesses sont de puissans moyens, & qu'elles font ordinairement conceuoir de hautes esperances, Plutarque a eû raison de dire dans la vie de Fabius, qu'elles estoient comme contraires à l'esprit de sujettion, & par consequent, qu'il estoit moins difficile de regler vne ville qui estoit humiliée par l'indigence, que de gouuerner vn peuple qui estoit gonflé par la prosperité.

Il ne faut pas s'étonner si Cassius haïssoit ceux qui estoient entachez de son vice; les auares aiment les liberaux, & par la raison opposée, les auares haïssent les auares.

Bien que les richesses & la probité soient compatibles, neantmoins il arriue souuent que les pensées de la terre, chassent les pensées du Ciel, & que quand la prosperité entre chez nous, la vertu en sort.

Nous deurions nous representer que les Indiens donnent des chaisnes d'or à leurs esclaues & à leurs criminels, que les peuples des lieux d'où les Espagnols tirent leurs richesses, font peu d'estat du métail qu'on adore ailleurs, & qu'il est honteux que des hommes qui ont comme sucé la Religion Chrestienne auec le laict, fassent leur felicité des mesmes choses, dont des especes de barbares font leur mépris.

Nostre cœur qui est pointé par le bas, & qui est large par le haut, nous presche le mépris des richesſes; il nous enſeigne par ſa pointe, que nous deuons auoir peu de communication auec la terre, & il nous enſeigne par ſa largeur, que nous deuons auoir vn grand commerce auec le Ciel.

A quoy bon tant de biens? l'attirail de l'autre vie conſiſte-t'il en caues, en greniers, & en coffres.

Celuy qui tenoit, qu'on ne pouuoit entrer en Paradis qu'on ne vendiſt tous ſes biens, eſtoit dans vne grande erreur, puiſque celuy qui fournit les moyens de faire perir les autres eſt coupable de leur perte, & que ſi c'eſt renoncer à la Beatitude, que d'achepter la matiere de la damnation, c'eſt y renoncer auſſi que de vendre la meſme matiere.

Quand vn homme met ſon bon-heur aux biens du monde, il n'y a point d'eſtranges actions dont il ne ſoit capable; Reginhere Eueſque de Miſnie en Alemagne faiſoit ſa beatitude de ſes richeſſes, & comme Dieu fut irrité du culte qu'il rendoit à ſa fortune, on le trouua le col tors ſur ſes treſors.

Que l'amour de l'argent ne fait-il point faire? l'Hiſtoire m'apprend qu'vn certain Curé de Flandres fut mal ſatisfait d'vne pauure Damoiſelle, qui luy preſenta vn denier en offrande, & que picqué de la petiteſſe de ce don, il fut aſſez malheureuſement adroit dans la diſtribution du Saint Sacrement, que de luy faire receuoir le meſme denier pour l'hoſtie.

Encore ſi les Offices s'achetoient des biens legitimement acquis, l'eleuation des hommes ſeroit ſupportable ; mais qui ne ſçait que la pluſpart de nos Financiers ont eſté Partiſans, & qu'encore que les pauures n'ayent pas eſté appellez au payement de leurs Charges, ils ont contribué à leur achapt.

Vn homme qui aime paſſionnément les richeſſes, n'a point d'amour pour les bonnes choſes, ſon auarice luy donne du mépris pour tout ce qui ne contribuë point à ſa fortune, & c'eſt pour cette raiſon qu'on dit, que les auares & les gens de bien ont peu de commerce, & que là où l'argent eſt en credit, la vertu eſt decreditée.

Il y a des hommes qui ont de l'inclination à la beneficence, & qui neantmoins tardent à faire paroiſtre leur charité : le Pape Alexandre qui eſtoit grand aumônier confirme ma propoſition, il diſoit quelquesfois, que ſon inclination à donner auoit receu des retardemens, & des degrez, qu'il auoit eſté Eueſque riche, pauure Cardinal, & qu'enfin il eſtoit deuenu Pape mendiant.

Quel aueuglement d'achepter ſa fortune aux dépens de ſa conſcience ? N'eſt-ce pas preferer la condition d'inquieté à la condition de tranquille, la qualité de comptable à la qualité de content.

Les auares ne ſçauent ce que c'eſt que de ſcrupule, ils ſont injuſtes, ils ſont impitoyables, & pour dire quelque choſe de plus auec Saint Auguſtin, ils ſont des demons au dedans, & des beſtes farouches au dehors.

Choſe eſtrange ! Si vn peculaire ſe ſauue des mains de la Iuſtice, & que cent autres Voleurs ne s'en ſauuent pas, les laguettes, & les remis, les benquez, & les giacs font fort peu d'impreſſion ſur les Financiers.

Celuy qui dit qu'il n'y a point de difference entre eſtre amant & eſtre la victime du beau, nous apprend qu'il n'y a point de difference auſſi entre eſtre auare, & eſtre le martyr des richeſſes.

L'auarice n'en veut ſeulement pas aux viuans, elle en veut encore aux morts; Herode nous fournit vn exemple de cette verité, il foüille les ſepultures, il ouure les tombeaux, il cherche juſques aux cercueils de Dauid & de Salomon la matiere de ſes conuoitiſes; & ie croy qu'il euſt dépoüillé tous les monumens des Iuifs, ſi au lieu des treſors dont il flatoit ſes eſperances, il n'euſt trouué que de méchans joyaux, & ſi pour empeſcher le cours de ſes ſacrileges le feu du Ciel n'eut deuoré deux de ſes Gardes.

I'auouë auec les auares, que les richeſſes apportent quelque auantage; mais qui ne ſçait qu'elles ſont des fardeaux qui incommodent les pelerins du Ciel, que ce ſont des poids qui apezantiſſent l'ame, que ce ſont des ſepultures qui enſeueliſſent les cœurs, que ce ſont des épines qui étouffent les ſemences de l'Euangile, que ce ſont des ſechereſſes qui conſument les roſées de la Grace.

Si les richeſſes ne ſont pas vn veritable bien, la priuation des meſmes richeſſes, n'eſt pas vn veritable mal, & ſi cela eſt vray, d'où vient que les auares regardent comme vn mal, les biens dont ils ſont priuez.

L'on n'a pas mal rencontré, à mon avis, quand l'on a dit, que les richesses estoient des meubles d'hostellerie, en effet elles ne seruent qu'aux passans, le Ciel n'en a que faire, & pour parler en terme de Droict, le mort en saisit le vif.

C'est vn grand auantage que de regarder d'vn œil dédaigneux, ce que les autres regardent d'vn œil de conuoitise, Qui sçait mépriser les richesses, sçait supporter la pauureté.

Les vents combatent souuent la nauigation, l'enuie trauerse souuent la prosperité; ceux qui sont en pleine mer, n'arriuent pas à bon bord quand ils veulent; ceux qui sont en pleine opulence, n'arriuent pas à bonne fin quand il leur plaist.

Comme les grands biens ne sont conuenables qu'à ceux qui sont malades d'auarice, Epaminonde eut raison de dire à ceux qui luy apporterent de grands presens, qu'ils apportoient des medecines à ceux qui estoient sains.

La splendeur des Familles, dit Euripide, s'éteint dans la perte des biens; cette proposition est ordinairement vraye: mais il ne s'ensuit pas de là, que parce que les richesses entretiennent l'éclat de la naissance, il faille pour vn peu de fumée, rauir le bien des orphelins & des vefves, & faire des instrumens de sa vanité, la matiere de ses idoles.

Quelque estat qu'on fasse des richesses, ceux qui ont donné vne statuë de terre à la Fortune, nous apprennent que les biens du monde sont vils & perissables, & que comme la terre est nostre marchepied, les biens du monde doiuent estre nostre mépris.

Il n'y a rien de plus tyrannique qu'vne auarice souueraine, Neron vouloit que la pluspart des bienfaits, qui doiuent estre libres, tournassent à son auantage ; & quand par Acte public, l'on faisoit des dons où il n'estoit pas compris, la liberalité estoit vaine, le testament estoit nul.

Tel est riche qui n'est pas honoré : Il vaut mieux, dit Plutarque, estre pauure comme Aristide, que d'estre riche comme Callias.

Si c'est estre liberal, dit à peu prés le mesme Autheur, que de bien vser des richesses, c'est estre quelque chose de plus considerable que de ne les point desirer.

Comme c'est s'éleuer au dessus de la condition humaine, que de s'éleuer au dessus des richesses ; l'Autheur que je viens de rapporter, a raison de dire, que le mépris des biens du monde est vn acte heroïque, & qu'il n'y a que ceux qui sont pauures malgré eux, qui doiuent auoir honte de l'estre.

Quoy qu'on n'ait pas tort de loüer Caton, de ce qu'il a laissé vne posterité splendide, l'on a tort pourtant de blasmer Aristide, de ce qu'il a laissé vne famille mendiante : Tous les riches ne sont pas criminels, Tous les pauures ne sont pas imprudens ; l'on peut estre riche par le patrimoine, par les reconnoissances ; l'on peut estre pauure par la naissance, par l'ingratitude ; & comme Caton eut esté ennemy de sa maison, s'y pouuant estre riche par d'innocentes voyes, il eut affecté d'estre pauure: Aristide eut esté ennemy de son repos, s'y ne pouuant estre opulent par d'honnestes moyens, il se fust efforcé d'estre riche.

Ie ne sçay pas surquoy se fonde Caton, qui tient qu'il est honneste de joindre à son bien, plus de bien que nos peres ne nous en ont laissé; il me semble qu'il y a des patrimoines excessifs, & que pour joindre à ces sortes de fortunes, des acquisitions plus abondantes, il faudroit quelquesfois recourir aux concussions & aux rapines, & composer ses richesses, des richesses de tout vn peuple.

Vne personne qui a beaucoup de part à l'auenir, est en quelque façon excusable, lors qu'elle tâche de proportionner sa fortune à l'étenduë de ses esperances; mais que peut-on dire en faueur de ces vieux auares, de ces vieux vsuriers, qui quoy qu'ils ne soient plus que terre, taschent par cent exactions de joindre enfin à leurs terres, les terres de leurs voisins.

Encore que sous Saint Loüis, comme a remarqué le President le Maistre, l'on fist des leuées qu'on n'auoit point encore faites; neantmoins la posterité auroit tort de blasmer le regne de ce grand Prince, puis que les leuées dont il s'agit furent faites pour des raisons tres-pieuses, & que quand la guerre fut éteinte, les leuées furent abolies.

Comme il y a des auarices cruelles, il est juste qu'il y ait des ressentimens sanglans, & ce fut pour cette raison, que ceux de Treuue poursuiuirent vn nommé Parthenien, & qu'enfin ils le lapiderent.

Si l'auarice armée est redoutable, le ressentiment populaire est terrible; Vn Aclixus Roy des Lydiens fut pendu par ses Sujets pour auoir fait de nouueaux impots: Vn Henry Roy de Suede fut chassé de son Estat, pour auoir appuyé Georges Preschon fameux Mal-totier; & vn Theodoric Roy de France perdit tout, pour auoir voulu tout auoir.

Que l'inégalité des fortunes n'attriste personne? si nous n'auons pas tant de bien, nous n'auons pas tant de soucy; si nous n'auons pas tant d'éclat, nous n'auons pas tant d'inquietude.

Il y a vn or qui est pasle, & il y en a vn autre qui est jaune: Diogene parlant du premier, disoit qu'il auoit raison d'estre pasle, parce que la plusspart des hommes luy dressoient des embusches; & je dis parlant du dernier, qu'il a raison d'estre jaune, parce qu'il a souuent des maistres qui luy dérobent le jour.

Quoy que Phocion fut pauure, il refusa les presens de Philippe, & il allegua pour excuse, des raisons qui deuroient estre grauées dans la memoire de tous les hommes; Si mes enfans me ressemblent, dit-il, le champ que je cultiue sera capable de les substanter, & s'ils ne me ressemblent pas, je ne veux pas qu'à mes dépens, leur immoderation soit entretenuë.

Que Paul-Emile se soucioit peu des richesses? Ciceron dit qu'il fit entrer tant d'argent dans les coffres de Rome, des dépoüilles des Macedoniens, que cet

cet argent seul abolit toutes sortes de tributs : mais à vostre auis, quel profit pensez-vous qu'il tira de ce grand butin ? il ne remporta pour toute recompense, que la satisfaction d'auoir soulagé ses concitoyens, & d'estre resté dans son premier estat, que la gloire d'auoir enrichy sa patrie, & d'estre demeuré pauure.

Quelque retenuë qu'inspire le caractere de Prestre, c'est joüer au plus seur, que de se dépoüiller des choses qui sont capables de la faire perdre : Aussi Saint Bernard traite-t'il vn certain Euesque de veritable Sage, de ce que s'estant fait pauure, il s'estoit defait, dit-il, des ennemis de la sagesse.

Pour peu de pente qu'on aye à la molesse, les richesses apportent de grands desordres, & pour preuue de ce que j'auance, Tacite tombe d'accord auec nous, que Rome fut plus sage quand elle n'auoit, comme on dit, que l'épée & la cappe, que quand elle fut opulente.

Il y a long-temps qu'on est en peine de sçauoir, quelle est plus à craindre pour les mœurs, ou l'opulence, ou la pauureté ; mais enfin, les plus sages d'entre ceux qui ont agité cette question, confessent auec nous, que les moindres presens de la nature suffisent toûjours aux miserables, que les plus grandes faueurs de la fortune, ne suffisent pas toûjours aux riches, & par consequent, qu'il est moins perilleux d'estre pressé par la pauureté, que d'estre surchargé par l'abondance.

Vn Ancien a eu raiſon de dire, que les richeſſes eſtoient ſujettes à quatre faſcheuſes circonſtances: En effet, quand l'on n'a pas la fortune qu'on ſouhaitte, l'éloignement de la choſe excite la langueur, quand l'on amaſſe ce qu'on aime, les progrez de la proſperité renferment le trauail, quand l'on veut conſeruer ce qu'on poſſede, la garde demande des attaches, & quand l'on échappe ce qu'on vouloit retenir, la perte engendre la triſteſſe.

Entre les auares, il n'y en a point de plus inhumains, que ceux qui exigent de grands intereſts des petites ſommes, & c'eſt ce qui faiſoit dire à Caton le vieux, qu'il ne reconnoiſſoit point de difference, entre tuër vn debiteur & luy preſter à vſure.

Veſpaſien paroiſſoit auoir quelque choſe de grand, mais il vendoit la grace des criminels, & ſa ſeule auarice rendit toutes ſes vertus ſuſpectes.

Quand l'auarice a la force à la main, il n'y a point de crime qu'elle ne commette; Vn Sage parlant de ces ſortes d'auarices, tombe dans le meſme ſentiment; C'eſt vne boutique, dit-il, où l'on compoſe les poiſons, c'eſt vne fournaiſe où l'on forge les poignards, c'eſt vn cabinet où l'on projette les tyrannies, c'eſt vn tribunal où l'on reſout les exactions.

Caligule qui eſtoit auare pour eſtre prodigue, ne receuoit de bonne grace que les dons teſtamentaires des vieillards, & lors que les riches qui eſtoient jeunes le faiſoient ſon heritier, il tenoit tellement à injure ces sortes de bien-faits, que pour en joüir aux dépens de ceux qu'il prenoit en cela pour des moqueurs, il leur enuoyoit, sous pretexte de reconnoissance & d'amitié, des fruits corrompus & des viandes funestes.

Qu'il y a peu de gens qui soient du sentiment d'Agis ? Plutarque rapporte que ce grand Personnage haïssoit aspremement les interressez, & qu'il tenoit mesme, que c'estoit estre en quelque façon auare, que de posseder justement plus de bien que les autres.

Quelle bizarrie à Vespasien, d'acquerir auec honte, & de dépenser auec honneur; la matiere de la magnificence doit-elle estre les fruits de la sordité?

La pauureté, dit Arcesilaus, est vne grande école, & c'est sur ce fondement, à mon auis, qu'vn Ancien l'appelle la souueraine obseruation des loix.

Comme nostre consentement dépend de nostre moderation, Seneque a raison de dire, que les richesses ne firent jamais vn homme riche.

Il y a des vices qui ne peuuent souffrir la veuë des objets qui leur font de tacites reproches, l'auarice est de ce nombre, & l'Histoire qui remarque les déportemens notables, confirme ce que j'auance: Vn Euesque de Mayence nommé Hatto, fit assembler en vn temps de famine presque tous les pauures de son Eueſché, & comme ces pauures estoient autant de témoins de son auarice; à peine les eut-ils reduits dans vne grange, qu'il les fit brusler:

Ce méchant Prelat disoit souuent, qu'il n'y auoit point de difference entre les pauures & les rats, & que comme l'on deuoit tuër les bestes qui mangeoient le grain, & qui estoient inutiles, l'on deuoit exterminer aussi les hommes qui mangeoient le pain, & qui estoient incommodes; mais vn des membres de sa comparaison seruit à manger son corps, les rats luy firent la guerre, & il apprit aux dépens de sa vie, que les bestes qu'il croyoit superfluës seruoient quelquefois à la vengeance Diuine.

Quel plaisir d'auoir de l'or, en comparaison de celuy qu'on reçoit de commander à ceux à qui l'or commande.

Si l'auare, comme il n'en faut pas douter, n'ose presque toucher à ses biens, n'est-il pas vray, que l'auarice est vn estrange vice? puis qu'elle repugne mesme aux douceurs de la vie, & qu'elle s'augmenteroit si elle diminuoit notablement la matiere de ses amours.

Il ne faut pas s'étonner si nous haïssons plus les Viperes & les Tarentules, que les Ours & les Lyons, parce que quoy qu'ils tuënt les hommes, ils ne se seruent pas de nos cadaures: Il ne faut pas s'étonner aussi si nous haïssons plus les auares que les intemperans, parce qu'encore qu'ils ruinent les autres, ils ne se seruent pas de nos dépoüilles.

De tous les vices, l'auarice n'est pas le moins inuentif; il y a eu des Princes qui ont mis des taxes sur les particuliers, qui se rafraischissoient à l'ombre de certains arbres; il y en a eu d'autres qui ont mis des imposts sur les excrémens ; il y en a eu mesme qui ont tiré tribut du putanisme ; & aujourd'huy dans l'Orient, il y en a qui vendent à leurs Sujets, la liberté de se baigner dans le Gange.

Il ne faut pas s'étonner si les pauures font des prieres pour la mort de ceux qui ont de grands biens, & qui cependant regardent d'vn œil impitoyable, les objets les plus pitoyables du monde : Il est de ces auares, comme de ces rats dont parle Plutarque, qui se remplissent d'or dans les minieres ; l'on ne peut auoir part à leurs richesses, que les vers ne les mangent, que la terre ne les couure.

L'auarice qui est ordinairement clairvoyante en la personne des gens d'affaires, est ordinairement aueugle en la personne des gens de guerre : D'Olennius qui estoit Gouuerneur des Grisons sous Tybere, chargea le peuple d'imposts, & comme si la patience deuoit augmenter la persecution, la facilité qu'il trouua à exercer ses rapines, le porta de plus en plus à de si grandes rigueurs, que les Grisons secouërent le joug des Romains.

Comme ce n'est pas tant par ambition que par interest, que les premieres Testes d'vn Estat embrassent le Ministere, il ne faut pas s'étonner si ceux qui gouuernent, remplissent l'esprit de leurs Maistres de maximes tyranniques, & s'ils leurs disent souuent, que les frequentes saignées rabattent la fougue des esprits, & que les peuples regimbent, quand ils sont legerement chargez.

Que Philippe Deuxiéme fit vne action remarquable, quand il voulut qu'vn Predicateur ſe dédît le lendemain, de ce que le jour precedent, il auoit dit, que l'authorité des Rois s'étendoit ſans reſtrinction ſur les biens des peuples: Cet exemple deuroit faire rougir ceux qui penſionnent les Flatteurs & les Sophiſtes, & qui engagent meſmes les Orateurs ſacrez, par l'eſperance des Croſſes & des Mithres, à donner des ſens inhumains aux paſſages des Ecritures.

De quelle douleur vn Prince cruel ne doit-il point eſtre touché, lors qu'en expirant, il laiſſe par ſes exactions vn peuple miſerable, puiſque Mahomet meſme eut vn extreme regret en mourant, d'auoir mis vn impoſt ſur ſes Sujets, & qu'il voulut que ſon teſtament fut chargé de ce regret.

Il y a quelque rapport entre l'auare & l'Ocean; quelques eauës qui ſe rendent à la Mer, l'Ocean a toûjours le ſein ouuert pour receuoir de nouuelles eauës; quelques biens qui arriuent à l'auare, il a toûjours les mains ouuertes pour receuoir de nouueaux biens.

Moderons nos deſirs, reglons nos affections; ce n'eſt pas, dit la Sageſſe, la priuation des biens qui nous rend miſerable, c'eſt l'amour dereglé des meſmes biens.

A quoy bon tant de Charges, tant de Maiſons, tant de Terres, en vn mot tant d'opulence? Il n'y a, dit Iſaye, que les richeſſes de la Sageſſe, & que les treſors de la crainte, qui ſoient vtiles au ſalut eternel.

I'auouë que les Maisons considerables, ont autant besoin de grands biens, que les grandes machines ont besoin de puissans ressorts ; mais quoy que les richesses contiennent en puissance la plus-part des choses, c'est estre aueugle, que de faire d'vn moyen, l'objet d'vne felicité.

Ie ne condamne pas le desir des biens de la Fortune, ce desir peut auoir de bonnes fins, je ne condamne que l'ardeur de ce desir, cette ardeur a toûjours de mauuaises suites.

Voulez vous sçauoir en peu de mots, de quelle façon il faut se conduire enuers les biens du monde ; voicy ce que la Prudence en dit : Il faut les rechercher auec moderation, Il faut les acquerir auec justice, Il faut les employer auec modestie, Il faut les posseder sans inquietude, Il faut les départir sans esperance, & il faut les quitter sans regret.

L'auarice, dit vn Ancien, est vne passion grossiere & pezante, & il ajoûte à cela, que cette passion conuertit les hommes en plantes, qu'elle les fait viure d'vne vie terrestre.

Ie ne puis assez m'étonner qu'vn homme soit Chrestien, & qu'il soit transporté de l'amour des richesses : Oüy je ne puis assez m'étonner d'vne si étrange passion, luy qui sçait qu'il y a bien de la difference entre cette immortalité réelle, qui est attachée à la substance de l'ame, & cette immortalité metaphorique, qui est adherante à la memoire des hommes, que cette premiere immortalité, qui est vn don fauorable aux vns, est vne faueur funeste aux autres, que le Dieu que nous adorons, est vn Dieu jaloux; qu'il faut aller à Iesus Christ de la façon que Iesus Christ est venu à nous, qu'il y a vn Paradis, qu'il y a vn Enfer, & que comme les recompenses seront eternelles, les peines seront infinies.

Quelle heureuse necessité, dit vn Sage, parlant des pauures, de ne pouuoir supporter de grandes pertes, n'y de pouuoir faire de grands excez.

Comme les richesses sont des especes de semences, il en naist diuers fruits, selon la diuersité des lieux où elles sont répanduës; quand elles tombent sur les indignes, elles n'engendrent que des profusions, que des desbauches; quand elles tombent sur les liberaux, elles ne produisent que des dons, que des charitez, & quand elles tombent sur les auares, elles ne font naistre que des vsures, que des rapines.

Quoy qu'on puisse dire, comme il y a plus de foiblesse dans les hommes, que de force, je tiens auec les Sages, que l'*assez* vaut mieux que le *beaucoup*.

Vn Ancien, qui estoit plus paillard que charitable, disoit effrontement, que la plus belle vertu des biens du monde, c'estoit de donner le moyen de faire des impudiques: Et moy, qui ay esté nourry en vne meilleure Ecole, je dis hardiment, que la plus belle vertu des faueurs de la Fortune, c'est de donner le moyen de faire des consolez.

Themistocle refusa sa fille à vn homme riche, & il la donna à vn homme pauure, & il allegua pour

il la

raiſon, qu'il aimoit mieux la donner à vn homme qui euſt faute de biens, que de l'abandonner à des biens, qui euſſent faute d'homme.

Il y a des auares qui paroiſſent pitoyables, & qui dans le fonds ſont inhumains, Loüis Vnziéme peut eſtre mis au nombre de ces ſortes d'auares; Il eſtoit ſoigneux d'empeſcher les exactions de la Iuſtice & du Commerce, & il ſembloit par là, qu'il priſt part à l'intereſt du peuple; Cependant, dit à peu prés Philippe de Commines, le peuple eſtoit ſa proye, & il n'empeſchoit qu'on ne le plumaſt que pour le dépoüiller luy-meſme.

La proſperité eſt redoutable, la miſere eſt dangereuſe; s'il y a des inſolens dans les richeſſes, il y a des remuans dans la pauureté; & ce ſont les raiſons qui ont porté des Princes à faire mourir des pauures, à preuenir par la precipitation de leur fin, les attentats de leur neceſſité: Mais comme j'ay dit ailleurs, les richeſſes allument les conuoitiſes, elles gonflent le courage, elles attirent les factieux, elles groſſiſſent les partis, & elles produiſent enfin cent autres maux, que la pauureté ne ſçauroit faire naiſtre.

Encore qu'on tienne que la pauureté ſoit le contrepoids des grands deſſeins, l'on peut dire pourtant, que cette verité a des exceptions, que Rome a porté d'illuſtres miſerables, & que ſi l'infortune peut quelque choſe ſur les eſprits mediocres, elle ne peut rien ſur les grandes ames.

## QVE LA FELICITE' NE CONSISTE *point aux plaisirs sensuels.*

LE souuerain bien est le partage des hommes & des Anges, mais les plaisirs sensuels sont communs aux hommes & aux bestes.

Le souuerain bien est vne fin, mais la delectation est vn moyen dont la nature se sert, pour la conseruation des especes animales,

Le souuerain bien est bon de soy, mais les plaisirs sensuels ne sont bons, que quand ils sont moderez.

Le souuerain bien est consistant & de durée, mais selon Boëce & l'experience, ils sont fuyards & échapans.

Le souuerain bien engendre toûjours la joye ; mais les plaisirs sensuels engendrent souuent la douleur.

### *Reflexions sur les plaisirs sensuels.*

CHAQVE sens a ses propres delices, le plaisir de l'attouchement ne renferme pas celuy des yeux, & celuy des yeux ne renferme pas celuy des oreilles ; Il est vray que les cinq sens peuuent contribuer en mesmetemps au contentement du corps, qu'on peut gouster des voluptez composées ; mais quand l'animal est present à plusieurs choses, ses fonctions sont foibles, ses sensations sont languides, & quelque effort qu'il fasse de correspondre pleinement aux atteintes des objets, il ne reçoit que des plaisirs imparfaits, ils ne ressent que des émotions alterantes.

La Panthere, dit Elian, fait mourir ceux qu'elle attire par ses éuaporations, & la volupté fait perir ceux qu'elle attire par ses douceurs.

Athenes voyoit auec mépris ceux qui portoient les marques de la desbauche, les ventrus luy estoient de tres-mauuaise odeur, & elle tenoit qu'il estoit d'vne si grande importance que les Iuges fussent sobres & abstinens, qu'elle n'admettoit jamais aux Sieges, ceux dont la grosseur excedoit vne certaine mesure.

Les plaisirs corporels jettent du trouble dans l'esprit, & tant s'en faut, disent les Platoniciens, que la felicité de l'homme y consiste, qu'elle consiste en la dépoüille du corps.

Encore que les Barborites dont parle l'Histoire, eussent vn sentiment ridicule de la creation du Monde, ils auoient pourtant vn sentiment raisonnable des saletez de la desbauche: ces faux Docteurs admettoient des causes que nous rejettons, & comme entre leurs plus notables erreurs, ils tenoient que le Diable estoit l'autheur des choses sensibles, & que par de méchans moyens, l'on pouuoit faire de bonnes actions: Gorgez vous de vin, de viande, & de poisson, disoient-ils à leurs Disciples, afin de déshonorer par la baue, par les rots, & par le vomissement l'estre corporel, & par consequent l'Autheur du mesme estre.

L'ame qui est née pour se nourrir de pensées sublimes, n'est pas satisfaite quand elle ne s'entretient que de pensées brutales, la repletion du corps est l'inanition de l'esprit, & le soin de l'vn est la perte de l'autre.

Celuy qui prend le plaisir pour pilote, est asseuré de faire naufrage.

Seneque dit de bonne grace, qu'vne vie de roses, produit ordinairement vne mort d'épines.

Les voluptez perdent l'esprit de la pluspart des hommes, lors que leurs excez surpassent de beaucoup la moderation que la raison prescrit; Ce n'est pas que quelques débauchez qu'on soit, les sensualitez conuertissent les hommes en bestes, nous n'auons point encore veu cette metamorphose, mais c'est qu'elles affoiblissent les puissances & les organes qui doiuent contribuer au raisonnement, & qu'en attachant excessiuement l'esprit à l'entour des choses charnelles, elles le rendent comme incapable de former des idées delicates.

Comme la vie la plus sensuelle, est la plus maladiue, l'on doit preferer la plus sobre à la plus voluptueuse.

Il faut entretenir le corps, cela est vray; mais à quelle bon école apprend-t'on qu'il faille entretenir son insolence?

Aristhenes donna des bornes à sa vie, & l'Histoire dit qu'il n'attenta sur elle, que pour preuenir les douleurs dont ſes plaiſirs eſtoient menacez.

Les plaiſirs ſont ruſez, le chaſſeur en deuient ſouuent la proye.

Il eſt impoſſible de gouſter ſans quelque déplaiſir, les plus grands plaiſirs du monde.

Qu'on ſe donne de garde de la volupté, dit vn Sage, elle eſt vn ſeminaire de maux.

Ce n'eſt pas ſans raiſon, qu'on aſſeure que la volupté eſt vne ouuriere de mauuaiſes choſes, elle flate, elle corrompt, elle vſurpe, elle retient.

Il n'eſt pas de la volupté, comme du Paon, la queuë du Paon eſt belle, la queuë de la volupté eſt horrible.

Quelle apparence que la felicité de l'homme dépende des plaiſirs ſenſuels ? le corps eſt ſujet à l'empire de l'ame, & l'eſclaue ne peut eſtre la felicité de ſon ſeigneur.

Si le corps agraue l'ame, comme dit Saint Paul, les plaiſirs corporels ne peuuent eſtre noſtre ſouuerain bien, & Ariſtipe auoit tort de faire de la felicité des beſtes, le bon-heur des hommes.

Ie ne veux pas auec Socrate, qu'on s'abſtienne des plaiſirs ſenſuels pour la ſeule vanité de ces ſortes de plaiſirs ; je veux qu'on s'abſtienne des chatoüillemens du corps, pour mieux gouſter les plaiſirs de l'eſprit, & que les mortifications de l'vn, ſeruent aux plus nobles fonctions de l'autre.

Quoy que les ſenſualitez ſoient plaiſantes, les moyens de les entretenir ſont faſcheux; auſſi dit-on, que pour faire en ſorte, que les voluptez ſoient à nos gages, il faut que nous nous resoluions à deuenir vsuriers & concussionnaires, violens & iniques, faussaires & perfides.

Ciceron qui estoit grand maistre en matiere de mœurs, & qui n'ignoroit pas par consequent les pernicieux effets de la sensualité, dit en ses Offices, que le salubre est preferable au voluptueux, qu'il ne faut pas rapporter sa façon de viure au plaisir, qu'il la faut rapporter à la santé.

Qu'on vante tant qu'on voudra les delectations charnelles, il n'y a point de plaisirs, dit vn grand Homme, qui soient comparables à ceux qui ne sont point suiuis de douleurs.

Les diuertissemens de cette vie n'ont presque point de consistence, aussi dit-on, que la memoire des plaisirs dure plus que les plaisirs mesmes.

Vn Ancien parlant des mœurs dit, qu'il y a ordinairement du rapport entre la fin & le commencement, que celuy qui vit en beste, meurt en beste.

Est-ce sans raison, que les Philosophes Moraux, declament contre les plaisirs corporels, puis que l'or que nous m'anions tous les jours, ne retient rien de la terre en laquelle il a esté formé, que l'ambre est exempt de l'amertume des eauës où il est conçeu, que les perles ne sont point gastées du limon où elles naissent, qu'il y a des riuieres qui ne contractent point la saleure des lieux où elles passent, & que contre ces auantages le plaisir mesme le plus remuant & le plus sensible est meslé, est impur, eſt accompagné & de trouble, & de precipitation.

L'on ne peut faire amitié auec les plaiſirs ſenſibles, qu'on ne faſſe diuorce auec les plaiſirs ſpirituels; & c'eſt ce qui a fait dire à Triſmegiſte, que pour approcher de la diuine Sageſſe, il faloit ſe dépoüiller des paſſions brutales.

Que le plaiſir ſoit nuiſible à la faculté diſcurſiue, vn des plus grands Hommes du monde a eſté de ce ſentiment, Il humecte le cerueau par les eſprits qu'il exhale; cette humidité amortit les feux de l'imagination, & comme les mouuemens qui deſſeichent comme la triſteſſe, ſont plus propres aux fonctions de l'entendement, que les paſſions qui moüillent, comme le plaiſir, Tacite qui n'eſtoit pas moins Philoſophe qu'Hiſtorien, n'a point feint de dire en la perſonne de Galba, que la fortune eſtoit plus ingenieuſe que la proſperité, & qu'il eſtoit plus facile d'eſtre ſage dans les trauerſes que dans le bon-heur.

Pour peu d'habitude que nous ayons auec les douceurs de la vie, il faut que nous ſoyons bien touchez d'enhaut, ſi dans les occaſions tentatiues, nous ne courons plûtoſt à noſtre plaiſir, qu'à nôtre deuoir.

Quelles trahiſons les plaiſirs n'ont-ils point commis contre ceux qui s'y ſont abandonnez? n'ont-ils pas fauoriſé des ennemis & excité des embuſches? n'ont-ils pas cauſé des conjurations, & attiré des couppes-gorges? n'ont-ils pas enfin, endormy des

Conquerans, & liuré des Vainqueurs ?

I'auouë que ce seroit estre bien austere, que de renoncer à tous les diuertissemens de la vie ; mais de dire auec vn ancien Goinfre, que le plaisir est vn cinquiéme élement, c'est ce qui ne tombera jamais sous ma pensée.

La chair est par nature l'esclaue de l'esprit, & il n'y a pas moins de bassesse à l'ame de caresser son corps, qu'il y en a à vn Seigneur, de caresser son valet.

Quand Trismegiste dit, que les voluptez ressemblent aux triomphes qui passent promptement, & qui empeschent qu'on ne passe, il veut dire, ce me semble, qu'elles sont aux voluptueux, & des momens & des obstacles, des instans & des embarras.

Ou la nature a sa foiblesse, ou le plaisir a sa malignité ; les peuples qui ne se chauffent qu'aux dépens des bois aromatiques, ont de la peine à souffrir la fumée qui en exhale, & il faut pour n'estre point incommodé de l'agreable odeur qui l'accompagne, qu'ils ayent recours à des senteurs desagreables.

Ne vous attachez point à la volupté, dit Ciceron en ses Offices, elle ne vous attire que pour vous perdre.

Il y a bien de la difference entre les hommes & les hommes mesmes, le plaisir qui se glisse parmy nos necessitez, est vn sujet de gemissement aux justes, & vn sujet d'adoration aux brutaux.

Le plus grand plaisir, dit vn Sage, consiste à mépriser le plaisir.

Comme

Comme les mesmes choses qui rendent la vie fascheuse, rendent la mort douce, l'on a bien rencontré, quand l'on a dit, que qui viuoit sans plaisir, mouroit sans regret.

Il y a des sensuels qui pensent tellement à eterniser leurs plaisirs, qu'il semble que l'homme soit vn animal immortel; mais outre que les voluptez les plus touchantes sont les plus fades, que les plaisirs les plus vifs, sont les plus passagers; l'on peut dire auec Charon, que l'homme qui en fait ses idoles, est vne fleur qui est bien-tost fanée, est vne étincelle qui est bien-tost éteinte, est vne vapeur qui est bien-tost dissipée, est vn vent qui est bien-tost abbatu.

Que la volupté reconnoist mal ses suiuans? elle ne leur donne pour recompense que des tremblemens & des gouttes, que des pierres & des vlceres.

Il est de la fin des plaisirs, dit vn Moderne, comme de la fin des Tragedies; les Tragedies commencent toûjours par des amours, & elles finissent toûjours par des mécontentemens.

Quelque méprisable que soit la volupté, l'on peut dire à peu prés auec Maxime de Tyr, qu'elle est le premier mobile de la pluspart de nos actions; C'est pour l'amour d'elle que les Marchands parcourent les Mers, que les Partisans tyrannisent les peuples, que les Chasseurs desertent les airs, que les Artisans diuersifient les modes, & que les Courtisans courent les Ruelles.

La volupté n'est seulement pas dangereuse à ceux

qui en ſont les eſclaues, elle eſt encore fatale à ceux qui en ſont les ſpectateurs, le vulgaire prend l'exemple pour la raiſon.

Il n'y a rien qui ſoit ſi voiſin de quelque choſe, que la gayeté l'eſt du chagrin ; la vie la plus heureuſe du monde, n'eſt qu'vn meſlange de contraires ; & l'Antiquité fit bien voir qu'elle eſtoit de ce ſentiment, lors qu'elle fit mettre ſur vn meſme Autel, les Idoles de la Volupté & celles de la Douleur.

Defions nous de toutes les choſes qui ſont capables de flater nos ſens ; il vaut mieux ſçauoir, dit vn Moderne, comment la glace ſe forme, que comment elle ſe conſerue.

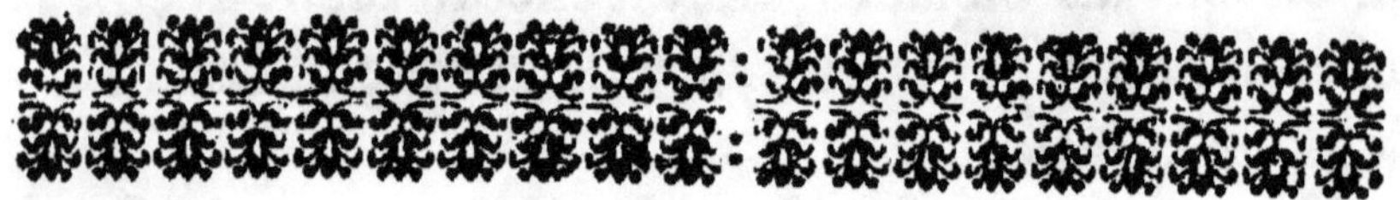

## QVE LE SOVVERAIN BIEN NE *consiste point en la beauté du corps.*

LE souuerain bien est inalterable, mais quoy que la beauté corporelle ait trouué le secret de mettre au nombre de ses esclaues les Maistres du Monde, elle n'a peû trouuer encore l'inuention de se conseruer contre le chagrin, l'âge, & l'infirmité.

Le souuerain bien est tranquille, mais la mesme beauté qui donne de l'amour, donne de l'inquietude.

Le souuerain bien satisfait les plus nobles facultez de l'ame, mais la beauté corporelle ne satisfait que les yeux.

Le souuerain bien opere en nous, & les choses sont plus où elles operent, que là où elles n'operent point; mais la beauté n'opere point en la personne qui en est pourueuë, elle n'opere qu'en celle qui en est touchée.

Le souuerain bien est le partage des gens de bien, mais la beauté du corps est souuent le partage des vicieux.

### *Reflexions sur la beauté du corps.*

IL ne faut pas rougir de la laideur du corps, il faut rougir de la laideur de l'ame; il ne dépend pas de nous d'estre beaux, il dépend de nous d'estre sages.

Encore si la beauté qui est fatale à ceux qui l'adorent, n'estoit pas perilleuse à ceux qui la possedent, je ferois plus d'estat que je ne fais d'vn auantage si éclatant; mais l'on sçait bien que la beauté fait souuent de ses amans, ses traistres, de ses cajolleurs, ses perfides, de ses zelez, ses persecuteurs, de ses adorateurs, ses tyrans: qu'elle est sujette aux embusches des rauisseurs, aux tromperies des galans, aux transports des passionnez, & aux inhumanitez des jaloux.

Que l'amour éloquent dise tant qu'il voudra, que la beauté est vn merueilleux auantage, qu'elle appriuoise les plus farouches, qu'elle adoucit les plus cruels, & qu'elle desarme les plus furieux; qu'elle est le chef-d'œuure de la nature, qu'elle est la beatitude du corps, qu'elle est la felicité des yeux; en vn mot, qu'il n'y a point de bouche dont elle n'exige des loüanges, qu'il n'y a point de cœur dont elle ne tire des soûpirs, qu'il n'y a point de grandeur dont elle n'abaisse la fierté: Pour moy qui la considere, & en sa nature, & en ses effets, je ne la regarde seulement pas comme vn accident fresle, comme vne superficie colorée, comme vne proportion fortuite; je la regarde encore comme vn piege funeste, comme vn appas empoisonné, comme vn abysme couuert de fleurs; & certes, pour peu de reflexion que je fasse sur les exemples que l'Histoire me fournit, je trouue que le mépris que j'en fais n'est pas assez grand, que l'indignation que j'en conçoy n'est pas assez aigre, que l'inuectiue que j'en compose n'est pas assez piquante.

La beauté, comme dit vn Moderne, est vn hoste dangereux, & j'ay raison de le dire, puisque les belles personnes donnent de l'amour, que l'amour donne de la hardiesse, que ceux qu'elles tentent, s'efforcent de les tenter, qu'elles excitent des feux dont elles peuuent receuoir des étincelles.

Vne belle fille a bien-tost d'étranges maistres; l'on n'excite son attention que pour déniaiser sa simplicité, l'on ne surprend ses yeux, que pour flater son attouchement.

Si nous constituons le souuerain bien en la beauté, que ce soit vn juste assemblage des perfections qui conuiennent à la noblesse de nostre estre, nous ne sommes pas tant ce que nous sommes par les particularitez du corps, que par les puissances de l'ame: Efforçons nous donc, d'estre plus agreables par le dedans, que par le dehors, par le rejallissement des vertus Morales, que par l'éclat des vertus sensibles.

Il y a des beautez secrettes qui semblent n'estre au monde que pour faire le martyre de quelques personnes, & ces charmes inconnus qui se trouuent en ces objets, se rencontrent en vn Mixte inanimé, que les Naturalistes appellent, le Tombeau des Tourterelles: Dés que les Colombes voyent ce Mixte, elles le deuorent des yeux, & comme cette pierre a des appas qui épanoüissent leurs cœurs, & qui épuiſent leurs eſprits, elles languiſſent quelque temps deuant elle, & enfin elles luy rendent les derniers ſoûpirs.

Quelle apparence de faire fondement ſur vne fleur que la fiévre ſeche, ſur vn éclat que la triſteſſe ternit, ſur vne peau que la verole caue, ſur vn embonpoint que l'âge diminuë.

Les belles perſonnes doiuent eſtre tellement ſur leurs gardes, qu'elles doiuent meſme ſe defier & de leurs portraits & de leurs glaces ; ce ſont des muets, on ne le peut nier, mais ce ſont des repreſentatifs ; ce ſont des deſintereſſez, il eſt vray, mais ce ſont des panegyriſtes.

On dit & auec raiſon, que les belles Dames reſſemblent aux lames luiſantes ; les lames luiſantes ont vn éclat qui plaiſt, mais elles font ſouuent de grandes bleſſures à ceux qui les empoignent ; les belles Dames auſſi ont vn vif qui agrée, mais elles apportent ſouuent de grands deſordres à ceux qui s'y attachent.

S'il eſt impoſſible de repreſenter vne beauté ſpirituelle, qui plaiſe à tous les eſprits, puis que ce qui eſt honoré chez les vns, eſt ſouuent mépriſé chez les autres ; que les Alemans ſe moquent de la ſobrieté, que les Italiens approuuent la faineantiſe, que les Eſpagnols vantent la fierté, & que les Anglois font les Eloges de la gourmandiſe ; il ne faut pas s'étonner auſſi, s'il eſt impoſſible de figurer vne beauté corporelle qui plaiſe à tout le monde, puis que les Iapponnois noirciſſent les dents, que les Ethiopiens estiment les tetasses, que les Indiens Occidentaux cherissent les vieilles femmes, que les Abyssins aiment les nez camus, que les Chinois font estat des petits yeux, que les Lybiens sont amoureux des lévres renuersées, & qu'on remarque mesme que les Romains ont autrefois adoré vne Venus chauue.

Qu'est-ce que la beauté ? c'est ce qui plaist, dit vn Ancien ; cette réponse nous apprend, que comme les inclinations sont differentes, il est plus facile de la trouuer que de la definir.

Si plus l'amour est grand, & plus il est dangereux, les femmes qui sont fort belles, doiuent estre plus craintiues que celles qui ne le sont pas tant, parce que les effets sont ordinairement proportionnez à leurs causes, & qu'il est aussi rare qu'vne grande beauté engendre vn petit amour, qu'vn geant engendre vn nain.

Comme vne belle pierre n'emprunte point son prix du métail qui l'enuironne, vne belle ame n'emprunte point aussi sa recommandation du corps qui la reuest.

La moindre fiévre est à peu prés aux beaux visages, ce que la main est aux fruits qui croissent au lac Asphaltite, pour peu que la main touche ces sortes de fruits elle détruit leur consistance, pour peu que la fiévre attaque ces sortes de visage, elle détruit leur embonpoint.

Il ne faut pas s'étonner si vn ancien Philosophe moral, enuoye les Dames aux Cimetieres, s'il leur met comme deuant les yeux, ces testes, ces carcasſes, ces bras, ces jambes, en vn mot ces ſquelettes épars que la nature auoit veſtus, & que les vers ont dépoüillez, il eſt à propos que les tableaux hideux leur faſſent conceuoir du degouſt pour les miroirs plaiſans, qu'on leur repreſente des foſſes groüillantes & des charniers garnis, qu'on leur faſſe voir dans la perte des cheueux, des peaux & des chairs, les ornemens dont elles ſeront priuées, afin qu'elles ne ſe glorifient point des meſmes ornemens dont elles ſont pourueuës, & que dans les horribles idées qu'elles formeront de l'auenir, elles vſent bien des occaſions du preſent.

Quoy qu'vn Pere de l'Egliſe traite la beauté, de Riche veſtement, il arriue ſouuent que les ſujets où elle paroiſt dans ſon plus grand jour, ne ſont pas les plus riches; les Cantarides ſont plus agreables que les Mouches à miel, & entre les ſimples les Naturaliſtes tombent d'accord, que ceux qui ont moins de vertu ont ordinairement plus d'éclat.

La beauté de l'eſprit conſiſte en l'aſſortiment des vertus, comme la beauté du corps conſiſte en l'aſſortiment des traits & des couleurs: La prudence en eſt l'œil, La modeſtie en eſt la langue, La ſobrieté en eſt la bouche, La douceur en eſt la joüe, La foy en eſt l'oreille, La conſtance en eſt le col, L'innocence en eſt la blancheur, La juſtice en eſt la main, La force en eſt le bras, La droiture en eſt la taille, & La charité en eſt le cœur; Que ſi la beauté ſpirituelle a le meſme auantage que le ſpirituel, ſur le materiel; d'où vient que nous courons

comme

comme des emportez aux beautez ſenſibles & periſſables ? que nous fermons l'oreille aux diſcours ſalutaires, & que nous ouurons les yeux aux objets pernicieux, que nous mépriſons la Morale, & que nous conſultons le miroir, que nous éteignons les feux qui nous ſanctifient, & que nous allumons les feux qui nous perdent, que nous negligeons d'eſtre agreables à Dieu, & que nous affectons d'eſtre agreables aux creatures.

Ie ne nie pas que la beauté qui pare ſes ſujets, ne ſoit aux ſubſtances corporelles ce que les parterres ſont aux jardins, ce que les émaux ſont à l'or, & ce que les couleurs ſont au caneuas ; je ne nie pas encore que les beaux yeux qui ſont les plus nobles parties du viſage, ne ſoient aux meſmes viſages ce que les fleurs ſont aux parterres, ce que les Etoilles ſont au Firmament, & ce que les Diamans ſont aux roches ; je ne nie pas non plus, que la grace qui anime les auantages de la nature, ne ſoit au corps ce que le premier Mobile eſt aux Cieux, ce que les maiſtreſſes rouës ſont aux horloges, & ce que les reſſorts ſont aux machines ; mais enfin la beauté, comme j'ay cy-deuant dit, n'eſt qu'vn ſimple accident, elle ne perfectionne pas l'interieur, elle n'enrichit que le dehors, & s'il faut cent ſoins pour la conſeruer, il ne faut qu'vne diſgrace pour la détruire.

Ce fut vne eſtrange indecence à Pericles de ſe defendre d'eſtre humain enuers vn jeune homme, parce qu'Epinice qui ſolicitoit pour luy eſtoit laide ; il me ſemble que les bonnes actions doiuent auoir de bons motifs, & qu'encore que la beauté chez les gens du monde, soit vne piece de grande recommandation, l'on doit preferer le contentement de l'esprit à la satisfaction des sens.

Vous, mes Dames, à qui la beauté est comme tombée en partage; ne vantez plus tant, ny le feu qui brille dans vos yeux, ny le blanc & le rouge que la nature a judicieusement dispersez sur vostre visage; ces attraits sont des corrupteurs, ces graces sont des assassins, & si la pudeur & la modestie ne dérobent aux curieux la pluspart de vos charmes, les mesmes charmes qui vous procurent icy d'illustres captifs, vous attireront en l'autre vie d'horribles chastimens.

Quand on dit, selon le sentiment d'vn des plus grands Philosophes du monde, qu'il appartient à la beauté de commander; je ne puis conceuoir qu'on entende parler de la beauté du corps? les ames les plus fortes animent souuent les corps les plus malfaits; & si, sur la matiere qui se presente Tertullien est croyable, Iesus Christ mesme estoit tellement difforme, qu'il en estoit insupportable.

Nous n'auons rien au dessus des choses materielles, si nous ne joignons les beautez de l'esprit aux graces du corps; la raison est qu'il y a en tous les mixtes vn germe qui est la bonté, & vne fleur qui est la beauté, que dans les hommes en qualité d'animaux, il y a vne bonté qui est le juste temperament des humeurs, & que dans les mesmes hommes il y a vne beauté, qui resulte de la delicatesse des traits, de la proportion des parties, & du judicieux meslange des couleurs; que dans les plantes, il y a vne bonté qui est la fecondité que la nature a attachée aux racines & aux moüelles, & que dans les mesmes plantes, il y a vne beauté qui dépend du colory des fleurs, & de la diuersité des feüilles: que dans les pierreries, il y a vne bonté qui consiste au parfait assemblage des élemens, & aux vertus particulieres, que les causes superieures y ont transmises, & que dans les mesmes pierreries, il y a vne beauté qui paroist en leur éclat, en leur couleur, & en leurs rayons; que dans les cieux enfin, il y a vne bonté qui sont leur matiere & leur forme, & que dans les mesmes cieux, il y a vne beauté qui sont leur clarté & leur lumiere.

Comme la pluspart des femmes bien-faites ont l'esprit coquet, qu'elles nous buslent tantost d'amour, & qu'elles nous glacent tantost de jalousie; Seneque a eû raison de dire, que la felicité estoit bien éloignée de la possession des belles Dames, & que de loger ses affections dans les agrémens du corps, c'estoit placer son cœur dans les palais de la misere.

Que Pytagore estoit foible, de refuser pour Ecoliers des hommes mal-faits, le genie dépend-il des traits du visage; Esope estoit-il beau? Socrate estoit-il agreable? & cent grands Disciples qui ont surpassé leurs Maistres dans la science qu'ils professoient, ont-ils toûjours aussi auantageusement payé de mine que d'esprit, de taille que de jugement?

L'on demanda vn jour à vn Philosophe dédaigneux, ce que c'estoit que la beauté, il répondit joliment que c'estoit vn morceau de terre de diuerses couleurs; en effet il y a des beautez noires, des beautez basanées, des beautez brunes, des beautez blanches, & des beautez vermeilles.

Il est tres-dangereux, dit vn Sage, de regarder fixement vne belle Dame, la beauté ne cause que des maux subits, & la raison ne fait que des guerisons tardiues.

Que Phryne courtisane & criminelle fut heureuse, de trouuer des Iuges luxurieux & infirmes? elle parut aux pieds du Tribunal pour entendre sa condemnation: mais à vostre avis, comment parut-elle? certes ce fut auec tant d'immodestie, que laissant voir la beauté de son sein à ceux dont sa vie dépendoit, elle fit de ses Iuges ses Auocats, & de ses obseruateurs ses amans.

La beauté, dit Saint Augustin, est vn bien qu'on peut considerer comme vn don de Dieu; mais s'il fait ce don aux méchans aussi bien qu'aux bons, c'est pour apprendre aux bons, dit ce Pere, à n'estimer ce bien que comme vne legere faueur.

Entre ceux qui sont assez mal-heureux pour regarder fixement vne belle femme, il ne s'en troue gueres qui soient assez sages pour combatre fortement l'objet qui les a arrestez; nous prenons plaisir à remplir nostre imagination de ce qui a doucement frappé nos yeux, & comme nostre imagination a vn grand empire sur nos puissances inferieures, il arriue ſouuent que le meſme beau viſage qui a eſté l'objet de nos regards deuient le centre de nos deſirs, que la meſme belle perſonne qui a eſté l'objet de nos obſeruations, deuient la cauſe de noſtre ſeruitude.

Encore ſi la beauté toute ſimple & toute pure, faiſoit des conqueſtes, j'excuſerois les Dames qui ont cent Soûpirans à leur ſuite; mais ces Dames ne ſe contentent pas des graces naturelles, elles joignent à ces dons l'éclat des pierreries, la noirceur des mouches, & la douceur des parfums, & il ſemble qu'en ce dernier point, elles veulent imiter les Baleines, qui ſelon le rapport des gens de Mer, répandent leur ambre-gris pour attirer à l'entour d'elles quantité de poiſſons.

I'auouë auec Platon que la beauté eſt comme l'ame du monde, mais elle remuë des paſſions qui troublent & qui tranſportent, & vne cauſe ne peut eſtre bonne qui produit d'étranges effets.

Il eſt de la beauté des femmes, dit vn Ancien, comme des œufs d'aſpic, ces œufs renferment ſous vne agreable diuerſité de couleurs vn venin tres-ſubtil, la beauté des femmes cache ſous vne charmante diuerſité de traits, vn poiſon tres-pernicieux.

Ceux qui ſont pour le party de la beauté, diſent qu'il faut bien que ce ſoit quelque choſe de diuin, puis qu'vne peinture, fit autrefois d'vn jeune curieux, vn amant aſſidu; & moy qui ſuis entierement opposé à ce ſentiment, je tiens qu'il faut bien que ce ſoit quelque choſe d'étrange, puis que la Venus de Praxitele, dont l'on entend parler, fit autrefois d'vn jeune homme, vn amant brutal.

Si entre ceux qui ſont eſclaues des belles Dames, il y en a qui veulent ſecouër le joug de ces imperieuſes, qu'ils jettent leurs penſées par auance, ſur les rauages que les vers leur feront, & je me trompe bien, s'ils ne conuertiſſent leur empreſſement en tiedeur, leur amour en mépris, & leur ſeruitude en liberté: Le Duc Borgia qui auoit encore l'imagination remplie des merueilles de l'Imperatrice, eut ordre de Charles le Quint, de conduire ſon corps au lieu de ſa ſepulture; ce Duc accompagne ce cadaure, les larmes accompagnent ce Duc; mais à peine eut-il veû pour la derniere fois le viſage défiguré d'Iſabelle, qu'il paſſa de la curioſité à l'étonnement, de la paſſion au dégoût, & pour dire quelque choſe de plus, de l'adoration à l'horreur.

## QVE LE SOVVERAIN BIEN NE consiste point en la force du corps.

L'ON ne peut abuser du souuerain bien, mais l'on peut abuser des forces du corps.

Le souuerain bien est vne fin, mais les forces du corps sont des moyens dont les hommes se seruent pour supporter les injures des saisons, pour resister aux fatigues de la guerre, & pour suruenir aux austeritez de la Religion.

Le souuerain bien est vn bien de l'ame, mais les forces dont nous parlons, sont des effets de la bonne constitution.

Le souuerain bien est le partage des belles ames, mais les vigueurs du corps sont ordinairement l'auantage des Vignerons, des Basteliers, des Bateurs, & des Porte-faix.

Il faut qu'il y ait de la proportion entre le souuerain bien, & les sujets qui le reçoiuent, & comme le souuerain bien est le bien le plus excellent, il faut que les sujets qui le reçoiuent soient les sujets les plus nobles; mais si les forces du corps estoient le veritable bien de la nature humaine, il s'ensuiuroit de là, que le veritable bien de l'homme auroit dans les Mulets, dans les Elephans, & dans les Cheuaux, quelque degré de perfection, qu'il n'auroit pas dans ses propres sujets, puis que ces sortes d'animaux, ont des forces presque inuincibles, & qu'on dit mesme en commun prouerbe, que si le cheual connoissoit les siennes il seroit indomptable.

Le souuerain bien est inalterable, mais les forces du corps, sont enfin le joüet des années, des débauches, & des infirmitez.

*Reflexions sur les forces du corps.*

QVoy que les forces dont j'entens parler, soient le partage des petites gens, elles ne laissent pas d'estre considerables, la guerre requiert des hommes forts, & la Religion veut des personnes vigoureuses.

L'on doit tâcher de fortifier son esprit à mesure que le corps se fortifie, il est honteux qu'vn esprit imbecile loge dans vn corps robuste.

Comme il est raisonnable que l'ame commande au corps, il est juste que l'adresse triomphe de la force.

Quelle honte de luiter contre ses pareils, & de ne luiter pas contre ses disgraces.

Qu'est-ce qu'vn corps robuste, joint à vn esprit foible? ce n'est à mon auis autre chose qu'vn assemblage dangereux, qu'vne vnion indecente, qu'vn composé bizarre.

Encore que la force du corps semble resider dans les colosses, elle n'y reside pas toûjours; le Maréchal de Biron, qui reduisit à la raison vn homme de belle taille, dit vn jour en se raillant, qu'vne mouche incommodoit bien vn asne, & que comme vn petit homme abbatoit bien vn grand chesne, il ne faloit pas s'étonner s'il auoit terrassé son ennemy.

## QVE LA FELICITE' NE CONSISTE *point en la ſanté.*

LE ſouuerain bien eſt vne fin, mais comme le corps eſt pour l'ame, la ſanté eſt pour l'ame meſme.

Le ſouuerain bien eſt ſtable , mais la ſanté eſt changeante.

Plus le bien eſt grand, & plus il eſt exempt d'inquietude ; mais ſi le dernier degré de la ſanté , dit Hipocrate, eſt le premier pas de ſon déchet, plus la ſanté eſt vigoureuſe, & moins elle eſt exempte de chagrin.

Le ſouuerain bien eſt comme ſenſible à l'ame, mais la ſanté eſt vn bien dont les auantages ſont moins ſenſibles par leur preſence, que par leur priuation.

### *Reflexions ſur la ſanté.*

LA ſanté, comme j'ay cy-deuant dit, eſt moins proche de ſa ruine quand elle eſt en ſon eſtat mediocre , que quand elle eſt en ſon éminent degré.

Il n'y a rien de plus delicat que la ſanté, Il n'y a rien de plus bizarre que la nature, Il n'y a rien de plus incertain que l'ordonnance.

La ſanté a ſes ſeruitudes, elle eſt eſclaue du julep, de la lancette, & du lauement.

Comme ſi la force eſtoit le ſouuerain bien de l'homme, les Crocheteurs ſeroient plus heureux que les Princes ; l'on peut dire auſſi que ſi la ſanté eſtoit le veritable bien de la nature raiſonnable, les Corbeaux ſeroient plus heureux que les hommes.

Encore que la ſanté ſoit freſle, elle eſt importante, & l'on juge de ſon importance par ſon contraire ; la maladie diſtrait la penſée, la diſtraction de la penſée diuiſe les forces de l'ame, & la diuiſion des forces de l'ame affoiblit les forces de l'entendement.

Les Anciens ont tenu, qu'il n'y auoit rien de plus beau que la juſtice, qu'il n'y auoit rien de plus doux que la joüiſſance, & qu'il n'y auoit rien de plus vtile que la ſanté ; mais quelque fruit qu'on puiſſe tirer de la temperie des humeurs, il faut auoüer auec moy, qu'en ſanté, qu'en maladie, la vertu eſt auantageuſe, que la ſanté ſans la vertu eſt vn bien qui tante la chair, que la vertu ſans la ſanté eſt vn bien qui rehauſſe la conſtance, & par conſequent que la vertu a des vtilitez que la ſanté n'a pas.

S'il faut vnir les choſes qui ſymboliſent, il faut faire en ſorte, dit Iuuenal, de loger vne ame ſaine dans vn corps ſain.

La pluſpart des hommes conſiderent plus le preſent que l'auenir, & comme ils aiment mieux la ſanté du corps que la ſanté de l'ame, il ne faut pas s'étonner s'ils recherchent plus les Medecins que les Confeſſeurs, s'ils ont plus de ſoin de conſulter Hipocrate que Ieſus Chriſt.

Que Loüis Vnziéme estoit mol & craintif, qu'il haïssoit les maladies, & qu'il craignoit la mort, il faisoit faire des Prieres publiques dans toutes les Villes de France, lors que quelque mauuais vent alteroit sa santé; Il donnoit dix mille écus tous les mois à Iacques Cottier, dans la crainte qu'il auoit que si ce Medecin l'abandonnoit, sa vie ne fust tres-courte; Il beuuoit mesme, selon quelques Historiens du sang des petits enfans, pour rajeunir sa constitution, & rendre sa santé vigoureuse; enfin comme il vit que les Prieres, que les Processions n'obtenoient rien du Ciel, que toutes choses sembloient conjurer sa perte, il appella en France François de Paule, il recommanda sa santé à ce bon homme, & ce fut en faueur de ce Saint Personnage, que l'Ordre des Minimes fut institué.

S'il n'y a rien de si difficile que de maintenir la temperance (qui est la conseruatrice des vertus) en vne ame qui est reuestuë d'vn corps sain & gaillard; ce n'est pas sans raison qu'on dit, apres plusieurs Saints, que l'infirmité est vne école de sagesse, & que la debilité qui suit les maladies, sert à la force de l'ame.

Ne nous preualons point de la santé, ne pestons point contre les maladies, il y a des confiances trompeuses, il y a des plaintes inutiles.

Il ne faut pas que les diminutions de l'embonpoint soient les suites du débordement, il faut que les ruines de la santé, soient les triomphes de la mortification.

## *QVE LE SOVVERAIN BIEN NE consiste point en l'honneur.*

LE souuerain bien est en nous, mais l'honneur est en celuy qui le rend.

Le souuerain bien est desiré pour l'amour de luy-mesme, mais l'honneur est desiré pour les Deferences, pour les Statuës, pour les Priuileges, & pour cent autres auantages.

La fin de chaque chose consiste en sa propre operation, mais l'honneur reside en l'estime de celuy qui honore.

Le souuerain bien est indépendant ; c'est à dire, qu'il ne releue point du caprice des creatures, mais l'honneur dépend de l'opinion des hommes.

Le souuerain bien est toûjours le partage des gens de bien, mais la flaterie diuinise quelquefois les Caligules & les Nerons.

Le souuerain bien est stable, mais comme l'honneur dépend de l'opinion des hommes, & que les hommes sont tres-changeans ; l'on peut dire que l'honneur est tres-incertain, que la reputation est tres-fresle.

Le souuerain bien est satisfaisant, mais il est de l'honneur comme de ces sortes d'alimens, qui enflent plus qu'ils ne rassasient.

Le souuerain bien est plus excellent que celuy

qui le possede, mais la vertu qui est le motif de l'honneur est plus considerable que l'honneur mesme.

*Reflexions sur l'honneur.*

IL y a difference entre l'honneur, la gloire, & la loüange ; l'honneur regarde la simple vertu, la gloire regarde les vertus éclatantes, la loüange regarde tout ensemble, & les vertus Morales, & les vertus artificielles.

L'honneur a peu d'estenduë, la gloire est vaste, l'honneur retient ordinairement le nom d'honneur quand il se rend aux personnes particulieres, & qu'il ne passe pas les limites d'vne Ville, d'vne Prouince, & l'honneur acquiert le nom de gloire, & quand il se rend aux personnes publiques, & qu'il passe les limites d'vn Royaume, d'vn Empire.

Quoy que ce que je viens de dire ait d'illustres partisans ; neantmoins quelques autres Philosophes, qui n'ont pas moins de poids que les premiers, ont estably quatre sortes d'honneur, & ont compris sous le nom d'honneur, l'honneur mesme qu'on rend au premier principe ; Le premier est appellé diuin, Le deuxiéme est appellé ciuil ou politique, Le troisiéme est appellé naturel, & le dernier est appellé seruile ; Le premier c'est celuy qu'on rend à Dieu, à Iesus Christ, à la Vierge, aux Saints, & aux Personnes sacrées ; Le deuxiéme c'est celuy qu'on rend aux Princes, aux Magistrats & aux Personnes publiques, Le troisiéme c'est celuy qu'on rend aux progeniteurs, & le dernier c'est celuy qu'on rend aux Maistres.

La vertu est toûjours contente, mais elle n'est pas toûjours reconnuë ; Caton recoit des reproches, l'on refuse le Consulat à Coriolan, & Scipion est enfin obligé de mourir à l'Interne.

Comme les interests opposez diuersifient les sentimens, tel est encensé en vn lieu, qui est maudit en vn autre.

Il est plus facile de perdre l'honneur que de l'acquerir ; il faut faire cent belles choses pour l'acquerir, & il ne faut faire qu'vne méchante action pour le perdre.

Si tout bien vient d'enhaut, si la vertu est vn bien, & si l'honneur qui dépend d'autruy est vne suite de la vertu, pourquoy nous enflons nous de l'honneur qu'on nous rend ? n'est-ce pas se preualoir d'vn accessoire qui dépend des hommes ? n'est-ce pas tirer auantage d'vne excellence qui vient de Dieu.

L'honneur nous engage quelquefois à engager nostre honneur ; la crainte de décheoir de son authorité porta Ioab à assassiner Abner.

Il est quelquefois perilleux d'estre estimé, Saül ne pouuoit souffrir qu'on loüast Dauid.

On ne peut paruenir au veritable bien que par des actions effectiuement bonnes, mais l'hypocrisie peut paruenir aux honneurs.

L'honneur est vne confusion à celuy auquel il est vne injustice.

Pourquoy rougir de sa condition, est-ce vn déshonneur que de tenir le rang que la Prouidence nous a marqué ? Il ne tient qu'à nous, dit vn Moderne, que nous ne nous contentions de l'estat où nous nous trouuons ; la rose ne souhaite point d'estre vn diamant, & vne Taupe ne souhaite point d'estre vn Aigle.

Il y a des gens qui quoy qu'ils soient bien-aise d'estre estimez, ne se soucient pas de receuoir des marques éclatantes de cette estime; Scipion l'Affricain se contenta d'estre bien dans l'esprit des Romains, & quelque effort qu'on fist d'honorer solidement sa vertu, son ambition n'exerça point les Statuaires.

Encore qu'on declame contre l'ambition, nous aurions raison de la louër si elle ne se proposoit que l'honneur, parce qu'on ne peut paruenir à l'honneur, c'est à dire, à la belle reputation que par des actions vertueuses ; mais elle se propose encore les Charges, les Dignitez: Et parce que les brigues sont inégales, & qu'il est fascheux à vn homme de cœur d'aspirer aux grandes choses, & d'estre frustré de son attente, il arriue de là que l'ambition recourt aux embusches, au poison, & pour tout dire en peu de mots, qu'elle preuient quelquefois vne espece de honte par vne veritable lâcheté.

Quand Saladin voulut qu'à ses funerailles, l'on portast sa chemise au bout d'vne pique, il voulut apprendre par là aux ambitieux, que les grandeurs du monde estoient vaines, & qu'en perdant à la mort les titres de Souuerain, de Victorieux & de Conquerant, il ne luy estoit demeuré qu'vn peu de linge pour couurir les restes de luy-mesme.

Comme l'ambition naist d'vne haute opinion, il

ne faut pas s'étonner si celuy qui est embrasé de cette passion est hautain, & s'il aime mieux auec Cesar estre le premier en vn Village que le second à Rome.

Quelle foiblesse à l'homme d'estre si borné dans ses dimensions, & d'estre si vaste dans ses desirs.

La cheute que Philippe de Macedoine fit à la luite, luy donna lieu de faire sur ce sujet vne belle reflexion; A peine se fut-il releué, qu'il se retourna, & comme il vit sur la poussiere l'impression de son corps, O Hercule ! s'écria-t'il parlant à soy-mesme, qu'il faut peu d'espace pour renfermer ton étenduë, & cependant vn Monde ne peut contenir ton ambition : L'Empereur Seuere fit à peu prés vne semblable reflexion, lors qu'à la veuë des vases où ses cendres deuoient estre mises, il retourna ses yeux sur soy-mesme, & qu'apres auoir comme confronté ce vase auec sa personne, il s'écria en suite, O Vrne que tu es petite ! & neantmoins tu renfermeras bien-tost vn Prince dont l'ambition a esté plus étenduë que l'Vniuers.

Quoy qu'vne grande fortune, comme dit Tacite, ne souffre point vne mediocre ambition, il ne s'ensuit pas necessairement de là, que l'ambition prenne ses mesures sur la puissance de celuy qui en est piqué. Vn mediocre honneur, qui deuroit satisfaire vn petit compagnon, irrite souuent plus qu'il ne flate, & c'est ce qui a fait dire à vn grand Personnage, que ceux qui mettoient leur souuerain bien dans l'honneur, ne trouuoient presque jamais leur

leur bon-heur dans l'honneur mesme.

Ciceron tient que le desir de la gloire, est la passion des Magnanimes, & Plutarque qui est venu apres luy, ne feint point de dire, que c'est estre lâche, que de ne sentir point les étincelles de ce desir : Ie ne condamne ny n'approuue ces sentimens, la passion dont il s'agit tombe dans l'ame des Heros, des Fanfarons & des Hypocrites ; mais enfin il est toûjours vray d'auancer, que la belle estime qui est l'objet de l'ambition, ne fait point le souuerain bien de l'homme, parce que les Heros aiment mieux la vertu, que l'estat qu'on en fait ; que les Fanfarons ont vne secrette confusion de l'honneur qu'on rend à leur heureuse temerité, & que les Hypocrites ne regardent la haute reputation que comme vn moyen, de paruenir à quelque chose de plus solide.

Si le monde naturel ne se conserue que par le changement, le monde ciuil ne s'entretient que par les vicissitudes ; & si cela ne reçoit point de doute, pourquoy mettre son bon-heur dans la belle reputation, puisque tel est aujourd'huy dans la gloire, qui est demain dans l'infamie, & qu'il est de nos ambitieux comme de la Statuë de l'Isle de Chio dont parle l'Histoire, qu'on voyoit tantost riante & tantost pleurante.

Que de fatigues, que de sueurs pour vn bien qui altere, pour vn bien qui passe ! O mondanités que vous estes vaines dans vos pompes ! que vous estes courtes dans vostre durée, & que vous estes trompeuſes dans vos promeſſes.

Quand l'honneur qu'on ſe propoſe eſt diſconuenable, le meſme eſprit qui peche en la fin, peche aux moyens : Vlaſte Reine de Boeme mit ſon bon-heur en la reputation de bien tirer de l'arc, & de bien faire la guerre, & de peur que dans l'étenduë de ſa domination il n'y eût quelques Braues qui la ſurpaſſaſſent en ces exercices, elle ne ſe contenta pas de faire perir dans vn Chaſteau tous ceux qui luy pouuoient donner de l'ombrage, elle fit couper le pouce de la main droite, & creuer l'œil du meſme coſté à ſes propres enfans, & l'Hiſtoire ajoûte meſme, qu'apres auoir fatigué ſon mary par ſes embraſſemens, elle fut aſſez cruelle pour paſſer des careſſes aux couſteaux, des effets legitimes du mariage, aux effets aueugles de l'ambition.

Il eſt perilleux d'eſtre puiſſant, & de mettre l'honneur en des actions qui le font perdre, & pour preuue de ce que j'auance, vn Comte d'Eu, vn Loüis de Luxembourg qui entreprirent ſur nos Roys ſe trouuerent mal de leur fauſſe ambition.

De quelles belles choſes diſent les ambitieux, l'honneur n'eſt-il point la ſource ? j'auouë que l'honneur eſt vn puiſſant motif, que c'eſt luy qui met en exercice la pluſpart des langues & des mains, mais ſans faire vn dénombrement ennuyeux des choſes que la vieilleſſe des ſiecles nous a rauies, que reſte-t'il de la ſtacade d'Alexandre ? quelques heures ne renuerſerent-elles pas en cet ouurage, l'ouurage de je ne ſçay combien de jours : Que reſte-t'il encore du Pont de

Xerxes? vne nuit étoillée ne vid elle pas la destruction de ce merueilleux trauail : Que reste-t'il enfin des Amphitheatres, des Mausolées, des Pyramides, & de cent autres raretez dont l'Antiquité fait tant de bruit? l'air n'a-t'il pas miné ces Monumens, le temps n'a-t'il pas deuoré ces Chefs-d'œuures.

Pour peu que les occasions se presentent d'aspirer aux premieres dignitez du monde ; de quelles étranges choses ne sont point capables, ceux qui mettent leur gloire en la domination, & qui ne reconnoissent point d'autre felicité que la mesme gloire. Bessus & Narbazanes se preualurent du mal-heureux Estat où ils trouuerent Darius, & quelque obligation qu'ils eussent à ce grand Prince, l'ambition de partager entre eux son Empire, les aueugla de telle sorte, qu'ils le traiterent d'esclaue, qu'ils le chargerent de chaisnes.

Il n'y a rien de si dénaturé qu'vne fausse ambition, Alexandre estoit fasché des prosperitez de Philippe, & il apprehendoit qu'on n'ostast à la gloire du fils, ce qu'on ajoûtoit à la gloire du pere.

Quel honneur de deuenir le tyran de son païs ! Cependant Crassus, Pompée & Cesar, ne peuuent demeurer en vne mesme Ville, & le sang & la nature qui les lient, ne peuuent empescher que l'ambition ne les separe.

Quoy que l'honneur soit bien éloigné d'estre le souuerain bien, il ne laisse pas d'estre considerable ; ceux qui se proposent la haute estime, embrassent les belles occasions, ils sçauent auec Charles Sixiéme Roy de France, que les fueurs de la vertu engendrent des lauriers, & que qui n'entreprend rien, comme il disoit, n'acquiert rien.

Il faut sans doute, que l'honneur soit de la nature des biens dont la possession est alterante, puisque la pluspart des hommes ne se contentent pas d'estre honorez durant leur vie, qu'ils desirent de l'estre encore apres leur mort; Vn Prince du Sang de France qui eut esté plus estimé qu'il ne fut, s'il eut fait pour nous ce qu'il fit pour les Estrangers, confirme hautement ce que j'ay auancé; Il voulut que son tombeau attirast l'admiration de tous les curieux, & que pour cet effet l'on mit dessus les paroles suiuantes; *Cy gist Bourbon, qui a vaincu les François, qui a pris Rome, & qui a augmenté l'Empire.*

Chose étrange! qu'il y ait des gens d'esprit qui mettent l'honneur en des choses indifferentes, Neron Gallienus affecta de paroistre sous la forme d'vn Colosse; & le Poëte Accius qui tomba dans la mesme foiblesse, voulut estre veû sous la taille d'vn geant.

Il y a six sortes d'ambition, la premiere qui est la prudente, ne regarde l'honneur que pour l'amour de la vertu; la deuxiéme qui est l'hypocrite, ne regarde la vertu que pour l'amour de l'honneur; la troisiéme qui est la puerille, met l'honneur en des choses friuolles; la quatriéme qui est la déraisonnable met l'honneur en des choses indifferentes; la cinquiéme qui est la mécanique, met l'honneur en des choses nécessaires; la derniere qui est l'aueugle, met l'honneur en des choses honteuses, & c'est à mon avis de la derniere espece dont l'on entend parler, quand on dit qu'elle broüille les hommes auec les hommes, & les hommes auec Dieu, qu'elle étouffe le zele de la pieté, & l'amour de la Religion, que des amis trahis, que des freres égorgez, que des citoyens meurtris, elle en fait la matiere de ses triomphes, les degrez de son éminence, & les fondemens de sa gloire.

Quelque auide d'honneur que fût Alexandre, il ne prenoit plaisir à estre loüé que des choses loüables, il ne ressembloit pas en cela à de certains Princes qui pensionnoient des gens dont la flaterie estoit impudente, & qui ne receuoient point de plus grande joye, que quand on les traitoit, ou d'excellens musiciens, ou de grands basteleurs, ou de bons cochers.

Il est juste d'aimer l'honneur, de le considerer comme quelque chose qui se rapporte à la vertu; mais il n'est pas raisonnable de faire de l'ombre le corps, de la branche le tronc, du ruisseau la source, & de l'accessoire le principal.

Que de funestes desseins ne forme point vn Prince qui met l'honneur en de certaines dignitez qu'il peut remplir, & qui ne souffrent point de compagnon; l'Histoire d'Italie rapporte qu'Antoine Cansignon tua son frere Barthelemy pour joüir seul de la Seigneurie de Veronne; que Loüis Marie fit mourir le fils de son frere Galeace pour estre paisible possesseur de la Duché de Milan, & qu'vn nommé Frisque fit mesme mourir son pere pour posseder vniquement la Duché de Ferrare.

Quelle foiblesse de constituer son contentement en l'estime des hommes ! les Iuifs ont-ils perseueré dans l'état qu'ils faisoient des Zacharies, des Ieremies, & des Isaïs : Les Grecs ont-ils toujours eû de hauts sentimens des Themistocles, des Phocions & des Socrates, & les Romains ont-ils toûjours vescu dans la bonne opinion qu'ils auoient des Camilles, des Coriolans & des Scipions !

Il est presque impossible de gagner l'estime des Sages & du vulgaire, l'entendement du peuple est comme vn œil malade, il ne reçoit pas les couleurs étrangeres, il communique les siennes, & c'est sur les seules veuës qu'il forme des choses qu'il asseoit ses jugemens.

Celuy qui met son souuerain bien en l'honneur, est quelquefois puny par le contraire de la chose qui fait toutes ses joyes, & Auguste quelque sage qu'il fût confirma ce que j'auance, lors qu'apres auoir fait peindre Cleopatre & son aspic, il voulut triompher en peinture d'vne Princesse, que le courage auoit dérobé à sa vanité.

L'honneur ne peut estre le souuerain bien, le souuerain bien est plus noble que l'estre du sujet qui le reçoit, & l'honneur est moins consideré que l'excellence de la personne qu'on honore.

Quoy qu'il n'appartienne pas aux hommes d'aspirer aux honneurs diuins, il s'est trouué des hypocrites comme des Gioras & des Simons, des Theodas & des Manchenens, qui ont esté assez ambitieux pour vſurper la qualité que Ieſus Chriſt a juſtement portée, & pour rendre par conſequent ſous le nom de Meſſies, aux adorations & aux prieres ; mais le Pere prend l'intereſt du Fils, il eſt jaloux de ſa gloire & de la ſienne, & l'on ne s'éleue gueres contre le Ciel, qu'il ne faſſe voir dans la grauité de la vengeance, la qualité de l'attentat & l'énormité du crime.

Lit-on rien de plus ſurprenant que ce que dit Neron, lors qu'il fut au Village où il ſe tua ; ce Prince auoit perdu l'honneur, comme incendiaire, comme exacteur, comme comedien, comme inceſtueux, comme ſanguinaire, & comme matricide ; & cependant dans les horribles neceſſitez, ou de s'oſter la vie, ou de ſubir la loy des Majeurs, il penſa à la pompe de ſes funerailles, & il pria meſme les derniers témoins de ſa miſere, de faire en ſorte que les richeſſes de ſon tombeau correſpondiſſent à l'éclat de ſa condition.

Que Menocrate Medecin de Syracuſe connoiſſoit mal le ſouuerain bien ! Elian écrit que l'ambition faiſoit toutes ſes inquietudes, & qu'il eſtoit tellement auide des Noms ſuperbes, qu'il ne ſe ſoucioit pas que ſes conualeſcens le payaſſent, pourueû qu'ils l'appellaſſent Iupiter.

Il n'eſt pas defendu aux hommes de naiſſance & de merite d'aſpirer aux Charges éclatantes ; c'eſt vne verité que je ne conteſte point ; mais il faut, dit Platon, que ce ſoit à deſſein d'abolir les abus & de corriger les excez, d'affoiblir les méchans & d'éleuer les bons.

Encore que de l'honneur il n'en faille pas faire l'objet de sa felicité, il n'en faut pourtant pas faire l'objet de son mépris; l'honneur qu'on rend à la vertu anime les jeunes gens, & c'est negliger les biens que les ressentimens publics peuuent produire, que de negliger les acclamations publiques, les Arcs triomphaux, les Inscriptions, les Statuës.

Comme la plusport des hommes sont ambitieux, l'on diminuëroit les actiuitez de la vertu, si l'on refusoit des reconnoissances aux actions heroïques; aussi est-ce sur ce fondement, que les loix condamnoient à la mort ceux qui dépoüilloient les illustres tombeaux, parce qu'ils déroboient aux yeux des passans les aiguillons de la vertu, qui sont en partie les enrichissemens des sepultures, & qu'ils priuoient par là le public des fruits que l'on receüille des belles émulations.

L'honneur ne doit pas seruir de fin, il ne doit seruir que d'aiguillon; & celuy qui prefere les auantages de l'honneur à l'essence de l'action, prefere vn bien caduc à vn bien perdurable.

Ce n'est pas vne petite joye, que de faire le bien principalement pour le bien, & le mesme sage qui maudit celuy qui neglige la bonne renommée, doit tomber d'accord auec nous, que le sage cherche plûtost la recompense de sa vertu dans sa belle vie, que dans sa haute reputation.

Deux Anciens Philosophes Moraux ont eû des sentimens opposez sur la matiere que je m'anie; le premier a dit que toutes les choses du monde de-

uoient

uoient leur naiſſance à la volupté; & l'autre a tenu que toutes les choſes du monde deuoient leur production à l'honneur; la premiere opinion qui eſt de Maxime de Tyr eſt receuable, parce que l'vtile & l'honneſte aboutiſſent au delectable, & que l'honneur quelque grand qu'il fuſt, ne ſeroit pas deſirable s'il n'eſtoit plaiſant.

Ie ne donne point dans le Prouerbe Turc, qui dit, qu'il n'y a pas de honte à eſtre poule, pourueû qu'vn ſeul jour de ſa vie l'on ait eſté Cocq; c'eſt eſtre ridiculement auide du faux honneur, que d'employer tout le credit de ſes ſeruices pour vn moment d'eleuation, & Roſſius Regulus qui obtint pour vn jour le Conſulat, excita d'abord vne ſi grande riſée, qu'il eſt à croire que le repentir ſuiuit ſa demande, & que la confuſion accompagna ſa dignité.

Iſocrate eſtoit vn flateur, quand il diſoit à Philippe, que l'ambition inſatiable d'vn grand Prince eſtoit irreprochable; il eſt vray que les perſonnes non communes peuuent ſe propoſer des eleuations extraordinaires; mais enfin chaque paſſion doit auoir ſes bornes, & elle doit plûtoſt les attendre de la raiſon que de la mort.

Ie ne ſuis pas de l'opinion de ceux qui tiennent, que le mépris de la renommée eſt neceſſairement ſuiuy du mépris de la vertu; il y a des vertueux obſcurs, il y a des Saints cachez, il y'a de certains deuots que la modeſtie enſeuelit, & que la Prouidence découure.

Vn Prince ne doit pas se piquer de laisser vn grand Estat, les temeraires peuuent estre fortunez, il doit se piquer de laisser vne haute reputation, les fols ne peuuent estre glorieux.

L'ambition peut faire naistre la vertu, celuy qui se propose l'honneur peut compasser ses actions à sa fin; la vertu peut faire naistre l'ambition, celuy qui a pour guide la prudence, peut ajuster ses desseins à son merite; Il est vray que les fins sont aux actions morales, ce que les formes sont aux matieres, & que selon l'humeur des Nations vaincuës, les Conquerans qui se sont abstins par raison d'état des femmes & du vin, ont esté plus fins que vertueux, mais enfin les accoûtumances peuuent beaucoup, & les apparences de la vertu peuuent se conuertir en la vertu mesme.

Il est important au bien public, que les habilles gens passent pour des gens de bien; les bons conseils d'vn méchant homme sont negligez, ils perdent leur vertu dans sa mort ciuille, & il est d'eux comme de certaines pierres precieuses dont parle les Naturalistes, qui perdent leur valeur dans la bouche des cadaures, qui perdent leur éclat dans l'infection des Cimetieres.

Entre les hommes, il n'y en a point de plus sensibles à l'infamie, que ceux qui trauaillent publiquement pour l'edification du prochain, ils doiuent conseruer aux dépens de leur vie les bonnes semences qu'ils ont jettées, & ils les éteignent s'ils ne sont comme S. Ambroise, tres-tendres au point d'honneur,

Que ces anciens Romains se repaissoient de vent, lors qu'ils s'exposoient à cent perils pour obtenir des Inscriptions, des Statuës, des Entrées triomphales; l'on octroyoit quelquefois ces marques d'honneur à des Cruels, à des Violens, à des Vsurpateurs, & ces mesmes marques d'estime estoient quelquefois suiuies d'accusations, de bannissemens & de massacres.

Ceux qui sont desordonnement ambitieux ne manqueront pas de nous dire, que l'ambition se trouue mesme parmy les bestes, qu'il y a eû vn Elephant qui n'auoit point de plus forte passion que la passion d'estre loüé, & qu'ayant appris à assembler les lettres de l'Alphabet, n'écriuoit que les victoires qu'il auoit aidé à remporter contre les Celtes; mais cet exemple est douteux, & quelque bonne opinion que j'aye des bestes, j'ay bien de la peine à me persuader que l'Historien qui le rapporte ait esté bien informé du fait.

C'est vne étrange passion, que la passion de se faire connoistre; Saint Augustin dit qu'elle est tres-violente, & qu'au defaut des moyens de faire parler de nous auec veneration, elle nous porte mesme à l'exemple de celuy qui mit le feu dans le Temple d'Ephese, à faire parler de nous auec horreur.

Il n'y a pas de l'honneur à estre éleué aux plus grandes dignitez du monde, puisque ceux qui les remplissent ne sont pas toûjours remplis de bonnes choses; & quand il y auroit toûjours de l'honneur à estre éleué à ces sortes de dignitez, ces honneurs ne ſeroient pas le veritable bien, puiſque le veritable bien n'inſpire que de beaux mouuemens, & que le faux honneur arme Malcorin contre ſon Prince, & Adolphe contre ſon pere.

Quoy qu'vn homme de bien diffamé, puiſſe chercher ſa conſolation dans ſon innocence, neantmoins s'il eſt vne perſonne publique, il doit pour reprimer l'inſolence & inſpirer le reſpect, auoir quelque reſſentiment de ſa dignité offencée, & c'eſt ſans doute pour ces conſiderations que quelques Peres de l'Egliſe ont meſme receu comme impatiemment les injures qu'on leur a faites, & qu'ils ont ſollicité les Tribunaux d'en tirer raiſon.

Tous les deſſeins qui ne reüſſiſſent pas ne ſont pas honteux, la Fortune a grande part aux belles entrepriſes ; & ce fut cette meſme part qui ayant obligé François Premier d'informer promptement ſa mere de l'eſtat où il eſtoit reduit, luy fit mander qu'à l'exception de l'honneur tout eſtoit perdu.

## QVE LE SOVVERAIN BIEN NE *consiste point en la faueur.*

LE souuerain bien est paisible, mais la faueur est inquiete.

Le souuerain bien contente, mais la faueur irrite.

Le souuerain bien, radicalement parlant, est interieur, mais la faueur est vn bien externe.

Le souuerain bien est vne fin, mais la faueur est vn moyen qui sert à introduire les hommes dans les Directions & dans les Magistratures, dans les Gouuernemens & dans les Benefices.

Le souuerain bien est de durée, mais il y a peu de distance entre l'éleuation & la cheute.

Le souuerain bien est toûjours le bien des gens de bien, mais la faueur est quelquefois la recompense des empoisonnemens & des perfidies, des prostitutions & des assassinats.

### *Reflexions sur la faueur.*

NE prenons point la fortune pour garand de ses faueurs, son inconstance abbat ce que son caprice éleue.

Celuy qui établit son repos sur la faueur, s'arreste où il n'y a point d'arrest.

Mettre son bon-heur aux bonnes graces du Prince, c'eſt attacher ſa felicité à vn chable pourry, c'eſt ancrer ſon repos en vn ſable mouuant.

Quelque bonne opinion que nous ayons de nôtre merite, la fortune nous éleue quelquefois à des dignitez que nous n'attendons pas, & quand cela arriue, noſtre preſomption s'augmente de telle sorte, que nous paſſons ſouuent des grandeurs ineſperées à des pretentions inſupportables.

La faueur eſt vne fortereſſe, je le veux ; mais c'eſt vne fortereſſe qui eſt ſujette à la mine.

Vn Ancien n'a pas mal rencontré à mon avis, lors qu'il a dit, que la Cour eſtoit vn ſejour fumeux; en effet l'on n'en ſort ſouuent que les yeux humides.

Si la faueur qui eſt toûjours regardée des Grands qui ne ſont point Fauoris, comme vne diminution d'authorité, deuient vn ſujet d'inquietude à ceux qui la poſſedent ; elle deuient vn objet d'enuie à ceux qui ne la poſſedent pas, & ſi elle trouble le le repos des premiers, elle excite la détraction des autres.

Nous nous ſeruons des Princes, & les Princes ſe ſeruent de nous ; mais quelque bien-veillance qu'ils nous portent, dés qu'ils n'ont plus affaire de noſtre entremiſe, ils nous negligent de la meſme façon qu'on neglige les jettons, quand on n'a plus beſoin de calcul.

Il eſt ſouuent des proſperitez, comme des torrens, elles ne laiſſent à la fin que de la bourbe.

La vangeance eſt naturelle, & celuy qui abbat

l'esperance de mille poursuiuans est toûjours menacé d'estre abbatu.

Quoy que la faueur soit de la nature des biens qui alterent, elle produit quelquefois vn effet tout opposé, & c'est ce qui a fait dire à Tacite, que comme les Princes se lassent quelquesfois de leurs Fauoris, les Fauoris se lassent quelquesfois de leur fortune.

La mesme faueur qui est sujette à faire des insolens, est sujette à trouuer des vindicatifs; Vn Faouory donne-t'il la chasse aux Princes, les Princes l'entreprennent; Oppresse-t'il tous les Ordres du Royaume, tous les Ordres du Royaume le diffament; Ioüe-t'il à couppe-teste, tous les interessez abbatent ses maisons; Engloutit-t'il tous les biens, tous les mécontens partagent ses richesses; enfin, quelque puissant que soit vn Fauory, il est menacé des mesmes tempestes qu'il excite, & il est bienheureux s'il éuite ce qu'il fait souffrir aux autres.

Il ne faut pas, dit vn Ancien, s'éloigner du lieu d'où la fortune est venuë; il veut nous apprendre par là, que les Princes oublient facilement le visage de ceux mesmes qu'ils aiment, & qu'vne absence de quelques jours, est capable d'alterer vne faueur de plusieurs années.

La fortune la plus juste n'est pas toûjours la plus durable; il y a des Princes qui n'aiment qu'autant de temps qu'on leur est vtile, & qui ne font pas plus d'estat d'vn Sujet quand il ne peut plus seruir, qu'on fait estat d'vn artisan quand il ne peut plus trauailler.

Ceux qui attirent l'affection des Princes sont sujets à attirer la haine des peuples ; pour peu qu'ils se preualent du bon-heur qui leur en veut, on les regarde comme de nouueaux tyrans, chacun glose sur leurs actions presentes, chacun raisonne sur leurs actions futures, & quelque semblant qu'ils fassent d'estre moins méchans que les Fauoris qui les ont precedez, les mécontans disent de la Cour de leur Prince ce qu'on disoit de la Cour de Loüis Treiziéme, qu'elle n'a pas changé de cabaret, qu'elle n'a changé que d'enseigne, qu'elle n'a pas changé de tambour, qu'elle n'a changé que de bouchon.

Quelle seruitude d'estre en faueur ! vn Faury doit tâcher de ménager l'amitié du Prince, & de cacher aux yeux des Courtisans les tendresses de la mesme amitié ; Il doit tâcher de ménager l'amitié du Prince, parce que les Souuerains sont enuironnez de cent aimables personnes, que leur affection est en quelque façon diuisée, & qu'vne affection diuisée est aisée à perdre ; & il doit tâcher de cacher aux yeux des Courtisans les tendresses de la mesme amitié, parce que plus l'on découure de bien-veillance aux Princes, & plus l'on s'efforce de plaire à leurs Fauoris, que ces efforts donnent de l'ombrage aux Princes, & que ce furent ces mesmes efforts qui perdirent Sejan, & qui penserent perdre le Cardinal de Richelieu.

Vn Faury quelque honneste homme qu'il soit est ordinairement chargé, dit Tacite, des desordres

du

du Prince, & Diodore Sicilien, qui dit quelque chose de ces ſortes d'accuſations rapporte, que de ſon temps les Egyptiens jettoient tout leur venin ſur la teſte des Fauoris, & qu'à moins d'eſtre conuaincus de la vertu de ceux qui gouuernoient, ils eſtoient ſujets à imputer aux Miniſtres ce qu'on peut quelquefois imputer aux Souuerains.

Entre les Courtiſans, il y en a qui s'introduiſent comme par violence dans l'eſprit des Princes ; ces ſortes de gens ont plus de peine que les autres Fauoris, parce qu'ils reſſemblent en cela à ceux qui pouſſent vne barque contre vent & marée, & qui pour peu qu'ils ſe relâchent ſont emportez par la rapidité de l'eau.

L'on ne doit point jurer ſur ſa bonne fortune, dit vn grand Politique, les edifices ſont quelquefois confondus auec les fondemens, & l'Hyſope eſt quelquefois égale au Cedre.

Quand la fortune, comme on dit, eſt couuerte de la cuiraſſe du Prince, elle eſt d'autant plus perilleuſe aux Fauoris, qu'elle les porte ſouuent aux dernieres extremitez: On ſe laſſe à la fin d'eſtre en bute aux outrages de l'inſolence, la patience a ſes bornes, & vn Faury, quelque puiſſant qu'il ſoit, eſt né ſous vne bonne conſtellation, ſi l'on ne vange ſur luy & ſur ſon ſang, le ſang qu'il a injuſtement répandu.

La pluſpart des Fauoris prennent conſeil de leur fortune, & cependant ils deuroient conſiderer que c'eſt vn funeſte guide, & que ceux qui s'en ſeruent trouuent au bout des chemins qu'elle tient, le tombeau de leurs esperances.

Quoy que les grands arbres ayent esté long-temps à deuenir orgueilleux, il ne faut qu'vne heure pour les abbatre ; Quoy que les grandes fortunes ayent esté long-temps à deuenir superbes, il ne faut qu'vn moment pour les renuerser.

Quelle seureté y-a-t'il à la Cour ? la constance, dit vn Ancien, n'est elle pas la vertu des Dieux, & l'inconstance n'est elle pas le foible des hommes.

L'étenduë du merite n'est pas toûjours la mesure de l'éleuation, on donne des pieds-d'estail fort petits aux chefs-d'œuures de Phidias, & l'on voit quelquefois des Marmousets sur la pointe des Pyramides.

Rien ne peut durer qui n'ait vne cause constante de sa durée : Hé en quelle Cour trouue-t'on de ces sortes de causes ?

Quand les animaux sont des pechez de la nature, ils ne viuent gueres ; quand les Fauoris sont des pechez de la raison, ils ne subsistent pas long-temps.

Vn Fauory est réduit à craindre deux opposez fort redoutables, qui sont la prosperité & la disgrace ; Il doit craindre la prosperité, parce qu'elle gonfle, & il doit craindre la disgrace parce qu'elle consterne ; Il doit craindre la prosperité, parce qu'elle excite l'enuie, & il doit craindre la disgrace, parce qu'elle engendre le mépris ; Il doit craindre la prosperité, parce qu'elle énerue le corps, & il doit craindre la disgrace, parce qu'elle époissit les esprits ; Il doit craindre la prosperité, parce qu'elle soûleue des jaloux, & il doit craindre la disgrace, parce qu'elle réueille des ennemis.

Si l'on interrogeoit vn Fauory, que ne diroit-il point? Il diroit sans doute auec Herodote, que les prosperitez sont plus fascheuses, qu'agreables, & qu'il y a bien de la difference entre vn fortuné & vn heureux.

Encore que les disgraces soient presque aussi communes que les faueurs, nous nous imaginons toûjours que la Fortune fera pour nous, ce qu'elle ne fait pas pour nos semblables. Vn Financier qui estoit bien auprés de Loüis Vnziéme, fit faire vne tapisserie où il fit tracer la Fortune, & comme il croyoit qu'il estoit au dessus des bizarries de cette volage, il fit mettre sa representation sur sa roue; mais les éuenemens tromperent sa croyance, sa roue de fortune fit vn tour, & faute de l'auoir cloüée, comme luy dit vn jour vn Railleur, il se vit directement opposé à l'assiette de sa figure.

Quelques auides que nous soyons des caresses du Prince, nous ne sommes point si sensibles à la faueur qu'à l'aduersité; aussi Boëce dit-il, que les cheûtes font plus d'impression sur nous que les eleuations, & qu'il n'y a point de prosperitez quelques grandes qu'elles soient, qui égalent en douceurs les amertumes d'vne disgrace.

Les disgraces sont dautant plus desagreables, que les eleuations sont extraordinaires; la cheûte d'vne tour est vne démolition, & le renuersement d'vn chesne est vne rupture.

Il me ſemble qu'vn Ancien ne rencontra pas mal, lors qu'apres auoir conſideré les paſſions que les Fauoris épouſent, il dit, que le Fauory eſtoit vn autre que ſoy-meſme; en effet il faut qu'il ſe contraigne, qu'il ſe déguiſe, & qu'à l'exception de ſon propre perſonnage, il paroiſſe ſous toutes ſortes d'apparences.

S'il eſt vray, comme on dit, que la faueur donne de la jalouſie aux Grands, de l'enuie aux égaux, & de la haine aux petits; pourquoy pour l'acquerir employer ſes plus belles années? le veritable bien ſoûleue-t'il des paſſions funeſtes, & ne peut-on le poſſeder qu'au milieu des artifices, des médiſances, & des imprecations?

Ciceron dit en ſes Offices, & il a raiſon, que les temps de la proſperité doiuent eſtre les temps du conſeil; mais la faueur qui rend les hommes orgueilleux, les rend indocilles, & c'eſt en partie de cette indocillité que viennent les beueuës, que naiſſent les ſurpriſes, que viennent enfin les reuers & les bouluerſemens.

Quand vn ambitieux deuient Fauory, il deuient eſclaue des aſſiduitez qu'on luy rend, & des genuflexions qu'on luy fait, & pour conſeruer ces apparences honorables, il ſe porte quelquefois à des actions horribles, La Broſſe qui de ſimple Chirurgien, eſtoit deuenu Grand-Chambellan, ne peût ſouffrir les complaiſances que le Roy auoit pour la Reine, il creût qu'il ceſſeroit d'eſtre en faueur ſi cette Princeſſe continuoit d'eſtre en eſtime, & afin qu'on peût facilement imputer à sa qualité de seconde femme le crime qu'il auoit projetté, il fit mourir vn Fils de France; Ce procedé eût d'abord le succés qu'il s'en estoit promis, mais en fin l'innocence confondit l'imposture, l'auteur du crime fut découuert, & celuy qu'on auoit veû n'agueres, comme sur le pinacle de la Fortune, fut veû au bout d'vne potence.

Les Fauoris ont moins d'amis que de flateurs, on regarde leurs richesses comme des dépoüilles, & quelque appuy qu'ils ayent en la personne des Monarques, leurs belles heures sont trauersées, leur sommeil est interrompu, ils craignent d'estre les victimes de ceux mesmes dont ils semblent estre les idoles.

Comme la pluspart des Princes sont vicieux, leur faueur, dit Tacite, est souuent le fruit de nos corruptions, de nos assassinats, & de nos empoisonnemens: Que si ce que je dis ne reçoit point de doute, pourquoy mettre son souuerain bien en vne beatitude qui nous accuse, en vn auantage qui nous deshonore, & en vn credit qui nous hazarde.

Qui ne craint point la disgrace est surpris, & qui craint le bannissement est inquieté.

Tout ce qui est grand n'est pas sans danger, le vent peut déraciner les Cedres, Tout ce qui est eleué n'est pas hors de peril, le foudre peut abbatre les clochers, Tout ce qui est puissant n'est pas exempt de ruine, l'enuie peut perdre les Fauoris.

Il ne faut pas s'étonner si la Fortune deuient souuent la marastre de ceux dont elle a esté la mere; il est raisonnable qu'elle couure de confusion ceux qu'elle auoit injustement couuerts de gloire, & que comme il y a des hommes qui passent de la moderation à l'insolence, elle passe aussi de la liberalité à la reprise.

Que la faueur est pezante à ceux qu'elle surprênd, l'anneau de l'Empereur Adrian appuye ce que je dis, le sens des paroles qu'il contenoit estoit, qu'il faloit de la disposition à la reception des grandes fortunes, & que quand le bon-heur arriuoit à l'impourveû, il estoit plus incommode qu'agreable.

Quoy qu'vn Courtisan ait rendu de grands seruices, sa faueur n'est pas bien asseurée ; il peut estre attaqué de plusieurs endroits, & quand il n'auroit à craindre ny l'ingratitude du Souuerain, ny le ressentiment des mécontens, ny la fureur des peuples, il auroit à craindre sa propre legereté ; Tous ceux qui font de bonnes actions ne perseuerent pas dans le bien ; Il y a des hommes qui font le contraire de ce qu'ils ont fait, & qui ressemblent en cela aux lyons de Lybie, qui effacent auec leur queuë les vestiges de leurs ongles.

Si l'experience est irrecusable, l'on a raison de dire, que l'eleuation est ordinairement lente, & que la disgrace est ordinairement momentanée, que l'on monte ordinairement à la faueur, & que l'on tombe ordinairement en la disgrace.

Vn Fauory, dit vn grand Politique, a l'esprit merueilleusement fort, lors que dans les éminentes dignitez où il se voit monter, il ne deuient point étranger à soy-mesme; C'est dans les eleuations que les hommes s'oublient, & cette proposition est tellement fondée sur l'experience, que les Histoires mesmes ne parlent d'Agrippa, que comme d'vn exemple singulier.

La volonté du Prince est le piuot sur lequel tourne la fortune des Fauoris, & comme cette volonté est chancelante, ce n'est pas sans sujet qu'on dit, que l'appuy des honneurs est branslant, & que le soûtien des grandeurs est perilleux.

Comme la faueur engendre l'orgueil, elle enflamme l'ambition, Maximin ne se contenta pas de faire mourir Mammea sa bien-factrice, il se defit encore de l'Empereur Seuere son fils, qui luy auoit confié le secret de ses desseins, & la conduite de ses Armées. Berengarius abusa des bonnes graces de la vefve de Lothaire, & il la reduisit mesme à la derniere pauureté. Anne Archeuesque de Cologne suiuit l'ardeur de son ambition, & pour donner à sa passion tout le faste qu'elle demandoit, il fit empoisonner la vefve de Henry Troisiéme Empereur. Enfin, le Comte de Saint-Pol fut ingrat enuers Loüis Vnziéme, son Roy, son parent, & son amy, & par vn party qu'il forma dans son Estat, il voulut aller du pair auec luy.

Nous apprenons des Romains, qui ne vouloient pas que les particuliers eussent l'Image de la Fortune, qu'il y a peu de gens qui soient à l'épreuue de la grandeur, & qu'il faut auoir l'ame extraordinairement forte pour resister aux vanitez qu'elle inspire, & nous apprenons encore d'vne Reine d'Angleterre, qui faisoit plus d'estat d'vne prosperité mediocre que d'vne fortune superbe, que les grandes prosperitez allument les conuoitises, qu'elles portent le desordre dans la pluspart des esprits, & qu'il est bien plus difficile de pratiquer la vertu dans les choses qui excitent la mollesse, que dans celles qui combatent l'orgueil.

Si les Fauoris sont sujets à la jalousie, les Princes sont sujets à l'ombrage, & c'est ce qui a fait dire à vn grand Politique, que les Fauoris auoient plus de peine à détruire les soupçons de leurs bien-facteurs, qu'à dissiper les menées de leurs ennemis.

La faueur est comme incompatible auec la modestie, Sejan souffrit que dans toutes les Patentes du Prince on leût son nom auec celuy de l'Empereur, & de nos derniers temps, le Cardinal d'York disoit toûjours, *Moy & mon Roy*.

Il est des Fauoris comme des bastimens, plus les bastimens sont éleuez & plus ils sont sujets à la foudre, plus les Fauoris sont agrandis, & plus ils sont sujets à la cheûte.

Qui eût creû qu'Ablauie qu'Ennapius, surnommé la Pelotte de la Fortune, eût pery par les ordres de celuy qui l'auoit rendu extrémement redoutable; cependant Constance change d'affection, il se resout de perdre cet insolent, & sous feinte de luy enuoyer la pourpre, il luy enuoye des assassins.

Entre

Entre les maux; il y en a qui ont leurs menaces, mais les reuers de la fortune, dit vn Politique, n'ont point leurs advancoureurs; que si cette verité ne reçoit point de doute, l'on peut conclure de là, que la faueur est tres-peu de chose, puis qu'elle est tres-sujette aux inconstances de la Fortune, & que ces inconstances sont impreueuës.

Dans les conditions mediocres, les hommes ont souuent beaucoup de retenuë; mais dés que le vent fauorable leur en veut, ils n'ont rien de leger en l'ame qui ne s'éleue.

Quoy que tous les Mignons ne soient pas si méchans, que les Mignons de Commode, l'on n'a gueres moins de haine pour les vns que pour les autres; Pour peu que les Souuerains affligent le peuple, l'on charge d'imprecations les Fauoris, on s'imagine que les Princes sont mal conseillez, & que c'est de ceux qui les approchent comme de sources empoisonnées que naissent tous les maux de la Republique.

Quel moyen donc de ne s'en point faire accroire, lors qu'on partage l'authorité auec son Maistre? les Mignons n'ajoûtent-ils pas foy aux hyperboles, dont la flaterie les entretient? Et comme ils veulent qu'on rende à la faueur, ce qui n'est deû qu'à la Majesté, la mesme faueur qui les rend insolens, ne les rend-elles pas odieux.

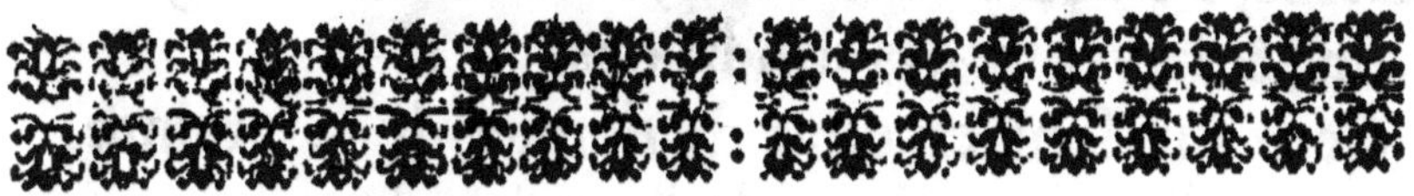

## QVE LE SOVVERAIN BIEN NE consiste point en la Souueraineté.

LE souuerain bien est exempt de soin, mais la Souueraineté n'est pas exempte d'inquietude.

L'on ne peut abuser du souuerain bien, mais l'on peut abuser du Commandement.

Le souuerain bien est au dessus des caprices de la Fortune, mais la Souueraineté est vn accident perissable.

Le souuerain bien est vne fin, mais la Souueraineté est vne commission, & vne commission se refere à quelque chose.

Le souuerain bien est satisfaisant, mais il n'y a point de Souuerain qui ne voulust joindre à son Empire, l'Empire de tous les Monarques du Monde.

Le souuerain bien est toûjours la recompense des bonnes actions, mais la Souueraineté est souuent vn injuste auantage.

### *Reflexions sur la Souueraineté.*

QVELQVES enuironnez que soient les Princes, le poignard passe quelquefois au trauers des hallebardes.

Quand Tite-Liue fait voir des Consuls triomphans & des Rois enchaisnez, il fait voir dans vn mesme tableau, l'empire de la vertu, l'instabilité des grandeurs, & la vanité des conditions.

Ceux qui sont en estat de donner de la crainte, sont en estat de receuoir de l'inquietude.

Les Rois qui n'ont point d'enfans passent de mauuaises heures, ils ont autant de vautours, qu'ils ont de pretendans, ils ont autant d'vlceres qu'ils ont de successeurs.

Que le destin des Rois est bizarre! pour peu que les Souuerains se relâchent on les méprise, pour peu que les Princes se roidissent on les haït.

Vn Prince est sujet à trois accidens funestes, il est sujet à la conspiration des voisins, au soûleuement des peuples, & à l'ambition des heritiers.

Comme dans la molesse où sont éleuez les Princes, ils s'imaginent qu'on les égratigne, lors qu'on ne les chatoüille pas, la pluspart de ceux qui les approchent ne les entretiennent, ou que de mensonges obligeans, ou que de veritez agreables.

Il y a quelque plaisir à ne pouuoir d'abord contenter sa passion, la difficulté releue le goût des choses; mais la difficulté ne se rencontre gueres deuant les Souuerains, tout fait vanité de contribuër à leurs delices, & à peine ont-ils découuert leur desir, qu'ils éprouuent leur puissance.

Souuerains, ne vous fiez point aux succez de vos Armes, il n'y a rien de si trompeur que la prosperité, & comme les Vaisseaux, dit Seneque, s'abisment quelquefois où ils se jouënt, le champ de la victoire deuient quelquefois le tombeau du victorieux.

Vn homme sans Superieur, est vn vaisseau sans ancre, est vn cheual sans bride, est vn fusil sans garde-fol.

Qu'est-ce qu'vn Roy, dit vn grand Personnage ? c'est vn contradictoire, & pour parler plus clairement, c'est vn Souuerain esclaue.

Quelque inquiette que soit la puissance absoluë, l'on a bien de la peine à s'en defendre ; la folie de Hierominius confirma cette verité, lors que se seruant des paroles de Denis le Tyran, elle dit à son mary, qu'il ne faloit point quitter la puissance quand l'on estoit encore à cheual, qu'il ne faloit point deposer la couronne quand l'on estoit encore debout.

Il n'est pas difficile à vn Souuerain de conseruer son authorité, lors que sa puissance est affermie ; mais il est mal-aisé au mesme Souuerain de preuenir sa cheûte, lors que sa puissance est ébranlée.

Que la réponce d'Abdolonyme me semble belle, ce Prince qui fut contraint d'embrasser le jardinage pour suruenir aux necessitez de sa vie, fut amené deuant Alexandre pour estre remis dans ces premiers honneurs ; Alexandre le considerant exactement : Ie ne doute point, luy dit-il, que tu ne sois sorty d'vn illustre Sang, il n'y a rien dans ton visage, qui démente ta noblesse, mais comme la cheûte est dautant plus pezante qu'elle vient de plus haut, ie ne sçay comment tu as peû suruiure à ta grandeur : Les Princes, répondit Abdolonyme, ne sont gueres moins sujets que les autres aux vicissitudes humaines, & ceux qui ont ces ſentimens, ſe reſolvent de bonne-heure à faire paroiſtre autant de vertu ſous les haillons de la miſere, que ſous les marques de la proſperité; dés que je n'ay rien eû, je n'ay manqué de rien, mes bras ont fourny à ma dépenſe, j'ay ajuſté mes actions à mes malheurs, & plaiſe aux Dieux, Alexandre, que j'aye autant de force pour ſoûtenir la dignité où tu m'éleue, que j'en ay eû juſques icy pour ſupporter ma mauuaiſe fortune.

Pour peu qu'vn Roy proſpere, les paroles emmiellées le rendent tellement ſuperbe, qu'il en deuient odieux; la fortune & la flaterie firent ſur Alexandre les meſmes impreſſions qu'elles font chez les autres Rois, & quoy qu'Alexandre fuſt naturellement humain, ce Prince ſe reſolut de ne plus mettre au commencement de ſes Lettres le mot de Salut.

Les Princes ſe mettent ordinairement peu en peine de combatre ce qui les flate, ils ſont eleuez dans la moleſſe; Cependant il eſt tres-dangereux d'entroſner le vice, de porter ſous la pourpre, ce qui la déshonore. Quel Reglement peut-on attendre de celuy qui vit dans le deſordre? Quelle Iuſtice peut-on eſperer de celuy qui vit dans l'iniquité? On écrit de Canada qu'il y a des terres qui pour n'auoir receu que de la graine de chardon, ne laiſſent pas de produire des eſpeces de froment; mais quelques miracles que la nature faſſe, nous n'auons point encore veû dans la Morale, qu'vn Prince ait conuerty ſa fureur en moderation; qu'vn Prince ait eſté glouton, & qu'il ait pratiqué l'abstinence; qu'vn Prince ait esté impie, & qu'il ait exercé la Religion; qu'vn Prince ait esté cruel, & qu'il ait pratiqué la clemence; qu'vn Prince ait esté auare, & qu'il ait exercé la liberalité: Que si les Princes qui perdent les peuples, sont quelquefois perdus par ceux mesmes qu'ils perdent, jugez en quel danger sont la pluspart des Rois, puisque la pluspart des Rois sont opposez aux Gedeons, aux Augustes, & aux Alphonses; que le vice des Grands est communicatif; qu'il est vne fontaine publique, où les peuples puisent leurs sentimens, qu'il est vn miroir où chacun se regle & se compose, qu'il est vn astre qui transmet ses influences dans l'ame de ses inferieurs, qu'il est vne peste qui répend par tout son venin.

Qui s'asseurera sur l'étenduë de sa domination, puis qu'à commancer, dit Herodote, depuis le premier bourg de l'Empire des Perses jusques au sejour Royal, il faloit cheminer trois mois, & que le Souuerain d'vn corps si monstrueux, ne peût le conseruer.

Encore que les Rois soient au dessus des Loix ciuiles, ils sont comme au dessous des Loix naturelles; Paris qui manqua de bois, dit Marinx, sous Charles Septiéme, fut soulagé en ce besoin, par la couppe d'vn bois qui plaisoit fort au Prince, & quoy que cette couppe eût esté faite en quelque façon contre son gré, neantmoins le danger qu'il eût encouru s'il eût preferé son plaisir aux necessitez publiques l'obligea de souffrir l'Arrest du Parlement, qui auoit esté donné sur les plaintes du peuple, & de tomber d'accord du prix qu'il auoit reglé.

Les Rois doiuent estendre leurs soins sur tant de choses, qu'il est mal-aisé qu'ils jouïssent du repos qu'ils procurent aux autres: Philippe de Macedoine voulut camper en vn lieu fort agreable, & sur ce qu'on luy representa qu'en ce lieu il n'y auoit point de fourage; O Dieu! s'écria-t'il, qu'est-ce qu'vn Roy, il faut qu'il pense mesme à la nourriture des bestes.

Ce n'estoit pas vne coustume peu instructiue, que celle qui éleuoit les Souuerains sur des boucliers, cela leur apprenoit qu'ils deuoient estre des protections, des sauuegardes, qu'ils deuoient defendre les peuples des injures dont ils pouuoient estre menacés: Ce n'est pas encore vne coustume peu vtile, que celle qui plantoit des arbres à la naissance des Princes, cela leur enseignoit dans la suite de l'âge, que les peuples deuoient viure sous l'ombre de leurs pouuoirs, que les Sujets deuoient estre substantez du fruit de leurs trauaux; Ce n'est pas aussi vne coustume peu considerable que celle qui entretenoit les Empereurs dans la pompe de leur Sacre, du tribut qu'ils deuoient à la nature; cela leur representoit que les grandeurs du monde auoient leur periode, qu'il y auoit vn temps où tous les hommes rendroient leur compte, & qu'il estoit du salut des Souuerains de faire vn bel vsage de la puissance qu'on leur auoit commise.

Il ne suffit pas comme Trajan, de jurer l'obseruation des Loix, il faut comme Trajan executer ce qu'on a promis; mais si les particuliers ont de la peine à s'aquitter de leur deuoir, quelle peine n'ont point les Grands à s'aquiter de leur administration.

Quelle fatigue ne souffrent point les Princes, quand ils veulent estre comme presens à tout, & à quels dangers ne sont-ils point exposez quand ils negligent cette presence? Ne fust-ce pas en l'absence de Moyse que les Enfans d'Israël firent vn veau d'or? Ne fust-ce pas en l'absence de Cesar que ses Lieutenans furent batus?

Que Tite-Liue auoit raison de dire, que les grands Hommes mesmes manquoient plûtost d'artifice pour gouuerner des Citoyens, que pour vaincre des ennemis! il n'y a rien de si difficile que d'assujettir solidement à vne seule Teste, vn nombre innombrable de testes differentes, & vn Prince peut passer pour admirable, lors que ses Sujets font auec ioye, ce que la pluspart des autres font auec violence.

Comme les peuples aiment la nouueauté, si les Rois n'ont point d'ennemis au dehors, ils en ont au dedans; s'ils n'ont point d'Estrangers à combatre, ils ont des Sujets à vaincre.

La naissance Royale, dont les Nobles font tant d'estat, n'inspire pas toûjours les belles resolutions; l'Histoire nous apprend, que Prusias auoit des tresors, des hommes, & des amis, & qu'encore qu'il peût bien donner de la peine aux Romains, il n'osa tenter le sort des armes, qu'il alla au deuant des Romains mesmes Romains comme au deuant de ses Maistres, qu'il prit le bonnet d'vn Affranchy, qu'il affecta la contenance d'vn Esclaue, & que quand il falut paroistre deuant le Senat, il se mit à genoux sur les degrez du Palais, il baisa la porte de la Cour, il appella les Senateurs ses Dieux tutelaires.

Quoy Tanaquile vous passastes sur le corps de vostre pere pour saluër precipitément vostre mary en qualité de Roy? Ha! que vous estiez inhumaine, que vous estiez aueugle, que vous connoissiez mal, & les deuoirs de la nature & les inquietudes de la Royauté.

L'authorité altere souuent la sagesse, les Decemvirs furent iustement appellez les dix Tarquins.

Que les grands du monde apprennent que la fortune a ses bizarreries, & que si en la personne d'vn Iustin, l'on a veu vn Bouuier entrosné, l'on a veu en la personne d'vn Loüis le Gros vn Monarque mendiant.

L'on peut considerer les Princes ou comme de veritables Roys, ou comme des tyrans, ou comme des exacteurs: Si on les considere comme de veritables Roys, quelles douceurs goustent-ils dans la vie, y a-t'il vn plus grand trauail que celuy d'entendre des plaintes, de corriger des abus, de donner des audiances, de regler des differens, de preuenir des reuoltes, de conseruer des alliez, d'empescher des vsurpations: Si on les considere comme des tyrans, à quels dangers ne sont-ils point exposez? vn Prince qui dépeuple le Païs, qui persecute les innocens, qui déflore les Vierges, qui pensionne les imposteurs, est-il en estat de repousser la crainte: Si on les considere enfin comme des exacteurs, quelles benedictions reçoiuent-ils ? vn peuple peut-il aimer son Prince, & estre contraint de viure au pain & à l'eau, pour entretenir son luxe & ses festins, pour fournir à ses flateurs & à ses Courtisans, pour suruenir à ses boufons & à ses Fauoris.

Quelque méchant que soit vn Prince, il n'est jamais si corrompu qu'il n'ait quelquefois quelques remords, & vne seule componction opposée au plaisir, surpasse en grandeur toutes les voluptez du monde.

Ceux qui mettent leur souuerain bien en la puissance de tout faire, sont ordinairement trop mols, pour le mettre aux sueurs que la puissance Royalle demande ; ils le mettent sans doute en la degeneration de la Royauté ; Mais quand les peuples seroient incapables d'eux mesmes de repousser la tyrannie, les méchans Princes sont-ils à couuert des dangers qui talonnent ordinairement le vice. Les Romains appellerent Constantin à leur ayde, contre les violences de l'Empereur Maxence, & les mesmes Romains appellerent Charlemagne à leur secours, contre la barbarie des Lombards.

Que les peuples de Lacedemone, Que les peuples de Taproban connoissoient bien la malignité qui semble estre renfermée dans les puissances absoluës ? Platon dit que les premiers donnerent des mords à leurs Roys, c'est à dire des Ephotes, & Pline asseure que les autres donnerent à leurs Princes des guides, c'est à dire des Gouuerneurs.

Quelle condition y a-t'il, disent les flateurs de Cour, qui soit si douce que celle de Roy: Tout obeït aux Souuerains, & ils ne reconnoissent point d'autre puissance superieure que celle de leurs passions. La premiere proposition seroit vraye, si Dieu estoit sans foudre, si le peuple estoit sans fiel, & si la synderese estoit sans remords; Mais Herode a esté mangé de vers, l'on a étouffé les Tyberes, l'on a massacré les Caligules, l'on a poursuiuy les Nerons, & vn Prince des derniers temps, que le respect me dispense de nommer, fit bien voir auant que de mourir que le repentir suiuoit le peché; & qu'à moins que d'estre entierement abandonné du Ciel, la conscience blessée auoit ses spectres, & ses horreurs, ses fantosmes & ses apprehensions.

Le moyen d'estre content de sa conduite, & de n'estre pas éclairé; hé le moyen d'estre éclairé & d'auoir pour pendans d'oreilles des Esprits qui enlaidissent la Vertu, & qui fardent le vice? Il est vray qu'il y a eu des Roys qui ont connu le fort & le foible des actions humaines, & que nous auons vn Loüis quatorziesme qu'on peut regarder comme vn grand Prince; mais il faut des multitudes de siecles pour former des Testes de cette importance, & la rareté des choses tient quelque chose du prodigieux. La plus part des Princes ne voyent la laideur de leurs actions que sous des mots specieux, & que sous des raisons sophystiques! Quand ils font des leuées exceſſiues, on leur dit que les impoſts ſont les ſouſtiens de la domination, que les threſors ſont les nerfs de l'Empire : Quand ils dépoüillent les Autels, on leur dit que l'argent n'a rien de ſacré, que la neceſſité n'a rien d'inuiolable : Quand ils reduiſent les peuples à l'aumoſne, on leur dit que la pauureté eſt la ſource des arts, que la miſere eſt la mere des inuentions : Quand enfin ils violentent, ils impoſent, ils vſurpent, ils deſolent, on leur dit impudemment que Corynthe a nourry des Cypſeles, que Megare a veu des Theagenes, qu'Epire a eu des Alcetes, que Carthage a porté des Hannons, & que Syracuſe a ſouffert des Denis.

Ie ne diray pas comme pluſieurs diſent, que comme les grandes Riuieres ſe déchargent dans la Mer, les grands vices ſe rendent à la Cour : Cette comparaiſon me ſemble impropre, ie diray ſeulement que la Cour eſt extremement dangereuſe, que c'eſt là où la diſſimulation debite ſon fard, où l'enuie répend ſon venin, & où l'affeterie étalle ſes attraits, & qu'à moins d'auoir des reuelations diuines, & des graces victorieuſes, il eſt comme impoſſible d'y reconnoiſtre la verité, & d'y pratiquer la vertu.

Si Vrbain ſeptiéme auoit raiſon de dire, que qui ſe reueſtoit du Rochet Papal, ſe chargeoit d'vn grand poids, nous n'auons pas tort d'auancer que qui ſe couure du Manteau Royal ſe charge d'vn grand fardeau, puis comme dit Seneque, que les Roys ſont les Hommes du peuple, que les affaires qui ſe paſſent dans les Eſtats, ſont de diuerſe nature, que la fin des vns est la naissance des autres, & que pour suruenir à ces embaras, il faut necessairement ou que les Sujets fassent le deuoir des Princes, ou que les Princes fassent le deuoir des Agens.

Que les malheurs de Iustinian sont vne belle Ecole : Ce Prince fut depossedé de l'Empire par Leonce son sujet ; & quoy qu'enfin il remontast sur le Trône, il eut tousiours la honte d'auoir eu le nez coupé, & d'auoir esté banny.

Il n'y a rien qui aueugle plus les hommes que ce qui les exempte de la Iurisdiction des autres hommes. Caligule aspira aux honneurs diuins, & il creût qu'il les meritoit, parce que le Berger disoit-il, est d'vne autre nature que son troupeau, & que les Souuerains sont à leurs Sujets, ce que les Bergers sont à leurs moutons.

Quoy qu'on puisse dire, ie trouue que ceux qui ont plus de difficulté à faire leur deuoir, sont d'vne condition plus fascheuse. Tous les Roys, dit Bodin, sont obligez aux Loix de Dieu, aux Loix de la Nature, & aux Loix de l'Estat. Tous les Hommes sont obligez aux mesmes choses ; Mais à vostre aduis quels sont ceux qui rencontrent plus d'obstacles à leur deuoir ? vous trouuerez sans doute que ce sont les Princes, puis qu'il est tres-mal-aisé de voir tout au dessous de soy, & de descendre aux actions des inferieurs, d'auoir l'imagination pleine de la grandeur de la Majesté, & de se forger des chaînes, de ne reconnoistre que Dieu pour Maistre, & de ne faire que ce que la raison prescrit.

Vn Prince desordonné court grand risque quand il succede à vn Prince vertueux. Quelques Medecins qui auoient esté gagnés par les Principaux de Rome, étoufferent Tybere, & ces Principaux de Rome ne se porterent à cette extremité, que par ce que les mœurs de ce monstre estoient extremement opposées, à cellesd'Auguste, & qu'ils apprehendoient qu'elles n'acheuassent d'effeminer l'Empire. Vn bon Prince court grand risque encore quand il succede à vn Prince méchant: Les Soldats se deffirent de Pertinax qui auoit succedé à Commode, & ils ne se porterent à cette action que dans la creance qu'ils eurent, que ce sage Empereur apporteroit du changement à la Milice, & qu'il reprimeroit par consequent la licence dans laquelle ils auoient esté nourris. Enfin vn bon Prince mesme court quelquefois grand risque quand il succede à vn Prince qui n'estoit pas méchant; Les affaires ne permettent pas quelquefois que le nouuel occupant donne d'abord des marques de sa tendresse: Et comme le peuple qui est accoustumé à la douceur, souffre impatiemment le fascheux estat où il se trouue, il est à craindre que de cette mollesse il ne naissent des reuoltes & des conjurations, des soûleuemens & des attentats.

Qui ne diffameroit les vices? on censure quelquefois la Vertu; Il y a eu des libertins qui ont blâmé les Pelerinages de S. Loüis, qui ont dit que les Roys estoient aux Royaumes, ce que les intelligences sont aux Spheres, & que comme ces intelligences ne quittent point le Ciel pour la Terre, S. Loüis ne deuoit pas quitter la Terre pour le Ciel.

S'il eſt vray comme il n'en faut pas douter, que la ſeruitude ſoit importune, & qu'il faille eſtre moins grand pour eſtre moins ſujet, ne faut-il pas auoüer que les Roys ſont bien éloignez d'eſtre heureux ? puiſque l'étenduë de leur puiſſance eſt la meſure de leurs ſoins, & que leur puiſſance eſt de vaſte étenduë.

Quelle ſeruitude d'eſtre obligé ou d'étouffer les moindres deſordres, ou de s'expoſer à de grands malheurs : Vn Gentil-homme Florentin refuſa d'épouſer vne Damoiſelle, à laquelle il auoit donné parole, ce refus impuny oppoſa les nobles contre les nobles, & le peuple qui ſe preuaut quelquefois des querelles des Grands, tira aduantage du carnage de ces deux factions. Les Aetoles pretendoient vne hure de Sanglier, les Arcades la pretendoient auſſi, ce different negligé forma deux partis, & l'étendard au vent qui parut en ſuite, faillit à ruïner & les vns & les autres. Les Cartaginois & les Bizaquins entrerent en diſpute pour vne barque, l'on ne tint compte de cette emotion, & cette imprudence porta les choſes à l'extremité : Les Ecoſſois oſterent des chiens à des Pictes, les Magiſtrats de part & d'autre firent la ſourde oreille, & cette laſche crainte engendra bien des maux ; En fin les Bourguignons prirent de viue force vn certain chariot de peaux de mouton, la Iuſtice qui deuoit regler ce debat manqua de balance, & ce ſeul deffaut alluma la guerre entre le Duc de Bourgogne & les Suiſſes.

Architas disoit que comme il n'y auoit point de poisson sans areste, il n'y auoit point d'homme sans deffaut, & Socrates qui estoit de ce sentiment, disoit aussi que comme il n'y auoit point de Grenade qui n'eût quelque grain gasté, il n'y auoit point de Prince qui n'eût quelque habitude vicieuse. Que si ces veritez ne reçoiuent point d'exception, à quels dangers les Princes ne sont-ils point exposez ? puisque s'ils sont auares, dit Bodin, ils épuisent le sang du peuple, que s'ils sont paillards ils font la guerre à la virginité, que s'ils sont goulus, ils consument en vn repas les reuenus d'vne Prouince, que s'ils sont impies ils remplissent tout de profanations, que s'ils sont coleres leurs ressentimens sont des massacres, & que le moindre de ces vices est capable d'alterer les esprits, de soûleuer les Villes, & d'apporter du changement aux choses.

Entre les Princes ceux qui sont tres-sensibles à la gloire, sont tres-sensibles à l'infamie; Mais il fallut comme on dit plus d'vne nuict pour engendrer Hercule : La Prudence qui est l'ame des belles actions, est l'abregé de plusieurs années, elle naist des trauerses & des démeslez, des éuenemens & des obseruations, & il arriue souuent que les jeunes Princes suiuent les mouuemens de leur presomption, & qu'auant qu'ils ayent atteint l'âge viril, ils commettent des fautes que les âges suiuans ne peuuent reparer.

Il y a si long-temps que l'authorité Royalle a corrompu

rompu les mœurs, que si Solon est veritable, que si l'Histoire des Indes est receuë, il y a eu des peuples qui apres auoir étudié de certains signes bestiaux, ont secoué le joug des hommes, & qui pour reprocher aux Princes dont ils estoient mécontens, leur negligence & leur méchanceté, ont éleué à la dignité de Roy, des chiens & des magots.

L'obligation déplaist toûjours à ceux que personne ne peut contraindre. Les Princes sont obligez de donner de bonnes impressions à leurs Sujets, & il déplaist mesme aux sages Rois qui font le bien par amour, d'estre obligez de le faire encore par Politique.

Comme tout dépend du Prince, ceux qui l'approchent taschent de le circonuenir: Hé! quel plaisir y a-t'il d'estre remply de faux sentimens, de faire fond sur ce qu'on voy, & de ne voir que des hommes masquez.

Machiauel qui croit donner tousiours des aduis salutaires aux Souuerains, veut que pour se maintenir, les Princes soient vicieux auec les vicieux, & il allegue pour raison la mort violente de Pertinax; Mais cet estrange Politique deuoit considerer qu'il y auoit plusieurs sortes de vicieux, qu'il y auoit des vices que quelques autres vices ne pouuoient souffrir, & qu'encore que la pluspart des Senateurs, du peuple & du Senat eussent conctracté de mauuaises habitudes soubs les regnes de Tybere, de Caligule, & de Claude, Neron trouua dans la corruption de l'Empire le chastiment de sa deprauation.

Le ſouuerain bien eſt incompatible auec la peine. Il n'y a rien de plus penible aux hommes que de gouuerner leurs ſemblables. On regardoit autrefois la Royauté comme quelque choſe de lourd, & pour montrer que ce que ie dis eſt veritable, les Rois portoient anciennement ſur leurs épaules les marques de la puiſſance, & les ſymboles du commandement.

Tous les Rois croyent que tout eſt fait pour eux, cette penſée eſt attachée à la grandeur, & c'eſt de cette penſée comme d'vn malheureux principe, que naiſſent noſtre ruïne & leur perte, leurs tyrannies & nos reuoltes.

Si les Princes font autant de bien à ceux dont ils ne reçoiuent point de ſeruices, qu'à ceux dont ils en reçoiuent, c'eſt parce comme ie viens de dire qu'ils penſent que tout leur eſt deub, & que bien éloigné de donner des ſujets de plainte à ceux qui ſe plaignent des largeſſes égalles, qu'ils font aux perſonnes inégalles, qu'ils croyent faire des actions de bonté quand ils donnent quelque choſe à leurs Sujets. Cependant il eſt faſcheux que la faineantiſe aille du pair auec la ſuffiſance, que l'ignorãce marche d'vn pas égal auec le merite, & il arriue ſouuent de là que les vieux ſeruiteurs ſe retirent, que ceux qui ſont capables de remplir leurs charges fuyent la Cour, que le Prince demeure ſans conſeil, & que l'Eſtat reſte ſans guide.

Entre les choſes qui peuuent perdre les Rois, l'on y doit mettre la ſingerie. Vn Prince eſt-il vertueux, l'orgueil s'empare de son ame, il se persuade par la multitude des gens qui l'imitent, que ses habitudes sont des perfections diuines : Vn Prince est-il vicieux, l'erreur le rend indocile ; il s'imagine par la multitude des personnes qui le contre-font, que ses vices sont des habitudes vertueuses, si bien qu'on peut dire que les Rois sont d'vne condition fascheuse, puisque le bien mesme qu'ils font retourne à leur desauantage, & qu'à moins que d'estre les objets d'vne misericorde extraordinaire, le mal qu'ils pratiquent est incapable de correction.

Qu'on imite les Rois, c'est vne verité dont toutes les Histoires rendent témoignage ; mais sans recourir aux Histoires Grecques & Romaines, les relations d'aujourd'huy nous apprennent, qu'au Royaume du Preste-Ian, la pluspart des peuples sont des coppystes, que si le Roy tombe malade, l'on fait l'infirme, & que si le Roy perd vn œil, l'on fait le borgne.

Vn homme est redoutable à soy-mesme quand il n'a pour censeur que sa conscience : La puissance des Tribunaux est le frein ordinaire des hommes, mais quand l'on est au dessus de cette puissance, il n'y a point de vertu, quelque confirmée qu'elle soit, qui ne reçoiue de rudes combats.

Les Rois dans la minorité portent seulement le nom de la puissance des Regens, & lors qu'ils sont majeurs, leurs années suiuantes ne sont souuent employées qu'à remedier auec beaucoup de peine, aux desordres de la regence.

Il y a vne raison d'estat qui oblige les Rois à forcer leur contenance ; mais comme la nature est comme incapable d'vne contrainte perpetuelle : les Rois se sentent comme necessitez à se dépoüiller de leur faste deuant de certaines gens, & ces gens qu'on appelle des Fauoris, deuiennent incommodes & aux Princes & aux Estats ; Ie dis que ces gens deuiennent incommodes & aux Princes & aux Estats, parce qu'ils regnent sur leurs Maistres, qu'ils épuisent leurs finances, qu'ils les engagent à des taxes redoublées, qu'ils leur proposent leurs parens & leurs amis, & qu'ils tournent leur esprit de telle sorte, que les impots qui comme des vapeurs deuroient tomber en pluye sur de bonnes terres, tombent ordinairement sur des terres maudites.

Quand Pline parle du peuple, il le compare au peuplier dont les feüilles, dit-il, se tournent & se renuersent à tous les soltices ; mais s'il est encore plus inconstant que cet arbre, qui peut justement traitter la condition de Roy de condition heureuse, puisque l'obeïssance des peuples est le plus grand plaisir des Souuerains, & que comme cette obeïssance est incertaine, le plus grand plaisir des Souuerains est meslé de crainte.

Le peuple, dit vn autre Auteur, a encore deux autres deffauts, il ne peut souffrir ny qu'on luy ordonne des choses difficiles, ny qu'on luy deffende des choses agreables ; les choses difficiles le soûleuent, & les choses agreables l'amolissent, dans les soûleuemens, il refuse l'obeïssance, & dans les mollesses il obeït laschement.

Il n'y a point de Royauté qui n'ait quelque accident fascheux, les Royautés successiues sont moins honorables que les Royautés électiues, & les Royautés électiues sont plus contraintes que les Royautés hereditaires.

La diuerse extraction cause quelquefois des maux. Vne personne d'illustre extraction soûtient volótiers les nobles contre le peuple; & ce soûtient est de dangereuse consequence, nous auons vn exemple de ce que i'aduance en la personne d'vn certain Roy de haute naissance, qui pour auoir voulu que les femmes de bas lieu fussent abandonnées au plaisir des Gentils-hommes, fut poursuiuy par la populace qui luy osta la vie: Vne personne d'extraction peu considerable, protege volontiers aussi les gens de bas lieu contre les Nobles, & cette protection a de fascheuses suittes; nous auons vn exemple de ce que ie dis en la personne d'vne certaine Reyne de naissance obscure, qui pour auoir fauorisé les Roturiers contre les Gentils-hommes, fut honteusement considerée comme vne matine, qui n'aimoit point les chiens de chasse.

Vn petit Estat est incapable de contenter l'ambition d'vn Prince. Vn grand Royaume est d'autant plus sujet à de grands maux, qu'il donne de grands ombrages, & vn Estat mediocre, qui n'excite pas la terreur comme le premier a quelque chose de déplaisant.

Ie sçay bien, comme dit vn Moderne, que les illustres ancestres peuuent transmettre auec leur sang le germe de leurs belles actions, que la grandeur en laquelle on est né, peut éleuer l'ame à des pensées hautes, & à des desirs magnanimes; mais l'on sçait bien aussi que la reduction de cette puissance en acte est fort rare, qu'il y a peu de Rois qui soient la loy de leurs peuples & l'exemple de leurs voisins, & qu'il semble mesme contre la raison des choses, que la Royauté inspire quelque malignité. Dés que Saül est couronné, il passe de l'innocence au crime. Dés que Dardane est paruenu à la Couronne d'Escosse, il passe du bien au mal. Dés que Pie Quatriesme de la Maison de Medicis est monté au Pontificat, il passe du vice à la vertu, enfin ie n'aurois jamais fait si ie voulois rapporter tous ceux que l'éleuation a troublez, & que la Royauté a corrompus, tous ceux qui ont trouué leur honte dans leur dignité, & leur esclauage dans leur independance.

Que les Grands ne peuuent-ils point craindre des Estrangers, puisqu'il y en a eu mesmes qui ont esté malheureusement en butte à leurs propres enfans. Henry Quatriesme Empereur, qui regnoit trop long-temps au sentiment de son fils, est attaqué par son fils mesme, le pere leue vne puissante armée, le fils luy donne bataille; & comme pour des raisons qui sont inconnuës à la sagesse humaine, la méchanceté a quelquefois le dessus sur la vertu, le pere tombe entre les mains du fils, le vaincu est liuré au victorieux, & dans l'étrange estat où il se trouue, il épreuue tant de barbarie, que dépoüillé de toutes choses il est enfin contraint de mandier sa subsistance.

L'Empire, dit S. Augustin, ne peut estre la beatitude, parce que la beatitude est le plus grand bien, que l'Empire vaut moins que la beatitude, qu'il y a des hommes qui craignent la domination; & qu'il n'y en a point qui craignent la felicité.

Il est fascheux d'estre exactement obserué en vne fonction extremement difficile: Vn Roy n'est seulement pas obserué en sa personne, il l'est encore en ses ordres & en ses ordonnances, & c'est ce qui a fait dire à vn bel Esprit, que la Royauté estoit vn grand theatre, que c'estoit vne éleuation qui attiroit les yeux de tout le monde.

A moins qu'vn Prince soit insensible il ne peut viure content, & ne laisser rien de memorable que la memoire de n'auoir rien fait; mais la prudence ne répond pas tousiours aux projets, les plus beaux desseins ont quelquefois de mauuaises issuës.

Quand il n'y a point de Cour Souueraine entre les Rois & les peuples, les Rois courent souuent à leur ruine; & quand il y a vn corps de Iustice entre les Rois & les peuples, il peut arriuer à ces sortes de Rois ce qui est quelquefois arriué aux Rois d'Arragon, ils peuuent subir la loy des majeurs.

Si le bonheur d'vn Roy consiste à commander, il s'ensuit que son malheur consiste à ne pouuoir faire cette action, & si ces raisons ne reçoiuent point de démenty, il est éuident que le malheur d'vn Roy surpasse son bonheur, puisque quelque puissant que soit vn Prince, son commandement est limité par les limites de son estat, & qu'il y a incomparablement plus de peuples qui ne le reconnoissent point, qu'il n'y en a qui luy obeïssent.

Y a-t'il rien qui porte plus à l'excez que ce qui n'a pour borne que les bornes de sa volonté : Cependant la puissance dereglée des Souuerains n'est pas moins dangereuse que le debordement des Riuieres ; & pour montrer que ie n'en dis pas assez, quelques-vns la comparent au char fabuleux du Soleil, qui ne peut sortir de sa route naturelle que le Soleil ne brûle vne partie du monde.

Apelles qui donna vn foudre à Alexandre pour marquer la puissance de ses armes, & l'éclat de ses victoires, le donna peut-estre aussi pour apprendre au mesme Alexandre, que le foudre passoit comme vn éclair ; & qu'à moins de trouuer par tout de l'obeïssance, il estoit en danger de trouuer sa destruction dans les choses qu'il détruisoit.

Ie sçay bien qu'on doit moins regarder la personne des Princes, que l'authorité que Dieu y a mise ; & que comme Dieu communique la puissance Royale aussi bien aux méchans qu'aux bons, il veut que nous receuions comme les images de sa puissance, ceux que nous ne pouuons aimer comme les images de sa bonté ; mais si entre les bons Rois qui sont tres-rares il y en a eu de massacrez, dans quelle aprehension ne doiuent point estre ceux qui semblent estre nés à la ruïne de la societé ciuile, qui violent, qui pillent, qui portent par tout la desolation

tion, qui comme de nouueaux Vitellius croyent que le corps mort d'vn Citoyen est de meilleure odeur que le cadavre d'vn ennemy.

Encore s'il n'y auoit que les particuliers qui voulussent que les Rois pensassent à nos besoins, les Rois auroient quelque raison de recusation; mais les Tyberes, les Adrians, les Theodorics, & cent autres Monarques ont voulu ce que nous voulons. Le premier disoit que le plus riche thresor du Prince deuoit consister au bonheur du peuple: Le second asseuroit que le peuple deuoit estre la premiere veuë du Souuerain, & le dernier disoit mesme que le peuple & les enfans des Rois deuoient passer pour vne mesme chose.

Estes-vous en peine de sçauoir quelle est le propre de la puissance Royalle, interrogez le grand Solyman, il vous dira ce qu'il écriuit au grand Maistre de Rhodes, que le propre des Rois est d'vsurper, de prendre & d'enuahir par ambition ce que par justice on deuroit épargner.

Si dans toutes les conditions du monde les premieres doiuent estre l'exemple des suiuantes, il s'ensuit que la condition de Roy qui est la premiere doit estre l'exemple des autres; mais outre que dans la vie ciuile ce qui est premier selon la dignité, ne l'est pas tousiours selon le merite, l'on peut dire que les Rois ont des Maistres trop complaisans pour estre bien instruits, & que s'il y a eu de grands Princes, ces grands Princes ont deub leur excellence aux faueurs de la nature, aux benefices des affaires, & aux lumieres de l'âge.

Quel plaisir y a-t'il d'estre eleué à vne condition où les moindres défauts sont contagieux. S. Augustin dit sur ce sujet, que les moindres vices des Grands sont communicatifs, qu'ils tuent toutes les ames de ceux qui les decouurent, & S. Gregoire adjouste à ce que ie viens de dire, que le peché a vne grande amorce quand la dignité fait honorer le pecheur, qu'on a de la peine à se persuader qu'on doiue refuser ses imitations à ceux ausquels on doit ses respects: En effet les peuples ne sont que les échos des grands, ils n'expriment en leur vie que les mœurs de ceux qui leur commandent, & pour estre conuaincu de ce que i'aduance, il suffit de se ressouuenir qu'aussi-tost que Nabuchodonosor eut adoré le Veau d'or tous les peuples le suiuirẽt, que dés que Balthasar eut profané les Vases, tous les Sujets l'imiterent, que soubs Ieroboam tout le Royaume estoit idolastre, que soubs Ezechias tout l'Estat estoit heureux, que soubs Romulus Rome estoit guerriere, que soubs Numa elle estoit religieuse, que soubs les Fabrices elle estoit continente, que soubs les Gracques elle estoit seditieuse, que soubs les Antoines elle estoit dissoluë, que soubs les Constantins elle estoit Chrestienne, que soubs les Iuliens elle estoit abominable, & que soubs les Valeres elle estoit Arienne, si bien qu'on peut conclure de tous ces exemples, qu'il ne suffit pas de faire de bonnes Loix qu'il les faut obseruer, que ce fut en vain que l'Empereur Auguste entreprit de reformer le luxe de Rome, parce que sa femme estoit extremement braue, que ce fut en vain que Domitian fit des Loix pudiques parce qu'il estoit publiquement paillard, & que ce sera tousiours en vain qu'on fera des Loix mortes, parce que l'economie du monde dépend de l'influence des astres, que l'economie des Estats dépend de l'esprit des Princes, & que comme les influences font le bien ou le mal des choses sublunaires, les esprits des Princes font le bien ou le mal des choses ciuiles.

Comme Proclus qui estoit vn grand personnage a comparé l'Vniuers à vne corde tenduë, qui raisonnoit dans le creux d'vn instrument de Musique, l'on peut comparer vn Royaume qui est vn petit vniuers à l'Vniuers mesme, & comme selon Proclus, la corde ne peut estre bien raisonnante qu'elle ne soit delicatement pincée par la partie d'en haut, l'on peut dire aussi qu'vn Royaume dont les diuerses fonctions qu'il renferme sont comme autant de cordes, ne peut estre harmonieux qu'il ne soit industrieusement touché par la partie capitale.

Encores si les Rois estoient aux Estats ce que les ressorts sont aux machines, leurs deffauts n'estant pas visibles feroient moins d'impression qu'ils ne font; mais les Rois sont éleuez, leurs actions frappent les yeux de tout vn peuple, & comme selon Cassiodore, il seroit plus facile à vne plante de produire des fruicts disconuenables à sa nature, qu'à vn Roy de former des mœurs dissemblables aux siennes, il est important que quelque difficulté qu'ayent les Grands de viure dans la rectitude, ils se repreſentent que les Sujets ſont des terres d'argiles, que les Princes ſont des potiers, que les peuples ne ſe forment pas ſur les Loix ; mais ſur ceux qui ſe vantent d'eſtre au deſſus d'elles, que les actions d'vn Souuerain s'impriment dans l'eſprit de ſes obſeruateurs, comme les Bacguettes de Iacob ſe peignoient dans l'imagination de ſes oüailles, que Pytagore appelloit les puiſſances du monde le ſel de la terre, & qu'il ne leur dónoit ce nom que pour les porter à empeſcher par leurs exemples la corruption des mœurs, que les Rois comme parle Alphonſe Roy d'Arragon ſont des Soleils, que ceux qui viuent ſoubs leur domination ſont des plantes qui ſuiuent leurs mouuemens, que le Monarque qui fait ce qu'il deffend, & qui commande ce qu'il ne fait pas, condamne de deux choſes l'vne, ou ſa loy par ſa vie, ou ſa vie par ſa loy, & montre éuidemment ou que ſa loy eſt iniuſte, ou que ſa vie eſt dereglée, que l'Eſcriture enfin ordonne que celuy qui aura laiſſé ſa ciſterne ouuerte, ſera obligé à la reparation du dommage qui s'en ſera enſuiuy, & que le Prince de mauuais exemple qui ouure la foſſe au ſcandale, ſera reſponſable des cheutes qui s'y ſeront faites.

Si tout ce qui eſt aſſujetty à quelque choſe n'eſt pas la felicité, la Royauté ne peut eſtre le ſouuerain bonheur, la Royauté gouuerne, la Royauté eſt obligée de gouuerner, le gouuernement eſt vne douceur, l'obligation de gouuerner eſt vne ſeruitude.

On remarque en quelques Iuriſconſultes que celuy-là eſt digne de l'Empire, qui reconnoit l'Empire de la Loy ; mais il y a bien de la difference entre estre digne du commandement & estre heureux en sa dignité. Le sceptre ne s'accorde guere bien auec la defference, & quelque habitude au bien que puissent auoir les Princes, les mesmes Loix qui peuuent estre supportables à ceux qui sont nés pour obeïr, sont tousiours fascheuses à ceux qui sont nés pour commander.

Comme les Rois doiuent estre meilleurs, dit Seneque, que ceux ausquels ils commandent l'on attend d'eux ce qu'on n'attend pas des autres hommes, que si l'on attend d'eux ce qu'on n'attend pas des autres hommes, il faut necessairement ou qu'ils soient plus laborieux & plus reguliers, ou qu'ils perdent leur reputation ; mais vn Prince sans reputation est comme vn particulier sans authorité, & vn particulier sans authorité est comme vn ciel sans soleil „ vn corps sans ame, vn horloge sans poids, vn navire sans rames, vn luth sans cordes, & vn sceptre sans main.

Si vn Monarque ne sçait pas (comme l'on dit) que si Dieu est vn Ciel, les puissances de la Terre doiuent estre ses Etoilles, que si Dieu est vn Soleil les Grands doiuent estre ses rayons, que si Dieu est vn feu les Princes doiuent estre ses chaleurs, que si Dieu est vn Ocean les Rois doiuent estre ses Riuieres, & que si Dieu est vne ame les Souuerains doiuent estre ses organes, il est à croire que sa conduite démẽtira sa dignité, qu'elle fera cent faux pas, qu'elle mecontentera ses peuples & ses voisins, & qu'elle hazardera en fin ſa couronne, & s'il ſçait qu'en qualité d'étoilles les puiſſances de la terre doiuent eſtre benignes, qu'en qualité de rayons les Grands doiuent eſtre agreables, qu'en qualité de chaleurs les Princes doiuent eſtre zelez, qu'en qualité de riuieres les Rois doiuent eſtre bien-faiſans, & qu'en qualité d'organes ils doiuent eſtre fauorables, dans quelle confuſion ne tombe-t'il point, lors qu'au trauers de ſa raiſon obſcure il reconnoiſt qu'il eſt plutoſt vn comette qu'vn aſtre, vn embraſement qu'vn rayon, vn feu deuorant qu'vne chaleur moderée, vn deluge qu'vne riuiere, & vn inſtrument funeſte qu'vn organe ſalutaire, que ſi l'on nous dit que tous les Rois ne ſont pas vicieux, & que ceux qui s'acquittent bien de leur charge tirent de l'exercice de leurs belles habitudes, les plus grandes douceurs du monde, ie répondray à cela qu'il n'y a rien de ſi difficile que de faire le Roy, que c'eſt le plus grand effort de la prudence humaine, & que les peines qui accompagnent les vertus politiques meſlent l'amer auec le doux.

Les Rois n'ont ſeulement pas à craindre pour eux, ils ont à craindre encore pour leurs enfans. Philippe Second fit la paix auec Henry le Grand, & quoy qu'il eûſt vn ſucceſſeur de belle eſperance, il rendit beaucoup de places à noſtre Grand Monarque, & ſur ce que quelques familiers luy demáderent pourquoy il auoit fait vn accord ſi auantageux à la France, il répondit qu'il ne l'auoit fait que parce que ſon fils manquoit d'experience, & qu'il n'eſtoit pas raisonnable de commettre vn jeune courage auec vn vieil Conquerant.

Quelques-vns tiennent que comme les hommes doiuent vne obeïssance aueugle à la puissance qui les a creés, les mesmes hommes doiuent vne obeïssance aueugle à ceux qui les commandent, & que comme s'il estoit permis d'examiner les mysteres de la Religion, l'on trouueroit peut estre des raisós pour ne pas croire; s'il estoit permis aussi d'examiner les mysteres de la Politique, l'on trouueroit peut estre des raisons pour ne pas obeïr ; mais quelques-vns de ces sentimens sont combattus, les peuples veulent des éclaircissemens, & les Princes quelques Grands qu'ils puissent estre feroient souuent des Edits inutiles, s'ils ne soûmetroient leur volonté à l'examen des tribunaux.

Ie ne diray point ce que i'ay dit dans mes actions publiques, que les Rois sont comme clouez à leurs Estats, & que l'ignorance precede souuent leurs mariages; Ie diray seulement que les voyages estrangers sont des diuertissemens dont ils sont ordinairement priuez, & qu'il est fascheux d'espouser par raison d'estat des Princesses dont l'on ne connoist ny l'esprit ny les mœurs.

Quels soins ne doiuent point auoir les Rois pour se maintenir, puisque dés que les Princes, dit Tite-Liue, diminuënt en authorité ils passent ordinairement du faiste au precipice.

Il y a des cheutes dont l'on peut facilement se releuer; mais comme dit vn graue Historien, l'on ne remonte guere du precipice au faiste.

L'art de regner est beau; mais il est difficile, & à moins que d'emprunter des rayons de la science d'autruy qui est vn emprunt fascheux & salutaire, vn Prince est en passe de faire autant de cheutes que de démarches. Darius, Alexandre, Auguste, Trajan, & plusieurs autres grands Monarques ont eu leurs Conseillers, le premier auoit Herodote, le second auoit Aristote, le troisiesme auoit Pistot, & le dernier auoit Plutarque.

S'il y a bien de la peine à gouuerner vn corps humain, quelle peine n'y a-t'il point à gouuerner vn corps Politique. Vn Ancien dit que pour estre content de son regne, vn Roy doit auoir la prudence du serpent, le courage du lyon, la vigilance du cocq, la debonnaireté du belier, la fidelité du chien, & la pudeur de l'elephant; mais soubs quelle Couronne trouue-on l'assemblage de ces vertus? est-il facile de contracter en vne puissance independante & redoutable, qu'on flatte & qu'on tente, les habitudes, dont ie viens de faire le denombrement? ô qu'il y a peu de Rois qui soient veritablement Rois! & que les Histoires sont chargées des veritez que ie debite.

Comme il n'y a point de seruitude si grande que celle qui est jointe au Commandement, l'on a raison de dire que les soins ne respectent ny les Gardes ny les Huissiers, & que quelque bonheur qui accompagne les dominations, ils entrent en foule & dans les cabinets & dans les licts.

Il

Il n'y a rien dans la Morale & dans la Politique de si mal-aisé à trouuer que le milieu, cependant l'excez & le deffaut ont de fascheuses suites, vne authorité trop éleuée expose les peuples à la tyrannie, & vne authorité trop abatuë expose les Rois à l'insolence.

Que les Rois s'efforcent tant qu'ils voudront de se dérober à la curiosité de leurs Sujets, ils n'en viendront jamais à bout, ils sont trop hauts & trop éclairez pour se pouuoir cacher, & comme s'ils estoient de la nature des corps transparens, la lumiere qui les enuironne, découure leurs taches & penetre leurs imperfections.

Ie ne suis point estonné lors qu'en lisant l'Histoire Romaine je vois des peuples animez, & des Empereurs poursuiuis, la pluspart des Empereurs Romains estoient d'estranges Princes; mais dans quel estonnement ne tombay-je point lors qu'en lisant l'Histoire de France, je vois en vne mesme personne vn Empereur & vn Roy; mais vn Roy doux & humain, qui n'a ny toict, ny pain, ny lit, certes cela nous aprend bien qu'il y a vne Puissance qui se jouë des Sceptres & des Couronnes, & que d'establir le bien supreme sur les dignitez du monde, c'est donner aux colosses des bases d'vn pied de large.

Si selon l'ancienne deuise des Medicis raportée par François de Beaucaire, il faut pour heureusement regner mettre la diuision par tout, jugez si l'on doit mettre le souuerain bien en la condition des Rois, en vne condition qui veut que pour conuertir la colere des particuliers en des reproches & en des infidelitez, l'on introduise la haine dans les familles, & que pour empescher les assemblées & les complots l'on rende les Cytoiens suspects les vns aux autres.

Ce ne sont pas les diadémes qui font le bon-heur des Souuerains, ce sont les deuoirs laborieux que les Sceptres exigent, & si les Princes aspirent à vne reputation durable, qu'ils ne l'establissent point sur les Palais magnifiques, ny sur les Tombeaux superbes, le temps les ronge & les consume, le feu les altere & les ternit, la hayne des successeurs les neglige & les abandonne, qu'ils l'établissent sur Dieu & sur la nature, c'est à dire sur la pieté & sur la raison, ces vertus, dit vn Moderne, les perpetueront, les rendront immortels, elles les graueront dans la memoire de tous les hommes, elles les rendront presens à l'esprit de tous les Siecles.

## QVE LE SOVVERAIN BIEN NE *consiste point en la Science.*

LE souuerain bien renferme des rayons de gloire qui penetrent l'essence diuine ; mais les vertus intellectuelles ne vont gueres au de-là de la superficie des choses.

Le souuerain bien se répend égallement & sur l'entendement & sur la volonté ; mais les connoissances se répendent moins abondamment dans la volonté que dans l'entendement.

L'on ne peut faire vn mauuais vsage du souuerain bien ; mais l'on peut faire vn mauuais vsage de la science.

Le souuerain bien est inalterable ; mais la memoire qui est le magazin des sciences humaines, peut par son trouble troubler ce qu'elle garde.

Le souuerain bien est incompatible auecque le regret ; mais la science est compatible auecque les remords.

Le souuerain bien remplit la capacité de nostre entendement ; mais les sciences humaines quelques vastes qu'elles soient laissent tousiours quelque vuide à nostre curiosité.

Le souuerain bien est vne fin ; mais l'on peut desirer la science, ou pour le profit ou pour la gloire.

Il n'y a rien de si bon que le souuerain bien; mais la vertu est meilleure que la science.

### *Reflexions sur la science.*

LA nature a beaucoup d'obseruateurs; mais elle a peu de confidens.

Tel pense estre au cabinet des muses, qui n'est pas encore à la porte.

Plusieurs choses sont reseruées aux derniers siecles : La nature est de ces meres discretes, qui ne découurent jamais tout d'vn coup à leurs enfans ce qu'elles ont dans leur interieur.

L'ame a bien de la peine, dit Seneque, à connoistre les choses qui sont hors d'elle, & elle en a encores bien dauantage, continuë-t'il, à se connoistre elle-mesme.

Le plaisir des sciences n'est qu'en leur possession, & lors qu'on les possede, l'on est comme incapable des autres plaisirs.

En quelque science que ce soit, l'on voit ordinairement la fin de sa vigueur auant que de voir la fin de son ignorance.

A moins que de poser les conditions que j'ay rapportées dans ma Logique, qui pourroit se vanter de connoistre toute la nature? puisque des choses de neant ont occupé les plus grands hommes; que Lucian à fort long-temps trauaillé sur la Mouche, qu'vn autre Auteur a revé quarante trois ans sur la Fourmis, que l'Asne a fort empesché Apulée, qu'vn Medecin a fait vn gros volume sur les

Chous, que Marcion & Diocles ont amplement diſcouru ſur le Naueau & ſur la raue, & que Meſſala a fait autant de volumes ſur l'Alphabet, que l'Alphabet contient de lettres.

Il n'y a point de ſecte qui n'ait ſes antipartiſans : Ariſtote a combattu la pluſpart des anciens Philoſophes, Galien a combattu Ariſtote, & Paracelſe a combattu Galien.

Qui ſçait, dit Seneque, parlant des jumeaux, ce qui rend leur naiſſance ſemblable, & ce qui fait leur deſtin contraire.

L'on ne connoiſt la premiere matiere que par des analogies, les formes eſſentielles ſont inuiſibles, les differences ſpecifiques ſont cachées, & la pluſpart des fins ſont inconnuës.

Il n'appartient qu'aux Dieux de contempler, dit Socrate, parce qu'il n'appartient qu'aux Dieux de connoiſtre la verité.

Ie ſçay bien que la ſcience eſt le plus excellent bien de la plus excellente faculté de l'homme; mais ſi le ſouuerain bien des hommes & des Anges conſiſte en la connoiſſance de Dieu, de combien ne ſommes nous point éloignez du ſouuerain bien, puiſqu'il n'y a point de rapport entre l'infiny & le borne, entre le Createur & la creature, & que bien éloigné de connoiſtre Dieu en cette vie, qu'il n'y a point eu encores d'hommes qui ayent bien connu la nature des cieux, l'enchainement des cauſes, la proprieté des foſſiles, le degré des ſimples, & l'origine des vents.

Quelque viue imagination que nous ayons, nos connoissances sont troubles, nos sciences sont penibles, aussi les comparent-on, tantost aux matinées de l'Automne qui sont chargées de broüillards, & tantost au Buisson de l'Escriture, qui estoit enuironné d'épines.

La pluspart des personnes studieuses ne sont remplies que des erreurs de tous les siecles, & comme si les habitudes qui doiuent former le jugement auoient la proprieté de blesser les ceruelles, on remarque ordinairement plus d'extrauagance dans la conduite des gens de lettres, que dans celle des autres.

D'où vient que la pluspart des Nobles negligent les sciences; c'est à mon aduis parce qu'elles font plus de pedens que de Politiques, plus de pointilleux que de complaisans.

La Philosophie qui est le fondement de toutes les sciences, n'est pas incompatible auec la Religion; mais à dire le vray elles ne sont pas souuent ensemble, cependant la Religion est l'ame de toutes les vertus morales, & l'on ne peut aller au Ciel que par les vertus celestes.

Il y a des gens à qui les sciences rendent de mauuais offices, & c'est peut-estre pour cette raison, que du temps de Quintilien le peuple tenoit que les doctes auoient moins d'esprit que les ignorans.

Ce n'est rien, dit le Prouerbe, d'auoir l'esprit de Scanderberg, si l'on n'a son bras, ce n'est rien aussi d'auoir la science d'Aristote, si l'on n'a son esprit.

Le bel esprit sert aux sciences, & les sciences seruent au bel esprit, & au deffaut des grands aduantages de la nature, il est des sciences comme de ces tapisseries, qui sont entassées dans quelque lieu obscur, l'on n'en voit ny les richesses ny l'éclat.

Quelques Gots détournerent la Reyne Amalahunte de faire estudier son fils Atalaric, & ils alleguerent pour raison qu'il estoit à craindre que ceux qui dans l'enfance s'accoustumoient à craindre le foüet de leurs Precepteurs, ne s'accoustumassent dans la jeunesse à craindre l'espée de leurs ennemis; mais leur veritable sentiment estoit que les sciences amollissoient le courage, & qu'elles estoient plus conuenables aux particuliers qu'aux Souuerains.

Les thresors de la raison, dit vn Ancien, sont comme prisonniers dans le fond de l'ame, il faut d'estranges efforts d'esprit pour les tirer de leur cachot.

Si l'esprit ne s'attache qu'à quelques disciplines, il voit vn million de choses au de-là de sa contemplation, & s'il s'attache à la pluspart des sciences, il ne peut digerer ce que sa memoire conserue.

Encores si les hommes ne s'exerçoient qu'en la connoissance des choses qui peuuent faciliter le souuerain bien, i'excuserois en quelque façon la curiosité; mais qu'importe-t'il à nostre salut de sçauoir au vray ſi le Soleil eſt fixe, ou ſi la Terre tourne, s'il y a trois principes de generation, ou s'il n'y en a que deux, ſi les eſtoilles ſe meuuent dans les Cieux comme font les poiſſons dans les eaux, ou ſi elles ſont attachées à leurs Cieux comme les clous ſont attachez à leurs roües.

Quelques conſiderables que ſoient les ſciences & les arts, il n'y a point d'habitude intellectuelle qui merite qu'on en faſſe ſes attaches : Auſſi S. Hieroſme fut-il repris par les Anges, de l'extreme paſſion qu'il auoit pour l'Orateur Romain.

A quoy bon paſſer ſes plus belles années pour l'acquiſition des ſciences humaines, faut-il vne doctrine naturelle pour vne beatitude diuine.

Quoy que ſoubs deux mains dont l'vne tenoit vne eſpée, & l'autre vn liure, l'on euſt mis pour l'ame de la deuiſe, c'eſt par l'vn & par l'autre que je ſuis Ceſar, je tiens pourtant que ce fut plutoſt par les Decrets du Ciel que Ceſar jetta les fondemens de l'Empire Romain, que par les aduantages de ſa perſonne. Les Palemedes, les Alphonſes, & cent autres eminens perſonnages qui eſtoient ſçauans, ont tres-mal reüſſi dans leurs entrepriſes, & ſi les ſciences eſtoient vne ſi bonne acquiſition elles en donneroient des marques.

Si le ſouuerain bien eſt ſatisfaiſant comme il n'en faut pas douter, il ne peut conſiſter aux ſciences humaines, puiſque ces ſortes de ſciences tiennent de l'eau marine, qu'elles alterent dauantage ceux qui s'en abreuuent le plus.

Quels

Quels maux n'a point causez l'Arbre de science à l'Arbre de vie?

La pluspart des sciences sont ordinairement comme contraires à l'esprit des affaires, ceux qui en sont coeffez ont de la peine à demordre des maximes scolastiques dont ils ont esté rebatus, & la diuersité des exemples qu'ils ont remarquez dans les Liures, les rend tellement irresolus qu'ils executent timidement tout ce qu'ils entreprennent.

Si les sciences peuuent rafiner le vice, si les sciences peuuent subtiliser la mechanceté, elles ne peuuent estre le souuerain bien, puisque que le souuerain bien est fixe, est inalterable, & que ce qui peut estre nuisible, ne peut estre ce qui ne peut estre mauuais.

Ie sçay bien que les Philosophes ont receu des honneurs extraordinaires des plus grands personnages du monde, que Philippe s'abstint du siege de Bizance à cause de Leon Bizantin, qu'Alexandre rétablit la ville de Stora à cause d'Aristote, que Demetrius traitta fauorablement Thebes à cause de Crates, & que Cesar épargna la ville d'Alexandrie à cause du Philosophe Arius; mais outre que l'honneur qu'on rend aux choses ne les augmente ny ne les diminuë, & qu'il n'est pas toûjours vne marque de leur merite, l'on peut dire que sont esté des sçauans, qui ont glorifié des sçauans, & qui ont voulu que la posterité estimast en leur personne, ce qu'ils ont estimé en la personne des autres.

Chaque science veut vn homme tout entier, & quelque grand esprit que fust Democrite, qui estoit Gouuerneur de la ville d'Abdere, il eust esté plus profond dans les maximes de la Politique, s'il eust esté moins éclairé dans les principes de la Medecine; Que si chaque science comme je viens de dire, demande son homme tout entier, il me semble que c'est estre aueugle que de mettre le souuerain bien aux sciences, puisqu'on ne peut auoir qu'vne legere teinture de toutes choses, & que ce qu'on ignore surpasse incomparablement ce qu'on sçait.

L'esprit a ses beueuës, la nature a ses secrets, & quelque sçauant que fust Tostat, on le flattoit lors qu'on disoit qu'il donnoit la raison de toutes choses.

Quelle impertinence de dire qu'on ne peut rien sçauoir de nouueau? hé depuis que Salomon a dit qu'il connoissoit la nature depuis le cedre jusqu'à l'hysope! c'est à dire depuis les plus grandes choses jusques aux plus petites, n'a-t'on pas decouuert la vertu de l'aymant, l'vsage de la boussole, & cent autres merueilles que ce Sage n'auoit point decouuertes, ô que le monde est vaste! ô que l'esprit a de replis! & que nous sommes bien éloignez comme dit vn Moderne, d'épuiser toutes les mines du raisonnement? Il y a vn nombre innombrable de choses qui ne seront connuës que lors que nous verrons face à face celuy qui connoist toutes choses. Dieu a passé comme vn voile sur la pluspart des essences, & des proprietez, il a voulu, pour nostre bien que nostre ignorance nous donnast du degout de cette vie, & que ce qui sera vne lumiere dans les Cieux fust vn secret sur la Terre.

Comme l'on se mocqueroit de ceux qui estans reduits dans vne chambre obscure, pretendroient clairement connoistre à la faueur d'vne lueur de charbon toutes les richesses qu'elle contiendroit, l'on a raison de se moquer aussi de ceux qui estans comme enseuelis dans vn corps tenebreux, pretendent nettement connoistre à la faueur d'vn rayon d'escolle tous les thresors que la nature renferme.

Comment connoistre ce qui est hors de nous que nous ne connoissons pas nostre interieur ? & c'est ce qui a fait dire à vn bel Esprit, que si nous auons cet aduantage sur les horloges qu'elles ne sentent pas comme nous sentons nos ressorts, les ressorts qui jouent au dedans d'elles, nous auons cela de commun auecque ces mecaniques, que nous ne sçauons pas comment jouent les ressorts que nous sentons.

On nous reproche que nous lisons trop, & que nous ne meditons pas assez, que nous cherchons de sçauoir beaucoup, & que nous ne cherchons pas de sçauoir bien, ces reproches sont bien fondez, je l'auouë, les vices dont il s'agit, sont les maladies ordinaires des gens de lettres; mais ne nous flattons point, le peu de satisfaction que nous auons dans les sciences vient de nous, & des choses, Il vient de nous, les mesmes sens qui seruent à instruire l'esprit, seruent souuent à le seduire, & il vient des choses, la nature a ses inconstances, & l'auteur de la nature a ses reserues.

Saint Bernard a raison de condamner ceux qui veulent sçauoir pour sçauoir, c'est à dire ceux qui mettent le souuerain bien aux sciences, l'on peut estre heureux sans les sciences, & les sciences ne peuuent estre heureuses sans la vertu.

La science nous detourne quelquefois de quelque chose de meilleur. Vn certain Pere que le respect me dispense de nommer, s'exerçoit à supputer les grains de sable, n'estoit-ce pas là vne occupation digne d'vn Religieux?

Si l'on peut selon Protagoras disputer égallement de toutes choses, quelles lunettes assez fines peut-on trouuer qui puissent discerner le vray-semblable d'auecque le vray.

Quelques grands hommes que fussent nos peres l'inuention de la boussole & du canon, de l'Imprimerie, & des lunettes d'approche, a esté au de-là de leur réverie, & quelques grands hommes que soient leurs neueux, l'inuention de cent autres merueilles échappera à leur meditation, Quelques profonds que fussent nos peres, il y en a eu comme Hypocrate qui ont confessé les fautes qu'ils ont faites dans la Medecine, & il y en a eu d'autres comme S. Augustin, qui ont reconnu les erreurs qu'ils ont glissées dans la Theologie. Quelques grands hommes enfin que soient leurs neueux, il y en a qui regardent auec pitié les écrits qu'ils ont mis soubs la presse, & qui reconnoissent tous les jours que les derniers siecles ne sont pas moins exempts de retractation que les premiers temps.

Il n'y a point de science comme j'ay cy-deuant dit, qui ne demande vn homme tout entier, & ie me confirme dans ce sentiment lors que ie lis Galien, & que i'apprend de ses propres écrits, qu'apres cinquante ans d'estude, il n'auoit pû bien connoistre le temperament des hommes. Ie me confirme encore dans la mesme opinion, lors que ie lis l'histoire d'Aristomachus, & que i'apprend d'elle, qu'encore qu'il eust estudié soixante ans la nature, & sur tout la nature des abeilles, il n'auoit pû donner de bonnes raisons des moindres obseruations qu'il auoit faites.

Que les sçauans s'efforcent tant qu'ils voudront de penetrer toutes choses, ils me tromperont bien s'ils trouuent la quadrature du cercle, la pierre philosophale, & le mouuement perpetuel.

Ceux qui vantent les sciences & les arts, parlent entre autre chose de Thales, qui ayant preueu vne famine, preuint l'incommodité de ses amis, & soulagea sa pauureté, & de Christophe Colomb, qui ayant preueu vne Eclipse de Lune intimida les Ameriquains, & sauua son equipage; mais outre que la consequence de quelques exemples au general est vne fort mauuaise logique, & que c'est estre ridicule que de conclure que toutes les disciplines sont fort vtiles, de ce que quelques vnes le sont, l'on peut dire que les Mathematiques font incomparablement plus de fols que de sages, & qu'il faut sçauoir ponctuellement la Carte des Cieux pour se retreuuer dans des pays si vastes & si éloignez.

Il n'y a point de Philosophe quelque profond qu'il soit, qui puisse donner vne parfaite definition de la moindre creature du monde, & Platon estoit tellement persuadé de ce que ie dis, qu'il ne feint point de dire qu'il traitteroit de quelque espece de diuinité celuy qui luy en donneroit vne.

Vn Ancien a dit que la nature auoit fait plus de sages sans la science, que la science n'en auoit fait sans la nature; mais c'est trop fauorablement traitter la science, la science est comme les remedes, & comme les remedes qui n'operent que selon la disposition des corps deuiennent incommodes à la nature, quand ils rencontrent des naturels debiles, la science aussi qui n'agit que selon la disposition des subjets, deuient à charge à l'homme quand elle trouue des esprits foibles.

On me dira sans doute que si la science est toûjours sombre dans vn esprit stupide, elle n'est pas tousiours maligne dans vn temperament vicieux, j'auouë que soubs le nom de Minerue comme rapporte Homere, elle fit d'vn Achile violent vn braue moderé, que soubs le nom de Philosophe elle fit d'vn Socrate amoureux vn sçauant chaste, & que le grain de Philosophie que Ciceron appelloit Socratique, est quelquefois vn merueilleux correctif, aussi n'ay-je pas dit que la science n'eust jamais de credit sur les mœurs, qu'elle fust incapable d'apporter quelque heureux changement à l'homme, & si ie dis qu'elle n'agit que selon la disposition des subjets, ie veux dire qu'elle n'éclate que selon la disposition des organes; mais le souuerain bien n'est seulement pas incompatible auec le vice, il l'est encore auec l'obscurité, il éclaire, il anime, il remplit l'ame & de rayons, & de chaleurs, & quelques foibles dispositions que la nature ait mises en nous, ils éleue ses sujets à des splendeurs admirables.

Il y a des gens qui ont de la science & qui n'ont point de vertu, qui ont des glaçons dans la volonté, & qui ont des lumieres dans l'entendement.

Comme la doctrine en de certaines gens rend l'esprit subtil, ce n'est pas sans sujet qu'on dit qu'elle deuance quelquefois le temps des afflictions, qu'elle fait que les maux sont plustost dans l'ame que dans la nature.

Tous les Sages tombent d'accord que le souuerain bien suit tousiours la vertu, & que le bon-heur ne suit pas tousiours la science, qu'il vaut mieux trauailler à regler sa volonté qu'à meubler sa memoire, à rectifier ses mœurs, qu'à illustrer son esprit.

L'on voit tant de libertinage soubs le chapeau des Doctes, qu'il ne faut pas s'estonner si l'on compare la science à la Lune, & si l'on dit que comme la Lune est la mere des corruptions, la science est la mere des vices.

De quel front, disent nos Scolastiques, peut-on entreprendre la science ? y a-t'il jamais rien eu de plus honorable, & y a-t'il encores rien de plus poursuiuy ? Ie sçay bien que les Alexandres, les Cesars, les Charlemagnes, les Solymans deuxiesme, ont embrassé les sciences, & qu'Auguste que ie deuois mettre au premier rang, mettoit au nombre de ses amis les Horaces & les Virgiles : Ie sçay bien de plus que Marc Aurele estoit Philosophe, qu'il adoroit comme ses dieux domestiques les images de ses Precepteurs, & que si ses dieux selon ses propres paroles luy eussent donné le choix de quelque chose, il eust mieux aimé estre enseuely auec des Liures, que d'estre en vie auec des ignorans, Ie sçay bien aussi que Marcellus bannit le soldat qui auoit tué Archimede, que quoy que Ferdinand Septiesme Roy de Castille, eust esté receu du Recteur d'Hildefond auec vn Sceptre d'argent, il voulut que ses Gardes respectassent cet homme de lettres, Ie sçay bien mesme que le Pape Iules Deuxiéme estoit passionné pour les sciences, qu'il disoit souuent qu'elles estoient de l'argent aux Roturiers, de l'or aux Nobles, & des perles aux Princes, Ie sçay bien encores qu'vn Roy d'Espágne haïssoit mortellement ceux qui negligeoient les Lettres, & que parlant d'vn de ses predecesseurs qui auoit parlé dédaigneusement d'elles, il traitte cette voix de la voix d'vn bœuf, Ie sçay bien enfin que la curiosité remplit encore les Academies, que les sciences sont des rayons, & que comme le bel émail de la Colombe ne paroist presque point s'il n'est éclairé ré du Soleil, les belles diſpoſitions de l'eſprit éclattent peu ſi elles ne ſont illuſtrées de la ſcience; mais Ciceron, dit Valere-Maxime, reconnût ſur ſes dernieres années le peu de ſatisfaction qu'apportent les études. Agricole ſelon Tacite, paſſa de l'amour exceſſif des Liures à la negligence des Lettres, & les Porphyres, & les Iambliques qui auoient paſſé toute leur vie dans les Ecolles, ont honteuſement confeſſé qu'il y auoit bien de la difference entre la felicité & l'encyclopedie, entre l'vnion de tous les biens, & l'amas de toutes les ſciences.

Les plus grands mangeurs ne ſont pas touſiours les plus ſains, les plus grands ſçauans ne ſont pas toûjours les plus raiſonnables, ceux dont j'entend parler, & qui font à mon ſujet, ſont ſouuent accablez ſoubs le fais des notions & des jmages, & ils reſſemblent, dit vn Moderne, à nos Soldats Gaulois, qui du temps de Tybere eſtoient ſi pezamment armez, que leurs bras eſtoient inutiles.

Si tous les hommes peuuent eſtre heureux, le ſouuerain bien ne conſiſte point en la ſcience puiſque tous les hommes ne peuuent eſtre ſçauans. L'on trouue des hommes qui ſont inacceſſibles aux ſciences & aux arts, & l'on peut dire ſelon l'obſeruation des Ingenieurs, que comme il y a des places dont les deffauts ne ſouffrent point de reparation, il y a des eſprits dont les foibleſſes ne ſouffrent point de ſupplement. Le fils d'vn tyran d'Athenes nommé Herodes, auoit ſi peu d'eſprit & de memoire que ne pouuant ſe grauer par les voyes communes les élemens de la Grammaire, son pere fut contraint de luy donner pour son instruction vingt-quatre Pages, & de vouloir que chacun d'eux portast le nom d'vne lettre de l'Alphabet: Les Thraces ne sçauoient autrefois compter que jusques à quatre, ils tenoient que le globe du Soleil n'auoit pas plus de circonference qu'vn plat, ils apprehendoient que la Lune ne se détachast de sa Sphere, ils s'imaginoient qu'on pouuoit monter au Ciel par escalade, enfin ils éteignoient les chandelles pour oster aux puces l'vsage de la veuë, & pour éuiter par ce moyen la piqueure de ces petites bestes.

Quelques-vns disent que comme les eaux qui sont contraintes par l'artifice du fontenier, s'éleuent aussi haut que leur source, les esprits qui sont pressez par le recueillement de l'estude, s'éleuent aussi haut que leur origine; mais il suffit de répondre à cette sorte comparaison, que tout ce qui recueille l'esprit n'est pas celeste, qu'il y a des réveries brutalles, & que les sciences qui dissipent les erreurs ne diuinisent pas tousiours les pensées.

C'est vne erreur éuidente, la science ne donne pas le courage, & si le jeune Denis qui estoit docte n'estoit pas lasche, Ciceron qui n'estoit pas ignorant estoit poltron.

Ie ne doute point que l'étude ne puisse s'opposer à la naissance de quelques passions des-honnestes, aussi Lucian rapporte-il que Venus ne pust rien sur Minerue; mais il y a bien de la difference entre le quelquefois & le tousiours, tel connoit l'aduenir qui abuſe du preſent, tel ſçait les loix qui dément la robbe, & tel enſeigne les cas de conſcience qui des-honore le doctorat.

Si depuis Domitian juſqu'à Commode, les Romains ont vécu ſoubs des regnes fort doux, il n'en faut pas attribuer tout l'honneur à la ſcience, les Princes qui ont heureuſement remply cet eſpace de temps ne s'attachoient pas moins à l'action qu'à la connoiſſance, à la pratique qu'à la contemplation, aux vertus morales qu'aux vertus intellectuelles.

Ce Philoſophe qui ſouhaitoit d'apprendre juſqu'au dernier ſoupir, montre bien que les ſciences affament plus qu'elles ne raſſaſient, & que le plaiſir de quelque lumiere acquiſe eſt alteré du deſir de quelque autre lumiere.

Ie diſois n'agueres que chaque ſcience demandoit ſon homme tout entier, Buſcris qui eſtoit le Legiſlateur des Egyptiens, eſtoit de ce ſentiment, il vouloit que l'inclination ſe mortifiaſt, que l'eſprit ſe recueilliſt, & pour dire tout en peu de mots, qu'vne ſcience fuſt le ſeul employ d'vn habitant.

Charlemagne ne fit pas vne action indigne d'vn grand Prince, lors qu'à Pauie, qu'à Paris, & à Piſe, il eſtablit des Vniuerſitez; mais la pluſpart des Pedans ſont des teſtes de citroüille, ils embarraſſent ce qu'ils profeſſent, ils ſaliſſent ce qu'ils touchent, & l'on peut dire apres vn excellent homme, que ſi l'on reçoit de bonnes choſes des Colleges, on les reçoit de mauuaiſes mains.

Quoy que Plutarque veüille que les ſciences adouciſsẽt les eſprits, que Coriolan n'ait eſté farouche que parce qu'il n'auoit point de lettres, ie ne voy pourtant pas que les ſciences ſoient énjoüées, qu'elles produiſent l'effet que ce grand homme ſuppoſe. Les ſciences qui attachent l'entendement, qui épuiſent les eſprits, & qui ſemblent ſuſpendre les fonctions animales, amortiſſent l'imagination, repriment les ſaillies de l'humeur ſanguine, & s'oppoſent aux diuertiſſemens que cette humeur demande, Diſons plus, les ſciences ne ſe retrouuent gueres qu'en des réveurs, qu'en des melancoliques, qu'en des gens qui fuyent le bruit & la foule, les approches & les ſocietés, & qui penſent meſmes que les petits deuoirs de la vie ciuile ſont indignes de la ſeruitude des ſçauãs, & s'il ſe trouue des hommes éclairez qui joignent à la ſcience ce que la morale appelle vrbanité, c'eſt à dire l'agréement, la douceur, la pointe de l'eſprit, les rencontres, la decence, c'eſt que la neceſſité de leur condition les retire du cabinet, qu'elle les fait de toutes les bonnes compagnies, & qu'elle les forme par ce moyen aux belles habitudes, Enfin tant s'en faut que dans les humeurs ſombres & chagrines les ſciences faſſent ce que pretend Plutarque, qu'elles recuiſent les humeurs, qu'elles augmentent la melancolie, & que d'vn ridicule commencé elles en font vn bouru complet.

Si ie ne puis ſouffrir qu'on éleue les ſciences juſques aux nuës, ie ne puis ſouffrir auſſi qu'on les raualle jusques aux abysmes, elles ne sont point de leur nature comme ces comettes pestilentielles, qui répandent par tout la mortalité, elles ne sont point de leur fond comme ces eaux funestes, qui sont plus propres à faire des rauages que des arrosemens, elles ne sont point de leur essence comme ces astres malins, qui contribuent plus à la production des monstres, qu'à la generation des animaux parfaits: S. Augustin qui prend icy leur party, dit qu'elles aiguisent l'esprit, qu'elles facilitent la conception des choses, & que si elles sont cause de quelques mauuais effets, ce n'est point par la malignité de leur nature; mais par celle de leurs sujets.

Posé qu'il y ait des sciences, disent quelques-vns, l'on a raison d'en faire estat; mais où trouuer de la certitude, continuent-t'ils, dans la recherche des choses? peut-on sçauoir quelle est la nature du foin, il est bon au cheual, & il est mauuais au loup, quelle est la nature de la ciguë, elle est vn poison aux hommes, & elle est vn aliment aux cailles, quelle est la nature de la moutarde, elle réveille l'appetit, & elle prouoque les larmes? peut-on sçauoir quelle est l'essence du miel, il chatoüille le palais, & il pique les yeux, quelle est l'essence du baume, il réjoüit l'odorat, & il choque le goust, quelle est la nature du vin, il réjouit le cœur, & il offense le cerueau? Que si nous considerons les diuers temps, les diuers âges, que ne dirons nous point, le vin qui semble rude à jeun, ne semble-t'il pas meilleur dans le repas, les mesmes choſes qui ont plû aux jeunes gens, ne déplaiſent-elles pas aux barbons? & ſi le jugement ſe forme ſur l'impreſſion des objets, quel jugement peut-on faire des choſes puiſqu'elles font diuerſes impreſſions? Ce n'eſt pas encores tout, les diſtances & les mouuemens, les lieux & les aſpects donnent diuerſes faces aux choſes, la peinture qui de loin paroiſt douce, paroiſt rude aux approches, la flotte qui court ſur les eaux, ſemble laiſſer vn riuage fuyant, ce qui eſt droit en l'air, ſemble caſſé dans l'eau, & il y a des gens encores qui à l'imitation des Pytagores, des Paſetes, & des Pompilius, font voir apparemment dans le rond de la Lune, les traits de ſang qu'ils ont grauez ſur des glaces. Adjouſtons à ce que nous venons de dire, que l'oüye & le toucher ſont pareillement ſujets à l'erreur, que le ſon d'vne trompette qui jouë derriere nous, ſemble venir du lieu opposé, & que le doigt du milieu mis ſur le prochain, & poſé ſur vne balle d'arquebuſe, perſuade au ſens commun qu'il y a deux balles; Enfin diſent les anti-ſçauans, l'on ne peut nier que l'indiſpoſition des organes, que le paſſage des eſpeces, que le rapport des choſes, & que les diuers ſentimens des peuples ne ſoient des obſtacles à la certitude des connoiſſances, puiſque celuy qui a la jauniſſe voit toutes choſes de la couleur dont il eſt affecté, que les images des objets ſont alterées par la rencontre des autres eſpeces dont l'air eſt remply, que tout eſt égal ou inegal, ſemblable ou diſſemblable, ſujet ou objet, fin ou moyen, action ou paſſion, ſubſtance, ou accident, acte ou puiſſance, & qu'en ce ſens l'on ne peut connoître vn eſtre en qualité d'eſtre abſolu, que les loix & les couſtumes ſont quelquefois contraires, que ce qui eſt vne vertu chez les vns, eſt vn vice chez les autres, & que la diuerſité des jugemens rend les choſes douteuſes. Voyla vne partie des raiſons qu'on allegue contre les ſciences; mais pour répondre vaguement & par ordre aux exemples qu'on a rapportés, il ſuffit de repreſenter que les approches & la main corrigent la veuë, que la raiſon conuainq le ſens, que la medecine chaſſe les ſuffuſions, qu'vn tour de teſte découure l'erreur de l'oüye, que la veuë détrompe le toucher, & que l'entendement qui paſſe au trauers des ſurfaces & des apparences, & qui ſçait faire des préciſions & des détachemens, forme des concluſions qui ſont plus raiſonnables que toutes les objections du Pyrroniſme

La nature humaine, dit vn Moderne, fit vne belle perte, lors qu'elle perdit ſa ſubſiſtance en la perſonne du Verbe; Antons nos lumieres ſur les lumieres de la Theologie, nos ſciences en cela ne feront pas vn petit gain, Que ſi nous voulons tirer les derniers fruits de cette heureuſe vnion, repreſentons nous qu'elle demande quelqu'autre choſe, qu'il ne ſuffit pas pour nous faciliter le Ciel, que nous faſſions prouiſion de la ſcience qui le regarde, qu'il faut encores que nous joignions la pureté des mœurs à l'excellence de la Theologie. Philoſtrate témoigne que les Brachmanes embraſſoient vne vie auſtere, pour meriter les priuautez de la Sageſſe, les Preſtres d'Iſis, comme rapporte Plutarque, viuoient comme des Vierges, pour meriter les priuautez de la meſme ſcience, & ſaint Chryſoſtome parlant des Mages, dit que pour ſe reconcilier auec la Verité Souueraine, & ſe rendre digne de ſes faueurs, ils recueilloient tous les ans leur eſprit, & purifioient tous les ans leur corps.

QVE

## QVE LA FELICITÉ NE CONSISTE point en la vertu.

LE souuerain bien est vne pure satisfaction; mais les actes de vertu sont meslez de delectation & de peine.

Le souuerain bien est la derniere fin de l'homme; mais les vertus sont des acheminemens à cette mesme fin.

Le souuerain bien est imperissable; mais l'on peut passer de la vertu au vice.

Le souuerain bien exclud le vice & l'ignorance; mais les vertus n'excluent que le vice.

Le souuerain bien, c'est à dire icy, la connoissance & l'amour n'ont pour objet que l'auteur de tous les biens; mais les vertus n'ont pour objet que les infirmitez de la nature humaine.

Le souuerain bien est incompatible auecque la douleur; mais la vertu est compatible auecque la goutte, auecque la colique, & si vous voulez auecque la rouë mesme.

Le souuerain bien est perpetuellement satisfaisant; mais les vertus ont leurs interruptions.

### *Reflexions sur la vertu.*

LA vertu est vn bien, qui a quelquefois pour matiere de grands maux. Entre les matieres douloureuſes des vertus payennes, l'on compte le tonneau de Regulus, la playe de Caton, le poiſon de Socrate, & l'exil de Scipion, & entre les matieres funeſtes des vertus Chreſtiennes, l'on met les caillous de S. Eſtienne, l'éçorchement de S. Barthelemy, le gril de S. Laurens, & la rouë de ſainte Catherine.

Si la vertu eſtoit vn accident inſeparable, il s'enſuiuroit que rien ne détourneroit les gens de bien des choſes honneſtes, que rien n'engageroit les vertueux aux choſes indecentes; mais quelque ſouueraine que ſoit la vertu, elle a ſes interregnes, & entre les ſujets qui attaquent ſa domination, il y en a qui prennent quelquefois ſur elle, les meſmes aduantages qu'elle a pris ſur eux.

La vertu veut des ſueurs, elle n'eſt pas vn bien de naiſſance, elle eſt vn bien d'acquiſition.

Vn vertueux n'eſt ſeulement pas triſte, quand il voit que la vertu eſt obſcure & mépriſée, il l'eſt encores quand il voit que le vice eſt éclatant & honoré: Quelle douleur ne fut-ce point aux gens de bien d'entre les Romains, qui virent le commancement & la fin de Sylla? Ce dictateur porta les choſes à l'extremité, il répandit le ſang de cent mille hommes dans les diuerſes guerres qu'il entreprit, il fit perir deux mille ſix cens Cheualiers, il fit mourir quinze Conſuls, & dix Senateurs, & quoy que dans la depoſition des Charges éminentes, les ennemis ſe réueillent, la fortune eut touſiours de la conſtance pour luy, & elle le regarda dans ſa vie priuée, du mesme œil qu'elle l'auoit regardé dans sa vie publique, l'on remarque mesme qu'il fit son Epitaphe, que dans cette inscription, il se vanta d'auoir esté tres-méchant, & que nonobstant cette horrible vanité, les Senateurs porterent son corps au bucher, mirent ses cendres dans vn tombeau, & placerent ce tombeau en vn champ où l'on n'auoit enterré que des Rois.

Quoy que les persecutions que les grandes vertus attirent, soient des vapeurs qui ne peuuent obscurcir les astres qui les ont éleuées, neantmoins elles attristent les vertueux, celuy qui aime le bien, aime tous les biens qui sont renfermés soubs ce genre, & comme la Iustice est vne de ses especes, il est fasché que l'injustice regne.

Qui s'arreste dans le chemin du bien, retourne au terme de son départ; mais la vertu ne peut acquerir de nouuelles couronnes, qu'elle n'eprouue de nouuelles épines.

Quelle est la matiere des grandes vertus? les grandes aduersitez: Ostez les pertes, les maladies, les fers, le bannissement, vous dérobez à la vertu le moyen de faire des Heros.

La vertu renferme quelque chose d'austere, & comme elle rebutte plus de gens qu'elle n'en attire, il ne faut pas s'étonner si tous les Atheniens faisoient estat de Miltiade, & si neantmoins il n'y eut que Themistocles qui s'efforçast de l'imiter.

Il est des vertus comme des medecines, les medecines sont ameres quand on les prend, les vertus ſont deſ-agreables quand on les contracte, les medecines ne peuuent purger les humeurs peccantes qu'elles n'agitent le corps, les vertus ne peuuent combattre les inclinations déraiſonnables qu'elles ne trauaillent l'ame.

Encores ſi nous nous portions comme de nous meſmes au bien, la vertu qui ſuruiendroit, joüiroit d'vn grand calme aux dépens d'vne petite tempeſte; mais la pluſpart des enfans d'Adam ont vne eſtrange pente au vice, & il n'eſt pas moins malaiſé de les aſſujettir aux preceptes, qu'il eſt difficile d'accouſtumer les oyſeaux agars au poing & au leure.

Si la vertu ſe cache, elle ne fait point des emulateurs, & ſi elle ſe montre, elle fait des enuieux.

Il n'y a gueres de vertus dont l'empire ſoit paiſible. La pluſpart des hommes voyent naiſtre le chagrin du ſein de leur victoire, & à peine ont-ils abattu leurs ennemis, qu'ils ſentent ſucceder vne tourmente à la tourmente paſſée.

Vn homme heureux gouſte tous les biens. Vn homme vertueux ne peut exercer toutes les vertus, il eſt impoſſible d'eſtre Vierge, & d'eſtre chaſte, d'obſeruer le vœu du Celibat, & de pratiquer la fidelité du Mariage.

Ie ne nie pas que ce ne ſoit vne fort belle choſe que de faire l'homme; mais quelle peine n'y a-t'il point auſſi, de le faire en action auſſi bien qu'en parole?

Si quelque vertueux qu'on ſoit, il n'y auoit rien

à démesler auecque soy-mesme, l'on seroit en danger de reuenir en son premier estat, la vertu, dit Philon-Iuif, est vne espece de feu, & comme le feu s'éteint faute de matiere, la vertu se perd faute d'exercice.

Il y a des occasions où les vertus s'entre-combattent, vn homme qui sert son Prince dans les Armées, est obligé par la Charité d'épargner ses parens, & il est obligé par la Iustice de pousser à bout les traistres. Si bien qu'on peut dire qu'il y a de certaines rencontres, qui s'opposent à l'exercice de certaines vertus, & qu'entre les gens de bien, il y en a qui ont le déplaisir de faire douloureusement leur deuoir.

## DE LA BEATITVDE.

NInterrogeons point les Philosophes sur le souuerain bien, Platon nous répondroit qu'il n'y a point de proportion entre le borné & l'infiny, que le temps est trop court pour raconter les merueilles de l'éternité.

Quoy que les Anges soient instruits de ce qui se passe dans le Ciel Empiré, ne les interrogeons point non plus sur la mesme matiere? leur face qui est voilée de leurs aisles, est vne marque de leur confusion.

Ne nous adressons point mesme au Fils de Dieu, il nous diroit sans doute ce qu'il dit à deux Iuifs, qui luy demanderent le lieu de sa demeure, venez & voyez, & cette réponse equiuoque, qui selon Theodoret estoit vn aueu d'insuffisance, seroit plus excitante qu'instructiue, seroit plus amoureuse que declaratoire; mais si la parole Eternelle manque de parole pour exprimer la gloire des Saints, ou en trouuerons nous pour exprimer la mesme chose? certes la grandeur de mon sujet lie ma langue, & étouffe ma voix, trouble ma pensée, & épuise mes esprits, aussi ne pretend-je pas de traitter à fonds de ces clartez qui ébloüissent, de ces charitez qui bruslent, ny de ces torrens qui enyurent, & si ie me hazarde de parler d'vne matiere si delicate, de discourir d'vn ſujet ſi caché, c'eſt parce qu'il n'y a point de bien veritable que le bien ſouuerain, qu'vne ſcience doit dire quelque choſe de ſon principal objet, & qu'il eſt impoſſible d'échauffer la volonté qu'on n'éclaire l'entendement.

La beatitude eſt double, l'vne eſt objectiue, & l'autre eſt formelle, la beatitude objectiue n'eſt autre choſe que l'Eſſence diuine, entant qu'elle eſt conſiderée comme l'objet de l'entendement, & de la volonté des bien heureux, & la beatitude formelle n'eſt autre choſe auſſi que l'ame des bien heureux, entant que par l'entremiſe du meſme entendement, de la meſme volonté, & de la lumiere de gloire, elle eſt vnie à l'Eſſence diuine.

Vn certain ſçauant, dont le nom n'eſt pas aſſez connu pour eſtre icy, trouua dernierement eſtrange, que dans les qualitez du ſouuerain bien j'euſſe traité le ſouuerain bien d'interieur, & il allegua pour raiſon, que Dieu eſt la beatitude objectiue, & que les objets eſtoient hors des choſes; mais il deuoit conſiderer que Dieu ne pouuoit eſtre le bonheur des Saints, qu'il ne fuſt connu, qu'il ne fuſt aimé, & par conſequent, que la beatitude objectiue dependoit de la beatitude formelle, il deuoit conſiderer encore, que les eſprits n'auoient point de ſuperficie, que les vnions qui ſe faiſoient entre eux eſtoient eſſentielles, & que les choſes qui s'vniſſoient de cette maniere, eſtoient improprement dites exterieures les vnes aux autres, il deuoit conſiderer auſſi, que le meſme Dieu qui n'eſt appellé la beatitude objectiue, que parce qu'il est consideré comme le terme de la connoissance & de l'amour, estoit en qualité de souuerain bien dans l'ame des bien heureux, & que s'il n'y estoit pas en cette qualité, il n'y auroit que les puissances de l'ame qui fussent beatifiées, il deuoit considerer enfin, qu'vne pinte d'eau, par exemple, qui est confonduë dans vn muid de vin, n'estoit point censée exterieure au mesme muid, & que comme Dieu estoit incomparablement plus intime à l'ame des Saints, que les liqueurs confonduës ne l'estoient les vnes aux autres, il n'y auoit pas lieu de prendre à la rigueur le souuerain bien objectif, pour vne chose exterieure.

### *De l'essence de la beatitude surnaturelle.*

LA beatitude surnaturelle, est vne operation vitale & perpetuelle, propre & particuliere au sujet où elle se forme, par laquelle il est vny & conjoint à Dieu, par les plus nobles facultés de sa nature, & dans l'estat le plus accomply qu'on puisse conceuoir.

On l'appelle vne operation, parce que la perfection d'vne chose qui est capable d'agir, consiste en l'operation de la mesme chose.

On l'appelle vne operation vitale, parce que l'entendement & la lumiere de gloire, contribuent à la vision beatifique.

On dit que cette operation vitale est perpetuelle, parce

parce que si elle cessoit, le sujet operant cesseroit d'estre heureux.

On dit que cette operation perpetuelle est propre au sujet où elle se forme, parce que les bestes sont excluses du souuerain bien.

On dit que cette mesme operation a Dieu pour objet, parce que le souuerain bien objectif ne peut estre que l'auteur de tous les biens qui est Dieu.

On dit que l'operation dont il s'agit, s'engendre dans les plus nobles facultés de l'estre spirituel, parce qu'elle consiste en vne vision tres-claire, & en vn amour tres-pur, & que ces deux actes dependent de l'entendement & de la volonté.

On dit enfin qu'elle se fait dans vn estat accomply de tout poinct, parce que la beatitude parfaite ne seroit pas ce que nous supposons, s'il restoit quelque bien à desirer.

### *A quelle faculté la beatitude parfaite appartient-elle principalement.*

LA joye dépend de la possession, la possession dépend de l'amour, & l'amour dépend de la vision, donc le souuerain bien appartient principalement à l'entendement.

Ie n'auray point de repos, dit Dauid, & ma soif ne sera point étanchée que vostre gloire ne me soit apparuë, donc le souuerain bien appartient principalement à la connoissance.

Il semble, disent quelques autres, que l'entendement ne trauaille que pour la volonté, puisqu'il ne découure les objets de la joye que pour luy en laisser la possession. Personne ne peut estre heureux, dit saint Augustin, qu'il ne joüisse de la chose qu'il aime, or est-il que comme la connoissance est le propre de l'entendement, la joüissance est le propre de la volonté, donc le souuerain bien appartient principalement à l'appetit intellectuel.

Pour ne point s'embarasser sur cette matiere, qui diuise le Docteur Angelique d'auec le Docteur subtil, il suffit de se representer que la beatitude se commance dans l'entendement, qu'elle se répand dans la volonté, & qu'elle s'acheue dans l'vnion, que la connoissance est la mesure de l'amour, & que l'amour est la mesure de la joye, que la beatitude a sa naissance, ses suittes & sa fin, qu'elle consiste en la vision comme en son principe, qu'elle consiste en l'amour comme en son progrés, & qu'elle consiste en la joye comme en son accomplissement.

*De la vision des bien-heureux.*

L'ON doit considerer icy l'objet, & le sujet, l'objet qui est Dieu est tousiours égal ; mais le sujet qui est la creature spirituelle n'est pas toûjours égallement disposé. Nous ne pouuons voir Dieu que par l'entremise d'vne certaine lumiere, & selon que cette lumiere est plus ou moins grande, nostre vision est plus ou moins claire. L'inégalité des merites fait l'inégalité des visions, chacun sera recompensé, dit S. Paul, selon son trauail:

Et quoy qu'vn bien-heureux reconnoisse l'inferiorité de son bon-heur, il est content de l'estat où il se trouue, parce que la justice de Dieu est la mesure de la beatitude, & que l'ame est heureuse proportionnement à sa disposition.

L'on pourroit dire icy, que comme celuy qui est extremement heureux, est tres-aise d'auoir operé icy bas la matiere de ses couronnes, celuy qui n'est pas si heureux qu'vn autre, est tres-fasché de n'auoir pas porté la vertu au poinct où il le pouuoit; mais cette doctrine qui admet au Ciel des biens meslez, n'est point admise, & celuy qui la debiteroit en seroit mauuais marchand.

Quelques-vns ont crû comme Iouinian, que le bon-heur des Saints ne souffroit point de difference, & Luther a bien mesme osé dire, que la Mere de Dieu n'estoit pas plus heureuse que les autres Vierges; mais outre que le Royaume des Cieux est comme vne Cité, & que dans les Citez la Iustice doit establir distinction d'honneurs, il suffit de répondre à cela, que les Escritures & la raison sont pour nous, & que ce n'est pas d'aujourd'huy qu'on a confondu ces heretiques.

Quelques autres disent que nous serons vnis, transformez, en vn mot vne mesme chose auecque Dieu, & par consequent qu'il n'y aura point distinction de connoissance, l'on répond à cela que la beatitude ne se fait pas par identification d'essence, qu'elle se fait par communication de gloire, que la gloire que Iesus-Christ appelle en saint Iean, vne manifestation, ne peut estre égalle, puisque si cela estoit, la creature qui est bornée, comprendroit ce qui n'a point de bornes, & que la mesme creature deuiendroit vne diuinité.

S'il y a des gens assez déraisonnables pour combattre les inégalitez de la vision, il ne faut pas s'étonner s'il y a des esprits assez scolastiques pour combattre la vision mesme. Ceux de la derniere opinion disent, que comme Dieu est simple, Dieu ne peut estre connu qu'il ne le soit entierement, & que comme Dieu est infiny, il ne peut estre connu d'vn estre borné; mais en matiere de Religion, où le raisonnement excite le doute, l'authorité des Escritures doit persuader la certitude; & quand S. Denis deuant S. Augustin, asseure qu'en quelque estat que nous puissions estre, l'Essence de Dieu nous sera tousiours inconnuë, il ne veut dire autre chose ce me semble, si ce n'est que Dieu a tant de perfections, qu'il n'est pas parfaitement conceuable aux creatures, & que quelque lumiere de gloire qu'il leur communique, il ne leur communiquera jamais le secret de le connoistre comme il se connoit.

Il faut remarquer qu'encores que l'entendement soit tousiours dans l'action, il est incapable de dégout, parce qu'en qualité d'estre spirituel, il est infatigable, qu'en qualité de puissance, il contracte de nouuelles perfections dans la continuité de ses actes, & qu'en qualité de contemplateur, il a pour objet, vn objet infiniment parfait.

Il faut remarquer encores que quoy que la nature

ſenſitiue ne puiſſe aller où va la raiſonnable, la raiſonnable peut aller où va l'Angelique, parce que l'ame qui informe le corps, n'a rien de corporel, qu'elle a vn entendement & vne volonté, & que la lumiere de gloire peut trouuer en ſon eſſence, les meſmes diſpoſitions qu'elle peut trouuer aux purs eſprits.

On demande icy ſi Dieu ſe communique à l'ame glorifiée par quelque eſpece, la plus ſaine opinion eſt, que Dieu ſe communique au bien-heureux par ſa propre Eſſence, la raiſon eſt, qu'il eſt impoſſible qu'vne eſpece creée puiſſe repreſenter des perfections infinies, que toute eſpece doit eſtre plus pure & plus ſimple, que la choſe qu'elle repreſente, & qu'il n'y a rien de ſi pur, ny de ſi ſimple que Dieu.

### *De l'amour des bien heureux.*

L'AMOVR des bien-heureux, diſent quelques Docteurs, eſt vne affection diuine, ſtable & permanente, par laquelle l'ame qui ſe plaiſt à la veuë des perfections de Dieu, eſt vnie à ſon Eſſence; mais pour entrer plus auant en cette matiere, l'on peut dire ſelon la doctrine commune, que l'Eſſence diuine qui eſt jointe à l'ame en forme d'eſpece intelligible, eſt à l'égard de l'eſprit, ce que le Verbe eſt à l'égard du Pere, & que comme le Verbe concourt à la production du S. Eſprit, l'Eſſence diuine en forme d'eſpece intelligible, concourt à la generation de l'amour des Saints.

### *Des effets de l'amour des bien-heureux.*

L'Extase & l'vnion, ſont les effets de l'amour des bien-heureux, l'extaſe eſt vne eſpece de tranſport, qui ſoûmet l'amant à l'entiere domination de ce qu'il aime, & l'vnion eſt comme vne transformation du meſme amant en la choſe aimée.

On s'vnit à Dieu par l'obeïſſance qu'on luy rend, parce que celuy qui ſert quelqu'vn deuient l'inſtrument de ſa volonté, & que l'inſtrument eſt toûjours vny à la cauſe qui le remuë; mais ſi cette vnion conuient aux Anges, elle conuient auſſi aux gens de bien.

On s'vnit encores à Dieu par l'imitation des actions de ſon Fils, parce que l'imitation eſt vne reſſemblance, & que toute reſſemblance vnifie les choſes; mais cette vnion conuient ſeulement à ceux qui viuent ſaintement en ce monde.

On s'vnit de plus à Dieu par la meditation, parce qu'on eſt comme remply de l'objet que l'on conſidere; mais comme la meditation exerce peniblement le meditatif, elle conuient plus à ceux qui ſont en ce monde, qu'à ceux qui n'y ſont plus.

On s'vnit enfin à Dieu par la perpetuelle contemplation de ſon Eſſence, & c'eſt dans cette action profonde, qui épuiſe toutes les forces de l'ame, que la creature ſemble eſtre abyſmée dans le Createur.

### De la joye des bien-heureux.

LA joye des bien-heureux qui consiste en vne suauité qui dilate l'ame dans la possession de Dieu, coule necessairement de la possession du mesme objet, puisque le souuerain bien renferme tous les veritables biens, & que si le souuerain bien estoit desagreable, son desagrément démentiroit sa souueraineté.

Quelques-vns tiennent que la delectation n'est qu'vn bien accidentel au souuerain bien, qu'elle suruient à la vision comme la couleur suruient à la rose; mais outre que la delectation est aussi inseparable de la possession de Dieu, que le rayon l'est de l'astre, l'on peut dire que le degout est incompatible auecque le souuerain bien, & que si l'on voyoit sans plaisir ce qu'on voit éternellement, le deffaut de la joye démentiroit la definition de la beatitude.

Qui ne seroit joyeux dans le Paradis, l'on verra dans l'Essence diuine qui sera aux bien-heureux, ce que les especes sont aux sens, non seulement comme Dieu accorde l'vnité auec la Trinité; mais encores comment il a accordé la justice auec la misericorde, l'infaillibilité auecque la contingence, la necessité auecque la liberté, la maternité auecque la virginité, & la diuersité des lieux auecque l'vnité des corps.

Quoy qu'on puisse estre heureux sans le corps, puisque le souuerain bien consiste en la connois-

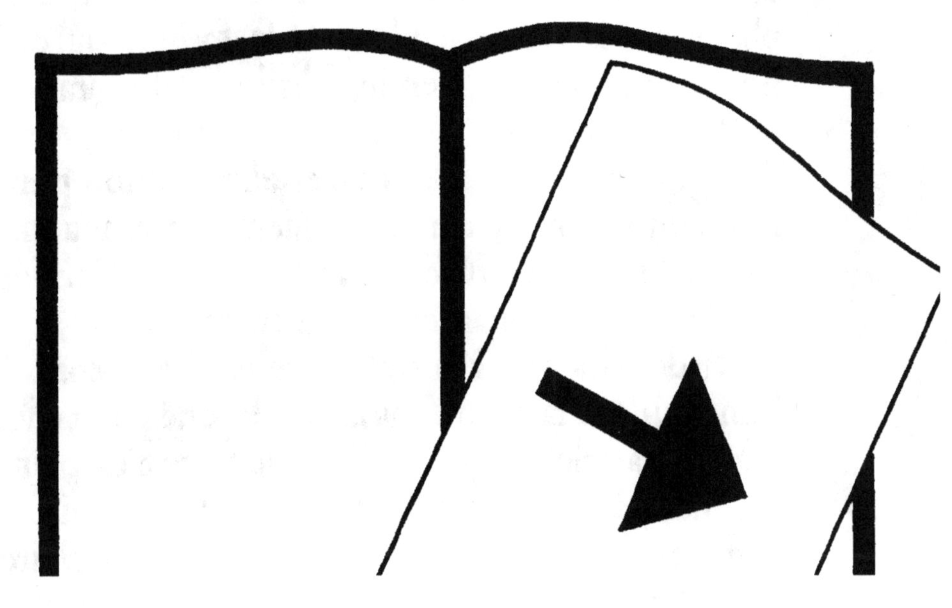

ſance & en l'amour, & que l'ame puiſſe connoiſtre & aimer ſans le benefice des ſens, neantmoins la beatitude ſurnaturelle accomplie de tout poinct, veut que tout ce qui a obey à la raiſon ſoit recompenſé, & par conſequent que le corps qui a heureuſement ſecondé l'ame en ſes juſtes deſſeins, reçoiue quelque nouuel aduantage.

Entre les Platoniciens, il y en a qui ont crû que le corps dans l'eſtat bien-heureux, eſtoit indigne du commerce de l'ame ; mais il ſera rendu diaphane par la viue ſplendeur de ſa forme, qui diſſipera ſon opacité, rendu ſubtil par l'épuration de ſa matiere, qui détruira ſa pezanteur, rendu agile par la vertu obedientielle que ſon principe dominant luy communiquera, & rendu impaſſible par la vertu de la meſme forme glorifiée qui l'exemptera des accidens faſcheux.

On demande icy à quoy bon rejoindre le corps à l'ame, puiſque la felicité diuine ne depend point d'vn organe materiel, que ſelon S. Paul, le corps n'eſt point neceſſaire à la felicité des Saints, & que ceux qui ſortent des flammes purgatiues, poſſedent la gloire éternelle, on répond à cela, que ce qui n'eſt pas neceſſaire peut eſtre vtile, que les perfections du corps ſont des enrichiſſemens à l'eſtat bien-heureux, & que l'abſence du corps pourroit apporter à l'ame quelque diſtraction.

Origene a crû que le bon-heur dont nous auons donné quelque foible crayon, pourroit finir ; mais c'eſt vne erreur fort groſſiere, Que ſi le bon-heur pouuoit

uoit finir, il faudroit que la reduction de cette
ſance en acte prouinſt où de Dieu, ou des bien-
reux, or eſt-il que cette reduction ne peut pro-
ir, ny des vns ny des autres, & par conſequent
on-heur ne peut finir. Il ne peut prouenir de
u, Dieu a voulu, dit Scot, que les bien-heu-
x fuſſent confirmés en grace, & Dieu ne retra-
point ſa volonté abſoluë, & il ne peut prouenir
i des bien-heureux, Dieu eſt infiniment aima-
, & vn objet connu ſoubs vne idée ſi rauiſſante
peut eſtre offencé. Si bien qu'on peut dire que
Paradis eſt vn lieu où la vie eſt ſans mort, où la
e eſt ſans triſteſſe, où la ſanté eſt ſans maladie,
la lumiere eſt ſans tenebres, où la jeuneſſe eſt
s vieilleſſe, où l'abondance eſt ſans pauureté,
la gloire eſt ſans enuie, & où le repos eſt ſans
erre.

# SECONDE PARTIE.

## DES PRINCIPES des actions humaines.

LES principes des actions humaines, sont en nous ou hors de nous.

Ceux qui sont en nous, sont comme l'entendement & la volonté.

Et ceux qui sont hors de nous, sont comme les loix & la fin.

Les principes des actions humaines qui sont en nous, sont ou naturels ou acquis.

Ceux qui sont naturels, sont comme ie viens de dire l'entendement & la volonté.

Et ceux qui sont acquis, sont comme la science & la vertu.

Entre les principes naturels des actions humaines, les vns produisent les actions, & tels sont l'entendement & la volonté, & les autres sont cause que les actions sont produites, & tels sont les mouuemens de l'appetit sensitif.

### *Des principes des actions humaines qui sont en nous.*

IL y a en l'homme deux parties, il y en a vne qui est superieure & raisonnable, & il y en a vne autre qui est inferieure & sensitiue. La premiere est appellée dans les Escritures, l'esprit ou la loy de l'entendement, & l'autre est appellée dans les mesmes Escritures, la chair ou la loy des membres.

Comme il y a en l'homme deux facultez connoissantes, qui sont l'entendement & l'imagination, il y a aussi au mesme homme deux facultez desirantes, qui sont la volonté & l'appetit sensitif.

L'esprit deuroit commander à la chair, la volonté deuroit commander à l'appetit brutal; mais pour la peine du premier peché, il arriue souuent que le seruiteur resiste au Maistre, que la seruante s'oppose à la Maistresse, & c'est à raison de cette reuolte que la vie de l'homme est appellée vne guerre intestine.

L'entendement moral est vne faculté de l'ame raisonnable, qui propose à la volonté ce que l'homme doit poursuiure ou rejetter, pour contracter la vertu, ou pour éuiter le vice.

La volonté morale est aussi vne faculté de l'ame intellectuelle, par laquelle l'homme se resout sur les choses que l'entendement luy a representées, ou pour ce qui regarde le bien, ou pour ce qui concerne le mal.

L'entendement moral ou pratique renferme deux choses, il renferme la synderese & la conscience.

La synderese n'est autre chose que le caractere ou l'impression des principes actifs, & ces principes actifs, sont comme, qu'il faut embrasser le bien, qu'il faut fuïr le mal, qu'il faut faire à autruy ce que nous voudrions qu'on nous fist.

La ſcience n'eſt autre choſe auſſi qu'vne lumiere pratique, qui ſur les meſmes principes que ie viens de rapporter tire des concluſions particulieres, & ainſi ſur la ſyndereſe, qui dit qu'il faut ſoulager les pauures, la conſcience conclud qu'il faut ſoulager tels & tels, parce qu'il ſont priuez des commoditez de la vie.

### *De la liberté.*

LA liberté de l'homme n'eſt autre choſe qu'vne certaine vertu, par laquelle il peut ſe determiner à faire vne choſe, ou à ne la faire pas, à faire vne action, ou à faire ſon contraire, à faire vne action, ou à faire vne action differemment oppoſée, l'on peut donner l'aumoſne ou ne la donner pas, voyla la liberté de contradiction, l'on peut battre vne perſonne ou la careſſer, voyla la liberté de contrarieté, l'on peut prier Dieu ou aller à la promenade, voyla la liberté d'indifference.

Encores que perſonne ne puiſſe raiſonnablement douter que nous ne ſoyons libres, puiſque dans la veuë de nos actions nous nous réjoüiſſons d'en auoir fait de bonnes, nous nous repentons d'en auoir fait de mauuaiſes, & que nous ne ſerions ny joyeux ny triſtes, ſi nous eſtions neceſſitez à faire le bien ou le mal, neantmoins quelques Philoſophes ont fait fort ſur l'enchaînement des cauſes, & il y a eu meſmes des Chreſtiens qui ont mal ſenty de la liberté de l'homme. Les Albigeois ont attribué le peché à quelque autre nature, qu'à la nature raisonnable: Les Priscillianistes ont rapporté le bien & le mal aux constellations. Abaillard aussi bien qu'Heraclite, a posé vne necessité dominante. Le Moine Florus qui entendoit assez mal S. Augustin, a donné tout à la grace: Luther a soustenu que le libre arbitre estoit vne chimere, ou que si c'estoit quelque chose, c'estoit vn titre sans proprieté. Enfin Caluin s'est efforcé de détruire la liberté humaine; mais la liberté dont il s'agit, ne peut estre solidement contestée, & c'est aller contre les Escritures, les Peres, & les Conciles, que de la combattre. Ton appetit sera soubs ta puissance, dit la Genese, & tu le domineras. I'appelle le Ciel & la Terre à témoin, rapporte le Deuteronome, que ie te propose la vie & la mort, la benediction & la malediction. Celuy qui a pû transgresser, dit l'Ecclesiaste, & qui n'a pas transgressé aura la gloire éternelle. Si l'homme, dit S. Irenée, est quelquefois froment, & quelquefois paille, c'est parce qu'il est libre, & Eusebe qui confirme le sentiment de ce Pere, dit que le crime vient de la volonté, que ce n'est point la nature qui le commet, que c'est la deprauation. Le docte Theodoret, dans les discours qu'il a faits de la nature humaine, dit que l'homme est entre les mains de son conseil, & que s'il suit ses mouuemens déreglez, il est justement puny. S. Denis que ie deuois citer le premier, dit aussi que l'homme est maistre de soy-mesme, & quelque effort que fasse Caluin de cóbattre cette parole, il fait plûtost voir dans la multitude des passages qu'il oppose, que l'homme a perdu la franchise, que la liberté, l'exemption du soûleuement de la chair contre l'esprit, que la puissance d'y consentir ou d'y resister. Enfin S. Ambroise qui répond à ceux qui soubs couleur de referer les euenemens propices à la bonté de Dieu, rejettoient la liberté de l'homme, dit en termes equiualens, que la grace fortifie l'ame contre ses passions, & par consequent, qu'elle est plûtost à la liberté vn ayde qu'vne violence. Il resteroit à rapporter icy le témoignage des Conciles; mais de crainte d'estre ennuyeux, il suffit de representer que l'extirpation des Heresies, & la correction des abus, ont esté les motifs ordinaires des saintes conuocations, & que c'eust esté en vain qu'on eust pretendu quelque reforme, si la necessité eust regné en nos actions

L'on nous objecte que saint Paul asseure, que Dieu donne le vouloir & le parfaire, & par consequent, que la volonté est purement passiue. Il est vray que Dieu donne par son concours la vertu de vouloir, & de parfaire; mais cette vertu est indifferente, & l'homme la determine.

L'on nous objecte encores, que le mesme saint Paul qui ne faisoit pas le bien qu'il vouloit, faisoit le mal qu'il ne vouloit pas, & par consequent, qu'il n'estoit pas maistre de soy-mesme. Il n'y a point de doute que ce grand homme estoit tourmenté du demon de la chair; mais l'on sçait bien que ses aiguillons estoient la matiere de ses triomphes, &

qu'encores qu'il n'eût pas sur ses membres tout l'empire qu'il eût bien voulu, il ne laissoit pas d'obeïr à la raison, & de deferer à la loy.

L'on nous objecte aussi qu'il est necessaire selon Iesus-Christ mesme, que le scandale arriue, & par consequent, qu'il n'y a point de liberté. La suite de ce passage montre bien que le scandale est libre, puis qu'elle contient vne imprecation contre ceux par qui le scandale arriuera, & qu'à la rigueur des termes, l'imprecation seroit injuste si le scandale estoit necessaire.

L'on nous objecte de plus que la volonté aime naturellement le bien, ou qu'elle ne l'aime pas, que si elle ne l'aime pas, elle peut aimer le mal comme mal, puisque de sa nature elle n'aime pas le bien, & que si elle l'aime, elle n'est pas libre, puisque chaque nature suit l'estat de son estre, & que comme le feu ne peut s'empescher d'échauffer, qui est sa vertu, la volonté ne peut s'empescher d'aimer, qui est sa proprieté. Quoy que la volonté ne puisse s'empescher d'aimer le bien comme bien, puisqu'elle est destinée pour aimer, & qu'on n'aime que ce qui semble aimable, neantmoins elle n'est pas entierement excluse de la liberté, puisqu'au regard des biens particuliers, elle peut les accepter ou ne les accepter pas, & qu'encores, comme dit le Poëte, qu'elle connoisse les plus grands biens, elle suit quelquefois les moins considerables.

L'on nous objecte enfin que la volonté n'est pas la maistresse des premieres impressions, & par consequent

sequent qu'elle n'est pas libre ; mais il suffit de répondre à cela, que la volonté a tousiours la liberté d'acquiescer, ou de n'acquiescer pas aux premiers mouuemens, qu'il est en son pouuoir de preuenir les secondes saillies, & que ces vertus sont assez considerables pour luy conseruer ses titres naturels.

Ceux qui prennent plaisir à combattre ce que ie deffends icy, opposent les objets à la volonté; mais il y a bien de la difference entre les objets & les objets, & entre ceux qui l'excitent il n'y a que Dieu qui la puisse determiner ; Que si les objets determinoient indiuiduellement cette puissance, la volonté seroit moins actiue que passiue, & le bien auroit tant d'empire sur elle, que de deux objets égallement connus, elle choisiroit tousiours le meilleur ; mais elle a la vertu de suspendre ses actes, & quoy que par les lumieres de l'entendement elle connoisse le plus grand bien, elle suit quelquefois le moindre.

Quelques-vns tiennent que si la volonté n'est pas esclaue des objets, elle l'est de l'entendement, puisqu'elle ne peut aimer ny haïr qu'en veuë des connoissances qu'elle reçoit, & par consequent qu'elle n'est pas libre, Ie tombe d'accord que la volonté ne peut vouloir ou ne vouloir pas qu'elle ne sçache les raisons de ses actes, & qu'en ce sens elle n'est pas libre ; mais ses determinations viennent de son fonds, viennent de sa nature, & bien qu'elles supposent les connoissances elles n'en dependent pas, il eſt de l'entendement & de la volonté, comme du Conſeiller & du Souuerain, le Conſeiller ne peut violenter le Souuerain à embraſſer ce qu'il luy repreſente, l'entendement ne peut forcer auſſi la volonté à ſuiure ce qu'il luy dicte.

Plutarque dit que la Baleine eſt códuite par vn petit poiſsó, qui s'efforce d'empeſcher qu'elle ne s'aſſable, qu'elle ne ſe froiſſe, l'entendement fait à peu prés la meſme choſe enuers la volonté, il s'efforce d'empeſcher qu'elle ne s'abuſe, qu'elle ne ſe nuiſe Ie dis à peu prés la même choſe, parce que ſon empire eſt ſimplement politique, & que quand la volonté eſt preuenuë des fauſſes lumieres de l'imagination, l'entendement qui taſche de la porter au bien, eſt ſouuent reduit à chercher plûtoſt des raiſons pour appuyer ce qu'elle veut, que pour fortifier ce qu'il luy conſeille.

Si l'entendement n'a pas touſiours vn pouuoir efficace ſur la volonté, la volonté n'a pas touſiours auſſi vn pouuoir abſolu ſur l'entendement, elle ne peut quelquefois le retirer de ſa profonde réverie.

L'école qui affecte de certaines façons de parler qui ont peu d'vſage parmy le beau monde, dit que l'entendement meut la volonté en deux façons, qu'il la meut, & quant à l'exercice de l'acte, & quant à la ſpecification de l'acte meſme, qu'il la meut quant à l'exercice de l'acte, lors que dans l'indifference où eſt la volonté d'agir ou de n'agir pas, il l'a porte à agir ou à ſuſpendre ſon action, & qu'il la meut quant à la ſpecification de l'acte, lors qu'il la porte à preferer vne chose à vne autre. Ie tombe d'accord de ce que l'Ecolle dit en cela ; mais il y a bien de la difference entre exciter vne faculté, & determiner vne puissance, entre luy representer ce qu'elle doit faire, & luy faire faire.

Encores que la volonté soit libre en ce monde, elle ne l'est pas au Ciel, l'on ne peut aimer ou n'aimer pas ce qui est éuidemment reconnu pour l'exemption de tout mal, & pour le comble de tout bien, & c'est dans le Ciel qu'on a pour objet de sa beatitude la lumiere primitiue, & la bonté essentielle. Il est vray que les Saints veulent extrémement aimer ce qu'ils aiment, & que leur vouloir est vn écoulement doux & naturel de la vertu de leur volonté ; mais quelle apparence de traitter de libres, des esclaues, d'attribuer vn franc-arbitre à des esprits qui ne peuuent ne vouloir pas ce qu'ils veulent. L'on peut inferer de ce que ie viens de dire, que la liberté n'est seulement pas opposée à la contrainte ; mais encores à la necessité, puisque la liberté à proprement parler n'est autre chose qu'vne exclusion d'empeschement, & que comme l'entendement ne peut nier vne verité clairement découuerte, la volonté ne peut n'aimer pas vn souuerain bien clairement connu.

Il faut remarquer en passant auec S. Ambroise, que Dieu est libre au regard de ses dons ; mais qu'il ne l'est pas au regard de sa bonté, qu'il est libre au regard de ses dons, parce qu'il n'y a rien dans les creatures qui le puisse forcer à faire leur bien, &

qu'auant que de créer le monde il estoit la bonté essentielle ; mais qu'il ne l'est pas au regard de sa bonté, parce qu'il n'y a rien qui soit digne de l'amour de Dieu, que Dieu mesme, que sa bonté est le comble de tous les biens, & que Dieu & le comble de tous les biens est vne mesme chose.

### *De la prescience de Dieu.*

LA prescience de Dieu est vne lumiere certaine & éuidente, par laquelle il connoist comme presentes les choses futures.

L'on dit que la prescience de Dieu ne peut manquer, & par consequent qu'elle force les choses, ie tombe d'accord de la proposition ; mais ie nie la consequence, la raison de cecy est que Dieu est infiniment connoissant, & que l'homme est libre, & que si les choses arriuent infailliblement au regard de la prescience de Dieu, elles arriuent librement au regard des principes d'où elles partent : Les presciences de quelque costé qu'on les enuisage ne peuuent estre les causes des choses. Vn laboureur qui ensemence sa terre, preuoit que le grain qu'il a jetté germera ; mais qui seroit la personne qui voudroit que cette prescience fust la cause du germe de son grain. Vn pere qui instruit sa famille, preuoit que ses enfans auront des qualitez que quelques autres n'ont pas, mais qui seroit celuy qui auroit la pensée que cette prescience fust la cause de la vertu de ses enfans.

### *Du concours de Dieu.*

LE concours de Dieu est vne vertu diuine, par laquelle les choses sõt maintenuës en leur estre.

Comme la terre qui nous appuye n'est pas la cause de nos diuerses façons d'aller, Dieu aussi qui est la vertu qui nous soustient, n'est pas la cause de nos diuerses manieres d'agir, Que si le concours de Dieu qui met en main le pouuoir d'operer necessitoit les choses, il s'ensuiuroit de là que Dieu opereroit quelquefois contre soy-mesme, puisque l'homme est inconstant, & que dans cette inconstance, il est tantost vn Saint & tantost vn demon. Adjoustons à ce que nous venons de dire, que la cause particuliere comme dit l'Ecolle, determine la cause generale, & que comme l'influence solaire qui est indifferente est determinée par vn cheual, à la production d'vn autre cheual, le concours de Dieu qui est vne cause indifferente est determiné à la production du bien ou du mal, par les causes libres.

Il est important de remarquer que le concours de Dieu empesche le retour des choses à leurs principes, qu'il est aux creatures, comme dit vn Moderne, ce que le vent des vessies est à ceux qui apprennent à nager, que qui osteroit à ceux qui ne sçauent pas nager l'air qui est renfermé dans les vessies les enfonceroit dans l'eau, & que qui soustrairoit aussi aux creatures le concours de Dieu, les abysmeroit dans le neant.

### *De l'objet de la volonté.*

IL n'eſt pas au pouuoir de la volonté de deſirer le mal comme mal, ny de fuïr le bien comme bien, & ſi la volonté fuït ſouuent ce qu'elle deuroit pourſuiure, c'eſt touſiours ſous l'image de quelque choſe d'aimable. L'œil ne peut voir que les couleurs vrayes ou apparentes. La volonté ne peut ſouhaiter que les biens effectifs ou imaginaires. Que ſi la volonté fuït meſme la vertu, ce n'eſt pas qu'elle ne reconnoiſſe que c'eſt vn bien ſalutaire; mais c'eſt qu'elle ſçait que c'eſt vn bien difficile, & comme la difficulté eſt vne eſpece de mal, il ne faut pas s'étonner ſi elle conſidere l'exemption de cette meſme difficulté comme vne eſpece de bien.

### *De l'empire de la volonté.*

LE commandement eſt vne action par laquelle le ſuperieur porte l'inferieur à agir.

Il y a deux ſortes de commandement, il y en a vn qu'on appelle deſpotique ou ſeigneurial, & il y en a vn autre qu'on appelle ciuil ou politique.

Le commandement deſpotique, c'eſt celuy auquel l'inferieur ne peut reſiſter, la main ne peut reſiſter au commandement de la volonté.

Le commandement ciuil, c'eſt celuy auquel l'inferieur peut reſiſter, la chair peut reſiſter aux ordres de la raiſon.

Il y a des choſes qui releuent en partie de la volonté, & qui en partie n'en releuent pas, l'œil peut s'ouurir ou ne s'ouurir pas, selon le commandement de la volonté; mais quand il est ouuert, & que les circonstances qui sont necessaires à la vision sont posées, il n'est pas en la puissance de la volonté d'empescher qu'il ne forme son acte.

### *De l'imagination.*

L'IMAGINATION est vn sens interne, qui represente à l'appetit sensitif ce qui luy conuient, & ce qui luy est contraire, ce qu'il doit embrasser, & ce qu'il doit fuïr, & selon que l'appetit est émeu, il porte l'animal à des actions qu'il ne feroit pas, s'il estoit tranquille.

### *Des passions.*

LA passion icy n'est autre chose que l'action d'vne cause, qui cause dans l'animal quelque alteration.

### *Diuision des passions.*

LES Peripateticiens que ie suiuray presque par tout, diuisent les passions selon les appetits, & comme ils reconnoissent vn concupiscible & vn irascible, ils attribuent au premier l'amour, la haine, le desir, la fuite, le plaisir & la douleur, & ils attribuent à l'autre, l'esperance, le desespoir, la crainte, l'audace & la colere.

Il y a vne puissance en nous par laquelle nous

ſommes émeus & agitez à la veuë d'vn bien & d'vn mal, que nous conſiderons ſimplement & nuëment comme bien & comme mal, & cette puiſſance n'eſt appellée appetit concupiſcible que parce que nous ne ſommes ſuſceptibles, de hayne, de fuitte & de douleur, qu'en conſequence de l'inclination que nous auons pour noſtre bien, & que les choſes ne ſont denommées que de leurs actes les plus conſiderables.

Il y a encores vne autre puiſſance en nous par laquelle nous ſommes émeus & agitez à la veuë d'vn bien & d'vn mal, que nous conſiderons comme accompagnez de difficultez & de facilitéz, & cette puiſſance n'eſt appellée appetit iraſcible que parce que l'ire ou le deſir de la vengeance eſt la plus violente de toutes les paſſions, & que les choſes comme ie viens de dire ne ſont denommées que de leurs actes les plus inſignes.

### *Quel eſt le plus noble des deux appetits.*

QVOY que l'appetit concupiſcible ne ſoit ſeulement pas le principe de l'iraſcible; mais encore le terme de ſes actions, neantmoins l'iraſcible eſt plus noble que le concupiſcible, parce qu'il y a plus de gloire, dit Ariſtote, à ſurmonter vne émotion de colere qu'à reprimer vn mouuement de conuoitiſe, que le prix de la vertu appartient plûtoſt à celuy qui ſurmonte les difficultez qui ſe rencontrent dans la pourſuitte du bien, qu'à celuy qui deſire le bien, que le concupiſcible inſpire le deſir

desir, & que l'irascible donne la victoire. Il ne sert de rien de dire que les puissances qui regardent directement le bien, sont plus nobles que celles qui le regardent indirectement, que le concupiscible regarde directement le bien, & que l'irascible ne le regarde qu'indirectement, & par consequent que le premier est plus noble que l'autre, il suffit de répondre à cela que les difficultez releuent les puissances, & qu'encores que les objets directs du concupiscible qui sont le bien, consideré simplement comme bien, soient plus nobles que les objects directs de l'irascible qui sont le mal consideré comme difficile, le concupiscible a cette obligation à l'irascible, que sans son entremise l'amour engendreroit cent desirs inutils, l'ambition formeroit cent desseins temeraires.

### *Comment les passions s'engendrent.*

L'OBIET enuoye son image dans le sens externe, & l'image enuoyée passe du sens commun à l'imagination, & selon que l'imagination juge de ce qu'elle reçoit, il s'engendre dans le cœur diuers mouuemens. Si c'est l'amour, il est ordinairement suiuy du desir, & si rien ne s'oppose à la queste du desir, le desir a pour terme de son bonheur la volupté; Que si dans la poursuite du desir il se rencontre des difficultez, il arriue de-là ou que ces difficultez peuuent estre vaincuës ou qu'elles ne le peuuent estre, si elles peuuent estre vaincues l'esperance s'engendre, & si elles ne le peuuent estre, le desespoir se forme. Si sur l'image receuë l'imagination fait vn jugement desauantageux, ce jugement produit la haine, & comme l'amour excite le desir, la hayne excite la fuite. Si quelque effort qu'on fasse de fuïr le mal, on ne l'éuite pas, la douleur naist, & si on l'éuite le plaisir succede. Si le mal est comme present, & qu'on croye le pouuoir surmonter, l'audace s'éleue, & si l'on n'est pas asseuré de le pouuoir vaincre, la crainte se forme. Si le mal est iniurieux, il fait naistre des ébulitions à l'entour du cœur, & dans cette ébulition le desir de la vengeance s'allume. Si l'on satisfait son desir l'on ressent les douceurs de la joye, & si l'on ne le satisfait pas l'on ressent les amertumes de la tristesse.

### *De l'opposition des passions.*

LES passions sont opposées en trois façons, elles sont opposées à raison du sujet, à raison de l'objet, & à raison du mouuement.

L'amour & la colere sont opposées à raison du sujet, parce que l'amour loge dans l'appetit concupiscible, & que la colere reside dans l'appetit irascible.

L'amour & la hayne sont opposées à raison de l'objet, parce que l'amour a pour objet le bien, & que la hayne a pour objet le mal.

L'audace & la crainte sont opposées à raison du mouuement, parce que l'audace aduance, & que la crainte recule.

### *De la primauté des passions.*

LA joye est la premiere de toutes les passions au regard de l'intention, & l'amour est le premier de tous les mouuemens au regard de l'execution.

La hayne répond à l'amour, & la fuite au desir, & comme le mal est precedé du bien, les passions qui se rapportent au bien precedent celles qui se rapportent au mal.

Enfin les passions de l'appetit irascible empruntent leur existence des passions de l'appetit concupiscible, & c'est pour cette raison qu'Aristote dit que les amans combattent pour leurs conuoitises.

### *Reflexions sur les passions.*

CHARON parlant de l'Apathie dit joliment à mon aduis, que c'est vne ladrerie spirituelle, le mesme Auteur parlant de la mesme chose, dit que ce n'est pas vne vertu, que c'est vne complexion, que ce n'est pas vne moderation, que c'est vne stupidité.

Il semble que les passions empruntent quelque force des sujets où elles se forment, & c'est ce qui a fait dire à vn grand homme, que si les passions estoient insolentes dans le cœur des particuliers, elles estoient furieuses dans l'ame des souuerains.

Les Stoïques veulent qu'on fasse ce que la passion fait faire, & qu'on n'ait point de passion ; mais quelle apparence de fuïr les perils & de n'auoir point de crainte , d'affronter le mal & de n'auoir point d'audace. Les mesmes Stoïques qui combattent les passions, disent que c'est prendre conseil de ses aduersaires que de suiure les mouuemens de l'appetit sensuel, que c'est s'assujettir à des broüillards que de suiure les mouuemens de la partie inferieure ; mais outre qu'on ne consulte pas les passions, les passions sont capables de quelque bon vsage , & si elles sont naturellement la cause de nos troubles, elles peuuent estre moralement la matiere de nos vertus ; Que les passions soient capables de quelque bon vsage , les Legislateurs , les Capitaines, & les Historiens nous l'apprennent. Les premiers vsent de promesses & de menaces, pour réueiller l'ambition & pour reprimer le vice. Les seconds vsent de trompettes & de tambours, pour affoiblir la crainte & pour fortifier le courage, & les Historiens vsent de loüanges & de mépris, pour exciter l'émulation & pour combattre la mollesse.

Encores que les passions soient capables de commettre de grands desordres, Platon a raison de dire que sous la conduite du jugement, ce sont des vents qui peuuent contribuer à vne heureuse nauigation.

Que Basilides l'heresiarque estoit ridicule lors qu'il disoit qu'il y auoit en l'homme vne armée d'esprits, & que cóme ces esprits excitoient les passions, l'on ne pouuoit se deffendre de suiure ses mouuemens? les objets sont-ils incapables d'enflammer les cœurs? la raison & la volonté n'ont-elles esté données à l'homme que pour seruir de simple ornement? & y a-t'il des puissances qui soient au dessus des ordres de Dieu!

Les passions sont des instrumens; mais comme les armes sont plus empeschantes que commodes, lors qu'on n'a pas l'adresse de les bien manier, les passions sont plus nuisibles qu'aduantageuses, lors qu'on n'a pas la vertu de les bien conduire.

Il n'y a point de doute qu'il faut estre pourueu d'vne forte raison pour seruir d'antidote au venin des passions, qu'il faut estre pourueu d'vne haute constance pour seruir de digue au débordement de l'appetit, qu'il faut estre pourueu d'vne grande fermeté pour seruir de contre-luite aux mouuemens de la concupiscence.

La pluspart des passions sont des ruisseaux quand elles sont naissantes, & elles sont des torrens quand elles sont accreuës.

Quand Aristote dit que les Heros sont sujets aux passions, il veut dire qu'ils ne sont pas sujets à leur violence, qui banniroit les passions banniroit les vertus morales, & le moderer qu'on attribuë à la vertu, seroit vne vision de bans, seroit vne fiction d'Ecolle.

Seneque tient que d'estre sujet à vne seule passion quoy que tres-violente, c'est estre moins miserable que d'estre sujet à toutes les passions quoy que tres-legeres; mais comme il est plus facile de combattre plusieurs ennemis foibles que de repousser vn ennemy extremement redoutable, ie tiens qu'en ce point le sentiment de ce Philosophe peut estre contredit.

Lors que l'Auteur dont ie parle attaque la Morale des Peripateticiens, il dit touchant les passions, que si l'on ne peut empescher leur naissance, l'on ne peut empescher leur excés; mais cette opinion est indigne de ce grand homme, la raison a son retour, la violence a ses relasches, & les mesmes esprits qui sont capables de surprise sont capables de precaution.

Les choses, disent les Philosophes, sont receuës selon la disposition des sujets, & c'est pour cette raison qu'on dit que selon le fort & le foible des hommes, les passions sont des bestes incommodes ou des animaux vtiles.

Il y en a qui tiennent qu'il est des passions comme du cheual de Sejan, que dés qu'on les a logées l'on ne peut plus les chasser; mais la grace, la raison, l'âge apportent de grands changemens aux choses, & si ce que ie dis estoit faux, les amoureux par exemple, seroient tousiours amoureux, & l'on remarqueroit dans vn mesme cœur, & les feux de la jeunesse, & les froideurs de la decrepitude.

A quoy bon d'estre raisonnable & de ne pas se seruir de sa raison! ne doit-on pas corriger les bestes par le baston, & les hommes par le discours.

Ie me moque de ces Philosophes qui dépoüillent le sage de toutes les passions, c'est à dire qui pour le faire raiſonnable, le font inſenſible. La Charité ſeroit foible dans le ſoulagement du pauure, ſi la compaſſion ne portoit le reſſentiment au cœur. La pieté verſeroit tiedement ſon ſang pour la deffence des Autels, ſi l'audace n'augmentoit ſes ardeurs, enfin les arts trouueroient peu de mains ſi l'ambition n'enflammoit les courages.

Ceux qui approuuent tout ce qui les flatte diſent, que la nature eſt ſage, & que les paſſions ſont les filles de la nature; mais la nature eſt deprauée, & ſi les paſſions ſont les filles de la nature, l'on peut dire que ce ſont des enfans malades qui naiſſent d'vne mere infirme.

Les paſſions ſelon la pluſpart des Docteurs eſtoient volontaires en Ieſus-Chriſt, auſſi ſont-elles conſiderées comme des propaſſions, & quoy qu'vne raiſon diuinement appuyée euſt pû faire les choſes ſans l'entremiſe de l'appetit ſenſitif, neantmoins comme Ieſus-Chriſt a voulu paroiſtre ſous la contenance d'vn pecheur, il a voulu que ſes actions donnaſſent quelque couleur à cette figure, & qu'à l'exception du peché elles tinſſent quelque choſe de l'homme.

Il y a vn amour qui n'eſt pas vne paſſion ſelon ſa nature; mais qui en eſt vne ſelon ſes effets. La Charité en ſainte Catherine de Sienne, en ſaint François, & en pluſieurs autres Saints, a eſté douloureuſement ſentie, elle a fait de leurs corps le corps de ſes martyrs.

Le ſpirituel eſt naturellement exempt des atteintes du sensible, & si les passions gagnent quelque chose sur la volonté, ce n'est que par diuersion de pensées, & que par inflamation de sang.

Si les violences de l'appetit sensitif estoient des maladies incurables, l'on offenceroit l'auteur de la nature lors qu'on puniroit le déreglement des passions, & l'on feroit des actions déraisonnables lors qu'on diffameroit les lays & les faustines, lors qu'on puniroit les meurtriers & les brigans, lors qu'on brusleroit les Chaussons & les bestialistes; mais s'il y a des gens qui triomphent de leurs mouuemens, qui peut justement douter de l'empire de la raison.

Il n'y a point de doute que selon la definition qu'on donne en general des mouuemens de l'appetit sensitif, il n'y a que les hommes & les bestes qui soient sujets aux passions, puisque les passions naissent du cœur, que les passions alterent, que les passions surprennent, que Dieu & les Anges sont de purs esprits, que les esprits sont incapables d'alteration, & que les mesmes choses qui sont incapables d'alteration, sont incapables de surprise.

L'on peut declamer si l'on veut contre les passions; mais ou les vertus ne sont pas considerables ou les passions le sont, puisqu'elles en sont les aiguillons & la semence, la matiere & l'employ, qu'elles en sont les aiguillons, parce que la crainte de l'aduenir excite la pieté, qu'elles en sont la semence parce que l'esperance est la source de cent belles actions, qu'elles en sont la matiere parce que la la vaillance s'exerce & sur la crainte & sur l'audace, & qu'elles en sont l'employ parce que toutes les vertus sont occupées à triompher des saillies de l'appetit sensitif.

Il y en a qui disent que comme vne parfaite santé ne peut souffrir aucun mal, vne parfaite sagesse ne peut souffrir aucune passion ; mais la sagesse ne peut estre incompatible auecque les passions, puisque ce qui modere doit estre auecque la chose moderée, & que la sagesse contribuë à la moderation des mouuemens.

Quand dans le bien la passion preuient la raison elle diminuë la bonté de l'acte, il vaut mieux estre poussé par l'esprit que par la chair, & quand dans le mesme bien la passion suit la raison, elle accroist la bonté de l'acte, il vaut mieux faire le bien auecque zele qu'auecque tiedeur.

Quoy que le corps soit l'aisné de l'ame, le cadet doit ceder à l'aisné.

L'homme est né auecque deux guides qui sont sujets à l'égarement, l'œil [illegible] le guide du corps, l'entendement est le guide de l'ame, les yeux sont quelquesfois attaquez de certaines fluxions qui les offusquent, les esprits sont quelquesfois agitez de certains mouuemens qui les alterent.

Comme les passions entraisnent la pluspart des hommes, Platon à eu raison de les appeller des cordages.

Il n'y a gueres de matieres qui ne reçoiuent diuers enuisagemens. Ceux qui condamnent les pasſions, diſent que l'amour aueugle, que la hayne preoccupe, que le deſir attache, que la fuite effemine, que la volupté enerue, que la triſteſſe abat, que l'eſperance orgueillit, que le deſeſpoir decontenance, que la crainte glace, que l'audace precipite, que la colere trouble, que la honte interdit, que la compaſſion compreſſe, que la jalouſie impoſe, que l'indignation vſurpe, que l'emulation preſume, & que l'enuie detracte. Ceux qui deffendent les meſmes paſſions, diſent à leur tour que l'amour adoucit la peine, que la hayne deteſte le mal, que le deſir réueille les puiſſances, que la fuite conſerue la pureté, que la joye délaſſe l'eſprit, que la triſteſſe fournit de larmes à la penitence, que le deſeſpoir ménage le temps, que la crainte combat la pareſſe, que l'audace repouſſe le mal, que la colere anime la vaillance, que la honte inſpire la retenuë, que la pitié ſecourt les mal-heureux, que la jalouſie aiguiſe l'eſprit, que l'indignation deſarme le vice, que l'emulation coppie les grands exemples, enfin qu'il n'y a que l'enuie qui merite d'eſtre éteinte.

Que l'eſprit humain eſt ſujet à d'étranges opinions. Origene a crû que les ames tomboient rapidement ſur les corps dont elles eſtoient amoureuſes, & que c'eſtoit de cette eſtrange cheute qui alteroit les eſprits, que prouenoient les paſſions.

Ceux qui tiennent que toutes les paſſions ſont des perturbations, & que c'eſt loger l'orage dans le calme, que de loger les paſſions dans l'ame des grands hommes, diſent que de quelque façon qu'on enuisage les mouuemens sensuels, l'on ne peut les enuisager agreablement, que ce sont des broüillons, des seditieux, que ce sont des mutins qui deuiennent insolens quand on les flatte, & qui deuiennent furieux quand on les choque; mais ces Messieurs deuoient considerer qu'il y a des téperances & des mansuetudes, que la temperance loge dans l'appetit concupiscible, que la mansuetude reside dans l'appetit irascible, que la temperance s'exerce à l'entour des passions les plus attachantes, que la mansuetude s'occupe à l'entour des mouuemens les plus impetueux, & que la realité des vertus morales dépend de la soûmission des puissances sensitiues.

Il est éuident que les passions ne sont pas bonnes d'elles-mesmes, puisque l'étenduë des choses qui sont bonnes d'elles-mesmes est de la nature des choses étenduës, & que l'accroissement des passions est souuent pernicieux. Il est éuident encore que le cœur est exclud de la liberté, que les passions sont naturelles, & que ce qui n'est ny bon ny mauuais dans la Morale, peut estre méchant dans la Physique.

Comme l'on ne doit pas dire que les choses soient absolument bonnes de ce qu'elles ont quelques qualitez considerables, l'on ne doit pas dire aussi que les choses soient absolument mauuaises de ce qu'elles ont quelques qualitez nuisibles. Que s'il estoit vray que les passions fussent entierement desauantageuses de ce qu'elles sont quelquefois de funestes causes, qui pourroit justement faire l'Apologie de la plusſpart des choſes du monde, puiſque le meſme Soleil qui éclaire l'horiſon échauffe la peſte, que le meſme Soleil qui fait ſentir les aromates fait puër les charognes, que les meſmes pluyes qui reuerdiſſent les prez, rompent les chemins, que les meſmes pluyes qui humectent les arbres pourriſſent les legumes, que la meſme mer qui a ſes feconditez a ſes débordemens, que la meſme mer qui enrichit les marchands abyſme les matelots, que les meſmes vents qui purifient les airs abattent les cheminées, que les meſmes vents qui aydent à la nauigation aydent au naufrage, que le meſme ſang qui entretient la vie entretient la fiévre, que le meſme ſang qui deuient la matiere des chairs & des ſemences deuient la cauſe des ruptures & des apoplexies, que la meſme bile qui fait les ingenieux fait les fols, que la meſme bile qui fait les braues fait les enragez, que la meſme mélancolie qui donne la conſtance, engendre l'opiniaſtreté, que la meſme mélancolie qui affermit le jugement, apezantit les actions, que la meſme pituitte qui attrempe la bile émouſſe l'eſprit, & que la meſme pituitte qui rend les hommes moderez rend les hommes pareſſeux.

Ie ſçay bien que l'excés en toutes choſes eſt nuiſible; mais ſi vn peu de paſſion ne ſecondoit les actes de la vertu, l'on pourroit dire auecque vn Ancien, que la meſme vertu ſeroit comme vne teſte ſaine ſur vn corps perclus.

Quelque diſpoſition qu'on ait aux grandes choſes, il y a de certaines paſſions qui cauſent de grands progrés, & ce que ie dis eſt tellement vray, que la jalouſie qu'Alexandre donna à Ceſar, acheua la plus glorieuſe teſte du monde.

Quelle obligation n'a-t'on point à la pluſpart des paſſions ? L'ambition n'a-elle pas inuenté les Arts ? La crainte n'a-elle pas baſty les Villes ? L'amour n'a-t'il pas ciuiliſé les Peuples ? & l'emulation n'a-elle pas multiplié les vertus.

Ie ne puis ſouffrir ceux qui donnent vne puiſſance inuincible aux paſſions. Si les aſtres ont vn mouuement qui les retire de leurs éclypſes, pourquoy les hommes n'auroient-il pas vne vertu capable de les retirer de leurs égaremens, y a-t'il rien de plus inuentif que le genie ? y a-t'il rien de plus ingenieux que la raiſon ? n'eſt-ce pas elle qui meſle le feu auecque les eauës, qui fait flotter les choſes pezantes, qui fait voler les balles & les bombes, qui détourne le courant des fleuues, qui donne des digues à l'Ocean, n'eſt-ce pas elle encore qui redreſſe les plantes, qui ſurmonte la ſterilité des terres, qui aſſujettit les oyſeaux agars, qui gouuerne les ours & les élephans, qui adoucit les tygres & les lyons. Que ſi elle triomphe de l'inclination des élemens, que ſi elle combat la proprieté des mixtes, que ſi elle arreſte la fureur des eauës, que ſi elle corrige les deffauts de la nature, que ſi elle porte enfin l'empire meſme dans les beſtes: pourquoy dans les lieux de ſon domaine ne regleroit-elle pas les desirs, ne reprimeroit-elle pas les soûleuemens, n'appaiseroit-elle pas les fougues, ne porteroit-elle pas enfin la seruitude, le temperament, & la deference.

Que la raison puisse quelque chose sur l'appetit sensitif, il n'y a rien de plus éuident, elle peut conseiller à la volonté de détourner l'imagination de quelques objets, & comme la volonté suit souuent les lumieres de l'entendement, & est comme la maistresse des applications de la fantaisie, elle peut amortir les mouuemens sensuels, elle peut refroidir les passions brutales.

Quoy la raison seule contre tant de passions, hé le moyen qu'elle resiste ! Il est vray qu'il est difficile de regner sur tant de mouuemens ; mais la raison en la personne mesme des Payens a surmonté les plus méchans naturels, & elle peut aisément faire dans les derniers siecles ce qu'elle a mal-aisément fait dans les premiers temps.

Il y a des esprits qui ont vne si haute opinion de la raison, qu'ils voudroient qu'on obtint le bien, & qu'on repoussast le mal par ses seules forces ; mais l'appetit irascible rend la deffense, & l'attaque plus redoutables, & il est à l'homme, comme dit S. Chrysostome, ce qu'vn limier courageux est au berger.

On dit que le foye est le siege de l'amour, de la hayne, & de quelques autres passions, que le fiel picque, brusle, excite la vengeance, & que comme dans les mariages, le dépit & la colere doiuent estre bannis, l'on ostoit aux bestes qu'on sacrifioit à Iunon la nuptiale, ce qui est capable de fomenter ces mouuemens. On dit encores que la ratte qui attire à soy l'humeur melancolique, purifie le sang, que le sang qui est purifié coule legerement dans les arteres & dans les veines, & que la douceur de ses esprits chatoüille les parties par où il passe; mais quand les passions qui selon les authoritez & l'experience sont aussi inseparables de l'homme que la pezanteur l'est de la terre, que la legereté l'est du feu, & que l'éclat l'est du diamant, seroient d'vne nature que le cœur en pust estre dépoüillé, il ne faudroit pas pour quelque mal qu'elles causent en venir au retranchement. Les passions sont aduantageuses & au corps & à l'ame, la joye subtilise le sang, la tristesse corrige la pituitte, la crainte combat la temerité, l'amour ciuilise l'esprit, la colere allume la vaillance, le desir ébransle la paresse, la fuite preuient le chagrin, la hayne découure les deffauts, l'émulation multiplie les vertus, la jalousie aiguise l'inuention, l'indignation alarme le vice, la douleur deuient la matiere de la patience, l'audace secourt la patrie, l'esperance recrée les esprits, la honte inspire la retenuë, l'enuie mesme qui ronge l'enuieux contient l'enuié. Enfin les Arts qui sont icy du party de la Morale veulent par raison de ressemblance qu'on apporte quelque accommodement aux choses. Les Medecins ne rétablissent pas la santé par la détruction du chaud & du froid, ils la rétabliſſent par la moderation des qualitez. Les Muſiciens ne compoſent pas l'harmonie par la condamnation du haut & du bas, ils la compoſent par l'adjuſtement des tons. Les Tapiſſiers ne flattent pas la veuë par le banniſſement des couleurs viues & des couleurs ſombres, ils la flattent par l'adouciſſement des couleurs.

Lors que l'vtilité ſurpaſſe le dommage, il ne faut pas vſer de retranchement, il faut comme ie viens de dire vſer de moderation, & Lycurgue quelque grand homme qu'il fût, fit mal lors que pour empeſcher l'yureſſe il fit couper les vignes. Que ſi pour quelques deffauts il falloit bannir les choſes, l'on tueroit les cheuaux, ils font quelquefois des cheutes, l'on enſeueliroit l'or, il fait quelquefois des corruptions, l'on negligeroit le fer, il fait quelquefois des playes, l'on fuyroit les champs, ils émeuuent quelquefois les humeurs.

Il faut empeſcher que les paſſions, & ſur tout les paſſions brutales ne deuiennent comme des habitudes, il eſt plus aiſé de les preuenir, que de les reduire, de leur fermer la porte que de les chaſſer.

Comme dans la meſme region de l'air il naiſt diuers meteores, ſelon que les vapeurs & les exhalaiſons ſe ſont rencontrées, ce n'eſt pas de merueille auſſi, s'il naiſt diuerſes paſſions dans la meſme region du cœur, ſelon que les humeurs & les eſprits ſe ſont confondus.

Quelques-vns ont crû que la colere eſtoit dans le

le fiel, qui eſt le reſeruoir de la bile, que la crainte logeoit dans le cœur, que la joye reſidoit dans la ratte, & que la concupiſcence eſtoit dans le foye; mais les choſes qui ſeruent à quelques autres ne ſont pas touſiours leur rendez-vous. La nature qui eſt particulierement ſage en la conſtruction de l'animal, a donné aux paſſions vne ſource commune, & il y a bien de la difference entre les facultez & les humeurs, entre les organes principaux & les ſimples organes. Si les bilieux ſont coleriques, il ne s'enſuit pas que la colere reſide dans la veſſie du fiel, cela n'arriue que parce que la bile jaune eſt chaude & ſeche, & qu'elle a par conſequent toutes les qualitez qu'il faut pour entretenir la colere. Si ceux qui ſont malades de la ratte ne rient point, il ne s'enſuit pas que la joye appartienne à la ratte, cela n'arriue que parce que la melancolie qui s'y amaſſe incline au chagrin. Si les ſanguins enfin ſont fort amoureux, il ne s'enſuit pas que la concupiſcence loge dans le foye, cela n'arriue que parce que les ſanguins ſont d'vn temperament chaud & humide, & que ce temperament eſt plus propre que les autres à fomenter l'amour.

L'appetit ſenſitif eſt plus enclin à ſuiure les jugemens de la fantaiſie, qu'à ſuiure les jugemens de l'intellect, parce que la ſympathie eſt vn principe d'vnion, & que l'appetit ſenſitif & la fantaiſie ſont du meſme ordre.

Ce n'eſt pas ſans ſujet que Plutarque compare les Stoïques à ces grands vaiſſeaux, qui ſemblent brauer les injures de l'air, qui portent des noms magnifiques, & qui neantmoins sont agitez par les vents, sont sousleuez par les vagues, sont quelquefois le diuertissement des tempestes & des orages. Les Stoïques à les voir semblent estre au dessus des foiblesses humaines, ils tranchent de sages, ils reçoiuent des noms orgueilleux, & cependant sous leur mine austere ils sont embrasez par les objets, ils sont émeus par les appetits, ils sont quelquefois le joüet des sousleuemens & des saillies.

Si le Soleil par la force de ses rayons a la vertu de temperer les vents, pourquoy l'entendement n'auroit-il pas par l'éclat de sa lumiere, la puissance de moderer les passions ; mais quoy que l'experience confirme ce que j'aduance, éleuons nos pensées au dessus de nous mêmes, recourons dans la violence de nos mouuemens, à cet esprit qui tire le bien du mal, qui tire la lumiere des tenebres, l'ordre du cahos, qui rend les eauës fermes & les tempestes obeïssantes.

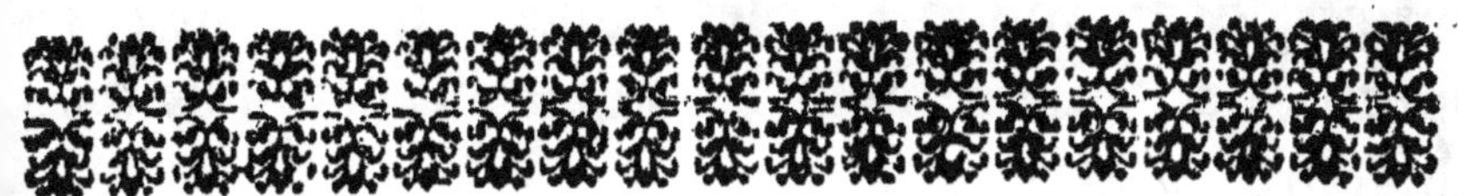

# DES PASSIONS EN PARTICVLIER, DES PASSIONS DE L'APPETIT concupiſcible,

## *DE L'AMOVR.*

L'AMOVR ſelon la doctrine ordinaire eſt vne paſſion de l'appetit concupiſcible, qui prouient de la connoiſſance d'vn bien qui eſt preſent ou abſent, je dis qui prouient de la connoiſſance d'vn bien, qui eſt preſent ou abſent, parce que l'amour ne s'enflamme gueres moins ſur le rapport des oreilles, que ſur celuy des yeux, & que les fantoſmes de l'imagination ne font gueres moins d'impreſſion ſur les cœurs que les images reelles des objets. Adjouſtons à cela que le deſir a touſiours le bien abſent pour objet, que la joye a touſiours pour objet le bien preſent, & que ſi l'amour regardoit déterminément où le bien preſent où le bien abſent, il ſeroit où le deſir où la joye.

Il ne faut pas s'étonner ſi apres la definition qui découure les cauſes eſſentielles des paſſions, ie parle encores des cauſes des meſmes mouuemens, cette methode porte le jour dans les parties de la définition, & en rapportant les causes qui ne sont pas specifiques, elle remplit les sujets sur lesquels on discourt.

*Des causes de l'amour.*

L'AMOVR a six causes, il a vne cause objectiue, vne cause *sans laquelle* qu'on appelle condition, vne cause effectiue, vne cause similaire, vne cause inconnuë, & vne cause amoureuse.

L'objet ou le motif de l'amour est de quatre sortes, *le premier est vn bien souuerain comme la beatitude, le second est vn bien salutaire comme la vertu, le troisiéme est vn bien meslé comme les playes honorables, & le dernier qui est vn bien entierement materiel comme les plaisirs corporels, appartient proprement à l'appetit sensitif.

L'imagination est la cause *sans laquelle* de l'amour sensuel, parce qu'il ne suffit pas qu'il y ait des objets qui frappent les sens, qu'il faut qu'il y ait vne faculté qui juge de la qualité des especes receuës.

Le cœur est la cause effectiue de l'amour sensuel, parce que l'amour est vn mouuement, & que c'est du cœur comme de son principe qu'il prouient.

Les rapports de l'âge & des humeurs sont les causes similaires de l'amour sensuel, parce que l'âge & les humeurs sont des choses qui appartiennent aux choses corruptibles, & qu'on s'vnit de cœur par la conformité des objets.

Le ie ne ſçay quoy qu'on rencontre dans le viſage, dans le geſte, eſt la cauſe inconnuë de l'amour, parce qu'encore qu'on connoiſſe les perſonnes qu'on aime de pure inclination, l'on ne connoiſt pas les charmes ſecrets dont l'on reſſent les atteintes.

Enfin l'amour engendre ſouuent l'amour, parce que l'amour qu'on nous porte eſt vne marque de l'eſtime qu'on fait de nous, & que nous aimons les marques qui nous ſont aduantageuſes.

### *Objections.*

QVOY que toutes les choſes du monde ne ſoient recherchées qu'en qualité de bonnes choſes, & que le peché meſme ne ſoit aimé que ſous l'image du bien, neantmoins il y en a qui tiennent que comme nous aimons ceux qui nous racontent leur infortune, le mal peut eſtre vne des cauſes de l'amour; mais il ſuffit de répondre à cela, que ce n'eſt pas le recit des maux que nous aimons, que ce n'eſt que la cauſe du recit, & que la cauſe du recit n'eſt autre choſe que la bonne opinion qu'on a de noſtre tendreſſe.

Encores que tous les Philoſophes mettent la connoiſſance au rang des cauſes de l'amour, & qu'il n'y ait rien de ſi juſte que de la placer entre les principes de cette paſſion, neantmoins il y a de certaines gens qui nous objectent qu'on aime les ſciences auant que de les auoir appriſes, qu'il y a des choſes inſenſibles qu'on aime, qu'on a quelquefois plus d'amour que de connoissance, & par consequent que la connoissance n'est pas tousiours vne des causes de l'amour. Celuy qui recherche les sciences ne les ignore pas entierement, il a oüy parler des belles choses dont elles traittent, & cette connoissance imparfaite suffit, dit Aristote, pour porter les hommes à la recherche des disciplines. Les choses inanimées sont portées à leur centre, par ce qui est en elles de dominant, c'est à dire ou par leur legereté, ou par leur pezanteur, & les choses qui vont à leur bien de cette maniere doiuent à leur seule inclination le terme de leurs mouuemens. Disons plus, il y a vn amour obscur & vn amour clair-voyant, vn amour obscur, & cet amour est fondé sur vn ie ne sçay quoy, vn amour clair-voyant, & cet amour se refere ou à Dieu ou aux creatures. Ceux qui aiment d'vn amour obscur aiment d'vn amour impropre, ie veux dire d'vn amour d'inclination, & comme l'inclination comme inclination n'est gueres moins obscure dans les choses viuantes que dans les choses inanimées, il arriue de-là qu'vn homme peut aimer plus qu'il ne connoist. Ceux qui aiment d'vn amour clair-voyant qui est le veritable amour, ont pour objet Dieu ou les creatures, si leur amour se refere à Dieu, j'aduouë encores que leur connoissance peut auoir moins d'étenduë que leur affection; mais si leur affection se rapporte aux creatures, ie nie que leur amour surpasse leur connoissance, parce qu'ils n'aiment les choses, ny par inclination, ny par instinct, ny par inspiration, & qu'il faut par consequent que leur connoissance qui est vne lumiere, qui prouient de cent obseruations soit la mesure de leur amour.

Enfin quoy que la conformité vnisse les cœurs, il y a de certains Sophistes qui nous objectent que les gens d'vne mesme condition ont tousiours quelque chose à démesler, que les plus serieux aiment quelquefois les plus bouffons, & que comme la dissemblance engendre quelquefois l'affection, la ressemblance peut quelquefois engendrer la haine. Pour risposter vertement à ces attaques, il suffit de répondre que le potier par exemple ne haït pas le potier entant que potier, parce qu'il se haïroit soy-mesme; mais qu'il ne le haït que parce qu'il est vn obstacle au progrez de son bien, qu'encores qu'on aime en autruy ce qu'on ne voudroit pas quelquefois qui fust en nous, cet amour ne laisse pas de supposer vn bien de proportion & de conuenance, qu'vn habile Magistrat estant bien aise de posseder toutes les qualitez qui sont necessaires au Tribunal, est bien aise aussi qu'vn Comedien possede toutes les conditions qui sont necessaires au theatre, & que comme il s'aime parce qu'il s'acquitte bien de sa charge, il aime aussi par conuenance ceux qui s'acquittent bien de leur employ, enfin pour preuenir toutes les objections qu'on peut faire sur le sujet qui se presente, si le pauure aime les richesses c'est parce qu'il a de l'inclination à la dépense, qu'il a de la pente aux plaisirs, & qu'il y a du rapport entre les moyens qu'il considere, & la fin qui le meut, si le malade aime la santé c'est parce qu'il aime à bien faire toutes ses fonctions, qu'il aime à bien operer tous ses deuoirs, & qu'il y a de la conuenance entre la santé qu'il aime, & la maniere d'agir qu'il souhaite.

### *Diuision de l'amour.*

IE diuise l'amour en plusieurs amours, ie le diuise en amour d'inclination, & en amour de connoissance, & ie range sous l'amour de connoissance l'amour de charité, l'amour de concupiscence, l'amour de bien-veillance, & l'amour d'amitié.

L'amour impropre qui est aueugle dans les élemens, dans les pierres, & dans les plantes, & qui est en quelque façon éclairé dans les bestes & dans les hommes, est à mon aduis vn certain rapport secret qui dispose les choses à quelque vnion, à quelque complaisance.

L'amour de connoissance, ou pour mieux dire l'amour d'examen, est vne passion qui renferme dans l'étenduë de son objet & tout ce qui peut toucher la raison, & tout ce qui peut flatter les sens.

L'amour de Charité est vn amour pur, & l'amour de concupiscence est vn amour interessé, l'vn regarde la satisfaction de la chose aimée, & l'autre regarde le contentement de la chose qui aime, le premier se termine à Dieu, & l'autre se termine aux creatures.

L'amour de bien-veillance qui est à l'amitié, comme

ce que la disposition est à l'habitude, & l'amour d'amitié, regardent aussi bien que l'amour pur, la satisfaction de la chose aimée; mais l'amour pur se refere directement à Dieu, & indirectement au prochain, & la bien-veillance & l'amitié ne se rapportent qu'aux hommes.

### *Des effets de l'amour.*

ENTRE les effets de l'amour, il y en a cinq de fort considerables, & ces cinq sont, l'extase, le zele, la liquefaction, la langueur, & la ferueur.

L'extase comme nous auons dit ailleurs, est vne espece de transport, qui a vn objet dont les qualitez sont merueilleusement attirantes. Quand vn nommé Restitut, selon le rapport de saint Augustin, venoit à estre flatté dans son humeur melancolique, par la douceur de quelques chants lugubres, il passoit à vn tel excés de transport, qu'il estoit quelque temps sans pouls, sans mouuement, & le mesme S. Augustin rapporte qu'il ne sentoit pas mesme les fers bruslans, dont l'on se seruoit pour le faire rentrer en soy-mesme.

Le zele est vn mouuement d'amour qui est accompagné de vehemence, par lequel l'amant s'efforce de repousser vertement les obstacles qui peuuent nuire à la personne qu'il aime.

La liquefaction comme parle S. Thomas, qui est opposée à la congelation est vne tendresse de cœur, par laquelle l'on est tres-sensible au mal de la personne qu'on cherit.

La langueur est vne attente chagrine, ou de la possession, ou de la veuë de la personne qu'on-recherche.

Enfin la ferueur n'est autre chose que l'ardeur ou l'impatience qui accompagne la langueur.

### *Remedes contre l'amour dereglé.*

LE premier consiste à l'étouffer dés sa naissance, parce qu'il est plus facile de resister à vne passion foible qu'à vne passion accruë.

Le second consiste à s'attacher à quelque chose qui occupe fort l'imagination, parce que l'imagination distraite des objets agreables contribuë à l'affoiblissement de l'amour.

Le troisiéme consiste à jetter plûtost les yeux sur les imperfections de l'aymé que sur ses belles qualitez, parce que cet enuisagement frequent laisse des images dégoutantes.

Le quatriesme consiste à considerer les dommages qu'on reçoit ou qu'on peut receuoir de l'entretient de sa passion, parce que l'interest choqué inspire la retenuë.

Le cinquiesme consiste à lire des liures deuots, parce que cette lecture presche la vanité des choses du monde.

Le sixiesme consiste à voir souuent des personnes pieuses, parce que l'exemple est vn bien ou vn mal, fort communicatif, & qu'on est ordinairement ce que sont ceux qu'on frequente.

Le dernier & le plus efficace consiste à s'absenter de la personne qu'on aime, parce que comme la presence entretient l'amour, l'absence le détruit.

### *Reflexions sur l'amour.*

LA pluspart des affections sont si bizares en leurs commencemens, en leurs progrés, & en leurs fins, que celuy-là n'a pas mal rencontré qui a dit que l'amour estoit vn ie ne sçay quoy, qui venoit de ie ne sçay où, & qui s'en alloit ie ne sçay comment.

Plus l'amour est fort, dit joliment vn Moderne, & plus l'amant est foible.

En matiere d'amour il ne faut point recourir à l'art, la nature en cela est vne assez grande maistresse. Cependant il y en a qui negligent ses simples enseignemens, & qui pour rafiner sur elle consultent les Catulles & les Properces, les Tibulles & les Aristophanes, les Anacreons & les Gallus, les Ouides & les Petrones.

Quand l'amour embrase le cœur d'vn fol, de quelles folies n'est-il point capable. Elian rapporte qu'vn jeune garçon deuint amoureux d'vne statuë de la bonne Fortune, qu'il ne la voyoit jamais qu'il ne la couronnât de roses, & que sur le refus qu'on fit de la luy vendre, il mourut à ses pieds.

Il est des Courtisanes comme des sepulchres, quelques superbes que soient les tombeaux, il n'y a que de la corruption sous leurs richesses, quelques magnifiques que soient les impudiques, il n'y a que de la puanteur sous leur beauté.

Vne femme qui se delecte lasciuement dans les pensées que son amour luy suggere, se dispose à deuenir infidele & paresseuse, sterile & friande, mole & pompeuse, elle se dispose à deuenir infidele, il est mal-aisé de conseruer la pureté de son corps, & de perdre la pureté de son ame, elle se dispose à deuenir paresseuse, les mesmes diuertissemens qui épuisent les esprits apezantissent les membres, elle se dispose à deuenir sterile, vn amour déreglé precipite les coctions de la nature, elle se dispose à deuenir friande, l'on recherche volontiers dans les delicatesses de l'aliment la reparation de ses fatigues, elle se dispose à deuenir mole, les personnes qui s'accoustument aux plus grands plaisirs souffrent difficilement les moindres incommoditez, elle se dispose enfin à deuenir pompeuse, les femmes qui aiment estrangement leurs corps affectent les aduantages qui releuent leurs charmes.

Quelles corruptions ne peuuent point faire les femmes corrompuës? ne sont-elles pas comme dit vn Ancien, plus contagieuses que les ladres, & plus veneneuses que les viperes.

Vn homme agiroit sagement si auant que de s'engager dans les liens du mariage, il étudioit le temperament de la personne qu'il rechercheroit, les femmes lasciues veulent des hommes vigoureux, &

lors que les effets démentent les esperances, le chagrin succede aux caresses, & la hayne prend la place de l'amour. L'histoire iustifie ce que ie dis, lors qu'elle rapporte qu'vne femme mecontente du premier iour de ses nopces, ne feignit point de pester le lendemain contre les apparences trompeuses de son époux, & de confesser hautement que si elle eût preueu en quelque façon la debilité de son mary, elle eût mieux aimé qu'on luy eût preparé vne biere qu'vn lict, qu'on luy eût donné vn linseul mortuaire qu'vn vestement nuptial.

Il n'y a rien de si effronté qu'vn amour illegitime, l'antiquité fournit des exemples qui confirment cette proposition, & entre ceux qu'elle rapporte, ie n'en connois point de plus estrange que celuy de cette Ephesienne, qui se diuertit nuictamment sur la fosse de son mary nouuellement enterré, & qui presta mesme son cadavre pour sauuer la vie à celuy qui dans ses embrassemens impudiques, auoit laissé dépendre vn brigand dont il auoit esté estably le le gardien.

Dés que les femmes ont perdu la pudeur, elles ont perdu le discernement, & comme il suffit d'estre capable de faire des actions de bestes, pour leur faire faire des actions de vilaine, l'on peut dire qu'elles font de leurs faueurs, ce que la mer fait de ses coquillages, qu'elles les départent indifferemment à toutes sortes de personnes.

Comme la joüissance est souuent vn remede d'amour, il faut bien se donner de garde de ces amans dont parlent les Amadis de Gaule, qui ne se marioient jamais qu'ils n'eussent reconnu la virginité de leurs maistresses.

Que l'amour produit quelquefois d'estranges effets. Baronius rapporte que quelques hommes estant deuenus amoureux de Manchas & de Mouchone, qu'ils croyoient estre descenduës d'vn Prophete, les traittoient de Deesses, & que quand ils estoient malades, ils vsoient de l'excrement de ces deux filles, pour apporter quelque soulagement à leurs maux.

De toutes les passions il n'y en a point de si répanduës que l'amour, les astres ont des aspects benings, la terre détachée de sa masse descend en bas, les eauës dispersées courent à la mer, l'air s'insinuë dans les cœurs, le feu s'élance vers sa sphere, les élemens s'allient, la matiere dans les mixtes aussi bien que dans les élemens a sa forme, les palmes de differens sexes s'entre-courbent à leurs approches, chaque animal a son appetit, les oyseaux s'entre-carressent, les poissons frayent, les animaux s'accouplent, les hommes se marient, enfin toute la nature est amoureuse.

Les Princesses ne sont pas exemptes des desordres où tombent assez souuent les femmes vulgaires. Gazine dont parle nostre Histoire en vouloit aux plus verds galans, & ses paroles correspondoient tellement à son humeur, qu'elle ne feignit point de dire vn jour à Childeric, que si elle eût crû qu'il y eût eu en amour vn plus braue que luy, elle l'eût esté chercher aux quatre coins du monde..

Que ceux qui ont vne pente au peché de Sodome, combattent tant qu'ils pourront cette malheureuse inclination, quand l'amour degenere il n'y a rien de plus odieux : Hostius deuint amoureux de ses semblables, il exposa mesme ses salletez aux yeux du peuple Romain, & comme s'il se fust piqué de vouloir éterniser son nom par des inuentions qui meritent des éternitez de peines, il fit faire de certains miroüers qui representoient d'vne étrange maniere les parties secrettes de ses étallons.

L'amour excessif trouue quelquefois place dans le cœur des honnestes femmes. Philippe de Macedoine confirma cette verité, lorsque pour donner raison de la qualité de belliqueuse qu'il donnoit à Olympias, il dit dans son humeur railleuse qu'elle le reduisoit souuent aux prises.

Si l'on s'en rapporte à Platon, l'on ne condamnera point l'amour, ce grand homme soustient qu'il fait & conserue toutes choses.

L'amour viole quelquefois ce que la justice establit. Le Prince des Crotoniens deuint amoureux de sa belle sœur, & quoy qu'il eût condamné au feu les incestueux, il commit auecque elle vn inceste : Ce peché qui n'estoit pas nouueau fut suiuy d'vne action qui estoit nouuelle, Salxthe considera la loy qu'il auoit faite, peza la faute qu'il auoit commise, & comme il sçauoit que l'exemple des Souuerains est de la derniere consequence, il fit faire vn grand feu & se jetta dedans.

Comme Platon ne reconnoissoit que trois belles choses, qu'il ne reconnoissoit que les beaux visages, que les belles voix, & que les belles pensées, il disoit que l'amour ne logeoit qu'en trois endroits, qu'il ne logeoit qu'en la veuë, qu'en l'oüye, & qu'en l'entendement.

On dit que si le corps est beau & que l'esprit soit laid, il faut aimer legerement, que si l'esprit est beau & que le corps soit desagreable, il faut aimer constamment, & que si l'esprit & le corps sont beaux il faut aimer demesurément ; mais il n'y a rien dans la nature qui merite cette sorte d'amour, & l'on ne doit aimer de cette façon que celuy qui est la beauté primitiue, & la splendeur originaire, que celuy qui donne les corps & les esprits, que celuy en vn mot qui inspire les belles amours, & qui est tout amour.

D'où pense-t'on que viennent les principales tempestes de l'amour ? elles viennent de la hayne & de la presence, de l'esloignement & de la concurrence. Quand vn amant est haï de celle qu'il aime, de quelle rage n'est-il point animé ? Quand vn amant voit la personne qu'il cherit, de quels transports de joye n'est-il point émeu ? Quand vn amant ne voit point la personne qu'il recherche, de quelles impatiences n'est-il point agité ? Quand vn amant enfin a pour maistresse vne coquette, de quelles aigreurs n'est-il point remply ?

Comment l'amour esperant seroit-il content, que l'amour joüissant n'est point satisfait, ô ! s'écrie vn Ancien,

Ancien, ſur les ſuites de l'amour dont j'entend parler, que de joyes meſlées, & que de douleurs pures?

Celuy qui eſt paſſionné du ſexe, a pour objet de ſes amours vn objet bien infirme, l'on dit ſur ce ſujet que les femmes n'ont que de foibles vertus, & que ſi la nature leur donne des agréemens, ce n'eſt que pour farder vn ouurage qu'elle ne ſçauroit accomplir.

Il y a des nations qui ſont plus ſujetes à l'amour les vnes que les autres, & c'eſt peut eſtre pour cette raiſon que les Armeniens qui connoiſſoient par experience la violence de cette paſſion, permettoient à leurs filles les exercices du putaniſme.

Ciceron qui nous rapporte qu'il eſtoit deffendu à quelque creantier que ce fuſt, d'aller dans la maiſon de ſon debiteur lors qu'il n'y auoit que ſa femme, nous apprend que l'amour eſt de tout temperament, & de toute condition, & qu'il n'y a point de paſſion ny plus diffuſe ny plus naturelle.

S'il eſt vray qu'il n'y ait rien qui attiſe plus l'amour que l'opulence, Platon a eu raiſon de vouloir qu'aux Republiques bien ordonnées les femmes n'euſſent point de dot.

Vn Empereur Romain enuyoit la felicité des Dieux viuans, & le bon-heur des hommes morts, parce diſoit-il que les premiers eſtoient aux deſſus des atteintes des malicieux, & que les autres eſtoient exempts des ſollicitations des femmes.

Que l'amour eſt quelquefois mal-heureux? Marc-

Aurele qui auoit ſujet d'eſtre content de ſa perſonne, n'auoit pas ſujet d'eſtre ſatisfait de toute ſa famille, ſa femme trauerſoit ſes proſperités, & comme cette Princeſſe eſtoit auſſi vicieuſe qu'agreable, il dit vn jour à ſon pere que ſa fille eſtoit à l'Empereur vn mal de teſte, & que ſi en la luy donnant il luy auoit donné beaucoup de chair, il luy auoit donné beaucoup d'os.

Quand l'amour eſt injuſte il eſt cruel. Orimere creua les yeux à Tergius, afin qu'il n'éclairaſt plus ſes laſciuetez.

Si les femmes ſe laſſent d'aimer leurs galans, les galans ſe laſſent auſſi d'aimer leurs maiſtreſſes. L'hiſtoire de Sicile fournit vn illuſtre exemple de la verité que ie mets en auant, lors qu'elle nous apprend qu'vne Reyne s'eſtant laſchement proſtituée, deuint ſur la fin le mépris de celuy qui l'auoit veuë, & que quand elle ſe plaignoit de la fierté de cet inſolent, elle eſtoit outrageuſement ſouffletée.

Quoy que la grandeur de la condition ſoit conſiderable, il y a des affections qui paſſent ſur cette circonſtance. Catherine Reyne d'Angleterre, deuint amoureuſe d'vn de ſes valets de garderobbe, & ſans conſiderer les mal-heurs dont ſa laſcheté eſtoit menacée, elle paſſa des affections aux careſſes, & des careſſes aux nopces.

Il n'y a rien de ſi ardent ny de ſi deſagreable qu'vn amour laſcif, & ce fut en veuë de ces deux circonſtances, qu'vn Ancien le repreſenta ſous deux animaux differens, qu'il le repreſenta ſous la figure d'vn lyon, qui est tousiours plein de feu, & sous la figure d'vne chévre qui est tousiours pleine de salleté.

Quand l'objet est possedé il perd ses attraits, & il ne conserue tout au plus que ses agréemens, l'appetit n'a plus d'obeïssance à rendre, il n'y a plus de dessein à executer, le cœur n'a plus de transport à faire, il n'y a plus de but à atteindre, l'amant n'a plus de desirs à former, il n'y a plus de joüissance à pretendre.

Comme le premier poinct du jour, disent quelques-vns, n'est different en espece ny du midy qui en est l'écoulement, ny du couchant qui en est le terme, puisque que ces trois poincts ne font qu'vne tissure de lumiere, l'amour aussi qui est comme vne belle aurore n'est distinguée ny du desir qui en est le progrés, ny de la joye qui en est comme la borne, puisque ces trois passions ne font qu'vne chaisne de mouuemens ; mais les passions dont il s'agit, renferment de notables differences, le desir ne suit pas tousiours l'amour, la joüissance ne suit pas tousiours le desir, & les effets d'vne de ses passions ne sont pas les effets des autres.

Entre ceux qui ont consideré les diuerses fins de l'amour, il y en a qui l'ont representé sous quatre especes d'animaux, l'aigle se rapportoit à l'honneur, le lyon se referoit à la domination, la syrene se rapportoit au plaisir, & le dragon se referoit à l'argent.

Vne ardeur excessiue est quelquefois honteusement curieuse. Harmenye conuola en cinquiesmes nopces, & l'Histoire dit, que ce fut pour trouuer dans le dernier mary ce qu'elle n'auoit point trouué dans les maris precedens.

Il est dangereux d'estre lasche & d'épouser vne fille du monde, ces sortes de filles aiment les humeurs martiales, & elles s'abandonnent d'autant plus aisément aux gens d'épée, qu'elles croyent trouuer en la force de leur bras, la deffense de leur foiblesse, & la protection de leur crime.

L'amour ne suit pas tousiours le temperament, il suit encores quelque autre chose. Aussi remarque-t'on que le Cretois aimoit la chasse, que le Lionien aimoit la danse, que le Sybarite aimoit la débauche, que l'Athenien aimoit les combats de mer, & que le Spartiate aimoit les combats de terre.

Si l'amour est à l'ame, comme dit S. Augustin, ce que le poids est au corps, l'on hazarde beaucoup lors qu'on donne entrée à vne passion si forte.

Quelle foiblesse de creuer ses yeux pour recouurir la liberté, de mutiler son corps pour fortifier son ame? Democrite ne pouuoit-il pas, comme cent autres, opposer les forces de la raison aux charmes des objets, les maximes de la Morale aux persuasions des sens, le flegme de l'étude aux ardeurs de la conuoitise, les exemples de la constance aux sollicitations du temperament! Falloit-il que sa luxure des-honorast sa profession! Falloit-il que ses yeux qui deuoient suiure les ordres de sa volonté fussent les tysons de sa concupiscence! Falloit-il que ses desirs dependissent de ses regards! Falloit-il enfin qu'il fist voir honteusement dans la cruauté de son remede l'insolence de sa maladie.

Qu'vn Poëte de nostre temps a joliment rencontré lors qu'il a dit que le lict des nopces estoit le tombeau des amours, en effet, dés que l'amour deuient sacramental, il deuient ordinairement tiede, & l'on voit peu de maris qui ayent dans la possession les ardeurs qu'il auoient dans la recherche.

L'amour a plusieurs sources, Saint Augustin dit à peu prés là dessus, que son ébauche vient des yeux, & que son acheuement vient des paroles.

Ceux qui n'ont point vescu sous les loix de l'amour s'imaginent qu'il n'y a rien de plus doux que son empire ; mais vn tragique dans Athenes luy donne vn arc de faueurs, & vn arc de disgraces, & Platon qui s'accommode à ce Poëte, dit que ce Dieu n'est qu'vn composé de plaisirs & de douleurs.

Il faut étudier son temperament, & selon la connoissance qu'on tire de cette étude, il faut regler ses curiositez. Si Dauid eût suiuy ce conseil à peine eût-il veu Bersabée, qu'il eût détourné ses yeux, ce Roy prenoit feu de loin, son cœur suiuoit volontiers ses regards, & c'est ce qui a fait dire à saint Augustin, qu'encores qu'il fust assez éloigné de Bersabée, sa concupiscence estoit proche d'elle.

Quelques dangereuses que soient les femmes, j'ay de l'aduersion pour ce Iean deuxiesme Duc de Moscouie, qui auoit tant d'horreur pour elles, que dés qu'il en rencontroit il s'éuanoüissoit.

L'amour violent ne reconnoist point de loix.

Xerxes ſolicita la femme de ſon fils, & Semiramis tâcha de porter ſon fils à ſoüiller le lict de ſon pere.

Quoy que toutes les choſes qui viennent des femmes proſtituées ne tiennent pas de l'infection de leur origine, neantmoins Alexandre Empereur de Rome, crût qu'il eût eſté digne de reproche s'il eût ſouffert qu'on eût remply ſon épargne des deniers des courtiſanes, & pour faire vne action contraire à celle-là, il voulut que l'employ de ces meſmes deniers eût de la conformité auecque la condition des perſonnes ſur leſquelles on les leuoit, & que comme ils ſe leuoient ſur les femmes publiques, ils fuſſent employés à la reparation des edifices publiques.

Ce n'eſt pas ſans raiſon qu'on dit que l'aimer & le mourir ſont vne meſme choſe, puiſque la mort conſiſte en la ſeparation de l'ame d'auecque ſon corps, & que l'amour ne conſiſte qu'en l'attache de l'ame auecque ſon objet.

Quand ce qu'on aime eſt conſiderable, plus on l'étudie & plus l'on en deuient piqué, auſſi vn Moderne a-il dit ſur ce ſujet, qu'il n'eſt pas des cauſes de l'amour comme des autres cauſes, qu'il arriuoit ſouuent que plus l'on étudioit la cauſe d'vne maladie, & plus aiſément l'on rencontroit le moyen de combattre ſes effets, & qu'il arriue quelquefois que plus l'on obſerue la cauſe de l'amour, & moins facilement l'on trouue les moyens de guerir ſes bleſſures.

Si la qualité des objets doit denommer les passions, quel estrange nom ne deuoit-on point donner à la passion d'Alexandre, qui traittoit Bucephal en enfant de bonne maison, & qui voulut que la mort de cette beste fut signalée par le deuil de toute vne nation ? Quel estrange nom ne deuoit-on point donner encores à la passion de Caligule, qui donna des auges d'yuoire à ses cheuaux, & qui voulut que le cheual qu'il montoit ordinairement fut éleué au Consulat ? Quel estrange nom ne deuoit-on point donner aussi à la passion de Guillaume le Conquerant, qui abattoit des bourgs & des Eglises pour agrandir ses Laissez courre, & qui enfin reduisit en forests la moitié de l'Angleterre ? Enfin quel estrange nom ne deuoit-on point donner à la passion d'vn certain Patriarche de Constantinople, qui auecque du vin parfumé, des amandes, des dattes, & des pistaches, substantoit tous les jours deux mille cheuaux, & qui pour voir des poulains fraischement mis bas, quittoit quelquefois l'office de la Messe.

Lors que l'amour s'achemine à la joüissance, il est en grand danger de s'acheminer à la mort. La Reyne Marguerite qui parloit icy plus hardiment que moy, faisoit de cette proposition contingente vne proposition necessaire, & elle disoit souuent que qui vouloit cesser d'aimer, n'auoit qu'à posseder la chose aimée.

Ie ne m'étonne pas si vn grand Auteur traitte de badin le Dieu d'amour. Le pere de Vitellius deuint amoureux de la chaussure de Messaline, & comme apres plusieurs poursuites, il obtint d'elle vn de ses souliers, cette faueur luy sembla si charmante, que non content de la porter par tout, il la baisoit presque à toute heure.

Vn Moderne prend le desir pour l'amour lors qu'il dit que l'amour est vn écoulement de l'appetit vers vn objet agreable, l'on ne desire pas tout ce qui agrée, l'on se contente quelquefois de se complaire en la presence de la chose qui plaist, & lors que l'amour veut passer de la douceur de la presence au plaisir de la possession, ce vouloir que quelques Philosophes Moraux appellent le premier pas de l'amour, est à proprement parler ce qu'on doit appeller desir.

Que si la certitude de la peine, & quelques autres circonstances augmentent l'amour, qui doute que les meres n'aiment plus que les peres, les peres n'aiment qu'apres que leur enfant est né, les meres aiment leur enfant dés qu'elles le sentent, les peres auant que leur enfant soit sorty ne fournissent que la semence, les meres auant que le ventre soit déchargé fournissent la semence & la nourriture, les peres sont incertains de la qualité qu'on leur donne, les meres sont asseurées du fruit qu'on leur attribuë, enfin les peres engendrent auecque plaisir, & les meres enfantent auecque douleur.

Quand l'amour est dépourueu de graces il a recours aux artifices. Suetone dit que Cesonie donna vn breuuage amoureux à Caligule, & que ce breuuage

breuuage fit vn si puissant effet, que l'Empereur en fut quelque-temps troublé, & Saint Hierosme qui fait quelques remarques sur vn semblable sujet, rapporte qu'vn homme de la ville de Gaze consulta les magiciens de Memphis, pour posseder vne fort belle fille, & qu'à la faueur d'vne certaine lame d'airain qu'il mit sous le seuil de sa porte, il la rendit extrauagamment amoureuse.

Comme la pluspart des affections sont interessées, ce ne fut pas sans sujet que ceux d'Egire mirent la Fortune à costé de Cupidon, les presens en amour procurent de grands aduantages, & j'ay oüy dire à de vieux galans, qu'aupres des Dames l'on ne faisoit rien de rien.

Il y a plusieurs moyens de s'empescher d'aimer les Dames; le plus seur de tous consiste à mon aduis à fuïr les causes dont l'on veut combattre les effets. Sanson rend le cœur aux attraits d'vne simple fille, les Iuges d'Israël s'enflamment à la veuë de Suzanne, Dauid deuient impudique aux approches de Bersabée, Salomon fait d'vn palais vn serail, & Charlemagne qui estoit Maistre de tout le monde deuient l'esclaue de sa concupiscence.

Qu'est-ce que l'amour? c'est vn esprit de feu, répond vn Ancien, qui vit plus dans son centre que dans sa source, cette réponse ne veut dire autre chose si ce n'est que les pensées amoureuses s'attachent fortement à la personne qu'on cherit, & que l'ame vit plus dans l'objet qu'elle aime que dans le corps qu'elle anime.

Tous ceux qui font profeſſion de raiſonner ne ſont pas raiſonnables dans leurs affections, l'amour des Philoſophes a quelquefois ſon bandeau auſſi bien que l'amour des Poëtes, & Laïs meſme qui confirme cette verité, ſe vantoit ſouuent qu'elle n'auoit pas moins d'empire ſur les ſçauans que ſur les autres.

Quelle honte ne fait point la terre à de certaines maraſtres qui ne negligent ſeulement pas les moyens d'orner leurs enfans des vertus qui leur conuiennent; mais qui leur refuſent meſme les choſes qui leur ſont neceſſaires. La mere dont ie parle qui a comme pour enfans les plantes, ne ſe contente pas de les parer de fleurs, de les couurir de feüilles, & de les charger de fruits, elle leur fournit meſme dans les rigueurs de l'hyuer les alimens dont ils ont beſoin, & ſi par mal-heur cette bonne mere deuient ſeche & aride par les exceſſiues chaleurs de l'eſté, elle fait de ſi puiſſans efforts contre la continuité de ſes parties, qu'enfin elle ouure ſon ſein par l'impetuoſité des eſprits qu'elle pouſſe vers le Ciel, afin que par ſes fentes comme par autant de bouches, & que par ſes exhalaiſons comme par autant de ſoûpirs, elle obtienne de ſa bonté la deliurance de ſes langueurs, & le retour de ſes humiditez.

Il n'y a point d'homme d'eſtat quelque chargé d'affaires qu'il ſoit qui n'ait ſes emotions ſecrettes, la chair dérobe quelquefois des momens à l'eſprit, & Diogene ne raiſonnoit pas trop juſte, lors qu'il disoit que l'exercice de l'amour estoit l'occupation de l'oysiueté.

Quoy que l'amour priué comme parle S. Bernard, soit selon quelques-vns la forme du peché, neantmoins il y a vn amour propre qui est fort raisonnable, puisqu'il est impossible que l'Auteur du bien commande vn mal, & que ce mesme Auteur a commandé qu'on aimast son prochain comme soy-mesme.

Il est naturel de vouloir du bien à ceux qui nous en veulent, aussi Diodore rapporte-il là dessus que les Atheniens du commancement n'auoient que deux loix, que la premiere commandoit d'aimer les amis, & que l'autre ordonnoit de reconnoistre les bien-faicteurs.

Ceux qui pretendent excuser leurs amourettes, disent qu'il est impossible d'auoir vn appetit sensitif, & de n'auoir pas des mouuemens sensuels, & qu'il n'y a eu qu'Epicure qui ayant donné vn corps à ses Dieux les ait reconnus exempts des passions humaines. I'auouë que le ressort de Cupidon s'étend par tout, & que Seneque le Tragique auoit raison de dire qu'encore que le Dieu d'amour fust le plus petit des Dieux, il estoit le plus puissant; mais l'on ne condamne pas les emotions, l'on ne condamne que les consentemens, & quelques tentatiues qu'elles soient, elles ne triomphent jamais que de nostre lascheté.

Quelque-vns tiennent qu'encores qu'on puisse s'aimer d'amour comme Eulelidas, dont parle Plutarque, l'on ne peut s'aimer d'amitié; mais ie ne suis pas de cette opinion. L'amour regarde quelquefois le corps, l'amitié regarde tousiours la vertu, & comme l'on peut se complaire en la veuë de son beau visage, il me semble qu'on peut se complaire aussi en l'idée de ses belles actions.

Il ne suffit pas d'abonder plus en sang que les autres, pour estre plus disposé à l'amour, il faut abonder en vn sang plus chaud. Les Septentrionaux sont plus sanguins que les Meridionaux, & cependant il n'y a point de comparaison entre l'amour des Flamans & des Anglois, & l'amour des Italiens & des Espagnols.

Quand l'on dit que l'amour est la loy de toutes les loix, l'on ne parle pas de l'amour charnel, l'on parle de l'amour diuin, & S. Augustin est de ce sentiment, lors qu'il dit que tous les preceptes ont leur origine dans la grace, que tous les commandemens ont leur source dans la charité.

Il estoit de l'amour d'Antiochus comme du Bitume de Babylone, qui s'allume aux seules approches du feu, ce Prince deuenoit tout de flame au seul aspect des Dames qu'il aimoit, & l'Histoire mesme remarque que contre l'ordre des fiévres ordinaires, le tremblement de ses membres accompagnoit les accés de sa passion.

Vn Ancien representa dans vn mesme tableau deux amours differens, le premier ne tenoit rien, & l'autre tenoit vne couronne, l'vn vouloit arracher ce que l'autre tenoit, & l'autre deffendoit ce que l'autre ne tenoit pas, cette inuention morale qui nous apprend que la chair attaque tousiours l'esprit, que l'amour sensuel est tousiours aux prises auecque l'amour diuin, nous exhorte à preferer l'amour spirituel à l'amour sensible, les couronnes de l'vn aux faux plaisirs de l'autre. L'amour détaché des choses du monde attire tous les jours de nouuelles graces, il est de luy comme de l'arbre, dont parle Pline, qui portoit toutes sortes de fruicts, il produit toutes sortes de vertus, & c'est ce qui a fait dire à saint Paul que la Charité estoit patiente & douce, juste & affable, qu'elle renfermoit tout ce que la loy demande, qu'elle contenoit tout ce que la reconnoissance exige; Que si selon les obseruations de la menagerie, les douceurs du vin emmielé portent le calme dans les ruches, nous ne deuons point douter que les douceurs de la Charité ne portent la tranquillité dans les cœurs, le Ciel s'interesse en la conduite de ceux qui viuent saintement, & quelques accidens qui les trauersent, il les remplit toûjours de consolations.

## DE LA HAINE.

QVOY qu'il soit aisé de juger de la haine par l'amour, il n'est pas hors de propos de dire que la haine est vne passion de l'appetit concupiscible, qui prouient de la connoissance d'vn mal qui est present ou qui ne l'est pas.

### *Dés causes de la haine.*

LA haine a six causes, elle a vne cause objectiue, vne cause efficiente, vne cause materielle, vne cause dissimilaire, vne cause antipatique, & vne cause haineuse.

Le mal est la cause objectiue de la haine, l'on ne peut haïr le bien comme bien.

L'imagination est la cause efficiente de la haine, l'on ne peut haïr le mal dont l'on n'a nulle connoissance.

Le cœur est la cause materielle & subjectiue de la haine, c'est dans son fonds que cette passion prend naissance.

La dissemblance des âges & des professions est la cause dissimilaire de la haine, les jeunes abhorrent les vieux, & les gens de lettres fuyent les gens de guerre.

Le ie ne sçay quoy qui choque est la cause antipatique de la haine, ou pour mieux dire de l'aduersion, il y a des gens qu'on ne peut souffrir, & qui neantmoins n'ont rien d'insuportable.

Enfin comme l'amour engendre l'amour, la haine engendre la haine.

*Objections.*

ENCORES que la pluspart des causes de la haine comme ie viens de faire voir soient les causes opposées de l'amour, & que le mal par consequent soit l'objet de la passion dont ie traite, il y en a neantmoins qui mettent en question si le mal est son objet, voicy ce qu'ils alleguent.

Où la haine a pour objet le rien, où elle a pour objet l'estre, or elle ne peut auoir pour objet le rien, puisqu'vne passion a quelque motif, & que le rien n'a point d'attrait, il faut donc qu'elle ait pour objet l'estre; mais l'estre est bon entant qu'il est, donc la haine à pour objet le bien.

La haine en general a deux objets, elle a pour objet l'estre, & le non estre, elle a pour objet l'estre, c'est à dire vn tel ou tel estre, l'on haït les playes, la fiévre, la colique, & les autres accidens de la vie, & elle a pour objet le non-estre, c'est à dire la priuation des choses qui conuiennent aux choses, l'on haït les maladies, les déreglemens & toutes les autres disconuenances qui arriuēt à l'estre, enfin si l'inclination est contraire à l'antipathie, il faut que leurs objets soient contraires aussi, en effet, si toutes les choses entant qu'elles sont conuenables à quelques ſujets, portent neceſſairement à leur égard les caracteres du bien, il eſt raiſonnable de conclure que tout ce qui leur ſera repugnant portera à leur meſme reſpect, les marques du mal, ſi bien qui peut dire ou que ma propoſition conditionnelle eſt fauſſe ou que ma concluſion eſt vraye, que le bien n'eſt pas l'objet de l'amour ou que le mal eſt l'objet de la haine.

L'on demande icy ſi la haine eſt vn effet de l'amour, il eſt facile de reſoudre la queſtion, l'on ne fuït, l'on ne repouſſe, l'on n'affronte le mal que parce qu'on aime le bien, donc l'amour eſt à toutes les paſſions ce que la ſource eſt aux ruiſſeaux, ce que le Soleil eſt aux rayons, & ce que le tronc eſt aux branches.

Ceux qui ne ſont pas de ce ſentiment diſent que les contraires ne peuuent naiſtre les vns des autres, que l'amour & la haine ſont contraires, & par conſequent que l'vne ne peut naiſtre de l'autre.

L'amour & la haine ne ſont pas touſiours contraires, puiſque la fuite eſt à la haine ce que le deſir eſt à l'amour, & que le meſme mouuement qui nous éloigne du mal nous approche ſouuent du bien.

S'il eſt naturel diſent quelques-autres, de ſe deffendre du mal auant que de ſe mettre à la queſte du bien, tant s'en faut que l'amour ſoit la cauſe de la haine, que la haine precede l'amour.

I'auouë qu'il importe de vaincre les obſtacles auant que de joüir de la choſe aimée; mais qui s'efforceroit de vaincre les meſmes obſtacles? ſi l'on n'aimoit n'aimoit la chose, cela nous apprend que l'amour donne le bransle à la haine, & qu'encores que les effets de la haine procedent quelquefois des effets de l'amour, l'amour a sur la haine le droit d'ainesse.

Tous les veritables Philosophes tombent d'accord que le bien est l'objet de l'amour, que le mal est l'objet de la haine; mais tous ne tombent pas d'accord que le bien soit plus fort que le mal, rapportons ce qu'on dit sur la question, il le merite bien.

L'on redoubte plus la douleur, dit S. Augustin, qu'on ne poursuit la volupté, puisque quelque auidité qu'ayent les bestes pour la viande, la crainte d'estre battuës les détourne de se jetter dessus, or est-il que la fuite de la douleur appartient à la haine, & que la poursuite de la volupté appartient à l'amour, donc la haine est plus forte que son contraire, adjoustons à cela que le bien est familier à la nature, que le mal est comme quelque chose d'estranger, que les agens inaccoustumez font de plus sensibles impressions que les agens ordinaires, que le bien est flateur, que le mal est destructif, & que l'horreur de l'aneantissement a plus de vigueur que l'amour de la mollesse.

Ie répond à la premiere objection, que ce n'est pas la haine qui surmonte l'amour; mais que c'est vn amour qui surmonte vn autre amour, que la beste dont l'on a rapporté l'exemple doit primitiuement sa retenuë à la passion que ie soustiens, & que si quelque affamée qu'elle soit, la crainte d'estre assommée la détourne de se jetter sur la viande, c'est parce que l'amour de l'existence a surmonté l'amour de la manducation, ie répond enfin à la derniere objection, que nous ne haïssons les choses qu'autant que nous aimons les choses contraires, & que quoy que l'amour satisfait n'ait pas tant d'actiuité que la haine irritée, l'amour propre est la mesure de toutes les passions.

Quoy que nous soyons incapables de haïr le bien entant que bien, & de haïr par consequent nostre personne, puisque nostre personne est dans l'estre, & qu'vn estre est vn bien entant qu'il est, neantmoins comme il y a des hommes qui agissent d'vne si estrange façon que ce seroit vne espece de cruauté que de leur souhaiter plus de mal que celuy qu'ils se procurent, il y en a qui tiennent que le haineux & la personne haïe peuuent estre vne mesme chose.

Ceux qui font des choix criminels, disent-ils, sont ennemis d'eux-mesmes, or est-il qu'entre les hommes il y en a qui preferent la chair à l'esprit, donc il y a des hommes qui sont ennemis d'eux-mesmes.

Le vray témoignage qu'on haït quelqu'vn c'est quand on luy fait du mal, or est-il qu'il se trouue des hommes qui deuiennent leurs homicides, donc il y a des hommes qui sont les objets de leur haine.

L'auarice rend les hommes haïssables & odieux, or est-il qu'entre les hommes il y a des auares, donc il y a des hommes qui sont les objets de leur aduersion.

Encores que quelqu'vn fasse plus d'estat de sa nature sensuelle que de sa nature raisonnable, il ne laisse pas de s'aimer, puisque conformement à sa foiblesse il cherche ce qui peut le contenter. Encores que celuy qui se tuë détruise son estre, il ne laisse pas de se cherir, puisqu'il enuisage la mort comme la fin de tous ses maux, & par consequent comme vn bien. Encores que l'auarice rende les hommes insupportables, les auares ne laissent pas de se considerer puisqu'ils ménagent ce qui peut contribuer à leur satisfaction, & que l'excez mesme de leurs prouisions est vne preuue éuidente de l'excez de leur phylautie.

Comme il n'y a gueres de veritez qui ne puissent estre contredites, il y en a qui tiennent que la verité ne peut engendrer la haine; mais comme l'objection est foible la réponse est facile.

L'estre, le bien, & la verité, disent-ils, passent chez les Metaphysiciens pour vne mesme chose, or est-il qu'il est impossible de haïr le bien, & ainsi il est impossible de haïr la verité.

L'on ne peut haïr la verité considerée comme vniuerselle, parce qu'en cette qualité elle est deueloppée des circonstances indiuiduelles, & que si on la pouuoit haïr, l'appetit qui est compris sous la generalité de l'estre pourroit se haïr soy-mesme; mais par la mesme raison qu'on ne peut haïr la verité entant qu'elle est dépoüillée des circonstances indiuiduelles, on peut haïr la mesme verité entant qu'elle est accompagnée de quelques accidens particuliers, cela posé l'on peut dire que la verité peut estre haïe, ou entant qu'elle nous desabuse ou entant qu'elle nous découure, qu'elle peut estre haïe entant qu'elle nous desabuse, parce qu'il y a des ignorances qui flattent nostre libertinage, & qu'elle peut estre haïe entant qu'elle nous découure, parce qu'il y a des éclaircissemens qui diuulguent nos deffauts.

Enfin nos aduersaires joignent vne question aux objections precedentes, ils demandent si quelque chose en general peut estre l'objet de la haine, c'est à dire si la haine peut se repandre confusément sur plusieurs sujets. Pour porter le jour dans cette matiere, il faut remarquer qu'il y a deux sortes de haine, qu'il y a vne haine sensitiue & vne haine intellectuelle, que la premiere suppose l'imagination qui est vne faculté composée, & que l'autre suppose l'entendement qui est vne puissance simple, cela supposé raisonnons. Quoy que la haine sensitiue puisse s'étendre sur tous les indiuidus d'vne mesme espece, neantmoins elle ne peut auoir pour objet vne chose generale entant que generale, parce que la generalité contient deux choses, qu'elle renferme quelque rapport & quelque precision, & que l'imagination est incapable de conjoindre ce que la nature a separé, & de separer ce que la nature a conjoint, adjoustons à cela que la haine sensitiue ne peut auoir abstractiuement pour objet vne chose generale, puisqu'elle a pour objet le mal, que le mal est dans les choses, que les choses sont singulieres, & que pour détacher les singularitez des choses mesmes, il faut vne faculté qui soit au dessus des sens.

Il n'est pas de la haine intellectuelle ce qu'il est de la haine sensitiue, la haine intellectuelle peut auoir abstractiuement pour objet le mal, parce que cette haine loge dans la volonté, que la volonté est éclairée de l'entendement, & que l'entendement est vne faculté, qui peut de plusieurs maux semblables former vne idée generique, & par consequent vne image vniuerselle.

L'on nous objecte que la generalité de tous les indiuidus d'vne sorte d'estre sont l'espece du mesme estre, que la brebis ne haït seulement pas les loups qui vont dans le bercail; mais encores tous les loups, & par consequent qu'elle haït l'espece de son ennemy.

Il y a deux sortes d'especes, il y en a vne qui n'est autre chose qu'vn ramas de tous les indiuidus d'vne sorte d'estre, qu'vne multitude de tous les singuliers d'vne sorte de nature, & il y en a vne autre qui n'est autre chose qu'vne nature precise, ou considerée comme dépoüillée de tous les accidens de ses inferieurs, & comme capable d'estre attribuée aux mesmes inferieurs, la brebis peut haïr l'espece impropre, parce qu'elle peut haïr distributiuement tous les loups; mais selon l'opinion vulgaire qui n'est pas icy la mienne, elle ne peut haïr la veritable espece, parce comme j'ay desia dit que l'imagination qui est la cause efficiente de tous les mouuemens sensitifs est materielle, & que pour dépoüiller les accidens de l'essence des choses, & rapporter la mesme essence à tous les indiuidus d'vne sorte d'estre, il faut s'éleuer au dessus de la vertu des sens.

*Diuision de la haine.*

IL y a autant d'especes de haines qu'il y a de sortes d'amours; mais les Philosophes Moraux qui se sont attachez aux haines les plus remarquables, ont diuisé la haine en haine naturelle, & en haine humaine, en haine brutalle, & en haine melancolique.

La haine naturelle est double, l'vne est connoissante, & l'autre est aueugle.

La connoissante est vne passion qui n'aist des choses qu'on reconnoist estre naturellement disconuenables cóme le poison, les maladies, la gesne.

Et l'aueugle est vne aduersion qu'on a contre de certaines choses dont l'on ne peut souffrir la veuë, la voix, le voisinage, l'odeur. Il y a des hommes qui comme les Perses selon Plutarque, perdent presque la parole à la veuë d'vne souris, le lyon n'entend jamais chanter le coq qu'il n'en soit effrayé, la rhuë ne peut compatir auecque le chou, & l'Auteur qui escrit cecy jetteroit tout ce qu'il auroit mangé si l'on portoit du fromage à son odorat.

La haine humaine est vne passion qui naist de la connoissance qu'on a des choses qui disconuiennent au bien estre.

La haine brutalle ne naiſt pas tant des maux qui peuuent arriuer que de ceux qui ſont arriuez, cette haine ſuruit quelquefois celuy qu'on haït. L'hiſtoire Sainte nous apprend que la haine d'Herodias ne pût ſe ſatisfaire qu'en faiſant ſeruir ſur la table d'Herode la teſte du plus grand Prophete qui ait jamais eſté, & l'Hiſtoire profane nous rapporte que les Romains n'euſſent pas eſté ſatisfaits, ſi apres la cheute du plus fameux fauory du monde ils n'euſſent fait cure de ſon cadavre.

Quoy que la haine melancolique ſoit plûtoſt vne maladie qu'vne paſſion, l'on peut dire neantmoins que c'eſt vn mouuement qui prouient de l'eſtrange opinion qu'on a de la pluſpart des choſes, ceux qui ſont coëffez de cette opinion n'ont ſeulement pas de la repugnance pour les choſes qui ſont hors d'eux, ils en ont pour les choſes meſmes qui ſont en leur perſonne, & comme ils ne peuuent ſe fuïr d'eux-meſmes, ils ſont dans de continuelles horreurs.

### *Des effets de la haine.*

L'Amovr s'approche, la haine s'éloigne, l'amour eſt gay en la preſence de l'objet aimé, la haine eſt morne à l'aſpect de l'objet haï, l'amour eſt dilatif, la haine eſt reſerrante, l'amour eſt complaiſant, la haine eſt ruſtique, l'amour eſt officieux, la haine eſt mal-faiſante, l'amour eſt tendre, la haine eſt dure, l'amour eſt indulgent, la haine eſt ſeuere, enfin l'amour eſt reſpectueux, & la haine eſt inſolente.

### *Des remedes contre la haine qui regarde les personnes.*

LE premier consiste à considerer les mauuais effets qu'elle produit qui sont les ombrages, les riotes, les medisances, les inhumanitez, parce que la reflexion qu'on fait sur les mauuaises choses est capable d'armer la raison contre les soûleuemens du cœur.

Le second consiste à penser plûtost aux bonnes qualitez de celuy qu'on haït qu'aux qualitez qu'on ne peut souffrir, parce que la representation des belles habitudes d'vn homme est capable d'amoindrir le mépris qu'on fait de celles dont il deuroit se deffaire, les belles choses representées seruent de contrepoids à celles qui choquent.

Le troisiesme consiste à considerer que la haine du prochain rejallit sur Dieu, parce que cette consideration a pour objet vn objet effroyable, & que comme elle remet comme deuant les yeux que celuy qu'on haït est le rachapt du Seigneur, elle est capable d'adoucir les esprits & de moderer les mouuemens.

Le dernier consiste à se ressouuenir que tous les hommes sont infirmes, parce qu'en se representant que tous les hommes sont infirmes, l'on se dispose insensiblement à excuser autruy, & qu'encore qu'on n'ait pas les deffauts de la personne qu'on haït l'on se persuade qu'on a d'autres imperfections.

Reflexions

*Reflexions sur la haine.*

IL y a des naturels si noirs & si melancoliques, que comme tout leur semble de la couleur dont nature a teint leurs esprits, ils voudroient que out fut abysmé. Entre ceux que l'Histoire rappor-, il y en eut vn qui quelques jours auant que de ourir fit son Epitaphe, & qui pour contenter la aine qu'il auoit pour le genre humain, maudit eluy qui la liroit.

Que ne fait point la haine quand elle est ar-ée ? ce fut elle qui apprit aux tyrans de Sicile à rmer des taureaux resonans, & à faire des prisons dantes.

Il n'y a rien d'vniuersellement aimé ny d'vniuer-llement haï. Les papegays aiment les tourterel-, & les tourterelles sont haïes des corbeaux, les nards aiment les couleuvres, & les couleuvres nt persecutées des cerfs.

On remarque icy vne veritable difference entre haine d'auersion, & la haine d'inimitié, l'vne nd à la fuite, & l'autre tend au combat, l'vne re-rde simplement le mal, & l'autre regarde & le al & la personne.

Si ceux qui sont sujets à la haine sont dégoustez toutes choses, l'on peut dire qu'il n'y a rien de dégoutant qu'eux-mesmes, ces sortes de naturels s-honorent les plus belles choses, si l'on parle des perſonnes il n'y a point de creatures raiſonnables qui ne bleſſent leur inclination, ſi l'on parle de liures il n'y a point de pieces qui ne choquent leur jugement, ſi l'on parle d'étoffes il n'y a point de couleurs qui n'offenſent leurs yeux, ſi l'on parle de feſtins il n'y a point de ragouſts qui ne leur ſemblent fades, ſi l'on parle d'habits il n'y a point d'inuention qui ne leur paroiſſe groſſiere, ſi l'on parle des concerts il n'y a point de voix qui ne leur ſemble aigre, enfin la nature & l'art ne produiſent rien qui n'excite leur mépris, qui n'excite leur haine.

La haine ne regarde ſeulement pas les perſonnes viuantes, elle regarde encores les perſonnes futures. Les Romains nourriſſoient leurs enfans dans la haine qu'ils auoient pour les Carthaginois, Amilcar voulut qu'Annibal heritaſt de la haine qu'il auoit pour les Romains, & Amurat deuxieſme fit promettre à ſon fils aiſné que luy & les Chreſtiens ſeroient des ennemis irreconciliables.

Il y a des haines qui s'engendrent de l'opinion qu'on a d'eſtre haïs, Alexandre tomba dans cette opinion, il crût que la mort de Caliſtene l'auoit rendu odieux à Ariſtote, & dans cette penſée il haït celuy qu'il deuoit tendrement aimer.

Quand la haine eſt couuerte d'vn froc elle eſt quelquefois plus à craindre que le ſerpent qui eſt couuert de fleurs. Vn certain Iacobin dont l'Hiſtoire ne parle qu'auecque horreur confirma cette verité, lors qu'en haine du deſſein que Henry Quatriesme Empereur auoit fait sur toute l'Italie, il porta le deüil dans le Palais Imperial, & employa pour cet effet vne funeste hostie.

Les ennemis sont quelquefois vtiles, & c'est ce qui fit dire à Scipion que Carthage ruynée estoit capable de ruyner Rome. Que les ennemis soient vtiles, vn autre exemple le prouue, Hieron auoit la bouche puante, & comme sa femme qui estoit tres-simple croyoit que tous les hommes eussent l'infirmité de son mary, il n'eût peut estre jamais reconnu son deffaut si l'vn de ses ennemis ne luy eût reproché son infection.

Il ne faut qu'vne belle action pour conuertir la haine en estime, Cesar, dit Ciceron, affermit ses statuës lors qu'il fit redresser celles de Pompée, la victoire qu'en ce rencontre il remporta sur sa haine luy reconcilia presque tous les Romains.

Que Tomiris fut animée d'vne estrange haine? elle fit chercher Cyrus entre les morts, & dés qu'on l'eut trouué elle ne se contenta pas de luy faire couper la teste, elle le fit mettre dans vne outre qu'elle auoit fait remplir de sang humain, & comme elle auoit viuement conserué le souuenir de la ruse dont Cyrus s'estoit seruy pour attraper le Prince des Messagettes, tu as dit-elle surpris mon fils par vn artifice honteux; mais ie t'ay vaincu par des actions genereuses, & puisque durãt ta vie tu as aimé le sang, il est raisonnable qu'apres ta mort ie t'en saoule.

De toutes les haines il n'y en a point de plus dangereuſes que la haine populaire. Henry Troiſieſme eût preuenu bien des choſes ſi conformément à cette verité il eût épargné le ſang du Lorrain ; mais à peine le Duc de Guiſe eût-il paſſé le pas que les enfans ſe ſoûleuerent contre cette action, ils alloient en troupes dans les ruës auecque des Cierges allumez, & apres qu'ils les auoient ſoufflez ils prioient Dieu ardamment que leur intention fut bien-toſt ſuiuie de la mort de tous les Valois. On enleua de l'Hoſtel de Ville l'effigie du Roy, les Iacobins la barboüillerent, les Cordeliers luy firent cent autres inſolences, & vn crieur qui la mit à cinq ſols, dit des paroles ſi outrageuſes, que la moindre meritoit la rouë, enfin le Pape & la Sorbonne exempterent les François de la fidelité qu'ils doiuent à leur Prince, & cette exemption donna tant d'audace à la haine de quelques particuliers, que contre le reſpect qu'on doit aux Lieutenans de Dieu elle fut ſuiuie d'vn parricide.

Quand la haine tombe dans l'ame d'vn fol elle eſt capable de toutes choſes. Vlaſtilaus mépriſe les preſens que Neclan luy offre, il veut que ſa teſte ſoit ornée de la couronne de Boëme, & dans la penſée qu'il a que ſon courage luy donnera ce que la juſtice luy refuſe, il commande à ſes trouppes de faire prouiſion de vautours & de faucons, & de repaiſtre ces oyſeaux carnaciers de la chair de ſes ennemis ; mais le Ciel prend le party de Neclan, Vlaſtilaus eſt vertement pourſuiuy, & quelque effort qu'il fasse d'éuiter sa punition, il tombe sous le glaiue du victorieux.

L'on ne doit attendre rien de bon d'vne haine qui est establie sur les ruynes de l'amour, vn amour changé est quelque chose d'outrageant, & vne personne qui deuient le mépris de celle dont elle auoit esté les delices, est d'autant plus sujette à la rage que les iniures impreueuës sont tres-sensibles.

Ce n'est pas sans sujet que ceux qui se sont meslez de peindre la haine luy ont donné vn teint pasle, l'imagination occupée des objets de la haine, fait des impressions desagreables sur les esprits, les esprits qui fuyent les choses qui desagréent à l'animal se retirent vers la region du cœur, le cœur qui se ressent en quelque façon des impressions desagreables que les esprits ont receus, augmente ses mouuemens de compression, & l'augmentation de cette espece de mouuement peint ses tristes effets sur le visage.

Quelques raisons qu'on ait de se plaindre d'vn homme, sa mort doit arrester le cours de ses persecuteurs, & quand elle ne les arreste pas celuy qui les continuë fait des actions brutalles. Quoy que Cambise ennemy de Psammiette luy fasse aualer du sang de taureau, la mort de ce mal-heureux ne le satisfait point, il veut qu'on le retire du tombeau, qu'on luy batte les épaules, qu'on luy arrache le poil, qu'on luy pique les membres, & qu'on luy fasse encores tous les autres outrages que la barbarie peut inuenter. Les maistres de sa haine executent ses ordres, ils le fustigent, ils le rasent, ils luy font mille indignitez ; mais ils ne peuuent percer sa peau, son corps qui auoit esté endurcy par le sel resiste aux aiguillons, & c'est en vain qu'ils luy donnent des coups d'halesne, Cambise à cet obstacle redouble sa haine, il veut que Psammiette essuye toutes les ignominies, & quoy que les Perses considerent le feu en qualité de Dieu, & que ce soit vn crime chez eux de nourrir vn Dieu d'vn corps mort, il veut que Psammiette soit bruslé, que son cadavre soit mis en cendre, & qu'enfin ses reliques soient jettées au vent.

Il se remarque quelquefois chez les Grands des animositez éclatantes, & des haines pompeuses. Annibal fit faire vn pont des ennemis vaincus, & comme s'y ayant fait marcher son armée sur ce pont de corps il eût veu passer Carthage sur le ventre de Rome, il ne parloit jamais de cette marche qu'il n'en pleurast de joye. Vn certain Bassa dont la haine tenoit quelque chose de la haine d'Annibal, fit planter au milieu du champ de bataille, vne pyramide de testes, & sur ce qu'vn de ses familiers luy demanda la raison de ce trophée, il luy répondit qu'il ne le faisoit éleuer que pour faire voir par ce triste monument, & le mal-heur des vaincus, & la haine du victorieux.

Quoy qu'on doiue haïr le vice l'on ne doit pas haïr le vicieux, le peché est l'ouurage du demon, & la personne est l'ouurage de Dieu.

Il y a des haines si pezantes que ceux mesmes qui

les ont attirées ne les peuuent supporter. Les Atheniens conceurent de l'horreur pour ceux qui condamnerent Socrate, & comme les auteurs d'vn si estrange Arrest, conceurent à leur tour de l'horreur pour eux-mesmes, ils vengerent par la corde le meurtre qu'ils auoient commis par le poison.

Que la haine a quelque fois d'estranges fondemens ? l'Histoire dit qu'il y a eu des hommes qui ont consideré leur ame comme vne reyne, & qui ont consideré leur corps comme vne prison, & qui ont haï pour ce sujet ceux dont ils tenoient la moindre partie d'eux-mesmes.

Comme les peuples sont interessez, pour peu qu'ils croyent, que celuy que le Prince a abandonné ait esté l'auteur de leurs souffrances, il n'y a point d'extremitez où ils ne se portent, il n'est pas necessaire de rapporter la mort de Sejan pour prouuer ce que j'aduance, nos derniers temps le prouuent, le peuple deterre le Mareschal d'Anchre, il donne des haillons à son cadavre, il le traisne dans les ruës, il luy coupe les oreilles, le nez & les parties honteuses, il le pend, il le depend, il hache son corps, il brûle quelques-vns de ses membres, & il jette enfin les autres dans la riuiere.

Quand nous sçauons, dit vn illustre Ecclesiastique, qui n'est pourtant pas trop juste en ses comparaisons, que nous sommes mal dans l'esprit de quelques persônes pernicieuses, il faut que nous taschions chrestiennement de preuenir le mal dont nous sommes menacez, & comme nos esprits lancez & preuenans rendent inutile par la vigueur de leur depart & par la contrarieté de leur nature, le poison que le basilic auoit preparé pour nous perdre, il faut que nos actions impreueuës & surprenantes rendent friuolle par l'ardeur de leur depart & par la douceur de leur nature le venin que nos ennemis auoient preparé pour nous nuire.

Entre les hommes il y en a qui sont plus ou moins sujets à la haine, les mélancoliques, les timides, & les soupçonneux y sont fort sujets, parce que les premiers forment des idées sombres de la pluspart des choses, des personnes, & des actions, que les seconds se persuadent facilement qu'on leur dresse des embusches, & que les troisiesmes expliquent sinistrement les actions les plus innocentes. Les valets, les superpes, & les bastards y sont fort sujets aussi, parce que les premiers sont exposez à la tyrannie des Maistres, que les seconds pretendent plus d'honneur qu'on ne leur en rend, & que les troisiesmes s'imaginent qu'on les méprise, enfin les pauures, les contrefaits, & les méchans y sont fort sujets encores, parce que les premiers éprouuent la dureté des riches, que les seconds sont en butte à la raillerie des piquans, & que les derniers sont sujets à la mercuriale des zelez.

Que l'Empereur Zenon souffroit de maux de la haine de sa femme? ce Prince qui sembla mort, dit Zonare, fut mis viuant dans le cercueil, & quoy que de cette sepulture il implorast la pitié de l'Imperatrice, cette méchante Princesse l'abandonnant à ſa rage le contraignit de porter ſes dents ſur ſes mains, & ſur ſes bras, & pour dire tout en deux mots de deuenir le tombeau d'vne partie de luy-meſme.

Gaultier Yuetot qui eſtoit tombé dans la diſgrace de Clotaire Roy de France, crût qu'en s'abſentant pour long-temps de la Cour, ce temps diminueroit du moins l'aigreur du Prince; mais quelque chargé qu'il fuſt au bout de dix ans, des recommandations du Pape Agapet, il apprit aux dépens de ſa vie que Clotaire vouloit du ſang, qu'il y auoit des haines qui vieilliſſoient, & que quand ces ſortes de haines ſe formoient dans le cœur des Souuerains, elles vſoient inhumainement de leur puiſſance.

A peine la femme de Gonthran ſœur de Chilperic, eût-elle reconnu qu'elle auoit la peſte, que contre toute raiſon elle engagea ſon mary à faire mourir les Medecins qui l'auoient veuë, l'Hiſtoire qui rapporte cet exemple remarque que cette Princeſſe auoit vne haine fatale, & que ſi apres ſa mort Gonthran n'euſt executé la promeſſe qu'il luy auoit faite, ſes funerailles n'euſſent point eſté ſuiuies de larmes.

Dans la fauſſe opinion qu'eût l'Empereur Henry Troiſiéme, de l'infidelité Dadelaide ſa femme, il ne ſe contenta pas de la faire mettre en priſon, il voulut de puiſſance abſoluë que ſes familiers la forçaſſent, & l'on dit meſme que ſa haine alla juſques à ce poinct que de solliciter Conrad son fils à auoir les dernieres priuautez auecque elle.

La haine se retrouue en plusieurs passions, elle se retrouue dans la fuite, on s'éloigne de ce qui desagrée, elle se retrouue dans la douleur, la nature abhorre ce qui l'offence, elle se retrouue dans la colere, les offençans sont considerez comme des ennemis, elle se retrouue dans la crainte, il est impossible d'aimer ce qui menace, elle se retrouue dans l'enuie, on regarde de mauuais œil en autruy les prosperitez qu'on croit meriter, elle se retrouue dans la jalousie, l'on a du fiel pour ceux qui inquiettent, elle se retrouue dans l'indignation, l'on ne peut souffrir les charges considerables en la personne des ignorans, & des vicieux, elle se retrouue dans le desespoir, les difficultez inuincibles passent pour des especes de maux, elle se retrouue enfin dans l'audace, le mal est vn objet d'aduersion.

Il y a des haines que les plus grands supplices ne peuuent satisfaire, les Parisiens refuserent des prieres à Rauaillac, & il n'y eût que les deux Docteurs qui accompagnerent cet execrable qui firent ce qu'on fait aux executions ordinaires.

Ie ne doute point que le fiel ne doiue auoir sa décharge aussi bien que les autres humeurs, & que la nature mesme ne se soit renduë soigneuse de leur faire des conduits; mais si nous auons à donner passage à nostre haine qui est vne espece de fiel, jettons la ſur les imperfections & ſur les pechez, ſur les infirmitez & ſur les vices, & comme quelques grands que ſoient nos ennemis, ils portent touſiours dans le fonds de leurs puiſſances ſpirituelles l'image de celuy qui les a crées, ayons du reſpect pour vne reſſemblance que tous les crimes du monde ne peuuent ſubſtantiellement détruire.

## DV DESIR.

LE desir est vne passion de l'appetit concupiscible par laquelle on se porte à ce qu'on ne possede pas; mais pour le definir nettement, l'on peut dire que c'est le premier pas de l'amour vers le bien.

### *Des causes du desir.*

LE desir a sept causes, il a vne cause objectiue, vne cause *sans laquelle*, vne cause effectiue, vne cause subjectiue, vne cause originaire, vne cause conditionelle, & vne cause humorale.

Les biens de la fortune du corps & de l'esprit sont ses causes objectiues.

L'imagination ou la connoissance du bien est sa cause *sans laquelle*. Il est impossible de desirer vne chose inconnuë.

L'appetit sensitif & l'appetit intellectuel sont ses causes effectiues, c'est à dire qu'ils sont les deux puissances appetitiues qui l'engendrent.

Les mesmes appetits sont ses causes subjectiues, c'est dans leur fond qu'il reside.

L'amour est sa cause originaire, l'on ne desire que ce qu'on aime.

L'absence & la possibilité sont ses causes conditionelles, l'on ne desire ny ce qu'on possede ny ce qu'on ne peut posseder.

Enfin les aiguillons qui naissent de certaines dispositions naturelles sont ses causes humorales, les bilieux aiment la guerre, les pituiteux aiment la paix, les sanguins aiment les jeux, les melancoliques aiment les deserts.

### *Diuision du desir.*

L'ON diuise le desir en general en trois especes, on le diuise en desir naturel, en desir deprané, & en desir humain.

Les desirs naturels, ce sont comme les desirs du boire & du manger.

Les desirs deprauez, ce sont comme les desirs des femmes qui enchargent.

Les desirs humains, ce sont comme les desirs des charges & des honneurs.

### *Des effets du desir.*

LE desir a plus ou moins de suite, selon qu'il est plus ou moins ardent, selon qu'il est plus ou moins combattu.

Si ses ardeurs sont violentes, si ses obstacles sont rudes, l'inquietude qui le suit tousiours est ordinairement suiuie du chagrin, de la distraction, de la langueur, & de l'impatience.

Celuy qui est éloigné de ce qu'il poursuit est chagrin, parce que dans la difficulté de vaincre les obstacles, la chance peut mal tourner.

Celuy qui est incertain du succez de sa poursuite, & qui desire ardemment ce qu'il desire, occupe tellement sa pensée de ce qui attire son inclination, que ses oreilles luy seruent plûtost d'ornemens que d'organes.

Celuy qui pense & qui repense à ce qui le presse, tombe dans la langueur lors que les difficultez subsistent, & que le desir s'embrase.

Enfin celuy qui deuient abbatu dans les longueurs de son attente, deuient vn fardeau à soy-mesme, & à moins que son esperance se releue, son impatience suruient.

### *Des remedes contre les desirs illegitimes.*

LE premier consiste à considerer que la precipitation accompagne ordinairement les desirs illegitimes, parce que la reflexion qu'on fait sur les indecences de la vie, est vn acheuement à la correction.

Le second consiste à considerer que les desirs illegitimes combattent la loy, la raison, & le prochain, parce que l'étenduë des crimes étonne le coupable, & qu'à moins d'estre abysmé dans le vice la reueuë des circonstances du peché inspire quelque retenuë.

Le troisiéme consiste à considerer que les biens du monde sont foibles, parce que la representation d'vne qualité de cette nature jette les hommes dans la confusion, & qu'vne meure application d'esprit à l'imperfection des choses ausquelles on tend, fait succeder la negligence à l'empressement, & le refroidissement à l'ardeur.

Le quatriesme consiste à considerer que les faux biens nous détournent des biens veritables, parce que cette consideration porte la pensée sur les beautez de la vertu, & que les beautez de la vertu touchent la volonté, & refroidissent la concupiscence.

Le dernier consiste à considerer que les retranchemens du cœur seront vn jour recompensez, parce que les pensées du Ciel affoiblissent les pensées de la terre, & que les images qu'on se forme des delices du Paradis dissipent les phantosmes que les demons suscitent.

### *Reflexions sur le desir.*

IL y a des inclinations violentes, & c'est sans doute de ces sortes de mouuemens dont vn Empereur entendoit parler, quand il disoit que l'on n'apprehendoit rien tant que l'empire de ses desirs.

De toutes les choses qui nous déplaisent il n'y en a gueres qui nous soient plus sensibles que la deffense, & la difficulté, la premiere choque nos inclinations, & l'autre retarde nos plaisirs, l'vne offence nostre liberté, & l'autre mortifie nostre impatience, l'vne represente nostre inferiorité, & l'autre découure nostre foiblesse.

Les yeux empruntent leurs diuerses qualitez, passions de la diuersité des mouuemens, dans la tristesse ils sont ternes, dans la joye ils sont mourans, dans la colere ils sont allumez, dans l'amour ils sont doux, & dans le desir ils sont auides.

Il n'y a gueres de mouuemens sensitifs qui s'expriment plus dans les actions que fait le desir, l'ame qui veut comme sortir hors d'elle-mesme pour atteindre l'objet qu'elle se propose, represente dans les mouuemens du corps les mouuemens dont elle est agitée, les pas se redoublent, les bras se dilatent & la teste s'aduance.

Les prosperitez menent quelquefois au precipice. Les disgraces éleuent quelquesfois au pinacle. Que s'il y a comme il n'en faut pas douter des prosperitez fatales, & des disgraces heureuses, pourquoy soûpirer pour les biens du monde, puisque la bizarerie des éuenemens surprend les plus sages, qu'on trouue quelquefois sa perte dans les choses mesmes qu'on obtient, & que lors qu'on fait de belles demandes, l'on fait quelquefois de mauuaises prieres.

Comme le desir est souuent accompagné de plusieurs passions, il ne faut pas s'étonner si ses expressions sont variables, l'amour qui l'engendre est doux, & la voix de la douceur est flateuse, l'esperance qui l'anime est superbe, & la voix de la superbe est

est éclatante, la crainte qui l'affoiblit est humble, & la voix de l'humilité est plaintiue, la colere qui le precipite est brusque, & la voix de la precipitation est tonnante.

De dire les raisons qui portent la nature à porter l'eau à la bouche de ceux qui sont sur le poinct de passer du desir à la possession, ce sont des secrets qui sont au dessus de ma Philosophie. Vn de nos illustres Medecins dit pour toute raison que la nature est quelquefois folle, & que comme pour gouster les choses l'humidité est necessaire, elle s'imagine que ce qui conuient à vn dessein conuient à vn autre; mais il me semble que cette réponse n'est pas solide, puisque la nature ne porte pas l'eau à la bouche de tous ceux qui sont sur le point de passer du desir à la possession, & qu'il n'est pas conceuable qu'au respect du mesme poinct, la mesme nature soit en diuers temps aueugle & connoissante.

Charon qui prit pour deuise paix & peu, deuoit dire à mon aduis peu & paix, le peu se refere à la moderation des desirs, & la paix suit cette moderation, il est facile de contenter la nature, l'on trouue par tout les choses necessaires, & il n'y a pas vne grande distance entre les desirs qui se contentent de peu, & le repos des mesmes desirs.

La passion d'amour consiste en l'vnion de l'image du bien auecque l'appetit; mais parce qu'outre le bien ideal qui est dans la pensée, il y en a vn autre qui est dans la nature, il arriue de là que l'ame qui n'est pas contente de la premiere possession du bien cherche le bien actuel hors d'elle-mesme, & forme la passion qu'on appelle desir.

Celuy qui desire trop de choses perd quelquefois celles qu'il possede. Pyrrhus appuye cette verité, la priuation enflamoit son desir, & comme il auoit vne si grande auidité pour la pluspart des choses dont il n'estoit pas le possesseur, qu'il oublioit de mettre en seureté celles dont il estoit le Maistre, Antigone disoit qu'il ressembloit à vn mauuais joüeur de dez, que la chanse luy en vouloit, & qu'il ne sçauoit pas conseruer son bon-heur.

Dans l'amour l'appetit s'attache à l'image du bien, & dans le desir, l'appetit comme ie viens de dire s'élance comme hors de soy-mesme, dans l'amour, il porte les esprits à la phantaisie pour s'vnir à l'idée de l'objet, & dans le desir, il retire les mesmes esprits du fonds de l'imagination, & les jette en dehors pour s'approcher du bien actuel, & c'est dans les approches de ce dernier bien, que l'œil deuient perçant, que les joues deuiennent gonflées, & que le teint deuient rouge.

Les desirs suiuent les degrez de la fortune, ils sont plus vastes dans l'ame des Grands que dans le cœur des petits.

Comme le desir & l'accomplissement sont opposez, l'on a raison de dire que le desir est vne region où les bleds sont en herbes, & où les vignes sont en bourgeons, où les arbres sont en fleurs, & où les oyseaux sont en coque.

Il y a difference, dit saint Thomas, entre la concupiſcence & la cupidité, la concupiſcence ne s'attache qu'au corps, qu'à la chair, & la cupidité s'attache encores à quelques autres choſes, l'vne eſt capable de ſatieté & l'autre eſt inſatiable, l'vne eſt haute en couleur dans les approches de ſa fin, l'autre eſt meſme peu ſenſible dans la poſſeſſion de ſes objets.

Peu de choſe ne ſuffit pas à celuy qui deſire beaucoup, & celuy auquel peu de choſe ne ſuffit pas, dépend de bien des choſes.

Il ne faut pas s'étonner, dit vn grand Homme, ſi les Dieux octroyent aux méchans ce qu'ils refuſent quelquefois aux bons, ils veulent nous montrer par là qu'ils ne font pas grand eſtat des choſes pour leſquelles nous ſoûpirons, & que c'eſt eſtre foible que de mettre ſon bon-heur au bon-heur des méchans.

L'Hiſtoire reproche vn vilain deffaut à Elizabeth de Caſtille, cette Reyne deuoroit des yeux tous les biens qu'elle ne poſſedoit pas, & quoy qu'elle reconnût l'excez de ſes deſirs, elle ne tenoit compte de combattre ſon auarice.

Tel penſe ſe ſouhaiter vn bien comme i'ay dit ailleurs qui ſe ſouhaite vn mal, auſſi Iuuenal conſeille-t'il d'abandonner ſes intereſts à la diſcretion des Dieux. Le dernier Duc Vrbain fit vn vœu à ſaint François de Paule, pour auoir vn enfant qui pût ſucceder à ſa qualité, le Ciel exauça ſa priere; mais enfin ſon fils mourut d'vne eſtrange mort, & le pere eût le deplaisir de voir la reünion de son Duché à l'estat Ecclesiastique.

Ie trouue que les anciens n'ont pas mal reüssi dans la peinture qu'ils ont fait de la cupidité. Cette peinture represente vne grande femme dont le visage est maigre, dont l'œil est deuorant, & dont le teint est blafard, elle represente encores des petits garçons aislez qui sont à l'entour d'elle, elle represente aussi le temps qui la regarde de loin, & qui luy montre vn miroir enchanté où elle découure mille fausses couleurs qui l'amusent, elle represente vne grande femme, parce que les femmes sont fort cupides, & que la cupidité s'étend sur bien des choses, elle represente vne femme, parce que les femmes sont volages, & que la cupidité est inconstante, elle represente vne femme dont le visage est maigre, dont l'œil est deuorant, & dont le teint est blafard, parce que la cupidité est insatiable, que l'insatiabilité desseche, que l'appetit affamé rend les yeux auides, que le chagrin qui accompagne la perpetuelle faim du desir épuise les esprits, & que les esprits épuisez montent difficilement au visage, elle represente des garçons aislez qui sont à l'entour d'elle, parce que les desirs battent vne grande campagne, qu'ils passent facilement d'vn objet à vn autre, elle represente le temps qui la regarde de loin, parce que les objets sont diuersement considerez, que l'éloignement du bien est vne condition necessaire à l'objet du desir, elle represente enfin vn miroir enchanté où elle voit mille fauſſes couleurs qui l'amuſent, parce que la nouueauté des choſes qu'on ne poſſede pas, & qu'on voudroit poſſeder, promet ſouuent plus de bien qu'elle n'en fait, & qu'on s'attache ordinairement plus aux biens apparens qu'aux veritables biens.

Si les deſirs empruntent leur nobleſſe de la nobleſſe de leurs objets, tournons toutes nos penſées vers le Ciel, le monde eſt vn trompeur, ſes biens ſont indigens, & comme dit à peu pres Horace, plus ils flattent noſtre hydropiſie, & plus ils augmentent noſtre alteration.

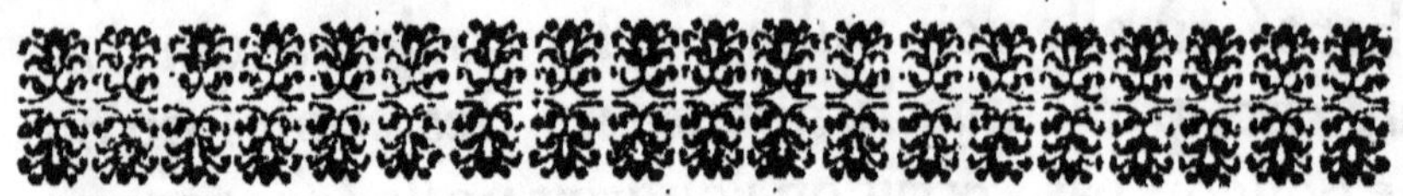

## DE LA FVITE.

A fuite qui eſt à la haine ce que le deſir eſt à l'amour, eſt vne paſſion de l'appetit concupiſcible, par laquelle l'on ſe détourne des choſes qui déplaiſent.

### *Des cauſes de la fuite.*

LA fuite a ſept cauſes, elle a vne cauſe objectiue, vne cauſe *ſans laquelle*, vne cauſe originaire, vne cauſe effectiue, vne cauſe ſubjectiue, vne cauſe habituelle, & vne cauſe diſpoſitiue.

Il faut que la fuite ait quelque motif, & ce motif n'eſt autre choſe que les choſes qui deſagréent.

Il faut connoiſtre ce qu'on fuït, & cette connoiſſance eſt la cauſe *ſans laquelle* il n'y auroit point de fuite.

Il faut que la fuite vienne de quelque cauſe qui ſoûleue le cœur contre quelque choſe qui deſagrée, & ce ſoûleuement ne vient ſeulement pas de la connoiſſance du mal, il vient encores de la haine du mal meſme.

Il faut que la fuite qui eſt vn mouuement, vienne de quelque principe, & ce principe eſt ſa cauſe effectiue.

Il faut que la connoiſſance des choſes qui deſagréent faſſe quelque impreſſion, & cette impreſſion ſe fait dans le cœur comme dans ſon ſujet.

Il faut enfin ſi le mal eſt ſpirituel qu'il trouue en la perſonne qui s'en détourne, ou vne habitude vertueuſe ou vne crainte loüable.

### *Diuiſion de la fuite.*

IL y a en general deux eſpeces de fuite, il y en a vne qui regarde le mal ſenſible, & il y en a vne autre qui regarde le mal ſpirituel, la premiere ſe refere à tout ce qui peut choquer le corps, & l'autre ſe rapporte à tout ce qui peut perdre l'ame.

### *Des effets de la fuite.*

LA fuite eſt ſuiuie de deux preuentions, elle eſt ſuiuie d'vne preuention ſenſible, & d'vne preuention ſpirituelle, elle eſt ſuiuie d'vne preuention ſenſible, parce que celuy qui fuït les rencontres que les ſens ont de la peine à ſouffrir preuient vne grande mortification, & elle eſt ſuiuie d'vne preuention ſpirituelle, parce que celuy qui fuït les objets que la pureté a de la peine à combattre, preuient vn injuſte conſentement.

### *Des remedes contre la fuite qui regarde les choses sensibles.*

LE premier consiste à considerer que ceux qui s'accoustument aux objets plaisans souffrent impatiemment les objets desagreables, parce que cette pensée les menace d'vne espece de seruitude, & que l'homme qui est né libre aime la conseruation de sa liberté.

Le second consiste à considerer que la mortification conuient à vn Chrestien, parce que cette reflexion remet comme deuant les yeux la conformité que les membres mystiques doiuent auoir auecque le chef, & qu'à moins d'estre abandonné à ses plaisirs, elle donne quelques limites à la molesse.

Le dernier consiste à considerer que les apparences disgraciées cachent quelquefois des qualitez charmantes, parce que cette consideration hazarde quelques momens, & que sur vn rencontre fauorable l'on tente souuent l'aduenture.

### *Reflexions sur la fuite.*

LA milice & la Morale ont quelque chose de commun, l'vne a d'illustres retraittes, & l'autre a de glorieuses fuites.

Il y a quelquefois de la temerité à affronter, & de la molesse à fuir.

La fuite qui appartient à la crainte est ordinairement precipitée, la fuite qui appartient à la haine est ordinairement lente.

Comme

Comme il y a des maux qu'on ne fuït que parce u'ils choquent nostre volupté, l'on a raison de di e que la haine a des objets supportables, & que si on haït tout ce qu'on craint, l'on ne craint pas out ce qu'on haït.

Quelle lascheté de fuïr les rencontres qui peu ent choquer les sens, & de pretendre aux recom ences qui sont deuës à la mortification ? Recueille 'on le miel sans s'exposer à la piqueure des aiguil ons ? Cueille-t'on les roses sans s'exposer à la pointe es épines ? Gagne-t'on les couronnes sans s'expo er aux perils du combat, & pour tout dire en peu e mots, entre-t'on dans le temple de l'honneur ans passer par celuy de la vertu.

Celuy qui est méchant & qui recherche ses sem lables veut deuenir pire, le mesquin se confirme lans l'amour des biens quand il frequente des a ares, le fier deuient plus fier quand il voit des or ueilleux, le sanguinaire augmente en cruauté uand il vit auecque des inhumains, & le luxu ieux attise sa concupiscence quand il recherche les aillards.

Quelques bonnes qualitez que nous ayons, si le Ciel ne nous preserue, nous contractons tousiours uelque chose des mauuaises qualitez de ceux ue nous approchons, ceux qui vont souuent a ecque des Charbonniers, perdent quelque chose le leur propreté, ceux qui voyent frequamment es Ramoneurs, sentent la suye, ceux qui viuent a ecque les Epiciers remportent quelques taches,

& ceux qui conuersent auecque les Coroyeurs attirent quelque mauuaise odeur.

Que Zenocrate auoit raison quand il vouloit que les jeunes personnes qui voyoient le monde, eussent plûtost des oreillettes de fer que ceux qui combattoient à l'escrime des poingts, les premiers n'estoient en danger que d'estre estropiez, & les autres estoient en danger d'estre corrompus, les vns n'encouroient que la rupture de leurs oreilles, & les autres encouroient la perte de leur innocence.

Il ne suffit pas de fuïr les mauuaises compagnies, il faut les fuïr de bonne heure, les personnes qui sont comme vuides d'impression, s'impriment fortement les mauuaises habitudes, & auant que leur virilité puisse dementir leur enfance, il faut quelles se resoluent à liurer mille combats, à donner mille assauts, à reduire vn cœur, qui oppose la chair à l'esprit, l'accoustumance à la loy, la violence des mouuemens aux remonstrances de la raison.

Quelle foiblesse de connoistre sa foiblesse, & de n'éuiter pas les occasions tentatiues, le taureau retourneroit-il au combat si son courage n'auoit bien vsé de ses cornes, le liévre reparoistroit-il à la campagne, si son agilité n'auoit heureusement secondé sa crainte, & l'aigle braueroit-il les agitations de l'air, si aux premieres tempestes ses aisles ne l'auoient bien soustenu.

Quoy que la nature abhorre les persecutions, elle ne doit pas tousiours embrasser la fuite, il y a eu des Martyrs qui ont fait des repentans & des conuertis, qui ont fait des instrumens de leur supplice les compagnons de leur gloire.

Si pour peu que le vice nous haleine il est capable de nous corrompre, il ne faut pas s'étonner si le prouerbe Espagnol est si seuere, s'il veut qu'il y ait des prouinces entre nous, & les mauuaises compagnies.

Encores qu'vn homme ait recouuré la grace, il reste tousiours en luy, dit vn grand deuot, vne fumée de peché qui le rend capable de ses premieres ardeurs, & c'est pour cette raison qu'il doit se considerer comme vn combustible, qu'il doit se regarder comme vn enflamable, qu'il doit s'éloigner des compagnies où les objets sont des boute-feux, & où les exemples sont des allumettes.

Ie ne suis point de l'opinion de ceux qui tiennent qu'on peut aller chercher le peché pour combattre le peché, quelque bonne que soit nostre constitution, nous deuenons ordinairement malades auecque les malades, quelque fort que soit nostre esprit, nous deuenons ordinairement vicieux auecque les vicieux.

Moyse qui estoit inspiré de Dieu, deffendoit sur toutes choses aux Israëlites la frequentation des méchans, il sçauoit que les vices sont contagieux, & que la vertu mesme qui doit tousiours vaincre, est quelquefois vaincuë.

Il ne faut qu'vne pomme pourrie pour gaster vn panier, il ne faut qu'vne brebis galeuse pour perdre vn troupeau, il ne faut qu'vn homme pestiferé pour empester vne maison, il ne faut enfin qu'vn esprit impie pour peruertir vne communauté.

Pour quelles raisons pensez-vous qu'on recommande tant la fuite? c'est parce qu'il est facile de se corrompre, & qu'il n'est pas aisé de s'amander, qu'vn vicieux peut corrompre quelquefois cent innocens, & que cent honnestes gens ne peuuent quelquefois corriger vn vicieux.

Il y a eu vn Peintre qui ne se diuertissoit qu'à portraire les déreglemens de la nature, il y a des hommes qui ne se plaisent qu'à copier les déreglemens de l'ame, le peintre estoit excusable lors qu'il couroit les monstres, il faisoit de belles choses sur de vilains sujets; mais les autres sont inexcusables lors qu'ils courent les vicieux, l'on ne peut faire de bonnes actions sur de mauuais exemples.

Comme les objets agreables éprouuent plus souuent nostre foiblesse que nostre resistence, Seneque a eu raison de dire, parlant des voluptez, qu'il valoit mieux les laisser dormir que de les réveiller.

Encores si pour éuiter les perils qui regardent l'ame, il falloit autant d'adresse qu'il en faut aux Mariniers, pour éuiter les dangers qui regardent les vaisseaux, j'excuserois en quelque façon ceux qui font naufrage sur les mers de ce monde; mais à quels fascheux moyens faut-il recourir pour éuiter ces sortes de naufrages? il ne faut à mon aduis que tourner le dos, que montrer les talons, qu'éuiter ces compagnies, où les vents qui ſont les objets tentatifs excitent des tempeſtes, où les vagues qui ſont les paſſions troublent le pilote qui eſt la raiſon, & où les bans & les rochers qui ſont les mauuaiſes habitudes, font perir les vaiſſeaux qui ſont les creatures raiſonnables.

Il eſt en quelque façon de la pluſpart des eſprits comme des loriots, les loriots s'impriment la couleur de ceux en qui le débordement de bile a gaſté le viſage, la pluſpart des eſprits s'impriment l'habitude de ceux en qui le déreglement des mœurs a corrompu l'ame, j'ay dit en quelque façon, parce que les loriots connoiſſent leur foibleſſe, & que la pluſpart des eſprits ne connoiſſent pas leur infirmité, que les loriots fuyent tant qu'ils peuuent les viſages jaunes, & que la plus part des eſprits ne font pas le moindre effort pour éuiter les perſonnes vicieuſes.

Quelque ſoin qu'on doiue auoir d'éuiter l'abord de ceux dont la vie eſt dereglée, il y en a qui font fort ſur leur vertu, & qui alleguent pour raiſon que ſi les Iuifs ont adoré le Dieu d'Iſraël parmy les Egyptiens, que ſi Lot a conſerué ſa pureté parmy les Sodomites, & que ſi Abraham & Iſaac ont maintenu leur creance parmy les Abimelechs, les honneſtes gens peuuent bien deffendre leur probité de la contagion des mauuais exemples; mais n'y a-t'il point de difference entre nous,

& la pluſpart de ceux que i'ay rapportez? la perſeuerance au bien eſt-elle certaine? le vice eſt-il deuenu impuiſſant? la vertu a-elle acquis vn empire abſolu, & ne voit-on plus parmy les hommes d'horribles metamorphoſes?

Quand Ariſtote dit que ceux qui fuyent le monde doiuent eſtre des dieux ou des beſtes, il veut dire à mon aduis que l'homme eſt ſociable, que la ſolitude eſt ennuyeuſe, & que pour ne s'y point déplaire, il faut neceſſairement, ou n'auoir point d'eſprit, ou auoir vn eſprit inepuiſable; mais quoy que l'homme ſoit ſociable, le Philoſophe ne nous a jamais conſeillé de voir indifferemment toutes ſortes de perſonnes, il ſçauoit auſſi bien que l'Apoſtre que les méchans eſtoient des chancres dont la pourriture gagne les parties les plus ſaines, & qu'il falloit par conſequent en fuïr les approches.

Tout ce qui eſt dangereux ne porte pas les marques de ſa malice, il y a des entretiens qui perdent quand ils chatoüillent, & qui pendant qu'ils flattent l'oreille, gagnent les affections, & corrompent l'ame, ces ſortes d'entretiens reſſemblent en cela à ces poiſons dont parlent les Naturaliſtes, qui bleſſent lors qu'ils endorment, & qui tandis qu'ils aſſoupiſſent le ſentiment, cherchent les entrailles, & penetrent le cœur.

Il n'y a rien, dit Regnier, qui corrige le vice comme le propre vice, ie ne ſuis pas de ce ſentiment, les ames les plus pures se laissent quelquefois corrompre aux mauuais exemples, & si le mal quelque difforme qu'il soit n'est pas tousiours laid aux yeux mesmes des gens de bien, comment seroit-il laid aux méchans.

Comme ce qui flatte les sens a souuent plus de force, que ce qui conuainc la raison, vn Moderne a eu sujet de dire que nous imitions ordinairement les sangsuës qui laissent le bon sang, & qui sucent le sang corrompu.

On dit que toutes choses sont pures à ceux qui sont purs, ce sentiment ne reçoit point de doute; mais il est de la plusspart des hommes comme des crystaux qui perdent leur éclat au mauuais air, & le prouerbe mesme qui interuient icy nous apprend qu'on croace auecque les corbeaux, & qu'on gronde auecque les cochons. Que si entre les vertueux il s'en trouue qui ressemblent à l'ambre qui conserue son odeur parmy la vase, & aux perles qui maintiennent leur blancheur dans le limon, il faut bien se donner de garde d'en faire des principes de consequence, les dispositions sont plus ou moins conuenables, les graces sont plus ou moins fortes, & les exemples extraordinaires doiuent plûtost exciter nostre étonnement que nostre audace.

Que les peres & meres ayent vn soin particulier d'éloigner leurs enfans des mauuaises compagnies, ceux qui ne suiuent pas ce conseil sont coupables des vices qu'ils contractent, ils mettent les poules auec les renards, ils joignent les colombes auecque les oyseaux de proye, & pour tout dire en peu de mots, ils assemblent les thresors auecque les larrons.

DV

## DV PLAISIR.

LE plaisir est vn mouuement de l'appetit concupiscible, qui met l'ame en vn estat conuenable à son appetit.

Il faut remarquer que le plaisir est tout ensemble & vn mouuement & vn repos, qu'il est vn mouuement, parce qu'il apporte quelque alteration, & qu'il est vn repos, parce qu'il borne quelque desir.

Il faut remarquer encores qu'il y a bien de la difference entre l'estat conuenable à l'animal raisonnable, & l'estat conuenable à l'appetit sensitif, que l'animal raisonnable comme raisonnable ne peut estre heureux qu'il ne soit sans alteration, & que l'appetit sensitif comme sensitif ne peut estre content qu'il ne soit alteré.

Ceux qui jugent des choses par le rapport des vnes aux autres, disent que les plaisirs du corps sont plus touchans que ceux de l'esprit ; mais que les plaisirs de l'esprit sont plus nobles, plus intimes, & plus purs que ceux du corps, que les plaisirs du corps sont plus touchans que ceux de l'esprit, parce que ceux de l'esprit ont pour residence vne faculté qui ne peut s'épanoüir ny se resserrer, & que ceux du corps ont comme la proprieté de dilater le cœur, de repandre les esprits, & de reduire mesme l'animal à vne espece de conuulsion; mais que les plaisirs de l'esprit sont plus nobles, plus intimes, & plus purs que ceux du corps, parce que l'ame est plus noble que la matiere, & que la noblesse des accidens se tire de la dignité de leur soustient, que l'appetit intellectuel qui est éclairé d'vne puissance qui penetre tout, s'vnit à l'essence des objets, & que l'appetit sensitif qui est éclairé d'vne faculté qui ne penetre rien, s'vnit seulement au dehors des choses, que les plaisirs tiennent de la nature des sujets où ils se forment, que les premiers naissent dans la volonté, qui est de la nature de l'ame, & que les autres naissent dans l'appetit sensuel qui tient de la nature du corps.

### *Des causes du plaisir.*

QVOY que le plaisir ait bien des causes, ses causes peuuent estre reduites à vne cause objectiue, à vne cause, *sans laquelle*, à vne cause originaire, à vne cause effectiue, à vne cause subjectiue, à vne cause operante, à vne cause memoriale, à vne cause finale, à vne cause sur-excellente, à vne cause admiratiue, à vne cause épanchée, à vne cause recueillie, à vne cause vniforme, à vne cause inartificielle, à vne cause meslangée, à vne cause artificielle, à vne cause consolante, & à vne cause inopinée.

Le plaisir a pour cause objectiue le bien, parce que comme le mal comme mal est l'horreur de l'appetit, il faut que le bien comme bien soit son attrait.

Il y a pour cause *sans laquelle* la connoissance, parce que l'appetit n'est émeu que sur les impressions qu'il reçoit de la phantaisie.

Il a pour cause originaire l'vnion du bien auecque le sujet qui est capable de le receuoir, parce que l'appetit ne s'épanoüit qu'au tac de la chose, qu'il a considerée comme le terme de son inclination.

Il a pour cause effectiue le cœur, parce que le plaisir est vn mouuement, & que tout mouuement doit naistre de quelque principe.

Il y a pour cause subjectiue le mesme cœur, quelques parties corporelles, & la volonté, parce que le cœur se dilate, qu'il y a des parties corporelles qui sont capables de chatoüillement, & qu'entre les plaisirs il y en a de spirituels.

Il a pour cause operatiue ce qui resulte des actions rigides & compassées, parce que les actions rigides & compassées perfectionnent les facultez, & que l'ame trouue ses joyes dans la perfection de ses puissances.

Il a pour cause memoriale l'idée des biens ressentis, le souuenir des perils eschappez, & la pensée des maux soufferts: Des biens ressentis, parce qu'en se representant les plaisirs passez, l'on se represente les objets des mesmes plaisirs, Le souuenir des maux eschappés, parce que nous confrontons l'estat ou nous eussions esté, à celuy où nous sommes, & que l'éloignement d'vn mal est vne espece de bien, La pensée des maux soufferts, parce que nous confrontons l'estat où nous nous trouuons, à celuy où nous nous sommes trouuez, & que la déliurance d'vn mal est encores vne espece d'auantage.

Il a pour cause finale les actions qui rejallissent à la gloire de Dieu, à l'honneur Prince, & au bien de la patrie, parce que nous sommes tous les enfans d'vn mesme pere, & que le bien des peres est la satisfaction des enfans, parce que nous sommes les membres d'vn corps, dont les Princes sont les chefs, & que le bien des chefs est le bien des choses qui leur sont relatiues, parce enfin que nous sommes les parties d'vn tout ciuil, & que comme le tout n'est autre chose que ses parties, le bien de la patrie est le bien des citoyens.

Il a pour causes sur-excellentes le vaincre, le reprendre, & le punir, le vaincre parce qu'il marque nostre excellence, & qu'il flatte nostre amour propre, le reprendre, parce qu'il suppose l'inferiorité de quelque chose en celuy qui est repris, & qu'il procure quelque vtilité à celuy qu'on reprend, le punir, parce qu'il témoigne nostre domination, nostre justice, & que comme l'offence qu'on reçoit semble amoindrir l'excellence de l'offencé, la vengeance qu'on en prend semble diminuer à son tour l'excellence de l'injurieux.

Il a pour cause admiratiue le desir de la cause, dont les effets sont surprenans, parce que le desir suppose quelque esperance, & que l'esperance est vn auantgout du succez.

Il a pour cauſe épanchée la liberalité, parce que la liberalité eſt vne vertu diffuſiue, & que les belles diffuſions ne ſont pas moins la joye de ceux qui donnent, que de ceux qui reçoiuent.

Il a pour cauſe recueillie l'application de l'ame au bien receu, parce que quand l'ame réve a quelqu'autre bien, elle eſt comme toute en la choſe à laquelle elle penſe, & qu'alors le bien auquel elle ne penſe gueres, fait dans ſon propre ſujet de foibles impreſſions.

Il a pour cauſe vniforme l'accouſtumance, parce que l'accouſtumance ſuit l'inclination de la nature, & que ce qui ſuit l'inclination de quelque choſe luy eſt agreable.

Il a pour cauſe inartificielle les objets purs & ſimples des facultez ſenſitiues, comme les viſages excitatifs, les voix nettes, les corps odoriferans, les fruits ſauoureux, & les attouchemens conuenables, parce que les objets dont ie parle s'ajuſtent à l'inclination particuliere de chaque ſens, & que le cœur ſe dilate dans la conuenance des choſes ſenſibles.

Il a pour cauſes meſlangées les ragouſts, les fricaſſées, les beatiles, les confitures, parce que ces ſortes d'alimens réueillent la faim, qu'elles chaſſent le degouſt, qu'elles chatoüillent le palais, & qu'elles recréent l'appetit.

Il a pour cauſes artificielles les machines, les romans, les tableaux, les graueures, parce que ces ſortes d'ouurages découurent l'inuention, la ſcience, le jugement, & l'adresse, & que l'homme voit agreablement les richesses de son fonds dans l'excellence de ses trauaux.

Il a pour cause consolante le succés d'vne penible recherche, parce qu'on est bien aise de paruenir à la fin qu'on s'est proposée, que la découuerte de quelque cause occulte est l'effet d'vn profond raisonnement, & qu'il y a de la satisfaction à deuoir à son genie la naissance de quelque bel effet.

Il a pour cause surprenante vne nouuelle inopinement auantageuse, parce que les douceurs qui nous arriuent contre nostre esperance sont des bienfaits du Ciel, & que comme l'on est triste d'estre l'objet de son indignation, l'on est bien aise d'estre le sujet de ses faueurs.

### *Objections.*

ENCORES que les causes que i'ay rapportées soient les causes du plaisir, & qu'il soit tres-difficile de battre en ruyne les raisons dont ie me suis seruy, pour appuyer cette verité, neantmoins il y a de certains esprits qui se soûleuent icy, & qui combattent nos sentimens.

Ils alleguent que la memoire des choses tristes regarde comme objectiuement le mal, & par consequent que le ressouuenir des choses fascheuses est incompatible auecque la volupté.

Le mal comme simplement mal, ne peut estre vne des causes de la joye, parce que sous cette consideration, il est disconuenable à l'appetit, le mal comme mal eſchappé, peut eſtre vne des cauſes du plaiſir, parce que ſous cette circonſtance il eſt fauorable à l'animal.

Ils alleguent en ſecond lieu que le plaiſir procede de l'acquiſition d'vn bien qui nous eſt conuenable, que le bien faire à quelqu'vn eſt plûtoſt vne perte qu'vne acquiſition, que la conſeruation de l'eſtre eſt auſſi naturelle à l'homme que l'eſtre meſme, que ſelon ce principe & la doctrine d'Ariſtote, l'épargne eſt plus naturelle à l'homme que la profuſion, que les vertus donnantes diſſipent les moyens de la conſeruation, & par conſequent que le bien faire à quelqu'vn eſt oppoſé à la volupté.

Nos dons ne ſont pas voluptueux entant qu'ils diminuent nos biens, ils ſont ſatisfaiſans entant qu'ils découurent noſtre ſurabondance, nos dons ne ſont pas voluptueux entant qu'ils combattent noſtre conſeruation, ils ſont ſatisfaiſans entant qu'ils affermiſſent noſtre liberalité, nos dons enfin ne ſont pas voluptueux entant qu'ils abyſment noſtre neceſſaire, ils ſont ſatisfaiſans entant qu'ils font reſſentir noſtre compaſſion.

Ils alleguent en troiſieſme lieu que les veritables cauſes d'vne choſe, produiſent ordinairement les meſmes effets, que la meſme beauté qui eſt deſirée des vns eſt mépriſée des autres, & par conſequent que la beauté n'eſt pas vne des veritables cauſes du plaiſir.

Quoy que les meſmes objets n'engendrent pas

tousiours les mesmes mouuemens, cela n'empesche pas qu'ils ne puissent estre mis au rang des causes de la volupté, puisque toutes les choses ne plaisent que respectiuement, & qu'il suffit pour passer pour plaisantes, qu'elles fassent quelquesfois de douces émotions.

Ils alleguent en quatriéme lieu que le mouuement enueloppe tousiours quelque nouueauté dans ses progrés, que comme les choses accoustumées sont delectables, les choses nouuelles sont déplaisantes, & par consequent que le mouuement est disconuenable à la delectation.

Nostre constitution est en bon estat ou elle n'y est pas, si elle y est, il n'est pas incompatible que ce qui luy arriue de nouueau soit vn bien, l'on peut passer d'vn estat tranquille à d'agreables mouuemens, & si elle n'y est pas, elle peut estre ramenée en son estat naturel par quelque impression fauorable, celuy qui a froid perd agreablement la qualité qui l'incommode par la qualité qui la chasse. Adjoustons à cela que les choses accoustumées ne sont plaisantes que parce qu'elles flattent nostre appetit, & que les nouueautez ont la proprieté de certaines accoustumances, lors qu'elles touchent nostre inclination.

Ils alleguent enfin que la science est delectable, que l'ignorance est chagrine, que l'admiration est vne suite de l'ignorance, qu'il y a des delices, selon S. Iean Damascene, à contempler les choses découuertes,

uertes, qu'il y a de la peine à découurir les choſes inconnuës, & par conſequent que l'admiration eſt contraire à la joye.

L'admiration n'engendre pas le plaiſir à raiſon de l'ignorance qu'elle ſuppoſe, elle engendre la joye à raiſon de l'eſperance qu'elle renferme, il eſt vray que des cauſes oppoſées les effets ſont diſſembla-bles, & que comme l'inuention a ſes contentemens, la recherche a ſes ſueurs ; mais il eſt vray auſſi que les beautez d'vne fin donnent des auantgouſts, des douceurs qu'elles promettent, & que comme l'admiration enuiſage d'abord les douceurs du ſuccez, elle anticipe en quelque façon ſur la recompenſe de ſes peines.

### *Diuiſion du plaiſir.*

IL y à en general deux ſortes de plaiſirs, il y a les plaiſirs du corps, & les plaiſirs de l'ame, les ſatisfactions de la chair, & les contentemens de l'eſprit. Remarquez en paſſant que S. Thomas fait difference entre la joye & la delectation, qu'il conſidere la joye comme appartenant proprement aux hommes, & qu'il conſidere la delectation comme appartenant & aux hommes & aux beſtes.

Quelques autres qui ſont plus prolixes que nous diſent qu'il y a trois ſortes de delectations ou de joyes, ie dis de delectations ou de joyes, parce que la pluſpart des ſçauans les confondent, qu'il y en a de bonnes, qu'il y en a de mauuaiſes, qu'il y en a d'indifferentes. Qu'il y en a de bonnes comme ſont celles qui viennent des exercices de la vertu. Qu'il y en a de mauuaiſes comme ſont celles qui viennent des actions de la luxure, & qu'il y en a d'indifferentes, comme ſont celles qui viennent du flairement des fleurs, S. Bonauenture approuue cette diuiſion; mais S. Auguſtin, Ianſenius, & quelques autres ne l'approuuent pas.

### *Des effets du plaiſir.*

LE plaiſir du corps a pluſieurs effets, il épanoüit, il flatte, il colore, il affoiblit, il altere, il vſe, & il infecte. Il épanoüit parce que le cœur s'ouure à l'vnion du bien. Il flatte, parce que la douceur des eſprits épanoüis, chatoüillent le diaphragme, & excite le ris. Il colore parce que les eſprits qui ſont comme les parcelles d'vn feu humide montent au viſage, & qu'ils impriment la couleur du ſang. Il affoiblit, parce qu'il diffuſe les eſprits, & que la force de l'animal reſide dans ces petites natures. Il eſchauffe, parce que les eſprits diffus retiennent quelque choſe de la fournaiſe d'où ils ſortent, & qu'ils portent par conſequent la chaleur du cœur en toutes les parties auſquelles ils ſe communiquent. Il vſe, parce qu'il diſſipe les eſprits, & qu'en diſſipant les eſprits il diminuë l'humide radical, enfin il infecte, & ſur tout quand il eſt frequent, parce qu'il remuë les humeurs, qu'il refroidit l'eſtomach, & qu'il engendre des indigeſtions.

Il faut remarquer auec que pluſieurs Docteurs,

que les effets du plaisir charnel reçoiuent diuers noms, que l'épanoüissement des esprits s'appelle liesse, que l'épanchement petillant & visible des mesmes esprits s'appelle tressaillement, & que le tressaillement moderé s'appelle gayeté.

Si le plaisir sensuel a ses effets, le plaisir spirituel a ses suites; mais il n'est pas du frequent plaisir de l'vn comme du frequent plaisir de l'autre, le frequent plaisir du corps affoiblit la raison par la distraction, par la contrarieté, & par l'empeschement; & le frequent plaisir de l'esprit fortifie la mesme raison par l'attention, par le redoublement, & par la facilité.

Le frequent plaisir du corps affoiblit la raison par la distraction, parce qu'il est impossible que l'ame partage heureusement toutes ses forces, qu'elle soit fortement applicatiue dans les appetits du corps, & qu'elle soit fortement attentiue dans les actes de l'entendement.

Il affoiblit la raison par la contrarieté, parce que les débauches sont diametrallement opposées aux fonctions de l'esprit, qu'elles appezantissent le corps, qu'elles offusquent le cerueau, qu'elles émoussent l'imagination, & qu'elles dessechent la memoire.

Il affoiblit la raison par l'empeschement, parce que l'amour habituel de la table & du lict est vn obstacle à la réverie, & que comme les exercices de l'esprit affermissent ses actes, le deffaut des mesmes exercices enerue ses fonctions.

Le frequent plaisir de l'esprit comme i'ay desia dit, perfectionne l'operation par l'attention, par le redoublement, & par la facilité.

Il perfectionne l'operation par l'attention, parce que le plaisir de bien connoistre, de bien agir, & de bien faire est comme insatiable, que ce plaisir engage l'ame à rechercher les moyens de fournir de matiere à son entretien, & que comme l'attention est vn des moyens qui peuuent adjouster quelque degré de perfection aux actes, elle est vn des moyens aussi qui peuuent adjouster quelque degré d'étenduë au plaisir.

Il perfectionne l'operation par le redoublement, parce que l'ame qui est allechée des douceurs qu'elle gouste dans l'application des sciences, des vertus, & des arts, recherche les moyens de perpetuer ses delices, que le redoublement des meditations donne de nouuelles lumieres, que le redoublement des actions vertueuses remporte de nouueaux triomphes, & que le redoublement des trauaux acquiert de nouuelles industries.

Il perfectionne l'operation par la facilité, parce que l'ame qui s'accoustume au plaisir par les frequens plaisirs qu'elle tire de ses plus nobles facultez, contracte les moyens de perpetuer ses joyes, que ces moyens sont les habitudes, que les habitudes engendrent la facilité, que la facilité porte l'homme aux belles actions, & que plus les belles actions sont reïterées, & plus elles deuiennent excellentes.

### *Remedes contre les plaisirs dereglés.*

LE premier consiste à considerer que les liures pieux, & les compagnies honnestes inspirent de bons sentimens, parce que la representation des choses qui combattent le vice est necessaire à la correction.

Le second consiste à considerer que la condition de l'homme est au dessus de la beste, parce que cette pensée combat la confusion des choses, qu'elle ne permet pas que des plaisirs qui font le souuerain bien des bestes, les hommes en fassent le souuerain bien des hommes.

Le troisiesme consiste à considerer que la pluspart des plaisirs sensuels sont grossiers & fuyars, parce que la mesme reflexion qui represente les mauuaises qualités du plaisir, conuainc les hommes d'aueuglement & qu'à moins d'estre inueteré dans le vice, ces sortes de conuictions sont de grande efficace.

Le quatriesme consiste à considerer que les plaisirs brutaux sont ordinairement suiuis de cent infirmitez, parce que les maladies de l'intemperance sont comme incurables, & que les considerations qui les remettent comme deuant les yeux sont capables de refroidir les plus débauchez.

Le cinquiesme consiste à considerer que les femmes & les festins ruynent la fortune, parce que les idées de la misere sont incompatibles auecque les delices de la chair, qu'elles font naistre la crainte, & que la crainte engendre la retenuë.

Le sixiesme consiste à considerer que le des-honneur suit le débordement, parce que l'homme est vn animal ambitieux, & que les actes de l'esprit qui luy representent l'infamie dont il est menacé, peuuent apporter quelque changement à ses mœurs.

Le septiesme consiste à considerer que l'heure de la mort est incertaine, parce que l'incertitude de cette heure intimide les plus hardis, & que les pensées qui en rafraischissent la memoire, repriment les mouuemens de la concupiscence.

Le dernier consiste à considerer que les plaisirs du monde sont momentanez, & que les peines de l'Enfer sont éternelles, parce que ces extremes oppositions abattent l'esprit, & glacent le sang, & que l'esprit qui les represente, represente tout ce qu'on peut conceuoir de plus effroyable.

### *Reflexions sur le plaisir.*

QVOY que ce qui est contre nature soit disconuenable à la nature mesme, il y a des choses qui sont contre nature, & qui neantmoins sont en quelque façon conuenables. Il est contre nature de manger de la cendre, de boire du vinaigre, & de viure de cent autres choses estranges, & cependant toutes ces choses sont le ragoust des femmes qui enchargent, & le friand morceau des filles qui languissent.

Il y a des biens qui sont entierement bons comme la felicité, & il y en a qui ne sont bons qu'en quelque façon, comme les medicamens.

Quand le plaisir est extreme, il fait des diffusions extraordinaires, & comme le cœur deuient comme denué de force, il faut qu'il redouble ses mouuemens, & qu'il recherche dans les frequentes aspirations le remplacement de ses esprits.

Le bien est naturel, moral ou diuin, s'il est naturel il peut estre contraire à vn autre bien, le serpent est contraire à l'homme, & le loup à la brebis; mais s'il est moral, s'il est diuin, il ne peut estre contraire à vn bien de ces sortes d'especes, puisque les biens moraux, que les biens diuins ne consistent qu'aux rapports qu'ils ont à la raison humaine, à la raison diuine, & que les biens qui ont les mesmes rapports ne peuuent estre contraires les vns aux autres.

Comme entre les personnes qui viuent saintement, il y en a qui sont faschés que les viandes soient agreables, l'on peut dire qu'il y a des plaisirs chagrins, qu'il y a des voluptez douloureuses.

Si tout mouuement estoit vn moyen, l'on pourroit dire que la volupté qui est vn mouuement tendroit à l'accomplissement de quelque desir; mais ce mouuement est vn terme, & tant s'en faut qu'il tende à l'accomplissement de quelque chose, qu'estant vn effet de l'vnion du bien auecque l'appetit, il est necessairement vne suite de quelque accomplissement.

Le mesme prudent qui fuït les douleurs ne fuït pas toutes sortes de plaisirs, il y a du plaisir à exercer la vertu, & si l'on fuyoit toutes sortes de plaisirs, l'on fuyroit quelquefois ce qu'on deuroit embrasser.

Dans le plaisir la voix est extraordinairement grosse, parce que les muscles qui seruent à former les inflexions se relaschent par la vertu extensiue de la chaleur, & qu'ils font par consequent vn ample passage.

Il y a eu des Philosophes qui ont tenu que toutes les voluptez estoiét mauuaises, & il y en a eu d'autres qui ont tenu que toutes les voluptez estoient bónes, les premiers qui estoient les Stoïques ont erré, parce qu'ils croyoient que toutes les passions estoient des maladies de l'ame, & les autres qui estoient les Epicuriens ont erré aussi, parce qu'ils ne consideroient pas que hors la moderation, toutes les voluptez sensitiues estoient vicieuses.

Il y a bien plus de plaisir à connoistre la verité d'vne chose par la voye de l'entendement, qu'à la decouurir par le moyen de la veuë, & c'est pour cette raison que le plaisir des Philosophes est bien different de celuy du vulgaire.

Le plaisir accompagne les conuoitises, l'esperance du boire donne du plaisir au fievreux.

Il y a du plaisir à faire du bien, la raison est, dit vn Philosophe, que les dons sont des chaisnes, & que l'homme qui est vn animal orgueilleux aime à faire des esclaues.

Maxime de Tyr, dit raisonnablement à mon aduis, que la volupté distribuë les emplois, en

effet,

effet, l'art & la nature trauaillent pour elle.

Celuy qui est dans la joye ouure les yeux, leue la teste, remuë les mains, si bien qu'on peut dire que sa satisfaction est accompagnée d'vne viuacité gaye, d'vne inquietude agreable, & d'vne hardiesse riante.

La joye, dit le Sage, rend les années florissantes, elle enfle le cœur, elle étend le poulx, elle éleue la poitrine, elle purifie le sang.

Si les larmes de la joye paroissent froides, c'est qu'elles coulent sur vn visage que l'effusion des esprits a eschauffé, & si les larmes de la tristesse semblent chaudes, c'est qu'elles coulent sur des joües que la fuite des esprits a refroidies.

La plusspart des actions, dit vn fameux Medecin, ne donnent du plaisir que parce que la nature se vuide ou se remplit, que parce qu'elle se décharge ou se restaure.

Des causes differentes naissent ordinairement des effets dissemblables, les effusions de la colere sont ameres, les effusions de la joye sont douces.

Encores que le ris vehement soit l'effet de quelque chose bien agreable, la voix de cette sorte de ris est bien differente de la voix de la joye, le ris vehement reserre les muscles, & comme il retrecit par consequent les conduits de la voix, il s'exprime par des voix gresles & éclatantes.

Il me semble qu'on n'a pas raison de mettre le plaisir dans la priuation du mal, le plaisir a quelque chose de remuant, de réel, & de sensible.

Quelques-vns disent que la plus grande inclination qu'ait l'appetit, c'est de s'exempter de la peine que luy apporte l'ardeur dont il est embrasé, & par consequent que nous ne nous éleuons au dessus de l'indolence, que pour l'amour de l'indolence mesme; mais outre qu'il y a bien de la difference entre les suppositions, & les preuues, l'on peut dire que l'appetit émeu regarde plus le bien qu'on sent, que celuy qu'on ne sent pas, & que comme la satisfaction qui naist immediatement de l'vnion du bien auecque la faculté qui est capable de le receuoir est vn bien qu'on sent, l'appetit tend plus à la reception du plaisir qu'à l'éloignement de la douleur.

Entre ceux qui sont capables des plaisirs lascifs, il y en a qui les ressentent plus viuement que les autres, & entre ceux qui les ressentent plus viuement que les autres, l'on met en ligne de compte les mélancoliques, les jeunes gens, les sanguins, les sains, les paresseux, & les stupides. Les mélancoliques ont l'imagination tardiue; mais ils l'ont forte, & comme ils sont trauaillez par leurs images sombres & chagrines, le plaisir des femmes qu'ils ne goustent qu'à la trauerse leur semble plus nouueau, & par consequent plus sensible. Les jeunes gens pour l'ordinaire abondent en sang, & en chaleur, & la semence qui en resulte est plus spiritueuse, & plus chatoüillante. Les sanguins abondent tousiours aux mesmes choses; mais si les jeunes gens se portent au coit par l'ardeur de l'âge, les sanguins se portent au mesme diuertissement par l'ardeur de l'inclination. Les sains ont des dispositions fauorables au plaisir, leurs organes ne sont point lezez, leurs esprits ne sont point diuertis, & quand la nature n'est point occupée à reparer les breſches qu'on a faites à la santé, elle redouble ses influances, elle ramasse ses forces, & elle fournit abondamment aux necessitez de la delectation. Les paresseux conseruent leur enbonpoint, l'exercice ne leur dérobe point d'esprits, & la mesme abondance d'esprits qui augmente le prurit augmente la sensibilité, enfin les stupides tiennent des precedens, ils ne sont point actifs, & ils donnent loisir à la nature de cuire les alimens, de faire vn sang loüable, & de remplir les vaisseaux spermatiques, toute la difference que ie remarque entr'eux, c'est que les premiers sont capables de réverie, & que les autres sont incapables de reflexion, que les vns ont les sens delicats, & que les autres ont les sens comme éteints.

Quoy que la volupté resulte de la possession du bien, l'on ne laisse pas de se réjoüir de l'esperance qu'on a de le posseder, l'esperance d'vn bien est vn bien, & la presence de l'esperance est capable de delecter l'appetit.

Dans la joye, dit vn Platonicien, l'ame est plus patiente qu'actiue, elle est comme enyurée des plaisirs qu'elle ressent en la presence de son inclination.

L'excés de la joye est insupportable, il a eu ses victimes en la personne des Diagores, & des Zeuxis, des Sopocles, & des Philippides, des Denis, & des Antigonnes.

L'ardeur du desir augmente la douceur de la possession.

Il y en a qui tiennent que là où est la joye il y a de la delectation, & que là où il y a de la delectation, il n'y a pas tousiours de la joye ; mais il me semble que la premiere proposition est fausse, puisque l'esprit auquel la joye est rapportée, remporte quelquesfois des victoires aux dépens du corps, & que lors que le corps est rudement traité il ne peut receuoir de plaisir des satisfactions de l'ame.

La joye rend quelquefois de mauuais offices à ceux qui s'y abandonnent, elle écarte les soins, elle neglige les precautions, & vn ancien Poëte qui estoit de ce sentiment, a remarqué qu'elle fut fatale à Troyes, que cette Ville se deffendit tant que la tristesse luy inspira des pensées serieuses, & qu'elle se perdit dés que les diuertissemens occuperent toutes ses pensées.

Que les sçauans reçoiuent de grandes joyes, quand leur curiosité reüssit ? Pitagore fut rauy d'vne certaine raison qu'il trouua, & son rauissement parut dans la grandeur du sacrifice qu'il fit aux Dieux.

Encores qu'il soit difficile de se contenir dans les grands sujets de joye, il y a de certains esprits qui feignent d'estre insensibles dans le rauissement, Galba qui ne pensoit qu'à monter sur le Trosne, sembla froid au faux-bruit qui courut qu'Otho étoit mort, & que l'Empire estoit vacquant, & de nostre temps Charles le Quint, qui ne pensoit qu'à se vanger de Clement Septiesme, parut triste à la nouuelle qu'il receut que Rome auoit esté saccagée, & que le Pape estoit dans le Chasteau S. Ange.

Ouide enseigne que les temps de la joye sont les temps de l'amour, il veut dire ce me semble que c'est dans ces momens enjoüez, que le cœur est plus doux, & que l'amour est plus insinuant.

Les plaisirs font sur les cœurs ce que les euaporations font sur les roses, les roses se fletrissent à mesure qu'elles exhalent les corpuscules qui entretiennent leur viuacité, & les cœurs s'affaissent à mesure qu'ils diffusent les esprits qui entretiennent leur vigueur.

Vn Philosophe fit bien voir à son égard qu'il estoit plus aisé de gouster le plaisir, que de l'expliquer, lors qu'il s'imagina que le plaisir ne consistoit qu'en deux choses, qu'il ne consistoit qu'au passage que donnoit vne partie de l'animal à vn air renfermé, & qu'en la douceur que faisoit ressentir ce mesme air à la partie dilatée.

La Marthicore a la teste fort gracieuse, & la queuë fort maligne, la volupté a le commencement bien doux, & la fin bien cruelle.

Il y a bien moins de gens qui recherchent la joye que la delectation, la raison de cela est que les choses corporelles sont plus connuës que les choses insensibles, & que les choses sensibles sont plus touchantes que les choses spirituelles.

Le bien est delectable lors qu'il est connu. Le bien est delicieux lors qu'il est vny, & le bien est vtile lors qu'il est proportionné. Le bien est plus delectable lors qu'il est plus connu, il y a plus de plaisir à connoistre toutes les perfections d'vn objet qu'à n'en connoistre que quelques vnes. Le bien est plus delicieux lors qu'il est plus vny, il y a plus de plaisir en hyuer à estre aupres d'vn bon feu, qu'à estre aupres d'vn feu leger. Enfin le bien est plus vtile lors qu'il est plus accommodant, il y a plus de plaisir à receuoir vne lumiere moderée, qu'vne lumiere excessiue.

Quelque vigueur qu'on ait, la volupté dérobe des années, elle vse, elle affoiblit, & c'est sans doute pour ces raisons que Stobée appelle les incommoditez qu'elle apporte, les preludes de la vieillesse, & les auantcourieres de la mort.

Encores que la joye soit la volupté de l'esprit, l'on peut attribuer le mot de joye aux plaisirs du corps lors que la loy les legitime, & que la raison les modere.

Quand l'on est dans les plaisirs, l'on remet facilement les affaires au lendemain, Plutarque qui fait la mesme remarque, adjouste à ce que ie viens de dire, que la joye a fait perir plusieurs grands personnages.

Ne nous arrestons point à ce que disent ceux qui veulent auoir des compagnons de leur infirmité, que les plus grands Professeurs de la vertu ont aimé les delectations charnelles, la plusspart des choses qu'ils debitent sont suspectes, resouuenons nous seulement que nous sommes nés pour quelqu'autre chose que pour l'vsage des sens, que les voluptez les plus sensibles sont les plus basses, les plus honteuses, & les plus courtes, & que ceux qui mettent le souuerain bien de l'ame aux plaisirs du corps, constituent la felicité des hommes au bon-heur des bestes.

## DE LA DOVLEVR.

La douleur est vne passion de l'appetit concupiscible, qui met l'animal en vn estat disconuenable à son appetit.

### *Des causes de la douleur.*

Les causes de la douleur ne sont autres choses que les choses qui sont opposées aux causes du plaisir; mais pour ne point tomber dans vn denombrement ennuyeux, on peut reduire les causes de la douleur a 4. causes, on les peut reduire à vne cause objectiue, à vne cause, *sans laquelle*, à vne cause efficiente, & à vne cause subjectiue.

Les choses qui peuuent blesser le corps ou attrister l'esprit, sont ses causes objectiues, parce que les passions contraires doiuent auoir des objets contraires, & que comme le plaisir a pour causes objectiues les choses qui peuuent flatter les sens, & réjoüir l'ame, la douleur doit auoir pour causes objectiues les choses qui peuuent affliger les sens, & attrister l'esprit.

La connoissance est la cause *sans laquelle* de la douleur, parce que s'il n'y auoit point en l'animal de faculté connoissante, il n'y auroit point en luy de discernement, & que s'il n'y auoit point en luy de discernement, il ne seroit pas moins incapable de s'attrister s'attrister que de se réjoüir, de fuïr le mal, que de poursuiure le bien.

Les vnions reelles ou imaginaires du mal auecque les sujets qui sont capables de ressentiment, sont ses causes efficientes, parce que ces sortes d'vnions font les sentimens fascheux, & les impressions desagreables, qu'elles distendent, & qu'elles compressent, qu'elles diuisent, & qu'elles consternent.

Le cœur & la volonté sont ses causes subjectiues, parce que la douleur est vn mouuement, & que tout mouuement doit auoir vn mobile ou vn espace.

*Diuision de la douleur.*

IL y a en general deux sortes de douleurs, il y en a vne qui appartient au corps, & cette douleur retient le nom du genre, & il y en a vne autre qui appartient à l'esprit, & cette douleur retient ordinairement le nom de tristesse.

*Question.*

L'ON demande icy quelle est plus haïssable ou la douleur du corps ou la douleur de l'esprit. Ceux qui sont contre les douleurs du corps, disent qu'vne chose fait bien de plus fortes impressions par son vnion reelle, que par son vnion ideale, que les douleurs corporelles naissent reellement des choses fascheuses, que les douleurs de l'esprit naissent imaginairement des choses chagrines, & par consequent que les douleurs du corps sont plus haïssables que les douleurs de l'esprit. Ils disent encores que la tristesse est comme vn estre spirituel, & que comme les passions de cette nature ne font pas plus d'impression sur les corps que les especes intentionnelles en font dans l'air, les douleurs du corps sont plus haïssables que les douleurs de l'esprit. Ils disent de plus que les douleurs du corps peuuent faire les douleurs de l'esprit, & que les douleurs de l'esprit ne peuuent faire les douleurs du corps, & que si ce qui a plus de venin & plus d'étenduë est plus digne d'horreur, que ce qui a moins de poison & moins d'actiuité, les douleurs du corps sont plus haïssables que les douleurs de l'esprit.

Ceux qui sont contre les douleurs de l'ame, disent que les affections d'vn agent retiennent de la nature de son sujet, que la tristesse est vne passion spirituelle, & que comme à la difference de la matiere l'esprit est actif & penetrant, les douleurs de l'esprit qui attaquent l'interieur en son fonds, en sa substance, sont plus haïssables que les douleurs du corps. Ils disent encores que l'esprit est sur les sens, ce que le chef est sur sa famille, & que comme le chef repend ses disgraces sur tous les membres qui sont sous son commandement, l'esprit repend son venin sur tous les organes qui sont sous sa domination. Ils disent de plus que l'esprit est comme le Maistre, que le corps est comme le valet, & que comme l'offence que nous receuons en nostre personne est plus sensible que celle que nous receuons en la personne de nostre valet, les douleurs de l'esprit sont plus haïssables que les douleurs du corps. Ils adjoustent à cela qu'il y a tres-peu de gens qui pour se deffaire des douleurs du corps passent du ressentiment à l'homicide; mais qu'il y a beaucoup de personnes qui pour se deffaire des douleurs de l'esprit passent de l'inquietude au meurtre, & par consequent que les douleurs de l'esprit sont plus haïssables que les douleurs du corps.

Pour moy qui penche vn peu plus du costé de la premiere opinion que de l'autre, tout ce que ie puis dire icy c'est que s'il est mal-aisé de chasser le chagrin, il est plus mal-aisé de guerir la goutte, que s'il est difficile d'étouffer les soûpirs d'vn homme qu'on afflige, il est plus difficile d'étouffer la voix d'vn homme qu'on taille, que si les douleurs de l'esprit irritent les maladies, les douleurs du corps abattent l'esprit, que si les douleurs de l'esprit sont assoupissantes, les douleurs du corps sont viues, que si les douleurs de l'esprit font des stupides, les douleurs du corps font des extrauagans, que si les douleurs de l'esprit ont eu leurs martyrs, les douleurs du corps ont eu leurs impatiens, que si la honte, le dépit, le desespoir, ont finit tout d'vn coup des vies, que la sagesse, le courage, & la naissance auoient renduës eclatantes, la molesse, l'emportement, & la rage ont terminé aussi tout d'vn coup, des vies, que l'âge, les maladies, & l'indigence auoient renduës déplorables.

### *Des effets de la douleur.*

LA douleur du corps a plusieurs effets, elle bande, elle surafoiblit, elle attire, & elle altere.

Elle bande l'esprit, & sur tout quand elle est vehemente, parce que l'ame aime sa compartie, que l'amour est officieux, & que plus le mal est grand, & plus l'application de l'ame est forte.

Elle surafoiblit le raisonnement, parce que dans les necessitez naturelles & ciuilles, l'esprit est souuent obligé de penser en mesme temps à diuerses choses, que la douleur qui suruient à l'homme augmente encores les attaches de l'esprit, & que plus les actions sont diuisées, & plus elles sont foibles.

Elle attire la fluction, parce qu'elle redouble les soins de la nature, que la nature ardamment sollicitée tâche de repousser le mal, & que dans ce dessein elle influë ses esprits.

Enfin elle altere la constitution, parce qu'elle dérobe le repos, que la perte du sommeil est suiuie d'vne grande dissipation d'esprits, que la grande dissipation des esprits refroidit l'estomach, & qu'vn estomach refroidy est incapable de faire vne coction loüable.

La douleur de l'esprit aussi bien que la douleur du corps a ses fascheuses suites, elle apezantit, elle reserre, elle affoiblit, elle fortifie, & elle ternit.

Elle appezantit les membres, parce que la vigueur des membres dépend des esprits, & que les esprits qui fuyent le mal abandonnent les extremitez.

Elle reserre le centre de la vie, parce que les causes opposées veulent des effets differens, & que comme dans le plaisir le cœur s'ouure pour receuoir le bien, il se compresse dans la tristesse pour rejetter le mal.

Elle affoiblit l'esprit quand elle est grande, parce qu'elle applique trop l'ame à vne seule chose, que la pluspart des esprits se retirent à la presence d'vn mal extraordinaire, & que les esprits qui demeurent dans le cerueau sont trop épois, & trop diminuez, pour s'acquitter heureusement de leurs fonctions.

Elle fortifie l'esprit quand elle est mediocre, parce que la secheresse sympathise auecque le feu de l'imagination, que les esprits qui sont abondamment humides diminuent par leur fuite les humiditez du cerueau, & que ceux qui demeurent sont assez mobiles, & assez nombreux, pour fournir aux plus nobles fonctions de l'ame.

Enfin elle ternit le visage, parce que le brillant des yeux, & la viuacité du teint dependent de l'épanoüissement des esprits, & que là où les afflictions regnent, il y a peu d'épanchemens.

### *Remedes contre les excez de la tristesse.*

LE premier consiste à considerer que tel est aujourd'huy affligé qui est demain réjoüy, parce que cette consideration fait naistre l'esperance, que l'esperance est accompagnée de la joye, & que la joye adoucit les maux.

Le deuxiesme consiste à se representer les fiévreux, les blessez, les gouteux, & tous les autres malades qui sont attaquez de quelques autres maux horribles, parce que cette representation est suiuie de la comparaison qu'on fait des maux les vns aux autres, & que dans cette comparaison l'on trouue souuent la condamnation de son abattement.

Le troisiéme consiste à se resouuenir que c'est Dieu qui distribuë les afflictions, parce que la justice de la cause excuse la rigueur des effets, & que tout ce qui part de la main de Dieu est irreprochable.

Le quatriesme consiste à rappeller les biens que Dieu a departis, parce que cette rememoration est suiuie de la confrontation qu'on fait des biens qu'on a receus, auecque les maux dont l'on est attaqué, & qu'enfin l'on reconnoist que Dieu oblige incomparablement plus qu'il ne punit.

Le cinquiesme consiste à penser à la fin pour laquelle les maux arriuent, parce que cette pensée découure à l'affligé que les maux du monde ne sont enuoyez que pour empescher qu'on ne souffre vn jour les maux de l'enfer, & que cette découuerture est plus capable d'exciter la reconnoissance que l'emportement.

Le sixiéme consiste à remplir son esprit des merueilles du Paradis, parce que de ces belles idées l'on passé à l'examen des maux qu'on souffre, & qu'on aprend par là qu'il n'y a point de douleurs quelques viues qu'elles puissent estre qui puissent acheter les moindres douceurs de la beatitude.

Que si, pour descendre au détail de la pluspart des causes de la tristesse, nous auons perdu vn procez, nous sommes malades, nos amis sont morts, nous sommes pauures, nous sommes en prison, nous sommes disgraciez, nostre reputation est détruite, nous sommes sur le point de mourir. Il me semble, pour ne point confondre les choses, que nous deuons premieremét nous consoler ou de ce que la perte de nostre bon droict nous enseigne à ne nous plus asseurer sur la Iustice, ou de ce que la perte de nostre mauuaise cause nous aprend à ne nous plus reposer sur la faueur. Que nous deuons en second lieu nous consoler ou de ce que la maladie arreste nos débauches, ou de ce que nostre infirmité preuient nos excez. Que nous deuons en troisiéme lieu nous consoler, ou de ce que nostre prison est vne honte à nos ennemis, ou de ce qu'elle est vn frein à nostre emportement. Que nous deuons en quatriéme lieu nous consoler, ou de ce que nos amis qui viuoient mal ne feront plus nostre des-honneur, ou de ce que nos amis qui viuoient bien procureront nostre salut. Que nous deuons en cinquiéme lieu nous consoler, ou de ce que la pauureté conserue nostre temperance, ou de ce qu'elle retranche nos superfluitez. Que nous deuons en sixiéme lieu nous consoler, ou de ce que nostre disgrace assouuit nos enuieux, ou de ce que nostre éloignement recouure nostre liberté. Que nous deuons en septiéme lieu nous consoler, ou de ce que la détraction découure sa malice, ou de ce qu'elle reprime nostre libertinage. Que nous deuons enfin nous consoler, ou de ce que la mort est preste de finir nostre misere, ou de ce qu'elle est sur le point de commancer nostre beatitude.

### *Reflexions sur la douleur.*

QVAND l'on est triste d'auoir fait de mauuaises actions, l'on se deffend quelquefois de recommettre les mesmes fautes ; Aussi vn grand homme, dit-il sur ce sujet, qu'il y a de certaines tristesses qui combattent quelquesfois le retour de leurs semblables.

Il est vtile de s'attrister en Dieu, dit l'Apostre des Gentils, cette douleur produit de belles resolutions.

La tristesse est au cœur ce que la tigne est au vestement, ce que le verd est au bois, ce que la roüille est au fer, & ce que le verdet est au cuiure.

Si la vie de l'animal consiste en vne continuelle effusion d'esprits, la tristesse est contraire à la nature, elle empesche cette effusion.

Quand S. Gregoire dit que toute tristesse est mauuaise, il considere la tristesse en sa nature, & en ce sens, il a raison de dire que toute tristesse est maligne ; mais si l'on considere la tristesse en son sujet, l'on peut aduancer hardiment qu'il y a de bonnes tristesses,

tristesses, puisque les objets, & les motifs bonifient les mouuemens, & que c'est vn espece de bien, dit l'Aigle des Docteurs, que de s'affliger de la perte d'vn bien.

Si ceux qui ont le temperament chaud demandent la liberté des esprits, ils doiuent particulierement resister aux atteintes de la tristesse, puisque la tristesse reserre le cœur, & que le cœur ne peut estre contraint que les esprits ne le soient.

Il y a des hommes qui conseruent vn esprit si sain dans vn corps malade, qu'ils se soucient aussi peu de voir perir la prison de leur ame, qu'vn renfermé se soucieroit de voir écrouler la prison de son corps.

Quoy qu'on puisse dire, il y a plus de force à suiure Regule que Caton, à combattre les maux qu'à s'en deffaire, à vser sa chaisne qu'à la rompre.

Quelle obligation n'a-t'on point aux accidens de la vie? n'est-ce pas dans les rigueurs du froid & du chaud que le soldat apprend à combattre la molesse? n'est-ce pas à la faueur des tempestes & des orages que le matelot apprend à s'affermir dans les perils? n'est-ce pas dans les dissentions ciuiles que le politique apprend à preuenir les subuersions.

Peut-on souffrir impatiemment ses mal-heurs, & se resouuenir de la patience d'Andronique, jamais Prince ne fût si mal traité, & jamais Prince ne fût si constant, on luy met les fers aux pieds, on luy donne des soufflets, on luy coupe les fesses, on luy arrache la barbe, on luy casse les dents, on luy creve vn œil, on le promene sur vne vilaine beste, on l'accable de pierres, on le barboüille de fiente, on le laue d'vrine, on luy pique les flancs, on luy pelle la teste, on le pend par les pieds, on luy coupe les parties honteuses, & enfin sans entendre autres paroles de sa bouche, que *Seigneur ayez pitié de moy*, on luy perce les intestins.

Souffrons nos peines de la façon qu'Abraham souffrit ses repugnances, ce Pere des fidelles eut ordre de sacrifier Isaac sur vne montagne éloignée, & quoy que pendant les trois jours qu'il luy fallut employer pour arriuer en ce lieu, il souffrist tous les combats que la nature peut liurer, sa resignation surmonta sa tendresse, sa foy couronna son obeïssance.

Il n'y a point de si bons Chymistes que ceux qui font vn bon vsage des tribulations, ils extraient le bien du mal, ils tirent la douceur de l'amertume.

Les premieres loix Romaines ne permettoient pas les lamentations, elles ne permettoient que les premieres larmes.

Il ne faut pas s'attrister de la prosperité des vicieux, le Ciel n'engraisse les méchans, dit vn grand Docteur, que pour en faire des victimes.

L'esprit a tort de s'affliger pour son domicile, le corps est à l'ame ce que les haillons sont au corps.

Quoy que les larmes conuiennent plus aux femmes qu'aux hommes, elles ne sont pas tousiours des marques honteuses, puisque les Alexandres, & les Cesars ont pleuré, qu'ils ont joint la force de l'ame à la delicatesse du sentiment, la grandeur du courage à la tendresse du cœur.

Il y a des afflictions glorieuses, ostez la Ciguë à Socrate, vous diminuez sa reputation, ostez le poignard à Caton, vous ternissez sa gloire.

Que toutes les menaces que les tyrans nous font ne nous abattent point, tous les maux ne se terminent qu'à vn mal, toutes les douleurs ne se reduisent qu'à vne mort.

L'opinion a beaucoup de part à la tristesse, l'on s'afflige souuent de certaines choses dont les autres se rient.

Quand dans les obseques, dit Charon, l'on ne peut trouuer des larmes chez soy, l'on en cherche autre part, & comme si les marques de la tristesse estoient les ornemens de la pieté, on recourt aux pleureux.

Entre les passions qui sont ennemies des belles personnes, l'on compte la tristesse.

Quelque douleur que nous ressentions nous auons sujet de nous consoler, elle est legere, dit vn Ancien, si nous la pouuons souffrir, & elle est courte si nous ne la pouuons supporter.

Seneque veut qu'on se console des choses les plus fascheuses. Serez-vous enuoyé en exil, imaginez-vous que vous estes né où l'on vous enuoyera, Serez-vous enchaisné, representez-vous que l'ame qui est incomparablement plus noble que le corps souffre constamment sa prison, Serez-vous condamné à la mort, dites incontinent en vous-mesme, hé bien en perdant la vie ie perdray le fondement de tous les maux.

Entre les hommes, il y en a qui sont plus sujets à la tristesse les vns que les autres, & l'on reduit sous ceux qui y sont fort sujets ceux qui sont mélancoliques, ceux qui sont scrupuleux, ceux qui sont delicats, ceux qui sont défians, ceux qui sont querelleurs, ceux qui sont medisans, ceux qui sont chicaneurs, ceux qui sont auares, ceux qui sont tendres, ceux qui sont superbes, ceux qui sont contrefaits, ceux qui sont pauures, ceux qui sont infirmes, ceux qui sont imprudens, & enfin ceux qui viuent sous la domination des Princes débauchez, ceux qui viuent sous le cómandement des Maistres bizares, ceux qui se sont precipitément encloistrez, ceux qui se sont imprudemment mariez, ceux qui sont nés de parens vicieux, ceux qui sont pere & mere d'enfans desordonnez, & ceux qui ont la conscience soüillée. Les mélancoliques n'ont presque point de belles heures, ils teignent la pluspart des objets de la couleur de l'humeur dont ils sont trauaillez. Les scrupuleux sont dans de continuelles apprehensions, ils s'imaginent que Dieu est plus porté à punir qu'à pardonner. Les delicats souffrent difficilement les moindres incommoditez, & pour peu qu'on les blesse, on les outrage. Les deffians prennent ombrage des moindres choses, & à moins qu'ils soient conuaincus d'erreur, leur humeur noire & iniurieuse est capable de les affliger. Les querelleurs ont des ennemis, ils sont insupportables, & ceux qui ont des ennemis n'ont pas ſujet d'eſtre gais. Les mediſans n'en manquent point auſſi, ils n'épargnent perſonne. Les chicaneurs ont ie ne ſçay combien d'affaires, & ceux dont la fortune dépend de pluſieurs éuenemens, ſont en paſſe de ſouffrir pluſieurs reuers. Les auares ſont trauaillez du deſir & de la crainte, & ils ne voyent iamais les effets des vertus royalles qu'ils ne ſoient viuement piquez de ces exemples. Les tendres reçoiuent impatiemment la dureté des mauuais naturels, & il y a plus d'ingrats que de reconnoiſſans. Les ſuperbes pechent contre la proportion des choſes, & comme les honneurs qu'on leur rend ſont touſiours diſproportionnez à leur vanité, ils ne reçoiuent iamais de ſatisfaction des choſes meſmes qu'ils aiment. Les contrefaits trouuent peu de ſerieux, on raille ordinairement les deffectuoſitez du corps. Les pauures ſont rejettez, & il y a peu de bons pauures. Les infirmes ſont ſujets aux recheutes, & il n'y a rien qui ſoit plus capable d'abbatre l'eſprit que la multitude des maladies. Les imprudens ſont ſouuent chagrins, la pluſpart de leurs entrepriſes échoüent. Ceux qui viuent ſous la domination des Princes débauchez, ſont menacez de miſeres, les profuſions des Princes engendrent ſouuent l'auarice, & la meſme auarice qui fait les tyrans fait les gueux. Ceux qui viuent ſous le commandement des Maiſtres bizares ſont touſiours en danger d'eſſuyer de grands affronts, & quelque bons ſeruiteurs qu'ils ſoient, la recompenſe de leurs ſeruices leur ſemble tousiours incertaine. Ceux qui se sont precipitément encloistrez ne font pas tousiours de necessité vertu, les suites de la religion semblent rudes à vn cœur qui n'est point touché, & il est difficile de faire auec gayeté ce qu'on fait sans deuotion. Ceux qui se sont imprudément mariez ont tous les jours deuant les yeux la cause de leur souffrance, & il est rare que les esprits qui ont esté foibles dans la plus importante action de la vie, ayent assez de force pour souffrir sans chagrin les suites de cette mesme action. Ceux qui sont nés de parens vicieux sont sujets aux reproches, & ceux qui sont pere & mere d'enfans desordonnez sont sujets aux plaintes. Enfin ceux qui ont la conscience soüillée ont quelquefois de fascheux resouuenirs, & ils n'entendent jamais parler de morts subites qu'ils ne demeurent interdits.

Il ne suffit pas de faire le bien, dit S. Bernard, il le faut bien faire, & il manque quelque chose à la bonne action lors qu'vne espece de tristesse l'accompagne.

Ce que la perle a de beau se dissout dans le vinaigre, ce que l'ame a de beau s'efface dans le chagrin.

L'on deuient comme insensible aux plaisirs quand les plaisirs se presentent tousiours aux sens, & c'est ce qui faisoit dire à Demetrius, qu'vne vie exempte d'orages estoit vne mer morte.

Si le plaisir a eu ses victoires, la tristesse a eu les siennes, les Licinius & les Fabies sont morts de chagrin.

Il y a des circonstances qui aggrauent la tristesse, l'on n'est pas peu triste quand l'on se voit priué des choſes pour la poſſeſſion deſquelles l'on a employé ſes plus beaux jours, quand l'on ſe voit enuironné d'vn mal pour lequel l'on a touſiours eu vne particuliere aduerſion, quand contre toutes les apparences du monde l'on reçoit le contraire de tout ce qu'on attendoit, quand l'on eſt attaqué de la mauuaiſe fortune en vn temps où la pluſpart des autres font des feux de joye, quand quelque prudent qu'on ait eſté l'on reçoit des diſgraces qui n'ont preſque point d'exemples, quand l'on eſt abandonné de ceux ſur leſquels on comptoit, quand les malheurs qui affligent vn particulier deuiennent funeſtes à vne communauté, quand enfin l'on paſſe des richeſſes à la miſere, d'vn eſtat floriſſant à vn eſtat déplorable.

Les trauerſes ſont aux vertueux ce que les tempeſtes ſont aux pilotes, & comme les tempeſtes affermiſſent le courage de l'vn, les trauerſes affermiſſent le courage de l'autre.

Vn ancien auoit ſi mauuaiſe opinion de la triſteſſe, qu'il ne feignoit point de dire qu'elle faiſoit des Eunuques.

L'on doit penſer ſouuent aux accidens faſcheux, il eſt mal-aiſé de faire le braue contre les accidens impreueus.

Il n'y a rien de ſi perilleux que les continuelles matieres de joye, auſſi Attalus, diſoit-il, parlant de la fortune, qu'il aimoit mieux qu'elle le nourriſt dans les combats que dans les delices.

La triſteſſe, ſeroit excuſable, ſi le mal gueriſſoit le

mal ; mais tant s'en faut, dit vn Moderne, qu'elle tire le fer de la playe, qu'elle l'enfonce.

Il ne faut pas s'étonner, dit vn Philosophe, si dans la tristesse la pluspart des hommes vsent mal de leur raison, ils ne cherchent des conseils salutaires que quand leur fortune est malade.

Quelque raison qu'on ait quelquefois d'estre triste, il y a de certaines nations qui ne peuuent souffrir la tristesse, les Thraces habilloient en femmes les hommes qui estoient en pleurs.

La tristesse est contagieuse, l'on deuient triste auecque les tristes.

Comme les grandes tristesses sechent les os, époississent le sang, & éteignent mesme les esprits. Le Medecin, dont parle Plutarque, eût rendu vn grand seruice aux hommes s'il eût fait sur les ames comme il disoit, ce qu'Hypocrate faisoit sur les corps ; mais cet art que le mesme Plutarque appelle vne sublime inuention est vn art imaginaire, il n'y a que la grace qui puisse heureusement combattre les maladies spirituelles, & encores ne voyons-nous pas qu'elle fasse des cures bien nombreuses.

Que les afflictions ayent sur nous les mesmes vertus qu'a le vinaigre sur l'or & sur l'argent ? le vinaigre les nettoye, que les afflictions nous purifient.

Les Saints ont passé par les tribulations, qui veut gouster ce qu'ils goustent, doit souffrir constamment ce qu'ils ont souffert. Il n'y auoit rien dans le Temple de Salomon qui ne fust mysterieux. Le refectoir de ce Temple estoit vne grande Salle où l'on l'on n'entroit que par des degrez de couleur de pourpre, & S. Hierosme qui discourt sur cette circonstance, enseigne qu'elle signifioit les fascheux accidens de la vie, & que pour entrer dans le Paradis, qui est le refectoir des bien-heureux, il falloit que ce fust ou par le Martyre ou par quelque chose d'approchant.

Qu'Alexandre fut viuement touché du meurtre qu'il commit! il voulut que les choses viuantes & inanimées portassent le deüil de la perte qu'il auoit faite, que le poil des cheuaux fût rasé, & que les tours de Babylone fussent abatuës.

Il y a des tendresses funestes, le fils d'vn Duc de Montpensier expira sur le tombeau de son pere.

Quelques sensibles que nous soyons aux choses fascheuses, l'absence d'vn grand bien cause quelquefois plus de tristesse que la presence d'vn petit mal.

Il y a des Auteurs qui soustiennent que la tristesse est moins supportable que la douleur, & ils alleguent pour raison qu'vn mal est d'autant plus grand qu'il est plus connu, & que la connoissance est plus exacte dans l'entendement que dans l'imagination; mais l'on peut répondre à cela que la tristesse n'est si poignante que la douleur, & que quelque connu que soit le mal qui fait le chagrin, il n'est insupportable à l'homme que par le reserrement du cœur qui est le siege du ressentiment.

La tristesse, disent quelques-vns, naist quelquefois du mal passé, & quelques-fois du mal futur, elle naist quelquefois du mal passé, puisqu'vn homme conuerty ne repasse jamais sur les desordres de sa vie, que le repentir ne l'oppresse, & elle naist quelquefois du mal futur, puisqu'vn bon pere ne preuoit jamais la desolation de ses enfans que les larmes ne le baignent; mais à proprement parler, la tristesse ne naist que de la presence du mal, & si l'on est triste des maux qui ne sont plus, & des maux qui ne sont pas encores, c'est tousiours sous des pensées qui les rendent presens.

I'auouë que les corps s'vsent bien-tost dans les grandes peines; mais quelle raison de s'en plaindre, les instrumens n'ont-ils pas accoustumé de s'vser au seruice de ceux qui les employent.

O cruelle douleur! disoit Darius, parlant à sa soif, que tu te vanges bien de mes voluptez passées! cet exemple nous apprend que les douleurs les plus grandes sont quelques fois cause de quelque belle reflexion, & que les mesmes choses qui font la mortification du corps seruent quelquefois à l'éleuation de l'ame.

Comme le mal est plus opposé à l'animal que le bien, les tristesses excessiues, disent quelques-vns, sont plus funestes que les delectations immoderées; mais les épanoüissemens excessifs ne font pas perir moins d'esprits que les reserremens extraordinaires, les vns les dissipent, les autres les étouffent, & le cœur d'où ils se communiquent n'est pas moins fletry par ses euaporations, qu'il est congelé par ses reserremens.

Il y a de certaines douleurs qui deuiennent comme insensibles en la presence de quelques autres douleurs. Quelque affamé que soit vn homme, il ne sent presque plus la douleur de la faim, lors qu'étant sur le point de manger il est enleué par vn Preuost & mené en prison.

On fait plusieurs questions sur la tristesse, & entre les plus raisonnables, l'on demande si elle prouient plus de la presence du mal que de la priuation du bien qui luy est opposé. Quoy que le bien soit naturel, que le mal soit estranger, & par consequent qu'on soit plus sensible aux effets de la contrarieté qu'aux douceurs de la conuenance, neantmoins l'on peut dire que la tristesse prouient quelquefois plus de la priuation du bien que de la presence du mal qui luy est contraire, puisque la nature par exemple ne reconnoist ny seigneurie ny sujettion, qu'il y a de certains maux qui ne tirent leur grauité que de la qualité des biens qui leur sont opposez, & que les hommes qui passent mal-heureusement du commandement à l'obeïssance, ne sont viuement touchez de l'estat où ils se trouuent, qu'en veuë de l'estat où ils se sont trouuez.

Quand la Grace nous accompagne, il n'y a point de maux que nous ne brauions. Les feux de mon martyre, dit vn grand patient, rafraischissent les feux de mon amour.

Les trauerses ont quelque chose de bon, c'est vne Ecolle dont Dieu s'est seruy pour rendre le peuple éleu plus aduisé.

Comme les exemples ſont plus efficaces que les preceptes, l'on a eu raiſon de dire que l'aduerſité eſtoit plus inſtructiue que la raiſon.

Si la triſteſſe produit diuers effets, il faut attribuer cette diuerſité non ſeulement à la difference de ſes cauſes exterieures; mais encores de ſes cauſes ſubjectiues. Le pituiteux qui eſt mol & rempant eſt plus abbatu dans le reſſentiment des choſes qui l'affligent, que n'eſt le colerique qui eſt ardent & fier, & le ſanguin qui n'eſt gueres accouſtumé aux choſes faſcheuſes reçoit tout autrement auſſi les reuers de la fortune, que ne fait le melancolique qui eſt accouſtumé aux objets deſagreables.

Ou il faut que les grands Eſprits ayent la vertu d'adoucir la violence des douleurs, ou qu'entre les corps humains les vns ſoient d'vne autre trempe que les autres, Anaxarque qui eſt dans vn mortier braue la cruauté du tyran, & quoy qu'elle ſoit ingenieuſe à tourmenter ſon corps, il ne s'en plaint non plus, dit vn Ancien, que ſi ſon corps n'eſtoit que le ſimple veſtement de ſon ame.

Vn Moderne dit que les ſoûpirs ſoulagent la triſteſſe, parce, dit-il, que le ſoûpir n'eſt autre choſe qu'vne violente attraction d'air, & qu'vne grande aſpiration du meſme air, que l'air attiré rafraiſchit les poulmons, & que les poulmons rafraiſchis, rafraiſchiſſent le cœur; mais ſi ces raiſons ſont bonnes, d'où vient qu'en vn autre endroit, il dit que la triſteſſe reſerre le cœur, & que la triſteſſe refroidit les eſprits, le rafraiſchiſſement conuient-il au froid? &

le cœur a-t'il plus besoin de grandes aspirations dans les passions qui le congelent, que dans les mouuemens qui l'échauffent, ce que ie puis dire icy, c'est que les esprits qui sont concentrez dans le cœur, & qui sont violentez dans le reserrement du mesme cœur, sont incomparablement plus chauds qu'ils n'estoient auparauant, que le cœur extraordinairement ardent dans son fonds a besoin de grandes aspirations, & que les grandes aspirations qui apportent beaucoup d'air, apportent beaucoup de raffraichissement.

Tout ce qui glace compresse; mais tout ce qui compresse ne glace pas, aussi dit-on que les tristesses extremes ont les yeux secs, & que les tristesses mediocres ont les yeux humides, que Psammetite Roy d'Egypte qui vit mener son fils comme vn esclaue par les satellites de Cambise Roy de Perse ne le pleura point, & que le mesme Psammetite qui vit vn de ses amis en vn estat déplorable le pleura.

Quand Salomon dit qu'il est aduantageux d'entrer dans les maisons de larmes, & qu'il est dangereux d'entrer dans les maisons de joye, il veut dire que les afflictions instruisent, & que les plaisirs corrompent, que les images qu'on remporte des miseres humaines rendent les hommes plus auisez, & que les images qu'on conserue des actions brutalles rendent les hommes plus sensuels.

Que la tristesse est quelquefois bizare? la mere de Darius eût assez de constance pour ne pas mourir apres la mort de son fils, & elle n'eût pas assez de force pour viure apres la mort d'Alexandre.

Il ne faut pas imiter la plante dont parlent les Naturalites, qui dresse ses feüilles contre le Ciel, de ce que le Ciel semble la menacer de quelque tempeste, il faut resigner sa volonté à la volonté de celuy qui a creé toutes choses, il faut baiser la main qui s'appezantit sur nos testes, il faut considerer qu'Isaac estoit homme de bien, & qu'il deuint aueugle, que Iosias estoit vn bon Roy, & qu'il fut tué, & que si Dieu enuoye des afflictions à ceux qu'il aime, l'on doit receuoir comme des signes de sa bienueillance ce qu'on reçoit comme des marques de sa haine.

Quelle indecence d'estre abattu à la moindre disgrace? ne deurions nous pas nous resouuenir que la molesse est incompatible auecque le salut, & que comme l'on ne pouuoit monter aux plus hauts estages du Temple de Salomon, qu'à la faueur d'vn instrument tortueux, l'on ne peut monter au Ciel qu'à la faueur d'vne vie penible.

Celuy qui est disposé à souffrir chrestiennement l'exil, le des-honneur, les maladies, la misere est en passe de receuoir les recompenses qui sont deuës à la fermeté, Dieu voulut que la terre de promission fût considerée comme le couronnement de la patience, & qu'en veuë de cette consideration les Hebreux y entrassent sous les vestemens de la milice.

Si les tailles des vignes contribuent à l'abondance de leurs raisins. Si les eauës salées qui humectent les palmiers contribuẽt à la multitude de leurs dattes. Si les peignes de fer qui semblét déchirer les entrailles des figuiers d'Egypte contribuent à la bonté de leurs figues, pourquoy les maux qui attaquent les hommes ne contribueroient-ils pas à l'augmentation de leurs vertus, les hommes ne sont-ils pas plus excellens que les plantes, & les choses qui ont en elles vn principe plus excellent ne doiuent-elles pas faire vn meilleur vsage des choses qui leur arriuent.

S'il y a quelque raison d'estre triste, il faut estre plus triste de la cause de nos chastimens que de nos chastimens mesmes.

Il ne faut pas tant penser aux mal-heurs qui nous arriuent qu'aux maux que nous faisons. Le mesme coup qui nous abat releue peut-estre les innocens que nous tenions opprimez. Les mesmes afflictions qui nous arrestent comme vne digue empeschent peut-estre que nostre débordement de bile ne renuerse nos ennemis. La mesme justice qui nous enuoye des fleaux détourne peut-estre nos passions tyranniques d'exercer leur empire sur les veufues, & sur les orphelins, & c'est en veuë de ces considerations que nostre tristesse doit estre conuertie en joye, que nos aigreurs doiuent estre changées en consolations, que nos plaintes doiuent estre conuerties en actions de graces.

Comme il est raisonnable que les maux de coulpe soient suiuis des maux de peine, il est raisonnable que nous fassions bon visage à la mauuaise fortune; Que si nous n'auons pas assez de force pour empescher que la tristesse ne nous attaque, au moins deuons-nous auoir assez de courage pour empescher que la mesme tristesse ne nous surmonte, il sied bien aux Chrestiens de se roidir contre les maux, la patience est vne vertu dont ils doiuent faire vne estime particuliere, c'est dans la fournaise des tribulations que ce precieux metail se purifie, c'est sous la lime que ce riche diamant se polit, c'est sous le fleau que ce bon grain se deueloppe.

Quand le cœur conserue de l'amour pour Dieu, les afflictions luy sont ce que l'eau est au charbon de terre, l'eau qui réveille le feu de la chaux augmente son ardeur, les afflictions qui réveillent le feu du cœur augmentent son zele.

Ce n'est pas assez que de se roidir contre les maux, il faut soustenir constamment les assauts qu'ils nous liurent, la fin en toutes choses est la perfection des choses, & comme en matiere d'architecture, le chapiteau est le couronnement de l'œuure, en matiere de Morale, la perseuerance est le couronnement de la vertu.

Ne nous plaignons point des persecutions qu'on nous fait, seruons nous des mesmes persecutions. Le mal que font les méchans, dit vn Ancien, est vne semence de bon-heur dont les gens de bien doiuent vn jour faire la recolte.

Si nous estions persuadez des veritez Chrestiennes nous imiterions les dauphins, les dauphins s'égayent dans les agitations de la mer, nous nous réjoüyrions dans les tempestes de la vie.

Les maux qui trouuent differens sujets agissent diuersement,

diuersement, des vns ils en font des furieux, & des autres ils en font des stupides.

Quoy les poissons nageront contre le courant de l'eau, & nous nous laisserons emporter au courant de nos disgraces! Quoy les oyseaux voleront contre la violence des vents, & nous nous laisserons surmonter à la violence de nos persecutions? ha! si cela est desia arriué, pleurons de ce que nous auons répandu des pleurs, attristons nous de ce que nous auons fait des gemissemens, il est honteux que les bestes repoussent ce qui les choque, & que ce qui nous choque nous abatte, il est honteux que les bestes combattent ce qui leur déplaist, & que ce qui nous déplaist nous consterne.

Comme la persecution est souuent le partagé des gens de bien, vn Ancien n'a point feint de dire qu'elle estoit vne enseigne, qui montroit comme au bout du doigt où la vertu estoit logée.

Plus l'on fait le violent contre Dieu, & plus l'on se procure de peine, nous ressemblons en cela aux oyseaux que le chasseur a surpris, plus ils se debattent contre le filet, & plus ils s'étreignent, plus nous nous soûleuons contre les maux que Dieu nous enuoye, & moins nous nous mettons en estat d'en estre déliurez.

Il y a de certains naturels qui semblent n'estre dans leur élement que quand ils ont à combattre quelque matiere de tristesse, Loüis Douziesme qui prit la couppe pour deuise nous apprit par ce choix que ce qui abbatoit les autres irritoit son courage,

& que comme la couppe ne paroissoit jamais si brillante qu'au trauers des éclypses, il ne paroissoit jamais plus éclattant que dans les infortunes.

Que j'aime ces poissons qui ne haïssent rien tant que les eauës dormantes, & qui n'aiment rien plus que le bruit des torrens, & que le boüillonnement des écluses, ils ne ressemblent pas à nos effeminez qui aiment le repos, qui abhorrent le tintamare, & qui des trauerses qui les retirent de leur assoupissement en font le sujet de leurs soûpirs, & la matiere de leurs lamentations.

De toutes les tristesses il n'y en a point de si sensibles que celles qui naissent des maux qui arriuent à ceux que nous aimons, & pour preuue de ce que j'aduance, voyez en quel estat est reduit Hercule de la perte de Polixene, voyez combien Niobe est saisie du meurtre de ses enfans, voyez de quelle maniere Hemon est touché de la mort d'Antigonne, voyez jusqu'à quel point Pilade est inquieté des souffrances d'Oreste, voyez enfin ce que ressent Achille à la veuë du corps de Patrocle.

Ce n'est pas sans sujet qu'on dit que la tristesse se conuertit quelquefois en rage, Alexandre transporté de la mort de son Fauory, va fondre sur les Cosseiens, & comme si les enfans mesmes eussent esté coupables du meurtre qu'il auoit commis, il épargne si peu leur sang, qu'vn Ancien considerant les massacres qu'il en fait, les appelle les victimes d'Ephestion.

Quoy que les disgraces nous balottent, nous n'auons pas sujet d'estre tristes, Dieu preside en l'vniuers, dit vn Pere, il n'arriue rien que par luy, il n'arriue rien que pour nous, & les carreaux mesmes qui nous écrasent, n'abregent nostre vie que pour diminuer nos chastimens.

Quelque desagreable que soit la tristesse, il y en a qui veulent mourir auecque elle, Porcia ne ressembloit pas à la plusspart des femmes qui honorent de quelques larmes les funerailles de leurs maris, & qui apres les premiers ressentimens pensent aux secondes nopces, elle auoit regardé Brutus viuant comme son souuerain bon-heur, & elle regarda Brutus mort comme sa souueraine misere, on détourna de deuant elle les poisons & les cousteaux; mais ce fut en vain, elle auoit resolu de perir, & à peine eût elle remply sa bouche de charbons ardans que son cœur en fut étouffé.

Il y a des tristesses qui sont tellement malignes dans leur surprise qu'elles emportent quelquefois ceux qui en sont saisis, le Cardinal de Pelué qui estoit François de naissance deuint Espagnol d'affection, & comme dans la part qu'il prenoit aux interests de nos ennemis, il souhaittoit la continuation de nos desordres, à peine sceut-il par le bruit confus des Parisiens que Henry-Quatriesme estoit dans la Ville, que de déplaisir il en mourut.

Que le remords est vne horrible tristesse ! aussi reçoit-il d'horribles noms, on dit que c'est vn ver qui ronge, que c'est vn vautour qui déchire, que c'est vn boureau qui tourmente, que c'est vne furie qui transporte.

Il y a des naturels qui sont comme incompatibles auecque de certains maux, Sertorius perdit sa constance à la mort de sa mere, & il ressentit si viuement cette mort, que sept jours durant couché contre terre il en répandit des larmes.

Tous les hommes mols apprehendent les choses fascheuses, & sur tout celles qui sont de durée, Cesar confirma ce que ie dis, lors que dans ses Commentaires il nous apprend qu'il auoit veu des peuples lasches & effeminez, des peuples qui craignoient plus les maux de la vie que la mort, la durée des maux que la fin de toutes les douleurs.

Les grandes ames ne sont pas peu réjoüyes lors qu'il s'agit de s'exercer contre les accidens de la vie, & c'est ce qui a fait dire à vn Ancien qu'elles receuoient plus de plaisir des causes de leur infortune, que les lasches ne receuoient de douleur des causes de leurs souffrances.

Il y a des herbes dont les bonnes odeurs seroient ignorées s'il n'y auoit des doigts qui les étreignissent. Il y a des hommes aussi dont les bonnes qualités seroient inconnuës, s'il n'y auoit des accidens qui les persecutassent.

La chicorée sauuage dissipe l'enflure du dragon, les amertumes de la vie doiuent abattre l'orgueil de l'homme.

# DES PASSIONS DE L'APPETIT IRASCIBLE.

## DE L'ESPERANCE.

L'ESPERANCE est vne passion de l'appetit irascible, qui prouient de la connoissance d'vn bien qui est absent, & qui est enuironné de plusieurs difficultez qu'on croit surmonter.

### *Des causes de l'esperance.*

L'ESPERANCE a plusieurs causes, elle a pour causes exterieures l'objet, les circonstances, les amis, les richesses, l'experience, & la reputation, & elle a pour causes interieures la connoissance, l'appetit, le courage, la jeunesse, le temperament, & la naissance.

Le bien est la cause objectiue de l'esperance, la difficulté, l'absence, & la possibilité sont les causes circonstancielles de la mesme passion. Pour bien entendre cecy, il faut se representer que l'esperance n'a jamais pour objet que le bien, & que c'est en cela qu'elle differe de la crainte, de la haine, & de l'audace, qui ont tousiours pour objet le mal, que l'esperance n'a jamais pour objet que les choses futures, & c'est en cela qu'elle differe du plaisir, qui a tousiours pour objet le bien present, que l'esperance n'a jamais pour objet que le bien difficile, & que c'est en cela qu'elle differe du desir, qui regarde tousiours le bien absent comme simplement bien, que l'esperance n'a jamais pour objet que les choses possibles, & que c'est en cela qu'elle differe du desespoir, qui a tousiours pour cause les choses insurmontables.

Les amis aident à faire naistre l'esperance, parce qu'on obtient souuent par leur entremise ce qu'on ne peut obtenir par soy-mesme.

Les richesses appianissent la pluspart des difficultez, parce qu'elles contiennent en puissance la pluspart des choses.

L'experience engendre souuent l'esperance, parce qu'elle nous apprend que plusieurs choses sont faisables, que plusieurs croyent impossibles.

La reputation est vne des causes de l'esperance, parce que ceux qui sont en bonne odeur se persuadent qu'on est persuadé de leur merite, & que les estimateurs de leur vertu deuiendront les deffenseurs de leurs causes, les appuys de leurs desseins, & les instrumens de leurs entreprises.

La connoissance du bien difficile & surmontable doit preceder les mouuemens de l'appetit, toutes les passions ont leurs causes efficientes.

L'appetit ou la puissance de combattre qui reside dans le cœur est la cause effectiue de l'esperance, les mouuemens doiuent naistre de quelque principe.

Le cœur est le siege de l'esperance, vne passion doit auoir son sujet.

Le courage qui consiste en vne certaine vigueur de cœur est vne des causes de l'esperance, ceux qui sont pourueus de cette noble qualité croyent qu'il n'y a presque point d'obstacles qui puissent vaincre leur constance.

La jeunesse contribuë à la naissance de l'esperance, parce que la chaleur qui abonde en cet âge est tres-remuante & tres-actiue, & qu'elle empesche qu'on ne preuoye toutes les difficultez qui peuuent suruenir.

Le temperament est encores vn des fondemens de l'esperance, parce que la bile est vne humeur entreprenante, que ceux qui sont animez de son feu conçoiuent de hauts sentimens de leur personne.

La naissance est vn aiguillon qui porte aux grandes choses, parce qu'elle est excitée par cent exemples domestiques, & que dans cette excitation les nobles enuisagent les difficultez comme les matieres de leurs triomphes.

*Question.*

L'On demande icy si l'esperance fortifie les actes. Ceux qui sont pour le contre, disent que les opposez s'entrefont connoistre, & que si l'on doit juger de la proprieté des causes opposées par la difference des effets, l'on peut dire que l'esperance affoiblit les actions, puisque le desespoir fortifie le courage. I'auouë que les actions qui suiuent le deſeſpoir ſont quelquefois ſemblables à celles qui accompagnent l'eſperance ; mais outre qu'il ne faut pas conclure ſimplement que l'eſperance débilite les actions de ce que le deſeſpoir ſemble quelquefois fortifier le courage, l'on peut attribuer à l'eſperance ce que le vulgaire attribuë au deſeſpoir, puiſque les deſeſperez qui combattent eſperent de vendre cherement leur vie, & que ſi cette eſperance leur manquoit, ils ſe laiſſeroient tuer ſans reſiſtance. Ceux qui ſont pour l'affirmatiue, diſent que l'eſperance eſt accompagnée de quelque eſpece de joye, qu'on fait ſouuent ce qu'on fait auecque plaiſir, & que le faire reïteré rend les actions plus fermes & plus hardies.

Pour moy qui ay aſſez bien obſerué la pluſpart des eſperances, ie ne feindray point d'aduancer que les petites ſont fort craintiues, que les grandes ſont fort pareſſeuſes, & que comme il n'y a que les mediocres qui portent frequamment à l'action, il n'y a qu'elles auſſi qui fortifient les actes.

### *Diuiſion de l'eſperance.*

IL y a en general quatre ſortes d'eſperances, il y a vne eſperance ſenſuelle, vne eſperance intereſſée, vne eſperance ambitieuſe, & vne eſperance ſalutaire ; mais comme la derniere eſt plûtoſt vne vertu qu'vne paſſion, vn don de Dieu qu'vn mouuement de l'appetit, nous ne la confondrons point auecque les precedentes.

L'eſperance ſenſuelle butte à la joüiſſance des plaiſirs,

plaiſirs , l'eſperance intereſſée tend à l'acquiſition des richeſſes, l'eſperance ambitieuſe qui eſt plûtoſt vne paſſion de l'ame qu'vne paſſion du cœur, incline à la poſſeſſion des charges, à l'éclat des emplois, à la pompe des dignitez, aſpire à l'eſtime des lettres , à la reputation des arts , & à la gloire des armes.

### *Des effets de l'eſperance.*

L'On peut donner trois noms à l'eſperance, on la peut appeller vne flame ſecrette, vne élegante conſolatrice, & vne paſſion enjoüée.

On la peut appeller vne flame ſecrette, parce qu'elle réveille les forces, parce qu'elle anime les operations.

On la peut appeller vne élegante conſolatrice, parce qu'elle releue le courage , parce qu'elle raſſeure l'eſprit.

On la peut appeller vne paſſion enjoüée, parce qu'elle porte la joye dans les eſprits les plus chagrins, parce qu'elle introduit la gayeté dans les humeurs les plus mélancoliques.

### *Remedes contre les excez de l'eſperance.*

L'On ſera moderé en ſes eſperances , ſi l'on conſidere que la fortune preſide en la pluſpart des éuenemens, qu'il arriue quelque-fois des conjonctures qui reduiſent en fumée les plus belles apparences du monde.

L'on sera moderé encores en ses esperances, si l'on considere que les élemens mesmes ont quelque-fois combattu des armées formidables, qu'il y a eu des embrasemens, des inondations, des orages qui ont inutilisé toutes les precautions de la prudence.

L'on sera moderé encores en ses esperances, si l'on considere qu'il y a des craintes paniques, & que ces sortes de craintes ont quelquefois reduit les plus forts aux dernieres extremitez.

L'on sera moderé encore en ses esperances, si l'on considere que le courage ne peut pas grande chose s'il n'est accompagné de la prudence, que la prudence ne peut pas grande chose non plus si elle n'est accompagnée du courage, & qu'il est tres-difficile de joindre le flegme du jugement auecque le feu de la bile, la maturité de l'esprit auecque les boüillonnemens du sang.

L'on sera moderé enfin en ses esperances, si l'on considere que les plus grands Seigneurs n'obtiennent pas tout ce qu'ils poursuiuent, que les richesses sont sujettes à la tyrannie, que les amis sont sujets au refroidissement, que la reputation est sujette à l'inconstance, & que l'experience est sujette à la bizarerie.

## *Reflexions sur l'esperance.*

QVELQVES Anciens ont representé l'esperance sous la figure du lys, ils ont fait cela à mon aduis pour montrer que comme il n'y auoit point de fleurs si hautes que cette fleur, il n'y a-uoit point de passions si hautaines que cette passion.

L'esperance, dit Seneque, est le nom d'vn bien incertain, celuy qui espere est tousiours entre les inquietudes du desir, & les rauissemens de la joye.

Les richesses enflent le courage, aussi dit-on que l'esperance entre où l'argent est introduit.

Il y a bien de la difference entre l'esperance & l'asseurance, & c'est pour cette raison que Seneque dit, que celuy qui craint espere, & que celuy qui espere craint.

L'esperance a ses signes, elle leue la teste, elle hausse le sourcil, elle fortifie la voix, & elle asseure le regard.

Vn de nos illustres Medecins dit, que l'esperance est vn mouuement de l'appetit, par lequel l'ame en attendant le bien qu'elle desire se roidit en elle-mesme pour resister aux difficultez qui se presentent; mais pourquoy se roidir & ne se soûleuer pas, puis qu'encores que les difficultez dont il s'agit n'en veulent à pas la destruction de nostre estre, elles peuuent nous menacer du retardement d'vn bien extremément considerable, & que le retardement d'vn bien de cette nature peut estre consideré comme quelque chose de bien fascheux.

Ceux qui ont comparé l'esperance à l'anchre, ont voulu nous apprendre par là que comme l'anchre qui arreste le vaisseau n'empesche pas que les vagues ne l'agitent, l'esperance qui roidit l'ame n'empesche pas aussi que les passions ne l'émeuuent.

L'esperance peut se roidir & se soûleuer, que si elle ne faisoit que se roidir, il faudroit qu'elle fût plus passiue qu'actiue; mais quelle apparence y auroit-il qu'elle fût plus l'vne que l'autre, puisque le desir l'accompagne, & que le desir est vn mouuement impetueux.

Comme l'esperance a quelque chose qui pousse, & qui retient, l'on dit qu'elle sert d'éperon à la lenteur, & de bride à la violence, qu'elle excite le desir par la possibilité qu'elle enuisage, & qu'elle modere le mesme desir par la crainte qu'elle renferme.

L'inquietude qui accompagne l'esperance peut venir de trois causes, elle peut venir de la crainte, du desir, & du plaisir, elle peut venir de la crainte, parce qu'on peut apprehender de n'estre pas assez tost possesseur de la chose qu'on poursuit, elle peut venir du desir, parce que le desir peut auoir pour objet vn bien extremément aimable, & que quand cette circonstance arriue, le desir est extraordinairement violent, elle peut venir du plaisir, parce que le plaisir peut naistre de la haute opinion qu'on a de sa personne, & que le plaisir est quelque chose de petillant.

Les yeux sont comme le rendez-vous des signes

les plus remarquables des passions, ils sont ardans dans la colere, ils sont ouuerts dans l'impudence, ils sont rudes dans la hardiesse, ils sont doux dans l'amour, & ils sont doux & seueres dans l'esperance.

Auant qu'vn homme cesse d'esperer, il faut que le Ciel & la Terre luy paroissent bien contraires, il semble que Thales soit de ce sentiment, lors qu'en parlant des choses, il dit que Dieu en est la plus ancienne, parce qu'il n'a point esté engendré, que le lieu en est la plus grande, parce qu'il contient tout, que l'ame en est la plus agissante, parce qu'elle est tousiours en exercice, que le monde en est la plus belle, parce qu'il renferme tout ce qu'il y a de beau, que la necessité en est la plus forte, parce qu'il n'y a rien qu'elle ne surmonte, que le temps en est la plus penetrante, parce qu'il découure les secrets les plus cachez, & que l'esperance en est la plus commune, parce qu'ordinairement parlant elle reste mesmes aux abandonnez.

Comme tous les hommes sont superbes, la plusspart se persuadent que dans les rencontres les plus desesperées, il se fera quelque chose d'extraordinaire pour les deliurer des maux qui sont comme pendans sur leurs testes, aussi voit-on souuët que l'esperance marche auecque les fugitifs dans les faux fuyans, & dans les solitudes, qu'elle court auecque les braues aux escarmouches, & aux bréches, qu'elle entre auecque les criminels dans les cachots, & dans les chapellés, & qu'elle monte auecque les condamnez aux potences, & aux estrapades.

Il y a des hommes qui ont vne si haute opinion de leur destinée que quoy que le Ciel les menace, ils perseuerent dans leur vanité. Colatin qui auoit fait éleuer vne statuë à la bonne fortune estoit remply d'esperance, & quoy que le foudre eût brisé cette statuë, il en fit éleuer vne seconde.

Les jeunes gens sont sujets à l'esperance, parce qu'ils regardent leur courage comme quelque chose d'inuincible, & qu'ils regardent les difficultez comme quelque chose de foible.

Chaque âge a ses proprietez, l'esperance accompagne les jeunes gens, & la deffiance accompagne les vieillards.

L'esperance est accompagnée de trois choses, elle est accompagnée d'inquietude, de chagrin, & de joye, elle est accompagnée d'inquietude, le desir qu'elle renferme n'est pas dans la joüyssance, il n'est que dans les acheminemens, elle est accompagnée de chagrin, les difficultez qui enuironnent le bien qu'elle poursuit retardent la joüyssance de ce bien, & ce retardement luy est quelque chose de fascheux, elle est accompagnée de joye, les mesmes difficultez qu'elle enuisage luy semblent des matieres de triomphe, & tout ce qui porte ces apparences porte leur agréement.

Il y a difference, disent quelques Docteurs, entre l'esperance & l'expectation, celuy qui espere regarde vn bien qu'il ne peut obtenir par ſa propre vertu, & celuy qui attend regarde vn bien qu'il peut poſſeder par ſa propre puiſſance.

Ce n'eſt pas vne choſe bien nouuelle dans la Morale que des cauſes oppoſées naiſſent des effets ſemblables, l'experience rend les hommes entreprenans, l'inexperience rend les hommes aſſeurez, l'experience affronte les difficultez qu'elle connoiſt, l'inexperience affronte les difficultez qu'elle ne connoiſt point.

Toute eſperance, dit vn Ancien, eſt affligeante, parce dit-il que tout retardement de bien eſt affligeant.

Ceux qui ont fait des experiences heureuſes ſont auanturiers, ceux qui ont fait des experiences fatalles ſont retenus.

Les mouuemens comme mouuemens ne ſont pas contraires, & s'il y a de la contrarieté entre l'eſperance entant qu'elle s'aduance, & le deſeſpoir entant qu'il ſe retire, elle ne ſe rencontre qu'en l'oppoſition de ces démarches.

Il y a de la grandeur d'ame dans les jeunes gens lors que quelques reuers qui leur arriuent, leur eſperance eſt auſſi hautaine qu'auparauant: Florus loüoit le jeune Pompée de la fermeté qui paroiſſoit dans toutes ſes actions, & il dit qu'vne qualité ſi rare en vn homme de cet âge ne pouuoit prouenir que d'vn courage heroïque.

Si l'eſperance que retint Alexandre n'eût animé ce grand Prince, de quels glorieux monumens ne ſerions nous point priuez! cela nous apprend que cette paſſion a quelque-fois de juſtes fondemens, & que quand entr'autres choſes elle eſt ſouſtenuë de la prudence & du courage, de la naiſſance & des amis, elle eſt capable de porter ſes victoires aux quatre coins du monde.

DV

## DV DESESPOIR.

LE desespoir ne deuroit point auoir de place parmy les passions, puisque les passions renferment le mouuement, & que le desespoir est vne cessation d'action; mais puisque nous auons presque par tout suiuy l'Ecolle, l'on peut dire selon ce qu'elle enseigne, que le desespoir est vne passion de l'appetit irascible qui prouient de la connoissance d'vn bien absent, & qui est enuironné de difficultez qu'on juge insurmontables.

### *Des causes du desespoir.*

IL est facile de juger que les causes du desespoir, sont les causes opposées aux causes de l'esperance, puisque le desespoir n'a point d'opposé que l'esperance, & que le deffaut des choses qui establissent l'vn, est le principe qui establit l'autre.

### *Objections.*

CEvx qui deffendent la doctrine commune, disent que le desespoir empesche la continuation d'vne vaine poursuite, & qu'on ne peut empescher le progrez d'vne action que par quelque action, je répond à cela que le feu peut estre éteint par la seule soustraction de la matiere, que la continuation d'vne vaine pourſuite peut eſtre empeſchée par la ſeule priuation des cauſes qui excitent le mouuement, & que ſi dans la perte de l'eſperance nous faiſons quelque-fois des actions que nous ne ferions pas ſi nous n'eſtions deſeſperez, ce n'eſt pas à proprement parler que le deſeſpoir ſoit la cauſe réelle & poſitiue des fougues qui nous tranſportent, puiſque le deſeſpoir eſt vne ceſſation d'eſperance, qu'vne ceſſation eſt vn non-eſtre, & que le non-eſtre eſt ſterile, c'eſt que la honte, le regret, & le dépit ſuccedent à l'inutilité des efforts qu'on a faits, & que ces paſſions ont ſouuent des ſuites extrauagantes.

### *Diuiſion du deſeſpoir.*

IL y a autant d'eſpeces de deſeſpoir qu'il y a d'eſpeces d'eſperances, l'on ne paruient pas à tous les plaiſirs qu'on recherche, l'on n'acquiert pas tous les biens qu'on pourſuit, & l'on ne s'éleue pas à tous les honneurs qu'on deſire.

### *Des effets du deſeſpoir.*

LE deſeſpoir ou pour mieux dire les reflexions qui le ſuiuent, engendrent ordinairement la triſteſſe, la taciturnité, l'aigreur, la confuſion, & quelques-fois quelque choſe de pis.

Le deſeſpoir comme cauſe priuatiue engendre la triſteſſe, parce que comme l'on eſt joyeux d'auoir ce qu'on a pourſuiuy, l'on eſt triſte de n'auoir pas ce qu'on a deſiré.

Il engendre la taciturnité quand l'on s'est proposé des aduantages que la naissance, la condition, & la fortune ne permettoient pas qu'on poursuiuist, parce que l'esprit hautement mortifié deuient comme interdit, & qu'en rentrant en soy-mesme, il reconnoist l'excez de sa presomption.

Il engendre l'aigreur, parce que les agitations qui l'ont precedé ont échauffé le sang, & que le sang échauffé est de facile inflamation.

Il engendre la confusion lors que nous auons vainement recherché vn bien que nos pareils ont obtenu, parce que nous nous imaginons que nous auons des deffauts extraordinaires.

Il engendre la colere, si les circonstances qui ont accompagné le bien inutilement poursuiuy ont esté diffamantes, si le mépris a esté joint au refus, si l'affront a esté attaché à la resistence, parce que l'injure est le fusil de cette passion, & le boute-feu de ce mouuement.

Il engendre enfin la fureur, quand dans la poursuite d'vn bien qu'on tenoit fort considerable, l'on a fait de si grandes dépenses qu'on est presque reduit à la mendicité, parce que ceux qui vsent si mal de leur fortune ont plus de mercure que de plomb, que ceux qui sont de cette trempe ressentent impatiemment les suites de la pauureté, & qu'il n'y a rien qui transporte plus les gens de cœur que ce qui oste le cœur à la plusspart des hommes.

### *Remedes contre les fascheuses circonstances du desespoir.*

L'ON sera moderé en son desespoir, si l'on considere que les disgraces viennent du lieu d'où viennent les faueurs, & que celuy qui distribuë les vnes & les autres est la sagesse mesme.

L'on sera moderé encores en son desespoir, si l'on considere que les biens du monde sont sujets au mauuais vsage, & que c'est estre quelque-fois heureux que de n'obtenir pas ce qu'on souhaite.

L'on sera moderé encores en son desespoir, si l'on considere que tous ceux qui recherchent quelque aduantage ne sont pas dignes de paruenir à ce qu'ils recherchent, & que quelques bonnes qualitez que possedent ceux qui ont vainement poursuiuy quelque bien, il y a quelques-fois bien de la difference entre leur merite & le merite de la chose qu'il ont tasché d'emporter.

L'on sera moderé encores en son desespoir, si l'on considere que les biens du monde sont passagers, & que toutes les choses passageres ne meritent pas qu'on s'y arreste.

L'on sera moderé encores en son desespoir, si l'on considere que les douceurs de la vie sont des attaches, & que moins l'on a de liens, & moins l'on est capable de regrets.

L'on sera moderé enfin en son desespoir, si l'on considere que le monde a esté racheté par le sang du Seigneur, & qu'il est raisonnable que ses souffrances adoucissent les nostres.

### *Reflexions ſur le deſeſpoir.*

IL faut attribuer aux paſſions qui interuiennent dans le deſeſpoir ce qu'on attribuë ordinairemẽt au deſeſpoir meſme, & nous verrons dans la periode ſuiuante que la haine & la honte qui ſe meſlent quelque-fois parmy le deſeſpoir ſont capables d'vne horrible meſlée.

Quoy qu'on perde l'eſperance de ſauuer ſa vie, l'on conſerue quelque-fois l'eſperance de vendre ſa perte, les Theſſaliens entrent dans la Phocide, l'aigreur les conduit, la cruauté les conſeille & dans l'eſtat où leurs paſſions les reduiſent, ils font non ſeulement deſſein de paſſer au fil de l'épée toute la milice du païs; mais encores de reduire à la ſeruitude les femmes & les enfans, ces horribles nouuelles vont aux oreilles des habitans de la Phocide, les habitans de la Phocide en ſont d'abord interdits; mais comme dans l'impuiſſance apparente de repouſſer l'ennemy, la ſatisfaction de vendre cherement leur ſang leur vint en la penſée, les hommes, les femmes, & les enfans prirent vne ſi forte reſolution de preferer vne mort glorieuſe à vne honteuſe ſeruitude, que contre leur attente ils paſſerent ſur le ventre de ceux qui leur preparoient des chaiſnes.

Que le ſoldat eſt redoutable lors que ſon ſalut conſiſte en ſa victoire. Les Romains coupoient quelque-fois les ponts afin que l'eſperance de ſe ſauuer par la fuite eſtant perduë, le deſeſperé fiſt de necessité vertu. Le Comte Maurice qui estoit vn sage Capitaine approuuoit cet artifice, & il s'en seruit lors qu'auant de donner la bataille de Nieuport il fit retirer ses vaisseaux.

Il y a bien de la difference entre l'impuissance d'éuiter vn mal, & l'impuissance d'obtenir vn bien, la premiere est la cause prochaine de la tristesse, & l'autre est la cause immediate du desespoir.

Ce n'est pas peu hazarder que de desesperer des braues, il faut faire comme on dit vn pont d'or à ses ennemis, & si nos François eussent tousiours suiuy cette maxime, Poitiers ne seroit pas signalé par la prise d'vn de nos Rois.

Entre les desesperez, il y en a qui se vangent, & par la rage qui accompagne leurs demarches, & par l'incendie qui precede leur rage. Les Cartaginois qui virent qu'ils ne pouuoient sauuer leur ville des mains de l'assiegeant, bruslerent comme dit vn Ancien, le triomphe des Romains, & à peine eurent ils mis le feu par tout qu'ils tournerent leur fureur contre leurs ennemis.

Qui perd l'esperance perd le respect.

Il est de certains desesperez, dit vn Ancien, comme de l'oyseau que les Naturalistes appellent serene, apres que cet oyseau s'est substanté de la chair des crapeaux, s'est repû du poison des serpens, il se retire dans quelque cauerne, & là, dit Albert le Grand, ne pouuant plus souffrir l'image des insectes qui ont corrompu sa nature, il se déchire les entrailles, apres aussi que certains desesperez se sont entretenus de l'aigreur de la resistance, se sont remplis de du venin de la tristesse, ils se retirent dans quelque solitude, & là ne pouuant plus souffrir l'image des mal-heurs qui ont alteré leur constitution, ils se percent le cœur.

Quand la haine qui naist du desespoir ne peut soûleuer l'audace contre l'ennemy, elle arme quelques-fois le bras contre son propre sujet, il y a eu des personnes qui se sont dérobés à la vanité des victorieux, & entre ces sortes de personnes, l'on compte Cleopatre.

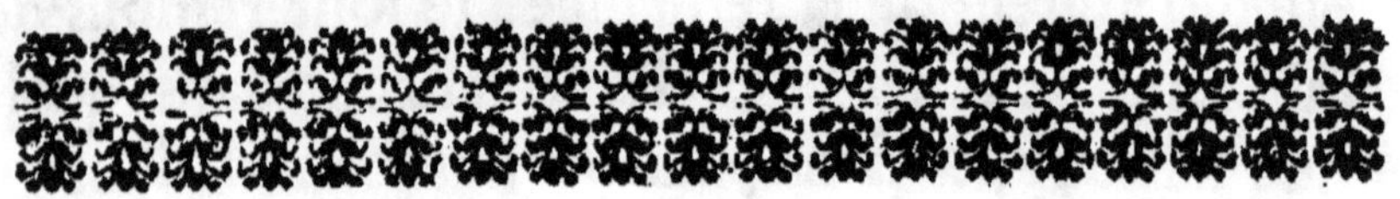

## DE LA CRAINTE.

LA crainte est vne passion de l'appetit irascible qui prouient de la connoissance d'vn mal, qui est prochainement absent, & dont nous sommes menacez, & qui est enuironné de si grandes difficultez, qu'on est extremement en doute si l'on sera assez fort pour les surmonter.

### *Des causes de la crainte.*

LA crainte comme les autres passions a plusieurs causes, elle a vne cause objectiue, vne cause *sans laquelle*, vne cause subjectiue, vne cause circonstancielle, vne cause deffectueuse, & vne cause surprenante.

Le mal est sa cause objectiue, parce qu'on ne craint pas le bien.

La connoissance est sa cause *sans laquelle*, parce qu'on ne craint point les choses inconnuës.

Le cœur est sa cause subjectiue, parce que c'est chez luy qu'elle exerce son empire.

Le mal absent & neantmoins comme pendant sur la teste, est sa cause circonstancielle, parce que le mal qui est present engendre la douleur, & qu'on ne craint pas ordinairement celuy qui est fort éloigné de nous.

La

La foiblesse du sujet est sa cause deffectueuse, parce que les mesmes menaces qui font le mépris des courageux font le saisissement des poltrons.

La nouueauté du mal est sa cause surprenante, l'Histoire nous rapporte sur ce point plusieurs exemples, & entre ceux que i'ay leus, i'ay remarqué qu'à la premiere veuë du stratagesme des élephans, les ennemis furent extremément effrayez.

### *Diuision de la crainte.*

IL y a quatre sortes de crainte, il y a vne crainte naturelle, vne crainte mondaine, vne crainte seruile, & vne crainte filiale.

La crainte naturelle a pour objet les precipices, les incisions, les maladies, les tourmens, & la mort.

La crainte mondaine a pour objet les disgraces, la pauureté, les reproches, l'infamie.

La crainte seruile a pour objet les souflets, les coups de pieds, les bastonnades, les étriuieres.

La crainte filiale a pour objet le mauuais visage, les refroidissemens, la negligence, en vn mot la priuation des tendresses paternelles.

### *Des effets de la crainte.*

LA crainte a plusieurs effets, elle engendre le trouble, la fuite, la tardiueté, la pasleur, le tremblement, la soif, & quelques autres accidens.

Elle engendre le trouble lors que le mal est fort

proche, qu'il est ſurprenant & formidable, parce que dans les choſes preſſantes, l'ame eſt comme incapable de rappeller d'abord toutes les idées qui luy ſont neceſſaires, & que dans la veuë des diuerſes circonſtances qui partagent ſon application ſes plus nobles fonctions ſont foibles.

Elle cauſe la retraite lors qu'elle a pour objet vn mal prochain & redoutable, qu'elle tombe dans l'ame d'vn homme qui n'a point de cœur, & qui a de l'eſprit, parce qu'vn laſche doute touſiours fort de ſa reſiſtance, que ſon cœur eſt alarmé à la veuë des maux que les braues affrontent, & que ſon eſprit qui ne peut luy inſpirer l'audace eſt obligé de luy conſeiller la fuite.

Elle engendre l'immobilité lors qu'elle a pour objet vn mal fort proche, & fort conſiderable, qu'elle tombe dans l'ame d'vn homme qui a le cœur laſche, & l'eſprit foible, parce que la nature qui aime la conſeruation des choſes s'efforce de deffendre la partie dont la conſeruation eſt capable de deffendre le tout, que la meſme nature qui veut deffendre le ſiege de la vie eſt imprudemment ſecourable en la perſonne d'vn homme qui n'a ny cœur ny eſprit, qu'elle ſurcharge le cœur d'eſprits, que de cette ſurcharge d'eſprits naiſt preſque l'extinction de la chaleur vitale, que de cette eſpece d'extinction naiſſent le refroidiſſement des membres, & la deſtitution des eſprits, & que l'eſprit qui deuroit du moins perſuader la retraite eſt incapable d'abord de reparer ſa ſurpriſe.

Elle engendre la pasleur quand le mal dont l'on est menacé est redoutable, & talonnant, & que l'esprit qui l'enuisage est comme surpris, parce que l'impreuoyance grossit d'abord les objets, & qu'encores qu'on ait du cœur & du jugement, la nature retire ses esprits.

Elle cause le tremblement quand l'on est prochainement menacé de quelque grand mal, parce que le tremblement, dit Fernel, vient de la pezanteur des nerfs, & de la diminution des esprits qui doiuent maintenir leur vigueur, & que les esprits comme j'ay desia dit fuyent la rencontre des choses qu'ils abhorrent.

Elle cause la soif quand elle a pour objet les maux dont ie viens de remarquer les circonstances, parce que la secheresse des parties succede à la fuite des esprits, que les esprits fuyards multiplient leur chaleur par leur reünion, que la reünion des esprits se fait vers les parties qui seruent à la nutrition, que de ce rendez-vous qui est tellement en feu qu'il consume quelque-fois la matiere de la fiévre quarte, il s'éleue des exhalaisons seches & chaudes, que ces exhalaisons dessechent encores le gosier, & par consequent les parties ministrielles de la soif.

Elle cause quelque-fois l'effusion de l'vrine, & l'expulsion de quelqu'autre excrement quand elle est excessiue, parce que l'ame épouuantée est trauersée en son gouuernement, que les esprits qui se retirent en foule vers les parties retentrices excitent vne chaleur extraordinaire, & que la chaleur extraordinaire a la vertu de dilater ces ſortes de parties.

### *Remedes contre les excez de la crainte.*

L'On ſera moderé en ſa crainte, ſi l'on conſidere que la pluſpart des maux tirent leur force de noſtre foibleſſe, & que tel a ſouffert le mal qu'il vouloit éuiter qui l'eût éuité, s'il ſe fuſt ſeulement mis en poſture de le combattre.

L'on ſera moderé encores en ſa crainte, ſi l'on conſidere que les maux violens ſont comme momentanez, & que les maux ordinaires ſont fort ſupportables.

L'on ſera moderé encores en ſa crainte, ſi l'on conſidere que celuy qui fuït ce qu'il deuroit affronter eſt quelque-fois coupable de la perte de ceux qui l'accompagnent, & que le glaive luy rauit quelque-fois ce que le ſort des armes luy eût laiſſé.

L'on ſera moderé encores en ſa crainte, ſi l'on conſidere que ceux qui fuyent toutes ſortes de maux s'accouſtument à la moleſſe, & que plus l'on deuient mol, & plus l'on deuient douloureux.

L'on ſera moderé encores en ſa crainte, ſi l'on conſidere que les menaces ſont trompeuſes, & que la crainte fait quelque-fois plus de mal que le mal meſme.

L'on ſera moderé enfin en ſa crainte, ſi l'on conſidere que l'excez de l'apprehenſion glace les esprits, & oste le jugement, & que bien éloigné d'éuiter le mal, il nous rend incapables de l'éuiter.

### *Reflexions sur la crainte.*

IL ne faut pas s'étonner si dans la crainte les esprits ont bien de la peine à reuenir, le froid qui les attaque les époissit, & les choses époissies ont bien de la peine à se répandre.

Quelques-vns enseignent qu'il y a bien de la difference entre le tremblement de la crainte, & le fremissement d'horreur, que ceux qui ont perdu l'esperance ont perdu la crainte, & qu'encores que la nature paslisse en la personne de ceux qui sont sur le point de sentir le glaive, c'est plûtost d'horreur que d'apprehension.

Si le cœur bat dans la crainte c'est que les esprits qui pensent le secourir y entrent pesle mesle.

L'on attribuë la parole d'Athys plutost à sa douleur qu'à sa crainte, & l'on allegue pour raison que c'est que le danger où son pere estoit luy semblant inéuitable le remplit de douleur, que la douleur rassembla en son cœur vne grande quantité d'esprits, que la chaleur du cœur qui en deuint extraordinaire porta sa violence jusqu'aux organes de la voix, qu'elle consuma les humeurs froides dont les mesmes organes estoient affectez, & qu'elle denoüa par consequent l'empeschement de la parole.

Il y a des maux secrets dans la nature, l'élephant s'effraye à la veuë du pourceau, & le lyon se retire au bruit des roüës.

Quoy que dans les grandes craintes la chaleur ſe retire au cœur, la chaleur n'y demeure pas toûjours, parce que la froideur de cette paſſion congele quelque-fois les eſprits, & que les eſprits congelez deſcendent plus bas, & c'eſt peut-eſtre pour cette raiſon qu'on enſeigne apres Homere, que le cœur d'vn laſche eſt au talon.

Vn grand deuot a bien rencontré à mon aduis, lors qu'il a dit que la crainte de Dieu gueriſſoit la crainte de l'Enfer.

L'on craint ſagement lors qu'ayant affaire à ſon Souuerain, l'on craint que ſa patience irritée ne deuienne vne colere foudroyante.

Il faut craindre celuy dont l'on ne peut tromper les yeux, & de qui l'on ne peut corrompre l'integrité.

Pline dit qu'entre les animaux aquatiques, la langouſte craint tellement le polyppe, qu'auſſi-toſt qu'elle le voit la frayeur la tuë.

Il y a plus de choſes qui nous intimident, qu'il n'y en a qui nous attaquent.

Galba ne tint compte de corriger ſes deffauts, ſur les remontrances qu'on luy en faiſoit, de crainte, dit l'Hiſtoire, que ſi ſur les meſmes remontrances il eût reparé ſes manquemens, l'on n'eût crû qu'il eût obey à ſes ſujets.

Les grands cœurs ſont ordinairement laſches, les cerfs, les hyenes, & les pantheres ſont timides.

Cotys briſa les preſens qu'on luy auoit faits, de crainte qu'ils ne deuinſſent la matiere de ſon emportement.

Vne frayeur surprenante est quelque-fois salutaire, elle a chassé en quelques personnes le hocquet, elle a guery en quelques autres la fiévre, & c'est ce qui a fait dire au Philosophe dans ses Problemes, qu'elle deliuroit quelque-fois les hommes de grandes incommoditez.

Il y a des choses que nous craignons plus que nous ne deuons, comme la perte de la faueur, il y a des choses que nous craignons hors de temps, comme les morts éloignées, & il y a des choses que nous craignons sans sujet comme le mépris de la posterité.

La crainte est quelque fois si saisissante, qu'on meurt quelque-fois de crainte de mourir.

Beaucoup de gens ont perdu leurs amis pour s'en estre deffiez.

Il y a des craintes dont les effets sont au dessus de nostre Philosophie. Le Gouuerneur de Montemarine qui ne vouloit pas rendre sa place, ne fut pas plutost conduit à la potence, dit Monsieur de Thou, par le commandement de Cesar Maggio qui l'auoit attiré hors de la ville, que son corps sua du sang, & vn jeune Florentin qui auoit fait quelque desordres dans Rome, ne fut pas plutost condamné à la mort par le Pape Sixte Cinquiesme, que considerant la violence de sa fin, il sua ce que le Gouuerneur de Montemarine auoit sué.

Comme il y a des craintes inconsiderées, la crainte du danger nous jette quelque-fois dans le danger mesme.

Vn Orateur a dit de bonne grace ce me ſemble, que les cerfs eſtoient les enfans du tonnerre, il ſuiuoit en cela l'opinion de ceux qui tiennent que les biches ne faonnent que quand elles ſont épouuantées du fracaſſement des nuës.

L'Hiſtoire remarque que deuant la ville de Sienne, vn coup de canon ſurprit de telle ſorte le Marquis de Marignan, que la peur qu'il en eût le deliura de la goutte.

La Theologie Payenne ne blaſmoit pas toute ſorte de peur, elle accuſoit ſes Dieux de s'eſtre ſauuez en Egypte, & l'on voit dans Pindare qu'en excuſant la fuite de quelqu'vn, il ne feint point de dire que les Dieux meſmes y eſtoient ſujets.

Vn Henry condamné à la mort ſous vne Reyne d'Angleterre, deuint en vn inſtant tout chenu.

Il y a des craintes ingenieuſes, la ſeche jette ſon ancre quand la crainte l'agite.

Quoy qu'il puiſſe arriuer conſeruons touſiours quelque eſpece d'eſperance, le feu a fait quelque-fois des ouuertures par où les captifs ont trouué des ſorties, la cheute des maiſons a quelque-fois épargné la vie des malades, la grace du Prince a quelque-fois preuenu d'vn moment la perte d'vne teſte, & vne perſonne condamnée à la mort a quelque-fois ſuruécu ſes Medecins.

La ſedition qui ſe fit pour le ſel à Bordeaux ſous Henry Deuxieſme, épouuanta tellement Simon Conſeiller, qu'en voulant parler à ſes domeſtiques il expira.

Noſtre

Nostre Histoire rapporte qu'à la prise de Niort vn paralytique fut si transporté de peur qu'il deuint libre de ses membres.

Comme tout ce qui a l'apparence du bien n'est pas bien, tout ce qui a l'apparence du mal n'est pas mal, aussi dit-on qu'il y a plus de mal dans la pensée que dans la chose, dans l'opinion que dans la nature.

Encores que la crainte ait pour objet le mal, elle peut par accident auoir le bien pour objet, & c'est en ce sens que les sujets craignent l'empire, que les inferieurs craignent la superiorité, & que les valets craignent la maistrise.

Les stupides sont quelque-fois moins timides que les grands hommes, Aristipe parut plus craintif qu'vn certain matelot, & sur ce que ce matelot le railloit, il ne faut pas s'étonner, luy dit-il, si ta crainte est legere, ta personne est vile.

On ne tire pas quelques-fois peu de fruit des apparences de la crainte, la pluspart des Capitaines feignent d'estre attaquez de quelque apprehension, & la mesme feinte qui attire l'ennemy au combat, l'attire quelques-fois à l'embuscade.

Si les maux pour estre craints doiuent estre inuolontaires, les maux de coulpe ne sont point des objets de crainte, l'on ne peche que quand l'on veut pecher.

De tous les maux il n'y en a gueres qui excitent vne plus grande crainte que les maux impreueus, ces sortes de maux ne donnent pas le temps de reconnoistre d'abord leur foiblesse, & dans le trouble qu'ils jettent, le secret d'y remedier ne tombe point dans la pensée.

Il me semble que c'est mal deffinir la crainte, que de dire que c'est vne passion qui prouient de la connoissance d'vn mal futur qui excede la puissance de celuy qui craint, si cela estoit, à quoy bon fuïr le mal ? la nature ne feroit-elle pas en cela vne action inutile ?

Si la crainte moderée perfectionne les actes, ce n'est pas entant qu'elle combat la chaleur, c'est entant qu'elle solicite l'entendement, ce n'est pas entant qu'elle refroidit le sang, c'est entant qu'elle recueille l'esprit.

L'on peut mettre l'amour, dit vn grand Pere de l'Eglise, entre les causes de la crainte, en effet, personne ne craint le mal qu'en veuë du bien qui luy est opposé.

Entre les sujets qui sont capables de crainte, il y en a qui y sont plus sujets que les autres, & l'on met en ce rang les pituiteux, les mélancoliques, les vieillards, & les femmes. Les pituiteux sont fort craintifs, parce que leur flegme humecte leur bile. Les mélancoliques sont encores fort craintifs, parce qu'encores qu'ils soient accoustumés aux images effroyables, leur humeur noire preste tousiours quelque chose aux maux dont ils sont menacez. Les vieillards sont encores fort craintifs, parce que leurs esprits sont comme refroidis, & que leurs forces sont comme abatuës. Les femmes sont encores fort craintifues, parce que leur corps est delicat, & que leur chaleur est debile.

Où l'esprit est plus delié, la circonspection est ordinairement plus grande, & c'est pour cette raison que les peuples du Midy sont plus circonspects que ceux du Septentrion, & que les Italiens & les Espagnols sont plus susceptibles de cette crainte que les Alemans & les Scythes.

Quoy que la chaleur soit extensiue, & que dans la crainte elle se retire auecque les esprits dans les partiês basses, neantmoins l'humidité qui accompagne les mesmes esprits peut-estre si grande qu'elle peut causer le relaschement des parties, aussi remarque-t'on que les pituiteux qui sont attaquez d'vne crainte extraordinaire expulsent souuent leurs plus gros excremens, & qu'encores qu'ils ayent comme surmonté leur froideur naturelle par les exercices de la guerre, ils ne vont gueres aux coups qu'auparauant ils ne soient deuoyez.

Qu'il y a de sottes craintes? Nicias, dit Plutarque, consultoit scrupuleusement le mouuement des astres, & il arriua vn iour qu'ayant differé de s'embarquer à cause d'vne éclypse de Lune, il perdit son armée.

Il n'y a point de braues quelques accoustumez qu'ils soient aux combats à qui le visage de l'ennemy ne donne d'abord quelque crainte, Alexandre est vn exemple conuainquant de cette verité, ce Prince estoit extremément courageux, & cependant il ne commançoit jamais la meslée qu'il ne tremblast.

Tite-Liue a eu raison de dire que la crainte estoit

l'arboutant des Estats, si cette passion n'inspiroit la retenuë, les doctes voudroient occuper le poste des ignorans, les gens de merite mépriseroient la noblesse, & il n'y auroit ou que la suffisance ou la force qui reglassent les preéminences.

Quelque Religieux qu'on soit, il faut que la crainte accompagne le zele, & S. Bernard qui estoit persuadé de cette verité, ne feint point de dire que la Religion est inseparable de la crainte.

O que la crainte est bizare! il y a des hommes qui ne peuuent souffrir les maux mesmes qu'ils peuuent vaincre, & l'on a dit de l'Empereur Othon, qu'il ne se fût pas perdu s'il eût osé se sauuer.

Chose estrange, ceux qui sont les plus habiles en vn art, sont quelque-fois ceux qui apprehendent le plus de faillir, Ciceron ne plaidoit jamais que d'abord il ne tremblast, & la pasleur de son visage découuroit assez les effets de sa crainte.

Les Prestres à Rome estoient exempts des fonctions de la milice; mais quand il s'agissoit de combattre les Gaulois, Plutarque dit en la vie de Camille, que tous ceux qui estoient capables de porter les armes estoient enrollez.

Il y a des naturels si peureux, que la peinture naturelle des maux est capable de les effrayer, S. Iean Climaque parlant d'vn bon Pere de son temps, dit qu'il apprehendoit extremément le feu que les voyageurs ne voyent point, & qu'il ne voyoit jamais celuy que les voyageurs voyent qu'il n'en fust hors de luy-mesme.

De tous les hommes il n'y en a point de plus redoutables que les infames, les ſtupides, les bilieux, les mélancoliques, les riches, les pauures, & les diſſimulez. Les infames ſont fort redoutables, ceux qui ſont morts ciuilement ſont comme morts à toutes ſortes de retenuës. Les ſtupides ſont encores fort redoutables, ceux qui ſont hebetez s'expoſent d'autant plus facilement au danger qu'ils n'en ont preſque point de connoiſſance. Les bilieux ſont encores fort redoutables, ceux qui ſont de ce temperament, ne ſe plaiſent que parmy le fer & le feu. Les mélancoliques ſont encores fort redoutables, ceux qui ſont de cette humeur couuent long-temps leurs mauuais deſſeins. Les riches ſont encores fort redoutables, ceux qui ont des threſors ne trouuent rien d'inuincible. Les pauures ſont encores fort redoutables, ceux qui n'ont rien à perdre mépriſent d'autant plus leur vie que leur vie leur eſt à charge. Les diſſimulez enfin ſont fort redoutables, ceux qui ſçauent déguiſer leur haine ſont capables de ſurprendre leurs ennemis.

La crainte a ſes vtilitez, elle eſt comme dit Pline, la correctrice des vices.

Petus qui eſtoit extremément craintif apprehendoit extraordinairement les moindres menaces, Neron qui l'auoit menacé reprit ſon bon viſage, & de crainte, dit l'Hiſtoire, que le retardement du pardon n'alteraſt notablement ſa ſanté, l'Empereur luy pardonna ſur l'heure.

Les maux tres-proches, & les maux tres-éloignez,

dit vn Ancien, ne sont pas les objets de la crainte. Les hommes naissans & qui se portent bien n'apprehendent pas la mort, ils ont trop de part à l'aduenir. Les criminels qui sont sur le poinct d'estre executez n'apprehendent pas non plus la mort, la mort leur est presente, & s'ils sont trauaillez, ce n'est pas de crainte, c'est de douleur.

Luther qui se moque de la crainte qui regarde l'autre vie, a esté condamné de toutes les personnes de bon sens, & le Concile mesme de Trente qui combat cette erreur, ordonne de croire que cette espece de crainte est vn acheminement à la justification.

Il n'y a quelque-fois point d'empire qui soit égal à l'empire de la crainte, nous ne douterons point de cette verité, si nous nous resouuenons que dans la crainte de troubler vn sacrifice, vn des pages d'Alexandre souffrit sans rien dire qu'vn charbon luy brûlast la main, & que dans la crainte de decouurir vn larcin dont l'on estoit chargé, vn jeune homme de Lacedemone souffrit aussi sans dire mot qu'vn regnard luy rongeast les entrailles.

Ce n'est pas sans sujet qu'on dit qu'on croit voir ce qu'on craint de rencontrer. Le Comte de Charolois prés de Paris prit vne multitude de chardons pour les lanciers de Loüis Onziesme, & le Duc Dalue en Flandre prit vne mariée de village suiuie de quantité de villageois pour les troupes du Prince d'Orange.

Pour peu que les songes soient fascheux, vne perſonne craintiſue en fait la matiere de ſes apprehenſions, Cambyſes s'imagine en dormant que ſon frere eſt aſſis ſur ſon Trône, cette viſion le trouble, & de crainte qu'elle ne deuienne vne realité, à peine eſt-il ſorty de ſon ſommeil qu'il donne ordre à Prexaſper de jetter Smerdis dans la mer rouge.

Les perſonnes les plus éminentes ne ſont pas toûjours les plus reſoluës, j'ay ſceu du Reuerend Pere Moreau Auguſtin reformé, qui n'eſt pas moins illuſtre par ſa vertu que par ſes écrits, que le Reuerend Pere Soulier Auguſtin reformé auſſi, entra comme par force dans la chambre de la Reyne Marguerite pour luy rendre les dernieres reconnoiſſances, & que cette Princeſſe dans ſa plus grande ſanté apprehendoit tellement la mort, qu'elle fuyoit meſmes les ornemens lugubres.

Il y a des precautions cruelles, & qui neantmoins ſont en quelque façon excuſables. Alaric qui auoit fait deſſein de paſſer d'Italie en Sicile, & de Sicile en Affrique, vit ſon entrepriſe échoüée par la mort qui le ſurprit, ſes ſoldats qui ſe repreſenterent le ſang que ce Prince auoit répandu firent détourner le cours d'vn canal, & là ils enſeuelirent ſon corps, & comme la vengeance eſt naturelle, & qu'il euſt eſté à craindre que les priſonniers de l'armée qui auoient trauaillé à détourner le cours du canal n'euſſent exercé leur rage ſur ce cadavre, ſi on ne les euſt reduits dans l'impuiſſance de faire cette action, l'armée d'Alaric fondit ſur ſes miſerables, & violant les loix de la guerre, firent d'vne crainte pieuſe vne fureur brutalle.

Qui peut se vanter de preuenir la crainte, Garsias Deuxiesme Roy d'Espagne fut surnommé le trembleur, & quoy que dans le courage qui l'animoit, il fist tous ses efforts pour paroistre en tout temps ce qu'il estoit, il n'alloit jamais à l'ennemy que son frisson ne precedast son accez. Le Mareschal de Biron étoit sujet au deffaut de ce Prince, il ne pouuoit vaincre d'abord son apprehension, & quelque braue qu'il fust, il falloit que l'ardeur de la meslée réueillast l'ardeur de son courage.

Quoy qu'il ne soit pas deffendu de prendre son temps, il ne faut pas neantmoins imiter ces obseruateurs de vents & de nuées, qui de crainte de mal commancer à semer ne sement jamais, c'est faire mal de crainte de mal faire, c'est faillir de crainte de faire des fautes.

Ie ne suis point de l'opinion des Gymnosophistes, qui dirent à Alexandre que pour se faire aimer il ne falloit point se faire craindre, le peuple est méprisant quand le Prince est benin, & il attribuë ordinairement à la crainte ce qu'il deuroit attribuer à la douceur.

Ce n'est pas vne chose peu graue qu'vne continuelle défiance, aussi Cesar disoit-il qu'il valoit mieux mourir vne fois que d'estre tousiours en crainte.

Comme la crainte est tantost aduantageuse & tantost nuisible, les Spartes eurent raison de dresser vn autel à la peur.

## DE L'AVDACE.

'AVDACE est vne passion de l'appetit irascible, qui porte l'homme à affronter le mal qui se presente.

### *Des causes de l'audace.*

L'AVDACE a vne cause objectiue, vne cause efficiente, vne cause subjectiue, vne cause circonstantielle, vne cause influante, vne cause necessaire, & vne cause accidentelle.

Elle a le mal pour cause objectiue, l'on ne se soûleue pas contre le bien.

Elle a la connoissance pour cause efficiente, l'on n'entreprend pas de combattre vn mal qu'on ne connoist point.

Elle a le cœur pour cause subjectiue, le cœur est le siege de toutes les passions.

Elle a la presence du mal pour cause circonstantielle, l'on n'attaque pas vn mal éloigné.

Elle a l'esperance pour cause influante, le courage ne se soûleue qu'en veuë de la victoire qu'il se promet.

Elle a le courage pour cause necessaire, la mesme esperance qui excite l'audace est excitée, & elle ne reconnoist point de plus puissant aiguillon que ces ardeurs qui gonflent le cœur, que ces feux qui enfla-

2

ment le sang, & que ces esprits qui allument les yeux.

Elle a la jeunesse & la bile, la noblesse & l'experience pour causes accidentelles, la jeunesse est entreprenante, la bile est enflamable, la noblesse est ambitieuse, & l'experience est instructiue.

*Diuision de l'audace.*

IL y a trois especes d'audace, il en a vne qui hazarde, il y en a vne autre qui attaque, & il y en a vne autre qui resiste.

Il y en a vne qui hazarde, telle est celle qui tente vn passage, qui lasche vne parole libre.

Il y en a vne autre qui attaque, telle est celle qui commance le combat, & qui fond sur l'ennemy.

Et il y en a vne autre qui repousse, telle est celle qui deffend la bréche, & qui donne coup pour coup.

*Des effets de l'audace.*

L'AVDACE qui a la teste haute, & l'œil allumé, le teint vif, & la voix éclatante, est hautaine en parolles, & fiere en contenance, brusque en demarches, & dédaigneuse en regards, la raison est que cette sorte d'audace est vn meslange de courage & de presomption, d'esperance & de colere, & qu'encores que les maux qu'elle ait à combattre soient terribles, elle regarde leurs difficultez comme inegalles à sa vigueur, elle considere leur grandeur comme disproportionnée à sa violence.

*Remedes contre les excez de l'audace.*

L'ON sera moderé en son audace, si l'on considere que ce qui paroist foible est quelque-fois fort, & que tel a chanté la victoire auant le combat qui a esté battu.

L'on sera moderé encores en son audace, si l'on considere que la violence de la passion oste le jugement, & qu'il y a des ennemis qui sçauent tirer aduantage des moindres fautes.

L'on sera moderé encores en son audace, si l'on considere que la fortune abandonne tost ou tard les temeraires, & qu'vne disgrace est capable d'effacer cent belles actions.

L'on sera moderé encores en son audace, si l'on considere que la perte de la vie, des biens, ou de l'honneur suit l'emportement, & que la moindre de ces choses est de grande importance.

L'on sera moderé encores en son audace, si l'on considere que les affaires qu'on se fait interessent quelques-fois les parens, & les amis, & qu'il est fascheux qu'vne brutalité rejallisse sur cent honnestes gens.

L'on sera moderé enfin en son audace, si l'on considere que la brauerie brutale expose quelque-fois inutillement le sang du citoyen, & que le sang du citoyen doit quelque chose à la patrie.

## *Reflexions sur l'audace.*

COMME l'on ne combat le mal que pour le bien, l'audace suppose l'esperance.

Aux sacrifices des Payens, l'on passoit l'espée deuant les victimes, & si les victimes en estoient effrayées, on les chassoit de l'autel.

Les gens de cœur craignent plus vne honte qu'vne infortune, & ils aiment mieux conseruer leur honneur que de prolonger leur vie.

Il y a des hommes qui sont hardis lors que ceux qui ne les égallent point en puissance ne font aucune demonstration de peur, parce qu'ils raisonnent du moins au plus, & qu'ils pensent que si dans les mesmes rencontres les moins forts sont sans apprehension, à plus juste raison les plus redoutables doiuent estre sans crainte.

La vaillance a plus d'étenduë que la hardiesse, parce que tel est hardy dans les combats qui est lasche dans les souffrances, & que le veritable vaillant est hardy en toutes choses.

Que ne doit-on point dire d'vn Leonidas Lacedemonien? ce braue garda auecque cinq cens hommes le détroit de Termopiles contre la prodigieuse armée de Xerces, & il eut mesme la hardiesse d'aller arracher la couronne de ce Prince à trauers des picques & des espées.

Si la hardiesse consistoit à n'auoir point de peur, les choses inanimées seroient hardies.

L'audace a ses diuerses manieres d'agir, les Suisſes attendent le choc, les François commencent ordinairement la meſlée, & les Scythes font ſemblant de ſonner la retraite.

L'inexperience eſt hardie, elle ne connoiſt pas ſon impuiſſance.

Ie me moque d'vn certain Naturaliſte qui dit qu'il tombe quelque-fois du Ciel vne eſpece de pierre qui a la vertu de fortifier l'ame la plus peureuſe contre toutes ſortes de perils, la veritable hardieſſe qui eſt celle qui attaque & qui reſiſte, dépend de la diſpoſition du cœur, & de la qualité du temperament, & ſi elle dépendoit de quelqu'autre choſe, ce ſeroit ſelon Seneque, d'vne certaine force d'eſprit qui ſupplée quelque-fois à la chaleur du ſang, & à l'abondance de la bile, & qui meſme fait faire aux hommes les plus timides les actions les plus reſoluës.

L'audace eſt vne paſſion conſiderable, ie l'auouë; mais à quoy bon de la tant vanter! que peut faire le plus hardy de tous les hommes, dit vn grand perſonnage, qu'vn verre d'eau de vie ne faſſe faire à vn Moſcouite, qu'vne bouteille de mal-voiſie ne faſſe entreprendre à vn Italien.

Quoy que celuy qui ſe hazarde s'expoſe touſiours à vn mal incertain, il ne s'expoſe jamais à vn mal inconnu, il ſe repreſente touſiours le mal comme poſſible, que s'il ne ſe le repreſentoit pas comme tel, il s'enſuiuroit de là que ſon action reſſembleroit à l'action de ceux qui par ignorance manient des viperes & mangent des venins, & que comme elle ſeroit faite ſans connoiſſance, elle ſeroit faite ſans hardieſſe.

Il y a difference entre l'asseurance & l'audace, l'asseurance n'est à proprement parler qu'vne exclusion de crainte, & l'audace est reellement & de fait vn acte de l'appetit, il y a encores difference entre l'esperance & l'audace, l'objet de l'esperance est tantost proche & tantost esloigné, & l'objet de l'audace est tousiours comme present.

Quelques-vns enseignent dans l'opposition qu'ils font de l'esperance à l'audace, que l'esperance a tousiours pour objet vn bien simplement difficile, & que l'audace a tousiours pour objet vn mal fort redoutable; mais cette doctrine est fausse; la raison est que l'esperance est l'ame de l'audace, & que si l'esperance n'auoit quelque-fois pour objet vn mal extremément terrible, l'audace ne joüeroit jamais des cousteaux.

Toutes les audaces sont des esperances; mais toutes les esperances ne sont pas des audaces, les audaces ont tousiours pour objet des maux funestes; mais les esperances ont quelque-fois pour objet d'autres objets.

Ceux qui n'examinent pas exactement les difficultez qui accompagnent le mal qui se presente, sont tousiours ardans au commancement du combat, & froids dans la meslée, & ceux qui examinent exactement les mesmes difficultez sont égallement ardans, & au commancement du combat, & au fort de la meslée. Que s'il suruient des accidens impreueus, les derniers ne se démentent point, ils font tousiours voir que la vaillance a ses fermetez, & que ſi elle cede à la force, elle ne cede jamais à la crainte.

Ie ne ſuis point de l'opinion de ceux qui tiennent qu'il y a plus d'honneur à entreprendre beaucoup, qu'il n'y a de honte à ne reüſſir pas ſouuent, il n'y a preſque point d'honneur à tanter ſouuent l'aduenture, pour peu qu'vn homme ſoit bilieux, il met ſouuent comme on dit la flamberge au vent; mais il eſt fort honteux qu'vn homme ſoit preſque toûjours aux mains, & qu'il ait preſque touſiours du pire, qu'vn homme ſoit preſque touſiours aux priſes, & qu'il ſoit preſque touſiours battu.

L'audace n'eſt pas peu vtile, ſans elle les moindres dangers ſeroient capables d'étouffer les plus beaux deſſeins.

Il y a quelque choſe de noble dans l'audace, elle eſt ennemie des voyes obliques & indirectes, & elle ne penſe pas tant, dit vn celebre Auteur, à détourner le mal qu'à vaincre l'ennemy.

Selon que le cœur a plus ou moins de certains eſprits, il eſt plus ou moins courageux, tous les Heros d'Homere ſont beuueurs, & Homere a voulu nous apprendre par là que la meſme chaleur naturelle qui fait les alterez, fait les audacieux, que la meſme conſtitution qui engendre ſouuent la ſoif, engendre ordinairement la hardieſſe.

Comme l'audace eſt naturellement bruſque, ſes coups precedent ſouuent ſes menaces, & elle aime mieux s'expliquer par les actions que par les paroles.

Il y a plus de brutaux chez les peuples du Septentrion, que chez les peuples du Midy, les premiers abondent plus en ſang que les autres.

L'audace qui eſt fanfaronne aime à faire parler d'elle, & l'on dit que ſi elle auoit le choix de deux choſes, elle prefereroit vne cheute éclatante à vne victoire obſcure.

Ou trouue-t'on des Injurioſus qui portent hardiment la verité dans les oreilles des Princes, cet Eueſque de Tours dit à Clothaire Roy de France, qui vouloit que la troiſiéme partie du reuenu des Egliſes remplit ſon épargne, qu'il eſtoit honteux qu'vn Prince s'enrichit aux dépens des pauures, & que s'il rauiſſoit les biens de Dieu, Dieu luy oſteroit ſon Royaume.

Dans les derniers ſiecles il s'eſt trouué des Catons, Charles Huitiéme fit des articles aſſez rudes qui ne furent pas receuës d'vn certain Cappon dont Guichardin fait les éloges, & ſur ce qu'il ne tint compte d'abord de les adoucir, Cappon ne ſe contenta pas de les déchirer en ſa preſence, il luy dit meſme, hé bien Sire vous recourrez à la force, & nous courrons aux armes, vous ferez ſonner vos trompettes, & nous ferons ſonner nos cloches.

Le jeune Cyrus qui eſtoit plus grand beuueur que ſon frere Artaxerces, & qui pretendoit par là eſtre preferé à luy, eût eſté en quelque façon excuſable ſi le caractere d'vn Prince eût eſté d'eſtre audacieux; mais le Prince a plus beſoin de prudence que d'audace, & la hardieſſe eſt moins la paſſion d'vn Heros,

ros, que la passion d'vn simple soldat.

Virgillo Maluezzi tient que la hardiesse dépend de l'imagination; mais quelque chaude que soit l'imagination, il faut dans l'audace que l'abondance des esprits corresponde à la chaleur de la fantaisie, & que les esprits mesmes ayent plus de secheresse que d'humidité.

Quoy que le cœur semble manquer aux fébrecitans, cela n'empesche pas que l'audace ne dépende en partie de la chaleur du cœur, la fiévre est vn feu estranger, & le feu estranger suspend en quelque façon le feu naturel.

Il est éuident que les cœurs qui abondent le plus en esprits sont les plus courageux, puisque les cœurs qui abondent le plus en esprits peuuent porter la chaleur par toutes les parties sans se ressentir notablement de cette effusion, & que les cœurs qui abondent le moins en esprits ne peuuent porter la chaleur par tous les membres sans se ressentir considerablement de cet épanchement.

Vne femme outragée comme l'on dit jette feu & flame, la sœur de Dionysius qui estoit piquée de la cruauté qu'il auoit voulu exercer sur son mary fugitif, luy fit les plus horribles reproches du monde, & quoy qu'il fust tres-perilleux de le pousser à bout, elle luy dit pour dernieres paroles qu'il auoit perdu tous les sentimens que la nature inspire, & que si elle eût sceu son dessein dés que Polixemus l'eût appris, elle eût mieux aimé suiure vn mal-heureux, que de voir tous les jours vn tyran.

Que la réponse de Valerius Asciaticus fut hardie & heureuse. Les soldats coururent aux armes pour tuer tous ceux qui s'estoient trouuez au massacre de Caligule, & comme ils estoient particulierement en peine de sçauoir qui estoient ceux qui auoient donné le coup, que ie serois heureux, leur dit Asciaticus ? qui estoit sur vn lieu éminent, si vous voyez en ma personne vn des conjurez, ces paroles masle-ment prononcées surprirent les soldats, & elles eurent la vertu d'appaiser leur fureur.

Guillaume Roy d'Angleterre, qui estoit extremément pressé de Malcolmus Roy d'Ecosse, fut contraint de se jetter dans vne place; mais enfin il eût esté contraint de sortir honteusement de sa retraite, si vn soldat n'eût entreprit sa délivrance. Le soldat dont ie parle, estant aduantageusement monté parut hors de la place auecque vne lance, au bout de laquelle il y auoit des clefs, dés que Malcolmus vit qu'il venoit ciuilement à luy, il s'aduanca, & le soldat qui sceut prendre son temps ne le vit pas plûtost en estat de prendre les clefs, qu'il luy perça l'œil gauche & le tua.

## DE LA COLERE.

A colere est vne passion de l'appetit irascible qui prouient de la connoissance d'auoir esté offensé.

### *Des causes de la colere.*

LA colere a vne cause objectiue, vne cause efficiente, vne cause subjectiue, vne cause materielle, & vne cause dispositiue.

Elle a pour cause objectiue l'injure, c'est à dire les regards dédaigneux, les hochemens de teste, les mains mises, les parolles outrageantes, l'inexecution des promesses, les refus honteux, les injustes preferences, les obstacles volontaires, & les concurrences affectées, parce que le mépris engendre la colere, que l'injure suppose le mépris, & que le mépris se retrouue dans toutes les causes objectiues, dont ie viens de faire le denombrement.

Elle a pour cause efficiente la connoissance, parce que l'appetit ne s'émeut jamais que sur le rapport qu'on luy fait.

Elle a pour cause subjectiue le cœur, parce que le cœur s'enfle au ressentiment de l'injure.

Elle a pour cause materielle l'ébulition qui se forme à l'entour du cœur, parce que cette ébulition qui est acre & mordicante excite l'homme à rafraischir ſon ſang dans le ſang de l'ennemy.

Elle a pour cauſes diſpoſitiues l'excellence de la perſonne offencée, la baſſeſſe de la perſonne offençante, la naiſſance éclatante, la profeſſion militaire, l'ardeur du temperament, l'excez de la bonne opinion, & l'indiſpoſition du corps, parce que l'offence eſt d'autant plus grande qu'elle regarde les perſonnes les plus nobles, que le reſſentiment eſt d'autant plus aigre qu'il eſt excité par les perſonnes les plus viles, que la naiſſance éclatante gonfle le courage, qu'elle eſt vn aiguillon, qu'elle eſt vn boute-feu, que la profeſſion militaire a ſes points d'honneur, qu'elle enuiſage le mépris comme vn attentat, qu'elle conſidere la vengeance comme vn deuoir, que l'ardeur du temperament eſt tres-ſuſceptible d'inflamation, que l'excez de la bonne opinion eſt la meſure de l'injure, que plus l'injure ſemble piquante & plus l'émotion ſemble juſte, que l'homme eſt naturellement ſuperbe, que la ſuperbe eſt ennemie du mépris, que le mépris eſt vn tiſon, que le dernier mépris eſt l'inhumanité, & que c'eſt eſtre inhumain que de joindre le poids des offences au fardeau des afflictions.

*Objections.*

L'ON demande icy quelle eſt plus dangereuſe de la colere ou de la haine. Ceux qui tiennent que la colere eſt plus dangereuſe que la haine, diſent qu'outre ſa malignité elle renferme celle de la haine, & que comme elle ne regarde que le fer &

le feu, c'eſt auecque raiſon que Salomon la traite d'impitoyable. Ceux qui tiennent que la haine eſt plus dangereuſe que la colere, comparent la haine à vne poutre, & la colere à vn feſtu, & ils veulent nous faire entendre par là que comme vne poutre eſt incomparablement plus pezante qu'vn feſtu, le haineux proportionne toſt ou tard ſes efforts au fardeau dont il veut ſe décharger.

Il eſt impoſſible de cacher la colere, cette circonſtance nous apprend que la colere eſt plus violente que la haine, & par conſequent plus redoutable.

La haine ſe contente de faire du mal, la colere veut qu'on ſçache d'où le mal vient, cette circonſtance nous témoigne que la colere eſt plus imprudente que la haine, & par conſequent plus perilleuſe.

La haine eſt lente, & il arriue ſouuent que la perſonne haïe ſuruit la perſonne qui haït, la colere eſt bruſque, & il arriue ordinairement que la perſonne irritée fait de tous les temps des temps de vengeance, cette circonſtance nous apprend que la colere eſt plus hazardeuſe que la haine, & par conſequent plus mal faiſante.

Quoy que Ciceron diſe en quelque endroit que la haine eſt vne colere inueterée, il y a des haines naiſſantes, & des haines ſimples, il y a des haines naiſſantes, puiſque la colere renferme la haine, & que la colere eſt quelque-fois l'ouurage d'vn moment, & il y a des haines ſimples, puiſque l'objet d'vne haine peut deuancer d'vn siecle la naissance de la personne qui la haït, & qu'au regard de la mesme personne cet objet peut-estre quelque vice indifferent; mais quand toutes les haines seroient meslées de colere, encores faudroit-il confesser que la promptitude de la colere combattroit la lenteur de la haine, & que comme enfin la violence de l'vne surmonteroit la timidité de l'autre, elle l'exposeroit aux mal-heurs des éuenemens.

### *Diuision de la colere.*

IL y a trois sortes de coleres, il y en a vne qui est enfielée, il y en a vne autre qui est maniaque, & il y en a vne autre qui est furieuse. La premiere est appellée enfielée, parce qu'elle est le premier boüillō de la bile émeuë, cette espece de colere est la colere des sanguins, parce que comme ils sont prompts à se refroidir, ils sont prompts à s'enflamer. La seconde est appellée maniaque, parce qu'elle est tenace, c'est à dire parce qu'elle ne déloge pas facilemēt, cette colere est la colere des songe-creux, des mélancoliques, de ceux qui dans l'examen qu'ils font des injures trouuent tousiours sujet d'entretenir leur alteration. La derniere est appellée furieuse, parce qu'elle est inquiete, qu'elle est remuante, qu'elle trauaille extraordinairement ceux qui en sont possedez, cette colere est la colere des sangs boüillans, des attrabiles, en vn mot de ceux qui sont tousiours dans la derniere disposition de signaler leur ressentiment.

## *Des effets de la colere.*

LEs effets ordinaires de la colere peuuent estre reduits au nóbre de deux, l'on peut dire qu'elle aueugle, & qu'elle défigure, l'on peut dire qu'elle aueugle, parce qu'elle éleue des fumées, qu'elle obscurcit le cerueau, qu'elle desordonne les especes, & que la raison qui est l'astre qui preside à sa natiuité, ne preside point à sa conduite, l'on peut dire encores qu'elle défigure, parce que l'abondance de ses esprits qui refluent de plus belle, allume les yeux, gonfle les veines, entre-coupe les paroles, & surhumecte les lévres.

Il faut remarquer en passant qu'il y a deux sortes de ferueurs sanguines, qu'il y en a vne qui est douce, & qu'il y en a vne autre qui est amere, que celle qui est douce est celle qui se forme dans l'amour, que celle qui est amere est celle qui se forme dans l'ire, que la premiere vient d'vne idée agreable qui flatte les esprits, & que l'autre vient d'vn objet fascheux qui enflame le fiel.

Il faut remarquer encores qu'à la naissance de l'injure vne espece de crainte rappelle le sang, & les esprits au centre de la vie, que la colere qui vient à se former mesle ses saillies auecque les retenuës de l'apprehension, & que c'est de ce combat que naissent les irresolutions où l'on voit quelque-fois ceux qui sont sur le point de fondre sur leurs ennemis.

Il faut remarquer enfin que ceux qui ont largement examiné les suites de la colere, les ont reduites à ſix, qu'ils les ont reduites au battement du cœur, au tremblement des membres, à l'enflure des veines, à l'étincellement des yeux, à l'enroüement de la voix, & aux troubles de l'imagination.

### *Remedes contre les excez de la colere.*

L'On ſera moderé en ſa colere, ſi l'on conſidere que le ſang boüillant créve quelque-fois des veines, & que de cet accident la mort s'en enſuit.

L'on ſera encores moderé en ſa colere, ſi l'on conſidere que l'excez de cette paſſion trouble le jugement, & que dans ce trouble l'on reſſemble mieux à vne beſte furieuſe qu'à vn animal raiſonnable.

L'on ſera moderé encores en ſa colere, ſi l'on conſidere que l'emportement eſt vne precipitation, & qu'il eſt extremément faſcheux d'aſſouuir par ſon imprudence la haine de ſon ennemy.

L'on ſera moderé encores en ſa colere, ſi l'on conſidere que ſes tranſports affoibliſſent ſon bon droict, & qu'il n'y a pas de plaiſir à ſe vanger aux dépens de ſa reputation.

L'on ſera moderé encores en ſa colere, ſi l'on conſidere que pour tirer raiſon de l'offenſe receuë, l'on a quelque-fois beſoin d'vn feu de durée, & que le trop grand feu de la paſſion dont il s'agit, fait en vn moment de grandes diſſipations d'eſprits.

L'on ſera moderé encores en ſa colere, ſi l'on conſidere

ſidere que le repentir ſuit touſiours la violence, & que le regret eſt vn faſcheux ſuiuant.

L'on ſera moderé enfin en ſa colere, ſi l'on conſidere que les accidens qui accompagnent la fureur ſont extremément difformes, & que c'eſt faire vn eſtrange perſonnage que faire le grimacier.

*Reflexions ſur la colere.*

QVE l'Empereur Theodoſe connoiſſoit bien la colere? il apprehendoit que cette paſſion n'eût plus de part en ſes reſſentimens que la juſtice, qu'elle n'offenſaſt ſa conſcience, qu'elle ne des-honoraſt ſon regne, & pour empeſcher les maux dont elle eût pû eſtre la cauſe, il voulut que l'execution de ſes Arreſts de mort fuſt ſuſpenduë juſques au trentiéme jour.

Comme la colere d'Auguſte n'eſtoit pas de durée, vn Philoſophe fit bien de luy conſeiller de ne rien faire dans ſon reſſentiment qu'il n'eût prononcé les lettres de l'Alphabet.

Quelque dangereuſe que ſoit la colere, elle a ſes vtilitez, l'authorité ſeroit quelque-fois morte ſi elle eſtoit ſans émotion, le zele ſeroit quelque-fois infructueux s'il eſtoit ſans violence.

De toutes les paſſions la colere eſt la plus brutale, il n'y a point d'amitiées qu'elle ne rompe, il n'y a point de droit qu'elle ne viole, il n'y a point de ſainteté qu'elle ne prophane, il n'y a point de crime qu'elle ne commette.

Quoy que la colere faſſe l'audacieuſe, vn Ancien

dit qu'elle est timide, & il allegue pour raison que c'est craindre son ennemy que de le vouloir perdre; mais l'on ne craint pas tout ce qu'on veut détruire, il y a des ennemis qui ne sont pas redoutables, & l'on ne se vange quelque-fois que pour le seul plaisir de se vanger.

Toutes les coleres ne passent pas à la vengeance, & comme il y en a qui sont pleines de menaces, l'ennemy prend ses precautions sur les allarmes qu'elles donnent.

Y a-t'il rien de plus horrible à l'œil & à l'oreille qu'vn homme transporté de colere, il grimace comme vn demoniaque, il rugit comme vn lyon, il écume comme vn sanglier, & il sifle comme vn aspic.

La colere est souuent vne mauuaise conseillere, il ne tint pas à elle que pour venger l'injure d'vne statuë, Theodose ne passast cent mil hommes au fil de l'espée.

Qu'est-ce que le cœur d'vn homme qui est en colere? c'est vne boutique de forgerons, dit vn Ancien, où les pensées sont autant de Cyclopes qui trauaillent à forger des canons & des chaines, des fers & des poignards.

Chose estrange! l'on a veu des tyrans qui dans l'extremité de leur colere auoient le visage gay, cet enjouëment, disent quelques-vns, prouenoit de ce que l'esperance de se vanger bien-tost est joyeuse, & de ce que ces sortes d'esperances sont ordinairement attachées aux puissances Souueraines.

Les bilieux s'emflament de peu de chose, & il suffit quelque-fois pour leur faire perdre la raison, qu'ils ayent à punir l'indecence d'vne posture, l'impudence d'vn regard, le contre-temps d'vn soûris, & l'indiscretion d'vne parole.

Il y a des esprits qui sont aigres en de certains temps, & qui neantmoins n'ont pas l'intention de déplaire, ces sortes de bizares ressemblent à la mer, la mer n'est quelque-fois fascheuse que par les vents qui regnent dans ses abysmes, ces bizares aussi ne sont quelque-fois choquans que par la mauuaise humeur qui regne dans leurs entrailles.

Quelque impetueuse que soit la mer, elle est plus retenuë que la colere, la mer semble tousiours respecter les bords du riuage, & la colere passe souuent les bornes de la raison.

Le mépris n'engendre pas tousiours la colere, les Ephores condamnerent vn de leurs citoyens, de ce qu'il souffroit sans ressentiment les insultes de toute la Ville.

Comme les choses sont receuës selon la disposition des sujets, il ne faut pas s'estonner si sur le refus de quelques viures que fit la ville de Soccoth, Gedeon horriblement piqué de ce mépris tourna sa pointe contre cette Ville, & si pour éteindre l'ardeur de sa colere dans le sang de ses ennemis, il fit jetter tous les principaux d'entre-eux sous des pressoirs épineux.

Que Socrate estoit different de ceux qui ne peuuent digerer la moindre chose qui les choque, il receut vn jour vn crachat d'vn de ses esclaues, & quoy que cette insolence meritast cent coups, il fut si moderé, rapporte Erasme, qu'il se contenta d'écrire sur son front le nom de celuy qui luy auoit gasté le visage.

L'on offense par ignorance, par passion, & par conseil, la derniere offense est la veritable cause de la colere.

Quelques Courtisans voulurent porter le pere d'Alexandre à se vanger des Atheniens; mais Philippe qui consideroit les grands hommes qui estoient parmy eux, & qui sçauoit que sa clemence trouueroit des Panegyristes, quoy leur dit-il? hé quels sont vos conseils! celuy qui ne vit que pour la gloire doit-il détruire son Temple.

Il y a des deffauts qui allument la colere, comme sont l'insolence, le refus, la paresse, & il y en a d'autres qui l'éteignent, comme sont la reconnoissance, le regret, & l'humiliation.

Les offenses de ceux qu'on a tousiours considerez comme amis, sont plus sensibles que les injures de ceux qu'on a tousiours considerez comme indifferens, Cesar fut plus viuement touché de l'attentat de Brutus, que de celuy des autres conjurez.

On dit que la tristesse qui se retrouue dans la colere deuroit plûtost refroidir les esprits que d'échauffer le cœur; mais l'esperance qui se retrouue dans la mesme colere combat tellement la froideur de la tristesse, que du succez de ce choc naist ce qu'on appelle ferueur.

Encores que la médiſance ſoit vne des cauſes de la colere, neantmoins Auguſte ſouffrit contre ſon ordinaire ſi paiſiblement la détraction de Timagene, qu'il ſe contenta de luy deffendre l'entrée de ſon Palais.

Veux-tu que ie t'apprenne, dit S. Baſile, qui a inuenté les couſteaux, les épées, en vn mot les armes, ſçache que c'eſt la colere.

Caſſian auoit vne ſi mauuaiſe opinion de la paſſion dont ie parle, qu'il conſeilloit de renfermer plûtoſt vne vipere dans ſon ſein, que de receuoir dans ſon cœur le ſerpent de l'ire.

Ariſtote qui vante la colere, dit qu'elle eſt à la vaillance ce que l'éperon eſt au cheual, c'eſt à dire qu'elle rend la vaillance plus actiue.

La colere fait tort au corps, aux biens, & à l'ame, elle fait tort au corps, parce qu'outre le deſordre qu'elle introduit dans les humeurs elle fait quelquefois des ruptures de veines, elle fait tort aux biens, parce qu'elle détruit la moderation qu'on doit auoir dans les affaires du monde, & elle fait tort à l'ame, parce qu'elle trouble l'imagination, qu'elle obſcurcit l'entendement, & qu'elle ſurprend la volonté.

Vn Moderne n'a pas mal repreſenté en peu de mots la colere, lors que conſiderant les nuages qu'elle jette dans l'eſprit, & les alterations qu'elle cauſe dans les humeurs, il a dit qu'elle chaſſoit le Maiſtre de la maiſon, & qu'elle y mettoit le feu.

Le mesme Auteur parlant de la mesme passion, dit que l'ame est son principe, que les esprits sont ses instrumens, que le sang est sa matiere, & que le cœur est son siege.

L'Empereur Valentinian se laissa vn iour tellement emporter à la colere, que comme dans la preuoyance de sa prochaine mort on le voulut saigner, l'on trouua que l'ardeur de sa passion auoit consumé toute l'humeur de ses veines.

L'on dit parlant des enfans, qu'auecque de fausses vengeances l'on appaise de veritables douleurs.

Si la colere est effroyable dans les hommes, elle n'est guere moins laide dans les bestes. Les sangliers aiguisent leurs deffenses, & ils détrempent les mesmes deffenses dans l'écume qu'ils jettent. Les taureaux poussent leurs cornes en l'air, & ils remuent le sable. Les lyons fremissent, & ils battent de la queuë. Les chiens montrent les dents, & ils troublent leurs regards. Enfin les serpens mesme retortillent leur queuë, & enflent leur col.

Vn Ancien parlant de la colere, dit que c'est vn foudre auquel rien ne resiste, que c'est vn feu deuorant qui reduit tout en cendre, que c'est vn venin furieux, qui n'est pas moins mortel à celuy qui le vomit qu'à celuy qu'il étouffe.

Porphyre dans la colere renia le Christianisme, & Tertulien dans la mesme passion embrassa l'heresie de Montan.

De toutes les passions ie n'en trouue point de plus extrauagante que la colere, Xerces pour se vanger enuoya vn cartel de deffi au Mont-Athos, Cyrus pour la mesme raison fit arrester long-temps son armée sur les bords de la riuiere de Gnidus, & le Prophete Ionas se fascha mesme vn jour contre vn lierre de ce qu'il estoit fané.

La colere est naturellement ennemie de la prudence, Alexandre ternit l'éclat de ses victoires par les funestes effets de son emportement, Holopherne qui auoit fait mourir dans la violence de sa passion vn de ses plus chers confidens, tomba sous le glaive de Iudith, & l'aigreur de Saül contre Dauid, luy cousta tout ensemble & la perte de son Royaume & celle de sa famille.

Quelque grand homme que fust Alexandre, il estoit incapable de quelque chose de bon dans sa colere, & il le montra bien, lors qu'au lieu d'estimer le courage que Betis auoit fait paroistre à la defense de Gaza, il le fit mourir.

La colere a trois fins, elle tend à reparer l'honneur, à punir l'injustice, & à preuenir la recheute.

Il faut endurer l'indiscretion des temeraires auecque le mesme visage que les Medecins souffrent les iniures des frenetiques.

Les bestes repoussent l'offence; mais elles ne la considerent pas comme offence.

La colere est quelque-fois plus dommageable que l'injure.

Comme Diogene le Stoïcien discouroit vn jour de la colere, vn jeune homme luy cracha au visage, Diogene considera d'abord & l'indignité de la perſonne qui auoit fait l'action, & l'inſolence de l'action meſme, & parce que la premiere circonſtance eſtoit mépriſable, & que l'autre ne l'eſtoit pas, il luy dit qu'au regard de ſa perſonne il n'eſtoit point couroucé ; mais qu'au regard de ſon impudente action il ne ſçauoit s'il ne s'en deuoit point courroucer.

Il ne faut pas ſe ſeruir de la colere comme d'vn Capitaine, il ne s'en faut ſeruir que comme d'vn ſoldat, elle ne vaut rien pour la conduite, elle vaut quelque choſe pour l'execution.

Caton plaidant receut vn iour vn crachat de ſon ennemy, cette eſpece d'affront qui n'auoit jamais encore des-honoré le Senat, euſt peut-eſtre tranſporté vn autre que ce Romain ; mais au lieu de ſe vanger hautement de Lentulle, il ſe contenta de luy dire par vne raillerie piquante, qu'il témoigneroit à tout le monde que ceux-là ſe trompoient bien qui diſoient par tout qu'il n'auoit point de bouche.

Qu'Auguſte fut digne de ce nom, quand il s'oppoſa à la cruauté de Vedius Pollio, ton verre a eſté caſſé, luy dit-il, faut-il pour vne choſe de ſi peu d'importance déchirer les entrailles d'vn homme ? l'Hiſtoire remarque qu'Auguſte voulut que toutes les vaiſſelles de cet inhumain voluptueux fuſſent caſſées, & qu'on comblaſt le viuier où Pollio auoit voulu qu'on jettaſt ſon eſclaue.

Comme la colere a le jugement troublé, elle chaſtie quelque-fois plus legerement de grands crimes

mes que de petites fautes, & c'est ce qui a fait dire à vn Moderne qu'elle estoit peu propre à exercer la justice vindicatifue.

Il n'est pas tousiours difficile de chasser l'ennemy lors qu'il s'attrouppe; mais il est tousiours mal-aisé de repousser la colere lors qu'elle se forme.

L'âge doit excuser vn enfant, le sexe doit excuser vne femme, l'independance doit excuser vn estranger, & la familiarité doit excuser vn domestique.

Ne nous a-t'il offencé que ce coup-là, dit vn Philosophe, resouuenons-nous combien de fois il nous a esté agreable. Nous a-t'il souuent offencé, souffrons ce que nous auons long-temps souffert. Est-il nostre amy, tombons d'accord qu'il a fait ce qu'il ne vouloit pas faire. Est-il nostre ennemy? considerons qu'en cette qualité il a fait ou dit, ce qu'il deuoit faire ou dire.

La colere en la pluspart des hommes est vne foiblesse; & il ne faut pas punir vne legereté par vne autre.

Il faut que les flots soient bien impetueux & bien frequents auant qu'ils abattent les rochers. Il faut aussi que les injures soient bien violentes & bien redoublées auant qu'elles ébranslent les sages.

Donnons-nous de garde de la colere, dit vn Ancien, nous ne sçauons pas iusques où son impetuosité nous peut conduire.

Dans les punitions il faut s'incorporer la loy, la loy punit, & elle ne s'émeut point.

Apres que Philippe de Macedoine eut donné audiance à quelques Ambaſſadeurs d'Athenes, il leur dit, puis-je faire quelque choſe qui ſoit agreable aux Atheniens, oüy répondit Demochares, parce que tu te peux pendre, cette réponſe à mon aduis deuoit mettre le feu aux poudres ; mais comme ſi Philippe eût eſté inſenſible, il leur dit d'vn ſang froid, allez, & dites aux Atheniens que ceux qui tiennent de ſemblables propos ſont plus inſolens que ceux qui les ont oüys.

Antigone dit à quelques-vns qui ne médiſoient plus de luy, & qu'il auoit en quelque façon chaſtiez, ie ne me fuſſe jamais vengé ſi dans la pente que vous auez à la détraction, il ne vous eût eſté profitable d'auoir vn Maiſtre.

La colere eſt vne mauuaiſe confidente, elle garde mal le ſecret.

Quand la colere eſt extreme, elle jette le ſang le plus groſſier & le plus terreſtre aux parties exterieures, & c'eſt pour cette raiſon qu'elle eſt ſuiuie d'vne couleur noiraſtre & liuide.

Veux-tu te venger noblement, témoigne que ton ennemy eſt indigne de ta vengeance.

Platon irrité voulut fraper ſon valet ; mais comme il s'apperceut qu'il eſtoit émeu, il retint en l'air ſon bras, vn amy qui arriua là-deſſus luy demanda ce qu'il vouloit faire, ie veux luy dit-il prendre vengeance d'vn homme qui s'eſt mis en colere.

L'on prend quelque-fois des aduis ſalutaires pour des injures atroces, Prexaſpes qui eſtoit infiniment aimé de Cambyſes, prit la liberté de conſeiller à ce

Roy qui estoit yurongne d'apporter quelque moderation à son boire, ce Prince brutal qui deuoit considerer l'importance de ce conseil, s'abandonna sur l'heure à de nouueaux excez, & comme en beuuant il projettoit le dessein le plus lasche du monde, il dit quelque-temps apres à celuy qui luy auoit mal-heureusement déplû, ie te monstreray tantost que quand i'ay bien beu ie sçay bien appliquer mes yeux & conduire ma main, en effet, il donna ordre au fils de Prexaspes de s'éloigner vn peu de sa personne, & ensuite de cet ordre, il débanda si bien & si mal-heureusement son arc qu'il luy donna droit au cœur.

Socrate fit bien voir vn jour qu'il estoit bien moderé, lors qu'apres auoir receu vn souflet, il se contenta de dire à l'insolent qui l'auoit frappé, qu'il estoit bien fascheux à vn honneste homme de ne sçauoir pas le temps auquel l'on deuoit prendre vn habillement de teste.

Vn Ancien dit que la colere oste à l'homme la meilleure partie de l'homme.

La haine de la colere est plus forte que l'amour de l'amitié, & c'est ce qui a fait dire à vn grand homme parlant de la haine colerique, qu'elle ne se soucioit pas de perdre ce qu'elle auoit de plus cher pourueu qu'elle perdist ce qu'elle auoit de plus odieux.

De quelle vertu ne doit-on point se munir contre les emportemens de la colere, puisque quelque grand personnage que fût Achiles sa colere obscurcit sa raison, & que pour le retirer du trouble de son émotion, Homere fit descendre Minerue.

Il ne suffit pas d'auoir sujet de s'émouuoir, il faut regler son émotion, aussi dit-on que l'vsage de la colere n'est pas moins dangereux à vn imprudent qu'est l'vsage des armes à feu à vn mal-adroit.

Quand nostre excellence est vniuersellement reconnuë nostre cœur est peu capable de colere, l'ambition qui porte ordinairement les offencez à la vengeance ne nous propose point le ressentiment, nostre gloire est establie, & vne injure particuliere ne peut alterer vne estime publique.

Si jamais la colere a exercé son empire, ça esté sur les Maxences, sur les Antiochus, & sur les Bajazets. Le premier qui dans l'abord ne respiroit que le carnage, dit brusquement à ses soldats qu'ils n'eussent point d'oreilles, qu'ils n'eussent que des bras, & que par tout où ils passeroient ils se rendissent illustres par les incendies, par les massacres, par les violences, & par les prophanations. Le deuxiesme entrant dans Hierusalem fit d'abord ruisseler la place publique du sang des Prestres, fit égorger ensuite quatre-vingt mille seculiers, viola les femmes & les vierges, & porta son insolence jusques sur les Autels. Le dernier qui fut victorieux des Chrestiens, fit estrangler en sa presence les principaux d'entre-eux, & comme si cette cruauté eut esté peu de chose, il fit couper des bras, il fit fendre des testes, & pour dire tout en peu de mots, il fit ouurir des ventres.

L'on est sujet à de fascheuses reparties lors qu'on attaque les hommes sur les matieres dont ils font honteusement profession. Ptolomée qui estoit fils d'vn Roy dont le pere estoit de basse naissance, éprouua la verité que ie mets en auant, il demanda pour rire à vn Grammairien qui ne sçauoit pas grand' chose, quel estoit le pere de Pelée, & le Grammairien luy répondit, ie vous le diray quand vous m'aurez dit quel estoit le pere de Lagus.

Ce n'a pas esté vne petite sagesse à la nature d'auoir rendu les hommes craintifs capables de colere, cette passion enflame le sang, & elle est aux timides ce que le courage est aux audacieux.

Plus vn homme est sujet aux passions, & plus il est sujet aux saillies, s'il aime la musique le moindre bruit l'irrite, s'il aime les femmes les moindres coquetteries l'outragent, s'il aime la grande chere les moindres deffauts l'emportent, & s'il aime les honneurs les moindres irreuerences l'enflament.

Il y a des hommes qui méprisent les injures, & il y en a d'autres qui les flattent, Pericles estoit du dernier rang, il fut poursuiuy nuictamment jusque dans son logis par vn homme qui en pleine assemblée auoit declamé contre sa politique, & comme si en cela ce fascheux luy eust rendu quelque bon office, il commanda à ses gens de le conduire jusque dans sa maison.

La colere n'est pas en Dieu comme vn mouuement d'appetit, elle y est comme vn zele de justice.

Où la colere ne se retrouue-elle point? elle prend par tout racine, dit Seneque.

Comme l'impunité engendre souuent de nouuelles insolences, l'on se venge ordinairement afin de n'estre pas obligé de se venger deux fois.

Que les humeurs sont differentes? il y a de certains esprits violens qui ressemblent à ce monstre glouton dont parle Tertulien, ils ne se nourrissent que d'orages & de tempestes.

Nous ne sommes pas quelque-fois maistres de nostre colere, & si l'on nous objecte que ce que nous faisons dans ce mouuement nous plaist, & que ce que nous faisons malgré nous nous fasche, nous répondrons à cela que les mesmes choses qui nous agréent en vn temps, ne nous agréent pas en vn autre, que lors qu'elles nous agréent, c'est quand nostre aueuglement les approuue, & que lors qu'elles ne nous agréent pas, c'est quand nostre raison les condamne.

Le mal engendre quelque-fois le bien, l'Empereur Theodose reuint à luy-mesme, il eût horreur de la cruauté qu'il auoit exercée sur les habitans de Thessalonique, & ce fut cette belle horreur qui luy fit faire cette belle loy dont j'ay desia dit quelque chose.

[Quelques sages que nous soyons nous approuuons quelque-fois en nous-mesmes ce que nous condamnons aux autres. Auguste me vient en la pensée, il mal-traitta Pollio comme vous auez veu pour auoir voulu faire mourir vn valet pour vn verre, & cependant vn grand Historien rapporte qu'il fit pendre vn esclaue au mast d'vn vaisseau, pour auoir mangé vne caille.

La colere est vne passion si soudaine, que ce n'est pas sans sujet qu'on dit que son arriuée est plûtost sceuë que ses approches.

Où les raisons sont diuerses, les mouuemens doiuent-estre opposés, & c'est pour cette raison qu'on dit que Moyse ne fût pas moins raisonnable quand il cassa les Tables de la Loy, que quand il opposa vn jour la douceur à la rebellion des Iuifs.

Ceux qui discourent le moins, dit Thucydide, s'emportent le plus, ils ressemblent en cela à la plus-part des femmes qui crient, qui insultent, & qui vomissent d'autant plus d'injures qu'elles trouuent fort peu de raisons.

Les bestes viennent au monde auecque des armes offensiues & deffensiues; mais les hommes sont tellement nés pour la douceur, qu'ils naissent dépourueus de toutes ces choses. Que s'ils tonnent quelquefois comme les canons, que s'ils écument comme les mers, que s'ils siflent comme les tempestes, il n'en faut accuser que leur ambition, c'est elle qui a forgé les mousquets & les épées, les coulevrines & les grenades, c'est-elle qui a inuenté les stratagesmes & les embuscades, les batailles & les sieges, c'est-elle enfin qui a trouué les picques & les scies, les tenailles & les haleynes.

Ce qui semble vne violence vicieuse est quelquefois vn zele loüable, les Moyses & les Phynées ont eu des transports sanglans, & quoy que le premier fist vn jour des Israëlites vn horrible carnage, l'Escriture luy donne des éloges.

Que ne se propose pas la colere quand elle brusle les entrailles? vn Pape a dit sur ce sujet que celuy qui se moderoit en ce violent estat, pouuoit se venter d'estre martyr.

Quand la colere est bien ménagée elle adjouste vn degré d'excellence à l'action, c'est vne pierre, dit vn grand Philosophe, où la vaillance s'aiguise.

Il y a de certains esprits qui font la sourde oreille aux premieres offenses, & qui s'emportent aux secondes injures, Caton d'Vtique estoit de cette trempe, il estoit difficile de l'émouuoir; mais quand il estoit émeu, sa colere estoit vn feu qui portoit par tout la desolation.

La colere suspend les tendresses de l'amitié, Aristippe est vne preuue de la verité que j'aduance, ce Philosophe entra vn jour en colere contre Eschines, & sur ce que quelques-vns qui le virent en cet estat, luy demanderent où estoit l'affection, ie la réveilleray leur répondit-il, elle n'est qu'endormie.

Quelque force d'esprit qu'on ait, il est quelquefois bien mal-aisé de resister aux mouuemens de la colere, Porphyre estoit extremément susceptible de cette passion, & cela est tellement vray, qu'il confessa luy-mesme qu'il se fust vn jour poignardé si Plotin ne se fust opposé à sa rage.

La colere en la personne des puissans est capable de porter la vengeance à l'extremité, Alboin Roy des

des Lombards, commanda vn iour dans sa débauche qu'on donnast à boire à Rosimonde sa femme dans le rest du Roy Chunimond son pere, Rosimonde qui ne pust digerer ces horribles paroles, & qui neantmoins cacha son ressentiment, resolut de se venger tost ou tard de celuy qui les auoit prononcées, & comme pour estre satisfaite en cela, il falloit qu'elle se seruist d'vn entremeteur qui fust fort hardy & fort redeuable, elle jetta les yeux sur vn certain braue, auquel pour recompense de ce qu'elle en pretendoit, elle abandonna tout ce que les femmes ont de plus cher au monde.

Quelle apparence de se fier à vn homme qui prend feu d'abord, cependant vn certain Abbé qui estoit fauory du Cardinal de Ioyeuse, se vantoit d'estre vn solide amy, & de n'auoir mesme rien de fragile que sa colere.

Il n'y a rien qui augmente d'auantage l'aigreur que l'aigreur mesme, aussi dit-on en commun prouerbe chez les Hebreux, que le moyen d'adoucir la colere consiste en la douceur des excuses.

Les moindres actions de mépris aux yeux d'vn superbe sont capables de causer de grands desordres. Neron me fournit d'exemple, ce Prince chantoit vn jour sur le theatre, & sur ce que Vespasien ennuyé d'entendre vn Empereur qui se piquoit d'vne vertu indecente, auoit baaillé, il faillit à le faire assommer.

De tous les hommes il n'y en a point qui soient plus sujets à s'emporter que les grands Seigneurs,

& c'eſt ce qui a fait dire à Seneque que les grandes fortunes diſpoſoient à la colere.

La vengeance a partagé le ſentiment des Philoſophes, Ariſtote en fait vne vertu, Platon en fait quelqu'autre choſe.

Vne injure en attire vne autre, Tamberlan qui auoit entre ſes mains le plus grand chaſſeur du monde, c'eſt à dire Bajazet, luy enuoya par moquerie des chiens & des oyſeaux, Bajazet piqué de ce preſent, dit que comme il n'appartenoit pas au fils d'vn Bandolier d'auoir des meutes & des fauconneries, il ne s'eſtonnoit pas ſi Tamberlan luy enuoyoit ces ſortes d'animaux, Tamberlan ſurpris de ces paroles, & animé contre celuy qui les auoit prononcées, commanda qu'on miſt Bajazet ſur vn mulet, & qu'en cet eſtat on l'expoſaſt à la riſée des ſoldats.

Sçauez-vous ce qu'il faut faire pour s'exempter des maux de la colere, il faut faire enuers cette paſſion ce que les Affriquains font enuers les crocodiles, les Affriquains vont tuer ces animaux en leurs œufs, il faut étouffer la colere en ſa naiſſance.

Ariſtote qui eſt pour la riſpoſte, dit que la meſme raiſon qui porte à la gratitude, porte à la vengeance, & qu'on ne peut condamner la derniere action qu'on ne condamne l'autre.

Pourquoy ne ſe pas venger, diſent les vindicatifs, les agneaux heurtent les agneaux, & les colombes meſmes qui n'ont point de fiel, ont recours au bec & aux aiſles.

Offrons nos ressentimens à Dieu, il doit estre, dit le grand Tertulien, le depositaire de nos vengeances.

Quand l'on connoist son foible, l'on doit trouuer bon qu'on y remedie, l'Orateur Satyrus qui estoit naturellement emporté, souffrit qu'auant qu'il plaidast vne cause qui regardoit ses interests, on luy bouchast les oreilles, & Plutarque qui fait ce rapport, dit qu'il souffrit ce bon office, afin que n'entendant point les injures de sa partie aduerse la colere ne pust le troubler.

S'il y a de la honte à ployer sous autruy, donnons nous de garde de la colere, elle surmonte ceux qui ne se surmontent point.

Quoy que les graces & les remissions appartiennent aux testes couronnées, ne nous deffendons point d'vser de pardon, la vertu supplée à la naissance, & l'on fait le Roy quand l'on fait des actions Royales.

Quand les conditions sont comme égalles, celuy qui se resout à dire des paroles insolentes doit s'attendre à receuoir des reparties injurieuses. Adolphe Comte de Nassau qui estoit nouuellement paruenu à l'empire, joignit à l'écrit qu'il enuoya à Philippe Roy de France des menaces fort ridicules, & Philippe qui n'estoit pas fanfaron comme l'Empereur, se contenta de charger le mesme courier d'vne feüille de papier, où il y auoit pour tous mots *trop Alemànd*.

Qu'Edoüar premier estoit vindicatif? ce Prince

estant sur le poinct de mourir commanda deux choses à son fils Edoüard, il luy commanda qu'apres sa mort il portast ses os auecque luy, & qu'auant que de prendre la Couronne d'Angleterre, il le vengeast des Ecossois.

La colere, dit vn Ancien, fait du mal, le mépris n'en fait point.

Il ne faut pas s'étonner si Catilina appelloit esclaues ceux qui ne vouloient pas estre parricides, la colere n'entend pas à donner les Epiteres.

Les personnes genereuses ont de la peine à se mettre en colere, le lyon qui est le plus braue de toutes les bestes se bat de la queuë pour se mettre en fureur.

Il y a des hommes qui sont si peu enclins à la colere, que quand ils sont obligez de se venger, il faut qu'il y ait quelqu'vn qui les aiguillonne. Vn Roy de Perse estoit de l'humeur de ceux dont ie parle, il auoit besoin de boute-feu, & quoy que les outrages qu'on luy auoit faits deussent estre presens à sa pensée, il commanda à vn de ses pages de luy dire tous les jours, Sire souuenez-vous des Atheniens.

Tant que nous sommes hors de nous mesmes nous ne pensons qu'à l'injure qu'on nous a faite, & dés que nous sommes rentrez en nous-mesmes, nous ne pensons qu'aux extrauagances que nous auons commises.

Nous apprenons par l'emportement de Pausanias qui tua son Prince, parce que son Prince negligea de le venger de l'étrange affront qu'Attalus luy auoit fait, que la colere eſt quelque-fois redoutable en la perſonne de ceux que la grandeur foule aux pieds, & qu'il eſt quelque-fois important de donner quelque choſe au mecontentement des ſimples officiers.

Tous ceux qui ſont en colere n'examinent pas la cauſe qui les émeut, il y en a, dit Plutarque, qui s'attachent à l'acceſſoire & qui mépriſent le principal, qui ont plus de reſſentiment des mauuaiſes parolles que des mauuais effets.

Quoy que Catherine de Medicis fuſt d'vn païs où l'on diſe par antiphraſe que Dieu s'eſt reſerué la vengeance, elle eſtoit plus indulgente que vindicatiue, plus clemente que ſeuere. Quelques ſoldats qui étoient aux enuirõs de ſon caroſſe dirent vn jour cent ordures de ſa vie, & comme le Cardinal de Lorraine qui entendit leurs inſolences voulut les faire pendre, nõn luy dit-elle, laiſſez-les aller, ie veux apprendre aujourd'huy à la poſterité qu'en vne meſme perſonne, vne femme, vne Reine, & vne Italienne ont ſceu commander à leur reſſentiment.

Quelques faueurs que nous ayons faites, il ne faut pas que nous pouſſions les gens à bout, les hommes ont plus de pente au reſſentiment, dit Tacite, qu'à la gratitude, ils s'acquittent à leurs dépens, & ils ſe vengent aux dépens d'autruy.

Il y a des natures d'injures que la nature ne peut pardonner, à peine Olimpias eut-elle appris la mort de Philippe qu'elle contraignit Cleopatre à s'étrangler, & ſi elle ſe porta à cette violence, ce fut non ſeulement à cauſe qu'elle auoit eſté bannie par ſes ſollicitatiós ; mais encores parce qu'elle auoit perdu vn fils par la cruauté de cette méchăte femme!

Ceux qui diſent ce qu'ils ne doiuent pas dire, s'expoſent à quelque choſe de pis. Quelques Ambaſſadeurs ne ſe contenterent pas de parler inciuilement à Gontran, ils le menacerent meſme de luy fendre la teſte auecque les haches qui auoient tué ſes freres, Gontran viuement piqué de ces inſolences, n'en demeura pas aux ſimples reparties, il paſſa plus outre, & il voulut qu'à la ſortie de l'audiance on leur jettaſt du fien ſur leur teſte, & que dans les ruës on les couuriſt de bouë.

L'on ne doit pas faire tout ce qu'on peut faire, il y a des injures qui engendrent des parricides, Childeric Deuxieſme Roy de France, fit fuſtiger publiquement vn Gentil-homme de haute conſideration, Bodile enragé de cet affront ne mit pas long-temps à s'en reſſentir, il obſerua quelque iour en habit déguiſé toutes les démarches du Roy, enfin il le tua à la chaſſe, & comme ſi le ſang du Prince euſt eſté incapable d'éteindre le feu de ſa colere, il courut promptement à Chelles, & là trouuant la Reine qui eſtoit enceinte il la poignarda.

Si nous auons ſujet d'eſtre en colere n'imitons pas la pluſpart des Alemans, vengeons nous de ſang froid, il eſt bien plus aiſé d'obſeruer la proportion des choſes dans la paix que dans le trouble, dans les tranquillitez de l'ame, que dans les agitations de l'appetit.

Il eſt quelque-fois perilleux d'excuſer ſes fautes, Montanus qui ſe retiroit nuictamment chez luy pouſſa Neron ſans y penſer, & ſur ce que ceux qui accompagnoient l'Empereur découurirrent la perſonne qu'on auoit choquée, Montanus tout tremblant ſupplia Neron de conſiderer ſon inaduertance; mais ce fut en vain, le Prince jugeoit ſiniſtrement de toutes choſes, & comme ſi les excuſes de ce Senateur luy euſſent ſecrettement reproché ſon infamie, il fut plus piqué du pardon qu'il luy auoit demandé que de l'injure qu'il pretendoit qu'il luy auoit faite, & dans ce reſſentiment bizare, il le contraignit de ſe tuer.

De quelles cruautez la colere n'eſt-elle point capable quand elle eſt maiſtreſſe d'vn homme à qui la vie eſt comme à charge. Vn certain eſclaue dont parle Pontanus, eſtoit ſi mal traité de ſon Seigneur que dans vne funeſte reſolution qu'il prit, il barra vn jour les portes de la maiſon, lia ſa maiſtreſſe à vn pilier, & mena ſes trois enfans au plus haut du logis. Le Seigneur qui vint incontinent apres, & qui fut extremément eſtonné de ce qu'il voyoit, fit forcer la porte pour ſçauoir promptement la cauſe de ce deſordre, ſa femme qu'il trouua en l'eſtat que nous venons de dire luy dit que c'eſtoit l'eſclaue qui l'auoit garottée, & qu'elle croyoit qu'il auoit fait monter ſes enfans pour en faire quelque choſe de tragique, à ces mots le Seigneur va dans ſa cour pour voir s'il ne verroit point en haut ſur quelque feneſtre le reſte de ſa famille; mais à peine eût il leué la teste qu'il vit tomber sur le pavé deux de ses enfans, le pere accablé de douleur & de crainte, luy dit éperduement qu'il luy donneroit la liberté s'il vouloit sauuer le troisiesme, l'esclaue qui auoit resolu de joüer de son reste luy dit qu'il accepteroit la promesse qu'il luy faisoit s'il vouloit se couper le nez, le pere qui balança quelque-temps sur vne si estrange proposition, fit enfin ce que l'esclaue desiroit; mais sa tendresse luy fut inutile, il auoit affaire à vn determiné, & à peine eût il porté le cousteau sur son visage qu'il vit tomber encores sur le pavé & l'esclaue & l'enfant.

Encores que la vieillesse modere la bile, Cornelius Sulla à l'âge de soixante ans fut la victime de cette méchante humeur, & c'est ce qui a fait dire à Valere-Maxime qu'il auoit laissé à douter lequel des deux estoit mort le premier, ou de luy ou de sa colere.

Qu'il faut auoir l'esprit fort pour surmonter ses ressentimens, aussi les Arabes disent-ils en commun prouerbe, qu'il y a trois choses qu'on ne connoist qu'en trois occasions, qu'on ne reconnoist l'audace que dans la guerre, qu'on ne reconnoist l'amitié que dans la misere, & qu'on ne reconnoist la sagesse que dans l'ire.

A moins que d'estre obligé par vn ennemy pressant d'vser des droits de la necessité, il n'est pas permis par voye de fait de repousser l'injure, & quand Paul le Iurisconsulte dit qu'il est deffendu de se venger, il veut dire que hors les circonstances que j'ay posées,

posées, il n'est seulement pas permis d'empieter sur la puissance du glaive ; mais encores qu'il ne faut pas prendre dans ses démeslez la colere pour guide.

Marc-Antoine estoit en quelque chose moins redoutable que Cassius & Brutus, le premier découuroit sa colere, & les autres cachoient leur ressentiment.

A quoy bon de ne vouloir pas de bien, & de ne pouuoir faire de mal, c'est ressembler, dit vn Ancien, à ces oyseaux de nuict qui voudroient bien troubler par leur voix le repos des hommes ; mais qui n'ont pas pour cet effet la voix assez tonnante.

Si entre les Anciens il y en a eu qui ont donné des marques de leur foiblesse, il y en a eu aussi qui ont donné des preuues de leur moderation, Arcesilaus qui prie à soupper des amis & des estrangers, pense trouuer sur sa table toutes les necessitez de la vie ; mais ne trouuant pas du pain, il se contenta de dire à ceux qu'il auoit conuiés, vous voyez dit-il, Messieurs, s'il ne faut pas auoir des sages pour dresser vn banquet.

I'auouë que la colere renferme plusieurs mouuemens ; mais de dire auecque Zenon que comme la semence des hommes est vn extraict de toutes les parties, la colere est vn meslange de toutes les passions, c'est vne comparaison que ie ne feray jamais.

Les disciples de Pytagore font honte à la pluspart des Chrestiens, ces disciples ne dormoient jamais sur leur colere, & la plusspart d'entre-nous couchent sur leur ressentiment.

Il y a bien de la difference entre l'effet des grandes coleres, & l'effet des grands vents, les grands vents purgent la mer par la mousse qu'ils jettent, & les grandes coleres infectent l'ame par le venin qu'elles vomissent.

Chacun offence à sa mode, vn orgueilleux offence par le mépris, vn riche offence par l'orgueil, vn impudent offence par la licence, & vn enuieux offence par la détraction.

Les Canonistes mettent de la distinction entre la noise & le debat, la noise regarde les mains-mises, & le debat regarde les paroles.

Il ne faut pas dire comme les emportez que la colere n'a point d'oreilles, l'on peut dans son ressentiment se relascher ou se roidir, & c'est ce qu'a voulu dire Platon, rapporte Plutarque, lors qu'il a dit ce beau mot, que l'ire estoit vn des nerfs de l'ame.

Plus ie considere la colere, & plus la colere m'étonne, Baronius rapporte qu'vn Roy d'Angleterre estoit vn agneau dans la tranquillité, & vn lyon dans le ressentiment, que hors l'émotion il auoit le regard fort doux, & que dans l'émotion il auoit l'œil flamboyant, & qu'enfin vn jour entre les autres l'impatience de se venger le transporta de telle façon, que de rage il mangea la paille de son lit.

Il n'y a gueres de choses qui enflament dauantage la colere que les reproches de la naissance. Dans les guerres qu'eut Guillaume le Conquerant, contre Geofroy Martel Comte d'Anjou, il fit couper les mains & les pieds à trente deux Gentils-hommes de la ville d'Alençon, qui auant la reddition de cette ville auoient battu de loin deuant luy plusieurs peaux, & l'Histoire dit qu'il ne se porta à cette extremité que parce qu'Andeline sa mere estoit fille d'vn valet de chambre du Prince Robert, & que ce valet de chambre estoit fils d'vn Pelletier.

Vit-on jamais en apparence vn homme plus doux que Calvin, cependant Bucer ne feint point de le traitter de chien enragé.

Peu de chose enflame les violens, & pour finir ce traité par vn exemple horrible, vn Roy de Moscouie fut vn jour si viuement piqué d'vne réponse équiuoque que son fils luy fit, que dans son ressentiment il luy passa l'épée au trauers du corps.

# DES PASSIONS DERIVÉES.

Es paſſions compoſées ſont la jalouſie, la honte, la pitié, l'émulation, l'indignation, & l'enuie.

## DE LA IALOVSIE.

QVOY qu'il ſoit tres-difficile de définir la jalouſie, l'on peut dire que c'eſt vne crainte que nous auons ou que quelqu'vn ne poſſede ce qui eſt en noſtre puiſſance, ou que quelqu'vn n'empeſche que nous ne poſſedions ce que nous ſouhaitons de poſſeder, ou que quelqu'vn ne diminuë les honneurs qu'on nous doit, ou que quelqu'vn ne ſurpaſſe l'honneur que nous auons acquis.

### *Des cauſes de la jalouſie.*

LA jalouſie a vne cauſe objectiue, vne cauſe efficiente, vne cauſe ſubjectiue, vne cauſe ſpecifique, & vne cauſe inſeparable.

Elle a pour cauſe objectiue les frequentes viſites, le langage des yeux, la joye de la preſence, la triſteſſe de l'eſloignement, la reſſemblance des couleurs, le port des galans, le commerce des lettres, les portraictures ſouffertes, les rendez-vous journaliers, les promenades écartées, les diſtractions d'eſprit, les refroidiſſemens ſubits, les loüanges correſpondantes, les Apologies ingenieuſes, l'amour agiſſant, la conformité des humeurs, la connoiſſance de la prudence, la connoiſſance de l'imprudence, les progrés ſurprenans, & les talens recherchez.

Elle a pour cauſes objectiues ce que j'ay rapporté d'abord, parce qu'il eſt à croire qu'vne Dame qui reçoit de frequentes viſites, qui ſouffre le langage des yeux, qui eſt gaye à de certains abords, & qui eſt triſte à de certains departs, eſt émeuë de l'émotion de celuy qu'elle voit, & que cette émotion eſt vne diſpoſition ou à la honte d'vn mary ou à la ruïne d'vn riual.

Elle a encores pour cauſes objectiues ce que j'ay dit enſuite, parce qu'il eſt croyable qu'vne Dame eſt touchée lors qu'elle affecte les couleurs de ſon amant, qu'elle porte les galans qu'il luy enuoye, qu'elle reçoit de ſa part des billets doux, qu'elle luy fait des réponſes obligeantes, qu'elle permet qu'il porte ſon portrait, qu'elle trouue bon que des lieux d'oraiſon il en faſſe des lieux d'entre-veuë, & qu'elle ſouffre meſme qu'il l'aborde aux promenades ſuſpectes.

Elle a auſſi pour cauſes objectiues les loüanges correſpondantes, c'eſt à dire icy les ſentimens vniformes, parce qu'vn homme qui eſt dans l'eſtime vniuerſelle a de grands aduantages, que les grands aduantages ſont des ſujets de crainte.

Elle a de plus pour cauſes objectiues l'amour agiſſant, la conformité des humeurs, la connoiſſance de la prudence, & la connoiſſance de l'imprudence, parce que celuy qui découure qu'on aime ce qu'il aime prejuge qu'on fera tout ſon poſſible pour eſtre bien aupres de la perſonne aimée, que celuy qui ſçait qu'il y a du rapport entre l'humeur de la perſonne aimée & l'humeur du riual, a ſujet de craindre les effets fauorables de la ſympathie, que celuy qui connoiſt la prudence de la perſonne qu'on aime a lieu d'apprehender qu'elle ne prefere la plus grande vertu au moindre merite, & que celuy qui connoiſt l'imprudence de la perſonne qu'on cherit eſt en eſtat de craindre qu'elle ne prefere le moindre merite à la plus grande vertu.

Elle a meſme pour cauſes objectiues les deffenſes ingenieuſes, parce qu'vne perſonne qui employe toutes les adreſſes de ſon eſprit pour déguiſer les deffauts de quelqu'vn, peut-eſtre animée ou par l'ambition ou par la bien-veillance, & que l'incertitude de ſon motif jette les eſprits dans l'apprehenſion.

Elle a enfin pour cauſes objectiues les progrés ſurprenans, & les talens recherchez, parce que ceux qui font dans les premieres années de grandes choſes donnent de grandes idées de leur perſonne, & qu'vne vieille reputation peut-eſtre ternie par vne reputation naiſſante, que ceux dont l'on recherche l'inuention, l'induſtrie, la doctrine, l'éloquence, ſont en paſſe de trauailler beaucoup, que le frequent trauail engendre ordinairement vn ſurcroiſt de facilité aux belles habitudes, & que c'eſt par ce moyen qu'on s'éleue aux deſſus des autres.

Elle a pour cause efficiente la connoissance, parce que la crainte suppose quelque mal, & que le mal ne peut exciter la crainte qu'il ne tombe sous quelque faculté connoissante.

Elle a pour cause subjectiue l'appetit irascible, parce qu'elle est vne espece de crainte, & que la crainte appartient à vne puissance qui est capable d'effort & de couroux.

Elle a pour causes specifiques les quatre differences qui entrent en sa définition, parce que le mot de crainte est son genre, & qu'il n'y a que les differences dont ie parle qui puissent distinguer cette crainte des autres craintes.

Elle a pour causes inseparables l'amour, la deffiance & l'imperfection, je dis l'amour parce que nous ne craignons les choses que parce que nous aimons le contraire des mesmes choses, je dis la deffiance, parce que celuy qui se deffie ou de son merite ou du discernement de la personne aimée tombe necessairement dans la jalousie, je dis enfin l'imperfection, parce que comme la fiévre, dit Picolomini, est vn signe de vie; mais d'vne vie alterée, la jalousie est vne marque d'amour; mais d'vn amour defectueux.

### *Diuision de la ialousie.*

IL y a six especes de jalousies, il y a la jalousie des maris & des galans, des braues & des fauoris, des doctes & des interessez, & l'on peut reduire sous la derniere espece celle des freres & des sœurs, des ouuriers & des marchands, des domestiques & des gens d'affaires.

### *Des effets de la ialousie.*

LA jalousie a plusieurs effets, elle engendre l'inquietude, la curiosité, le soin, la beneficence, & quelque-fois la cruauté.

Elle engendre l'inquietude, parce qu'on s'efforce d'éuiter ce qu'on apprehende, que les succés incertains laissent l'esprit en doute, & que l'esprit en cet estat n'a point d'assiette.

Elle engendre la curiosité, parce que les soupçons sont à charge à l'esprit, & que pour découurir la verité des choses, il faut auoir les yeux ouuerts, & les oreilles attentiues.

Elle engendre le soin, parce qu'il se passe de certaines choses en vn temps qui ne se passent pas en cent autres, & qu'vn moment de negligence dérobe quelque-fois de grandes lumieres.

Elle engendre la beneficence, parce que les domestiques sont des especes d'espions, & que ces sortes de personnes se laissent ébloüir à l'éclat de l'argent.

Elle engendre le changement, parce que pour affoiblir la poursuite de celuy qu'on apprehende, d'vn auare elle fait vn magnifique, d'vn paresseux vn actif, d'vn controlleur vn complaisant, & d'vn negligé vn propre.

Elle engendre quelque-fois la cruauté, & cela arriue lors que ses remonstrances, ses douceurs, & ses

ſes efforts ſont inutiles, & qu'vn coup de brutal eſt ſa ſeule eſperance.

### *Remedes contre la ialouſie.*

CONSIDERONS que les domeſtiques peuuent haïr leur maiſtreſſe, que ces ſortes de gens ſont intereſſez, & par conſequent que leurs rapports ſont ſuſpects.

Conſiderons encores que les choſes qu'on peut faire ne paſſent pas touſiours de la puiſſance à l'acte, que l'occaſion eſchappe aux plus adroits, qu'il y a des coquetteries apparentes, & des retenuës ſecrettes.

Conſiderons encores que l'eſprit ombrageux explique touſiours deſaduantageuſement les moindres libertez, & que les ſages meſmes qui ont reconnu en cela ſon foible, ont ſouuent recuſé ſes jugemens.

Conſiderons encores que la jalouſie eſt l'effet d'vn amour imparfait, & que comme l'amour confiant a quelque choſe d'obligeant, l'amour imparfait a quelque choſe de deſagreable.

Conſiderons encores que quelque empire qu'on ait ſur ſon eſprit il eſt tres-difficile de cacher ſa jalouſie, & que quelque effort qu'on faſſe de ſurpaſſer ſes riuaux, les actions qui naiſſent de la jalouſie ſont fort peu touchantes.

Conſiderons enfin que les plaiſirs, les richeſſes, & les honneurs, ſont indignes de nos inquietudes, que la jalousie est médisante, cruelle & dénaturée, & qu'il est de nostre prudence de rompre auecque vne passion qui blesse le Chrestien, qui étouffe la Charité, qui n'épargne ny les parens ny les amis, ny les estrangers.

### *Reflexions sur la ialousie.*

LA haine, la tristesse, la colere & l'esperance, accompagnent la jalousie. La haine, parce que nous considerons nos riuaux comme des obstacles, comme des empeschemens, en vn mot comme des troubles festes. La tristesse, parce que les causes de la jalousie sont en quelque façon des maux presens, qu'elles troublent l'esprit, qu'elles dérobent le repos, & que la tristesse ne s'engendre gueres moins des maux qui menacent que des maux arriuez. La colere, parce que le mépris est vne des causes de cette passion, que celuy qui ne se soucie pas de nous déplaire nous méprise, & que c'est ne se soucier pas de nous déplaire que de se mettre en estat de flétrir nostre honneur, d'alterer nostre repos, de combattre nos esperances, & d'inutiliser nos seruices. L'esperance, parce que le jaloux en qualité de jaloux s'efforce de plaire plus que de coustume à l'objet aimé, & qu'il ne s'efforceroit pas de redoubler ses assiduitez, ses complaisances, & ses gentillesses, si le desespoir s'estoit emparé de son ame.

Quoy que la jalousie ait les yeux troubles, elle

les a penetrans, & c'est ce qui a fait dire à Vrfé qu'elle estoit plus clair-voyante que la prudence.

Il semble que la jalousie dépende en quelque façon des climats, les peuples du Septentrion y sont fort peu sujets, les peuples du Midy y sont fort enclins.

Les compagnons en amour sont tousiours odieux, il faut auoir pour les souffrir ou peu d'affection, ou beaucoup de lascheté.

Il y a des nations si peu jalouses, que les femmes mesmes font gloire de produire leurs maris.

Ceux qui sont en reputation considerent comme des vermisseaux ceux qui y viennent, ils apprehendent qu'ils ne rongent les lauriers dont ils sont couuerts.

L'imbecilité, dit vn Moderne, craint la rencontre, il veut dire que les personnes qui n'ont pas des qualitez bien aduantageuses apprehendent la concurrence des honnestes gens.

Il n'est pas tousiours vray ce que dit vn grand Autheur, que la haute confiance qu'on a en sa vertu est vn grand gage de la volonté d'autruy, il y a des femmes qui attribuent plûtost à l'indifference qu'à la presomption, le defaut de la jalousie, & l'Histoire Romaine remarque sur ce sujet, que tant s'en faut que Messaline sceût bon gré à Claudius de la tranquillité auecque laquelle il viuoit auecque elle, que cette mesme tranquillité luy deuint vn objet de haine.

Entre les méchans effets de la jalousie, l'Histoire

en rapporte quatre de fort remarquables, elle dit qu'vn Melinus condamna sa femme à vne perpetuelle retraite, & que pour empescher qu'elle ne violast sa deffense il luy donna des chaisnes, elle dit qu'vn Cariolcan Macedonien estoit jaloux de toutes les œillades qu'on jettoit à sa femme, & que pour détruire la matiere de ses inquietudes, il fit d'vn cachot la retraite de cette miserable, elle dit qu'vn Roy des Parthes croyoit que sa femme estoit amoureuse de tous ses sujets, & que pour amortir sa flame il luy fit creuer les yeux, elle dit enfin qu'vn Menander Philosophe épousa expressément vne personne mal faite; mais qu'encores que cette femme fût plus capable d'éteindre les feux que de les allumer, elle finit sa vie par vn breuuage.

La jalousie est la passion des sages & des fols, les premiers apprehendent qu'on ne reconnoisse pas leurs perfections, & les autres craignent qu'on ne découure leurs deffauts.

On peut comparer la jalousie à cette chévre de Syrie, qui renuersoit les pots qu'elle auoit remplis, en effet les froideurs de la crainte redoublent les feux de l'amour; mais enfin elles les éteignent.

Si l'on met la jalousie sous le genre de la crainte, d'où vient que les riuaux sont si hardis, & si on la met sous la colere, d'où vient que les jaloux sont si pasles, si on la loge en l'homme seul, d'où vient qu'elle rend quelque-fois les hommes brutaux, & si on la loge dans les bestes, d'où vient qu'elle rend quelque-fois les hommes ingenieux ?

Vn mary ombrageux n'est gueres moins inquieté des inconnus que sa femme regarde, que des familiers que sa femme souffre, il croit que toutes les femmes aiment la nouueauté, & que pour peu que les estrangers payent de mine, ils sont capables de se naturaliser dans leurs cœurs.

Comme les personnes qui se piquent d'vne sotte preference ont l'esprit foible, il ne faut pas s'étonner si elles se portent quelque-fois aux dernieres extremitez. D'Euterie qui estoit vne coquette, deuint jalouse de sa propre fille, elle apprehenda qu'elle ne luy rauist ses galans, & pour empescher ce coup, elle la fit traisner dans vn chariot par des bestes si fougueuses, que ces bestes luy firent trouuer son tombeau dans la riuiere de Meuse.

Que c'est auoir vne cruelle passion pour les femmes que de preuenir par leur mort leurs secondes amours, Rhadamiste, dit Tacite, pressé par les ennemis apprehenda si fort que le vainqueur ne gagnast Zenobie sa femme, qu'il fit tout son possible pour la noyer, Herode douteux de la bien-veillance de Marc-Anthoine, qui luy auoit ordonné de venir se purger du crime qu'on luy imputoit, manda à son oncle que si l'on en vouloit à sa teste, l'on tuast d'abord Mariane, Enfin Athenée rapporte que deux Romains aimoient si estrangement leurs femmes, qu'ils ordonnerent quelque-jours auant que de mourir qu'apres leur mort elles s'entre-tuassent.

Il y a des femmes qui dans leur jalousie ne se soucient pas de se priuer de leurs plaisirs, pourueu que leurs maris soient priués de leurs diuertissemens. Baptiste Fulgose rapporte qu'vne femme de Narbonne fut étrangement piquée de ce que son mary auoit veu vne autre femme, & que dans la crainte qu'elle eut qu'il ne partageast encores sa couche, elle luy coupa nuictamment les parties honteuses.

Vne parole est capable de faire naistre la jalousie, Agripine fit perir vne femme de condition, parce que le Prince auoit dit des douceurs sur sa gentillesse.

L'on est quelque-fois jaloux de l'éclat mesme des personnes qu'on aime. Entre les grands du monde, dit vn Historien, il y en a eu qui ont moderé les honneurs qu'on rendoit à leur famille, ils apprehendoient entre autre chose qu'on ne s'accoustumast à suiure en foule leurs successeurs, & que cette accoustumance ne diminuât la pompe des Souuerains.

Quelque merite qu'on ait, la vertu & la jalousie ne sont pas incompatibles, Seneque estoit vn merueilleux assemblage de sciences & de vertus, & quoy que conformément à cet assemblage, il fust à sa maison vn precepteur & vn exemple, cela n'empescha pas, dit vn Auteur, qu'il ne fût jaloux de Pauline.

Il ne faut pas deuenir jaloux sur de simples œillades, il faut à l'imitation de Galba obseruer adroitement la suite des choses, ce Prince qui dans vn ſouper familier qu'il donna vit qu'on regardoit doucement ſa femme, pencha inſenſiblement ſa teſte ſur vn couſſin, & fit ſemblant de dormir, & comme ſur ces entre-faites vn de ſes domeſtiques qui eſtoit vn peu frippon, voulut ſe preualoir de l'eſtat où il le voyoit, hé mon amy, luy dit-il ironiquement, à quoy t'amuſes-tu! ne vois tu pas que ie ne fais ſemblant de dormir que pour Mercenes.

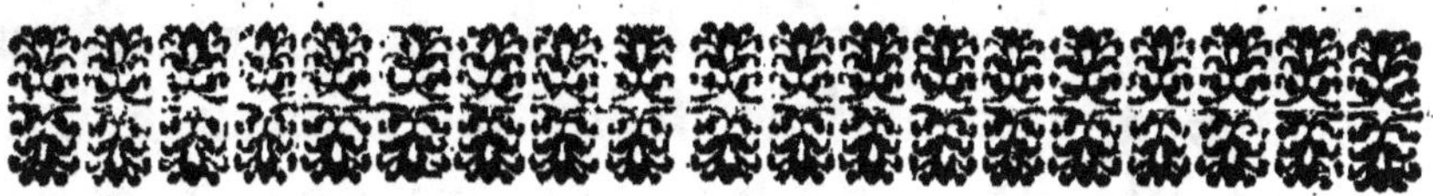

## DE LA HONTE.

COMME la honte est vne passion bizare qui regarde & l'aduenir & le present, il est à propos pour en donner vne assez claire connoissance de l'enuisager sous deux objets differens, la honte au regard de l'aduenir est vne crainte qui se rapporte aux choses qui peuuent diffamer, & la honte au regard du present est vne douleur qui se rapporte aux choses qui diffament: la honte, au premier regard considere le mal comme possible, & la mesme honte au dernier respect considere le mal comme actuel.

### *Des causes de la honte.*

LA honte a vne cause objectiue, vne cause efficiente, vne cause subjectiue, vne cause materielle, & vne cause colorante.

Elle a pour causes objectiues les reproches, les railleries, les surprises, les licences, les preferences, les refus, parce qu'elle n'a pour objet que les choses qui peuuent jetter les esprits dans la confusion, & qu'il n'y a que ces choses qui puissent produire cet effet.

Elle a pour cause efficiente la connoissance, parce comme i'ay dit cent fois, & comme ie diray encores, que les mouuemens qui se forment dans les

les appetits dépendent des puissances instructiues.

Elle a pour cause subjectiue l'appetit sensitif, parce que l'appetit sensitif est diuisé en concupiscible, & en irascible, que la honte comme douleur appartient au prémier, & que la mesme honte comme crainte appartient à l'autre.

La honte en qualité de crainte a pour causes materielles les disgraces, les decadences, les laideurs, les infirmitez, la roture, lignorance, la precipitation, le vice, parce que la honte dont ie parle regarde les reproches, les railleries, les surprises, les licences, les preferences, les refus, que ces sortes d'affronts sont fondez sur quelque chose, & que c'est sur les causes materielles de la honte, que les causes objectiues de la mesme honte sont fondées.

En effet comme la negligence, la temerité, l'ignorance, & le déreglement peuuent contribuer au mal-heur des maisons, l'on peut dire qu'il y a des disgraces dont les causes sont blasmables, qu'il y a des decadences dont les sources sont criminelles. Il est vray que les disgraces, que les decadences sont quelque-fois plûtost des coups de mal-heur que des suites d'imprudence, des matieres de pitié que des sujets de confusion, aussi ne craint-on pas tousiours des reproches de semblables choses, & si quelque irreprochable qu'on soit en cela, l'on tombe dans cette crainte c'est lors qu'on a en teste des esprits artificieux, des hommes éloquens, des personnes qui sçauent blanchir les crimes & noircir les vertus.

Quoy que ce ne soit pas vn veritable sujet de reproche que d'estre né punais, rousseau, laid, petit, boiteux, bossu, neantmoins la malice humaine est si grande, qu'elle en fait tout ensemble & la matiere de ses horreurs, & le joüet de ses railleries, & si les personnes qui sont si disgraciées de la nature apprehendent qu'on ne s'arreste à ces sortes de deffauts, c'est parce qu'elles sçauent qu'ils font le mépris de tout le monde, & que de leur peinture ingenieusement faite, il en naist des éclats de rire.

La roture peut-estre reprochée, parce qu'elle peut prouenir ou de ce que nos parens ont esté des lasches, ou de ce que nos Souuerains ont esté des ingrats; Que si elle vient de la faute de nos parens elle nous regarde, puisque nous sommes vne portion d'eux-mesmes, & que comme nous participons à leur gloire, nous deuons participer à leur infamie.

L'ignorance aussi peut-estre reprochée, parce qu'on peut-estre priué des lumieres ordinaires, & que cette priuation ne peut probablement prouenir que d'vne negligence extremément lasche.

La precipitation peut-estre encores reprochée, parce qu'elle peut estre l'effet ou d'vne violente passion ou d'vne haute imprudence, qu'il faut preuenir l'emportement, qu'il faut consulter la sagesse, qu'il est honteux d'estre né raisonnable, & d'agir brutallement.

Enfin pour acheuer le discours des causes materielles de la honte, l'on peut receuoir de la confusion & de ses vices, & des vices d'autruy. L'on peut receuoir de la confusion de ses vices, parce que ce sont des monstres dans la nature, des licences dans la Morale, des pechez dans la Theologie, & qu'en des-honorant nostre estre, ils des-honorent les chefs-d'œuures des mains de Dieu. L'on peut receuoir aussi de la confusion des vices d'autruy, parce que les vices estrangers diffament le sexe des personnes qui les contractent, qu'il y a de certaines actions dont la veuë blesse la pudeur, & qu'encores que l'intention de ceux qui en sont les malheureux témoins n'ayt point contribué à leur naissance, la liberté de ces actions peut-estre attribuée à leur bassesse, à leur beauté, ou à quelqu'autre circonstance innocemment excitante.

La honte comme douleur a pour causes colorantes l'éuenement de toutes les choses qui peuuent couurir le visage de confusion, parce que cet éuenement est suiuy d'vn certain déplaisir qui compresse vn peu le cœur, & que la nature qui veut ce semble cacher d'vn voisle rouge le siege de l'honneur, c'est à dire le visage, luy enuoye imprudemment ses esprits.

### *Diuision de la honte.*

IL y a en general cinq sortes de honte, il y a vne honte sotte, vne honte raisonnable, vne honte indeterminée, vne honte pudique, & vne honte bizare.

Il y a vne honte sotte, comme lors que nous rougissons de la representation de nos imperfections sensibles, de nos infirmitez naturelles, parce que ce ne sont pas des deffauts de la volonté, que ce sont des irregularitez de la nature.

Il y a vne honte raisonnable, comme lors que nous rougissons de la peinture de nos dereglemens, parce que ce ne sont pas des pechez de la nature, que ce sont des deprauations de la volonté.

Il y a vne honte indeterminée, c'est à dire vne honte qui est tantost raisonnable, & tantost injuste, comme lors que nous rougissons du tableau de nostre infortune, parce que nous sommes quelque-fois les causes de nostre desolation, que nous ne sommes pas quelque-fois les autheurs de nostre misere.

Il y a vne honte pudique, comme lors que nous rougissons des objets que l'impudence met en veuë, parce que pour peu que la chasteté soit blessée, le sang de ses playes paroist sur le visage.

Il y a vne honte bizare, comme lors que quelque aimables que nous soyons nous rougissons des moindres regards qu'on nous jette, des moindres loüanges qu'on nous donne, & des moindres ciuilitez qu'on nous fait, parce que ces actions ont de justes fondemens, & qu'elles deuroient plûtost exciter nostre joye que nostre confusion.

## *Des effets de la honte.*

LA honte a trois effets, elle paslit, elle rougit, & elle trouble.

Elle paslit en qualité de crainte, parce que les esprits fuyent ce qui est fascheux, & qu'encores que le mal icy dont l'homme est menacé soit vn mal moral, la nature ne laisse pas d'attirer les mesmes esprits des extremitez au centre.

Elle rougit en qualité de douleur, parce qu'en cette qualité elle soûleue les esprits, & que cette espece de violence fait monter le colory au visage.

Elle trouble encores en qualité de douleur, parce que les esprits soûleuez montent impetueusement en haut, & que les esprits impetueusement poussez confondent les especes.

## *Remedes contre la honte, ou pour mieux dire contre quelques-vnes de ses especes.*

CONSIDERONS qu'il y a des deffauts qui ne dépendent pas de nous, & que c'est estre foible que d'en craindre des reproches.

Considerons encores que les reproches des imperfections qui ne dépendent pas de nous sont iniustes, & qu'ils ne doiuent non plus engendrer nostre douleur que nostre crainte.

Considerons encores que les derisions sont des matieres de patience, & que si nous auons sujet d'estre faschez de ce qu'il y a des hommes qui les font, nous auons sujet d'estre réjoüis de ce qu'vn Dieu nous a choisis pour les souffrir.

Considerons encores que le deuoir est preferable à l'exemption des paroles qui le raillent, & que tant s'en faut qu'il y ait de la honte à faire ce que font les bonnes gens, qu'il y a de l'infamie à ne pas faire ce qu'ils font.

Considerons enfin que l'examen des choses peut quelque chose sur les sens, & que tel auoit accoustumé de rougir des choses indifferentes qui a perdu peu à peu cette sotte rougeur.

### *Reflexions sur la honte.*

IL est honteux de refuser ce qu'on a en depost, c'est vn manquement de foy.

Il est honteux d'aller en toutes sortes de lieux, c'est vne marque d'intemperance.

Il est honteux de receuoir de l'argent des choses sordides, c'est vn signe d'auarice.

Il est honteux de refuser du secours à ses amis, c'est vne preuue d'inhumanité.

Il est honteux de se deffendre des peines honorables, c'est vne marque de molesse.

Il est honteux de receuoir des presens, & de n'en pas faire, c'est de deux choses l'vne, ou vne preuue d'auarice ou vne marque d'orgueil.

Il est honteux de souffrir des choses indignes de sa condition, c'est vn deffaut de courage.

Il est honteux de suiure le char du vainqueur, c'est vne foiblesse d'ame.

Il eſt honteux d'eſtre priué des vertus de ſes ſemblables, c'eſt vn deffaut d'ambition.

Il eſt honteux de s'écarter ſur le point du combat, c'eſt vn manquement de cœur, ce n'eſt pas qu'on ſoit coupable de la laſcheté dans laquelle on naiſt, la nature ne prend pas conſeil de nous quand elle nous produit ; mais c'eſt que les emplois ſont libres, & que s'il n'eſt pas en noſtre puiſſance d'auoir ce que la nature nous refuſe, il eſt en noſtre pouuoir de refuſer ce que la fortune nous offre.

Des armées effrayées ont ſouuent repris courage deuant des gens de cœur, elles euſſent eu honte de fuïr deuant des gens qui tenoient ferme.

Les libertins ſont ſi éhontez qu'ils ne connoiſſent point de honte que celle de bien faire.

Vn Moderne, dit joliment à mon aduis, que le cœur qui enuoye les eſprits au viſage, fait comme vne recreuë pour fortifier les parties qui ſont les plus expoſées à l'ennemy.

Il y a des gens qui ſeroient honteux s'ils ne faiſoient des actions honteuſes, tels ſont ceux qui recherchent l'impudence dans l'yvreſſe.

La honte, dit vn Ancien, eſt vne effrontée & vne inciuile, elle vient ſans qu'on l'appelle, & elle s'en va ſans qu'on la congedie.

Il y a des perſonnes qui pour étouffer vn honteux reproche, tombent dans des actions extremément reprochables. Vn Alexandre Sixieſme fut accuſé de ſe diuertir auecque vne de ſes filles naturelles, & comme il voulut perſuader aux Romains qu'elle n'estoit ny sa fille ny sa courtisane, il la fit épouser à vn de ses bastards, & Pontanus qui rapporte cecy comme beaucoup d'autres Auteurs, dit qu'on mit sur le tombeau de cette fille l'Epitaphe suiuant, ÇY GIST LHAYS DE FAIT ET DE NOM, FILLE ET BELLE FILLE D'ALEXANDRE SIXIESME.

Comme l'ame est née pour l'éternité, il arriue de là que lors qu'elle est obligée de trauailler concurramment auecque le corps à la naissance des choses perissables, elle imprime sur le visage du sexe feminin les caracteres de la honte, & l'on peut dire en ce rencontre qu'il est d'elle comme d'vne fille de bonne maison qui est reduitte par vn mariage indecent à suiure les mouuemens d'vn valet.

Encores si les Philosophes qui ont soustenu que les actions naturelles n'estoient point des-honnestes, & par consequent qu'elles ne deuoient point estre appellées la douleur des yeux, eussent esté aussi retenus en leurs actions qu'ils estoient hardis en leurs sentimens, leurs mœurs qui eussent combattu leur doctrine eussent rendu leur authorité moins pernicieuse; mais tant s'en faut que leur maniere de viure dementist leur opinion, qu'ils affectoient la liberté des étalons & des chiens, & qu'ils pratiquoient en publiq ce qu'ils enseignoient publiquement.

L'impudence, dit Theophraste, n'est autre chose qu'vne negligence de reputation.

De tous les animaux, dit Ciceron, il n'y a que l'homme qui soit capable de honte.

Il

Il y a dans les Indes vne plante que quelques-vns nomment ſenſitiue, & que quelques-autres appellent vergongne, & on luy donne cette derniere qualité, parce qu'elle ſe retire au tac d'vn homme, & qu'il ſemble qu'elle ſoit honteuſe de ſon approche.

La luxure regarde la pudeur comme vn fard innocent, & c'eſt ce qui a fait dire à vn bel eſprit que la pudeur eſtoit vn des aiguillons de l'amour.

Que Lycurgue eſtoit pudique, il vouloit que les jeunes hommes allaſſent dans les ruës de Sparte la veuë baſſe & les mains cachées.

Vn Prince Polonois s'étrangla dans vn reſſentiment d'ignominie, de ce que Boleſlas Troiſieſme luy auoit enuoyé vne peau de liévre & vne quenoüille, pour luy repreſenter la laſcheté qu'il auoit fait paroiſtre en vne bataille contre les Moſcouites.

La honte eſt vn puiſſant frein, & c'eſt pour cette raiſon que S. Auguſtin écriuant à Nectarius, luy diſoit qu'on ne pouuoit faire vn plus agreable ſeruice aux demons que de leur immoler ſa honte.

Cromis fut ſi confus de l'impoſſibilité où il ſe trouua deuant Ptolomée de ſoudre vn Sophiſme qu'on fit à la table de ce Prince, que peu de temps apres il en mourut.

Quoy que les actions de Domitian fuſſent extremément impudiques, il auoit vn viſage modeſte.

Caligule au rapport de Suetone, eſtoit ſi peu honteux, qu'il ne faiſoit point difficulté d'exercer publiquement ſes parties ſecrettes contre des nuditez viuantes, que les inuenteurs de salletez auoient lasciuement attachées à des poteaux.

Entre nos Auteurs, il y en a vn qui dit qu'on doit estre aussi peu honteux de l'acte venerien, de ses accompagnemens, & de ses suittes, que du hoquet, des larmes, & des fluctions; mais quoy qu'il puisse dire, il y a des postures, des grimaces, des difformitez, que l'effronterie mesme a de la peine à regarder.

L'on craint de faillir deuant ceux que le merite a rendus les Arbitres des actions humaines, parce que ces sortes de gens ont d'autant plus d'aduersion pour les manquemens, qu'ils sont fort éloignez de manquer à leur deuoir.

Les Loix d'Athenes condamnoient à mille liures la femme dont l'allure estoit indecente.

Vn certain Empereur des derniers siecles, ordonna qu'on l'enseuelist auecque son calleçon.

Le Poëte Bernia parlant d'vn saint Pere, dit qu'il estoit tellement pudique, qu'il ne touchoit qu'auec le gand ce que la pudeur condamne aux tenebres, & Aristote qui jugeoit souuent ingenuement des autres par soy-mesme, dit a Zenocrate, qui imitoit en quelque façon ce Saint, qu'il prist garde que son dedans ne démentist son dehors, c'est à dire que sa main ne fust plus chaste que son esprit.

On auoit tant de respect pour la vertu de Caton, que les Romains n'oserent demander les jeux où les femmes débauchées auoient la liberté de paroistre toutes nuës.

Tout le monde court au gibet, dit Charon, pour voir défaire vn homme, & tout le monde se cache pour le faire.

La honte, dit le mesme Auteur, est vne inuention forgée au cabinet de Venus, elle sert pour donner prix à la besogne.

Ciceron dit que de son temps les enfans de quatorze à quinze ans ne se baignoient point deuant leur pere & mere, & il adjouste à cela que les hommes mesmes ne se baignoient point en la presence de ceux dont ils auoient épousé les filles.

Qui s'émancipe plus qu'il ne doit s'expose à la confusion, vn homme demanda vn jour dans vn festin la couppe d'Archilaus Roy des Macedoniens, Archilaus surpris de cette liberté, dit à vn page qu'on la presente à Euripide, celuy qui la demandée merite qu'on la luy refuse, & celuy qui ne la point demandée merite qu'on la luy donne.

Il y a des hommes qui sont aussi pudiques que des filles, Pompée rougissoit tousiours aux premiers abords.

Il y a des gens qui ne considerent seulement pas le des-honneur present; mais encores l'infamie future, & lors que cela arriue, la honte comme douleur & comme crainte ébranslent quelque-fois si fort la constance, que celuy qui en est attaqué succombe. Pytagore reprit vn jour publiquement vn jeune homme, le jeune homme tout couuert de confusion se retira chez luy, & comme dans sa solitude il pensa à l'affront qu'on luy auoit fait, & au peu d'estat qu'on feroit de sa personne, cette pensée l'accabla de telle sorte que pour s'en défaire pour tousiours, il recourut à la corde.

Vn Moderne fait vne vertu de la pudeur, & il la met entre l'impudence & la honte excessiue; mais quoy que les Lacedemoniens ayent renuié sur luy, qu'au rapport de Zenophon ils en ayent fait vne Deesse, ie trouue que la pudeur naist souuent des actions indifferentes, & par consequent qu'on la deuroit plûtost considerer comme vne foiblesse naturelle, que comme vne vertu humaine, adjoustons à cela que les vertus morales renferment la liberté, que la pudeur vient souuent sans nostre permission, & qu'il y a mesme quantité d'honnestes personnes qui voudroient estre défaites de son colory.

Que la honte est quelque-fois aduantageuse, l'on demanda vn jour à Polidorus, dit Plutarque, pourquoy les Lacedemoniens alloient si alaigrement au combat, ce fils d'Alcamenes répondit que c'estoit parce qu'ils aimoient mieux l'honneur que la vie, qu'ils craignoient plus les reproches que la mort.

La pudeur fait quelque-fois tort à l'innocence. Dioxippe, dit Quintecurse, fut accusé de larcin, & quoy que ce fût à tort, la rougeur qui parut sur son visage donna de si mauuais sentimens de luy, que s'estant apperceu de ce fascheux effet il se tua.

Il y a des personnes qui font gloire de leur effronterie, Demosthenes obserua vn jour auec quelques-vns de ses amis vn jeune homme qui affectoit de regarder impudemment, & sur ce que ce jeune homme se delectoit en son deffaut, que cet effronté, dit Demosthene est garce, ses yeux n'ont point de prunelles, ils n'ont que des putains.

La honte rendit vn bon office aux Milesiennes, ces femmes auoient si peu d'attache au monde, qu'elles ne faisoient point difficulté de se poignarder. Vn grand personnage fasché de ce desordre crût que la honte feroit plus sur elles que les remonstrances, & pour reüssir en son dessein, il fit vn Edit par lequel il declara que les femmes qui se defferoiét seroient traisnées nuës dans la ville, cet Edit fit l'effet qu'il attendoit, les Milesiennes rentrerent en elles-mesmes, & enfin la honte d'estre veuës apres leur mort arresta le cours de leur inhumanité.

Vn reproche doit s'il se peut deuenir l'occasion d'vne loüange, vn Capitaine dans Tacite est de mon sentiment, lors que parlant à ses soldats qui auoient lasché le pied, il les excite à faire en sorte que leur honte serue à leur gloire.

La nuit fait plus de coupables que le jour, & si les éclipses dependoient des honteux, la nature, dit vn Ancien, seroit souuent en tenebres.

Quand nous nous representons fortement les reproches qu'on nous peut faire, les reproches qui ne sont futurs nous deuiennent comme presens, & la honte que nous en auons deuient quelque-fois vne tristesse insupportable. Othriades qui de trois cens Lacedemoniens qui estoient allez à la guerre, estoit le seul qui estoit retourné à Sparte, ne fut pas plûtost aux portes de la ville qu'il se repentit d'estre reuenu, & comme il se representa la confusion qu'il alloit receuoir, sa honte secrette deuint vne tristesse si pezante, que ne la pouuant supporter, il se donna de l'épée au trauers du corps.

Quoy que j'aye cy-deuant entrepris la pudeur, il faut neantmoins auoüer qu'elle est souuent vne marque de vertu. Les Grecs luy ont donné vn nom qui signifie difficulté de veuë, & ils luy ont donné ce nom, parce que les personnes sages ont mesme de la peine à regarder ceux qui offencent leurs oreilles.

Les Dames n'ont pas peu d'obligation à la veritable pudeur, elle est comme dit l'Orateur Demades la citadelle de leur beauté.

## *DE LA COMPASSION.*

LA pitié est vne passion qui resulte ordinairement de la douleur, de la crainte, & du desir : de la douleur, parce que nous sommes faschez des maux qui attaquent les gens de bien, de la crainte, parce qu'en veuë des mesmes maux nous craignons de tomber en de semblables disgraces, du desir, parce que la douleur & la crainte nous portent à faire enuers nostre prochain, ce que nous serions bien-aise qu'on fist enuers nous.

### *Des causes de la compassion.*

LA compassion a vne cause objectiue, vne cause efficiente, vne cause subjectiue, vne cause agrauante, vne cause dispositiue, & vne cause surnaturelle.

Elle a pour cause objectiue le mal, c'est à dire les decadences de la grandeur, la perte des biens, l'abandonnement des amis, les afflictions du corps, & les outrages de la vengeance, parce que la pitié est vne espece de tristesse, & que cette passion naist en partie de ces sortes d'accidens.

Elle a pour cause efficiente la connoissance, parce qu'on ne peut estre affligé des maux d'autruy qu'en veuë des mesmes maux.

Elle a pour cause subjectiue l'appetit sensitif, & l'appetit intellectuel, parce que les passions qui composent la pitié, sont la douleur, la tristesse, la crainte, & le desir, & que ces passions appartiennent aux deux appetits.

Elle a pour causes agrauantes l'alliance, l'amitié, l'étenduë, la violence, la durée, l'excellence, la surprise, la constance, l'innocence, & la disproportion. L'alliance, parce qu'on considere les maux de ses parens comme les siens, & qu'on a pour soy-mesme toutes les tendresses dont l'amour naturel est capable. L'amitié, parce que les amis sont des seconds soy-mesme, & que la mesme amitié qui fait les biens indiuis fait les disgraces communes. L'étenduë, parce que les maux qui font bien des miserables sont plus sensibles que ceux qui n'en font gueres. La violence, parce que la fiévre continuë, la goutte, la taille, & les autres maux puissans, effrayent plus l'imagination, & touchent plus viuement le cœur que les maux ordinaires. La durée, parce que les maux opiniastres décharnent le corps & épuisent la bourse, & que c'est vne chose bien attendrissante que de voir vn squelet miserable. L'excellence, parce que le merite de la personne qui souffre rend les maux odieux. La surprise, parce que les maux qui viennent de la part des ingrats pechent contre la nature, & que plus on les considere & plus on les trouue estranges. La constance, parce que la belle maniere de receuoir les maux, fait paroistre les mesmes maux sous des ap-

parences

parences bien iniustes, & bien fascheuses. L'innocence, parce qu'on n'est seulement pas touché des maux qui attaquent; mais encores de l'injustice qui les a procurés. La disproportion, parce que les larcins modiques, par exemple qui sont commis dans la derniere misere, sont des necessitez de nature, que les outrages qui talonnent souuent ces sortes d'actions pechent contre l'indulgence de la loy, & qu'en découurant l'inhumanité de ceux qui les font, ils découurent le grand mal-heur de ceux qui les souffrent.

Elle a pour causes dispositiues la mediocrité de la condition, la fecondité du mariage, & l'experience des mal-heurs, parce que celuy qui joüit d'vne fortune raisonnable n'a ordinairement ny la retenuë des pauures, ny la confiance des riches, que celuy qui a beaucoup d'enfans est beaucoup exposé aux disgraces de la vie, qu'il juge de la nature du plaisir qu'il peut faire, par la qualité du plaisir qu'on luy feroit, si dans les persecutions on luy tendoit les bras, que celuy qui a éprouué les rigueurs de la fortune, se sent comme obligé par vn resouuenir d'horreur d'apporter quelque soulagement aux maux dont il est témoin, que celuy qui a ressenty les douceurs de la consolation, se sent aussi comme piqué par vne justice de nature, de faire enuers les autres ce que les autres ont fait enuers luy.

Elle a pour cause surnaturelle la Religion Chrestienne, parce que la Religion Chrestienne excite la tendresse, & par les promesses & par les menaces, qu'elle oblige les puissans de visiter les hospitaux, & de courir les prisons, de vestir les nuds & de rachepter les esclaues, de loger les pelerins & d'appuyer les oppressez.

*Diuision de la pitié.*

IL y a six especes de pitié, il y a vne pitié impropre, vne pitié impuissante, vne pitié ambitieuse, vne pitié interessée, vne pitié naturelle, & vne pitié sur-accomplie.

Il y a vne pitié impropre, & cette pitié appartient à Dieu, parce que Dieu est impassible & secourable.

Il y a vne pitié impuissante, & cette pitié est la compassion de ceux qui sont remplis de tendresse, & qui sont dépourueus de moyens.

Il y a vne pitié ambitieuse, & cette pitié qui n'en a que le dehors est la compassion de ceux qui ne font des consolez que pour faire des trompettes, qui n'exercent les vertus secourables que pour exercer les langues reconnoissantes.

Il y a vne pitié interessée, & cette pitié qui n'en a aussi que les apparences, est la compassion de ceux qui pour paruenir aux dignitez Ecclesiastiques s'efforcent de paroistre charitables.

Il y a vne pitié naturelle, & cette pitié qui répond à la definition generale que i'ay donnée, tombe dans l'ame de ceux qui sans interest & sans faste compatissent, craignent, & secourent.

Enfin il y a vne pitié sur-accomplie, & cette pitié qui renferme la precedente, eſt la compaſſion de ceux qui adjouſtent les motifs de la Religion aux conſiderations de l'humanité.

*Des effets de la compaſſion.*

LA veritable compaſſion a quatre qualitez, elle eſt diligente, elle eſt liberale, elle eſt chagrine, & elle eſt humiliante.

Elle eſt diligente, parce que lors que nous ſommes touchez de compaſſion nous nous conſiderons en la place des affligez, & que comme quand les remedes dépendent de nous, nous nous haſtons de ſecourir noſtre perſonne, nous nous haſtons auſſi de ſecourir noſtre prochain.

Elle eſt liberale, parce que celuy qui eſt émeu de pitié eſt en vn eſtat ſouffrant, qu'on recherche naturellement l'eſtat oppoſé, & qu'à meſure qu'vn compatiſſant ſoulage vn miſerable, il ſe ſoulage ſoy-meſme.

Elle eſt chagrine, parce que celuy qui eſt piqué de compaſſion a comme deuant les yeux les miſeres humaines, & que les objets déplorables ſont des rabat-joye.

Elle eſt humiliante, parce que la crainte entre en la compaſſion, & que le meſme eſprit qui forme cette crainte, conçoit peu de choſe de la nature humaine.

### *Remedes contre la compaſſion, ou pour mieux dire contre quelques-vnes de ſes eſpeces.*

CONSIDERONS que Dieu connoiſt le motif de tous les agens, que la vanité diminuë le merite des belles actions, & que les biens qu'on fait par ce principe ſont plus vtiles à ceux qui les reçoiuent qu'à ceux qui les diſtribuent.

Conſiderons encores que le mépris qu'on fait de ſes ſemblables des-honore le chef-d'œuure des mains de Dieu, & que c'eſt des-honorer la nature humaine que de faire par vn mouuement d'ambition, ce qu'on doit du moins faire par vne tendreſſe de nature.

Conſiderons enfin que l'auarice eſt vicieuſe, que la Charité eſt deſintereſſée, & que de courre les hoſpitaux & les priſons pour s'introduire facilement dans les benefices, c'eſt preferer la Terre au Ciel, les larcins de l'hypocriſie aux recompenſes de la pieté.

### *Reflexions ſur la compaſſion.*

LA miſericorde, dit Seneque, approche de la miſere, elle en tire quelque choſe.

Pour auoir quelque reſſentiment des maux qui arriuent à nos ſemblables, il faut du moins que les meſmes maux ſoient comme preſens. Les Pariſiens par exemple ne ſont point touchez ny des coups que reçoiuent les galeriens, ny des mauuais traitemens qu'eſſuyent les eſclaues.

Les mesmes Stoïques qui condamnent les émotions de la pitié ne condamnent pas les actions des pitoyables, ils trouuent bon qu'on tende la main à celuy qui a fait naufrage, qu'on rende vne fille aux larmes d'vne mere, qu'on rompe les chaisnes d'vn mal-heureux, qu'on sauue les gens de bien des mains des barbares.

Entre ceux qui sont capables de compassion, il y en a qui y sont plus ou moins sujets, & entre ceux qui y sont plus sujets, l'on met les sçauans, les vieillards, les infirmes, les vertueux, les femmes, les enfans, les sanguins, les voluptueux. L'on y met les sçauans, parce qu'ils connoissent mieux que les autres & la nature des maux & les delicatesses de la nature humaine. L'on y met les vieillards, parce qu'ils ont experimenté les trauerses de cette vie. L'on y met les infirmes, parce qu'ils sont tous les jours aux prises auecque les douleurs. L'on y met les vertueux, parce qu'ils embrassent étroittement les loix de l'Euangile. L'on y met les femmes, parce qu'elles sont naturellement tendres. L'on y met les enfans, parce que comme ils jugent des autres par eux mesmes, ils attribuent au mal heur tous les maux qui attaquent les hommes. L'on y met les sanguins, parce qu'estant accoustumez aux plaisirs, ils considerent les maux les plus supportables comme quelque chose de bien fascheux. L'on y met enfin les voluptueux, parce qu'ils sont nourris dans la mollesse, & que ceux qui sont esleuez dans cette maniere de viure ont peur des moindres afflictions.

Les Romains pour exciter la compassion des Iuges paroissoient ordinairement deuant eux en vn habit conuenable à leur infortune.

I'auouë auecque les Stoïciens que la raison pourroit faire ce que la passion fait faire ; mais la mesme passion adjouste quelque degré d'actiuité aux actes charitables, & vn miserable est plus obligé à vne bonté émeuë qu'à vne bonté tranquille.

Quoy qu'on haïsse les spectacles horribles, l'on ne laisse pas d'y courir, il semble que la nature humaine se delecte en cela en la douleur que font les douleurs d'autruy, & c'est ce qui a fait dire à S. Augustin, qu'encores qu'on haïsse la cruauté l'on ne laisse pas d'aimer la compassion.

Ceux qui à la veuë des maux se couurent le visage de tristesse, semblent plaider la cause des miserables, & les compassions qui naissent à cet aspect sont d'autant plus officieuses que les objets émeuuent les puissances.

Il y a vne compassion injuste, & c'est celle qui force les prisons, & qui délie les criminels. Il y a vne pitié raisonnable, & c'est celle qui selon l'Escriture est vn des plus seurs fondemens du Trosne, & qui selon saint Ambroise, est vne des plus belles parties de la Iustice.

La pitié largement prise a vne fort grande étenduë, elle s'étend sur les malades, sur les pauures, sur les esclaues, sur les nuds, sur les ignorans, sur les persecutez, sur les vicieux, sur les égarez, & sur les morts.

Y a-t'il rien de plus glorieux que de releuer ceux que les mal-heurs ont abattus.

S. Augustin qui estoit pitoyable loüe Ciceron, de ce qu'en la personne de Cesar il auoit loüé la pitié.

Il y a des gens qui sont plus touchez des maux d'autruy que des leurs, aussi S. Paul écriuant à ceux qui auoient plus de creance aux fourbes qu'en ses paroles, ne feint point de leur dire qu'il a plus de compassion de ce que leurs esprits sont mal-heureusement preuenus, qu'il n'a de regret de ce que son innocence est estrangement calomniée.

Qu'en matiere de tendresse, il y auoit bien de la difference entre les Stoïques & Ciceron ? les Stoïques en font vn vice de femme, & l'Orateur Romain en fait vne vertu de Heros.

Gedeon fit vne action de veritable Souuerain, lors que pour soulager la misere de son peuple, il demanda les pendans d'oreilles des plus grandes Dames de son Estat, & S. Hierosme qui remarque l'intention de ce Prince en fait les éloges.

La compassion a son excez & son deffaut, son excez consiste en deffaillance, & son deffaut consiste en barbarie.

On confond quelque-fois les effets auecque les causes, & c'est en ce sens qu'on dit que les Anges & les Saints ont pitié des hommes.

Il eſt rare que les grands ſoient pitoyables, l'on n'eſt pas ordinairement touché des maux dont l'on croit eſtre eſchapez.

De quel front peut-on ſe deffendre d'eſtre pitoyable ! il eſtoit meſme commandé dans l'ancienne Loy d'auoir quelque tendreſſe pour les beſtes.

## DE L'INDIGNATION.

L'INDIGNATION qui eſt plus ſpirituelle que corporelle, eſt compoſée d'vne triſteſſe, d'vne aduerſion, & d'vn deſir, elle renferme la triſteſſe, parce que nous ſommes faſchez que les proſperitez tombent ſur la teſte des ignorans & des vicieux, elle renferme l'aduerſion, parce que nous auons de l'horreur de l'éleuation de ceux qui ſemblent n'eſtre dans les emplois que pour la ruyne du peuple; elle renferme le deſir, parce que nous nous efforçons d'oſter aux ignorans & aux vicieux les moyens de continuer leurs indignitez.

### *Des cauſes de l'indignation.*

L'INDIGNATION a vne cauſe objectiue, vne cauſe efficiente, vne cauſe ſubjectiue, vne cauſe agrauante, vne cauſe diſpoſitiue, & vne cauſe finale.

Elle a pour cauſes objectiues l'ignorance & le vice, parce que l'indignation ne ſe forme que de l'indignité de ceux qui rempliſſent les emplois, & que toutes les indignitez ſont contenuës ſous la foibleſſe de l'entendement, ſous la corruption de la volonté, & ſous le déreglement des paſſions.

Elle a pour cauſe efficiente la connoiſſance, parce

que l'indignation ſuppoſe des objets, & que les objets ne peuuent remuer les appetits que par l'entremiſe des facultez connoiſſantes.

Elle a pour cauſes ſubjectiues & l'appetit intellectuel & l'appetit ſenſitif, ie dis l'appetit intellectuel, parce que l'indignation ne ſe forme qu'en conſideration de l'ignorance & du vice, & que comme ces maladies ſont ſpirituelles, il n'y a à proprement parler que la volonté qui puiſſe par ſa triſteſſe, par ſa haine, & par ſon intention, porter l'homme à interrompre le cours de ces meſmes maladies : ie dis encores l'appetit ſenſitif, parce que par l'étroitte vnion de l'ame & du corps, de l'eſprit & de la chair, il y a de la correſpondance entre les appetits, & qu'aux rencontres où les ſens ne peuuent eſtre mortifiez, les propaſſions de la volonté deuiennent ſouuent les mouuemens du cœur, adjouſtons à cela que l'ignorance & le vice peuuent auoir pour ſuittes les exactions, les empriſonnemens, les maſſacres, que ces malheurs peuuent attaquer ceux qui nous appartiennent, & que comme ces accidens ſont ſenſibles, l'on peut eſtre ſenſiblement indigné de la puiſſance de ceux qui en ſont les auteurs.

Elle a pour cauſes agrauantes la baſſeſſe de l'extraction, l'infamie de la race, parce que le miniſtere, la magiſtrature, & les autres emplois appartiennent moins aux ignorans, ignominieux, & aux méchans ignobles, qu'aux nobles ignorans, & qu'aux illuſtres vicieux, & qu'il faut eſtre bien determiné au mal, lors qu'au lieu de reparer en sa personne la honte de ses predecesseurs, l'on joint de nouueaux crimes à de vieux pechez.

Elle a pour causes dispositiues la science & la vertu, parce que ceux qui sont sages & vertueux ont de la peine à souffrir les vicieux & les ignorans, que les sages & les vertueux sont capables de remplir les plus belles charges, qu'il est naturel de desirer les occupations qui sont proportionnées à son merite, & que pour peu que les occasions fauorisent vne juste ambition, l'on passe volontiers de la haine des méchans au debusquement des méchans mesmes.

Elle a pour causes finales le bien particulier, & le bien public, parce que l'indigné en qualité de sage veut oster à l'ignorant qui est dans les illustres emplois, les moyens de continuer ses faux-pas, que le mesme indigné en qualité de vertueux veut soustraire au vicieux qui est dans les grandes charges, les occasions de perpetuer ses desordres, & qu'il est impossible que l'indigné forme ces desseins, qu'il n'ait en mesme temps en veuë & le bien de celuy que la fortune a imprudemment éleué, & l'aduantage de ceux qui gemissent sous sa puissance.

### *Diuision de l'indignation.*

IL y a trois sortes d'indignation, il y en a vne qui est raisonnable, il y en a vne autre qui est à demy raisonnable, & il y en a vne autre qui est entierement déraisonnable.

L'indignation raisonnable tombe dans l'ame de

ceux qui ont de la ſcience & de la vertu, & qui ſont par conſequent capables de bien remplir ce que les autres rempliſſent mal.

L'indignation à demy raiſonnable ſe retrouue en la perſonne de ceux qui ont de la vertu; mais qui n'ont pas de l'experience, & qui ſont par conſequent incapables de ſucceder en la place de ceux dont ils ne peuuent ſouffrir le déreglement.

L'indignation qui eſt entierement déraiſonnable, eſt la paſſion des puiſſans qui ſont dépourueus de ſcience & de vertu, & qui ſans reſpecter les qualitez qui reluiſent quelque-fois en la perſonne des ignobles, ne peuuent ſouffrir que la roture ſoit juſtement éleuée.

### *Des effets de l'indignation.*

L'INDIGNATION a pluſieurs ſuites, elle inquiete, elle diſſimule, elle ſe découure, elle s'emporte.

Elle inquiete, parce qu'elle renferme le deſir, que le deſir eſt vne eſpece de langueur, & que la langueur ne trouue ſa fin que dans la poſſeſſion de la choſe deſirée.

Elle diſſimule quand elle n'eſt accompagnée de toutes les qualitez que ſon aigreur demande, parce qu'en penſant au bien des autres, elle penſe aux moyens d'éuiter quelque diſgrace, que celuy qui a aſſez d'adreſſe pour ébranſler vne fortune inſolente, & qui n'a pas aſſez d'appuy pour reſiſter au reſſentiment d'vn puiſſant, doit feindre d'eſtre amy de l'ennemy commun, & que c'est dans cette feintise qu'il peut estre à couuert de l'orage.

Elle se découure, c'est à dire qu'elle se met en estat de paruenir hautement à ce qui luy manque, lors qu'elle est accompagnée ou d'vne puissance redoutable ou d'vn merite extraordinaire; parce que ces circonstances sont tres-considerables, qu'il est de l'ambition des grands d'embrasser ce qui peut illustrer leur authorité, qu'il est de la bonté des sages de poursuiure ce qui peut exercer leur prudence.

Elle s'emporte quelque-fois quand les Souuerains appuyent les faux Ministres, parce que de cet appuy naist la misere du peuple, & que la pauureté publique qui engendre quelque-fois le desespoir est vne des choses du monde la plus insolente.

### *Remedes contre l'indignation, ou pour mieux dire contre quelques-vnes de ses especes.*

CONSIDERONS que les emplois importans veulent des personnes complettes, qu'il ne suffit pas d'auoir les passions reglées, qu'il faut auoir l'esprit remply, & que c'est faire des ennemis que d'éleuer ses desirs au delà de ses lumieres, & de ses experiences.

Considerons encores que la naissance appuye le déreglement des mœurs, que les vices sont plus contagieux en la personne des grands qu'en celle des petits, & que plus les vicieux sont redoutables, & moins les vices sont controllez.

Considerons enfin que la noblesse a ses commancemens, que la ſcience, l'experience & la vertu releuent leurs ſujets, & qu'il importe tres-peu que nos anceſtres ayent dans leur maiſon des pencartes & des titres, pourueu que noſtre ame ſoit par la condition de ſes habitudes incomparablement plus noble que noſtre ſang.

### *Reflexions ſur l'indignation.*

IL faut remarquer que l'indignation ſelon quelques-vns eſt compoſée de deux douleurs, & de deux deſirs, que la connoiſſance du bien qui nous deffaut engendre la douleur, & qu'vne autre douleur ſe forme en l'ame de l'indigné, lors qu'il penſe que celuy qui poſſede ce bien en eſt indigne, que la douleur qui vient de la connoiſſance du bien qui nous manque fait naiſtre le deſir d'auoir ce qui nous deffaut, & que la douleur qui prouient de la mauuaiſe penſée qu'on a de celuy qui poſſede ce qui eſt à noſtre bien-ſeance, fait naiſtre le deſir de luy rauir ce qu'il ne merite pas.

Les progrés de la grandeur en ceux dont la nobleſſe eſt ancienne n'engendrent pas ſi aiſément l'indignation, que les aduantages de la fortune en ceux dont la maiſon eſt naiſſante, parce que leur éleuation eſt vne ſuite de l'éclat de leurs anceſtres, & qu'on s'accouſtume auecque peu de peine à l'aſpect d'vne éleuation qui paſſe comme de pere en fils.

Celuy qui paſſe promptement d'vn petit eſtat à vne haute poſture excite ordinairement l'indignation, parce que ces changemens sont suspects, qu'ils sont comme contraires à la nature, qui pour former de grandes choses demande de grands temps.

Comme l'indignation tend en quelque façon à la punition des mauuais vsages, il ne faut pas s'étonner si sous le nom de Nemesis les Grecs luy bastirent vn Temple.

L'on n'est pas peu indigné lors qu'on voit des personnes qui possedét des biens qui n'ont point de rapport aueccque leur condition, comme lors qu'on voit des seculiers posseder des benefices, parce que leur puissance rauit ce qui est deub au Sacerdoce, & qu'en diminuant l'esperance de ceux dont la naissance est vulgaire, & dont l'esprit est rare, elle empesche quelque-fois le progrés des études.

Quelle indignité ne conçoit-on point contre les jeunes gens, qui sans considerer les aduantages de la vertu que les venerables vieillards ont sur eux, veulent dans les assemblées se preualoir contre-eux des aduantages de la fortune.

Encores que la compassion & l'indignation soient differentes, elles sont fondées sur vn mesme principe, il n'est pas plus raisonnable d'estre fasché des maux qui attaquent les gens de bien, qu'il est juste d'estre triste des biens qui accablent les méchans.

Comme la nature comme i'ay desia dit ne passe jamais tout d'vn coup d'vne extremité à l'autre, il est estonnant qu'vn homme qui n'a jamais eu de dignité passe tout d'vn coup de cet estat aux plus grandes charges, la nature se sert du milieu, comme d'vn moyen pour paruenir à son terme, les hommes doiuent se seruir des conditions mediocres pour paruenir à leur fin. Que si par vne faueur extraordinaire l'on voit des impertinens dans les premiers emplois, il ne faut pas trouuer estrange si les peuples en parlent, si les sages en murmurent, & si l'on employe quelque-fois des moyens violens pour porter la raison des-abusée à détruire ce que l'authorité preuenuë a estably.

Quoy qu'on puisse dire ie ne trouue rien de plus insupportable que la prosperité des méchans, & ce fut en partie cette consideration, dit Aule-Gele, qui porta Democrite à se creuer les yeux.

DE

## DE L'EMVLATION.

L'EMVLATION est composée d'vne douleur, & d'vne esperãce, elle contient la douleur, parce que l'émulateur est fâché d'estre dépourueu des qualitez que possedent ses semblables, & elle contient l'esperance, parce que le mesme émulateur s'efforce d'estre reuestu des qualitez dont ses mesmes semblables sont pourueus.

### *Des causes de l'émulation.*

L'EMVLATION a vne cause objectiue, vne cause efficiente, vne cause subjectiue, vne cause aiguillonnante, vne cause necessaire, vne cause dispositiue, & vne cause finale.

Elle a pour causes objectiues les effets de la prudence, les marques du courage, les preuues de la vertu, les productions de l'art, & les foiblesses de l'opinion, parce que selon les dispositions de l'émulateur, l'émulateur se propose ordinairement ce qu'il y a de plus considerable dans les mœurs, dans les sciences, & dans les arts, ie dis ordinairement, parce que l'émulateur s'attache quelque-fois à des sujets ridicules, qu'il s'exerce sur des chasteaux de carte, sur des poupées, & sur cent autres ouurages que la puerilité inuente.

Elle a pour cause efficiente la connoissance, parce qu'à moins d'eſtre imbu des qualitez de l'objet, & des étenduës de la puiſſance, il n'y a ny excitation ny entrepriſe.

Elle a pour cauſes ſubjectiues les deux appetits, parce que les objets de l'émulation ſont tantoſt ſpirituels, & tantoſt ſenſibles, & que les appetits comme i'ay cy deuant dit s'entre-correſpondent.

Elle a pour cauſe aiguillonnante la concurrence, parce que l'émulateur tend ou à ſurpaſſer ou à imiter, & que dans la premiere fin, il ne ſe contente pas d'aller au delà de l'exemple qu'il a comme choiſi; mais encores au delà de ceux qui trauaillent ſur le meſme deſſein.

Elle a pour cauſe neceſſaire vne bonne opinion, parce que pour ſe propoſer quelque imitation qu'on croit conſiderable, il faut eſtablir ſon entrepriſe ſur ſa confiance.

Elle a pour cauſes diſpoſitiues la Nobleſſe, l'eſprit, la jeuneſſe, le courage, l'opulence, parce que la Nobleſſe eſt ambitieuſe, que le bel eſprit eſt inuentif, que la jeuneſſe eſt preſomptueuſe, que le courage eſt perſeuerant, & que l'opulence eſt ſecourable.

Elle a pour cauſe finale le ſalut, l'intereſt, la gloire, ou le plaiſir, parce que ſelon les inclinations de l'émulateur, l'émulateur ſe propoſe ou la ſatisfaction de ſon zele, ou l'agrandiſſement de ſa fortune, ou l'étenduë de ſon nom, ou le diuertiſſement de ſon eſprit.

### *Diuiſion de l'émulation.*

IL y a en general ſix ſortes d'émulation, il y a vne émulation vertueuſe, vne émulation intereſſée, vne émulation ambitieuſe, vne émulation ſcientifique, vne émulation artificielle, & vne émulation imprudente.

L'émulation vertueuſe tombe dans l'ame de ceux qui ſe propoſent d'aller ſur les pas ou au delà de quelques perſonnes heroïques.

L'émulation intereſſée tombe dans l'ame de ceux qui ſe propoſent d'imiter la ſordité des auares.

L'émulation ambitieuſe tombe dans l'ame de ceux qui ſe propoſent de deuenir ſemblables en apparence à ceux qui ont juſtement obtenu des marques d'honneur.

L'émulation ſcientifique tombe dans l'ame de ceux qui ſe propoſent d'imiter la methode, la ſimplicité, la conciſion, & la clarté de quelques grands Philoſophes.

L'émulation artificielle tombe dans l'ame de ceux qui ſe propoſent d'imiter les manieres de trauailler de quelques illuſtres ouuriers.

Enfin l'émulation imprudente tombe dans l'ame de ceux qui ſe propoſent d'imiter les inuentions inutiles, de quelques petits eſprits ingenieux.

### *Des effets de l'émulation.*

L'EMVLATION a quatre ſuiuantes, & ces ſuiuantes ſont l'inquietude, la gayeté, la réverie, & l'inconſtance.

Elle eſt inquiete, parce que l'eſperance renferme le deſir, & que le deſir eſt des choſes abſentes.

Elle eſt gaye, parce que l'eſperance qui fait vne partie de ſa nature, ſe repreſente la victoire des difficultez comme quelque choſe de preſent.

Elle eſt réveuſe, parce que les grands deſſeins veulent les grandes reflexions.

Elle eſt journaliere, c'eſt à dire tantoſt gaye, & tantoſt triſte, parce que comme les difficultez qu'elle s'eſt propoſée de ſurmonter ſont inégales, ſes progrés ſont plus ou moins grands.

### *Remedes contre l'émulation, ou pour mieux dire contre quelques-vnes de ſes eſpeces.*

CONSIDERONS que l'honneur eſt vne confuſion ſecrette à celuy qui ne le merite pas, & que c'eſt le dérober que de l'acquerir par de fauſſes imitations.

Conſiderons encores qu'il y a des manieres de viure qui ſont plus dignes de haine que d'exemple, & que de les ſuiure, c'eſt preferer la honte à l'honneur.

Conſiderons encores qu'il y a des induſtries diſconuenables, & que tel qui veut rafiner ſur les choſes inutiles eſt ſouuent mal-habile-homme ſur les choſes neceſſaires.

Conſiderons enfin qu'il y a des qualitez friuoles, & que c'eſt tenir plus de l'enfant que du ſerieux, que d'en faire les objets de ſon ambition.

### Reflexions sur l'émulation.

CESAR auoit Alexandre pour patron, Alexandre auoit Achile pour exemple, & Themistocle auoit Miltiade pour objet.

Comme il faudroit estre extremément temeraire pour entreprendre des imitations impossibles, & extremément lasche pour former des desseins infames, l'on a raison de dire qu'on ne se propose gueres ny ce qui est tres-au dessus de sa vertu, ny ce qui est tres-au dessous de sa puissance.

Il y a vne certaine émulation qui renferme quelque sorte de jalousie, & cette émulation qui ne regarde que les viuans tombe quelque-fois dans l'ame des plus grands hommes, Scipion s'efforçoit de surpasser Hannibal, & de nostre temps le Comte Maurice s'efforçoit de surpasser le Marquis de Spinola.

Quelques-vns ont mis l'émulation entre l'enuie, & vne espece d'insensibilité ; mais l'on peut n'estre ny insensible aux bonnes choses, ny enuieux, & n'estre pas émulateur, tous les hommes n'ont pas du courage, il y en a à qui les moindres peines semblent des obstacles inuincibles, & tous ceux qui sont en puissance de surmonter les difficultez, ne sont pas en humeur de les combattre.

## DE L'ENVIE.

L'ENVIE est vne douleur que nous auons du bien d'autruy, entant que ce bien nous paroist prejudiciable.

Pour bien connoistre la nature de l'enuie, il faut en rappellant les idées de l'indignation, & de l'émulation, confronter ces deux passions auecque celle dont ie traite.

Celuy qui a de l'indignation est chagrin de ce que la fortune éleue les vicieux.

Celuy qui a de l'émulation est fasché de ce qu'il n'est pas semblable aux excellens hommes.

Et celuy qui a de l'enuie est triste, de ce qu'entre ses semblables il y en a qui prosperent.

L'indigné veut soustraire à l'indigne la matiere de ses abus.

L'émulateur laisse la gloire aux Heros; mais il veut contre-tirer leurs perfections.

L'enuieux veut le bien d'autruy, & il semble qu'en cela il soit semblable à l'indigné; mais la difference qui se trouue entre-eux, c'est que l'indigné n'en veut qu'aux méchans, & que l'enuieux en veut indifferemment & aux méchans, & aux bons.

Celuy qui est touché d'indignation a de l'horreur, celuy qui est piqué d'émulation a du respect, & celuy qui est émeu d'enuie a de la haine.

### *Des causes de l'enuie.*

L'ENVIE a sept causes, elle a vne cause objectiue, vne cause efficiente, vne cause imprudente, vne cause subjectiue, vne cause dispositiue, vne cause circonstantielle, & vne cause morale.

Elle a pour causes objectiues la faueur, les richesses, la reputation, parce que comme l'enuie est naturellement méchante, elle ne peut enuier que l'éclat, que l'estime, que les biens.

Elle a pour cause efficiente la connoissance, parce qu'elle renferme ordinairement la tristesse, le desir & la haine, & qu'elle suppose par consequent quelques considerations.

Elle a pour causes subjectiues les deux appetits, parce qu'elle a pour causes excitantes, & des choses spirituelles & des choses sensibles.

Elle a pour causes dispositiues le rapport de la condition, de l'âge, & de la naissance, parce que plus l'on est approchant de ceux qu'on enuie, & plus l'on s'imagine auoir raison de desirer ce qu'ils possedent, & que c'est estre bien approchant des enuieux que de conuenir auecque eux en âge, en condition, & en naissance.

Elle a pour causes circonstantielles les maux qui peuuent prouenir des personnes qu'on enuie, parce qu'vn Capitaine, par exemple, n'enuie pas la reputation d'vn Aduocat, & qu'il faut par consequent que pour enuier quelqu'vn, ses aduantages nous semblent nuisibles.

Elle a pour cauſe imprudente la mauuaiſe conduite de celuy qu'on enuie, parce que celuy qui eſt dans la proſperité, & qui n'vſe pas bien de ſon bon-heur, excite la haine de ſes ſemblables, & que comme il peut faire tort à ceux qui n'ont pas ſa fortune, l'on taſche de luy oſter les moyens de reduire cette puiſſance en acte.

Elle a pour cauſes morales, la delicateſſe, l'injuſtice, & la vanité, parce que le propre de l'enuieux conſiſte à haïr le combat, & à aimer les couronnes, à fuïr le labeur, & à pourſuiure la recolte, à mépriſer la vertu, & à rechercher l'honneur, & que pour eſtre coûpable d'vn ſi honteux deffaut, il faut auoir le cœur laſche, & la volonté deprauée, l'humeur molle, & l'inclination faſtueuſe.

### *Diuiſion de l'enuie.*

IL y a trois ſortes d'enuie, il y a vne enuie impuiſſante, vne enuie auare, & vne enuie cruelle.

La premiere eſt la paſſion de ceux qui ſont ſeulement triſtes de l'éleuation de leurs pareils, parce qu'ils n'ont pas les qualitez requiſes pour paruenir à la meſme éleuation.

La deuxieſme eſt la paſſion de ceux qui ne ſont ſeulement pas faſchez de la fortune de leurs ſemblables; mais qui ſont encores tourmentez du deſir de rauir la meſme fortune.

La derniere eſt la paſſion de ceux qui employent les dernieres violences, pour éteindre vne lumiere qui ternit leur éclat.

*Des*

*Des effets de l'enuie.*

L'Envie jouë diuers personnages, elle réve, elle déguise, elle augmente, elle diminuë, elle abat, & elle transporte.

Elle réve, parce qu'elle recherche les moyens de se satisfaire.

Elle déguise, parce qu'elle debite des mensonges, & que pour persuader ce qui n'est pas, il faut donner à l'imposture vne belle apparence.

Elle augmente, parce que des moindres fautes elle en fait des fautes capitales.

Elle diminuë, parce que des actions les plus éclatantes elle en fait des actions vulgaires.

Elle abat, parce que comme elle veut fortement ce qu'elle veut, les moindres disgraces luy sont fort sensibles.

Elle transporte, parce qu'elle regle ses mouuemens sur les changemens qui arriuent en la personne de ceux qu'elle regarde de trauers, & que comme elle est comme consternée du progrés de leur bonheur, elle est comme rauie de la diminution de leur prosperité.

*Remedes contre l'enuie.*

Considerons que la mortification de ses appetits est vne victoire qui est agreable à Dieu & aux hommes, & que pour se mortifier il faut détourner ses yeux des objets qui sont capables d'allumer nos conuoitises.

Considerons encores que les recompenses veulent des seruices, & que c'est vne haute iniustice que de vouloir auoir par de mauuais moyens, ce que les autres ont peut-estre acquis par des voyes honorables.

Considerons encores qu'il n'est pas permis d'acquerir des biens aux dépens de la ruyne de son prochain, & que l'enuie ne veut que la desolation de ceux qu'elle ne peut souffrir.

Considerons encores qu'il faut peu de choses à ceux qui sçauent regler leurs desirs, & que les biens que nous possedons sont peut-estre plus que suffisans pour nous faire subsister.

Considerons encores que tous les hommes n'vsent pas égallement des mesmes biens, & que si nous auions ce que nous enuions, nous en ferions peut-estre la matiere de nos abus.

Considerons enfin que l'enuie est non seulement vn mal moral; mais encores vn mal physique, qu'elle liure la guerre à ceux qui la liurent aux autres, & que le bien qu'elle veut rauir n'égale pas le mal qu'elle se procure.

### *Reflexions sur l'enuie.*

LES Pyrates n'en veulent ordinairement qu'aux vaisseaux qui sont chargez de denrées exquises. Les enuieux n'en veulent ordinairement aussi qu'aux personnes qui sont remplies de qualitez excellentes.

Chacun se deffend d'estre atteint de l'enuie, &

quand ils en sont éuidemment atteints, ils donnent à cette passion le nom d'indignation.

Ceux qui ont bien eu de la peine à acquerir ce qu'ils possedent, portent ordinairement enuie à ceux qui ont facilement acquis les mesmes choses.

Les Alexandres & les Cesars n'ont point esté enuiez, dit Plutarque, ils ont esté haïs, en effet ils estoient en leur temps les incomparables du monde.

Vn Auteur parlant de l'enuie, dit qu'elle a vn œil de lynx, & vn œil de hybou, vn œil de lynx, parce qu'elle perce l'obscurité des moindres deffauts, & vn œil de hybou, parce qu'elle ne peut souffrir l'éclat des moindres vertus.

L'enuie est vn vent pestilent dit vn bel esprit, qui flétrit les plus belles fleurs.

Quand les Princes ont des qualitez d'artisan, & qu'ils se piquent d'effacer ceux qui excellent en l'art dont ils se meslent, de quels mouuemens ne sont ils point capables ? Tybere fit mourir vn Architecte, parce que cet excellent homme le surpassoit en la science des bastimens, Neron fit mourir Lucain, parce que ce monstre qui enuioit les vers de ce Poëte, auoit porté cet Auteur à rechercher dans vne conjuration la fin de sa crainte, & Adrian selon le rapport de Dion Cassius, qui vouloit passer pour le premier homme de son temps en toutes sortes d'arts, fit non seulement mourir Apollodore fameux Architecte; mais encores plusieurs autres grands personnages.

Quoy qu'on puisse dire, l'Ostracisme d'Athenes, & le Petalisme de Syracuse, n'estoient pas fondez sur l'enuie, ils estoient fondez sur la crainte. Les grandes vertus sont suspectes aux Republiques, & l'on apprehende tousiours dans ces sortes de gouuernemens qu'elles ne reünissent toute la puissance de l'Estat en vne seule personne.

Comme l'enuie consume le cœur où elle est conceuë, Salomon a eu raison de la comparer à la vipere, qui mange le ventre où elle est formée.

Saint Gregoire de Nice, en la vie qu'il a faite de Moyse, dit que l'enuieux ressemble aux vautours, que les charongnes delectent, & que les parfums tuent.

Alexandre n'estoit pas piqué d'enuie, il n'estoit qu'émeu de crainte, il apprehendoit que Philippe ne conquist tout l'Vniuers, & par consequent que les progrés de ce Prince ne dérobassent à son ambition la matiere de ses triomphes.

L'Architecte de l'Eglise de S. Oüen à Roüen, tua vn de ses domestiques, parce que ce seruiteur auoit vniquement trauaillé à la structure d'vne des roses de cet édifice, & qu'on vantoit extraordinairement cette rose.

C'est le dernier attentat d'vne enuie desesperée, que de vouloir perdre tout ce qu'on ne peut égaler.

Estre enuieux de l'honneur & de ne vouloir rien faire d'honorable, c'est vouloir auoir comme on dit, & le drap & l'argent.

L'enuie est vn fiel qui corromp tout le miel de la vie.

Ce n'est pas sans raison qu'on dit que l'enuie n'en veut qu'aux grandes & belles choses, il n'y a que les arbres chargez de fruits qui soient sujets aux secousses, & il n'y a que les parterres remplis de belles fleurs qui soient sujets à la picorée.

Les enfans de Georges de Trebisonde empoisonnerent à Rome vn nommé Royaumont Mathematicien, parce que le Pape l'auoit employé à la reformation du Calendrier, & qu'ils ne pouuoient souffrir, disoient-ils, qu'vn Alemand obscurcit la gloire de la Grece en la personne de leur pere.

L'enuie, dit l'Ecole, est plus prejudiciable à son sujet qu'à son objet.

Comme l'enuié fait mourir de rage l'enuieux, l'on n'a pas mal rencontré lors qu'on a dit, qu'il n'en n'estoit pas moins l'écueil que l'objet.

L'enuie est plus maligne que tous les vices, parce que tous les vices en particulier ne combattent que des vertus opposées, & que l'enuie combat toutes les vertus.

Quelle injustice de vouloir abattre toutes les grandeurs qu'on ne peut atteindre, de vouloir éteindre toutes les lumieres qu'on ne peut acquerir.

On represente l'enuie sous la figure d'vne femme, d'vn corps maigre & sale, d'vne teste entortillée de viperes, d'vn œil louche, & d'vn teint morne & liuide. On la represente sous la figure d'vne femme, parce que l'enuie est la passion des ames foibles, on la represente sous la figure d'vn corps maigre & salle, parce qu'elle ne dort point, & qu'à l'exception des occasions de nuire, elle neglige tout, on la represente sous la figure d'vne teste entortillée de viperes, parce qu'elle est mal faisante, & que les soucis qui l'accompagnent la rongent, on la represente sous la figure d'vn œil louche, parce qu'elle ne regarde les choses que de la mauuaise façon, on la represente enfin sous la figure d'vn teint morne & liuide, parce que si elle a quelques momens de joye, elle en a dix mille de tristesse.

Vn certain Mathias, dans vn Ouurage de longue haleine, qu'il dedia au Pape Vingt-deuxiéme, fit vne peinture de l'enuie qui approche à peu prés de la peinture precedente; mais si ie voulois encherir sur cet Auteur, ie mettrois l'enuie au milieu des suites de la vertu, parce que ce sont les matieres ordinaires de ses inquietudes, ie donnerois à cette étrange passion vn œil farouche, & vn visage pasle, parce qu'elle est intraitable & enragée, ie ferois succer à cette mesme passion la teste d'vn aspic, parce qu'elle ne se delecte que des maux qui arriuent à ceux qui l'excitent, & ie mettrois aux costez de ce monstre moral deux assistantes que luy donne saint Bonauenture, qui sont la tristesse & la joye, parce que des prosperitez elle en fait des lamentations, & que des disgraces elle en fait des feux de joye.

Que ne doit-on point craindre d'vne enuie armée? elle bannit, elle abat, elle insulte, & l'Histoire de Sicile nous apprend que les Siciliens n'estoient pas plus tourmentez de la cruauté de Denis, que de l'enuie de ce tyran.

L'enuieux est ébloüy de l'eclat, de la gloire, & pour proportionner les choses à son foible, vn Moderne dit de bonne grace qu'il ressemble à ceux qui pour auoir trop d'humeur dans l'organe visuel, vsent de verres concaues pour amoindrir les especes des choses.

Comme l'enuieux, dit Aristote, est puny par son propre vice, il est juste de conclure qu'il est impossible d'estre enuieux, & de n'estre pas ennemy de soy-mesme.

Ceux à qui le Soleil est vertical n'ont point d'ombres, ceux en qui la vertu est tres-haute n'ont point d'enuieux.

L'on haït les vertus presentes, dit Horace, & l'on regrette les vertus éteintes, dit Thucidide, la raison de cecy est, dit vn Moderne, que l'enuieux ne regarde que ce qui peut luy nuire, & qu'il est rare que les morts nuisent aux viuans.

Quand vn homme est enuieux, il est ennemy de tous les biens qui arriuent à ceux qui l'inquiettent, il voudroit en haine de leur personne oster au Ciel sa lumiere, au feu sa chaleur, à l'air sa douceur, à la terre sa fermeté, à l'eau son rafraichissement, aux hommes leur beneficence, aux Anges leur secours, & à Dieu sa misericorde.

Il y a des enuieux qui sont tellement ennemis des bonnes choses, qu'ils ne se soucient pas de creuer pourueu que leur venin, dit vn Ancien rejalisse sur le visage de la vertu.

La distance des lieux, l'éloignement des temps,

la difference des conditions, & l'inégalité des âges s'opposent à la naissance de l'enuie, les Roys de France n'ont point de douleur de la prosperité des Roys de la Chine, nos Capitaines d'aujourd'huy n'enuient point la gloire des Cesars, les Procureurs ne sont point faschez de la reputation des Architectes, & les enfans ne regardent point de mauuais œil le succés des vieillards.

Quelque passion qu'ayent les enuieux pour les aduantages qu'ils possedent, ils les blasment lors qu'ils les remarquent en autruy; & c'est ce qui a fait dire à vn bel esprit qu'ils condamneroient mesme leurs œuures les plus pieuses, s'ils auoient si peu de memoire qu'ils s'imaginassent que les autres les eussent faites.

Les enuieux ressemblent à ces peuples qui ne peuuent souffrir les ardeurs du Soleil, ces peuples disent des injures à ce bel astre, les enuieux qui ne peuuent souffrir l'éclat de la vertu, vomissent des insolences contre cette belle habitude.

De toutes les passions, il n'y en a point qui fasse moins de quartier que la passion contre laquelle ie declame, aussi condamna-t'on Caligule de ce que dans la crainte qu'il eust qu'on ne blasmast sa conduite, il sacrifia à l'enuie.

Quoy que l'enuieux en veuille à tout ce que l'enuié a de considerable, elle s'attache particulierement à ce qu'il a de plus éclatant, & elle ressemble en cela aux cantharides, & aux aspics, les mouches cantharides n'enuenimment ordinairement que les

les roses les plus épanoüies, & les aspics n'empoisonnent que les eauës les plus claires.

Il faut que l'enuie soit bien honteuse, & bien injuste, puisque Plutarque disoit souuent que c'estoit la seule maladie de l'ame, qu'on deuoit dissimuler, & que Themistocle estant jeune concluoit qu'il n'auoit rien fait de notable, de ce que cette passion ne luy auoit point encores fait des ennemis.

Que Dionysius dont nous auons desia dit quelque chose, estoit tourmenté de l'enuie ? il voulut disputer de la Poësie auecque Philoxene, & de la Philosophie auecque Platon, & comme il vit qu'il estoit bien éloigné de l'excellence de ces deux Auteurs, il enuoya trauailler le premier aux carrieres, & il enuoya vendre l'autre en Egine.

Si celuy qui fait son mal du bien d'autruy est extremément à plaindre, Saint Augustin a raison de considerer l'enuieux comme le plus miserable de tous les hommes, puisqu'il ne pleure que des feux de joye, & qu'il ne soûpire que des chants d'alegresse.

# DES PRINCIPES ACQVIS des actions humaines.

ENTRE les principes acquis des actions humaines, qui sont les habitudes, il y en a qui sont dans l'entendement, il y en a d'autres qui sont dans l'appetit intellectuel, & il y en a d'autres qui sont dans l'appetit sensitif.

Les habitudes de l'entendement sont triples, les vnes sont claires & asseurées, les autres sont ineuidentes, certaines & incertaines, & les autres sont deffectueuses & priuatiues.

Les habitudes qui sont claires & asseurées, sont l'intelligence, la science, la sagesse, la prudence, & l'art.

Les habitudes qui sont ineuidentes, certaines & incertaines, sont la foy & l'opinion.

Et les habitudes qui sont deffectueuses, & priuatiues, sont l'erreur, l'imprudence & l'ignorance.

Nous ne parlerons point icy des habitudes morales, nous nous reseruons d'en parler où l'on traite à fonds des vertus, & des vices, nous nous contenterons de nous arrester vn peu sur les habitudes de l'entendement.

### *Des habitudes claires & asseurées.*

L'INTELLIGENCE est vne habitude qu'on acquiert comme insensiblement, & par laquelle on connoist sans raisonner la verité des premiers principes, comme qu'il faut embrasser le bien, qu'il faut fuïr le mal, qu'il faut honorer pere & mere, que le tout est plus grand que sa partie, qu'vne chose est ou n'est pas, &c.

La science est vne habitude par laquelle on connoist les causes par les effets, & les effets par les causes, comme que l'homme a des polmons, parce qu'il respire, que l'homme est religieux, parce qu'il admet vn premier principe, &c.

La sagesse est vne habitude par laquelle on connoist toutes les choses dans le fonds de leurs principes, comme que l'acte est l'exercice de la puissance, que l'accident est l'estre de l'estre, que le mixte est le resultat de la matiere & de la forme, &c.

La prudence est vne habitude par laquelle nous dictons judicieusement à nous-mesme, ce qu'il faut rechercher, ce qu'il faut fuïr, ce qu'il faut executer, comme, qu'il faut rechercher les compagnies dont les bonnes mœurs peuuent seruir d'exemple, qu'il est important de fuïr les rencontres ou l'innocence est en peril, qu'il est juste de combattre pour les autels, pour la patrie, &c.

L'art est vne habitude par laquelle l'on imprime de certaines regles sur de certains sujets, & cette espece d'habitude éclate lors que le Peintre répand ſur la toile les couleurs & les proportions, lors que l'Architecte applique ſur les pierres l'eſquierre & le niueau.

Il faut remarquer en paſſant que l'intelligence regarde les premiers principes, que la ſcience regarde les concluſions, & que la ſageſſe regarde & les vns & les autres.

Il faut remarquer encores que l'intelligence a pour objet toutes les veritez qui ſont connoiſſables par elles-meſmes, que la ſcience ne peut connoiſtre vne verité que par l'entremiſe de quelque connoiſſance, que la ſageſſe prouue les principes de toutes les ſciences, & que comme elle regarde les cauſes & les concluſions, elle tient de l'intelligence & de la ſcience.

Il faut remarquer auſſi que Platon a eſtably deux ſortes de ſageſſes, qu'il a eſtably vne ſageſſe abſoluë, qui a pour objet Dieu, les Anges, les ames, en vn mot toutes les choſes inuariables, & qu'il a eſtably vne ſageſſe ſpeciale, qui a pour objet les manieres, les induſtries, les inuentions, en vn mot toutes les choſes artificielles.

Il faut remarquer de plus conformément à la derniere obſeruation, que la ſageſſe eſt quelque-fois confonduë auecque l'art, que les Anciens ont traité de ſages les Phydias & les Apelles, que Ciceron la confonduë auecque la Philoſophie, qu'Ariſtote la quelque-fois priſe pour la Metaphyſique, & que l'Eſcriture meſme attribuë le mot de ſages aux Ouuriers du Tabernacle.

Il faut remarquer enfin que la prudence agit auecque raiſon à l'entour des choſes qui concernent le bien ou le mal des hommes, que l'art agit auſſi auecque raiſon à l'entour des choſes qui regardent les commoditez de la vie, & que comme la prudence ſuppoſe les vertus, qui tiennent lieu de principes des actions honorables, l'art ſuppoſe des diſpoſitions prochaines qui tiennent lieu de principes des actions artificielles.

### *Des habitudes inéuidentes, certaines & incertaines.*

LA foy icy comme habitude eſt vne qualité par laquelle on tombe ordinairement d'accord des choſes paſſées, parce qu'elles ſont reuelées par des perſonnes de creance, comme que Cleopatre mourut de la piqueure d'vn aſpic, parce que l'Hiſtoire Romaine le rapporte, que Henry-Huitiéme eſtoit vn méchant Prince, parce que l'Hiſtoire d'Angleterre le dit.

La Foy comme don de Dieu eſt vne vertu par laquelle l'on acquieſce aux veritez qui ſont reuelées par les ſaintes Eſcritures, comme que le Fils de Dieu s'eſt incarné, que Ieſus-Chriſt a eſté mis en Croix, qu'il a reſſuſcité le troiſiéme iour, &c.

L'opinion comme habitude eſt vne frequente maniere de raiſonner probablement des choſes, comme que Henry-Quatriéme eût fait renaiſtre le ſiecle d'or, parce qu'il aimoit le peuple, comme que ce grand Prince eût reculé ſes limites de ſon Eſtat, parce qu'il eſtoit vaillant.

*Des habitudes deffectueuses & priuatiues.*

L'ERREVR entant qu'habitude est vne certaine qualité opiniastre, qui renferme dans son sujet l'impression de plusieurs faux principes.

L'imprudence est vne habitude aussi, par laquelle on se dicte sottement à soy-mesme tout le contraire de ce que la prudence conseille.

L'ignorance qui n'est jamais rien en soy-mesme, & qui neantmoins est quelque chose en son principe, est icy l'effet d'vne forte resolution, par laquelle on affecte la priuation de certaines connoissances, qui engagent à quelque trauail, à quelque mortification.

# DES PRINCIPES EXTERNES des actions humaines.

DIEV, les Anges, les Cieux, les objets, la fin, les loix, les promesses, les menaces, les supplices, les prieres, les commandemens, les conseils, les exhortations, sont les principes externes des actions humaines.

Dieu nous meut moralement & physiquement, il nous meut moralement, parce que ses inspirations réveillent nostre entendement, & qu'en éclairant cette puissance, il propose à nostre volonté des actes de vertu, & il nous meut physiquement, parce que sa connoissance preuient nos actions, & qu'en temps & lieu il nous départ la vertu de les faire.

Les bons & les mauuais Anges nous meuuent directement & indirectement, ils nous meuuent directement lors qu'ils agissent sur nostre fantaisie, que les vns la remplissent d'images salutaires, & que les autres la peignent de phantosmes lascifs. Les bons Anges nous meuuent indirectement, parce qu'ils meuuent les Cieux, que les Cieux emeus alterent les élemens, que les élemens alterez échauffent ou refroidissent les humeurs, que les humeurs échauffées ou refroidies réveillent ou alentissent les affections, & que de ces diuerses impressions naissent les recherches ou les negligences, les empressemens ou les retenuës: Les mesmes Anges nous meuuent encores indirectement, parce qu'en affermissant les gens de bien dans le bien, ils donnent de bons mouuemens aux méchans, que les gens de bien nous communiquent leurs inspirations, & que les méchans nous font part de leurs bonnes heures. Enfin les mauuais Anges nous meuuent indirectement aussi lors qu'ils corrompent les meilleurs naturels, & que les meilleurs naturels corrompus taschent de nous rendre les compagnons de leurs dereglemens.

La fin met les agens en exercice, parce que la fin suppose les moyens, que les moyens requierent l'application, que pour bastir, par exemple, il faut employer les materiaux, les Massons, les manœuures, & les autres ouuriers.

Les loix nous engagent à quelques actions, parce que comme citoyens nous deuons deferer aux prescriptions de nos anciens Maistres.

Les promesses & les menaces nous inspirent des mouuemens, parce que nous aimons ce qui nous flatte, que nous haïssons ce qui nous intimide, que nous recherchons l'vn, & que nous fuyons l'autre.

Les supplices nous font rentrer en nous-mesme, lors que nos crimes sont punis en la personne de nos semblables.

Les prieres & les commandemens, les conseils & les exhortations émeuuent nos puissances, parce que nous donnons quelque chose à nos amis, que nous respectons nos superieurs, que nous deferons aux sages, & que nous nous abandonnons aux zelez.

TROISIEME

# TROISIESME PARTIE DE LA MORALE.

## DES ACTIONS HVMAINES en general.

Es actions humaines ne sont autre chose que ce qui dépend originairement de l'entendement, & de la volonté.

Les actions humaines sont triples, les premieres sont Morales, les secondes sont artificielles, & les dernieres sont indifferentes.

L'action par laquelle ie donne l'aumosne, est vne action Morale.

L'action par laquelle ie fais vn buffet, est vne action artificielle.

Et l'action par laquelle ie regarde vn paysage, est vne action indifferente.

## *Des actions de l'entendement qui regardent la Morale.*

L'ENTENDEMENT a quatre actes, il propose, il delibere, il confronte, & il juge. L'entendement represente à l'homme le bien general, & le bien particulier, il luy represente le bien general afin qu'il soit vn iour du nombre des bien-heureux, & il luy represente le bien particulier, c'est à dire la condition, que conformément à son esprit & à son temperament il doit choisir afin qu'il passe tranquillement la vie. L'entendement ne se contente pas de representer à l'homme les fins ausquelles il doit tendre, il recherche les moyens de le rendre joüissant des mesmes fins, & cette recherche est vn acte que les Philosophes Moraux appellent deliberation. Comme la deliberation a ses étenduës & ses limites, il n'est pas hors de propos de faire voir en passant de quelles choses on delibere, & de quelles choses on ne delibere point.

On ne delibere pas des choses dont le mouuement est si reglé qu'il ne change jamais, & c'est pour cette raison qu'on ne delibere pas du mouuement des Cieux.

On ne delibere pas non plus des choses contingentes, comme de la pluye, de la secheresse, parce qu'elles ne dépendent pas de la puissance humaine, & si l'on en delibere, l'on a recours à des moyens surnaturels.

On ne delibere pas aussi des choses qui dependent du hazard, comme en quel temps il faut trouuer vn thresor, parce qu'on ne peut decouurir les voyes qu'il faut tenir pour se rendre en cela la fortune fauorable.

On delibere des choses qui regardent l'industrie, comme de bien faire vn habit, vn Palais, vn Tableau, parce que le bien faire renferme des difficultez, & que pour vaincre ces obstacles, il faut recourir aux adresses de l'art.

On delibere des choses qui regardent l'indetermination, comme de quelle façon il faut qu'vn Iuge se comporte aux rencontres que la loy a impreueuës, parce que la rareté du cas demande la rareté du jugement, & que pour faire heureusement vne regle d'vn exemple qui n'en a point, il faut concentrer toutes ses lumieres, il faut recueillir toutes ses forces.

On delibere des choses qui regardent les éuenemens, comme de quelle maniere il faut sortir de l'embarras d'vne conjoncture, parce qu'il y a de certains biais qui facilitent les choses les plus difficiles, & que ces biais dépendent des contentions, de l'imagination, & des agitations de l'esprit.

Il faut remarquer en passant que les recherches de l'entendement supposent tousiours vn motif fixe, & arresté, que le Medecin ne delibere pas s'il doit procurer la santé; mais qu'il recherche les moyens de chasser la maladie, que l'Orateur ne delibere pas s'il doit enseigner, plaire, & émouuoir; mais qu'il recherche les moyens d'instruire les esprits, de contenter l'oreille, & d'émouuoir les passions, que le Politique enfin ne delibere pas s'il doit procurer le bien du peuple; mais qu'il recherche les moyens de seruir la patrie.

De la deliberation naist l'inuention, c'est à dire l'heureuse rencontre des moyens, & parce que les moyens que la recherche a decouuerts sont plus ou moins propres, il arriue de-là que l'entendement les compare, que l'entendement les confronte, & que de ses conferences il tire ses jugemens.

### *Des actions de la volonté qui regardent la Morale.*

LEs actions de la volonté sont doubles, les vnes sont internes, & les autres ne le sont pas.

Les actions internes, ce sont celles qui viennent immediatement de la volonté, comme le vouloir, l'intention.

Les actions qui ne le sont pas, ce sont celles qui releuent de l'empire de la mesme puissance, comme la parole, la promenade.

Les actions internes de la volonté sont six, les premieres qui sont le vouloir, l'intention, & la joüissance regardent la fin, & les dernieres qui sont l'election, le consentement, & l'vsage regardent les moyens.

### *Des actions qui regardent la fin.*

LA connoiſſance du veritable bien, ſoit qu'il ſoit preſent ou qu'il ne le ſoit pas, produit le vouloir, parce que comme l'amour eſt la premiere action qui ſe forme dans l'appetit concupiſcible, par la connoiſſance de l'imagination, le vouloir eſt la premiere action qui ſe forme dans l'appetit intellectuel, par la connoiſſance de l'entendement.

La connoiſſance du veritable bien abſent produit dans la volonté l'intention, parce que comme le deſir eſt vne inclination vers le bien ſenſible, l'intention eſt vn mouuement vers le bien ſpirituel.

La connoiſſance du veritable bien preſent engendre dans la volonté la joüiſſance, parce que comme le plaiſir eſt le repos de l'appetit corporel dans le bien ſenſible, la joüiſſance eſt la quietude de l'appetit intellectuel dans le bien ſpirituel.

Si les actions de la volonté dépendent des connoiſſances de l'entendement, l'on peut dire qu'il y a autant d'actions dans la volonté qu'il y a de connoiſſances dans l'entendement, & comme au regard de la Morale, l'entendement connoiſt ſix choſes, qui ſont non ſeulement le bien preſent ou abſent, le bien abſent & le bien preſent; mais encores les maux qui ſont oppoſez à ces trois ſortes de biens, l'on peut adjouſter aux trois premieres actions de la volonté les actions ſuiuantes.

Comme la connoiſſance du mal ſenſible, ſoit qu'il ſoit preſent ou qu'il ne le ſoit pas, produit la haine dans l'appetit concupiſcible, la connoiſſance du veritable mal, ſoit qu'il ſoit preſent ou qu'il ne le ſoit pas, produit l'aduerſion dans l'appetit intellectuel.

Comme la connoiſſance du veritable mal abſent produit la fuite ou la deteſtation dans l'appetit ſenſitif, la connoiſſance du veritable mal abſent, produit le détournement ou l'horreur dans l'appetit ſpirituel.

Enfin comme la connoiſſance du mal ſenſible preſent, engendre dans le cœur la douleur, la connoiſſance du veritable mal preſent, engendre la triſteſſe dans la volonté.

*Des actions qui regardent les moyens.*

LE conſentement eſt vn acte de la volonté, par lequel cette puiſſance acquieſce à l'approbation d'vn moyen que l'entendement luy propoſe.

Le choix eſt auſſi vn acte de la volonté, qui prefere vn moyen à vn autre.

L'vſage eſt encores vn acte de la volonté, par lequel elle ſe ſert des moyens que l'entendement a jugez conuenables.

Le conſentement eſt plus étendu que le choix, parce que le choix ne peut eſtre ſans le conſentement, & que le conſentement peut eſtre ſans le choix, que le conſentement ne ſuppoſe que la propoſition d'vn moyen, & que le choix ſuppoſe l'expoſition de pluſieurs expediens.

L'vſage ne ſuppoſe pas touſiours le choix, parce que la chose qu'on met en pratique peut estre vnique.

Le choix n'est pas tousiours suiuy de l'vsage, parce qu'on peut choisir vn moyen, & estre empesché en l'application qu'on en veut faire.

Il faut remarquer en passant que les moyens ont vne bonté au respect des termes qu'ils regardent, que la volonté veut les moyens aussi bien que les choses ausquelles ils se rapportent, qu'elle ne peut regarder la fin qu'elle ne regarde ce qui la luy peut faire obtenir, & que toute la difference qui se trouue en cecy, c'est qu'elle ne veut vne chose que pour l'amour d'vne autre.

Il faut remarquer encores que l'vsage est vn moyen, & non pas vne fin, que l'auare, par exemple, qui met sa derniere fin en l'argent, en jouït & n'en vse pas, que la cause precede l'effet, que le commandement deuance l'vsage, & que celuy qui se sert d'vn instrument n'en vseroit jamais, s'il n'auoit premierement commandé à sa main de le prendre.

### *De la difference qui se trouue entre le vouloir & le choix.*

ON enseigne que le vouloir comme nous auons dit ailleurs regarde la fin, & que le choix regarde les moyens, ie ne condamne pas cette doctrine, elle est vraye ; mais ie tiens que ce qui se peut passer dans les actes theoriques, se peut passer dans les actes pratiques, & que comme l'entendement peut découurir par vn seul acte & les principes, & les consequences, la volonté peut embrasser par vn seul vouloir & la fin, & les moyens.

*De la difference qu'il y a entre l'opinion & le choix.*

L'OPINION regarde égallement & les choses éternelles, & les choses corruptibles; mais l'on ne choisit que les choses qui sont en nostre puissance.

L'opinion est vraye ou fausse, parce qu'elle est vn acte de l'entendement; mais le choix est bon ou mauuais, parce qu'il est vn acte de la volonté.

Adjoustons à cela que nostre bonté ou nostre malice ne prouiennent pas de ce que nous confondons: ou le vray auecque le faux: ou le faux auecque le vray; mais de ce que nous embrassons: ou le bien: ou le mal, que la verité est la perfection de l'opinion, & que le juste raport des moyens à leur fin est la perfection du choix, que ceux qui font tousiours de bonnes eslections ont tousiours de bons sentimens, & que ceux qui ont tousiours de bons sentimens, ne font pas tousiours de bonnes eslections.

*Des actions volontaires.*

IL y a vne action volontaire formelle, vne action volontaire virtuelle, & vne action volótaire tacite: l'action

L'action volontaire formelle n'est autre chose que l'acte de la volonté qui veut.

L'action volontaire virtuelle differe de l'action volontaire formelle, parce que l'action volontaire formelle veut quelque chose sans la referer à quelque vouloir precedent, & que l'action volontaire virtuelle veut quelque chose à cause de quelque vouloir anticipé, ainsi le voluptueux qui veut dormir toute la matinée d'vn jour de feste, veut par vn acte precedent desobeïr au commandement de Dieu.

L'action volontaire tacite qui tient beaucoup de l'action volontaire virtuelle, n'est autre chose qu'vn acte de la volonté qui veut laisser faire ce que la mesme volonté peut preuenir, & ainsi les peres de famille forment des actes volontaires tacites, lors qu'ils connoissent le mauuais naturel de leurs enfans, & qu'ils negligent d'aller au deuant des maux que les mesmes enfans commettent.

Il est important de sçauoir que tous les actes tacites ne sont pas criminels, puis qu'outre qu'il y en a de loüables, il y en a de diuins, que Dieu mesme n'empesche pas tout le mal qu'il pourroit empescher, & que s'il l'empeschoit, il détruiroit la liberté de l'homme.

Comme les Philosophes ont accoustumé de discourir sur l'acte naturel, sur l'acte violent, sur l'acte spontané, sur l'acte interpretatif, sur l'acte volontaire, sur l'acte libre, & sur l'acte moral, il est à propos à leur imitation de dire quelque chose de ces mesmes actes, & de découurir en passant leurs differences.

L'acte naturel est vne action qui prouient de principes qui sont dépourueus de connoissance, la pierre descend, & le feu monte par des actes naturels.

L'acte violent est vn acte qui prouient d'vn principe estranger auquel le patient ne contribuë rien, la pierre est jettée en haut par vn pur principe externe.

L'acte spontané est vn acte qui prouient d'vn principe qui est en quelque maniere éclairé, & qui naist d'vne puissance qui est en quelque façon libre, le cheual gratte du pied par vn mouuement spontané.

L'acte interpretatif est vn acte en puissance, qui se formeroit si telle ou telle circonstance arriuoit, vn amy trouueroit bon qu'on se seruist de son cheual si l'on en auoit necessairement affaire.

L'acte volontaire est vn acte interieur qui renferme l'exacte connoissance de toutes les circonstances qui se rencontrent dans l'action, le voyageur fait vne action volontaire lors qu'apres auoir consideré les temps & les personnes, la dépense & les chemins, il bat la campagne.

L'acte libre est vne action qui suppose bien vne connoissance du costé de la faculté, & vne indifference du costé de l'objet; mais il a cela de particulier qu'il ne renferme pas l'examen des circonstances qui se rencontrent dans l'action, celuy qui dans les tenebres donne l'aumoſne fait vne action ſimplement libre, parce qu'encores qu'il connoiſſe l'acte qu'il fait, & qu'il le veüille faire, il ne connoiſt pas la perſonne enuers laquelle il le fait. Ie dis qu'il fait vne action ſimplement libre, & non pas ſimplement volontaire, parce qu'il ne ſçait ſi le pauure eſt yure, ou s'il ne l'eſt pas, & que s'il voyoit la perſonne à laquelle il fait du bien, il ſe deffendroit peut-eſtre de luy donner quelque choſe.

L'acte moral a cela de particulier, qu'il ſe refere ou à l'honneſteté ou à la turpitude, & qu'il renferme la connoiſſance des circonſtances qui ſe rencontrent dans l'action, vn Peintre fait vne action morale lors qu'en ſuite des reflexions qu'il a faites, & ſur la puiſſance des objets, & ſur l'infirmité des puiſſances, il prefere les Tableaux pieux aux Tableaux laſcifs, les Peintures honneſtes aux Peintures impudiques.

Il faut remarquer en paſſant que l'acte naturel eſt oppoſé à l'acte violent, que l'acte ſpontané eſt oppoſé à l'acte contraint, que l'acte volontaire eſt oppoſé à l'acte inuolontaire, que l'acte libre eſt oppoſé à l'acte neceſſaire, & que l'acte moral comme moral, eſt oppoſé à l'acte artificiel comme artificiel.

Il faut remarquer encores que le mot de volontaire eſt attribué aux beſtes par proportion & conuenance, & qu'encores que les beſtes n'ayent pas proprement vne volonté, elles font quelques choſes en veuë de quelque fin.

Il faut remarquer aussi que quelques-vns posent faussement des negations inactuelles, que quand la volonté ne veut pas quelque chose, elle veut ne pas vouloir, & que s'il ne falloit pas d'action pour s'empescher de faire quelque chose, il n'en faudroit point pour la faire.

Il faut remarquer de plus que le fonds de la volonté est independant des choses exterieures, & que si l'on peut empescher l'effet de ses actes commandés l'on ne peut empescher la naissance de ses actes interieurs.

Il faut remarquer enfin qu'il y a vn volontaire libre, & vn volontaire necessaire, que le volontaire libre regarde toutes les choses qu'on peut faire, ou ne faire pas, & que le volontaire necessaire regarde toutes les choses qu'on aime, & qu'on ne peut haïr.

### *Des affections de l'acte moral.*

L'ACTE moral a deux objets, il a vn objet prochain, & vn objet esloigné, l'Ecole appelle le premier objet, objet de l'œuure, & elle appelle l'autre objet, objet de l'ouurier, l'aumosne par exemple a pour objet prochain le bien du pauure, & elle a pour objet esloigné, ou la gloire de Dieu, ou la gloire du donnant, le premier objet appartient à l'acte, & l'autre appartient à la personne.

L'acte moral, comme i'ay cy-deuant dit, renferme ou l'honnesteté, ou la turpitude, & l'examen des circonstances qui se rencontrent dans l'action.

L'honnesteté ou la bonté morale n'est autre chose à proprement parler que ce qui s'adjuste à la Loy de Dieu, que ce qui defere à la raison pratique, que ce qui se conforme à la prudence des superieurs. La des-honnesté ou la malice morale, n'est autre chose aussi par raison opposée, que ce qui viole la Loy de Dieu, que ce qui choque la raison des sages, que ce qui combat la sagesse des Maistres.

Les bonnes & les mauuaises actions sont priuatiuement opposées, parce que le bien qui prouient du rapport qu'il y a entre l'action & la raison est vne perfection, & que le mal qui prouient de la disconuenance qu'il y a entre l'action & la mesme raison, est vn deffaut.

Il y a de la grauité dans le mal lors que la volonté qui en a quelque connoissance le commet, & c'est pour cette raison qu'il y a moins d'inconuenient à faire vne mauuaise action lors qu'on la croit bonne, qu'à faire vne bonne action lors qu'on la croit mauuaise.

Il ne suffit pas de ne pas vouloir le mal, il faut le rejetter, Myrra qui estoit amoureuse de son pere, eût bien voulu qu'elle n'eust pas esté sa fille; mais son déplaisir n'excusoit pas son action.

Quoy que l'acte exterieur joint à l'interieur ne fassent qu'vne peché à cause de la subordination qu'il y a de l'vn à l'autre, neantmoins l'acte est plus grief lors qu'il acquiert sa parfaite consistence, que lors qu'il demeure dans les limites de la volonté, l'acte emporte vne contrauention particulier à la loy, le Decalogue ne defend seulement pas la volonté, il defend encores les effets, on fait plus de mal au prochain lors qu'on luy en fait, que lors qu'on luy en veut faire, le premier acte n'oblige pas au dédommagement, l'autre oblige à la reparation, enfin S. Augustin dit au Traité de la Trinité, que l'homme est miserable, & par sa propre volonté, & par les effets qui en decoulent.

La bonté & la malice peuuent estre tirées de trois causes, elles peuuent estre tirées de l'objet, c'est vne bonne action que d'aimer Dieu, c'est vne mauuaise action que de haïr son pere, elles peuuent estre tirées des circonstances, c'est vne bonne action que de secourir les pauures dans la famine, c'est vne mauuaise action que d'abandonner les amis dans la disgrace, elles peuuent estre tirées de la fin, c'est vne bonne action que de donner quelque chose aux filles pour les détourner d'abandonner leur corps, c'est vne mauuaise action que de faire quelques presens aux hommes pour les exciter à porter les filles aux diuertissemens deffendus.

L'on est en debat s'il y a des actes indifferens; mais quand S. Hierosme & S. Gregoire ne seroient pas pour l'indifference, que le premier n'auroit pas dit que le marcher n'est ny bon ny mauuais, & que l'autre n'auroit pas asseuré qu'il y a des choses qui ne sont ny loüables ny blasmables, l'on pourroit dire qu'il y a des actes qui ne sont illicites ny en leur action ny en leur objet, & que ce seroit auoir des sentimens bizares, que de condamner le flairement des roses, & la veuë des prairies. Il est vray que S. Augustin dit qu'il n'y a point de milieu entre les bonnes & les mauuaises œuures, & que Iean V S. qui fut condamné au Concile de Constance estoit de ce sentiment ; mais quoy que ce soit bien fait que de diriger toutes ses actions à la gloire de Dieu, & que cette action soit particulierement digne d'vn Chrestien, neantmoins il me semble qu'on ne commet point de crime lors qu'on dirige quelques-vnes de ses actions à quelqu'autre chose, & que la chose à laquelle on arriue ne choque point le respect qu'on doit au premier principe.

Il faut remarquer en passant qu'il y a quatre bontez, & quatre malices, que de la part de la matiere l'estre a plus ou moins de bonté ou de malice, selon qu'il a plus ou moins de pesanteur ou de legereté, que de la part de la forme le composé a plus ou moins de bonté ou de malice, selon qu'il a plus ou moins de deffauts ou de perfections, que de la part de la fin l'action a plus ou moins de bonté ou de malice, selon qu'elle a plus ou moins de rapport ou de disconuenance, & que de la part des circonstances la mesme action a plus ou moins de bonté ou de malice, selon qu'elle est plus ou moins graue ou legere.

Il faut remarquer encores que celuy qui bat auecque vn instrument funeste est plus coupable que celuy qui fait la mesme action auecque vn instrument innocent, que le larcin d'vn Calice est vne injustice dans son espece, & vn sacrilege dans sa circonstance, qu'vn acte qui est bon selon sa fin, peut-estre mauuais selon quelqu'autre chose, qu'vne fin vertueuse peut faire naistre vne action criminelle, que c'est pecher que de dérober vn Marchand pour soulager vn pauure, qu'vn acte est specifié par sa fin, c'est à dire par l'intention du principe qui le produit, & qu'Aristote qui estoit de ce sentiment, declare que celuy qui dérobe pour paillarder, est plus paillard que larron.

Il faut remarquer aussi qu'vn mal moral peut produire vn bien physique, que l'adultere qui fait vn enfant fait vn bien, & que le mesme bien qui est conforme aux principes de la nature, est disconuenable aux loix de Dieu, que dans la Physique le deffaut à proprement parler vient de la part de la forme, & que dans la Morale il vient en partie de l'objet.

Il faut remarquer de plus que le lieu, le temps, la personne, & plusieurs autres circonstances, varient les actions, que le jeu qui de soy est vne chose innocente, est vn scandal dans l'Eglise, que le theatre qui conuient à vn Comedien, est vn poste des-honneste à vn homme d'vne autre condition, & que le Vendredy Saint rend plus griefues les actions condamnables.

Il faut remarquer enfin que quoy qu'on puisse dire, l'execution du mal adjouste quelque degré de malice à la volonté qui estoit resoluë de le commettre, que le meurtre par exemple a des suittes

que

que la volonté de le commettre n'a pas, que la presence de l'ennemy irrite la puissance, que la puissance irritée augmente l'ardeur de la volonté, & que l'ardeur de la volonté qui s'éteint dans le sang de celuy qui la fait naistre, adjouste vne joye criminelle à vne action coûpable.

### *Des actions inuolontaires.*

L'ACTE violent est plus étendu que l'acte inuolontaire, la raison est que ce qui est violent se refere aux choses viuantes, & aux choses inanimées, & que ce qui est inuolontaire ne se rapporte qu'aux choses viuantes.

Les actions inuolontaires peuuent estre inuolontaires en deux façons, elles peuuent estre inuolontaires lors qu'elles sont faites par violence, & elles peuuent estre encores inuolontaires lors qu'elles sont faites par ignorance. Auant que de discourir de ces deux especes d'inuolontaire, il est à propos de remarquer qu'on doit connoistre l'action inuolontaire, par l'opposition des principes qui constituent le volontaire, & que comme l'action volontaire comprend la connoissance de l'entendement, & le mouuement de la volonté, l'action inuolontaire suppose ou la priuation de la connoissance, ou la contrainte de l'action.

### *Des actions inuolontaires à cause de la violence.*

IL y a deux actions violentes, les vnes sont absolument forcées, & les autres sont forcées en quelque façon.

Vne action est absolument forcée lors qu'elle prouient d'vn principe exterieur, & inuincible, celuy qui va par la force du vent où il ne voudroit pas aller souffre vne violence insurmontable.

Vne action est forcée en quelque façon lors qu'elle prouient d'vne volonté comme contrainte, celuy qui jette vne partie de sa marchandise dans la mer pour éuiter le naufrage, fait tout ensemble & vne action volontaire, & vne action en quelque façon forcée, il fait vne action volontaire, parce qu'il pourroit s'exposer au sort de la tempeste, & il fait vne action en quelque façon forcée, parce qu'il fait ce qu'il ne feroit pas s'il n'estoit point pressé par la crainte.

*Des actions inuolontaires à cause de l'ignorance.*

L'IGNORANCE est l'absence de quelque connoissance.

Le deffaut de connoissance de celuy qui ignore ce qu'il n'est pas obligé de sçauoir, est quelque-fois cause de l'action inuolontaire, parce que la volonté n'eût pas commis l'action si elle n'eût esté preuenuë d'erreur, celuy qui se propose de tuer vne beste au trauers des broussailles, & qui tuë vn homme, fait vne action excusable, Ie dis que l'ignorance dont ie parle, est quelque-fois cause de l'action inuolontaire, & non pas tousiours, parce que celuy qui se propose de tuer vne beste au trauers des broussailles, & qui tuë son ennemy, fait ce qu'il eust fait s'il eust sceu ce qu'il ignoroit.

Si l'ignorance ſubſequente que l'Ecole appelle vincible rend l'action inuolontaire, elle ne la rend pas innocente, parce qu'on eſt obligé de ſe deffendre des actions qui peuuent eſtre ſuiuies d'vne ignorance funeſte, celuy qui boit au de-là de ſa portée, & qui dans les fumées de ſa débauche fait ce qu'il n'auoit pas deſſein de faire, tombe auſſi bien que Lot dans vne action puniſſable.

Il faut remarquer en paſſant qu'il y a de la difference, entre agir par ignorance, & agir ignoramment, que celuy qui agit par ignorance ne connoiſt pas la nature de l'action qu'il fait, que celuy qui agit ignoramment connoiſt la nature de l'action qu'il commet; mais qu'il en perd la connoiſſance par les fumées du vin ou de la colere.

### *Si la crainte peut cauſer l'inuolontaire.*

CELVY qui garde la chambre le jour d'vn Dimanche de peur de tomber entre les mains des Sergens, tombe en quelque façon dans l'inuolontaire, parce que la crainte de la priſon eſt vne crainte graue.

Celuy qui n'oſe aller à l'Egliſe de crainte d'eſſuyer les coups de quelque funeſte embuſcade, tombe auſſi en quelque façon dans l'inuolontaire, parce que la crainte des playes eſt vne crainte preſſante.

Celuy qui donne ſa bource à des voleurs de crainte que des menaces ils ne paſſent au meurtre, tombe encores en quelque façon dans l'inuolontaire, parce que cette crainte eſt vne crainte effroyable.

Celuy qui prostituë sa fille à vn tyran de peur qu'il ne rauisse son bien, tombe encores en quelque façon dans l'inuolontaire, parce que la crainte de la pauureté est vne crainte pezante.

### *Si la concupiscence cause l'inuolontaire.*

ON dit que la concupiscence habituelle, ne peut causer l'inuolontaire, parce qu'encores qu'elle resiste aux conseils, aux exemples, & aux inspirations, elle ne porte point le trouble dans l'esprit; mais que la concupiscence actuelle peut causer l'inuolontaire, parce qu'encores que par des efforts reïterez, l'on remporte des aduantages sur l'appetit sensitif, l'esprit quelque puissant qu'il soit, ne peut estre asseuré de preuenir toutes ses saillies. Pour moy ie tiens que la derniere concupiscence augmente le volontaire, & qu'elle affoiblit la liberté, que par cette concupiscence la volonté incline, & que par cette mesme concupiscence, il n'est gueres au pouuoir de la volonté de resister au bransle qu'elle reçoit.

# DERNIERE PARTIE DE LA MORALE.

## DES HABITUDES.

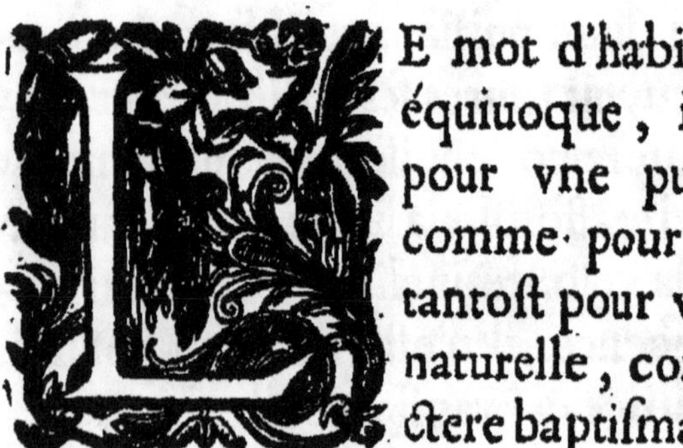

LE mot d'habitude eſt vn terme équiuoque, il ſe prend tantoſt pour vne puiſſance naturelle, comme pour l'entendement, & tantoſt pour vne impreſſion ſurnaturelle, comme pour le caractere baptiſmal, tantoſt pour vn accez, comme pour vne frequentation, & tantoſt pour vn reſultat d'actions, comme pour la vertu, & c'eſt en ce ſens que nous le prenons icy.

### *Des circonſtances qui ſont neceſſaires à la naiſſance des habitudes.*

IL faut pour receuoir vne habitude que les actions du ſujet ſoient indifferentes, la puiſſance qui eſt déterminée a vne ſeule façon d'agir, eſt incapable de receuoir vne qualité habituelle.

Il faut qu'vne faculté pour estre susceptible d'vne habitude ait de la peine à faire ce qu'elle doit faire, & qu'elle soit en estat de receuoir quelque nouuelle facilité, la puissance motrice à proprement parler n'est pas capable d'habitude, parce qu'elle a de la nature tout ce qui luy est necessaire, & que s'il semble qu'en la personne des danseurs de corde, elle acquiert quelque nouuelle disposition, c'est que le corps de cette sorte de gens consume par son trauail les causes de la pesanteur, & qu'il emprunte sa souplesse de l'attenuité des humeurs, du relaschement des nerfs, & de l'éloignement de quelques autres obstacles.

Il faut enfin ou que la faculté soit libre, ou qu'elle soit soûmise à vne faculté qui puisse contribuer à sa perfection, l'entendement n'est pas libre, la liberté reside en la volonté; mais quand apres, par exemple, auoir representé à la volonté, les aduantages de la science, la volonté luy commande d'embrasser ces aduantages, l'entendement qui ne peut dédire la volonté execute les ordres qu'on luy prescrit, & contracte insensiblement la facilité de discourir de toutes choses, l'appetit sensitif n'est ny libre ny necessité, s'il estoit l'vn ou l'autre, il arriueroit de-là, ou qu'il y auroit deux volontez en l'homme, ou qu'il n'y auroit point de vertus dans l'appetit sensitif; mais quoy que l'appetit dont ie parle soit d'vne nature bizare, l'experience nous apprend qu'il est capable de quelque accoustumance.

Il faut remarquer en passant, que Scot n'admet point l'habitude des premiers principes, que la raison de cela est que les premiers principes sont tres éuidens, & que comme pour estre capable d'habitude selon Almain, il suffit qu'on soit indifferent à deux choses opposées, l'entendement qui n'est pas libre d'approuuer ou de nier ces principes, est incapable à cet égard de l'habitude dont il s'agit.

Il faut remarquer encores que quoy que l'appetit sensitif soit determiné par la nature à ses operations, il ne laisse pas dans la subordination qu'il a à la raison d'estre capable d'habitude, & que la nature auroit peché lourdement si dans cette subordination elle ne luy auoit communiqué quelque disposition à l'obeïssance.

Il faut remarquer encores selon la doctrine d'Almain, qu'au regard du bien vniuersel, la volonté est incapable d'habitude, & qu'au regard des biens particuliers elle en est capable, qu'au regard du bien vniuersel elle est incapable d'habitude, parce qu'elle est determinée par son inclination à l'amour, & qu'au regard des biens particuliers elle en est capable, parce qu'elle peut les accepter ou ne les accepter pas, & que pour estre raisonnable en son amour ou en sa haine, elle a besoin ou d'éperon ou de bride.

Il faut remarquer pourtant que la puissance qui peut le plus & le moins est capable d'habitude, & que comme la volonté peut aimer moins ardemment qu'il ne faut, & de la maniere qu'il ne faut pas, elle est capable de receuoir quelque qualité qui la regle.

*De la deffinition de l'habitude.*

L'HABITVDE est vne qualité permanente qui acquiert à la puissance, en laquelle elle reside, la facilité de faire des actes pour quelque fin.

On dit qu'elle est permanente, afin de la distinguer de l'acte qui est passager.

On dit qu'elle détermine la puissance en laquelle elle se trouue, afin de distinguer son sujet qui est ordinairement indifferent des natures qui sont déterminées à vne seule sorte d'action.

On dit enfin qu'elle facilite l'operation, afin de distinguer l'habitude du sujet auquel elle est introduite, l'entendement, par exemple, a bien naturellement la vertu de raisonner; mais il n'a pas de son fonds la facilité de bien discourir.

*Des causes naturelles des habitudes.*

IL faut remarquer que quand nous voulons operer, les esprits se rendent aux cellules & aux sinuositez qui sont necessaires à l'operation, que ces esprits élargissent les conduits, & que plus ces esprits s'accoustument à ces sortes d'extensions, & plus ils facilitent les actes qui doiuent naistre de leur concours.

Il faut remarquer encores que comme les eauës coulent plus aisément dans les lits qui sont abreuuez, les esprits courent plus facilement dans les sinuositez

nuositez qui sont humides, & que les esprits qui demeurent dans les sinuositez seruent à entretenir la prompte correspondance qu'il doit y auoir entre les parties, où les mouuemens doiuent commancer, & celles où les mesmes mouuemens doiuent aboutir.

Il faut remarquer encores que du cours prompt, ou lent des esprits naissent la promptitude, ou la lenteur des actes, que dans la priuation, par exemple, de la mansuetude, les esprits de la colere s'élancent impetueusement vers les parties où ils ont accoustumé de se rendre, & que lors que par des efforts de raison reïterez, l'on s'oppose au débordement de la passion, les esprits qui auparauant couroient en foule au dehors, deuiennent paresseux & moderez.

Il faut remarquer encores que la qualité du temperament, des esprits & des organes, contribue à la naissance des habitudes, que l'ame qui est vnie au corps ne peut ordinairement bien raisonner qu'elle n'ait vn temperament froid & sec, qu'elle n'ait des esprits bien lucides, & des organes bien composez.

Il faut remarquer encores que l'économie des connoissances se fait par l'entremise des images, que les images se rendent aux sens externes, que les sens externes les enuoyent aux sens commun, que le sens commun les depose dans la memoire, que la memoire les presente à l'imagination, & que selon que les esprits qui sont dans les organes de la phantaisie sont plus ou moins épurés, le jugement, que l'entendement en fait est plus ou moins net.

Il faut remarquer encores que l'entendement qui rectifie le jugement de l'imagination, accoustume la mesme imagination à bien juger des choses sensibles, que quand l'imagination a esté rectifiée, elle ne donne plus gueres à l'appetit sensitif de mauuaises impressions, & que c'est de ces sortes de corrections que naist la moderation des puissances inferieures.

Il faut remarquer encores qu'en celuy qui a dompté l'inclination qu'il auoit à la table, les images de la bonne chere ne sont plus frequentes, que les esprits qui aident à representer ces objets ne courent plus en foule dans les organes de l'imagination, & que l'imagination qui ne reçoit plus l'affluence de ces esprits, refroidit en quelque façon l'appetit sensuel.

Il faut remarquer enfin qu'il est des habitudes artificielles comme des autres, que les esprits qui s'accoustument à prendre de certaines routes, sont prompts à se rendre au besoin à leurs rendez-vous ordinaires, que ces esprits élargissent les conduits, & dissipent les obstacles, & que c'est de ces trois effets que naissent les industries & les souplesses.

### *Du sujet des habitudes.*

LES habitudes resident en l'ame & au corps. Il y a des vertus intellectuelles, des vertus Morales, & des vertus artificielles.

Quoy qu'vne puiſſance ſoit ſimple en ſa nature, elle ne l'eſt pas en ſa vertu, nous voyons tous les jours qu'vn meſme entendement eſt reueſtu de pluſieurs ſciences.

La puiſſance eſt à l'égard des habitudes ce que la matiere eſt à l'égard des formes Phyſiques, la matiere eſt en puiſſance de receuoir de nouuelles formes, la puiſſance eſt en pouuoir de receuoir de nouuelles habitudes, toute la difference qui ſe troue entre-elles, c'eſt que la matiere eſt pleinement occupée d'vne forme Phyſique, & que la puiſſance n'eſt pas pleinement occupée de pluſieurs habitudes, que la meſme matiere ne peut conſeruer en meſme temps pluſieurs formes naturelles, & que la puiſſance peut conſeruer en meſme temps pluſieurs formes.

Vne meſme habitude ne peut reſider en meſme temps en diuerſes puiſſances, ſi elle ne ſe refere à diuerſes facultez, & ſi les facultez entre-elles ne ſont ſubordonnées les vnes aux autres, ainſi la prudence eſt dans l'entendement, & dans la volonté, parce que la prudence qui regarde la connoiſſance & le bien, ſe refere à ces deux puiſſances, & que ces deux puiſſances ſont ſubordonnées l'vne à l'autre.

### *Quel eſt le plus noble de l'habitude ou de l'acte.*

IL y a deux ſortes d'actes, il y a des actes deffectueux, & des actes parfaits. Pour ce qui regarde les actes deffectueux, il n'y a point de doute qu'ils sont inferieurs en noblesse à l'habitude ; mais pour ce qui regarde les actes parfaits, il est mal-aisé de resoudre la question. Il semble d'vn costé que les derniers actes qui precedent l'habitude, soient plus nobles que l'habitude mesme, parce que les causes de l'habitude ont vne primauté d'origine, & qu'elles cõmuniquent à l'habitude toute leur perfection, & il semble d'vn autre costé que l'habitude soit plus noble que les actes qui l'engendrent, parce que les causes efficientes empruntent le mouuement des causes finales, que les habitudes sont les causes finales des actes, & que les fins sont plus nobles que les moyens. Il semble enfin que les actes qui suiuent les habitudes, soient plus nobles que les habitudes mesmes, parce que les habitudes sont pour les actes, & que les actes adjoustent quelque degré de perfection, & aux habitudes, & aux puissances.

Il ne sert de rien d'alleguer que les actes dont ie parle, doiuent leur naissance aux habitudes, que les actes n'ont presque point de consistance, qu'ils passent, que les habitudes demeurent, & par consequent que les habitudes sont plus considerables que leurs productions, c'est assez de répondre que les frequens exercices affermissent les actions, que les habitudes reçoiuent quelque surcroist de vigueur des actes qui les suiuent, que quoy que les habitudes durent plus que leurs productions, il ne s'ensuit pas que les habitudes ayent le dessus sur les actes, puisqu'il y a des estres qui sont inferieurs en durée à quelqu'autres estres, & qui neantmoins les ſurpaſſent en nobleſſe, que l'homme dure moins que le cerf, & que le cerf eſt moins noble que l'homme.

### *Si l'habitude peut-eſtre produite par vn ſeul acte.*

LES Philoſophes conſiderent l'habitude ou au regard de ſon eſſence, ou au regard de ſa perfection, ils diſent qu'au regard de ſon eſſence vn ſeul acte la produit, parce que l'eſſence des choſes ne peut eſtre eſtablie par pluſieurs repriſes, & que ſi le premier acte ne produiſoit rien, les actes reïterez ſeroient infructueux; mais ils tiennent qu'au regard de ſa perfection vn ſeul acte ne la peut engendrer, parce que la perfection des habitudes conſiſte en la vigueur des actes, & que cette extreme vigueur demande de grands exercices.

### *De l'accroiſſance des habitudes.*

L'ON peut conſiderer l'augmentation des habitudes, ou au regard de leur vertu interieure, ou au regard de leur vertu extenſiue.

Les habitudes augmentent en vertu lors que de temps en temps les puiſſances produiſent leurs actes auecque plus de force, & elles augmentent en extenſion lors que de temps en temps auſſi les meſmes puiſſances exercent leurs actes ſur vn plus grand nombre de ſujets.

Il faut remarquer en paſſant que quoy que les habitudes augmentent en actiuité, elles n'augmentent pas en essence, qu'il est de l'essence des habitudes comme des étincelles, que comme les moindres étincelles ont toute l'essence du feu, les moindres facilitez ont toute l'essence de l'habitude, & que comme le feu reçoit diuers degrez de chaleur, les habitudes reçoiuent diuers degrez de force.

*De la diminution des habitudes, & de leur perte.*

LEs habitudes peuuent se diminuer par la negligence des actes, celuy qui cesse de joüer des gobelets, diminuë en souplesse, & celuy qui cesse d'aller au manege, diminuë en fermeté.

Les mesmes habitudes peuuent se détruire, & par la contrarieté des actes, & par la destruction des sujets, celuy qui commance à frequenter les femmes, & les cabarets, perd peu à peu l'habitude de la temperance, & celuy qui perd la main, perd tout d'vn coup l'habitude de joüer du luth.

Il faut remarquer en passant que les habitudes n'empruntent leur augmentation que des sujets où elles resident, & que ces sujets où elles resident ne tiennent l'extreme promptitude de leur operation, que de l'extraordinaire reïteration des actes.

Il faut remarquer encores que tous les actes des habitudes n'augmentent pas les habitudes, que les actes negligez sont plus capables de les affoiblir que de les fortifier, & que pour donner quelque degré extraordinaire aux qualitez habituelles, il faut du moins que les actes soient proportionnez à la vertu de leur principe.

Il faut remarquer enfin que la cessation des actes laisse naistre des passions qui changent la qualité des choses, & qu'encores qu'en qualité de rien elle ne puisse agir, elle ne laisse pas d'estre la cause indirecte de la corruption des habitudes.

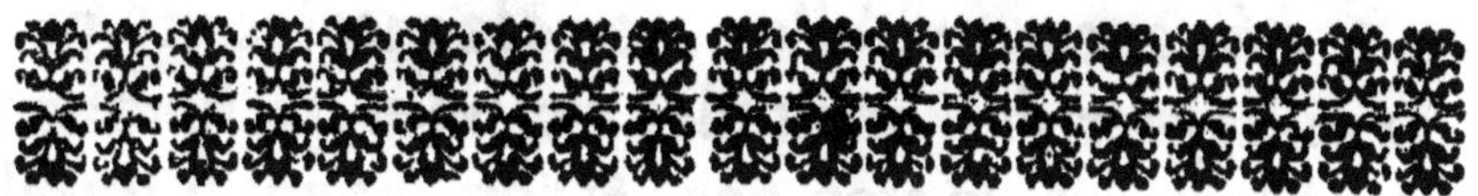

## DES VERTVS.

LE mot de vertu est équiuoque, il signifie ce qui opere, ce qui fortifie, ce qui resiste, ce qui bonifie, & c'est au dernier sens que nous le prenons icy.

La vertu Morale est vne habitude par laquelle l'on se conduit de telle sorte qu'on s'écarte des extremitez que la droite raison découure.

La vertu Morale renferme l'eslection, parce que si l'eslection en estoit bannie, il s'ensuiuroit qu'on opereroit le bien, ou par necessité ou par hazard.

Quoy que les enfans, & les fols fassent de bonnes actions, ils n'agissent pas proprement auecque eslection, parce que la raison des vns est foible, & que la raison des autres est perduë.

### *Si la diuision de la vertu en vertu Morale, & en vertu intellectuelle, est tousiours legitime.*

POVR bien définir la vertu dont il s'agit, on peut dire que c'est vne habitude Morale, qui renferme le choix des moyens, & qui obserue la mediocrité que les prudens prescriuent.

On luy donne le nom de Morale, pour la distinguer des vertus purement intellectuelles, parce que ces sortes de vertus tendent plutost à la découuerte des raisons, qu'au choix des moyens.

On

On dit encores qu'elle obserue la mediocrité, pour la distinguer des habitudes vicieuses qui tombent dans le trop & le trop peu, & l'on dit enfin qu'elle obserue la mediocrité que les prudens prescriuent, parce que les diuerses circonstances varient les actions, & qu'il faut estre sage pour bien compasser sa conduite aux diuerses occasions qui se presentent.

La prudence disent quelques-vns, est vne vertu qui est moyenne entre la vertu Morale & la vertu intellectuelle, parce qu'elle s'occupe enuers les mœurs, & qu'elle loge dans l'entendement, donc la diuision, dont il s'agit, n'est pas tousiours receuable.

La continence, disent quelques-autres, n'est comprise ny en l'ordre des vertus intellectuelles, ny en celuy des vertus Morales, parce qu'elle ne sçait pas se comporter de la façon qu'il faut, donc la diuision, dont est question, n'est pas tousiours bonne.

Il est vray qu'on diuiseroit mieux la vertu si on la diuisoit en vertu intellectuelle, en vertu Morale, & en vertu mixte; mais pour répondre à la premiere objection, l'on peut dire que la vertu humaine n'est autre chose qu'vne certaine habitude qui donne aux puissances la disposition prochaine de bien operer, & que comme à proprement parler, il n'y a que deux principes des actes humains, il s'ensuit que toute vertu se rapporte radicalement, ou à l'entendement, ou à la volonté, enfin pour satisfaire à la derniere objection, l'on peut répondre que quoy que la continence comme demy vertu n'empesche pas les saillies de l'appetit, elle ne laisse pas d'estre vne vertu Morale, puisque le plus & le moins de fermeté ne détruit pas la nature de l'habitude, & qu'il n'y a point d'autre difference entre le continent & le temperant, que celle qui se trouue entre celuy qui opere auecque beaucoup de facilité, & celuy qui agit auecque beaucoup de peine.

*Si la vertu Morale peut-estre sans la prudence, & si la prudence peut-estre sans la vertu Morale.*

LA vertu Morale ne peut estre sans la prudence, parce qu'elle renferme le choix des moyens qui sont necessaires pour paruenir à vne bonne fin, & qu'elle ne peut paruenir au but que la prudence luy prescrit, sans la lumiere de la mesme prudence.

La prudence ne peut estre aussi sans la vertu, parce que la prudence ne consiste seulement pas à connoistre le milieu des actes, mais encores à y reduire les actions, & qu'il impliqueroit contradiction, qu'vn homme conduisist raisonnablement ses actions, & qu'il s'écartast du point que la raison prescrit.

L'on nous objecte que Iesus-Christ, dit en saint Luc, que les Enfans du siecle sont plus aduisez dans leurs mauuais desseins, que ne sont les Enfans de lumiere en leurs saintes negotiations, & par consequent que la prudence peut estre sans la vertu.

L'on nous objecte encores que la Foy qui est plus noble que la prudence, est compatible auecque le vice, qu'on voit tous les jours des hommes qui sont tout ensemble & fidelles, & infirmes, & par consequent que la prudence peut estre sans la vertu.

La prudence dont parle Iesus-Christ, est vne prudence de chair, & elle ne porte le nom de prudence que parce qu'entre les moyens qui se rapportent à vne mauuaise fin, elle choisit les plus conuenables, & quand à ce qui regarde la Foy, il suffit de répondre qu'il n'est pas incompatible qu'elle se retrouue en la personne de ceux qui viuent licentieusement, puisqu'elle regarde directement nos mysteres, & qu'elle laisse aux vertus Morales la direction de nos appetits.

### *Si la vertu est vne habitude.*

IL y a trois choses en l'ame, il y a les passions, les puissances, & les habitudes, la vertu est en l'ame, il faut donc la rapporter à l'vne de ces trois choses, La vertu n'est pas vne passion, ce qui modere n'est pas la chose moderée, la vertu ne peut naistre que de l'exercice, la passion peut naistre en vn moment, la vertu est conforme à la raison, la passion nous écarte tousiours du droit chemin, la vertu renferme tousiours le choix, la passion preuient quelque-fois la deliberation, la vertu est toûjours loüable, les passiós à l'exception de l'enuie sont indifferentes, enfin si les facultez sont inseparables, & que les vertus soient corruptibles, il s'ensuit que la vertu est vne perfection qui arriue à la nature de l'homme, que c'est vne qualité qui s'engendre par la reïteration de plusieurs actes.

Encores que ce que ie viens de dire soit solidement estably, on nous rapporte que selon les paroles mesmes de Iob, Iob estoit né humain, que la compassion croissoit de jour en jour en luy, & qu'il l'auoit comme tirée des entrailles de sa mere. On nous rapporte encores que Vespasien, Antonin, & le jeune Theodose, estoient naturellement doux, benins, & pieux, que plusieurs Peres ont tenu que la vertu estoit naturelle, & que saint Damascene entre les autres, n'a point feint de dire que les vertus estoient communiquées aux hommes par la Mere commune du genre humain, On nous rapporte enfin que dans vne action publique vn autre Pere representa vn jour les liberalitez de la nature, & que dans le mesme discours, il asseura hautement que si la volonté se rebelloit contre-elle, elle estoit malicieuse. Ces raisons sont considerables, ie l'auouë; mais outre que l'exageration est suspecte, qu'elle donne quelque-fois aux simples dispositions le nom des habitudes, l'on peut répondre en deux mots que les veritables vertus Morales renferment la connoissance, & le choix, que les enfans ont l'esprit tenebreux, & la volonté indeterminée, & que si dans leur maniere de viure l'on découure des inclinations aux bonnes choſes, ce ſont des ſemences qui demandent l'opportunité des temps, ce ſont des ſauuageons qui requierent la main du jardinier.

*En quelle façon la vertu eſt naturelle, & en quelle façon elle ne l'eſt pas.*

NOVS appellons naturel ce qui eſt né auecque nous, en ce ſens l'entendement eſt naturel. Nous appellons naturel ce qui nous arriue ſans que nous y penſions, en ce ſens les cheueux ſont naturels. Nous appellons naturel ce que nous pouuons naturellement receuoir, en ce ſens la ſanté & la maladie ſont naturelles. Nous appellons naturel ce qui nous conuient, en ce ſens la maladie n'eſt pas naturelle. Nous appellons enfin naturel les choſes qui reparent la diſſipation de nos eſprits, en ce ſens les alimens ſont naturels.

La vertu n'eſt pas naturelle en la premiere façon, c'eſt à dire qu'elle n'eſt pas née auecque nous, parce que ſi la nature nous auoit donné la vertu comme elle nous a donné l'entendement, nous ne la perdrions jamais.

Elle n'eſt pas naturelle en la ſeconde façon, c'eſt à dire qu'elle n'arriue pas en nous ſans que nous y penſions, parce que pour eſtre vertueux, il faut reduire ſes actions au point de la mediocrité, & que cette reduction ſuppoſe, & la connoiſſance & le choix.

Elle eſt naturelle en la troiſiéme façon, c'eſt à dire que nous ſommes naturellement capables de la receuoir, parce qu'elle dépend de l'entendement, & de la volonté, & que ces deux puiſſances ſont nées auecque nous.

Elle eſt naturelle auſſi en la quatrieſme façon, c'eſt à dire qu'elle nous conuient, parce que la vertu eſt aux appetits, ce que la ſcience eſt à l'entendement, & que comme la ſcience perfectionne ſon ſujet, la vertu perfectionne ſa reſidence.

Elle eſt encore naturelle en la derniere façon, c'eſt à dire qu'elle repare les deſordres du peché, parce qu'elle reſtablit l'homme en ſa fermeté, & qu'elle le nourrit du vray fruit de vie.

### *Du nombre des principales vertus.*

IL y a quatre vertus principales, & ces vertus ſont la prudence, la temperance, la juſtice, & la force, la prudence nous apprend comment il faut agir, la temperance nous montre comment il faut moderer les plaiſirs, la Iuſtice nous enſeigne comment il faut obſeruer le droit, & la vaillance nous fait voir comment il faut affronter les maux.

### *Du ſujet des vertus.*

LEs Stoïques ont creu que toutes les vertus eſtoient dans l'entendement, parce qu'ils ne mettoient point de difference entre les vertus, & les ſciences; mais ces qualitez ſont differentes, l'on acquiert les ſciences par l'application de l'eſprit, & l'on acquiert les vertus par la ſeruitude des paſſions.

Quelques-autres Philosophes ont creu que la prudence estoit dans l'entendement, & que toutes les autres vertus estoient dans la volonté, parce qu'ils ne pouuoient s'imaginer que l'appetit sensuel qui nous est commun auecque les bestes, fust capable de la vertu; mais ce que j'ay cy-deuant dit combat ce sentiment, & l'objection est ridicule, lors que l'experience est contre ceux qui la forment, enfin la plus saine opinion des Philosophes est que les vertus ont quatre sujets, que la prudence est dans l'entendement, que la justice est dans la volonté, que la temperance est dans l'appetit concupiscible, & que la vaillance est dans l'appetit irascible.

### *De l'obiet des vertus.*

IL y a difference entre l'objet des vertus, & leur fin, l'objet des vertus c'est ce à l'entour de quoy elles s'exercent, & la fin des mesmes vertus, c'est ce pourquoy elles s'acquierent.

La fin des vertus est prochaine ou éloignée, leur fin prochaine est de faire des actes honnestes, & leur fin éloignée est de posseder le souuerain bien.

Le Philosophe ne doit pas rechercher l'objet de la vertu, en general, parce qu'à parler materiellement des choses, la vertu n'a point d'objet de cette nature, l'on ne peut pas dire que le mal soit l'objet de la vertu en general, parce qu'il y a des vertus qui ont pour objet vn bien, ou des choses indifferentes, comme la magnanimité qui a pour objet l'honneur, & comme la liberalité qui a pour objet les richesses, l'on ne peut pas dire non plus que le bien soit l'objet de la vertu en general, parce qu'il y a des vertus qui ont vn mal pour objet, comme la vaillance qui a pour objet les perils, l'on ne peut pas dire enfin que la passion soit l'objet de la vertu en general, parce que la justice n'a pas pour objet prochain des passions, mais les actions humaines, & qu'encores que quelques passions la puissent détourner de son deuoir, elle ne triomphe de la concupiscence, de la crainte, & de la colere, qui sont ses ennemies, que par l'entremise de la temperance, de la force, & de la mansuetude.

*De la noblesse des vertus.*

LA prudence est preferable à la justice, l'vne regarde l'entendement, & l'autre la volonté.

La justice est preferable à la force, l'vne reside dans la volonté, & l'autre dans l'appetit irascible, la premiere s'exerce sur des passions, & l'autre s'exerce enuers les hommes.

La force est preferable à la temperance, l'vne s'occupe à l'entour des passions qui sont tres-malaisées à vaincre, & l'autre s'occupe enuers des passions qui sont moins difficiles à moderer, la premiere regarde les Autels, la patrie, & l'autre ne regarde que l'interest particulier.

La sagesse est la plus excellente des vertus intellectuelles, elle regarde Dieu comme le principe de tous les principes, elle juge de la raison de toutes les

les ſciences, & elle penetre le fond de tous les eſtres.

La prudence dans ſes actes ne regarde que les moyens de la felicité ; mais les actes de la ſageſſe ſont directement ordonnez à la contemplation de l'objet de la felicité meſme.

La ſageſſe eſt plus noble que l'intelligence, l'vne juge meſme des principes de l'autre, par des principes qui ſont au deſſus de la raiſon commune, & l'autre ne regarde que les principes les plus familiers à la connoiſſance.

La Charité eſt la plus conſiderable des vertus Theologiques, elle ne regarde ſeulement pas Dieu comme les autres vertus ; elle le regarde encores d'vne maniere bien plus excellente. Il eſt vray que la Foy eſt dans l'entendement, & que la Charité eſt dans la volonté ; mais la Foy attire, & la Charité vnit, & ſi ſelon la generation, la Foy eſt la premiere, l'on peut dire que ſelon la proprieté la Charité eſt la plus excellente, adjouſtez à cela que la forme eſt plus noble que la matiere, que la Charité, eſt la forme, c'eſt à dire la perfection de la Foy, & de l'Eſperance, & que l'Eſperance meſme n'agit qu'en conſideration de la Charité.

### *Si les vertus Morales ſont liées.*

IL n'y a pas apparence que les vertus Morales ſoient liées, puiſque les vertus intellectuelles ne le ſont pas, que tel eſt Philoſophe, qui n'eſt pas Theologien, & que tel eſt Medecin, qui n'eſt pas Muſicien.

Quelques Stoïques ont tenu que qui possedoit la Prudence, possedoit toutes les vertus Morales; mais l'on peut répondre à cela que les circonstances de la fortune & du naturel, s'opposent quelque-fois à la connexité des vertus, que le pauure ne peut estre magnifique, que le timide ne peut estre genereux, & que quelque pouuoir qu'ait la force de l'esprit sur le temperament, vn homme n'agira jamais comme il agiroit s'il estoit doüé d'vne heureuse constitution, adjoustez à cela que la Charité qui est incomparablement plus puissante que la Prudence, n'est quelque-fois pas accompagnée de toutes les vertus Morales, & que plusieurs Saints, selon Bede, se sont plus humiliés des vertus qu'ils n'auoient pas, qu'ils ne se sont glorifiés des vertus qu'ils auoient.

On nous objecte ce que dit vn grand homme, que celuy qui possede vne vertu Morale dans vn estat parfait, possede toutes les autres; mais quoy qu'il n'y ait point de vertu quelque éminente qu'elle soit, qui n'ait pour compagne des foiblesses, neantmoins ce grand homme eût moins mal dit, s'il eût dit que celuy qui possedoit la reyne des vertus dans vn degré tres-éminent, possedoit toutes les vertus Morales, parce que dans la derniere perfection de la Prudence, il semble qu'il n'y ait rien qui soit capable de détourner vn homme de son deuoir, & que pour estre à l'épreuue de tous les objets qui peuuent nous attaquer, il faut estre pourueu de toutes les armes qui peuuent nous deffendre, Il n'appartient pas indifferemment à toute vertu Morale quelque admirable qu'elle soit, d'estre accompagnée de toutes les vertus, puisque la Prudence mesme la plus consommée a des ombres & des tâches, & qu'on n'a jamais eu de Sages qui n'ait eu ses infirmitez, Achiles estoit tres-vaillant, & cependant il ne pût si bien moderer l'aigreur qu'il auoit contre Agamemnon, qu'il ne priuast sa patrie des seruices qu'elle en attendoit, Cesar estoit vne des premieres testes du monde, & cependant il ne pût si bien moderer sa concupiscence, qu'il ne tombast dans la sodomie, Charles le Quint estoit tres-prudent, & cependant il ne pût si bien moderer sa molesse, qu'il n'abandonnast les resnes de l'Empire.

### *Qu'est-ce que le milieu, & combien il y en a de sortes.*

LE milieu en general, c'est tout ce qui est entre deux extremitez.

Il y a vn milieu qui renferme ses extremitez, comme le tiede qui tient du froid, & du chaud, & il y en a vn autre qui n'enferme point ses extremitez, comme le centre d'vn cercle.

Il y a vn milieu qui est également distant de ses extremitez, comme le quatre qui est également distant de deux, & de six, & il y en a vn autre dont les extremitez ne sont pas également distantes, & c'est le milieu que nous cherchons icy.

## *Que les vertus sont le milieu des actions Morales.*

LEs vertus sont le milieu des actions Morales, parce que la Prudence qui regne dans toutes les vertus, ne prescrit seulement pas aux actions Morales l'estat de leur consistence ; mais conduit encores les mesmes actions au mesme estat, & que comme elle est vne droite raison, elle est ennemie de l'excez, & du deffaut.

Il faut remarquer que si la vertu est vn milieu au regard de son essence, elle est vne extremité au regard de ses extremitez, la raison est que le bien de l'action conuient à la vertu Morale, entant que la vertu Morale suit la droite raison, & que le mal de l'action conuient au vice, entant que le vice s'éloigne de la rectitude, & que comme le bien & le mal sont contraires, & par consequent tres-éloignez l'vn de l'autre, il s'ensuit que la vertu est extremément opposée à l'excez & au deffaut.

## *Quel est le milieu des vertus.*

LA vertu est vn milieu qui ne renferme pas ses extremitez, parce qu'elle est vn bien, que ses extremitez sont vn mal, qu'elle est conforme à la raison, & que le mal est disconuenable au precepte.

Elle n'est pas vn milieu au regard de la chose, elle l'est au regard de la raison, c'est à dire qu'elle renferme l'obseruation des circonstances. Trois pains d'vn sol, par exemple, qui sont vn excés au regard d'vn mediocre mangeur, sont vne mediocrité au regard d'vn mangeur deuorant, & les mesmes actions qui sont bonnes au respect d'vn soldat, sont temeraires au regard d'vn Capitaine.

Elle n'est pas vn milieu numerique, elle est vn milieu équitable, parce qu'elle est vne raison pratique, & que la raison pratique ne s'attache pas tant à l'égalité des choses, qu'aux circonstances des choses mesmes. Vne des parties qui plaident demande cent escus, l'autre partie n'en veut donner que vingt, il ne s'ensuit pas que la mediocrité qui doit estre establie par le Iuge, entre le trop & le trop peu, doiue consister au payement de soixante escus, qui a autant d'auantage sur vingt, que cent en a sur soixante, parce qu'il peut arriuer que le deub est plus ou moins grand, & qu'il est de la Prudence du Iuge de considerer les circonstances des choses.

Elle n'est pas dans vn milieu indiuisible comme veulent les Stoïques, elle est dans vn milieu qui reçoit quelque étenduë, parce que les vices sont plus ou moins énormes, que les vertus sont plus ou moins proches de leurs extremitez, qu'il est plus aisé de passer de l'audace à la vaillance, que de la timidité à la force.

Enfin la vertu est vn milieu qui est fort difficile à connoistre, parce par exemple, qu'il est tres-mal-aisé de sçauoir pour quelle chose l'on doit se mettre en colere, jusques à quel point l'on doit s'aigrir, en quel temps il faut paroiſtre émeu, & contre quelle perſonne il faut s'émouuoir.

Il faut remarquer en paſſant que le milieu de la vertu Morale conſiſte à proportionner les actes aux objets, & à conformer les meſmes actes à la lumiere qui les conduit, que la raiſon eſt le milieu des paſſions humaines, & pour parler plus clairement, que ce milieu eſt vne regle qui eſt appliquée aux actes.

Il faut remarquer encores que les vertus Theologiques reçoiuent par accident vn milieu, que ces vertus qui n'ont que Dieu pour niueau, peuuent s'écarter de cette regle, que la Foy peut plus ou moins croire, que l'Eſperance peut plus ou moins attendre, & qu'au regard de certaines circonſtances, la Charité peut auoir beſoin de quelque moderation.

### *Si contre la doctrine precedente toutes les vertus Morales gardent quelque milieu.*

CEVX qui ne ſont pas entierement pour la doctrine precedente, diſent que la magnanimité & la magnificence ſont des vertus, que la magnanimité & la magnificence ſe comportent hautement en toutes leurs actions, & par conſequent qu'il y a des vertus qui excedent le milieu. On répond à cela qu'il eſt vray que la magnanimité tend au grand honneur, que la magnificence a pour but les grandes dépenſes, & que ces vertus proportionnent leur maniere d'agir à leurs objets ; mais qu'il est vray aussi qu'elles produisent leurs actes quand, comment, & pour quelle fin il les faut produire, & que c'est en l'obseruation de ces trois points que consiste le milieu des vertus éclatantes.

### *Reflexions sur la vertu Morale, & sur ses opposez.*

LA vertu renferme quatre choses, elle renferme la connoissance, le vouloir, l'operation, & la fermeté, la premiere regarde l'entendement, la deuxiesme regarde la volonté, la troisiéme regarde les puissances executrices, & la derniere regarde le courage.

Qui n'aimeroit la vertu, Dieu est son principe, & son cooperateur, son legislateur, & son exemplaire, son Iuge, & sa recompense.

Celuy qui change de vice, dit vn Stoïque, change de folie.

Il n'y a rien de plus horrible que ce qui est opposé à la vertu, aussi dit-on que dés que le vice est connu, il est vaincu.

Alexandre disoit que la vertu nous rendoit les enfans adoptifs de Iupiter, & Seneque qui a porté plus haut l'interest de la vertu ? a dit qu'elle nous rendoit semblables aux Dieux.

La vertu communique ses agréemens à ses sujets, & c'est ce qui a fait dire à vn bel esprit, que les odeurs parfument mesme les haillons.

Chose merueilleuse ? la vertu n'a point d'ennemis qui ne trauaillent à sa gloire, il luy faut des enuieux & des vsurpateurs, des tyrans & des bourreaux, & Rome a tiré plus d'éclat de la resistance de ceux qui ont voulu preuenir sa domination, que de l'accommodement de ceux qui ont respecté ses armes.

C'est vne étrange chose qu'vne mauuaise habitude, Anacreon vouloit dire ce semble la mesme chose, lors qu'il disoit que sa lyre estoit phantasque, que quand il entreprenoit de joüer sur elle quelque sujet graue & heroïque, elle ne formoit que des tons doux & effeminez.

Saint Augustin en vn certain endroit, dit que l'Empire fut donné aux Romains en faueur de leur vertu.

Bien-heureux est celuy qui tient le milieu, dit la deuise de S. François de Sales.

Quoy que l'habitude comprenne dans sa vertu tous les pechez qui en naissent, l'on peut dire que la malice est plus dans l'acte que dans l'habitude, & que si l'habitude est éminemment plus condamnable, l'acte est positiuement pire. Il est vray que l'habitude est la cause de l'acte vicieux, & qu'on dit ordinairement que la cause du mal est plus haïssable que le mal mesme ; mais ce dire commun est vne erreur, l'acte vicieux est la cause finale de la méchante habitude, & c'est la fin qui détermine les bonnes & les mauuaises choses.

Il

Il y a plus d'hommes qui ſe conduiſent par la nature ſenſitiue, que par la nature intellectuelle; les objets corporels ſont plus touchans que les objets inſenſibles, il eſt plus aiſé de ſatisfaire ſon corps, que de perfectionner ſon eſprit, & c'eſt pour ces raiſons que ſi la vertu eſt plus naturelle à l'homme que le vice, le vice luy eſt plus commun.

L'on ne doit pas juger du nombre des vertus Morales, par la varieté des paſſions humaines, vne ſeule vertu ſuffit quelque-fois à deux paſſions, la Temperance modere le plaiſir, & la douleur, la Vaillance modere la crainte, & l'audace.

Si c'eſt vne choſe plus excellente de bien agir, que de pouuoir agir, l'on peut dire par raiſon oppoſée, que l'habitude du vice n'eſt pas ſi criminelle que l'action vicieuſe.

Les vertus intellectuelles ſont les biens de l'ame; mais elles ſont ſteriles ſi elles ne ſe joignent aux vertus Morales.

Quand l'on dit que les actes des vertus intellectuelles ſont bons, on ſous-entend qu'ils ſont bons d'vne bonté tranſcendante, c'eſt à dire d'vne bonté qui eſt commune à tous les eſtres.

Il n'y a point de vin qui n'ait ſa lie, il n'y a point de grenade qui n'ayt ſa flétriſſeure, il n'y apoint de vertu qui n'ayt ſon imperfection.

Quelle injuſtice, dit Saint Auguſtin, de vouloir eſtre méchant, & de ne vouloir pas eſtre miſerable?

n'est-il pas raisonnable comme dit l'Escriture, que celuy qui seme du vent recueille des tempestes, que celuy qui boit l'iniquité regorge d'absinthe, que celuy qui renonce au combat soit priué des fruits de la victoire.

Theophraste rapporte qu'il y a vne certaine pierre noire qui fait sur le papier des lignes blanches, & l'experience nous enseigne auecque Pline, que l'argent fait sur le mesme sujet des lignes noires, cela nous apprend qu'on peut tout esperer, & tout craindre d'vn homme ; que le méchant qui est la pierre noire, peut faire de bonnes actions, & que le vertueux qui est l'argent, peut faire des actions mauuaises.

Sçauez-vous ce qu'il faut estre pour estre libre? il faut estre, dit vn Ancien, esclaue de la vertu, voilà vne belle réponse.

Ce n'est pas assez de penser aux moyens de bien faire, il faut appliquer les moyens. Les rats d'Esope trouuerent bien l'inuention de se garentir du chat, qui estoit de luy attacher des sonnettes ; mais enfin il n'y en eust pas vn qui osast les attacher.

La Tortuë deuroit nous faire confusion, cette beste estant couchée à l'enuers se tourmente jusqu'à ce qu'elle soit en vne assiette naturelle, & nous estant dans le vice, qui est vn estat contre nature, nous ne nous mettons point en peine de nous remettre en vn estat conuenable.

Quoy que le vice soit indecent en toutes sortes

de personnes, il est principalement indecent aux vieillards, c'est vne grande honte à vn homme de n'auoir pour témoin de la longueur de sa vie, que la blancheur de son poil.

Il faut que nous fassions en nous par la Morale, ce que le crocodile fait en soy par la nature, il augmente en croissant tant qu'il vit, il faut que nous augmentions en vertu tant que nous viurons.

Qu'vn Curius dit vn beau mot? quand il dit, qu'il aimeroit mieux estre mort, que de viure comme vn mort.

C'est dans les trauerses que les vertus éclattent, comment faire voir son courage dans la pauureté, si l'on ploye sous le faix des richesses? comment faire voir sa constance dans l'infamie, si l'on vieillit dans les applaudissemens? comment faire voir sa patience dans la perte des enfans, si l'on voit encores tous ceux qu'on a mis au monde?

Comme le vertueux vse égallement bien de toutes choses, il reçoit aussi gayement la gresle que la manne, les ariditez que les pluyes, les deluges que les rosées.

S'il vaut mieux estre d'vne illustre naissance, que d'vne infame extraction, il vaut mieux estre vertueux que méchant; la vertu est fille du Ciel, & le vice est fils de la Terre.

Il ne faut point s'excuser sur les difficultez de la vertu, elles sont surmontables, & Pic de la Mirande qui estoit de ce sentiment, disoit souuent que nous estions au monde comme en la boutique d'vn sculteur, que la fournaise estoit tousiours ardente, que le métail estoit tousiours embrasé, que l'entendement estoit l'ingenieur, que le cœur estoit la fournaise, que la volonté estoit l'ouuriere, que l'ame estoit le métail, & que comme les resolutions estoient les moules, il dépendoit de nous de paroistre sous la figure des Aigles ou des Porcs, sous le caractere des Colombes ou des Vautours.

De quelque condition que nous soyons, nous auons sujet de rougir, si à l'imitation de ceux dont je vais proposer les exemples, nous ne faisons du Ciel l'objet de toutes nos pensées, & le terme de tous nos desirs. Sommes-nous jeunes? Ioseph n'estoit pas vieil quand il fut viuement sollicité par sa Maistresse, sommes-nous Soldats? les Machabées portoient les armes, sommes-nous Capitaines? Maurice commandoit, sommes-nous Medecins? les Cosmes & les Damiens trauailloient sur nos corps, sommes-nous Philosophes? Denis estoit grand Physicien, sommes-nous concubinaires? Augustin rompit ses chaines, sommes-nous de robbe? les Chrysostomes & les Yues estoient justiciers, sommes-nous Princes? les Amedées, & les Leopolds, les Casimirs, & les Heluinges, estoient nés sur la Pourpre, sommes-nous Empereurs? Constantin auoit cette qualité, sommes-nous Roys? les Loüis les Recaredes, les Helberts, & les Vencesles portoient le Diadême, sommes-nous Reynes? les Clotildes, & les Elizabeths, les Helenes, & les Cunegondes, estoient couronnées, sommes-nous mariés? les Abrahams, & les Tobies auoient des femmes, ſommes-nous veufues? les Iudiths, & les Brigides, ont perdu leurs maris, enfin ſommes-nous filles? les Tecles, & les Agnes, les Ceciles, & les Apolines, ſont mortes dans la virginité.

Ce n'eſt pas ſans raiſon que S. Auguſtin a repris les Stoïciens, de ce qu'ils vouloient que toutes les vertus fuſſent inſeparables, ſi cela eſtoit, vn homme vertueux n'auroit pas vn ſeul deffaut, & lors qu'il tomberoit dans quelque imperfection, il offenceroit toutes les vertus; mais il n'y a point de vertueux impeccable, & en matiere de Morale, qui peche en vn point ne peche pas en tous les autres.

Il y a bien de la difference entre le venin des ſerpens, & la corruption des hommes; le venin des ſerpens, dit Attalus, n'eſt point nuiſible aux ſerpens; mais la corruption des vicieux eſt mortelle aux vicieux.

N'allons point contre l'ordre des choſes, en Theologie, nous ne conſiderons les veritez reuelées que pour en faire les matieres de noſtre Foy, és Mathematiques, nous ne conſiderons les lignes, les ſurfaces, les nombres, & les mouuemens, que pour les appliquer aux fortifications, aux arpentages, & aux mechaniques; en Phyſique nous ne conſiderons les cauſes, & les principes des Mixtes, que pour les rapporter à la Medecine, en la Iuriſprudence, nous ne conſiderons le Droit qu'en veuë du fait, & en la Morale, nous ne deuons conſiderer la vertu que pour en faire des vſages.

Ce n'eſt aſſez de ne pas mal-traiter ſon prochain,

la vertu veut quelque chose de plus, elle ne consiste pas à ne point faire de mal, elle veut qu'on fasse du bien.

Quel plaisir d'estre vicieux? le peché, dit Dauid, est tres-pesant, & c'est pour cette raison que ce Prophete Roy le compare au plomb.

Si les Abeilles qui sont produites de la ceruelle d'vn Taureau, portent jusques dans leurs entrailles la figure de cet animal, pourquoy ne portons nous pas dans le fond de nostre ame les traits de la Diuinité, puisque les effets doiuent auoir quelque ressemblance à leurs causes, & que tous les estres sont tirez de l'estre de Dieu.

Quelque aduantage qui puisse naistre des belles paroles, on méprise l'éloquence quand elle part d'vn mauuais fonds. Le Duc de Bourbon qui fit vn jour vne Harangue aux Imperiaux, pour les animer à attaquer vn de nos Corps, ne fut pas estimé de tous ceux qui l'entendirent, & entre ceux qui rougissoient de la felonie de ce Prince, il y en eut vn qui ne pût s'empescher de dire. O que ce discours seroit beau, s'il estoit fait pour la patrie!

Ne nous preualons pas si fort de la vertu de nos ancestres, que cette vertu ne fasse nostre émulation, il est ridicule, dit vn grand homme, de constituer sa gloire en la noblesse du sang, c'est chercher en la racine les fruits qu'on doit trouuer sur les branches.

Il ne faut pas pour quelque lascheté deuenir extremément lasche, comme il n'y a point de vaisseau quelque bien trauaillé qu'il soit, qui ne soit sujet à quelque ordure, il n'y a point d'homme quelque bien éleué qu'il ait esté, qui ne soit sujet à quelque foiblesse.

Tout est precieux d'vne vertueuse personne, Nisus Roy de Megare, m'apprend cette verité, il voulut que sa femme en squelet fust reuestuë des habits qu'elle auoit autre-fois portez, & que sous cet ornement, cette vertueuse deffunte luy semblast toûjours viuante.

Qu'on ne se lasse point de trauailler à la ruyne du vieil Adam, la victoire qu'on remporte sur les vices est celle qu'on remporte sur les monstres.

S'il n'y a rien qui merite plus d'estre accueilly que la vertu, il n'y a rien qui merite plus d'estre rejetté que le vice, & cela est tellement vray, que selon le rapport de S. Gregoire, la Terre mesme repoussa de son sein, le corps de Iulien l'apostat.

Qui méprise la vertu, méprise les Sages, les Sages ne font de bons liures que pour laisser de bons preceptes, les Sages ne font de bonnes actions que pour nous laisser de bons exemples.

Si la connoissance du bien sans le bien est vne lumiere sans chaleur, à quoy bon d'éclater en l'Ecole, si l'on n'éclate en la vertu.

Ce n'est pas assez dans nostre Religion de faire de bonnes actions, il les faut faire en veuë de celuy qui donne le pouuoir de les faire, & c'est pour cette raison que quelques Chrestiens ont comparé les vertus payennes, à ces arbres qui ſont touſiours verds, & qui ne portent jamais de fruit.

La bonté de Dieu nous a fait à ſon Image, faiſons enſorte que nos œuures nous faſſent à ſa reſſemblance.

Ambitionnons les loüanges qu'on donna vn jour à vn Sage, on diſoit de luy que de toutes les choſes qu'il ſçauoit, il n'approuuoit que les bonnes, & que de toutes les choſes qu'il pouuoit faire, il ne faiſoit que les juſtes, n'approuuons que les lumieres qui découurent le bien, & ne faiſons que les actions qui procurent la beatitude.

Les vices ſont traiſtres, il eſt dangereux qu'ils ne forment en nous vne appoplexie, c'eſt à dire, dit vn Ancien, qu'ils n'étouffent nos regrets & nos remords.

Que Seneque louë le vertueux? il dit qu'il eſt la ſtatuë de Iupiter, c'eſt à dire ſelon quelques Interpretes, qu'il eſt le Troſne de la Majeſté Diuine.

Si le vice eſt laid en la perſonne des jeunes gens, de quel front oſe-t'il paroiſtre en la perſonne des vieillards? & c'eſt ce qui fit dire à Caton, parlant à vn homme âgé, qu'il deuoit ſe contenter des laideurs de la vieilleſſe, ſans y adjouſter les laideurs de la corruption.

La vertu a ſon dehors & ſon dedans, il ne faut pas ſeulement imiter ſon exterieur, il faut imprimer ſon eſſence, ceux qui ne s'arreſtent qu'aux ſimples imitations, ſont ſujets aux fougues de la concupiſcence,

cence ; & ils ressemblent à ces Maistres d'armes, qui perdent à l'espée les aduantages qu'ils ont acquis au fleuret.

Qui que ce soit doit pretendre à la noblesse de la vertu, les Roturiers se font quelque-fois vne glorieuse race, & Tybere parlant de certains Roturiers Romains qui auoient de belles qualitez, ne feignit point de dire vn jour qu'il luy sembloit que ces hommes fussent nés d'eux-mesmes.

Ie louë les Egyptiens, qui ne permettoient pas que les hommes se ventassent de la noblesse de leurs parens, en effet, comme dit vn Moderne, ceux qui recherchent dans les cendres de leurs ancestres quelque étincelle d'honneur, ressemblent à ces criminels, qui pour éuiter le chastiment qu'ils meritent recourent aux sepulchres & aux statuës.

Si nous aimons la liberté pourquoy sommes-nous méchans, celuy qui se forme des vices ne se fait-il pas des Maistres ?

Quoy qu'on dise, le vice a son ver, & ie ne puis tomber d'accord que les méchans dorment aussi tranquillement sur leur déprauation, que font les gens de bien sur leur innocence.

N'accusons point les influances, n'accusons que nostre lascheté, le Ciel, dit S. Augustin, n'est point vn Senat, où l'on resolue le déreglement des hommes.

La vertu est si belle qu'encores qu'elle soit quelque-fois payenne, elle ne laisse pas d'estre honorée, il est vray que Tertullien traite Socrate de fanfaron,

& que S. Auguſtin mépriſe Seneque ; mais Denis Alexandrin ſemble canoniſer Socrate, & S. Hieroſme ſemble ſantifier Seneque.

Il n'y a point de mauuais naturel que la belle reſolution ne puiſſe vaincre, & l'on a mal rencontré à mon aduis quand on a dit que l'art ne corrigeoit point le deſtin.

Que la nature eſt bizare? il y a des hommes qui reſſemblent à l'Affrique, cette partie du monde produit ou du miel tres-ſalutaire, ou de la ciguë tres-nuiſible, les hommes auſſi dont j'entend parler contractent ou de tres-grandes vertus, ou de tres-grands vices.

La carriere de la vertu eſt comme infinie, il faut touſiours aduancer. Les Doriglas en Eſcoſſe portent la Couronne dans les grandes occaſions, & comme quand l'aiſné s'y trouue cette illuſtre famille doit mener l'auant-garde du Prince, cette meſme famille a pris pour l'ame de ſa deuiſe, *iamais en arriere.*

Celuy qui fait de mauuaiſes œuures ne doit pas conceuoir de bonnes eſperances.

Il ne faut pas s'imaginer que les hommes ſoient capables de recompenſer la vertu, la recompenſe eſt plus excellente que la choſe recompenſée, c'eſt ſa couronne, & comme en ce monde il n'y a rien de plus excellent que la vertu, il eſt raiſonnable de conclure ou que la vertu ne ſera pas recompenſée, ou que Dieu ſera ſa recompenſe.

Dés que nous ſommes en eſtat de raiſonner, il

faut que nous donnions à nos puissances des exercices dignes de nostre noblesse, & il faut imiter en cela les Imperatrices d'Orient, ces Princesses vouloient que leurs enfans naissans fussent receus dans des draps de Pourpre, afin qu'en venant au monde ils ne s'attachassent à rien qui fust indigne de l'extraction Imperiale, nous deuons faire aussi en sorte qu'à la naissance de nostre raison nous ne nous attachions à rien qui soit indigne de la nature humaine.

Ie ne sçay pas bien pourquoy les vertus sont ordinairement gueuses, toutes les choses leur appartiennent, elles sçauent bien vser de toutes choses.

Quelle satisfaction ne reçoit-on point de sa bonne vie, c'est à mon aduis ce qui a fait dire à Philon-Iuif, que la felicité de l'ame estoit la réjoüissance de ses vertus.

Vn vice en engendre vn autre, vn corbeau produit vn autre corbeau.

Les vices sont contractez, ils ne sontpas naturels, & en ce sens le pere de Neron auoit tort de dire que rien ne pouuoit naistre de luy & d'Agripine qui ne fust tres-méchant.

Combien de choses pensez-vous qu'il faille, dit Plutarque, pour faire vn homme parfaitement vertueux, il faut dit-il trois choses, il faut la nature, la raison, & l'vsage, la nature le commence par les dispositions, la raison le perfectionne par les preceptes, & l'vsage l'accomplit par les habitudes.

La vertu se conserue mesme quand tout est perdu,

Demetrius qui auoit ſaccagé la ville de Megare demanda à Stilpon qui eſtoit de cette Ville ſi ce ſaccagement ne luy auoit point fait de tort, Stilpon qui vit qu'il vouloit rire ne luy répondit rien d'abord, & ſur ce que l'autre le preſſa de répondre, non luy dit-il, la vertu ne peut-eſtre pillée.

Qui doute que l'éducation ne contribuë au vice ou à la vertu, Lycurgue comme tout le monde ſçait, mit vn potage, & vn liévre viuant deuant deux chiens, qui auoient eſté diuerſement nourris, & il arriua que l'vn courut au liévre, & que l'autre ſe jetta ſur la ſoupe.

Quoy qu'on puiſſe dire, le vice ne s'accorde jamais bien auecque la ſynctereſe, & l'on a raiſon d'auoüer que les méchans ſentent touſiours le contre-coup de leur malice.

La veritable vertu ſe plaiſt dans l'action, auſſi Hannibal loüe-t'il Marcellus de ce qu'il ne donnoit point de repos à ſon ennemy quand il l'auoit vaincu, & de ce qu'il n'en prenoit point quand ſon ennemy eſtoit victorieux.

Que peut faire la fortune en faueur du ſage, l'on ne conſerue pas les vertus par les biens externes, au contraire, les biens externes ſont conſeruez par la vertu.

Voulez-vous ſçauoir à qui reſſemblent ceux qui ſe contentent de ſçauoir ce que c'eſt que le bien, ils reſſemblent aux malades incredules, qui écoutent les ordonnances, & qui ne les executent pas.

La nature a beſoin d'art, la pierre qu'on appelle Amianthe n'a point d'éclat si le feu ne la purifie, & ne la polit, & la rosée qui est glacée dans le sein des rochers ne deuient point brillante, si quelque influance benigne ne l'épure & ne la rafine.

Quoy que la vertu n'éleue pas tous ceux qui la possedent, elle ne doit pas receuoir des iniures, & Brutus eut tort lors qu'aux champs Philippiques, il la traita de vaine & de trompeuse.

Pourquoy Georges de Rimini dit-il que les infidelles sont incapables de contracter quelques vertus, puisque les fidelles contractent quelques vices. Que si les Augustins & les Thomas traitent les vertus des Payens de fausses vertus, ne faut-il pas conceuoir que ce n'est qu'au respect des vertus Chrestiennes, puisque comme S. Augustin a dit en vn autre rencontre que l'étenduë de l'empire Romain estoit vn effet de la vertu des Romains, & que si contre le Cardinal de Bellarmin, il auoit creû que les vertus des Payens eussent esté des vices, il eust accusé Dieu d'auoir recompensé de mauuaises actions.

La vertu a tant de charmes, que le discours mesme qu'on en fait, fait quelque-fois des conuersions. Vn certain Polemon qui estoit abandonné à ses plaisirs, entra vn jour dans l'Ecole de Zenocrate à dessein de brauer ce Philosophe; mais à peine eut-il entendu ce grand homme sur les beautez de la vertu, qu'il jetta les roses dont il estoit couronné, & fit vne resolution digne d'vn homme de cœur.

Ie me mocque d'Apolonius qui ſe vantoit d'auoir vne potion cordiale, qu'il appelloit la couppe d'immortalité. Ie me mocque encores d'Auicenne qui ſe vantoit auſſi d'auoir vne confection qui perpetuoit la vie. Ie me mocque auſſi d'Homere qui ſe vantoit comme les precedens, d'auoir vn certain Moly qu'il appelloit la viande des Heros, il n'eſt rien tel que d'embraſſer le bien, que de rejetter le mal, & le veritable ſecret de trouuer la vie dans la mort, conſiſte à mon aduis à mourir dans la vertu.

L'on ſe ſert de l'or pour les maladies du cœur, l'on ſe ſert du fer pour le flux de ſang, l'on ſe ſert du mercure pour les maladies de l'amour, enfin ſi l'on ſe ſert de diuers Mineraux pour combattre diuerſes maladies, l'on ſe ſert de diuerſes vertus pour combattre diuerſes paſſions.

Il n'y a rien de ſi precieux au monde que la vertu, auſſi Ariſtote approuue-il ſur ce qui regarde cette propoſition, vne des loix de la Grece, il dit que les Grecs auoient ordonné des couronnes pour les bons luicteurs, & qu'ils n'en auoient point ordonné pour les juſtes, qu'ils auoient eu raiſon en cela, puiſque l'ame eſt incomparablement plus noble que le corps, que les vertus du corps ſont priſables, & que les vertus de l'ame ne reçoiuent point de prix.

Il eſt honteux, dit vn Ancien, que les metaux & les planettes n'ayent pas tant d'affinité ſur les parties de l'homme, que la raiſon en a ſur le meſme homme, & que cependant les metaux & les planettes agissent plus heureusement sur elles, que ne fait la raison sur luy, en effet l'or corrobore le cœur, il regarde le Soleil, l'argent est bon pour le cerueau, il regarde la Lune, l'argent vif est amy du foye, il regarde Mercure, l'estaing est fauorable aux polmons, il regarde Iupiter, le cuiure est salutaire aux reins, il regarde Venus, le plomb sert à la ratte, il regarde Saturne, & le fer est vtile à la vessie du fiel, il regarde Mars.

Quelque illustre de naissance que fust Antonin, il faisoit plus d'estat de la noblesse de la vertu, que de la noblesse du sang.

D'où vient que nostre ame malade ne recourt point au remede ? a-t'elle moins de lumiere que les bestes. Qu'il soit vray que les bestes recourent au remede, l'experience le découure, le cerf court au dictame lors qu'il porte encores les instrumens de sa blesseure, la cigogne court à l'origan quand elle se trouue mal, la belette qui peut estre enuenimée des approches des rats court à la ruë, les ramiers qui ont perdu l'appetit courent aux feüilles de laurier, & les poulles qui ont perdu la mesme chose courent à la parietaire.

Il n'est pas du vice comme des cantharides, les cantharides ont en soy quelque partie qui sert de contre-poison à leur venin ; mais les vices n'ont rien en eux qui serue d'antidote à leur corruption.

Vn méchant homme se sert de tout à mal. Vn

homme vertueux se sert de tout à bien, & il est d'eux comme des araignées & des abeilles, les araignées font des fleurs du venin, & les abeilles font des mesmes fleurs du miel.

Quand l'on dit qu'il faut aller droit en besogne, il ne faut imiter cet homme dont parle Guillaume Euesque de Paris, qui prit tellement à la rigueur ces paroles, que dans son chemin il abattoit ou montoit dessus tout ce qui s'opposoit à la droite ligne de ses voyages.

Les vertus reçoiuent diuers noms. Si elles reglent la simple maniere de viure, elles sont appellées Morales. Si elles nettoyent le cœur de ses impuretez, elles sont appellées purgatiues. Si elles portent la serenité dans l'entendement, elles sont appellées illuminatiues. Si elles détachent la volonté des biens du monde, & qu'elles inclinent au souuerain bien, elles sont appellées vnitiues. Si elles seruent de regles aux peuples, elles sont appellées Politiques. Si elles viennent en l'entendement, & en la volonté, par la seule bonté de Dieu, elles sont appellées infuses. Si elles perfectionnent les operations de l'esprit, & que la perfection de ces operations soit leur seule fin, elles sont appellées intellectuelles, & si elles éleuent enfin nos puissances à des actes surnaturels, elles sont appellées Chrestiennes.

Il faut que le jeune homme choisisse de bonne heure ce qui conuient à la noblesse de son estre,

c'est

c'eſt vne argile trempée qui conſerue long-temps ſes premieres impreſſions, c'eſt vn vaiſſeau neuf qui garde long temps ſes premieres odeurs, & pour joindre l'exemple à la propoſition, l'Hiſtoire nous apprend que pour ſe vanger de Dion qui s'eſtoit enfuy de Syracuſe, Denis fit venir ſon fils à la Cour, & que ce tyran reüſſit ſi bien en ſon mauuais deſſein, que quand au retour Dion voulut forcer ſon fils qui eſtoit laſche & effeminé à ſe deffendre des habitudes vicieuſes qu'il auoit contractées auecque le Prince, le jeune homme aima mieux ſe jetter par vne feneſtre que d'auoir à combattre ſes paſſions.

Comme les terres ſont ſujettes au bon & au mauuais rapport, il ne faut pas s'eſtonner s'il y a des hommes en qui les vices & les vertus s'entre-ſuccedent, Tacite dit que Lucinius Mutianus auoit vn naturel meſlé de bien & de mal, qu'en paix ſes vices ſe réueilloient, & qu'en guerre ſes vertus auoient la puce à l'oreille.

I'ay dit cy-deuant qu'il ne falloit pas mal-traitter les vertus Payennes, S. Hieroſme qui eſt de mon ſentiment, dit clairement ſur le premier Chapitre de l'Epiſtre aux Galates, que pluſieurs ont pû faire des actions de ſageſſe & de ſainteté, qui n'étoient pas éclairés des lumieres de l'Euangile, Toſtat qui eſtoit encores de ce ſentiment, a determiné qu'en ſuiuant les preceptes du Droit naturel les Gentils pouuoient eſtre ſauuez, & la Bulle

Aaaa

mesme des Papes Pie Cinquiesme, & de Gregoire Troisiesme, condamne Michel Baye qui soustenoit que toutes les œuures des Payens estoient des pechez, enfin si S. Augustin a furieusement declamé contre l'heresie Pelagienne, c'est parce qu'en quelque façon elle méprisoit les dons du Ciel, & qu'elle donnoit trop aux forces de la nature.

## DE LA PRVDENCE.

QVELQVES-vns disent que la Prudence est vne droite raison, conformément à laquelle l'on conduit ses actions.

Quelques autres comme Ciceron, disent que c'est la science des choses bonnes & mauuaises.

Saint Isidore qui est vn grand Grammairien, asseure qu'elle est vne vertu par laquelle l'on voit de loin.

Pour la définir exactement, il me semble qu'il faut dire que c'est vne vertu de l'entendement, par laquelle de plusieurs moyens qui se presentent pour paruenir à vne bonne fin, l'on choisit ordinairement les meilleurs.

Quoy que Salomon dise qu'il faille mettre des bornes à la Prudence, neantmoins nous aurions mauuaise grace d'en donner à cette vertu, puisqu'on ne peut estre trop sage, & c'est pour cette raison que contre la methode que ie me suis prescrit, ie ne mettray point la Prudence comme les autres vertus, entre deux extremitez.

### *Des causes de la Prudence.*

LA Prudence a plusieurs causes, elle a le temperament, l'Ecole, l'Histoire, la memoire, les affaires & l'âge.

L'ame qui agit selon les dispositions du corps,

raisonne sans precipitation, & sans nuages, lors que la mélancolie est dominante, parce que cette humeur qui est lente & froide, tient comme en bride les passions, & contribuë par consequent à la netteté du jugement.

Quoy que l'Ecole qui porte l'ordre dans les connoissances n'introduise pas tousiours l'ordre dans les mœurs, elle ne laisse pas de trauailler en quelque façon à l'acquisition de la Prudence, parce qu'elle combat par ses lumieres les méchantes inclinations, qu'elle fortifie les bons naturels, & qu'elle dispose l'esprit aux grandes choses.

L'on ne doit pas douter que la lecture de l'Histoire ne contribuë aussi à l'acquisition de la Prudence, puisque l'Histoire, comme dit vn Ancien, est vn miroir humanisé, & qu'en representant les voyes dont l'on s'est seruy pour paruenir à ses desseins, il represente les obstacles & les victoires, les succez & les disgraces.

Comme la Prudence regarde les trois temps, il faut que la memoire represente heureusement à l'imagination ce que l'imagination doit representer à l'entendement.

Le mesme prouerbe qui dit que les hommes font les affaires, dit que les affaires font les hommes, & certes ce n'est pas sans raison qu'il aduance ces choses, puisque dans les negoces de la vie, il suruient cent embarras surprenans, & que sur les exemples de ceux qui s'en démeslent l'on forme sa conduite.

Enfin l'âge contribuë à l'acquisition de la Prudence, parce qu'il remplit la memoire, qu'il épure l'entendement, qu'il mortifie les passions, que la memoire remplie est vn Conseiller comme insurprenable, que l'entendement épuré est vn guide comme infaillible, & que les passions mortifiées sont des sujets fidelles.

### *De quelle espece de vertu est la Prudence.*

LEs choses qui ne sont pas à faire, disent quelques-vns, appartiennent à vne vertu speculatiue, or est-il que la Prudence qui considere les choses passées, considere les choses qui ne sont pas à faire, donc la Prudence est vne vertu speculatiue.

Ce qui ne considere les choses passées que pour les appliquer aux presentes, est vne vertu pratique, la Prudence ne considere les choses passées que pour les appliquer aux choses presentes, donc la Prudence est vne vertu pratique.

### *Si la Prudence est vn art.*

L'Art donne des regles pour reduire les choses au point où elles doiuent estre, la Prudence donne les mesmes regles pour les mesmes fins, donc la Prudence est vn art.

Outre que cet argument peche contre les regles de la Logique, il est aisé de le refuter, l'art & la Prudence conuiennent, ie l'auouë; mais ils different: qu'ils conuiennent, cela est éuident, l'vn &

l'autre appliquent droictement la raison sur la matiere de leur exercice; qu'ils different, cela est éuident aussi, parce que les choses qui tombent sous l'art sont ordinairement fixes, & que celles qui tombent sous la Prudence sont ordinairement variables; j'ay dit que les choses qui tomboient sous l'art estoient ordinairement fixes, comme les metaux, les cuirs, le bois, & cent autre choses approchantes, parce qu'il y a des matieres qui tombent sous quelques arts, qui sont changeantes, comme sont les eauës, les vents qui tombent sous la nauigation, & comme sont les mouuemens du corps humain qui tombent sous la Medecine, Adioustons à ce que nous auons desia dit, que l'art se peut proposer des choses illicites, & que la Prudence ne peut se proposer que des fins loüables, que l'art & le vice sont compatibles, & que la Prudence & la vertu sont inseparables.

### *Des especes de la Prudence.*

QVOY qu'il soit difficile de nombrer exactement les Prudences, l'on peut dire qu'il y en a vne monastique, vne œconomique, vne ciuile, vne interessée, vne militaire, & vne religieuse.

La premiere qui regarde l'homme sans le referer aux autres hommes, le conduit de telle sorte, qu'elle le conduiroit de la mesme façon s'il estoit seul au monde.

La deuxiesme qui regarde l'homme comme chef de famille, compasse tellement ses actions, que la femme, les enfans, & les domestiques, ont sujet d'estre raisonnablement satisfaits.

La troisiesme qui rapporte l'homme à la chose publique, le dirige de telle maniere, que soit qu'il commande aux peuples ou qu'il obeysse aux Magistrats, l'honnesteté regne dans ses actions.

La quatriesme qui considere l'homme dans le negoce & dans les affaires, le conduit par des voyes si raisonnables aux commoditez qu'il se propose, que sa fortune ne renferme point la ruyne du prochain.

La cinquiesme qui regarde l'homme, ou comme simple soldat, ou comme Officier, regle tellement ses actions, que le judicieux se retrouue ou dans son obeïssance, ou dans son commandement.

Enfin la derniere qui considere l'homme par rapport aux commandemens & aux conseils, adjuste tellement ses actions à la dignité de son ministere, que le Confessionnal a peu de prise sur sa conduite.

### *Des effets de la Prudence.*

LE prudent n'est pas peu digne de remarque, il parle peu, il peze ses paroles, il étudie les humeurs, il obserue les conditions, il cele souuent ses sentimens, il tâche souuent de découurir le sentiment des autres, il compasse les moyens aux fins, il varie les mouuemens du visage, il promet peu de choses, il execute ponctuellement ce qu'il a promis, il se défie des éuenemens, il forme peu de projets, enfin il examine les conjonctures, les lieux, & les personnes.

### *Reflexions sur la Prudence.*

SI la lecture, la meditation, & la conference preparent les grands hommes, l'on peut dire que l'experience les acheue.

Celuy qui veut estre asseuré contre les grands, doit faire en sorte qu'on ne reconnoisse point qu'il s'en veüille asseurer.

Comme le passé nous apprend souuent de quelle façon nous deuons vser du present, il ne faut pas negliger la connoissance de l'Histoire.

La Prudence est la guide des vertus, & les vertus sont les instrumens de la Prudence.

Quelques faueurs qu'on fasse à vn Iuge, il ne faut pas s'imaginer que les obligations soient capables de le rendre seruiable, le serpent appriuoisé, dit vn Ancien, n'appriuoise point son venin.

Le Capitaine doit auoir autant de mansuetude apres la victoire, que de ferocité dans le combat.

Comme les lignes sont ramassées au centre, toutes les vertus Morales sont confonduës en la droite raison.

Le corps renferme quatre accidens, qui se rapportent aux quatre vertus Cardinales, la moderation de ses humeurs represente la Iustice, la beauté de son visage represente la Temperance, la vigueur de de ses membres represente la Valeur, & la viuacité de ses sens represente la Prudence.

Si la misere a besoin d'argent, le bon-heur a besoin de conseil.

Vn ancien auoit raison de dire qu'il estoit rare de trouuer en vne seule personne tout ce qui entre en la composition de la Prudence, cet assemblage demande de grands temps, & de grandes dispositions, & l'ancienne Grece aussi, qui croyoit estre l'élite du genre humain, ne comptoit que sept Sages.

L'on distingue la sagacité de la Prouidence, en ce que la sagacité consiste à trouuer sur le champ les expediens dont l'on a besoin, & que la Prouidence demande quelque temps pour trouuer les moyens dont il s'agit.

Entre les compagnes que quelques Philosophes donnent à la Prudence, il y en a vne qu'on appelle docilité dont l'on doit faire grand estat, cette vertu est fort importante, & particulierement à ceux qui sont dans les grandes Charges; parce que les diuerses circonstances des choses partagent extraordinairement l'esprit, & que dans les embarras où elles le jettent, il a besoin de conseil. Moyse se trouua bien des aduis qu'il receut de Iethro, & Roboam se trouua mal du peu de compte qu'il fit des aduis de tout le monde.

Vn grain de Prudence, dit vn Poëte, dans Clement Alexandrin, est vn medicament si souuerain, qu'il n'y a point de Panacée qui l'égale.

Si la docilité porte la lumiere dans l'ame des prudens, la precaution porte le desespoir dans l'ame des cauteleux, aussi dit-on que la precaution est vne vertu de l'entendement, par laquelle l'on se conduit de telle sorte, qu'on se met en estat d'inutiliser les artifices de ceux auec qui nous auons affaire.

Comme le Marchand qui se propose vne heureuse nauigation, pourroit s'écarter de la fin où il tend s'il n'estoit conduit par la boussole, celuy aussi qui se propose vne heureuse vie, pourroit s'éloigner de la fin où il butte s'il n'estoit dirigé par la prudence.

Quelques-vns ont creû que la synderese qui est vne connoissance comme naturelle du bien & du mal, estoit vne lumiere qui representoit à la volonté le bien qu'elle doit moralement embrasser; mais le bien que la volonté doit moralement embrasser consiste en des mediocritez vertueuses, & comme il n'y a rien de si difficile à connoistre que ces sortes de mediocritez, la synderese qui ne les connoist que confusément, ne representeroit jamais à la volonté le juste milieu des actions Morales, si la Prudence ne joignoit ses lumieres aux siennes.

Vn Ancien Philosophe authorise ce que ie viens d'aduancer, lors qu'il dit que la Prudence est aux vertus ce que la teste est aux membres.

Celuy qui a les qualitez qu'il faut pour acquerir ce qu'il n'a pas, est preferable à celuy qui a du bien, & qui n'a pas les qualitez qu'il faut pour conseruer ce qu'il possede, & c'est ce qui a fait dire à vn

Empereur, qu'il valoit mieux auoir pour gendre vn pauure Philosophe, qu'vn riche fol.

Il ne faut pas s'attacher aux choses infructueuses, il faut s'attacher aux choses vtiles, & les bestes en cela nous seruent d'exemple, le bœuf cherche l'herbe, le chien court le gibier, & la cigogne mange les serpens.

Quoy que l'Histoire soit vne grande Maistresse, l'on ne doit pas tousiours jurer sur les exemples, les circonstances changent quelque-fois la face des éuenemens, & c'est de ces mesmes circonstances qu'il faut prendre ses mesures.

Platon qui sçauoit que toutes les vertus n'estoient rien sans la Prudence, donne le nom de Prudence à toutes les vertus, & ce Philosophe auoit vn sentiment si aduantageux de la mesme Prudence qu'il l'appelloit la science du bien & du mal.

Le mesme Philosophe parlant de la mesme vertu, dit qu'il ne faut pas demander en ses prieres, que les choses suiuent les desirs; mais que les desirs suiuent la Prudence.

Ce n'est pas assez pour estre qualifié prudent, de sçauoir comment il faut agir, il faut que la conduite corresponde au sçauoir.

Il est difficile de faire naufrage sous les ordres de la Prudence, c'est vn excellent Pilote.

Que la Prudence est loüable? elle inuente les moyens qui sont necessaires pour l'execution des choses dont il s'agit, elle rapporte les moyens les vns aux autres, elle juge des moyens qui sont les plus conuenables, & enfin elle passe du choix des meilleurs moyens à l'application des moyens mesmes.

Encores que l'astuce se serue quelque-fois des voyes de la Prudence, il y a bien difference entre elle, & la vertu qu'elle imite, l'astuce a tousiours vn mauuais but, & la Prudence a tousiours vne bonne fin.

Il y a difference entre la finesse & le dol, la finesse inuente les ruses, & le dol execute les inuentions.

Cassiodore nous apprend que deux mendians qui tromperent saint Epiphane, l'obligerent à leur faire vn don assez considerable, qu'vn des mendians contrefit le mort, que l'autre en mesme temps sollicita enuers le Saint l'enterrement de son compagnon, & que par punition Saint Epiphane n'eût pas plutost satisfait à la demande de celuy qui auoit inuenté la fourbe, que le mort apparent qui auoit executé l'inuention, passa de ce monde en l'autre.

Le dol seconde l'astuce ou la finesse, & par les paroles, & par les actes, par les paroles comme par des discours soyeux & emmiellez, & par les actes comme par des contrats équiuoques, & amphibologiques.

C'est quelques-fois vne imprudence que de donner bon conseil, il faut connoistre la nature des esprits à qui l'on a affaire, Cresus est vn exemple de cette verité, il donna des conseils salutaires à Cambyses ; mais comme les meilleurs alimens s'aigrissent dans vn estomach corrompu, peu s'en fallut que pour recompense des bons aduis qu'il auoit donnez, il n'en perdist la vie.

Pour n'estre point trompé, dit le Prouerbe, il faut se preparer comme si on le deuoit estre.

Quelle apparence que l'esprit soit net quand le cerueau est plein de fumée. Cependant les Perses ne traittoient anciennement de leurs plus serieuses affaires que quand ils auoient haussé le godet, tout ce que i'approuue en cecy, c'est que le lendemain, dit Herodote, le Maistre du logis proposoit à jeun, ce que le jour precedent l'on auoit resolu dans la débauche, & qu'il estoit permis à ceux qui s'estoient écartez de la raison, d'vser du Priuilege des Normans.

Il faut se seruir d'adresse quand le sens est en deffaut. La Reine de Saba exposa au jugement de Salomon six fleurs de lis, dont les vnes estoient feintes, & les autres veritables, & comme Salomon ne pût faire en ce rencontre le discernement des vnes & des autres, il fit lascher prudemment vne mouche qui vola d'abord à l'entour des naturelles.

L'efficace des Conseils consiste au secret, & c'est pour cette raison qu'vn grand homme a dit, que les choses qui estoient arrestées dans le Cabinet du Prince, ne doiuent estre sceuës que par les euenemens.

Il y a des qualitez qui doiuent obseruer vne certaine bien-ſeance. Quelques Conſeillers joüoient vn jour dans le Tripot de Brac à la veuë des paſſans, Loüis Douziéme qui fut aduerty de cette action, trouua de l'indecence en ces Magiſtrats, & il leur fit dire que s'ils continuoient à ſe diuertir de la ſorte, il feroit auſſi peu d'eſtat d'eux, qu'il en faiſoit du moindre cadet de ſes Gardes.

Qu'vn Prince feroit-il ? s'il n'auoit pas de Conſeillers, cependant ſur ce que dans l'entretien, l'on dit vn jour à Charles le Quint, que les Conſeillers eſtoient les lunettes du Prince, il répondit que le Prince eſtoit miſerable qui auoit beſoin de telles lunettes.

Comme il y a des maux où il faut plus de lenitifs que de cautiques, il y a des démeſlez auſſi où il faut plus de douceur que de violence.

Il ne faut pas faire fort ſur les confederations, c'eſt vne maxime qui eſt preſque auſſi vieille que le monde, qu'elles ne durent qu'autant que durent les intereſts.

La Prudence à la Cour, dit vn Politique, eſt meilleure gardienne des faueurs que la fortune.

Il eſt dangereux qu'eſtant deuenu puiſſant dés la jeuneſſe, l'on ne deuienne vſurpateur dans la virilité, Veniſe qui tombe d'accord de cette propoſition, ne ſouffre point qu'on monte aux grandes dignitez, qu'on n'ait paſſé par les petites.

Quelque prudent qu'on ſoit, l'on ne doit pas mépriſer les aduis, vn Payen qui ne ſeroit pas docile s'eſtimeroit plus ſage que Iupiter, ce Dieu fanrastique auoit à ses costez la Iustice & le Conseil, vn Iuif qui ne tiendroit compte des suffrages s'estimeroit plus judicieux que Moyse, ce Prince du peuple demanda pour aydes vn Senat de vieilles testes, & vn Chrestien enfin qui rejetteroit les pensées d'autruy s'estimeroit plus éclairé que S. Paul: cet Apostre qui estoit tres-docte confera en Hierusalem auecque les autres Apostres, sur les points de l'Euangile.

Le conseil est de si grande importance, qu'on disoit en commun prouerbe chez les Romains, que les Romains assis surmontoient les peuples, cela vouloit dire que par le bon conseil du Senat, ils venoient à bout de toutes leurs entreprises.

Vn grand courage a besoin d'vn grand exemple, aussi Eunapius disoit-il qu'Alexandre n'eût pas esté Grand, si Xenophon ne l'eût esté.

La Prudence n'est pas peu redeuable à l'Histoire, Selim qui estoit de ce sentiment, fit traduire en sa langue les Commentaires de Cesar, & il se trouua bien de la lecteure de ce bon liure.

Chaque chose doit auoir son temps & son lieu, & ce fut auec raison qu'on se mocqua d'Aristagore, cet Ambassadeur Milesien alla demander du secours à Sparte, & pour mieux representer les miseres de son pays, il parût sottement deuant cette ville sous des cheueux parfumez, & sous des habits magnifiques.

Polybe condamne auecque raison ceux qui pensent aux aduantages de la victoire, & qui ne pensent pas aux reuers de la fortune, les armes sont journalieres, & tel est victorieux aujourd'huy, qui est battu le lendemain.

Il faut quelque-fois renoncer à la simplicité de ses adjustemens, il y a des lieux où la bien-seance veut qu'on éclate, Socrate sur ce sujet me vient en la pensée, il alla vn jour extraordinairement paré en vn festin où Agathon estoit le Maistre, & sur ce qu'vn de ses amis s'étonna d'abord de son luxe, ne t'estonne point, luy dit-il, si tu me vois beau, ie vais auecque les beaux.

Comme Socrate a pensé faussement que toutes les puissances de l'ame estoient soûmises à l'empire de la raison, ie ne m'étonne pas s'il a creû pareillement que toutes les vertus estoient des vertus intellectuelles, & si conformément à cette opinion, il s'est imaginé que pour estre homme de bien, il suffisoit d'estre sçauant.

S'il vaut mieux voir par ses yeux, que par les yeux d'autruy, il vaut mieux estre prudent par habitude que par conseil.

L'artisan ne peut estre artisan sans les habitudes applicatiues; mais manquant d'employ, il peut estre artisan sans en faire les exercices.

Le prudent ne peut estre prudent sans la vertu; mais la matiere luy manquant, il peut estre prudent & n'en faire pas les fonctions.

Comme dans l'application des remedes, l'on ne prend pas la nature dans les extremitez de son abattement, parce qu'en cet estat elle est incapable de

tirer

tirer du profit des choses qu'on luy ordonne, l'on ne doit pas aussi reformer vn esprit dans la chaleur de son emportement, qui est dans la Morale vn estat de foiblesse, parce qu'en cette disposition, il ne peut tirer aduantage des remonstrances qu'on luy fait.

L'on dit & auecque raison que les Charges d'vn Estat sont comme les ressorts des machines, que le deffaut des plus petites peut empescher l'effet des plus grandes.

Il est honteux d'entreprendre de conduire les autres, & d'estre incapable de se conduire soy-mesme, c'est ressembler à ces malades qui entreprennent de courir, & qui n'ont pas seulement la force de marcher.

Ce n'est pas estre prudent que de courir au conseil, quand il faut courir à l'execution, aussi le prouerbe Grec dit-il, que quand l'on a commancé à faire voisle, il n'est plus temps de marchander le vent.

Il est du deuoir des Princes de bien traitter les habiles gens, les Sages, comme dit vn Moderne, sont les astres du monde.

La Prudence voit de loin, & c'est ce qui a fait dire à Diogene Laerce, qu'elle estoit entre les vertus, ce que la veuë est entre les sens.

Il est perilleux, dit Guichardin, de demander & refuser conseil, qui le demande se découure, & qui le refuse se hazarde.

S'il faut proportionner les desseins à la suffisance, vne grande entreprise veut vne grande sagesse.

Que peut-on faire ſans la Prudence, cette vertu eſt dans le commerce de la vie, ce que la Sageſſe eſt dans la contemplation.

La Prudence ſans puiſſance profite peu, & la puiſſance ſans Prudence nuit beaucoup.

Entre les perfections que le ſaint Eſprit loüe en l'Epouſe des Cantiques, il fait particulierement eſtat de ſa Prudence, & cela ſe découure, lors qu'il compare ſon nez à la tour du Lyban, Salomon auoit fait baſtir cette tour ſur vne montagne, afin de voir de loin ceux qui entreroient & ſortiroient de la Ville, & comme par l'organe de l'odorat l'on ſent de loin, & que le ſentir de loin eſt metaphoriquement attribué à la prudence, le ſaint Eſprit s'eſt ſeruy de cette ſimilitude.

La neceſſité n'a point de loy, auſſi la Politique dit-elle, qu'il y a des temps ou le Prince ne doit pas tant prendre garde à ce qui eſt juſte, qu'à ce qui eſt neceſſaire.

Il ne faut pas compter ſur les apparences, tel eſt courtois dans la recherche, qui eſt barbare dans la poſſeſſion.

Ne negligeons point l'occaſion, ſon retour eſt douteux, & puis comme on dit ordinairement, quand les fruits ſont bons au printemps, il ne faut pas remettre aux ſaiſons ſuiuantes à les cueillir.

La fortune ſemble fauoriſer les hardis, auſſi vn Romain, dit-il, en Tite-Liue, que ce ne ſont pas les conſeils mols, & timides, qui font la vaſtitude des Empires.

On ne fait pas peu de progrés quand auant que de donner ses ordres, l'on fait de son cabinet le lieu de ses consultations, Philippe Deuxiéme qui estoit vn grand meditatif, nous tailla tant de besogne sur la Carte de la France, que peu s'en fallust que du fonds de sa gallerie il ne joignit le Louure à l'Escurial.

Quand il s'agit d'intimider ses sujets, il faut commencer à coupe-teste, par les testes les plus huppées, Caligule qui pourtant estoit vn pauure Prince, pratiqua cette maxime, il fit perir Silanus & Macron, la mort du premeir épouuenta les premiers de son Conseil, & la mort de l'autre effroya les plus considerables de sa Cheualerie.

Comme les araignées lient les grosses mouches auant que de sucer leur sang, les tyrans desarment les peuples auant que d'épuiser leur substance.

Les desseins qui ont des poses & des reprises, sont ordinairement mal-heureux, & l'on allegue là dessus l'exemple d'vne certaine racine qu'on appelle penterbe, cette racine s'éuanoüit si elle n'est soudainement arrachée.

Quoy que le Sage aille quelque-fois contre le fil de l'eau, c'est à dire contre le torrent de la coustume, il ne va gueres contre les ordres de la raison, il y a quelque-fois de la prudence a paroistre imprudent.

Le conseil des vieillards est ordinairement preferable à celuy des jeunes gens, les premiers ont dessus les autres l'étude & la meditation, la conference & l'épreuue.

Vn experimété merite audiance, il porte sa caution.

Les temeraires sont à plaindre, ils ne se signalent que par leurs fautes.

Consultons l'Histoire, celuy qui ne connoist que le temps dans lequel il vit, est en passe d'estre surpris par la nouueauté des éuenemens.

Auant que de penser au dehors, il faut penser au dedans, l'amour de la conseruation doit preceder le desir de la conqueste.

Vn petit mal ne doit pas nous porter à mépriser vn grand bien, on se mocqueroit de nous si nous disions des injures au Soleil, parce que durant les grandes chaleurs, il est contraire à quelques maladies, cet astre est vn des plus grands principes de la generation. On se mocqueroit encores de nous si nous fuyions le feu, parce que par accident il a reduit en cendres quelques maisons, cet élement est propre à cuire les viandes, & à fortifier les languides: On se mocqueroit encores de nous si nous negligieons la mer, parce qu'elle est le theatre de quelques naufrages, ce grand amas d'eau sert au commerce, & fournit à l'entretien: On se moqueroit encores de nous si nous fermions les fenestres à l'air, parce que par quelque maligne influance, il est deuenu empesté, cet élement rafraichit le cœur, & augmente les esprits.

Comme les sages viuent de la belle maniere, il

ne faut pas s'étonner s'ils vſent plus de preſeruatifs que de remedes.

Il ne faut pas recourir à vn mauuais moyen pour vne bonne fin, l'on ne donne pas du poiſon pour guerir vn fiévreux, & l'on ne coupe pas les jambes à vn boiteux pour empeſcher ſon boittement.

La prudence politique eſt d'autant plus conſiderable, qu'elle s'exerce ſur vn ſujet bizare. Le peuple eſt timide parmy les braues, il eſt fanfaron parmy les laſches, il blaſme les choſes deshonneſtes, il ne fuït pas les choſes illicites, il haït la guerre, il eſt inſupportable dans la paix, il apprehende la ſeruitude, & il eſt inſolent dans la liberté.

Il n'eſt pas de la prudence ou ſi vous voulez de la ſyndereſe comme de la bouſſole, cette inuention ne découure pas le port, elle ne marque que les quartiers du monde; mais la prudence montre le but.

La prudence oppoſe la ruſe à la ruſe, Antigonne fit ſemer des billets au camp de l'ennemy, dans leſquels il promettoit vn fort beau preſent à celuy qui le defferoit d'Eumenes, ces billets qui commançoient à tanter l'auarice du ſoldat, donnerent d'abort quelque inquietude au General d'armée; mais pour empeſcher qu'ils ne produiſiſſent l'effet qu'Antigonne s'en eſtoit promis, Eumenes fit aſſembler ſes trouppes, & là feignant d'eſtre l'auteur des billets, il les remercia de la fidelité qu'elles auoient témoignées en ce rencontre.

Quoy que Iesus-Christ fût zelé pour son Pere, son zele ne fut jamais destitué de prudence, il fit paroistre ce que ie dis en toutes ses actions, & sur tout en l'accusation de la femme adultere, il la jugea sans la condamner, il la sauua sans l'absoudre, & il fit voir en cette occasion par les paroles qu'il tint, & à l'accusée, & aux accusateurs, qu'il auoit la clemence d'vn Pere, & l'équité d'vn Iuge.

Il y a des prudences hardies, Aristippe s'embarqua mal-heureusement vn jour auec des Pirates, & sur ce qu'il vit qu'ils conjuroient sa mort, il compta son argent deuant eux, & sous feinte de le recompter, il le fit tomber dans la mer, cette perte qu'Aristippe fit semblant de pleurer, toucha les voleurs, & desarmant leur auarice, elle conserua celuy qui l'auoit faite.

Que Saint Paul estoit digne de l'Apostolat? il s'accommodoit aux temps, & aux personnes, & sans condamner ouuertement de certaines choses dont quelques-vns tiroient vanité, il loüoit celles qui leur manquoient. Quand il parloit deuant ceux qui presumoient beaucoup de leurs bonnes œuures, il releuoit les merites de la Foy, Quand il parloit deuant ceux qui se contentoient de croire, il enseignoit la necessité des bonnes œuures, Quand il parloit deuant les Atheniens, il citoit les vers de quelque Payen, comme de Callimaque, & en parlant de Iesus-Christ deuant eux, il l'appelloit homme, Quand il parloit deuant ceux qui auoient receu l'Euangile, il ne discouroit que des Mysteres du Christianisme, enfin selon les circonstances des choses, il vsoit tantost de remonstrances, & tantost de reprehensions, tantost de prieres, & tantost de menaces.

La principale place d'vn Estat, disoit Themistocles, doit principalement occuper les soins du Prince, ce fut par l'obseruation de cette maxime que Rome en partie se sauua de l'entreprise de Coriolan, que le Capitole se garentit de la fureur des Gaulois, & que le difficile abord de Venise empescha que les Princes vnis en la ligue de Cambray, ne joignissent l'estat de la mer à celuy de la terre.

Quoy que les forteresses ne soient pas la passion des Conquerans, neantmoins elles ne laissent pas d'estre dignes des precautions d'vn grand Prince. Ceux que nous allons voir viennent quelque-fois chez nous, & les mesmes difficultez qu'on rencontre à remporter les places fortes qu'on trouue chez les ennemis, les ennemis les trouuent chez les ennemis : Adjoustons à cela que les forteresses arrestent les incursions, que pendant que l'ennemy fait des poses l'on se fortifie, que Vienne, Corfou, & Malthe, empescherent par terre & par mer les progrés de Solyman dans la Chrestienté, que Mets fit leuer le siege à Charles le Quint, que Perpignan arresta Henry Deuxiesme, qui n'estoit alors que Dauphin, & que les places regulieres & munies, donnent loisir de se reconnoistre.

La prudence est d'autant plus vtile dans les combats, que la raison vulgaire qui est étourdie du bruit des tambours, & des trompettes, le presente belle à la raison recueillie, & c'est sans doute ce qui a donné lieu de dire à vn bel esprit, que la prudence dans les batailles faisoit de meilleurs coups, que des coups d'épée.

DE

## DE LA TEMPERANCE.

LA temperance eſt vne vertu par laquelle l'on modere non ſeulement les plaiſirs de la table, & du lit; mais encores les douleurs qui naiſſent de la priuation de ces meſmes plaiſirs.

### *Des extremitez de la temperance.*

LA temperance a pour excés l'intemperance, & pour deffaut l'inſenſibilité.

L'on peut pecher contre la fin du ſacré lien, pour n'eſtre pas aſſez ſenſible au deub du Mariage, & l'on peut pecher contre la ſanté, pour n'eſtre pas aſſez exact au choix des alimens.

Encores qu'on puiſſe auoir vne trop grande auidité pour les ſciences, qu'on puiſſe ſe plaire demeſurément en l'oüye des ſons muſicaux, & en la veuë des peintures diuertiſſantes, ces paſſions ſelon la doctrine d'Ariſtote, ne donnent point à l'homme la qualité d'intemperant, il n'y a que les paſſions du boire, du manger, & du coit qui ayent ce malheureux aduantage.

### *Des cauſes de la temperance.*

LA temperance a cinq cauſes, elle a vne cauſe objectiue, vne cauſe efficiente, vne cauſe Morale, vne cause naturelle, vne cause subjectiue, & vne cause specifique.

Les femmes, le vin, & la viande, & les plaisirs, & les douleurs, qui prouiennent de la presence, & de la priuation de toutes ces choses, sont ses causes objectiues, parce que c'est à l'entour de ces sortes de matieres, & de ces sortes de passions qu'elle s'exerce.

La connoissance est sa cause efficiente, parce qu'il faut estre éclairé pour reduire les actions à la mediocrité.

La crainte de Dieu & des hommes sont ses causes morales, parce que le vice combat la loy, & que le déreglement reçoit des reproches.

La crainte des maladies est sa cause naturelle, parce que l'excez de la temperance engendre la repletion, que le deffaut de la mesme vertu engendre la foiblesse, & que ces accidens ont de dangereuses uittes.

L'appetit concupiscible est sa cause subjectiue, parce que la volupté & la douleur naissent dans cet appetit, & que la temperance modere ces passions.

La difference qui se rencontre dans sa définition, est sa cause specifique.

### *Diuision de la temperance.*

LA temperance selon le commun des Philosophes moraux, a six especes; elle a sous elle l'abstinence, la sobrieté, la modestie, la chasteté, la virginité, & la continence.

L'abstinence est vne vertu qui consiste à moderer le manger.

La sobrieté est vne autre vertu qui consiste à moderer le boire.

La modestie icy est vne vertu aussi qui consiste à regler ses regards, ses gestes, ses paroles & ses adjustemens.

La chasteté est vne vertu encores, par laquelle l'on vse moderément des plaisirs du mariage.

La virginité qui rejette, & qui ne modere pas, & qui par consequent ne deuroit pas estre mise sous la temperance, est vne vertu par laquelle l'on se priue entierement des actes veneriens.

Enfin la continence, à proprement parler, est vne temperance imparfaite.

Le continent differe du temperant, en ce qu'il fait auecque effort, ce que le temperant fait comme sans peine.

L'on peut considerer la continence en deux façons, si on la considere entant qu'elle surmonte vn grand plaisir, on la nomme constance ; & si on la considere entant qu'elle n'est pas surmontée d'vne grande tristesse, on la nomme patience.

Comme le mol est opposé au patient, l'incontinent est opposé au continent. Il y a deux sortes d'incontinence, il y en a vne qui est appellée incontinence de temerité, & il y en a vne autre qui est appellée incontinence de foiblesse, l'incontinent de temerité consiste à se porter ardamment & sans reflexion, à la possession de ce qui luy plaist, & l'incontinent d'infirmité consiste à se porter meurement à la joüissance de ce qui luy agrée: L'incontinent de temerité n'est pas si blasmable que l'incontinent de foiblesse, parce que celuy qui se laisse emporter precipitamment à l'ardeur qui le pique, est comme hors de luy-mesme, & que la violence de la passion diminuë le poids du peché, & que celuy qui oppose la raison à sa concupiscence, & qui enfin donne le dessus à son émotion, est comme le maistre de son mouuement, & que le balancement de l'acte tient plus de la determination que de l'impetuosité.

Celuy qui n'est pas assez abstinent est glouton. Celuy qui n'est pas assez sobre est yurogne. Celuy qui n'est pas assez modeste est effronté, & celuy qui n'est pas assez chaste est paillard. L'on n'a point encore donné de nom à ceux qui sont trop abstinens, à ceux qui sont trop sobres, à ceux qui sont trop modestes, ny à ceux qui sont trop chastes.

### *Des effets de la temperance.*

LA temperance a plusieurs suittes, elle dissipe les obstructions, elle soulage la nature, elle purifie le sang, elle colore le visage, elle amortit les aiguillons, elle maintient la santé, elle conserue la memoire, elle affoiblit l'ire, & elle fortifie la vieillesse.

*Reflexions sur la temperance, & sur ses opposez.*

COMME il y a plus de gloire à vaincre qu'à n'estre pas vaincu, la constance est plus considerable que la patience.

Les femmes sont tellement superbes en atours, qu'on peut dire auecque vn Ancien, qu'elles portent plutost des tresors que des habits.

L'incontinent est sujet au remords, l'intemperant n'est pas sujet au repentir, l'incontinent est honteux, l'intemperant est effronté, l'incontinent reconnoist son peché, l'intemperant ne reconnoist point son vice.

L'incontinent d'infirmité fait reflexion sur les actions qu'il est sur le point de faire, il se represente les raisons de son deuoir; mais comme il ne les suit pas, Aristote a eu sujet de le comparer à vne Cité dont les loix sont bonnes, & dont les mœurs sont mauuaises.

Il faut tellement regler son exterieur, qu'on n'excite ny le mépris, ny la concupiscence.

Quoy que le beau sexe ait vn estrange pouuoir sur le cœur, Zenocrate fit voir à la courtisane Phrine, qu'vn homme pouuoit estre vne espece de statuë auprés d'vne tres-belle Dame.

Le mol est pire que l'incontinent, parce que le premier est vaincu par de legeres incommoditez, & que l'autre n'est surmonté que par de grandes delectations.

Vn homme de bon sens fuït le commerce des

femmes, c'est aux hommes de tenebres, dit vn Sage, à qui les actions tenebreuses conuiennent.

La Religion condamne tousiours l'yuresse, la Politique l'approuue quelque-fois, il y a des nations qui sont sujetes au vin, & lors qu'on est obligé de traiter auecque elles, l'interest du Prince pour lequel on negotie, veut que pour exciter l'amitié des gens, l'on fasse ce qu'on n'aime point.

Quelques-vns se sont imaginez que le deffaut de la chasteté consistoit en la haine du mariage; mais ils se sont lourdement trompez, il y a beaucoup de maris qui haïssent le mariage, & qui neantmoins aiment fort la femme de leur voisin.

La complaisance gagne les affections, Alcibiade qui n'ignoroit pas cette verité, estoit frugal en Lacedemone, somptueux en Perse, & buueur en Thrace.

Quel effort ne deuons nous point faire pour estre maistre de nostre concupiscence, puisque Fuluius fit l'amour aux bestes, que Semiramis tomba dans la bestialité, & qu'à moins de faire prouision de vertu, il n'y a personne quelque force d'esprit qu'elle ait, qui puisse se vanter auecque raison d'estre exempt des infirmitez des autres.

Le plus grand vice en la Religion c'est l'atheisme. Le plus grand vice au maniement des affaires d'estat, c'est l'imprudence. Le plus grand vice en la guerre, c'est la poltronnerie. Le plus grand vice en la seruitude, c'est la trahison. Le plus grand vice en la Medecine, c'est l'ignorance. Le plus grand vice en l'Aduocaterie, c'est la preuarication. Le plus grand vice en la Iudicature, c'est la faueur. Le plus grand vice en la Marchandise, c'est l'alteration des poids. Le plus grand vice au labourage, c'est le fraudement de semence. Le plus grand vice en la Paternité, c'est le deffaut de soin. Le plus grand vice en la filiation, c'est la desobeïssance, & le plus grand vice en la Maternité, c'est la paillardise.

Quoy que la Religion vante plus le celibat que le mariage, ie fais grand estat du Sacrement, il n'y auroit point de Vierges s'il n'y auoit point eu de femmes, & S. Augustin qui tombe à propos sous ma pensée, ne sçait qui a plus merité deuant Dieu, ou d'Abraham dans l'estat du mariage, ou de saint Iean Baptiste dans l'estat virginal.

Le trop peu est quelque-fois aussi nuisible que le trop, Galien confirme cette proposition dans l'endroit de ses Ouurages, où il décrit les incommoditez qui naissent de l'excessiue abstinence du coit.

Quand l'on a de l'horreur pour les actions lasciues, l'esprit ne nous manque gueres au besoin. Les filles du Duc de Frioul ne pouuoient souffrir les approches des-honnestes, & comme elles virent qu'au sac de leur Ville les filles estoient exposées à la brutalité du soldat, elles garnirent tellement leur sein de chairs pourries, que par la mauuaise odeur de cette inuention, elles conseruerent leur virginité.

L'occupation détourne les mauuaises pensées,

& c'eſt ſelon Lucian, ce qui exempta Minerue des bleſſeures de Cupidon.

Comme toutes les choſes s'entretiennent dans l'équilibre, Pytagore auoit raiſon de dire que la meilleure choſe du monde eſtoit la meſure, c'eſt à dire la moderation.

De toutes les eſpeces de paillardiſe qu'on peut reduire à la fornication, à la polution volontaire, à la polution agreée, au ſtupre, ou déflorement, à l'adultere, à l'inceſte, au ſacrilege parfait, au ſacrilege imparfait, à la beſtialité, & à la ſodomie de maſle à maſle, & de femelle à femelle, il n'y en a point qui ſoit moins blaſmable que la fornication, qui ſoit plus nuiſible que l'adultere, qui ſoit plus graue que le ſacrilege parfait, qui ſoit plus déprauée que la beſtialité, & qui ſoit plus inſolente que l'inceſte, au premier chef.

Comme noſtre corps eſt vn ennemy fougueux, il eſt mal-aiſé que la temperance s'apriuoiſe auecque luy.

Antipater aimoit tellement les Dames, qu'on diſoit de luy qu'il donnoit des Villes pour des cœurs.

Il eſt mal-aiſé que la mauuaiſe fortune ſoit retenuë, auſſi Menander diſoit, que la chaſteté n'auoit point de plus grande ennemie que la miſere.

Vn Vierge, dit vn Ancien, ne doit ſouffrir d'eſtre touché que par des Vierges.

Où la chaſteté regne, le corps eſt la victime de l'eſprit.

Que

Que Pontanus eût vn noble repentir, il pecha vn jour contre la chasteté, & pour faire amande honorable à cette vertu, il se démit en plein Concile de son Euesché.

Les hommes qui s'abandonnent à la fornication tournent leurs propres forces contre eux-mesmes, ils prostituent l'honneur que le Fils de Dieu a fait à la nature humaine, & comme les femmes de naissance qui se marient à des esclaues perdent leurs priuileges, les hommes aussi qui tombent dans des conjonctions indecentes perdent leur noblesse.

De tous les estres animez, il n'y en a point qui soient plus feconds que les moins considerables. Les reptiles sont plus prolifiques que les animaux parfaits, on trouue plus de fourmis que de bœufs, & entre les animaux parfaits, on trouue plus de moineaux que d'aigles.

Ie ne doute point que le vin ne donne de l'actiuité aux melancoliques, & de l'ardeur aux pituiteux, qu'il ne serue d'ample matiere aux esprits fluans, & que ces esprits fluans fortifiez, ne fortifient les esprits fixes ; mais le vin immoderement pris fait d'étranges desordres, il relasche les nerfs, il amortit l'estomach, & il affoiblit la memoire.

Il faut fuïr en toutes choses les choses surabondantes. Les Prestres d'Egypte se faisoient raser tellement de prés, qu'ils faisoient bien voir, dit vn Historien, qu'ils estoient ennemis des choses superfluës.

Que peut-on attendre d'vne vie dissoluë, Tybere, dit Tacite, auoit horreur de sa vieillesse, elle estoit seche & courbée, chauue & puante, haute en couleur, & emplastrée.

Si les Turcs s'abstiennent du vin, c'est parce que Mahomet le trouua vn jour tres-excellent, & que de la débauche qu'il en fit, il n'acquit des querelles.

Il est indecent aux femmes d'estre aspre à de certaines actions que les tenebres cachent, Anne Boulens qui estoit assez mal seruie de Henry Huitiéme Roy d'Angleterre, commit vn inceste, & comme plus l'on s'attache à de certaines choses, & plus l'on veut s'y attacher, cette lubrique ne se contenta pas de voir son frere, elle s'abandonna jusqu'à des Musiciens.

Le sang qui deuroit à la rigueur se mesler auec vn sang estranger, ne s'y mesle pas tousiours, Pagolo vsurpateur de Peruse entretenoit sa propre sœur.

☞ Il y a des choses qui reçoiuent le pour & le contre, la possession des femmes a ses douceurs & ses amertumes, la priuation des femmes a ses incommoditez & ses aises, aussi Socrate répondant à vne interrogation qu'on luy fit sur le Mariage, & sur le Celibat, dit qu'il y auoit à se repentir & en l'vn & en l'autre.

Faut-il que les bestes soient plus chastes que les femmes, les femmes souffrent qu'on les surcharge, mais les jumens & les truyes mesmes ne souffrent point qu'on les voye quand elles sont pleines.

Il faut s'accoustumer de temps en temps à mortifier son appetit, Socrate pratiquoit ce que i'enseigne, il ne beuuoit jamais dans les ardeurs de sa soif qu'il n'eût jetté le premier pot d'eau qu'il rencontroit.

Si Pontanus est veritable, il faut auoüer que la nature humaine est sujette a d'horribles foiblesses, cet Auteur rapporte qu'il a connu des Religieuses qui se faisoient auorter, qu'à Valens en Espagne, il y auoit vn Monastere de filles où l'on ne se resouuenoit point de ses vœux, que Malatestor qui estoit Seigneur de la Romagniole, vit non seulement sa propre fille; mais encores qu'il voulut auoir affaire auecque son propre fils, & que l'action se fust passée si le fils ne l'eût menacé du poignard, que ce mesme Malatestor coupa la gorge à vne Alemande qui luy auoit refusé la derniere faueur, & qu'aprés qu'il l'eût tuée, il satisfit sa passion, enfin que du temps de Charles Huitiéme qui tenoit Naples, vn Breton deuint amoureux d'vne asnesse, & que sa brutalité alla iusqu'à ce point, qu'il ne fit point scrupule d'en joüir.

Quelque aduersion qu'on ait ordinairement pour les incestes, il y a des épreuues qu'il faut éuiter. Les Narrations de la Reyne de Nauarre nous apprennent qu'vne mere qui ne croyoit pas que sa Damoiselle fut sollicitée par le jeune homme qu'on luy auoit dit, se mit nuictamment en la place de ſa ſuiuante, & qu'elle eût ſi peu de retenuë qu'elle ſouffrit les embraſſemens de ſon propre fils.

Seneque dit que le vin engendre quelque-fois la cruauté, & il allegue pour exemple, que ce fut dans les excés du boire que Marc-Antoine s'accouſtuma à ſouffrir qu'on luy apportaſt ſur ſa table des teſtes d'hommes.

Vn Ancien a dit vn beau mot, quand il a dit que les cauſes de la douleur eſtoient les cauſes de la volupté.

Ie tombe d'accord de ce que dit Hypocrate, ſur la fin de ſon troiſiéme liure de la Diette, qu'vne façon de viure trop exacte eſt perilleuſe; mais la nature aime la moderation, & ſi elle eſt ennemie du deffaut, elle eſt ennemie de l'excés.

Ammian Marcellin eſcrit que les anciens Barbares auoient accouſtumé d'oindre leur corps d'vne certaine huile bruſlante, qui ne pouuoit perdre ſa chaleur que par la terre qu'on jettoit deſſus, cela nous apprend que pour amortir le feu de noſtre concupiſcence, il faut recourir à des alimens ſecs & terreſtres, & oppoſer les auſteritez du corps aux fougues du corps meſme.

Que j'ay de peine à croire qu'vn Prelat ait eſté aſſez luxurieux pour prendre plaiſir à faire vn liure ſur les eſtranges ragouſts de l'amour des garçons; cependant l'on accuſe Iean de la Caſe Florentin, & Archeueſque de Beneuent d'auoir fait cet Ouurage, & l'on dit meſme qu'il a eſté imprimé à Veniſe chez vn nommé Trojan Nanus.

Ce n'est pas assez d'estre temperant en vn point, il le faut estre en toutes choses, & Cesar sans doute eût esté plus estimé, dit vn Ancien, s'il eût joint la sobrieté de la brayette à la sobrieté de la bouche.

La virginité en vn jeune homme est en grand danger, lors que les occasions de la perdre sont belles. Vn officier logea vn jour Philippe fils d'Antigonne en vne maison où il y auoit trois jeunes fẽmes fort aimables, Philippe qui sçauoit que les jeunes gens estoient de soulfre, & que les approches du feu estoient tres-dangereuses, fit venir en la presence de son fils celuy qui l'auoit logé, & dés qu'il fut arriué, il luy dit ? hé bien mon amy ! quand feras tu sortir mon fils d'vn lieu si estroit.

Il n'y a point de lieu que l'intemperance ne deshonore, Antonius but si excessiuement vn jour, que le lendemain mesme estant au Senat il ne pût s'empescher de rendre gorge, & Demetrius qui deuoit seruir d'exemple, estoit tellement adonné aux femmes, qu'il ne faisoit point scrupule de faire des Temples le lieu de ses lasciuetez.

L'intemperance a ses chastimens, Mahomet selon Philippe de Commines, fit tant de débauches qu'il en fut toute sa vie incommodé.

Quand la nature deffaut à la luxure, l'œil quelque-fois ne luy deffaut pas, Tamberlan deuint sur la fin de ses jours le plus debordé de tous les hommes, & lors qu'il ne pût plus se diuertir auecque les femmes, il prit plaisir comme Tybere à voir diuertir ses Pages.

Comme les Cuisiniers delicats sont les ennemis jurez de la temperance, les Lacedemoniens firent bien de chasser vn certain Myterus, qui sçauoit par ses ragousts admirables faire reuiure la faim, & exciter la concupiscence.

Il ne faut pas s'imaginer qu'on puisse vaincre sa sensualité sans de grands efforts. Qui veut guerir des maux agreables doit recourir à des remedes cuisans.

Le vin donne de l'audace aux plus timides, & ce fut pour cette raison qu'vn Ancien dit vn jour qu'on rencontroit plus souuent la liberté au verre que la verité.

Vn estomach deuient vn gouffre quand il s'accoustume de bonne heure à des excés de gourmandise, Albain Empereur de Rome confirme cette verité, il mangea vn jour en vn repas cent perches, dix melons, cinq cens figues, & quarante huitres.

Quand l'on a vne grande inclination pour les femmes, l'on est capable de faire tout pour elles, Zambriac qui estoit le chef de la lignée de Simeon, épousa Chosby qui estoit la fille de Zur Prince de Zadrian, & dans la passion qu'il auoit pour cette estrangere, il tomba dans vne si grande impudicité, que pour complaire au plaisir qu'elle auoit de se diuertir à découuert, il la baisoit deuant tout le monde.

Vn vicieux tasche tousiours de trouuer des excuses, vn Capitaine Grec disoit qu'il ne soüilloit la couche Royale d'Agis, que pour faire regner sa race sur ceux dont il estoit mal satisfait, & Auguste qui ne haïssoit pas le sexe, disoit qu'il ne couchoit auecque les plus grandes Dames de Rome, que pour découurir dans les caresses amoureuses le secret des familles, & le dessein des mécontens.

Comme les excés de la table sont dangereux, il fut prudemment deffendu dans le magnifique festin d'Assuerus, de violenter la faim & la soif.

L'on ne peut trop punir ceux qui en veulent aux Religieuses; aussi l'Histoire dit-elle que le Secretaire d'vn Pontife qui auoit corrompu deux vestalles, fut tellement foüetté publiquement, qu'il mourut sous les verges.

Il y a des gens si auides qu'ils ne font point difficulté d'affamer les autres pour se remplir. Ils se remplissent de vin, dit joliment vn Moderne, comme s'ils auoient la chaleur de trois febricitans, & ils font prouision de viande comme s'ils auoient l'estomach des Vitellius, & des Albains.

Quand l'amour de la vertu regne, la difficulté n'aiguise point l'appetit. Ie vois assez de Religieuses; mais ie n'ay point encores remarqué qu'il fallut entre-elles, comme dit vn Auteur, ou vn homme ou vn mur.

Il n'est pas plus permis aux hommes de se diuertir qu'aux femmes, aussi S. Augustin reprend-il aigrement les anciens Alemans qui couppoient les cheueux & les habits aux femmes adulteres, & qui n'ordonnoient point de peines aux hommes infidelles. Les Romains en cela estoient plus raisonnables que les Alemans, ils n'épargnoient point leur sexe, & la loy *Iulia*, que le Code nous rapporte, permettoit de tuër sur le fait les femmes & les hommes.

On s'est souuent seruy de l'entremise des femmes pour l'execution des méchans desseins, Saint Ambroise parlant d'elles, dit que le Diable fut bien empesché lors qu'il voulut tanter Iesus-Christ, parce qu'il n'y en auoit point au desert, & S. Hierosme en parlant des Heretiques, dit qu'ils s'insinuoient dans l'esprit des peuples, parce qu'ils auoient leurs Helenes.

Qui veut conseruer sa chasteté doit fuïr les occasions perilleuses, Cyrus ne voulut point voir la belle Panchea, & sur ce qu'vn de ses Fauoris luy dit qu'elle meritoit bien d'estre veuë, c'est pour cette raison, dit-il, qu'il ne faut pas que ie la voye.

Quoy que Philon-Iuif traite les femmes d'animaux imparfaits, que Platon dise quelque chose d'approchant, que Bosius Auteur moderne ait fait vn denombrement de toutes celles qui n'ont rien valu, & que S. Irenée & S. Epiphane l'ayent deuancé dans ce trauail, l'on a mauuaise grace de se seruir de ces authoritez pour justifier la haine des nopces, & appuyer l'amour du concubinage, il y a des femmes raisonnables, la vertu n'a point de sexe, & il ne faut pas tomber dans le peché de crainte de tomber dans le mal de teste.

Quand l'amour est dereglé, il ne se contente pas de voir reellement l'objet qu'il aime, il veut encores le voir en peinture, & quoy que cette satisfaction soit quelque-fois de dangereuse consequence, elle ne ne laisse pas d'estre recherchée. Le Duc d'Orleans tomba dans cette passion, il fit mettre dans son cabinet le portrait de la Princesse dont il estoit piqué. Le Duc de Bourgongne qui y entra vn jour secrettement vit ce portrait, & comme ce portrait estoit celuy de sa femme, il fut si viuement touché de cette surprise, dit Goulu, que sous vn faux pretexte, il poussa les choses à l'extremité.

I'admire la retenuë de Scipion, ce sage personnage ne voulut point souffrir qu'on luy emmenast de certaines filles que le gain d'vn combat auoit fait son butin, & sur ce que ses amis luy demanderent pourquoy il ne vouloit pas les voir, il leur répondit qu'il en vsoit de la sorte, afin qu'on ne l'accusast pas d'auoir mesme cueilly des yeux quelque chose de leur virginité.

Quelque mauuaise opinion qu'on ait des femmes, il faut auoüer qu'il y en a de bien chastes, & de bien courageuses, la femme d'vn Roy Gaulois qui fut violée en Asie par vn Capitaine Romain, porta impatiemment cet outrage, & pour s'en venger elle fit si bien qu'elle luy coupa la teste.

Celuy qui est ennemy de la temperance est ennemy de la santé, Charles Premier de ce nom Roy de France, n'eût pas encores atteint cinquante ans que ses membres deuinrent extremément froids, & comme si le Ciel eût resolu de punir son feu par vn autre feu, ce Prince trouua mal-heureusement la mort dans le feu qui se prit à vn drap trempé en eauë de vie.

Il y a des gens qui ne seroient pas satisfaits s'ils

ne joignoient la raillerie à la luxure, Heliogabale qui estoit Pontife coucha de violence auec vne vestale, & pour excuser son sacrilege, il dit en riant qu'il n'en estoit venu jusques-là que pour engendrer des Dieux.

Quoy que Tybere fût sensuel, & redoutable; neantmoins sous son regne le Senat de pleine authorité deffendit aux femmes de condition de faire profession publique d'impudicité, & cette deffense arriua de ce que Vestilia qui estoit d'vne famille Pretorienne, auoit n'agueres eu le front de s'enroller sur le registre des courtisanes.

Quand ie pense aux dereglemens d'Heliogabale, ie ressens des confusions secrettes, cet Empereur ne se contenta pas d'auoir épousé plusieurs hommes, il se prostitua encores à plusieurs autres; & pour attirer les chalans, il contrefaisoit à la porte de son cabinet la voix lasciue des putains.

Il est rare que du mal il en naisse du bien, Roderic Roy d'Espagne viola la fille du Comte Iulien, le Comte Iulien outré de cet affront arma puissamment, & se seruant heureusement des forces de l'Affrique, il détruisit en Espagne l'estat des Gots.

Il ne faut pas s'étonner si l'Empereur Michel estoit éhonté comme vn chien, il croyoit que la luxure estoit vne vertu.

L'impudicité a ses monstres, & c'est vne verité dont les Histoires font foy. Dans la chaleur de la débauche où se trouuoit souuent Neron, Agripine extraordinairement parée se presenta vn iour à luy,

& comme Seneque qui estoit passionné d'Agripine, vit que des œillades amoureuses l'on pourroit passer bien-tost à des embrassemens incestueux, il fit entrer dans la salle vne affranchie que l'Empereur aimoit, & par vne action bonne & mauuaise, il chassa vne impudique par vne autre.

Imitons Caton, fuyons les Crapuleux, il refusa vn jour sa familiarité à vn homme de table, & comme l'on s'estonna de ce refus, il allegua pour raison qu'il n'y auoit pas plaisir à faire societé auecque vn homme qui auoit la langue plus sensible que le cœur.

Que la luxure fasse faire des choses horribles, il n'en faut pas douter, Zaé fille de l'Empereur Constantin Dixiesme, deuint amoureuse d'vn Michel Paphlagonien qui estoit vn simple valet de chambre, & pour épouser ce coquin qui estoit deuenu son adultere, elle estouffa son mary dans vn bain.

Lors qu'vne femme joint la hardiesse à l'impudicité, il n'y a rien qu'elle n'entreprenne, la femme de l'Empereur Otho Troisiesme, sollicita vn jour vn de ses Gentils-hommes de prendre la liberté de la caresser, ce Gentil-homme qui estoit aussi retenu qu'elle estoit éhontée, se deffendit de la satisfaire, ce refus fut suiuy d'vn dépit enragé, l'Imperatrice l'accusa d'insolence auprés de son mary, son mary piqué de cette action, luy fit couper la teste; mais comme pour conuaincre le mort, il fallut combattre par l'épreuue du feu le laict qui estoit sorty de sa teste, la mesme Imperatrice qui auoit pris ce sembloit vn fer rouge pour s'en seruir contre-elle, s'en seruit contre l'Empereur, & peu s'en fallut qu'elle n'ostast la vie à celuy qui la condamna à la mort.

Si les femmes comme i'ay cy-deuant dit apportent du mal, elles apportent du bien, les Romains témoignerent bien qu'ils estoient de ce sentiment, lors qu'ils ordonnerent que le Prestre de Iupiter décherroit de son Sacerdoce dés que sa femme seroit morte, la priuation des femmes des-ordonne les maisons, & irrite la concupiscence, & il est souuent à propos de recourir aux nopces.

Ie ne tiens pas contre vn Ancien que ce soit estre insensé, que de faire la guerre à ses plaisirs pour faire la cour à la renommée; il vaut mieux estre ambitieux que sensuel, la premiere qualité est propre à l'homme, & l'autre est commune & aux hommes, & aux bestes.

Les femmes ont vn si grand pouuoir sur les hommes, que Balzac a eu raison de dire que leurs afeteries emportoient la grace des criminels, & la condamnation des innocens, & qu'elles applanissoient dans le lit les difficultez qu'elles auoient trouuées ailleurs.

Il ne faut pas s'étonner si enfin l'on conçoit du degoust pour les choses qu'on a trop charnellement aimées, l'excés de la douceur engendre le soulleuement.

Comme il n'y a rien de pur comme la Religion, ie ne puis souffrir que ceux qui en font vne profession particuliere ayent commerce auecque les femmes, & quoy que les Histoires de Bourgongne disent que sous le Pape Formosus, il se tint vn Concile où il fut ordonné qu'il seroit loisible aux Prestres de prendre des filles, i'ay bien de la peine à croire qu'elles soient fidelles, i'ay bien de la peine à me persuader qu'elles soient receuës.

Il y en a qui tiennent qu'on ne fait point de tort aux filles lors que de leur consentement l'on en vient aux approches ; mais outre que les filles doiuent leur retenuë à Dieu, aux parens, & à la patrie, l'on peut dire qu'on leur en fait comme l'on en fait à vn prodigue lors qu'on reçoit ses dons, & qu'on l'entretient dans ses débauches, qu'on leur en fait encores comme l'on en fait à vn malade, lors que sous pretexte de flatter ses appetits on le reduit à l'extremité, qu'on leur en fait enfin comme l'on en fait aux furieux, lors qu'on cede à leur passion, & qu'on seconde leur aueuglement.

Ceux qui n'ont point de femmes sont plus aspres aux femmes que ceux qui en ont, & comme il arriue de là que les hommes en deuiennent plus énervez, que les republiques en deuiennent plus foibles, ce fût auecque raison que les anciens Romains selon Ciceron, chasserent les Cœliberes.

Quand l'on est d'vn temperament amoureux, il faut ou passer aux nopces, ou recourir à l'abstinence.

Ceux qui preferent la qualité de libres à la qualité de maris, disent d'assez mauuaises choses du mariage ; mais outre que Platon en sa Republique, impose des chastimens à ceux qui sont ennemis du lien conjugal, & qu'Auguste, selon Dion, ordonne des recompenses aux mariez, & des peines aux Cœliberes, ils deuoient considerer qu'on se multiplie dans le fruit de ses amours, que le Mariage est d'vne grande importance, qu'il donne des habitans aux Villes, des ouuriers aux Arts, des Professeurs aux Sciences, des Soldats à la Milice, des Officiers à la Iurisprudence, des Ministres à la Politique, & des Docteurs à la Theologie.

Quoy qu'en tolerant les seconds Mariages, l'Eglise leur oste l'infamie, elle ne leur oste pas l'incontinence, & c'est pour cette raison qu'elle les priue des dignitez sacerdotales.

Qu'anciennement en Arabie, ils auoient vne coustume bien lasciue? la fille qui se marioit deuoit se resoudre à estre du commancement à tous les parens de son mary.

Les personnes qui seruent les Autels doiuent estre Vierges, c'estoit mesme le sentiment de Demosthene, & ie trouue bien estrange qu'au Concile de Nice, vn chastré fauorisast le Mariage des Prestres.

On dit que sur le fait des Mariages les Pontifes Romains se sont quelque-fois relaschez, que pour faire reuiure, par exemple, la Maison des Iustinians à Venise, vn Pape permit qu'vn Prestre de cette Maison se mariast.

Le vice se deffend, & ne se condamne jamais, demandez à vn yurongne pourquoy il hante le cabaret, il vous dira que le vin déploye les plis de l'ame, qu'il échauffe l'ame aussi bien que le corps, qu'il éteint la crainte, & qu'il seconde la vaillance; mais il ne vous dira point qu'il réueille la concupiscence, qu'il découure les secrets, qu'il augmente l'effronterie, qu'il ruine la fortune, & qu'il brusle le sang.

Quelques-vns disent que les courtisanes ont plus de méchanceté que les diables, ce sentiment est le mien, les diables n'ont que leurs fantosmes, & les courtisanes ont leurs attraits, les diables ne presentent les objets qu'à l'imagination, & les courtisanes presentent la chair à la chair.

Que la paillardise ait esté fatale aux grands hommes, c'est vne proposition que les Histoires appuyent, elle ternit la gloire de Dagobert Roy de France, & elle fit les assassins de Galeas Duc de Milan, & d'Alexandre de Medicis.

Bien-heureux est celuy qui regarde vne beauté viuante, comme vne beauté peinte.

Ne nous plaignons point des soûleuemens de nostre appetit, il n'y auroit point de victoire s'il n'y auoit point de rebellion, il n'y auroit point de resistance s'il n'y auoit point d'attaque, il n'y auroit point de constance s'il n'y auoit point de tentation.

De quelle vertu ne deuons nous point nous munir quand nous embrassons la vie retirée? puisque S. Hierosme mesme confesse que le resouuenir des delices de Rome, & des assemblées des Dames, faisoit les agitations de son esprit, & les interruptions de ſon ſommeil, & que les images de ces objets tentatifs alloient le combattre dans le fond de ſa ſolitude.

Choſe eſtrange, il y a des peres qui entretiennent par leurs mauuaiſes exemples le crapule de leurs enfans, & qui aiment mieux auoir ſoin de leur rafiner le gouſt, que de leur ſubtiliſer l'eſprit.

Le naturel ne ſouffre pas volontiers qu'on le choque, le pourceau ſe plaiſt à la bouë, tournez luy la teſte vers le Ciel il gronde.

Quels ſont les enfans de l'intemperance, ce ſont dit vn Ancien, le tremblement, la goutte, les vlceres, la puanteur.

Il n'y a rien de ſi dangereux que les mauuais exemples, vn jeune homme dans Terence deuint amoureux d'vne jeune fille, & quoy qu'il fuſt aſſez retenu, les amours de Iupiter auecque Danaë qu'il vit vn jour dans vn tableau, luy donnerent la hardieſſe d'attenter à la virginité de ſa maiſtreſſe.

On s'éloigne quelque-fois des plaiſirs pour les plaiſirs meſmes, dans le Palais de l'ancienne Rome, il y auoit vne petite chambre ſeparée des autres, où les voluptueux ſe retiroient de temps en temps, & là pour mieux gouſter les delices de la table par vne abſtinence de quelques jours, ils ſe faiſoient traiter en pauures.

Il y a des gens qui ſe piquent de boire comme des trous, & qui voudroient meſme s'il ſe pouuoit ſe remplir d'autant de muids de vin, qu'en contenoit la coupe de Creſus.

Quel

Quel aueuglement d'attendre à estre sobre lors qu'on ne peut plus estre intemperant, n'est-ce pas chercher comme on dit à faire emplette apres que la foire est passée.

Il n'y a rien de plus retenu ny de plus effronté qu'vne femme, & Herodote qui m'a fourny l'exemple de la couppe que i'ay rapporté, dit qu'vne femme en Egypte fut assez éhontée de souffrir deuant luy qu'vn bouc la possedast.

Quelque dereglée que fust Faustine, Marc-Aurele eust assez de front pour luy rendre des honneurs diuins, il voulut que le peuple la traitast de Deesse, & qu'on portast son simulachre parmy les spectacles du Cirque.

Ceux qui haïssent le contract, disent que le mariage effemine, relasche, attendrit, & que comme l'on ne met aux haras que les bestes de mediocre valeur, l'on ne deuroit condamner aux nopces que les hommes de mediocre merite.

Ie ne puis me deffendre icy de rapporter les châtimens qui ont suiuy vn estrange adultere? Vn jeune homme Romain deuint amoureux d'vne femme nommée Pauline, & comme il ne pust la corrompre, il se seruit de l'éloquence du Prestre de la Deesse Isis, qui luy persuada que le Dieu Anubis vouloit auoir affaire auecque elle, Pauline simple qu'elle estoit consentit à l'acte, & se rendit au Temple; mais quelque temps apres le jeune homme ayant rencontré Pauline, fut assez imprudent pour la remercier de ses faueurs, & la femme qui à ce remercиment déchira ſes habits, & ſe battit la poitrine, fut aſſez bonne pour aduertir ſon mary de la fourbe qu'on luy auoit faite. Le mary demande juſtice à Tybere de l'artifice honteux dont l'on s'étoit ſeruy pour abuſer de ſa femme, Tybere eſcoute les plaintes de ce mal-heureux, & quoy qu'il fût le plus debordé de tous les Princes, il voulut que le Preſtre fût crucifié, que le jeune homme fût banny, que le Temple de la Deeſſe fût abattu, & que la ſtatuë de cette Deeſſe fût jettée dans le Tybre.

Ce n'eſt pas ſans ſujet qu'on dit que l'exemple du Prince eſt de la derniere force, Neron fit vn jour vn feſtin à la veuë du peuple, qui ſurpaſſoit la ſomptuoſité des ſiecles paſſez, & où il y auoit vn meſſange de femmes & de garçons, & comme dans la débauche ces femmes & ces garçons pour diuertir l'Empereur, faiſoient des choſes que la pudeur m'oblige de taire, il arriua qu'animez de ces eſtranges ſpectacles, trois écoliers virent deuant leur maiſtre leur maiſtreſſe, & que deuant vn pere vn Gladiateur déflora vne fille.

Encores ſi l'on ſe contentoit d'aimer les femmes, i'excuſerois en quelque façon cette ſorte d'amour, cet amour eſt aſſez naturel; mais d'aimer ſon ſemblable, c'eſt vne paſſion dont le nom meſme offenſe mes oreilles. Neron ſe maria en premieres nopces à vn Affranchy nommé Pytagore, & l'Hiſtoire dit qu'outre le voiſle qu'il porta, il fit encores toutes les ſingeries d'vne épouſée, la meſme Hiſtoire dit encores qu'il ſe maria en ſecondes nopces à vn nommé Sporus, & qu'il obſerua en ce ſecond mariage ce qu'il auoit fait au premier, ces ſortes de conjonctions qui ſont odieuſes à la nature, trouuerent des gens qui les applaudirent, les flatteurs prierent le Ciel qu'il en vint vne lignée; mais ceux qui auoient horreur de ces infames accouplemens, ne purent s'empeſcher de dire qu'à la verité Sporus eſtoit vne femme, dont il ne pouuoit venir rien de mauuais, & que ſi le pere de Neron eut eſpouſé vne ſemblable femme, l'Vniuers eut eſté heureux.

Comme les exemples ſont plus puiſſans que les preceptes, il ne faut pas s'étonner ſi quelque ſoin qu'on euſt de bien inſtruire les filles de Charlemagne, elles ſe conformerent plus aux mœurs de leur pere, qu'aux diſcours de leurs gouuernantes.

Que Loüis le Debonnaire fit bien de reformer la vieille Cour? il ſe reſouuint des ſalletez dont il auoit eſté comme le témoin ſous l'Empire de Charlemagne, & pour faire de ſa nouuelle Cour vn Monaſtere, il ne ſe contenta pas de corriger ſes ſœurs, & de chaſſer leurs étalons, il chaſſa encores les étalons des autres.

Du temps de Clotaire, les Princes voyoient ſouuent leurs ſœurs, & épouſoient ſouuent la veufue de leurs freres.

Quoy qu'on contracte ſouuent en ſecret la paillardiſe, ce vice eſt de ces vices, qu'il eſt mal-aiſé de cacher. Amurat Troiſieſme, mourut le pere de cent deux enfans, & quoy que ſa vie fût plus ſalle que ſcandaleuſe, il ne puſt ſi bien faire qu'il ne découurit par la multitude de ses bastards l'excés de ses amours.

Comme les femmes sont fort attachantes, il ne faut pas s'estonner si Caton d'Vtique disoit souuent au rapport de Plutarque, que s'il n'y auoit point de femmes au monde les hommes conuerseroient auecque les Dieux.

Que les Coustumes sont differentes, vne vieille femme en Turquie assiste au dépucellement des mariées, & dans cette assistance elle employe toutes ses adresses à exciter les gens au combat.

Quelque estime qu'on fasse de Trajan, Dion Cassius dit qu'il estoit yurongne & sodomite, & Elian Spartian adjouste à cela qu'il vit Adrian, le fils de son cousin germain.

Il n'y a point de Païs où l'on ait plus mauuaise opinion des femmes qu'au Leuant, les grands singes ny les grands chiens n'entrent jamais dans le Serrail, & l'Histoire dit mesmes que les grands concombres n'y entrent qu'en roüelles.

Y a-il jamais eu vne erreur plus estrange que celle des Saturnins & des Gnotiques, ces Heretiques se poluoient dés que les eslancemens de la chair les pressoient, & comme en cet estat ils croyoient estre agreables à Dieu, ils prenoient ce temps là pour luy faire des prieres.

Pourquoy s'abandonner à la luxure, & trouuer mauuais que les autres s'y abandonnent, il me semble auecque S. Augustin, qu'Antonin Pie fit vne juste Loy, lors qu'il voulut que le vice du chef excusast en quelque façon le vice des membres, & que le mary impudique ne fût pas receu à deposer contre sa femme adultere.

Les circonstances de la mort punissent quelquefois le débordement de la vie, Alexandre Empereur estoit sujet au vin, & comme vn jour dans son yuresse il voulut joüer à la paulme, l'Histoire dit qu'il jetta du sang par le nez, & par les parties honteuses, & que son ventre qui se creva rendit au careau ce que la table luy auoit presenté.

Si les paroles sont ordinairement conformes aux inclinations, il ne faut pas s'estonner si Luther qui n'estoit pas moins luxurieux qu'yurongne, ne trouuoit point de Commandement plus agreable que celuy qui ordonnoit de croistre & de multiplier.

Que Lycurgue auoit peu de pudeur, il voulut que les filles & les garçons joignissent l'effronterie à la lasciueté, c'est à dire qu'ils se vissent tous nus.

Iacob fit bien de maudire Ruben & ses descendans, vn fils ne peut estre trop seuerement puny quand il porte ses priuautez dans la couche de son pere.

Il n'est point necessaire d'implorer des Dieux la vertu de se diuertir, la nature ne manque gueres de fournir aux fonctions amoureuses; aussi Manasses fut-il condamné de faire planter Priappe au fond des bois, & de faire des sacrifices à ces infames simulachres.

Si toutes les femmes imitoient Semiramis, il y

auroit peu de rufiens, cette Princeſſe paſſoit des careſſes aux couſteaux, elle faiſoit perir ceux qui l'auoient baiſée.

Quoy que Salome la ſœur d'Herode eût de la retenuë, elle n'auoit pas de la pudeur, ce fut la premiere des Iuifs, dit Baronius, qui repudia ſon mary, & qui aima mieux paſſer pour amoureuſe que pour vilaine.

Il eſt dangereux de poſer de faux principes. Les Ciniques diſoient que ce qui eſtoit bon, eſtoit bon par tout, & ſur ce fondement, Hipparchia qui croyoit que la fornication fuſt bonne, ſouffroit que Crates la vit deuant tout le monde.

Y a-il jamais eu vne femme qui ait mieux aimé ſa peau que Popea la femme de Neron, elle auoit à ſa ſuite cinq cens aſneſſes, & du laict qu'on en tiroit, elle en faiſoit faire tous les jours des bains.

C'eſt auoir quelque choſe de commun que de reſſentir les aiguillons de la chair ; mais c'eſt auoir quelque choſe de particulier que de mortifier ſa concupiſcence, Baronius fut trois jours viuement preſſé des aiguillons dont ie parle ; mais la punaiſe qu'il mangea ſouſleua ſon cœur, & chaſſa ſon demon.

Trajan qui n'aymoit pas les Vierges, fit bruſler cinq Vierges Chreſtiennes, & il voulut que leurs cendres meſlées auecque de l'airain, compoſaſſent des vaiſſeaux qui puſſent ſeruir aux bains publics ; mais ces vaiſſeaux retournerent à la confuſion de celuy qui les auoit fait faire, ceux qui s'en seruirent deuinrent comme insensez.

Dans le dessein qu'on eut vn jour de porter vn patient à des actions des-honnestes, on le coucha dans vn jardin sur vn lit vert, on le lia à ce lit auec des cordeaux de soye, & ensuite on luy donna pour objet tentatif vne fort belle femme, comme le soldat de Iesus-Christ vit qu'il estoit plus animé par la volupté, qu'il n'auoit esté abattu par les tourmens, & qu'il estoit de la derniere necessité, ou qu'il pechast ou qu'il reprist ses esprits, il repoussa la courtisane, il luy fit des reproches, il luy mordit le nez, il luy cracha au visage, & enfin enragé de la perseuerance de cette impudique, il luy jetta mesme quelque tronçons de sa langue.

Qu'on trouue peu de Guys de Montfort, ce Seigneur qui estoit malade en Sicile fut visité des Medecins, les Medecins qui virent que sa guerison dependoit de quelques actes veneriens, luy dirent franchement que son mal demandoit vne femme; mais comme sa femme estoit absente, & qu'il estoit chaste, il leur dit que si sa vie dependoit de son peché, il n'auoient qu'à le considerer desia comme mort.

Ætius l'Heresiarque estoit vn grand vilain, Baronius rapporte qu'il tenoit que la fornication estoit vne bien-seance, & qu'il n'y auoit pas plus de peché à exercer le coit qu'à curer ses oreilles, & jetter ses excremens.

La chasteté fait des amis, Scipion l'Affriquain éprouua cette verité, le procedé dont il vsa enuers vne Dame qui eſtoit accordée à vn grand Seigneur nommé Allucia, le rendit Maiſtre des Eſpagnes.

Glycas & Cedrenus que Baronius cite, rapportent que l'Empereur Iuſtinian faiſoit la guerre aux debordez, & aux execrables, & que pour empeſcher que ces ſortes de gens n'abuſaſſent plus de la nature, il leur faiſoit paſſer des poinçons dans la nature meſme.

Quelques-vns pour excuſer Charlemagne qui careſſoit la charogne de ſa Maiſtreſſe, & qui ne ſentoit pas la puanteur qui infectoit ſes familiers, diſent auecque Germantian qui a eſcrit des charmes qu'il eſtoit charmé, & que ſon charme fut trouué par l'Archeueſque Tilpin en vn anneau qui eſtoit ſous la langue de la deffunte ; mais ſi l'on vouloit s'en rapporter à Paſquier, l'on diroit auecque ce libertin que Charlemagne pechoit plus par inclination que par ſortilege, que ce fut vn bouc dans ſa vieilleſſe, qu'il fit de ſa Cour vn bordel, de ſon Palais vn Serrail, & de ſes filles des proſtituées. Ie dis ſi l'on vouloit s'en rapporter à Paſquier, parce que pluſieurs autres Hiſtoriens diſent que Charlemagne eſtoit ſobre & abſtinent, modeſte & retenu, qu'il écoutoit volontiers les diſcours ſerieux, qu'il aimoit les bons liures, & qu'il ne receuoit point de plus grande ſatisfaction que celle qu'il tiroit de la lecture de la Cité de Dieu.

L'on ne doit pas éluder vne accuſation ſalle, par vne ſalleté, Methodius Patriarche de Conſtantinople fut accuſé d'auoir commis vn adultere, & pour faire

faire voir que c'estoit vne imposture, il fit voir à tout le monde les disgraces de ses parties genitalles.

De quelles sources naist-il plus d'accidens fascheux que de la paillardise? Les Aunois qui auoient eu l'insolence de porter leurs affections des-honnestes sur quelques-vnes de nos Princesses, furent escorchez tout vifs, & les sodomites d'Edoüard que la Reyne entreprit, furent enfin, dit Froissart, exposez aux rasoirs.

Quebba Abbesse de Collinghamon fit vne action digne de sa dignité? elle fit assembler toutes ses Religieuses, & apres les auoir exhortées à perseuerer dans la resolution qu'elles auoient faites, de perir plutost mille fois que de souffrir les approches deshonnestes des Danois, elle porta sur son visage le fer & le feu, & le rendit le plus horrible du monde.

Les Babyloniens qui estoient bien contraires à la chasteté, auoient vne estrange coustume, toutes les femmes de mediocre condition étoient obligées vne fois en leur vie d'aller au Temple de Venus, pour souffrir les caresses des estrangers, & les autres femmes mesmes étoient obligées aussi pour obeïr en quelque façon à la loy, de se presenter à la porte de ce Temple.

Que les ennemis de nostre Religion font de plaisans comptes, ils disent que le Pape Iean donna vn jour sa main à baiser à vne femme, que quelque temps apres il deuint amoureux, que pour se deffaire de sa passion, il se deffit de sa main, & que c'est de cette action qu'est venu la coustume de baiser ses pieds.

Iean Vviclef approuuoit les nopces ; mais il les approuuoit de telle sorte, qu'il reprenoit aigrement les Prestres de ce qu'ils negligeoient en leur personne les Sacremens qu'ils administroient aux autres.

Il y a des gens qui seroient honteux de leurs débauches, si leurs débauches n'auoient des exemples. Vitiza qui estoit vn Roy tres-luxurieux, fût attaqué de cette honte, & pour la chasser, il voulut mesme que les Ecclesiastiques eussent des concubines.

Quand la veritable vertu est persecutée, elle trouue ordinairemeut des deffaites. Vne Religieuse à Brandebourg fut poursuiuie d'vn homme de condition qui la vouloit violer, & parce qu'elle ne pouuoit éuiter ce mal-heur que par sa mort, elle luy dit que s'il ne la vouloit plus importuner elle luy donneroit d'vn onguent qui auoit la vertu de rendre inuulnerables les endroits qu'il touchoit, ce poursuiuant qui tomba d'accord de ce qu'elle luy auoit proposé, voulut toute-fois éprouuer son secret, & comme la Religieuse ne demandoit pas autre chose, à peine luy eût-elle presenté le col qu'il luy trancha la teste.

Vne personne qui n'est pas bien appellée est bien aise de trouuer des occasions qui fauorisent sa foiblesse, Charlote de Bourbon qui portoit vn voisle auecque peine, lisoit de bon cœur Calvin, & elle s'imprima si bien le libertinage de cet Heresiarque,

que le Prince d'Orenge ne luy eût pas plutost offert son seruice que contre les vœux qu'elle auoit faits au Monastere de Ioarre, elle l'accepta pour mary.

Si ceux qui sont infirmes dans les delicatesses du monde, deuiennent robustes dans les austeritez du Cloistre, l'on a raison de conclure que les esprits sont plus vigoureux dans vn corps mortifié que dans vn corps dissolu.

Anacharse auoit mauuaise opinion du vin, il disoit que le premier coup estoit à la santé, que le second estoit au plaisir, que le troisiesme estoit à l'injure, & que le quatriesme estoit à la fureur.

Ie ne desaprouue pas non plus qu'Aristote la loy de Pittacus, il punissoit doublement ceux qui s'enyuroient, & il alleguoit pour raison qu'ils faisoient tout ensemble & du mal à leur personne, & du mal à celle des autres.

Epicure se trouuoit bien de sa vie austere, aussi disoit-il qu'en viuant de pain tout sec, & d'eau toute pure, il disputoit de la volupté auecque les Dieux.

Ce n'est pas sans raison qu'on a estably des jeûnes, par les jeûnes l'on accomplit vne partie de sa penitence, par les jeûnes les pechez sont preuenus, par les jeûnes l'on satisfait au Commandement, & par les jeûnes l'on procure le bien du corps.

Il ne faut pas que le corps tombe, il ne faut pas que le corps regimbe, cela veut dire qu'il ne faut ny le charger ny l'abbatre.

L'on a tort de blasmer Loüis Douziesme, il est

vray qu'il épousa les deux sœurs qui estoient les filles de Loüis Vnziesme; mais outre qu'il les épousa auec dispense, il est certain non seulement selon sa propre confession; mais encores selon le sentiment des bons Auteurs, qu'il n'auoit point eu de commerce auecque la premiere.

Où trouue-t'on des femmes qui soient semblables à celle qu'épousa vn Iean Federic, cette femme ressentit vn jour viuement les atteintes de l'amour, & comme elle jugea qu'en l'absence de son mary fugitif elle auroit bien de la peine à se contenir si elle n'opposoit la douleur à la volupté, elle se foura vn tyson dans la nature.

Ie ne me resouuiens jamais de François Premier, que ie ne loüe l'action qu'il fit apres sa prise. Quoy que ce Prince eust sujet d'estre extremément triste, il pensa religieusement au salut des compagnons de sa disgrace, & pour preuue de ce que j'aduance, il ne fut pas plutost au camp de l'ennemy, qu'apres auoir receu les ciuilitez du Vice-Roy, il le pria d'vn air riant de souffrir l'eschange des prisonniers, & de considerer que les vices estoient contagieux.

La sobrieté en vn jeune homme est de grande efficace, elle étouffe les vices au berceau, elle suffoque les déreglemens en la semence, & outre que les diettes volontaires vont au deuant des maux, elles affermissent la santé, & elles retardent la vieillesse.

Quelle foiblesse de haïr les maladies & d'aimer l'intemperance? n'est-ce pas haïr les effets dont l'on aime les causes.

Comme l'intemperance n'est pas moins vn mal naturel qu'vn mal moral, l'on peut dire que si elle est fille de la volupté, la volupté est la mere d'vne fille meurtriere.

L'on ne doit pas violenter les vœux d'vne fille, vne continence forcée est souuent conuertie en vne incontinence volontaire.

On dit parlant de la volupté, que l'intemperance luy donne la mort, que la continence luy refuse la vie, & que la temperance la luy donne, & la luy conserue.

Qu'il est rare de trouuer des Spurinas, ce jeune Gentil-homme qui estoit aussi beau que pudique, estoit extraordinairement aimé des Dames, & comme il crût que tant qu'il conserueroit ses charmes il entretiendroit la folle passion de celles qui l'aymoient, il se resolut de cicatricer son visage, & d'éteindre auecque son sang les flammes impudiques dont il estoit journellement la source.

Dieu voulut au Leuitique qu'on lauast soigneusement les pieds & les intestins des victimes, & en voulant cela, il vouloit que nos affections qui sont les pieds fussent innocentes, & que nos pensées qui sont les intestins fussent pures.

Quoy que Solyman eust pû joüir par force de Roxelane, il voulut en l'épousant aprendre à ses successeurs qu'vn Prince qui peut tout ne doit pas faire toutes choses.

La continence est vne belle vertu, ie ne m'étonne pas si à la naissance de l'ancienne Loy Moyse la recommanda.

Saint Iean Chrysostome en sa seconde Homelie sur Iob, dit que les Prestres doiuent estre éloignés du commerce des femmes, & que si les Apostres se sont seruis des hommes mariés, c'estoit parce qu'en ce temps-là il y auoit peu de Cœliberes qui fussent propres au gouuernement des ames.

En effet la Religion demande l'éloignement des femmes, & c'est ce qui a fait dire à Origene, que le Sacrifice estoit comme soüillé en la personne de ceux qui seruoient aux necessités conjugales.

Vn paillard croit ordinairement que tous les hommes le sont, Luther dit sur la luxure qu'il n'est pas en nostre pouuoir d'estre continent, que l'exercice de l'amour est aussi necessaire que le boire, le manger, & le dormir.

Il y a des temps où il semble que les hommes ayent perdu la lumiere naturelle. Les Babyloniens du temps d'Alexandre abandonnoient leurs femmes, & cette prostitution, dit Quinte-Curse, passoit chez eux pour vn acte de courtoisie.

Quelle honte à vne femme d'aller chercher les hommes? cependant la Reyne des Amazonnes qui vouloit engendrer des Heros, solicita Alexandre de coucher auecque elle, Alexandre luy donna treize jours de son temps, & peu de temps apres la galante s'en retourna.

Les plus grands hommes qui ayent jamais esté ont eu de grands deffauts, Alexandre estoit yvrongne, & Cesar estoit quelque chose de pis, & si le premier fût accusé d'aimer d'vne estrange façon vn Eunuque, Cesar fût accusé aussi d'auoir sa bonne part de l'amour des garçons.

Dieu a tousiours eu en horreur ceux qui s'abysment dans les salletez de la vie, & ce fut sans doute pour cette raison que les anguilles qui ne quittent point la bourbe furent excluses des sacrifices.

Quoy que les extremitez soient vicieuses, neantmoins si j'auois à choisir j'aimerois mieux en matiere de bouche tomber dans le deffaut que dans l'excés, il est plus aisé de moderer vn frugal qu'vn goulu, vn Hermite qu'vn mondain, vn homme de retraite qu'vn homme de table.

Les Romains honnoroient, & n'honnoroient pas la virginité, ils l'honnoroient puis qu'ils ne vouloient pas que les filles qui auoient perdu la virginité de leurs ames, mourrussent dans la pureté de leur corps, & ils ne l'honnoroient pas puis qu'ils vouloient que les filles qu'on menoit au gibet fussent deflorées, & qu'ils abandonnoient par consequent cette vertu à la volupté des bourreaux.

On n'est gueres moins lascif par la veuë que par l'action, & ce fût pour cette raison que l'ancienne loy deffendit le regard des accouplemens.

Il ne faut pas s'étonner si Philon-Iuif parlant de la temperance, disoit que c'estoit la lumiere des choses qu'il faut élire, & la connoissance des choses qu'il faut exclure, il croyoit comme Platonicien, que toutes les vertus Morales estoient des sciences.

Calistratus dans Plutarque, dit qu'vn homme peut estre intemperant des yeux & des oreilles, & il soustient son opinion contre l'opinion d'Aristote. Le plaisir de ces sens est commun aux hommes & aux bestes, le chien bat de la queuë à la veuë des choses qu'on luy promet & qu'il aime, les dauphins sautent au son des fluttes, & les cerfs & les rossignols sont attentifs au bruit des instrumens.

Quelques-vns ont diuisé les desirs en naturels & necessaires, en non necessaires & naturels, & en non naturels ny necessaires. Les naturels & necessaires regardent la nourriture, les non necessaires & naturels regardent la generation, & les non necessaires ny naturels regardent l'honneur, Plutarque qui parle de la temperance, dit que cette vertu ne consiste seulement pas au reglement des naturels; mais encores au retranchement de ceux qui ne le sont pas, & que c'est mal connoistre la temperance que de soustraire à sa jurisdiction la moderation des honneurs & des richesses.

Quoy que Plutarque compare l'intemperance à vne Cité où il y a plus d'estrangers que d'originaires, ie tiens pourtant qu'il y a plus de goulus que d'ambitieux, plus de sensuels que de vains.

Vn Philosophe dit que l'intemperant ne reçoit ny la proposition generale, ny la proposition particuliere; mais où trouue-t'on de ces intemperans qui perdent l'esprit. Ouide qui suit le pire, dit pourtant qu'il voit le meilleur, & le Phedria dans Terence, dit à peu prés la mesme chose, ces exemples nous enseignent que la volonté de l'intemperant est corrompuë, que ses puissances inferieures sont rebelles, & qu'encores que l'entendement conuienne de la proposition generale, cela n'empesche pas que la volonté qui est gagnée par les persuasions de l'imagination, ne prefere les douceurs de la chair aux austeritez de la vertu.

Quelque pente qu'on ait à l'excez de la table & du lit, l'on tombe quelque-fois dans les deffauts qui luy sont opposés : Il y a eu des hommes comme les Valentiniens qui se sont chastrez pour estre incapables de tomber dans quelque desir des-honneste. Il y en a eu d'autres comme les Nouatiens qui ont renoncé aux secondes nopces, de crainte de contracter de trop grandes habitudes auecque les femmes, & il y en a eu d'autres comme les Mahometans qui se sont abstenus du vin, de peur de dire & de faire quelque chose d'indecent.

Comme les opinions sont differentes, quelques-vns disent que la temperãce reside dans la volonté cõme en son sujet, & qu'elle loge dans le cœur comme en son organe; mais quoy que la volonté doiue cooperer à toutes les vertus Morales, elle est moins le sujet de la temperance que l'appetit sensuel, puisque là où le mal est plus redoutable, le remede doit estre plus adherant, que le mal est plus grand dans les puissances inferieures que dans l'appetit intellectuel, & par consequent que la temperance y doit faire vne plus profonde demeure.

Le continent ne cede à la raiſon que comme vn cheual fougueux cede à l'eſcuyer, c'eſt à dire qu'il n'obeït que quand il ne peut reſiſter.

Il n'y a rien de ſi fort que le naturel, auſſi le Poëte, dit-il, que quoy qu'on chaſſe la nature à coups de fourches, elle ne ſçait ce que c'eſt que de déloger.

La naiſſance apporte quelque-fois de mauuaiſes choſes, Platon le Comique, dont parle Athenée, m'apprend cette verité, il dit que Philoxene eſtoit né voluptueux, & que ſes penſées les plus ſerieuſes ſentoient touſiours moins le cabinet que la cuiſine.

## DE LA VAILLANCE.

LA vaillance est vne vertu par laquelle l'on se porte raisonnablement dans les perils.

### *Des extremitez de la vaillance.*

CELVY qui entreprend ce qu'il ne faut pas entreprendre est dans l'excés, & celuy qui n'entreprend pas ce qu'il faut entreprendre est dans le deffaut, l'excés est appellé temerité, & le deffaut est appellé poltronnerie.

Les differences qui se rencontrent entre le vaillant & le lasche sont claires; mais celles qui se trouuent entre le vaillant & le temeraire sont inéuidentes. Le temeraire fait ce que fait le vaillant; mais il ne le fait pas de la mesme façon, ny dans la mesme opportunité. Le temeraire fait paroistre beaucoup de feu dans les actions qui precedent le combat; mais le vaillant fait paroistre beaucoup de chaleur dans la meslée: Le courage du temeraire vient de la passion; mais le courage du vaillant vient du raisonnement. Plus le temeraire trouue de la resistance, & plus il deuient froid, & plus le vaillant trouue de l'opiniastreté, & plus il deuient ardant.

### *Des causes de la vaillance.*

LA vaillance a sept causes, elle a vne cause objectiue, vne cause materielle, vne cause efficiente, vne cause subjectiue, vne cause morale, vne cause naturelle, & vne cause formelle.

Le peril est sa cause objectiue, parce qu'elle modere les passions qui ont pour objet le mal.

La crainte & l'audace sont ses causes materielles, parce qu'elle s'employe à fondre les glaçons de l'vne & à moderer les feux de l'autre. Il faut remarquer en passant que le deuoir de la vaillance n'est pas de moderer la crainte de tous les maux, parce que la pauureté est vn mal, & qu'il appartient à la liberalité de combattre la crainte de la mesme pauureté; mais que le deuoir de la vaillance est de moderer la crainte de la mort, parce que cette vertu à proprement parler se propose ce qu'il y a de plus horrible à la nature, & qu'il n'y a rien de plus effroyable que l'extinction de la vie.

La connoissance est sa cause efficiente, parce qu'il faut estre prudent pour reduire les choses au point où elles doiuent estre, & que la prudence renferme la connoissance.

L'appetit irascible est sa cause subjectiue, parce qu'elle modere la crainte & l'audace, & que ces deux passions sont dans cet appetit.

L'amour de la patrie est sa cause morale, parce qu'il est honneste de deffendre ses concitoyens.

L'amour de la conseruation est sa cause naturelle, parce qu'il eſt naturel de ſe mettre en deffence contre ce qui menace ſon eſtre.

La difference qui ſe rencontre dans ſa deffinition eſt ſa cauſe formelle, parce que comme habitude elle conuient à cent autres qualitez, & que comme habitude qui ſe comporte raiſonnablement dans les perils, elle differe de toutes les autres vertus.

### *Des veritables actions de la vaillance.*

ARISTOTE dit auecque raiſon que ce qui eſt terrible aux vns n'eſt pas terrible aux autres, parce que les courages ſont inégaux, & que les enuiſagemens ſont diuers.

Celuy qui craint toutes choſes n'eſt pas vaillant, parce que celuy qui craint toutes choſes, craint les petites auſſi bien que les grandes, & que celuy qui eſt vaillant ne craint que les formidables.

Celuy qui ne craint rien n'eſt pas vaillant non plus, parce que celuy qui eſt animé de cette brutale hardieſſe expoſe imprudemment ſa vie à toutes ſortes de dangers, & que celuy qui eſt vaillant menage raiſonnablement ſa perſonne.

Vn homme eſt vaillant qui ſurmonte la crainte que le peril fait naiſtre, qui affronte le mal qu'il faut combattre, qui court aux armes pour vne fin honneſte, qui va au combat de la façon qu'il y faut aller, qui conſerue le jugement dans les diuers éuenemens de la meſlée, & qui enfin ſupporte courageuſement les bleſſures.

Le courage qui ſupporte eſt plus conſiderable que

le courage qui affronte, parce que le courage tire sa gloire de la qualité des choses sur lesquelles il s'exerce, que les choses sont d'autant plus effroyables qu'elles sont plus actiues & plus touchantes, & que le mal est plus capable de combattre la fermeté par son impression que par son aspect.

L'on peut conclure de ce que ie viens de dire, que celuy qui se tuë n'est pas proprement vaillant, parce qu'en n'exerçant pas la plus loüable action de la vaillance qui est la resistance, il ne s'oppose pas à l'impatience que la presence des maux luy inspire. Il est vray que la mort est vne chose extremément terrible, & que la vaillance a proprement pour objet l'horreur de la nature; mais l'on répond à cela que celuy qui se tuë regarde la mort comme vne espece de bien, & qu'en ce sens il est plus mol que vaillant.

### *Des veritables especes de la vaillance.*

IL y a trois veritables especes de force ou de vaillance, il y en a vne qui éclate dans le camp, il y en a vne autre qui se découure dans le lit, & il y en a vne autre qui se fait remarquer sur l'eschaffaut, la premiere se réveille à l'aspect de l'ennemy, la seconde se roidit contre les maladies, & la troisiéme enuisage tranquillement le glaive.

### *Des fausses especes de la vaillance.*

IL y a cinq fausses vaillances, la premiere est ignorante, la seconde est colerique, la troisiéme eſt confiante, la quatriéme eſt experimentelle, & la derniere eſt ſeruile, auare ou vaine.

Ceux qui s'expoſent au perils qu'ils ne connoiſſent pas ne ſont pas vaillans, parce que pour faire des actions vertueuſes, il faut connoiſtre l'objet à l'entour duquel l'on s'exerce.

Ceux qui connoiſſent le peril, & qui ſe laiſſent emporter aux mouuemens de la colere ne ſont pas vaillans, parce que les actions loüables dépendent de la deliberation & du choix, & que ceux qui ſe laiſſent emporter aux mouuemens de la colere ſont eſclaues de leur violence.

Ceux qui ſe preſentent au peril, parce qu'ils ont eſté autrefois victorieux, & qu'ils eſperent les meſmes couronnes ne ſont pas vaillans, parce que leur hardieſſe n'eſt pas fondée ſur leur courage; mais ſur quelque bon-heur precedent, & que dés que les éuenemens ne leurs ſont plus fauorables ils font vne laſche retraite.

Ceux qui s'expoſent au ſort de la tempeſte dans la penſée qu'ils ont que ce qui ſemble perilleux aux inexperimentez, ne l'eſt pas à leur égard ne ſont pas vaillans, parce que la vaillance regarde le peril comme peril, & qu'encores que la mer ait ſes ſurpriſes, les Pilotes regardent la pluſpart des dangers comme ſi ce n'eſtoit pas des dangers.

Ceux enfin qui s'expoſent au peril, ou par la crainte, ou par l'auarice, ou par l'ambition, ne ſont pas vaillans, parce que la crainte du chaſtiment eſt vne basſeſſe, que l'eſperance du gain eſt vne ſordité, & que l'amour de la loüange eſt vne foibleſſe.

### *Des effets de la vaillance.*

La vaillance rend la parole ferme, & le regard aſſeuré, parce qu'elle combat la crainte, & qu'en la combattant elle preuient ce qui la ſuit.

Elle ſurprend & contre-mine, parce qu'elle eſt le reſultat de la prudence & du courage, que la prudence ruſe, & que les ruſes contrepointent les ruſes.

Elle releue le maintient, elle anime le port, parce que le courage fait vne partie de ſon eſſence, & que le courage paroiſt ſous des apparences fieres & majeſtueuſes.

Elle rend enfin les douleurs paiſibles, & les afflictions muettes, parce qu'elle eſt vne force d'ame, & qu'elle tient par conſequent comme en bride les organes les plus mobiles.

### *Reflexions ſur la vaillance, & ſur ſes oppoſez.*

Homere dit qu'vn homme eſt vaillant qui ſçait bien à propos craindre & oſer.

La fuite eſt loüable quand l'opiniaſtreté eſt deſauantageuſe, Paul-Emile fit mal de mourir à la bataille de Cannes, & Sempronius fit bien de retourner à Rome.

Quoy

Quoy que le vaillant tombe, il n'est pas abatu, il y a bien de la difference entre ceder à la necessité, & ceder à l'ennemy.

Il y a des hommes qui sont si mols qu'ils aiment mieux s'oster du monde que de viure dans les souffrances, Iosephe qui estoit pour ceux qui supportoient constamment les infirmitez de la vie, blasme les impatiens, & il dit, touchant la matiere dont il s'agit, qu'vn homme est aussi lasche lors qu'il veut mourir quand il n'est pas necessaire, que lors qu'il ne veut pas mourir quand il en est besoin.

La vaillance est vne vertu pompeuse & bruyante.

De s'exposer au danger pour l'interest, comme font les espions, les traistres, & les Marchands, ce n'est pas vaillance, c'est auarice.

De s'exposer au danger pour la gloire, comme ont fait les Alexandres, & les Cesars, ce n'est pas proprement vaillance, c'est ambition.

De s'exposer au danger par ennuy comme fit vn certain soldat d'Antigonne, qui estoit trauaillé d'vne fistulle, ce n'est pas vaillance c'est mollesse.

Enfin de s'exposer au danger par preuention comme fit Catilina, ce n'est pas vaillance c'est crainte.

Homere louë en Vlisse la science de fuïr.

Si l'on a horreur de la mort, ce n'est pas qu'on la sente, c'est que la mesme mort qui oste le sentiment des maux oste le sentiment des biens.

Les Lacedemoniens en la journée de Plattée, sonnerent comme la retraitte deuant les Perses, afin de les engager à la poursuite, & à la rupture, & vn

Auteur a dit là-dessus, que pour courir à la victoire ils auoient recouru à la fuite.

Entre les nations il n'y en auoit point autrefois de plus temeraire que la nation Gauloise, elle se mocquoit des prodiges, des débordemens & des tempestes, en vn mot de tout ce que la nature irritée a de plus épouuentable.

Ie n'estime pas qu'on doiue traitter de veritables vaillans ceux qui font seruir leur courage à leurs mauuais desseins, les Alexandres & les Cesars ne meritoient pas ce nom, les Epaminondes & les Agesilas le meritoient.

Ce n'est pas estre peu vaillant que de souffrir comment il faut les maux impreueus.

Il est plus aisé d'affronter hardiment le peril, que de souffrir constamment la douleur.

La vaillance renferme trois choses, elle renferme la confiance, l'asseurance, & la patience. La confiance qui n'est autre chose que l'effet de la haute opinion qu'on a de son courage, & de sa conduite, rend l'esprit prompt à entreprendre & executer des choses grandes & difficiles. L'asseurance icy qui est vne force d'ame enuisage de telle sorte les choses terribles, qu'elle maintient l'esprit dans vne espece de serenité, & la patience comme j'ay desia dit qui consiste à n'estre point abattu sous la pesanteur des maux, regle si bien l'exterieur du vaillant, qu'il semble que le vaillant soit insensible.

Il faut que la chose pour laquelle on se hazarde soit du moins aussi considerable que la personne qui s'expoſe, & lors qu'on ne ſuit point cette maxime, l'on fait plutoſt comme fit Marcus pour rauoir ſon épée, vne action de brutal qu'vne action de vaillant.

Les Chefs doiuent auoir plus de jugement que d'ardeur, & c'eſt ce que veut dire Plutarque, quand il dit qu'vn Capitaine doit mourir vieil.

Ceux qui s'abandonnent à leur vanité, ne ſont pas eſtimez des ſages; Chares qui montroit vn jour publiquemēt aux Atheniens les marques de ſon courage, fut accuſé d'imprudence par Timotheus, Timotheus parlant de ſa propre perſonne, dit qu'en vn point il ne reſſembloit point à Chares, que lors qu'il aſſiega la ville de Samos il ſe laiſſa aller brutallement à l'ardeur de ſa jeuneſſe, qu'il receut des coups de trait, dont il rougit ſur le champ, & que tant s'en faut qu'il fiſt parade comme Chares de ſes cicatrices, que comme elles eſtoient des effets de ſon imprudence, il eût voulu qu'elles euſſent eſté entierement effacées.

En la perſonne des poltrons la crainte eſt forte, en la perſonne des vaillans la crainte eſt foible, les poltrons prennent toutes ſortes de precautions, les braues ſe repoſent ſur leur courage, les premiers ſont cruels, parce qu'ils ne peuuent ſe deffaire par les belles voyes de ceux qu'ils craignent, & les autres ne ſont pas cruels, parce qu'ils peuuent ſe deffendre par les belles actions de ceux qu'ils haïſſent.

Il y a des naturels bizares, Aratus eſtoit de ce rang, l'Hiſtoire dit qu'il eſtoit hardy ſur ſes terres, & qu'il eſtoit timide ſur les terres de l'ennemy.

Que ceux de Macedoine estoient opposez à ceux de Candie, les Macedoniens estoient propres aux batailles reglées, & les Candiens n'estoient propres qu'aux exploits de surprise, les premiers aimoient les assauts de jour, & les autres ne faisoient merueille qu'aux rencontres de nuit.

L'on ne paruient pas par la molesse aux honneurs de la milice, il faut suër comme on dit sous les buyssons, pour pouuoir se rafraischir sous les lauriers.

Quand les gens d'assez bonne condition n'ont point de cœur, ils taschent de colorer leur lascheté, ceux qui donnerent naissance au mot de poltron, firent ce que ie dis, ils virent qu'il falloit qu'ils allassent à la guerre, ou qu'ils trouuassent quelque inuention qui pust les en dispenser, & ils ne trouuerent point de meilleure inuention que celle de se faire couper les poulces.

L'Histoire parle d'vn certain Payen qui ne pouuant sauuer sa famille, voulut mourir auecque elle, il estoit de cet homme comme du pelican, cet oyseau qui voit des flames à l'entour de son nid ne se contente pas de roder aux enuirons de ce qu'on luy veut enleuer, il attaque ces feux, il les bat de ces aisles, & quand il voit qu'il ne peut empescher que ses petits ne soient bruslez, il les enueloppe dans les restes de ses aisles, & en les baisant il expire auecque eux.

Vn Philosophe courageux consolant vn jour vn de ses amis, luy dit vn beau mot, il luy dit que le mal qui vieillissoit couroit à sa fin, & que le mal quelque grand qu'il fust, estoit petit quand il estoit le dernier.

Il y a des actions qui sont meslées de crainte & de courage, le Macedonien dont l'Histoire fait tant d'estat auoit quelque sorte de crainte, puisque pour accoustumer sa pensée aux choses qui representoient la mort, il poudroit tous les jours ses cheueux de la poussiere des monumens, & il auoit quelque espece de courage, puis qu'encores que la mort soit la plus effroyable chose du monde, il manioit tous les jours les choses qui representoient son horreur.

Ce n'est pas l'effet d'vne petite constance que d'auoir souuent quelque chose à démesler auecque les maux, Caton qui estoit de ce sentiment, disoit qu'il falloit plus de vertu pour viure, qu'il n'en falloit pour mourir, & il alleguoit pour raison qu'il estoit plus facile de souffrir vne mort honneste, que de traisner vne vie douloureuse.

Comme vne chandelle mourante jette plus d'étincelles que quand elle est éloignée de sa fin, il y a des personnes qui font paroistre plus d'esprit dans le progrés de leur maladie que dans la vigueur de leur santé.

L'ambition a souuent grande part aux actions éclatantes, plusieurs recherchent vne belle mort pour auoir vne belle Epitaphe.

Ou trouue-t'on des femmes vaillantes comme Mathilde? cette Princesse déliura trente quatre fois les Souuerains Pontifes des mains de leurs ennemis, elle fut honorée en faueur de ses belles actions du Vicariat de l'Empire, & le Pape Gregoire Septiéme en veuë des mesmes choses luy donna la gouuernance des armées Apostoliques.

Les bestes mesmes donnent des témoignages ou de leur courage, ou de leur timidité, les oyseaux qui sont courageux comme les aigles viuent de volatils, & ceux qui sont timides comme les pigeons viuent de grain, les premiers viuent de ce qu'ils chassent, & les autres viuent de ce qu'ils trouuent.

S'il est permis de courir, disoit vn lasche infortuné, à ce qu'il est permis de desirer, d'où vient que les mal-heureux ne sortent point du monde, n'ont-ils pas les clefs de leur prison.

L'on doit insensiblement accoustumer les timides aux choses effroyables, Saint Antoine de Padouë dit que les vers à soye craignent extremément le tonnerre & que pour empescher qu'ils ne fassent de leurs plotons leur sepulchre, les habitans des lieux où ils abondent les accoustument au tintamare dar le bruit des clochettes.

Quoy que les blesseures ne soient pas tousiours des marques asseurées du courage, l'on peut dire que d'Entatus estoit courageux, il portoit sur sa poitrine quarante cinq cicatrices.

Celuy qui se tuë dans les ressentimens de son infortune, est ingrat ou injuste, il est ingrat s'il est homme de bien, puisqu'il dérobe à sa patrie le fruit des bons exemples qu'elle luy a donnés, & il est injuste s'il est méchant, puisqu'il est à la justice, &

qu'il empiete sur les offices du bourreau

Les impatiences funestes sont punissables, aussi Egesippus disoit-il fort raisonnablement, que celuy qui sortoit du monde sans le congé de son pere qui est Dieu, estoit indigne d'estre receu dans le sein de la Terre qui est sa mere.

Que celuy-là raisonnoit mal qui disoit que comme pour éuiter la gangreine il estoit permis de couper la jambe, l'on ne deuoit point aussi pour éuiter quelque grand mal faire difficulté de se couper la gorge? La veine mediane n'est pas la veine jugulaire, par la coupure de la premiere l'on ne se dérobe pas tousiours à tous les maux, & par la coupure de l'autre l'on se dérobe tousiours à toutes les douleurs, adjoustons à cela que les apparences sont trompeuses, que les maux sont incertains, & qu'encores qu'ils fussent asseurés l'on ne deuroit point recourir aux derniers remedes, puisque la patience est vne vertu dont l'on doit faire grand estat, & que d'aller au deuant du mal par le dernier de tous les maux, c'est dérober à cette vertu la matiere de ses triomphes.

Sçachez, disoit vn jour vn Athée, à vne homme fort malade, que la goutte, la pierre, la sciatique, cedent à vne main hardie, qu'il vaut mieux mourir en fier que de viure en miserable, & qu'vn seul coup de poignard abat plus de maux que tous les simples de Galien, & que tous les antidottes d'Auicenne.

Il y a des hommes si ambitieux qu'ils preferent les

mutilations à l'integrité, ces sortes de gens disent qu'vn homme de cœur doit porter les marques de sa hardiesse, & qu'il ne peut perdre vne partie de soy-mesme qu'il ne possede le reste auecque honneur.

Que ne doit-on point dire à la loüange d'vn nommé la Haye, dont il est descendu des Connestables d'Escosse, cet homme qui labouroit la terre auecque deux de ses enfans prés le lieu où les Danois estoient sur le point de passer sur le ventre des Escossois, s'arma auecque les siens des jougs de leurs bœufs, se jetta dans vn passage estroit où il arresta les fuyards, & là se seruant de son éloquence champestre ; mais masle, & vigoureuse il les excita de telle sorte à reprendre courage, qu'il fut cause que les vaincus deuinrent les victorieux.

Vn beau commancement merite vne belle fin, il vaut mieux mourir tout de bout comme des lyons, que d'estre assommez sur la littiere comme des vaches.

Les premiers abords saisissent quelque-fois les plus braues, vn Iean d'Arragon qu'on surnomma le trembleur, perdoit ce semble courage aux approches des ennemis, mais quand il estoit dans le combat il le faisoit perdre aux autres.

Ceux qui ont plus de cœur que de finesse, ne peuuent souffrir qu'on les accuse de quelque artifice, je ne veux point, disoit Alexandre, que la nuit dérobe quelque chose à mes victoires, je veux que le Soleil les honore de ses rayons, & quelque disgrace qui me puisse arriuer, j'aymeray tousiours mieux

me

me plaindre de ma mauuaiſe fortune, que de rougir de mon bon-heur.

Ie n'approuue point la brauoure de nos grands Seigneurs & ſur tout de nos Generaux d'armée, Alexandre s'armoit quelque-fois, il euſt mieux fait, dit vn Ancien, s'il ſe fût touſiours armé.

Quoy qu'il ſoit plus noble de vaincre à force ouuerte que par artifice, neantmoins ie ne condamne pas Philopemene, il oppoſoit la ruſe à la ruſe, & le courage au courage.

Iamais homme ne fut plus redoutable que Shamderberg, il fendoit les hommes depuis le ventre juſqu'au nombril, il commandoit comme vn Capitaine, & il tuoit comme vn ſoldat, & on dit de luy qu'encores qu'Horace euſt arreſté les Toſcans, que Marcellus euſt affoibly Annibal, & que Camille eût repouſſé les Gaulois, il eſtoit plus vaillant qu'Horace, plus temperé que Marcellus, & plus heureux que Camille.

Il y a peu de gens qui comme Caton le cenſeur joignent les coups aux injures, la fermeté du courage à l'arrogance des paroles.

Qui veut receuoir la mort d'vn viſage aſſeuré, doit l'enuiſager preſque à toute heure, les Egyptiens auoient d'ordinaire en leurs banquets l'image de la mort, & la raiſon de cette couſtume eſtoit, qu'ils ne vouloient pas qu'au milieu de leurs réjoüiſſances ils fuſſent troublez par quelque accident impreueu, & que le moyen de n'eſtre point troublez dans leurs plaiſirs, eſtoit d'auoir deuant les yeux l'image de la chose qui trouble la pluspart des hommes.

Il faut dans la milice entremesler les âges, & Plutarque, dit là-dessus, que comme le cuivre fondu eschauffe les choses les plus froides, le courage des jeunes réveille la hardiesse des vieux.

Tout le monde n'est pas à l'épreuue des tourmens, Eusebe, dit S. Epiphane, eût peur du supplice, & dans sa crainte il renia sa foy.

Ie ne sçay quelle des deux actions ie dois plus estimer, ou l'action de la Dame de Neuny en Bourbonnois, ou celle du Prince qui honora son courage, cette Dame qui vit d'vn cœur gonflé son Chasteau comme en poudre, prit vne demy pique & courut à la bresche, le Roy qui apprit cette resolution auec estonnement, considera sa vertu, oublia sa desobeïssance, & voulut qu'elle ressentist les effets de cette consideration.

Le temeraire, dit Platon, ne connoist point la preuoyance, & le vaillant, dit le mesme Auteur, ne connoist rien tant que cette vertu.

Comme l'interest est capable d'amolir les plus braues, les Iuifs n'enrolloient point les gens qui estoient chargez d'affaires.

Le lasche, le temeraire, & le vaillant, ont leurs caracteres, le premier craint tout, le second ne craint rien, & le dernier craint quelque chose.

Il y a plus de grandeur d'ame, disent quelques-vns, à attendre la mort de pied ferme qu'à se jetter dans la meslée, & ils alleguent pour raison que celuy, qui en particulier attend la mort de pied ferme, n'est animé que de sa propre vertu, & que celuy qui va aux coups est eschauffé par le cliquetis des armes, par la confusion des voix, par le bruit des trompettes, par le hannissement des cheuaux, & par le cry des soldats.

Les massacres & les rauages sont indignes des gens de cœur, aussi l'ancienne loy deffendoit-elle le meurtre des femmes & des enfans, l'abattement des maisons, & le déracinement des arbres.

Philon-Iuif parlant des Iuifs, dit qu'ils renuoyoient les poltrons, de crainte que leur exemple ne fist des lasches.

Celuy qui se tue, dit Seneque, priue les Dieux du plaisir qu'il y a à voir les hommes aux prises auecque les douleurs.

Autant de testes, autant d'opinions, Iustin loüe Sardanapale de ce que dans la crainte qu'il eût de tomber sous la puissance d'Arbatus, il s'osta la vie, & Ausone vante Otho, de ce que dans la mesme crainte il s'estoit dérobé à la puissance du victorieux.

La passion ne donne pas le cœur, tout ce qu'elle fait c'est qu'elle l'anime, qui est hardy dans la colere n'est pas vaillant, la vaillance dure, & la colere passe.

Martial veut qu'on se roidisse contre tous les maux de la vie, mais quoy que l'homicide volontaire renferme quelque molesse, neantmoins à parler selon la simple raison, l'on témoigne moins de molesse que de cœur, lors qu'on se dérobe aux fers, à la seruitude, au triomphe.

Les Iuifs n'enrolloient point ceux qui dans l'année de la guerre auoient planté vne vigne, ou auoient épousé vne veufue, ou vne fille , la raison de cette coustume estoit qu'ils craignoient que les attaches aux biens & aux plaisirs n'amolissent le courage, & qu'ils apprehendoient qu'on n'eust pris à mauuais augure les disgraces qui eussent pû arriuer à ces sortes de gens.

Celuy qui sort d'vn danger est plus disposé qu'auparauant à s'exposer à quelqu'autre peril, le succés enfle le courage, & augmente l'esperance.

Quelque courage qu'on ait, il ne faut pas si l'on peut se mesurer à toutes sortes de personnes, vn écolier ne doit pas disputer auecque vn Maistre d'armes, ce seroit opposer , comme on dit , vn vieil pilote à vn jeune marinier.

Comme le vaillant a plus de mercure que de plomb, la vaillance est plus occupée à moderer l'audace que la crainte.

Il y a bien de la difference entre vne bonne action, & vne action éclatante, le prouerbe en donne la raison, tout ce qui reluit n'est pas or.

## DE LA IVSTICE.

A justice est vne vertu de la volonté, par laquelle on rend à chacun ce qui luy appartient.

### Des extremitez de la justice.

LEs extremitez de la justice qui sont le trop & le trop peu, reçoiuent vn mesme nom, elles sont appellées injustices.

L'excés de la justice dans les punitions peut estre appellé cruauté, & le deffaut de la mesme vertu dans les mesmes punitions, peut estre appellé tendresse.

L'excés de la justice dans les affaires ciuiles peut estre appellé rigueur, & le deffaut de la mesme vertu dans les mesmes affaires, peut-estre appellé corruption.

Il est à propos de remarquer qu'il y a des injustices qu'on ne peut reduire à la mediocrité, parce qu'elles ne peuuent estre rangées ny sous le trop ny sous le trop peu, qu'elles sont des actions dont il faut entierement se deffaire.

### Des causes de la Iustice.

LA justice a cinq causes, elle a vne cause objectiue, vne cause efficiente, vne cause morale, vne cauſe ſubjectiue, & vne cauſe formelle.

Le droit eſt ſa cauſe objectiue, parce qu'elle ne ſe propoſe que d'agir de telle ſorte que perſonne ne puiſſe raiſonnablement controller, ny ſes deffenſes, ny ſes permiſſions, ny ſes recompenſes, ny ſes châtimens, ny ſes équiualences, ny ſes dédommagemens.

La connoiſſance eſt ſa cauſe efficiente, parce qu'il faut eſtre éclairé pour proportionner les recompenſes aux ſeruices, les punitions aux crimes, les équiualences aux preſts, & les dédommagemens aux dommages.

La conſcience, la crainte de Dieu, la crainte des Iuges, & la crainte des particuliers, ſont ſes cauſes morales, parce que l'appetit ſenſitif combat ſouuent l'appetit intellectuel, & qu'à moins d'eſtre pouſſé par l'vne des quatre conſiderations que ie viens de rapporter, il n'y auroit perſonne qui ſe deffit de ſes vſurpations.

La volonté eſt ſon ſiege, ou ſa cauſe ſubjectiue, parce que la juſtice conſiſte à rendre librement à chacun ce qui luy appartient, que pour rendre librement quelque choſe, il faut vouloir la rendre, & que le vouloir eſt vn acte immanent de la volonté.

L'acte par lequel l'on rend à chacun ce qui luy appartient eſt ſa cauſe formelle, parce que l'eſſence de la juſtice conſiſte en cette reddition, & que cette reddition eſt vne difference qui la diſtingue des autres vertus.

### *Du droit.*

LE mot de droit est de grande étenduë. Il signifie tantost, & ce qui est conforme à la loy, & ce qui reforme la loy, ce qui est conforme à la loy comme vn Arrest, & ce qui reforme la loy comme vne moderation. Il signifie encores & les lois & les pretentions legitimes. Les loix, & en ce sens il est dit les regles de la justice, les pretentions legitimes, & en ce sens son violement est dit injure ou injustice, enfin il signifie ce qu'on doit à Dieu, au Prince, & au Prochain, & c'est sous cette signification que nous le prenons icy.

Il faut remarquer en passant que la justice à proprement parler n'a point de lieu entre Dieu & les hommes, parce que la justice renferme vne espece d'égalité, & que nous ne pouuons rendre à Dieu tout ce que nous luy deuons.

### *Diuision du droit.*

LE droit pris pour la loy est diuisé en droit positif diuin, & en droit positif humain.

Le droit positif diuin n'est autre chose que les preceptes qui sont repandus dans les deux Testamens, & le droit positif humain n'est autre chose aussi que les loix qui sont dispersez dans la jurisprudence des Estats.

L'on diuise encores le droit en droit des gens, en droit ciuil, & en droit canon, le droit des gens est vn droit dont toutes les nations tombent d'accord,

& c'est par ce droit que la personne des Ambassadeurs est inuiolable, le droit ciuil qui tire sa diuersité de la diuersité des peuples, se retrouue aux loix qui sont establies en tels ou tels Estats, enfin le droit canon consiste aux Decrets des Saints Peres, & aux Constitutions des Conciles.

### *Du domaine.*

LE domaine ou la Seigneurie n'est autre chose que le pouuoir qu'on a de se seruir de ses possessions en toutes les rencontres que la loy prescrit.

On diuise le domaine en propre & en impropre, le propre est affecté à la personne de celuy qui en est titulaire, & l'impropre est attaché à la personne de celuy qui en est simplement possesseur.

Il y a difference entre le domaine ou la Seigneurie, & le droit des Superieurs, le droit superieur tend tousiours au bien des sujets, & le droit domanial tend tousiours à l'vtilité des Seigneurs.

On diuise encores le domaine en direct & vtile, & en plein & parfait, le domaine direct regarde la proprieté & non pas l'vsage, tel est le domaine des mineurs, le domaine vtile regarde l'vsage & non pas la proprieté, tel est le droit de chauffage, & le domaine plein & parfait regarde non seulement la proprieté & l'vsage; mais encore le pouuoir de vendre la chose, tel est le droit des majeurs.

*Obiections.*

### *Objections.*

L'ON demande icy si ce qu'on souffre volontairement peut estre proprement qualifié du nom d'injustice, l'on répond à cela que nul ne peut souffrir vne injustice, que son droit ne soit violé, que celuy qui veut souffrir vne action condamnable transporte son droit, & par conséquent que l'action dont il s'agit, ne peut estre proprement vne injustice.

L'on demande là-dessus si celuy qui enleue le manteau d'vn enfant de famille du consentement du mesme enfant, commet vne injustice, l'on répond à cela qu'il en commet vne au regard des parens dont il dépend, parce qu'ils n'ont point consenty à l'acte; mais qu'il n'en commet point au regard de l'enfant, parce que l'acte a suiuy son consentement.

Il est facile de juger de ce que ie viens de dire, que celuy qui tuë son amy sur les prieres qu'il luy fait de luy oster la vie, est coupable enuers Dieu, enuers le Prince, & enuers les Concitoyens, parce qu'ils n'ont point consenty au meurtre; mais qu'il est innocent enuers celuy qu'il a tué, parce qu'auant que de mourir il auoit receu de luy le pouuoir qu'il auoit sur sa personne.

### *S'il est permis de se tuer.*

QVELQVES-VNS disent que le corps est soûmis à l'ame, & que pour le bien de l'inferieur le superieur peut vser de quelque violence. Quelques autres disent que Samson se tua, & que selon l'Apostre des Gentils, il estoit tenu dans l'ancienne Loy pour vn Saint.

Le corps est soûmis à l'ame, ie l'auoüe; mais l'ame est soûmise à Dieu, & Dieu deffend le meurtre volontaire, Samson se tua, il est vray; mais si le sens de tous les Docteurs est veritable, l'on ne doit pas considerer sa mort comme vn effet de son peché, on la doit considerer comme vn effet de son inspiration.

### *Qu'on ne doit point se tuër.*

LA mort volontaire est ordinairement precedée des considerations dont ie vais faire le denombrement; mais ces considerations quelques violentes qu'elles soient ne peuuent justifier cette mort.

De se tuer pour auoir commis quelque grand peché, la Religion combat cette action, cette action preuient la penitence, de se tuer pour éuiter l'impudicité d'vne puissance majeure, la raison combat ce moyen, vne femme peut estre violée, & estre chaste, & à la rigueur c'est commettre vn grand peché pour en éuiter vn moindre, de se tuer pour éuiter la honte de l'esclauage, la grandeur du courage ne le permet pas, il y a de la force à souffrir constamment les rigueurs de la fortune, & vne personne témoigne vne espece de foiblesse quand sa foiblesse arme ses mains contre elle, de se tuer pour se deffaire des miseres de la vie, la mesme grandeur du courage est incompatible auecque cet homicide, la vertu se roidit contre les choses qui sont difficiles à supporter, & celuy qui se relasche témoigne qu'il est inferieur en puissance à la fortune qui l'attaque, de se tuer enfin pour enseuelir dans sa mort le souuenir de quelques horribles actions, la vertu qui combat la molesse ne peut souffrir cette extremité, la penitence doit suiure le crime, & c'est renoncer à la penitence que de renoncer à la vie; l'on peut adjouster à ce que ie viens de dire que celuy qui se tuë agit contre la nature, contre l'estat, & contre Dieu, qu'il agit contre la nature parce que chaque chose tend naturellement à sa conseruation, & qu'en se détruisant il violente les mouuemens naturels: qu'il agit contre l'estat, parce qu'il est vn membre animé de la republique, & qu'en se retranchant de la mesme republique il diminuë les forces de la patrie: qu'il agit contre Dieu, parce qu'il abandonne l'armée des viuans où le Seigneur l'auoit mis en faction, & que c'est deserter que de quitter son poste sans congé.

### *S'il y a plus de mal à tuer vn coupable qu'vn innocent.*

QVELQVES-vns asseurent qu'il n'y a pas tant de peché à tuer vn innocent qu'vn coupable, parce que la mort preuient la penitence, & que le peché est d'autant plus grand qu'il apporte plus de dommage. Quelques autres trouuent qu'il y a moins de peché à tuer vn coûpable qu'vn innocent, parce que le meurtrier fait tort à celuy qu'il est estroitement obligé d'aimer, qu'il détruit l'objet des complaisances de Dieu, & qu'il priue l'estat d'vn homme exemplaire.

Comme l'interest public est profitable à l'interest particulier, ie trouue qu'il y a plus de peché à tuer vn homme de bien qu'vn homme de mauuaises mœurs, parce qu'en tuant le vicieux l'on ne fait tort qu'au vicieux, & qu'en tuant l'homme de bien l'on tuë vn homme qui pouuoit conuertir tout vn peuple.

### *Diuision de la Iustice.*

IL y a dix sortes de justices, il y a vne justice commutatiue, vne justice distributiue, vne justice judiciaire, vne justice politique, vne justice liberale, vne justice naifue, vne justice dédommageante, vne justice restitutiue, vne justice reparatoire, & vne justice religieuse.

La justice commutatiue c'est celle par laquelle l'on rend autant pour autant, & la justice distributiue c'est celle par laquelle l'on distibuë proportionnement les recompenses & les peines. La justice commutatiue ne regarde point les personnes, elle ne regarde que les choses, & la justice distributiue regarde & les actions & les personnes.

Les hommes de differente qualité font quelquesfois des actions semblables, mais quoy que les actions en soy soient de mesme nature, la justice distributiue peze les conditions, & elle est plus liberale ou moins rigoureuse enuers le Gentil-homme qu'enuers le Bourgeois, enuers le Capitaine qu'enuers le Soldat.

### *De l'excellence des personnes.*

L'Excellence des personnes se mesure sur diuerses considerations, on la mesure sur la vertu dans l'estat Aristocratique, on la mesure sur les richesses dans l'estat Olicratique, on la mesure sur les charges dans l'estat Democratique, & on la mesure sur la naissance & sur la condition dans l'estat Monarchique.

### *Comparaison de la Iustice distributiue auecque la Iustice commutatiue.*

LA justice distributiue est plus noble que la justice commutatiue, parce qu'il est plus noble de donner que de receuoir, que la justice distributiue départ des biens qu'elle n'a point receus, & que la justice commutatiue rend ce qu'on luy a donné, tout ce qu'on peut dire icy en faueur de la justice commutatiue, c'est qu'elle est plus proprement justice que la justice distributiue, parce qu'elle rend ce qui appartient à autruy, & que la justice distributiue fait part de ce qui appartient à soy-mesme.

### *De la Iustice iudiciaire.*

LA justice judiciaire est vne vertu de la volonté, par laquelle sur les debats formés l'on deboute, l'on accorde, l'on compense, l'on condamne, l'on absous.

### *De la Iustice politique.*

LA justice politique est vne vertu de la volonté, par laquelle l'on obey aux ordres de la Ville, aux Edits, & aux Loix de l'Estat. L'on doit mettre des lanternes aux fenestres en témoignage de la part qu'on prend aux réjoüissances de la Cour. L'on doit satisfaire au droit des portes, c'est à dire aux taxes des entrées, enfin en France au deffaut des hoirs masles les filles doiuent ceder la Couronne & aux oncles & aux cousins.

### *De la Iustice liberale.*

LA justice liberale est vne vertu de la volonté, par laquelle l'on donne reellement des témoignages de l'estime qu'on fait de quelqu'vn, cette habitude est mise sous la vertu dont nous traitons, parce qu'on doit quelque chose à ceux qui meritent ce qu'ils n'ont pas, que la liberalité suppose la justice, qu'on ne peut faire des communications bien-faisantes d'vn bien tyranniquement acquis.

## *De la Iustice veritable ou naifue.*

LA justice veritable ou naifue est vne vertu de la volonté, par laquelle l'on adjuste ses paroles à ses pensées, Saint Thomas reduit cette habitude sous la justice, parce que la parole a esté donnée aux hommes pour le bien de la vie ciuile, & que les hommes s'entre-doiuent en temps & lieu les declarations ingenuës de leurs sentimens.

## *De la Iustice dédommageante.*

LA justice dédommageante est vne vertu de la volonté, par laquelle l'on satisfait ordinairement par argent au tort qu'on a fait à quelqu'vn, par force, par fraude, ou par quelque autre moyen. Lors qu'vn homme meurt pour le crime qu'vn autre a commis, le coupable doit adroittement dédommager les heritiers des pertes qu'ils font en consequence de la mort de leur parent. Lors qu'il y a vne grande inégalité entre le corrupteur & la personne débauchée, celuy qui débauche doit donner vn dot proportionné à la qualité de la fille qui a esté corrompuë. Lors qu'on a meurtry quelqu'vn sans raison, l'on est obligé de le dédommager conuenablement à sa qualité, à son âge, à ses blesseures, & à ses frais. Lors que ce qu'on a injustement pris eût esté salutaire entre les mains de son juste possesseur s'il n'eût point esté retenu, l'on est obligé quand on le rend non seulement de satisfaire aux fruits qu'il eût apporté; mais encores aux dommages qu'il eût preuenus.

### De la Iustice restitutiue.

LA justice restitutiue est vn acte de la volonté, par laquelle l'on rend à chacun ce qui luy a esté injustement pris, la restitution de la chose ou de la chose équiualente, doit estre faite ou au proprietaire, ou aux heritiers, ou aux pauures, & si le restituteur est du nombre des derniers, il peut retenir quelque chose pour sa subsistance. Il est perilleux de restituer lors qu'on n'est plus en estat de joüir de la chose injustement retenuë, ce sentiment est le sentiment des Docteurs. On est tenu de restituer les vsures, c'est à dire les interests excessifs. On est tenu encores de restituer les benefices qui ont esté injustement promeus ou conferez aux indignes. Vn Ecclesiastique doit restituer les fruits de son benefice selon le nombre de ses obmissions. C'est vn sacrilege que de retenir les dismes. Il faut rendre les sommes notables qu'on a gagnées aux enfans & aux Moynes, aux domestiques & aux furieux. Il faut restituer les tributs qu'on a injustement imposez. Il faut renoncer aux donations qui ont esté extorquées. Quand vn homme a meslé par son adultere les enfans naturels auecque les legitimes, il doit trauailler de bonne heure sans scandale & autant qu'il peut à la fortune de la famille qu'il a augmentée, & si ses bastards dont il doit auoir vn soin particulier sont dans la disposition de prendre

dre le froc, il doit sous-main contribuer aux dépenses de leur profession.

Si la restitution renferme quelques frais, elle doit estre faite aux dépens du restituteur, il n'est pas juste que l'innocent paye le deuoir du coupable. Quelques-vns tiennent que le coupable n'est pas tenu de restituer aux dépens de sa vie, c'est vn bien qui est plus excellent que les richesses; mais le dépoüillement d'vn Royaume, par exemple, est plus considerable que la vie d'vn coquin, & vn homme qui par ses extorsions a fait cent mille souffre-douleurs, peut bien engager sa vie pour tant de vies qu'il a comme éteintes.

Il faut remarquer auecque vn grand Pere qu'on ne doit point restituer lors que la chose restituée peut retourner au desauantage de la personne qui a receu le dommage, & que quand cette circonstance continuë, il faut mettre sa restitution entre les mains d'vn sage Ecclesiastique, qui soit particulierement informé de la raison du depost.

### *De la Iustice reparatoire.*

LA justice reparatoire est vne vertu de la volonté, par laquelle l'on tasche de restablir les choses dans l'estat où on les a trouuées. L'on doit prier pour celuy qu'on a porté au peché, par adresse ou par menace. L'on doit persuader le contraire de la fausse doctrine dont l'on a imbu quelqu'vn. L'on doit leuer l'obstacle qui a empesché que quelqu'vn n'entrast en Religion, ou qu'il n'y demeurast. L'on doit retracter son faux témoignage lors qu'il y va de la mort d'vn innocent. L'on doit faire des prieres pour celuy contre lequel l'on a vomy des maledictions. L'on doit remettre en bonne odeur la personne qu'on a diffamée, & selon la nature de l'injure, l'on doit faire la reparation d'honneur ou par escrit ou de viue voix.

### *De la Iustice religieuse.*

LA Religion selon Ciceron est vne vertu de la volonté, par laquelle l'on rend à la nature diuine le culte qui luy est deub.

La Religion a deux actes, les vns sont propres, & les autres ne le sont pas, ceux qui sont propres ce sont l'adoration, & le sacrifice, & ceux qui ne le sont pas, ce sont les actes des vertus qui dependent de la Religion, tels sont les actes consolans, les actes aumosniers, & les autres actes charitables.

Encores que la Religion semble estre vne vertu Theologique, c'est pourtant auecque raison qu'on la considere comme vne vertu Morale, elle est vne vertu Morale, parce qu'elle est contenuë sous la justice, que la justice rend à chacun ce qui luy appartient, & que la Religion rend tous les honneurs possibles au premier principe, elle est encore vne vertu Morale, parce que les vertus Morales tendent au souuerain bien, & que la Religion a pour objet des actes qui le procurent.

L'on range sous la Religion la deuotion, la pieté,

l'obseruance, la gratitude ; mais comme ie parleray ailleurs de toutes ces vertus, ie me contenteray de dire icy parlant de Dieu, que par la Religion on le considere comme le premier principe, que par la deuotion on le considere comme tres-aimable, que par la pieté on le considere comme pere, que par l'obseruance on le considere comme le plus noble de tous les estres, & que par la gratitude on le considere comme le bien de toutes les creatures.

### *Des effets de la Iustice.*

LA justice a plusieurs effets, elle rectifie les poids & les mesures, elle introduit l'ordre dans les dignitez, elle appuye le commandement, elle adoucit l'obeïssance, elle intimide les broüillons, elle anime les gens de bien, elle maintient les loix, elle facilite le commerce, elle releue les familles, & elle peuple les Temples.

### *Reflexions sur la Iustice, sur ses dependances, & & sur ses opposez.*

EN Lacedemone l'on ne chastioit pas le deffaut de rectitude, l'on chastioit le deffaut d'adresse, l'on ne punissoit pas ceux qui déroboient, l'on punissoit ceux qui ne sçauoient pas dérober.

Si c'est vne dureté que de n'assister pas son prochain, c'est vne inhumanité que de luy nuire.

Le droit des gens est tiré du droit naturel, parce qu'à moins que d'auoir la raison peruertie il n'y a point de nation qui ne l'obserue, ce droit engage tous les hommes à tenir les conuentions, à rendre le depost, à garder la foy, à respecter les Ambassadeurs, & à épargner les Estrangers.

Les Pytagoriciens constituoient le veritable droit à rendre la pareille; mais l'inégalité des conditions doit faire l'inégalité des recompenses & des peines.

Saint Ambroise dit que la justice regarde plutost le prochain que le juste.

Le droit naturel est à l'esprit ce que la lumiere est aux yeux.

Vne partie de la justice distributiue appartient au Iuge, l'autre appartient au Souuerain, c'est à dire que les punitions doiuent partir des Tribunaux, & que les graces doiuent tomber des Trosnes.

Aristote dit qu'il y a difference entre le juste & le droit, que le juste deuance l'acte, & que le droit le suit, qu'auant que de renuoyer en seureté les Ambassadeurs, il est juste de conclure qu'on les doit renuoyer en seureté, & que lors qu'on les enuoye de cette sorte l'on fait droit.

Quoy que Ciceron dise que la justice regarde les vtilitez d'autruy, l'on peut dire neantmoins qu'vn homme est juste enuers soy-mesme lors qu'il fait regner sa raison sur ses sens.

La loy ne deffend pas toutes les bonnes choses qu'elle ne prescrit point; mais elle deffend toutes les mauuaises choses qu'elle ne commande pas.

Quelques-vns tiennent qu'vn homme de bien

peut bien preferer l'interest du public à ses propres interests ; mais qu'il ne doit pas preferer l'interest public à sa vie, & que si l'on a sacrifié quelque-fois des innocens pour le salut des peuples, ce n'a pas esté vne action de justice, mais vne action de necessité, ce n'a pas esté vne action de raison ; mais vne action d'amour propre.

Vn bien peut estre justement possedé en plusieurs façons, il le peut estre par achapt, par prest, par loüage, par engagement, par depost, par donation, par inuention, & par heredité.

L'on peut preferer vn sçauant déreglé à vn ignorant vertueux, pourueu que l'excellence du sçauoir regarde la fin pour laquelle on establit les hommes en telle ou telle charge, parce que la science est plus communicatiue que le vice, & que le bien commun est preferable au bien particulier.

Il y a plusieurs especes de retentions injustes. La premiere qu'on appelle larcin consiste en vne vsurpation secrete & occulte, du bien de quelque particulier consideré comme particulier. La seconde qui est appellée peculat, consiste en la retention illicite des deniers publics. La troisiesme qui est appellée plagiaire, consiste en l'injuste prise de quelques esclaues, & mesmes de quelques hommes libres. La quatriesme qui est appellée sacrilege consiste en la retention déraisonnable de quelque chose sacrée, ou de quelque chose qui a esté prise dans vn lieu Saint. La cinquiesme qui est appellée abigeaire, consiste en l'injuste enleuement de quelques beſtiaux, & la ſixieſme qui eſt appellée vol, conſiſte à proprement parler au pillage des grands chemins.

Quelques-vns rangent ſous le vol la banqueroute, l'vſure, la retention des decimes, des tributs, & des ſalaires.

La meſme Hiſtoire qui rapporte qu'on nourrit aux dépens du public les jumens de Cimon, & qu'on leur donna meſmes de belles ſepultures, dit qu'on vſa de cette reconnoiſſance enuers ces beſtes, parce qu'elles auoient rendu de bons ſeruices à la conſtruction d'vn Temple, & que comme elles s'étoient preſentées à l'enuy les vnes des autres à qui porteroit les premieres les choſes neceſſaires, elles auoient excité les ouuriers à auoir vn ſemblable empreſſement.

Quoy qu'en matiere de jugement les alliez ſoient recuſables, Valentinian vouloit qu'on ſubiſt le jugement de Iuges ſuſpects.

Lucian qui ne parloit des choſes de la Religion que pour en faire les matieres de ſa raillerie, fut mangé des chiens, Pline qui nioit la Prouidence fut deuoré des flames, & Alphonſe Roy d'Arragon qui trouuoit à redire à la fabrique du monde fut foudroyé.

Celuy qui a la juſtice diſtributiue, dit vn Moderne, poſſede la juſtice commutatiue, en effet il eſt impoſſible d'eſtre exact en la diſtribution, & d'eſtre retenu au rendre.

Si parmy les nations où la ſeruitude à lieu, il n'y

a point de justice entre le Maistre & l'esclaue, parce que tout appartient au Maistre, à plus forte raison n'y en doit-il point auoir entre Dieu & les hommes, puisque nous appartenons bien plus à Dieu que les serfs n'appartiennent aux Patrons.

L'inegalité des conditions n'exclud pas tousiours la justice reciproque. Le pere doit la nourriture, le fils doit l'obeïssance. La femme doit le respect, le mary doit la douceur. Le Maistre doit l'entretient, le serf doit le seruice.

Vne loy doit sa naissance à cinq choses, elle la doit à l'authorité, à la prudence, à la clarté, à la promulgation, & à la fin. Elle la doit à l'authorité, parce qu'il faut estre estably des hommes ou de Dieu, pour regler les actions ciuiles, elle la doit à la prudence, parce que les loix ont vne si grande étenduë que pour leur donner le veritable caractere de loiy, il faut estre tres-judicieux, elle la doit à la clarté, parce que les loix sont representatiues de l'intention du Legislateur, & qu'elles ne peuuent estre telles qu'elles ne soient intelligibles, elle la doit à la promulgation, parce que les loix doiuent estre obligatoires, & qu'elles ne peuuent obliger les peuples à la deference qu'elles exigent, qu'elles ne soient connuës, elle la doit à la fin, parce que le bien des peuples est la fin des loix, & que lors que les loix s'éloignent de ce bien elles sont des tyrannies.

Pour tomber dans l'vsure, plusieurs conditions sont necessaires. Il faut premierement que la matiere de l'vsure soit de la monnoye, & qu'encores que la chose prestée soit sterile d'elle-mesme, l'vsure en tire du profit. Il faut en second lieu que la somme prestée soit comme hors de peril, & que le lucre qui prouient de la mesme somme excede le tarif ordinaire. Il faut en troisiesme lieu que le gain qui prouient de la chose prestée soit estimable à prix d'argent, & c'est pour cette raison que celuy qui preste vne somme de deniers pour acquerir quelque bien-veillance ne tombe pas dans l'vsure, parce que la bien-veillance n'est pas vne chose apreciable, il faut enfin que l'interest ne soit pas fondé sur le dédommagement du prestant; mais sur la nature de la chose prestée, que si cet interest estoit fondé sur le dédommagement du prestant, il seroit tolerable, puisqu'il est juste, par exemple, que celuy qui n'est pas en estat de viure de son reuenu, & qui retireroit du profit de la somme qu'il liure, s'il la vouloit liurer à vn autre reçoiue quelque douceur du prest qu'il fait.

Nos esprits forts tombent mesme d'accord que cóme la Religion est vtile, l'irreligion est punissable.

Argesilaus disoit que la justice estoit vne mesure Royale, que les Rois estoient plus ou moins grands selon qu'ils estoient plus ou moins gens de bien.

Par la calomnie qui est l'imposition d'vn crime controuué, l'on se propose de des-honorer l'innocent, & quelque-fois quelque chose de pis, par la preuarication qui est vn accord secret qu'on fait auecque le coupable, l'on détourne frauduleusement les témoignages qui le conuainquent, par la

tergiuer-

tergiuersation qui est vne negligence concertée, l'on se desiste insensiblement de la poursuite de quelque crime, par la contumelie qui consiste en des paroles injurieuses qui découurent en la presence mesme de l'injurié les deffauts qui se retrouuent en sa vie, l'on tend à le rendre méprisable, par l'opprobre qui regarde en vn homme, & l'ame & le corps, l'on ne se contente pas de rapporter les vices de sa conduite, l'on rapporte encores les difformitez de son exterieur, & les bassesses de sa naissance, par le faux rapport qui consiste en des paroles injurieuses secrettement proferées, l'on s'efforce de ruyner l'amitié qui est entre d'honnestes gens, par la derision qui remet comme en veuë les petits deffauts de la personne qu'on raille, l'on tasche de la mettre en desordre, enfin par la veritable malediction qui est vn souhait desauantageux, l'on témoigne qu'on seroit bien aise qu'il arriuast du mal à quelqu'vn sans que de ce mal il en pust naistre du bien, & par la fausse malediction qui est aussi en quelque façon vn souhait desauantageux, l'on témoigne qu'on seroit bien aise que du mal souhaité il en arriuast du bien, & c'est en ce sens qu'on souhaite vne maladie à vn débauché.

Il faut remarquer que la contumelie dont i'ay cy-deuant parlé, n'en demeure pas tousiours aux paroles ; mais qu'elle va quelque-fois jusques aux actions, & qu'vn homme, par exemple, passe dans le sens diffus pour vn contumeliateur, lors qu'au deffaut des mots il témoigne par les crachats qu'il jette sur vn portrait le peu d'estat qu'il fait de l'original.

L'vsurier met ses deniers entre les mains du pauure comme en vne terre labourable, & comme le laboureur ne s'enrichit que de ce qui naist du suc de la terre, l'vsurier ne s'enrichit aussi que de ce qui prouient de la substance du pauure.

Si tu vend, dit vn grand Pere, la lumiere du jour, & la tranquillité de la nuit, tu manqueras & de l'vne & de l'autre.

A quoy t'amuses-tu? ô homme, dit S. Augustin, de faire des vsures auecque les hommes, fais-les auecque Dieu, & pour reüssir en cela, met ton argent entre les mains du pauure, & tu recueilleras le centuple.

Tous les biens viennent d'enhaut, & si c'est estre extremément ingrat que de se seruir des bien-faits de Dieu à la honte de Dieu mesme, que ne peut-on point dire contre les riches qui ne se seruent de leurs biens que pour faire des corruptions? contre les doctes, qui ne se seruent de leur science que pour faire des schismes? contre les ingenieux, qui ne se seruent de leurs inuentions que pour faire des tromperies, & contre les robustes, qui ne se seruent de leur vigueur que pour faire des excés?

I'auouë que la Religion appuye la politique; mais que la Religion ne doiue estre qu'vn amusement de peuple, qu'vne occupation de simple, c'est vn sentiment qui merite plus d'estre combattu par le feu que par les paroles.

Il est quelque-fois bon de tromper le peuple, dit vn grand Politique; mais apres qu'on a fait seruir la Religion à l'estat, l'on doit faire seruir l'estat à la Religion.

Pour se rendre plus considerable parmy les peuples, Pompilius eut recours à son Ægerie, Lycurgue à son Apollon, Osiris à son Mercure, Zoroaste à son Charynundas, Oromasus à son Saturne, Solon à sa Minerue, Minos à son Iupiter, Zalmoxis à sa Vesta, & Mahomet à son Pigeon.

Saint Augustin parlant de l'ingratitude, dit de bonne grace à mon aduis, que c'est vn vent qui desseiche les roses de la Grace.

Qui veut parler solidement de la justice, qu'il lise Platon, ce Philosophe s'étend fort sur cette vertu, dans les deux liures qu'il a faits de la Republique, & dans les douze liures qu'il a composez des Loix.

La justice, dit vn tyran, dans cet Auteur, n'est autre chose que ce qui est vtile.

Il faut rapporter à Dieu toute la solidité de nos raisonnemens, toute la pureté de nos cœurs, toute la noblesse de nos entreprises, & tout le merite de nos œuures.

Le manquement de parole peut estre appellé impuissance. La tromperie peut estre appellée adresse. La trahison peut estre appellée vengeance; mais la meconnoissance ne peut estre appellée qu'ingratitude.

Vn Docteur a bien rencontré quand il a dit que

les Sacremens estoient des liens qui joignoient les hommes auecque Dieu.

Comme les Mysteres sont estranges au sens commun, plus l'on examine les matieres de la Foy, & plus l'on deuient libertin, & c'est ce qui a fait dire à vn grand homme, que l'irreligion estoit la lie des longues disputes.

Les bien-faits sont des semences, ils doiuent engendrer leurs semblables.

Platon a dit vne belle chose lors qu'il a dit que la loy estoit vn tuteur public.

Quand le mesme Philosophe parle de l'égalité, il la represente sous le nombre de huit, comme sous la figure du premier nombre solide, il semble qu'il ait voulu imiter en cela Orphée, qui quand il appelloit la Iustice Diuine à témoin, juroit par les huit Diuinitez, c'est à dire selon quelques Interpretes, par le feu, par l'eau, par la terre, par l'air, par le Soleil, par le jour, & par la nuit.

Comme la verité est vniforme, il ne faut pas s'étonner si Theodoret qui connoissoit la nature des opposez a donné au mensonge vne robbe de diuerses couleurs.

Strabon escrit qu'entre les Indiens celuy qui estoit conuaincu de menterie, estoit condamné à vn silence perpetuel.

Les Histoires remarquent que chez les mesmes peuples, l'on offroit autre-fois aux Dieux du sang de l'oreille, & de la langue, pour l'expiation du mensonge.

Il ne faut pas ressembler à ces terres dont parle Pline, apres Ciceron, qui deuiennent arides à mesure qu'on les arrose.

Les Atheniens permettoient qu'on intentast action contre les ingrats, & chez les Perses on les punissoit auecque vn fer chaud.

Il est douteux, disent quelques-vns, que l'vsure soit vn peché, parce que si Dieu dans le Deüteronome deffend au peuple d'Israël de prester à vsure à ceux de sa nation, il permet de prester au mesme interest à ceux qui ne sont point de ses lignées ; mais l'on répond à cela que les Iuifs estoient tres-attachez à leurs interests, & que pour les détourner de ruyner leurs concitoyens, Dieu souffrit qu'ils exerçassent leur auarice sur les autres peuples.

Quand les dons croissent, dit S. Augustin, les obligations augmentent.

Si la reconnoissance est plus naturelle que la courtoisie, quelle honte de ne reconnoistre pas par nos paroles & par nos actions les bien-faits de Dieu? & de voir tous les jours que la terre qui deuroit s'entasser au tour de son centre par son égale pezanteur, s'éleue neantmoins en montagnes & en costeaux pour s'opposer à la violence des vents, & pour contribuer à l'abondance des viures ; que l'eau qui deuroit demeurer dans les limites de son lit, s'insinuë dans les cachots de la terre pour contribuer à la generation des metaux, & pour seruir en tuyaux, en cascades, & en fontaines, à la satisfaction des sens ; que l'air qui pour se conseruer deuroit demeurer dans sa sphere, se laisse attirer par les polmons pour deuenir le rafraichissement des cœurs, & la matiere des esprits vitaux; que le feu quelque celeste qu'il soit se laisse renfermer dans nos foyers, dans nos fours, & dans nos fourneaux, pour cuire nos alimens, pour faciliter nos vstanciles, & pour preparer nos remedes; que les Cieux enfin qui à raison de leur noblesse deuroient dédaigner les choses sublunaires, se laissent mouuoir aux intelligences pour éclairer les peuples, pour diuersifier les saisons, pour disperser les influances, & pour contribuer à la generation des choses.

De mentir, comme on dit, c'est estre hardy contre Dieu, & poltron enuers les hommes.

Il y a trois sortes de mensonges selon S. Thomas, il y en a qui sont officieux, il y en a d'autres qui sont diuertissans, & il y en a d'autres qui sont criminels.

Vne juste coustume a force de loy, c'est le sentiment de S. Thomas, & mesme de tous les autres Docteurs.

Quoy que dans la Maison de Dieu vne chose purement spirituelle ne puisse estre venduë, neantmoins comme l'on peut rachepter ses pechez par l'aumosne, Saint Gregoire a eu raison de dire que le Royaume des Cieux estoit à vendre.

Quand l'on donne quelque chose à vn pauure Prestre pour prier Dieu pour nous, on ne luy donne pas de l'argent pour achepter sa priere, on ne luy en donne que pour achepter sa peine.

Il est permis, disent les Theologiens, de persuader vn simple peché quand l'on reconnoist qu'on est resolu de commettre vn grand mal, aussi excuse-t'on Loth de ce qu'ayant veu que les sodomites en vouloient aux Anges, il leur offrit ses propres filles.

Le Droit Canon n'est autre chose qu'vn ramas de Constitutions Ecclesiastiques, qui ont esté tirées des resolutions des anciens Peres, des Rescripts des Papes, & des anciens Conciles Generaux : Ce Droit contient trois volumes, le premier est appellé le Decret de Gratian, & il contient les Canons qui ont esté tirés des anciens Conciles, & des escrits des Saints Peres : le second qui est appellé les Decretalles, contient les Rescripts des Papes, à commancer depuis Alexandre Troisiesme jusques à Gregoire Neufiesme, & ce fut par l'authorité de Gregoire qu'il en fut fait vne reduction : le troisiéme est appellé le Sexte, il contient les Rescripts des Papes à commancer depuis Gregoire Neufiesme jusques à Boniface Troisiesme, & ce fut par l'ordre de Boniface qu'il en fut fait vn corps, l'on a adjousté au Sexte les Clementines, c'est à dire les Constitutions de Clement Cinquiesme, auecque quelques Rescripts de Iean Vingt-deuxiesme, & de quelques autres Souuerains Pontifes, & l'on appelle ces Clementines extrauagantes, parce qu'elles sont comme hors le corps du Droit Canon.

Le Droit Ciuil est vne collection du Droit qui a esté receu l'espace de douze cens ans dans l'étenduë de l'empire Romain, ce Droit est meslé de quelques loix qui estoient en vsage chez les Grecs, l'Empereur Iustinian fit reduire ce Droit en trois volumes, & ces trois volumes sont appellez les Pandectes ou Digestes, le Code, & les Instituts. Les Pandectes contiennent les resolutions des anciens Iurisconsultes. Le Code contient les Constitutions qui ont esté faites par les Empereurs depuis Adrian jusques à Iustinian, enfin l'on a joint aux Instituts qui sont l'abregé des Pandectes & du Code, les Rescripts de Iustinian qu'on appelle les Nouuelles Authentiques.

Il est deffendu de retenir le surcroist excessif des deniers qu'on a déliurez, il est permis de retenir le gain qu'on a fait du surcroist excessif des mesmes deniers.

Dans la Iurisprudence Romaine, l'on appelloit injure tout ce qu'on faisoit au mépris de son prochain.

Quelques-vns tiennent que l'vsure est vn larcin, & que comme il est permis de reprendre son bien où on le trouue, l'on peut reprendre le surcroist excessif des sommes que l'vsurier a deliurées.

La rapine est vn vol qui est fait à main armée.

On ne doit pas maudire le diable non seulement à raison de sa nature qui est l'ouurage des mains de Dieu; mais mesmes à raison de sa coulpe, parce dit l'Ecclesiaste, que nous sommes pecheurs, & que de luy souhaiter de plus grands maux que ceux qu'il souffre

ſouffre à cauſe du mal qu'il a fait, c'eſt nous ſouhaiter du mal, On ne doit point non plus maudire les beſtes non ſeulement à cauſe qu'elles ſont incapables de commettre quelques offences ; mais encores parce qu'elles ont eſté ordonnées pour le bien de l'homme, & que de leur ſouhaiter quelque mal, c'eſt ingratement vſer des bien-faits de la creation.

Il faut remarquer qu'il y a eu pluſieurs ſortes de maledictions, que par maniere de repreſentation le Seigneur maudit la terre, afin que la diſcontinuation de ſes feconditez gratuites fuſt vn reproche continuel à ceux qui participent à la faute d'Adam, que par maniere de ſignification le meſme Seigneur maudit le figuier, afin d'apprendre aux Iuifs qu'en conſequence des maux qu'ils luy preparoient ſa malediction tomberoit ſur leur teſte, que par maniere de meſure ou de choſe contenante Iob maudit le jour de ſa naiſſance, à cauſe qu'il renfermoit dans ſon ſein la coulpe originelle, & que par maniere d'exemple, Noë & Iacob maudirent quelques-vns de leurs enfans.

Où il n'y a point de témoin la negation de l'accuſé vaut autant que l'affirmation de l'accuſateur.

Les Philoſophes Moraux parlent de la proportion Geometrique, & de la proportion Arithmetique, ils diſent que la proportion Geometrique renferme quatre termes, & que l'autre n'en renferme que deux, que le premier terme a le meſme rapport au ſecond, que le ſecond a au troiſiéme, &

que le troisiéme a au dernier, que si la ligne A a deux thoises, que si la ligne B a quatre thoises, que si la ligne C a huit thoises, & que si la ligne D a seize thoises, la ligne A a le mesme rapport Geometrique à la ligne B, que la ligne C a à la ligne D, ils disent encores que la proportion Arithmetique consiste à exceder égallement, & à estre égallement excedée, que deux au respect de quatre a la mesme proportion que six au respect de huict, & que comme le quatre excede le deux de deux, huict excede le six de pareil nombre, ils disent encores que la proportion Geometrique ne se rencontre pas dans la proportion Arithmetique, que le deux n'est pas vne telle partie de quatre, que le six l'est de huict, que le deux est la moitié de quatre, & que le six est la troisiéme partie de huict, ils disent encores cent autres choses sur ces deux proportions; mais parce que l'application qu'ils en font ne quadre pas souuent, qu'elle embarasse plus qu'elle n'éclairoit, ie me contenteray d'auoir dit quelque chose sur ces sortes de rapports, & d'auoir rapporté les exemples qu'ils en donnent.

Comme l'injuste peut faire des actions de raison, (comme quand il fait des ordonnances loüables) & estre injuste, le juste peut faire aussi des actions d'injustice (comme quand il cede son droit à vn insolent) & estre juste.

La justice est incompatible auecque les querelles, & c'est pour cette raison qu'on dit que là où elle regne la vaillance est inutile.

Quand Aristote dit apres Platon que la justice est vn bien estranger, il veut dire que la justice ne regarde pas tant celuy qui l'exerce, que les personnes enuers lesquelles elle est exercée.

Ie n'approuue point ce que dit vn Sophiste, que la justice vniuerselle est vne perte domestique, vn homme vniuersellement juste ne peut penser au bien de sa patrie qu'il ne pense au bien de sa maison, & si cela n'estoit pas, il s'ensuiuroit vne contradiction, il s'ensuiuroit qu'il seroit vniuersellement juste, & qu'en quelque chose il ne le seroit pas.

Il y a vne proportion qui est meslée des deux, dont j'ay cy-deuant parlé, Bodin qui l'appelle harmonique, dit que c'est la meilleure.

Par le Droit ancien les peines suiuoient la loy, elles ne commancerent à estre arbitraires que du temps de Constantin.

Qu'est-ce que l'équité ? vn Ancien répond pour nous que ce n'est qu'vne fauorable interpretation qui tend à amolir la dureté du Droit.

Dans les faits douteux les Iuifs jugeoient sur la deposition de trois témoins, chez le mesme peuple l'exil n'estoit point en vsage, il eût seruy de cause occasionnelle à l'idolatrie.

Il n'y a rien de si rare qu'vne belle inclination, c'est ce qui a fait dire à vn bel esprit, qu'il se troueroit peu d'hommes qui fussent justes, si les hommes auoient comme Gyges le secret de se rendre inuisibles.

Ceux qui ont examiné la raison d'estat en trouuent de deux especes, il y en à vne que le Pape Pie Cinquiéme appelloit raison d'Enfer, qui regarde le bien du Prince, & il y en a vne autre qui regarde le bien public, par la premiere qui est celle dont il s'agit presentement, l'on sacrifie quelque-fois pour sauuer sa personne, des hommes qui n'ont fait du mal que par violence, Borgia me vient en la pensée, il fit faire cent exactions par des gens qui n'oserent le contredire, & pour se sauuer du peuple, il les abandonna à sa fureur.

Le Droit Ciuil à proprement parler n'est autre chose que ce que chaque Cité s'establit pour Loy.

Il y a difference entre le Droit naturel & le Droit des gens, le Droit naturel est commun aux hommes & aux bestes; mais le Droit des gens n'appartient qu'à la nature humaine.

Quelques-vns mettent le Mariage au rang des actes qui appartiennent au Droit naturel; mais il me semble qu'on y deuroit plutost mettre l'acte du Mariage, que le Mariage, il est naturel de se joindre, & il est contre nature à l'homme de s'engager.

On compare la regle Polyclette qui estoit de fer à la rigueur de la Loy, & l'on compare la regle Lesbienne qui estoit de plomb à la douceur de l'équité.

Quoy que ce soit bien fait que de juger selon que le Legislateur eût jugé, neantmoins en France, il n'y a que les Cours Souueraines qui puissent donner des jugemens selon que le Legislateur en eût donnez.

Il n'appartient pas à tous les Iuges comme ie viens de dire de suppléer aux deffauts de la loy, l'Empereur Theodose qui alloit plus auant, disoit qu'il n'appartenoit qu'à celuy qui l'auoit faite à luy donner vn sens fauorable : Dans le Code de l'Empereur Iustinian, l'on ne trouue point d'adoucissement de Droit qui n'ait esté authorisé par la réponse de quelque Empereur, les Proconsuls dans les cas extraordinaires recouroient à la volonté des Souuerains, & Pline le jeune qui trouuoit tres-rude l'Edit que l'Empereur Trajan auoit fait contre les Chrestiens, n'osa l'adoucir.

Ceux qui jugent les autres doiuent estre sans consideration, & sans interest, aussi les Iuges peints qui estoient au Palais de Thebes, estoient-ils sans yeux & sans mains.

Si l'on veut que les peuples joüissent du bien pour lequel ils se sont assemblez en corps de Republique, il faut auoir l'œil que les Iuges soient de veritables Iuges, Numenius estoit de ce sentiment, il rapportoit le bien des peuples à la probité des Tribunaux, & il disoit souuent que les Rois estoient les ouurages de Dieu, que la Loy estoit l'ouurage des Rois, que la Iustice estoit l'effet de la Loy, & que la felicité estoit le fruit de la Iustice.

Il y a en general deux sortes de Loix, il y en a qui changent selon les circonstances des temps, & il y en a d'autres qui ne dépendent point des circonstances, les premieres qui sont comme les Ordonnances des Rois sont variables, & les autres qui sont comme les Loix du Royaume sont fixes.

Quelque puissant que soit le Droit Ciuil, il ne peut en toutes choses reuoquer le Droit naturel. Les pauures ont tousiours quelque chose sur le bien des riches, & ils peuuent dans la derniere misere vser du droit qu'ils ont sur ce bien.

La raison d'estat que Tacite appelle le secret de la Seigneurie, n'est autre chose à proprement parler qu'vne contrauention aux raisons ordinaires, & ce fut par cette raison que le Fils de l'Homme fut mis à mort.

Dans la derniere extremité la raison diuine doit ceder à la raison d'estat, il est permis de dépoüiller les Autels & les Sacristies, lors qu'il faut necessairement ou toucher à l'argenterie des Temples, ou abandonner les peuples à de nouueaux Maistres.

Quelle cruelle politique, dit vn Ancien, de s'emparer du pays de celuy qui nous appelle pour se rendre Maistre de celuy qui ne nous appelle point ? cependant ç'a esté par l'vsurpation que les Romains ont estendu leur Empire, ç'a esté par la mesme injustice que les Ottomans ont estendu leur Seigneurie.

Il y a difference entre la raison d'estat & le priuilege, la raison d'estat comme i'ay desia dit, regarde le benefice d'vne communauté, & le priuilege ne regarde que le bien d'vn seul.

Democrite au rapport de Pline, ne connoissoit pas mal le naturel des peuples, il disoit que les Gouuernemens roulloient sous deux piuots, & que ces deux piuots estoient la recompense & la peine.

L'equité, dit vn grand personnage, doit auoir plus d'etenduë que la justice, Caton pechoit contre cette proposition, il vendoit les esclaues qui auoient vieilly à son seruice.

Comme l'impunité multiplie les brigands, saint Ambroise auoit raison de dire que qui ne punissoit pas les criminels, abandonnoit les innocens à la mort.

Le droit des gens ne consiste seulement pas aux choses que i'ay rapportées au commancement de la justice, il consiste encores à ne point vsurper les choses sacrées, à ne point dérober les ornemens des Temples, à ne point empoisonner les fontaines publiques, à ne point occuper le bord des riuieres, & à ne point empescher l'abord des havres.

Il faut que les fautes des particuliers retournent au bien public, les Romains, dit Florus, bastirent le Temple de la Concorde des deniers des amandes.

Eustachius qui a escrit sur Homere, dit qu'en l'Isle de Milet, il y auoit vne fontaine qu'on appelloit Asiles, & que l'eau qui en découloit estoit salubre; mais que quand elle estoit arrestée, elle deuenoit funeste, l'on peut comparer la justice à cette fontaine, la justice est salutaire lors que personne n'en empesche le cours; mais quand son cours est interrompu, l'on peut dire que ſon oppreſſion change ſa nature, & que ſous le meſme nom elle produit des effets oppoſez.

Il eſt perilleux de changer les Loix, les Atheniens qui eſtoient perſuadez en cela de ce que ie dis, firent grauer leurs Loix, qu'ils appelloient les tables éternelles, ſur tout ce qui conſerue plus long-temps les impreſſions des choſes.

Les Loix naturelles ſont communes à toutes les nations; mais les Loix humaines quelques extraites qu'elles ſoient des Loix naturelles, ne ſont communes qu'à quelques peuples.

Celuy qui eſt le plus juſte, dit Platon, eſt le plus ſemblable à Dieu.

Comme les Chirurgiens n'appliquent pas le fer lors qu'ils peuuent chaſſer le mal par la voye des medicamens, vn Prince auſſi, diſoit Tybere, ne doit pas employer ſa puiſſance abſoluë pour remedier aux deſordres qui arriuent entre les particuliers, lors qu'il y peut remedier par la voye des procedures.

Il eſt tres-perilleux à vn miſerable de tomber entre les mains de la Iuſtice, les Iuges n'ont ſouuent que du fer pour ceux qui n'ont point d'argent.

La crainte peut beaucoup ſur le peuple, les Lacedemoniens conformerent leurs actions à cette verité, auſſi le Philoſophe que les Thebains enuoyerent chez eux pour recueillir leurs meilleures Ordonnances, ne parla-t'il à ſon retour que de verges & de gibets.

Cambyſes

Cambyses fit vne action bien seuere, & neantmoins bien juste, lors que de la peau de Sisamnes il fit couurir le principal siege des Tribunaux. Artaxerces fit encore vne action de cette nature, lors que pour les mesmes considerations, il fit la mesme chose.

L'on n'a pas mal rencontré, ce me semble, lors qu'on a dit que les gros voleurs auoient les manches pleines de baillons, l'interest n'a pas peu de credit sur la pluspart des Iuges, & il faut qu'vn riche accusé soit bien criminel s'il ne passe pour innocent.

Que la pluspart des peines sont mal dispersées! vne femme, dit Froissart, se plaignit vn jour à Bajazet que son valet de chambre luy auoit pris du laict, Bajazet escouta quelque temps la contestation des deux parties; mais enfin apres auoir intimidé la complaignante qui n'auoit pas tort, il commanda qu'on ouurit le ventre du valet de chambre, & qu'on obseruast exactement si l'on n'y trouueroit point le larcin.

La concussion consiste à exiger illicitement des sommes considerables.

Ce n'est pas vn petit larcin que le stellionat, il consiste à vendre deux fois vne mesme chose, ou pour parler comme les Maistres, il consiste à proposer vn bien engagé comme vn bien franc & quitte.

Il y a difference entre la concussion & le peculat, la concussion exige le bien des particuliers, & le peculat s'empare des deniers du public.

Herodote dit qu'on fit vn jour asseoir vn Iuge qui auoit succedé à la charge de son pere, sur la peau de son pere mesme.

Il n'appartient pas à vn vassal quelque grand Seigneur qu'il soit de tuër les gens sur les terres de son Seigneur, aussi Iean Santerre Roy d'Angleterre fut-il condamné à mort par le Parlement de Paris, pour auoir tué son neveu sur les terres de Philippe, dont il estoit le vassal.

Quoy que dise Machiauel, l'on ne reüssit pas long-temps, quand à l'imitation de Ferdinand de Castille, l'on se sert de la Religion comme d'vn manteau pour couurir ses mauuais desseins.

Vn Prince ne peut approuuer vne Coustume que par trois voyes, il ne la peut approuuer que par l'imitation, que par la tolerance, & que par la confirmation.

Tacite dit, parlant du regne de Tybere, que Rome estoit plus tourmentée par les Loix que par les vices.

Les Loix quelques justes qu'elles soient, sont des correctifs qui ont tousiours quelque chose de fascheux.

Suarez dit qu'il faut dix ans pour authoriser vne Coustume contre vne Loy ciuile, & qu'il faut quarante années pour appuyer vne Coustume contre vne Loy Ecclesiastique ; mais Sotus tient que le temps est indeterminé.

Les Loix naturelles, dit vn Ancien, ne ſont pas ſujettes à la cenſure, elles ne ſont ſujettes qu'à l'interpretation.

Il y a des cruautez qui ſont indignes de ceux qui les commettent, le fils d'Antigonne ne ſe contenta pas d'auoir le corps de Pyrrhus en ſa diſpoſition, il luy coupa la teſte, & dés qu'il l'eut coupée, il la jetta aux pieds de ſon pere, Antigonne qui auoit plus d'humanité que ſon fils rougit de la cruauté qu'il auoit exercée ſur Pyrrhus, & détournant ſes yeux, il luy fit quelques-temps apres des reproches.

Que cette penſée Turqueſſe me ſemble belle, la juſtice doit eſtre l'aulne de l'ame.

Il eſt auſſi naturel à l'homme de viure ſous l'empire de la Loy, que ſous le commandement de la raiſon.

Comme les choſes faites ne peuuent eſtre reuoquées, le Sage, dit Platon, n'ordonne pas la peine pour le peché paſſé, il ne l'ordonne que pour le crime futur.

Choſe eſtrange ! nous ne remercions pas Dieu des choſes qui nous conuiennent, & nous nous plaignons de luy des choſes qui ne nous conuiennent point, c'eſt ce qui a fait dire à Seneque que les ingrats enuers les Dieux, ſe plaignoient de ce qu'ils n'eſtoient pas ſi grands que les élephans, ſi viſtes que les cerfs, ſi legers que les oyſeaux, ſi vifs au fleurer que les chiens, ſi ſubtils au voir que les aigles, si longs au viure que les corbeaux, si agiles au nager que les poissons.

Dans la Nouuelle de Iustinian, le bien du supplicié, estoit reserué aux descendans jusques au troisiéme degré; mais il falloit que le crime ne regardast pas la personne du Prince.

Il faut que chacun fasse sa charge, tu ne serois pas bon Musicien, dit Themistocle Simonide, si tu chantois contre mesure, & ie ne serois pas bon Officier aussi si ie jugeois contre les Loix.

La conscience ne doit point reconnoistre de parenté, vous m'auez appris de jeunesse à obeïr aux Loix, dit le fils d'Agesilaus à Agesilaus mesme, qui le voulut porter à quelques actes déraisonnables, vous trouuerez bon s'il vous plaist qu'aujourd'huy ie desobeïsse à mon pere.

De quel mauuais naturel ne faut-il point estre pour estre ingrat? la baleyne épargne son guide, sa gueule qui est vn goulfre pour les autres poissons luy est vn azile, les Cigognes qui ont éprouué l'amour de leurs peres en leur naissance, les assistent en leur vieillesse, les lyonceaux caressent ceux qui leur ont donné la vie, & lors que leurs peres ne peuuent plus chasser, ils chassent pour eux, l'éperuier dans les grandes froidures se rechauffe la nuit aux dépens d'vn passereau, qu'il retient entre ses serres, & quelque inclination qu'il aït à s'en repaistre, il luy restituë la liberté.

Il faut tousiours penser d'où nous viennent les

biens, auſſi le Prophete Aggée blaſme-t'il les Iuifs de ce qu'au retour de la captiuité de Babylone, ils auoient eu plus de ſoin de rebaſtir leurs maiſons, que de releuer la maiſon du Seigneur.

Imitons Pericles, ne ſeruons nos amis que juſqu'aux Autels.

Si l'on veut empeſcher les enfans d'aller à Dieu, qu'ils marchent, dit vn grand Perſonnage, ſur le ventre de leurs peres.

Pourquoy punir la joye des hommes quand elle eſt raiſonnable? cependant Herode commanda à ſa ſœur Salomé, & à ſon mary Alexas, de tuër apres ſon decez tous les nobles de la Iudée, qu'il auoit renfermez dans vn manege, afin que les Iuifs eſtant triſtes de l'effuſion de ce ſang, ils fuſſent hors d'eſtat de ſe réjoüir de ſa mort.

De tous les Princes, il n'y en a point qui ait porté la cruauté à vn ſi haut degré que Henry Huictieſme Roy d'Angleterre, il fit mourir deux Cardinaux, cinq Archeueſques, dix-huict Eueſques, cent Moynes, trente Doyens, quatorze Archidiacres, ſoixante Chanoines, cinquante Docteurs, douze Ducs, vingt-neuf Barons, trois cens trente ſix ſimples Gentils-hommes, cent vingt-quatre Bourgeois, cent dix femmes de condition, & pour donner la derniere ſatisfaction à ſon humeur ſanguinaire, il fit trancher la teſte à ſon propre fils.

La Loy ne commande pas toutes les vertus, ny ne reforme pas auſſi tous les vices, elle ne commande que les actes des vertus qui regardẽt le bien commun.

Vne Loy quelque injuste qu'elle soit est obligatoire quand son mépris est scandaleux.

Encores que les Rois n'ayent point de Iuges parmy les hommes, ils ont vn Iuge en eux, & ce Iuge n'est autre chose que la Synderese.

Zenophon dit que les Perses ne punissoient point de vices plus rigoureusement que celuy de l'ingratitude, parce adjouste cet Auteur, qu'ils tenoient pour certain que celuy qui estoit entaché de cet estrange deffaut, estoit capable d'oublier Dieu, la patrie, les parens, & les amis.

Il y a difference entre la Loy & la Coustume, la Loy prend force en vn moment, & la Coustume ne prend vigueur que peu à peu, la Loy que Dion Chrysostome compare au tyran, est souuent establie contre le gré des peuples, & la Coustume que le mesme Chrysostome compare au Roy, est toûjours conforme à l'humeur des gens.

Quelque moderé que fût Charlemagne, plusieurs Historiens rapportent qu'il fit decapiter en vn jour à Ferdy sur la riuiere Dalare quatre mil cinq cens Saxons qui s'estoient reuoltez.

La Loy a six effets, elle dirige, elle abonit, elle engage, elle punit, elle permet, & elle deffend.

Quoy que ce soit vne grande injustice que de punir par aduance des crimes incertains, Mahomet Troisiéme, de crainte que ceux de son sang ne l'égorgeassent, commença son regne par la mort de vingt-vn de ses freres.

Il est juste que l'injuste souffre la peine qu'il fait injustement souffrir, vn Preuost de Paris nommé Chaperel fit pendre vn simple prisonnier en la place d'vn criminel, dont il auoit receu de l'argent, Philippe Cinquiéme dit le Long, fut aduerty de cette action, & comme ce Prince la trouua extremément horrible, il voulut quelques supplications qu'on luy fit en faueur de celuy qui l'auoit faite, que Chaperel souffrist le supplice qu'il auoit fait souffrir à l'innocent.

Le vice exerce quelque-fois la justice commutatiue, le Roy Adombeze qui auoit fait couper les pieds & les mains à plusieurs Princes, receu de ses ennemis le traitement que ses autres ennemis auoient receu de luy.

C'est porter la precaution à vn estrange point, que de faire mourir ie ne sçay combien d'hommes pour empescher qu'vn homme ne soit coupable? l'Histoire dit, que si à Rome le Maistre estoit tué en sa maison, l'on faisoit mourir tous les domestiques, on pratiqua cette cruelle Coustume en faueur de Pedanus qui estoit grand Preuost de la Ville, ce Preuost ayant esté tué par vn de ses gens, l'on fit mourir quatre cens esclaues, & quoy que le menu peuple qui sçauoit le meurtrier se fust en quelque façon opposé à la rigueur du Senat, le Senat voulut que la Coustume fut suiuie.

Il y a des crimes qu'on ne peut assez punir, vn bastard de la maison de Bourbon, qui fut le promoteur de la ligue sous Charles Septiéme, fut enfin apprehendé au corps, & le Prince voulut que l'Arrest qui l'auoit condamné à estre étouffé dans vn sac & jetté dans la riuiere, fut ponctuellement executé.

La iustice est si vtile, dit Ciceron en ses Offices, que ceux mesmes qui ne viuent que de crimes ne peuuent long-temps subsister, que par l'obseruation de quelque ombre de iustice.

Il faut à l'imitation d'vn de nos Rois proportionner le chastiment à l'offense, Betisac Officier du Duc de Berry, fut conuaincu d'auoir fait de son propre mouuement d'estranges leuées sur les sujets du Roy, & parce qu'il crût que l'Euesque deuant lequel il fit en sorte d'estre renuoyé, pourroit par son entremise rendre sa condition meilleure, il se fit en quelque façon soupçonner d'heresie & de sodomie, Betisac contre sa pensée fut renuoyé au bras seculier, le Roy particulierement informé des choses interuint, & sur ce que le coupable s'estoit fait comme i'ay desia dit soupçonner d'heresie & de sodomie, le Roy voulut que comme voleur il fust pendu, & que comme heretique & sodomite il fust bruslé.

Ceux qui ont vne pente à la cruauté recherchent imprudemment leur seureté dans la cruauté mesme, ils croyent que la puissance des Monarques seroit auilie si elle n'estoit rigoureuse, que la puissance des Souuerains seroit méprisée si elle n'estoit malfaisante.

Quoy qu'on voye tous les jours des criminels, la rigueur des peines diminuë le nombre, & les Histoires eussent esté plus grosses d'exemples tragiques qu'elles ne sont, si les méchans, par exemple, n'eussent

ſent apprehendé les gouffres d'Athenes, les carrieres de Syracuſe, les tullians de Rome, les ceadas de Sparte, & les lançons de Carthage.

L'vſure, dit Tacite, eſt vn des anciens maux de la Republique, pour la preuenir, l'on faiſoit autrefois des Loix contre elle, aux lieux meſme où les mœurs n'eſtoient pas encore bien corrompuës.

Il y a des ſonges qui ne doiuent pas paſſer les léures, la politique qui eſt ſeuere mal-traite quelquefois les penſées, & pour preuue de ce que j'aduance, l'on punit ſous l'Empereur Claudius les réveries de deux Cheualiers.

Les Egyptiens eſtoient autre-fois ſi reconnoiſſans, qu'Euſebe rapporte qu'ils rendoient meſme des honneurs diuins à leurs bien-facteurs.

Il ne faut pas auoir la meſme deference pour vn homme comme homme, que pour la Loy comme Loy, c'eſt ce que veut dire Ariſtote, quand il dit que là où la Loy commande, Dieu commande ſouuent auec elle, & que là où l'homme commande, vne beſte commande ſouuent auec luy.

Si les peuples de Theſſalie adoroient la Cygogne à cauſe qu'elle deuoroit les ſerpens dont ils eſtoient incommodez, que ne deuons nous point faire pour celuy qui ne ſe contente pas de nous deffendre des choſes qui nous nuiſent ; mais encores qui joint les bien-faits reels aux faueurs priuatiues.

Agripine eſtoit excuſable de ce qu'elle s'entremettoit des affaires publiques, Neron eſtoit jeune, cependant sur ce qu'on fit accroire à Neron que sa mere le traitoit encore d'enfant, il consentit à son massacre, cette cruauté fut suiuie d'estranges signes, les prodiges témoignerent les ressentimens du Ciel, vne femme accoucha d'vn serpent, le foudre tomba sur des personnes qui s'entre-rendoient le deub du Mariage, l'air deuint obscur, & l'on vit en plein jour des Etoilles.

Le Religieux dont parle Philippe de Commines, estoit bien tendre à la reconnoissance, il traitoit de Saints tous ceux qui luy procuroient quelque aduantage.

Comme toutes les fautes ne sont pas égales, il ne faut pas imiter Dracon le Legislateur des Atheniens, il ne faut pas comme luy imposer à toutes les fautes des peines capitales.

Le Comte Arthol qui auoit assassiné Iacques premier Roy d'Escosse, ne fut seulement pas apres plusieurs autres maux couronné d'vne couronne de fer ardente, il fut mis encore tout nud le lendemain sur vne claye, & là apres qu'on luy eut frotté le visage de ses propres entrailles, on luy coupa la teste, & l'on mit le reste de son corps en quatre cartiers.

Quand les Souuerains ont des enfans, ils doiuent estre tres-circonspects en leurs Ordonnances, parce qu'il n'est seulement pas honteux de voir ses Loix violées par sa famille; mais encore fascheux de maintenir les mesmes Loix aux dépens de son sang, Demonassa Reine de Cypre fit trois Loix, elle voulut que les femmes adulteres fussent tonduës, &

qu'en ſuite on les abandonnaſt au bordel, elle voulut encore que ceux qui ſe tueroient fuſſent en execration, & qu'on leur refuſaſt meſme la ſepulture, elle voulut enfin qu'on épargnaſt les bœufs de labeur, & que celuy qui s'en ſeruiroit dans ſes ſacrifices fût mis à mort, ſa fille fut ſurpriſe en adultere, & ſon fils immola vn bœuf, ſa fille fut punie, ſon fils ſe tua, & la Reine qui ne puſt ſuruiure à tant de malheurs, fit fondre du cuivre & ſe jetta dedans.

Le tyran ne ſe contente pas des ſimples confeſſions, il dit que la verité eſt plus luiſante lors qu'elle ſort du bucher, que lors qu'elle ſort ſimplement de la bouche.

Peu de gens s'efforcent d'effacer les obligations qu'ils ont, auſſi dit-on par maniere de prouerbe, que le bien-fait eſt ſujet à vieillir.

Les ſanguinaires ne manquent point d'excuſes, Tamberlan eſtoit de ce nombre, il diſoit pour excuſer ſa cruauté, qu'il eſtoit venu au monde pour eſtre le bras de l'ire de Dieu.

Geofroy la Valée qui fut bruſlé à Paris, eſtoit ſi incredule, qu'il fit vn liure de l'art de ne rien croire.

L'on ne peut attendre rien de bon de ceux qui ſeruent d'inſtrument à l'injuſtice, ceux qui tenoient Edoüard Deuxiéme priſonnier, ne ſe contenterent pas ſous pretexte d'vn cliſtere de mettre en ſon fondement vne corne percée, ils mirent encore dans la meſme corne vne broche ardente, & ils inuenterent cette cruauté, afin que les affaires venans à changer de face, on ne pût sur des marques visibles les accuser d'auoir esté les bourreaux de leur Prince.

Quelque ridicule que soit l'Alcoran, les Musulmans ont tant de respect pour ce liure, qu'auant que de le lire ils curent leurs dents.

L'Empereur Seuere qui portoit ce nom à juste titre, dit vn jour à ses enfans qu'il les deffaisoit de leurs ennemis, Geta qui auoit honte des cruautez de son pere luy répondit, il est vray, Seigneur, que vous faites bien couper des testes; mais ceux que vous faites mourir n'ont-ils pas des parens, oüy repartit l'Empereur, si cela est vous nous laissez plus d'ennemis que vous ne nous en ostez.

S'il n'est pas permis de punir son Souuerain, il n'est pas deffendu de luy faire voir la punition qu'il merite, à peine Neron se fut-il deffait de sa mere qu'on pendit vn sac à vne des statuës de ce monstre, & qu'on adjousta à ce sac qui estoit le corps d'vne funeste deuise des paroles extremément piquantes.

Plutarque parlant du bien-fait, dit que c'est vn balon qu'il ne faut pas laisser tomber.

Quelles statuës ne deurions nous point dresser à Dieu, luy qui nous restablit dans la Grace qui est la santé de l'ame, puis qu'Auguste en fit dresser vne à Musa son Medecin, en reconnoissance de la santé qu'il luy auoit procurée.

Quoy que ce soit estre bien cruelle en apparence que d'arracher les yeux à ses enfans, neantmoins, dit Baronius, la mere de Copronius qui creva les yeux à cet estrange Empereur, fut loüée de plusieurs grands Personnages.

Pour peu qu'on soit sensible, l'on ne se deffend gueres d'estre reconnoissant, vn soldat fut cité pour répondre à quelques accusations, Auguste vint sur ces entre-faites, le soldat bien aise de cette arriuée, ne se contenta pas de luy montrer ses cicatrices, il luy rememora les occasions où il auoit esté blessé pour son seruice, ce discours toucha tellement Auguste, qu'il plaida la cause du soldat & la gagna.

Quelque homme de probité qu'on soit, les amis & les parens sont capables de faire bréche à la conscience, & c'est pour cette raison qu'en la Chine la pluspart des Iuges sont estrangers, & que Philippe le Bel & Charles Cinquiéme Rois de France, ordonnerent que personne ne fust receu sur les sieges dans le lieu de sa naissance.

S'il faut estre seuere enuers les mauuais Iuges, il faut estre seuere aussi enuers ceux qui les accusent à tort, vn Roy d'Arabie, rapporte Athenée, faisoit mourir & tous les Iuges qui estoient conuaincus de corruption, & tous les accusateurs qui estoient conuaincus de faux témoignage.

Les Alfaquins ont vne creance si aueugle pour leur doctrine, que quand ils ouurent d'vne main l'Alcoran pour l'enseigner, ils tiennent de l'autre main vn glaive pour exterminer ceux qui le combattront.

Quelque indecence qu'il y ait aux filles de condition de tomber dans les infirmitez de la chair, il ne faut pas punir ces ſortes de fautes de la derniere rigueur, Echete Roy d'Epire n'eût point cette conſideration, il fit creuer les yeux à Methope ſa fille pour s'eſtre laiſſé deflorer à Æmodicus, & comme ſi ce chaſtiment n'eût pas eſté aſſez grand, dit Euſtachius, il voulut qu'elle mouluſt des grains de fil en forme de grains d'orges, juſques à ce qu'elle eût fait, diſoit-il, de la farine de ces ſortes de grains.

Les Babyloniens ſelon Philoſtrate, rendoient la juſtice en vn lieu qui eſtoit baſti en forme de Ciel, la forme de ce lieu n'auoit eſté affectée que pour leur montrer que la Iuſtice ſupreme faiſoit ſa reſidence au deſſus de leur teſte, que c'eſtoit de cette éminence qu'elle s'eſtoit communiquée, & que c'eſtoit dans le lieu de cette éleuation qu'on determinoit les recompenſes & les peines.

Quand il va du jugement d'vn homme, il eſt bon de prendre ſes precautions, les Hebreux jeûnoient le jour qu'ils deuoient abſoudre ou condamner.

La cruauté n'eſt pas moins ſeuere en ſes maximes qu'en ſes actions, elle dit que qui oſte aux hommes l'eſperance d'obtenir des graces, oſte aux meſmes hommes la hardieſſe de commettre des crimes.

Comme vn homme n'eſt pas reſponſable des defauts de ſa conſtitution, Caligule eut tort de faire ce qu'il fit enuers vn homme qui luy demanda niaiſement la permiſſion d'aller aux Anticires. Qu'on égorge, dit-il ce fou, il faut vne ſaignée à celuy à qui l'élebore a eſté inutile.

Les tyrans ne ſçauent ce que c'eſt que de proportionner la peine à la faute, Dionyſius joüant vn jour donna ſon manteau & ſon épée à vn jeune homme, & ſur ce qu'vn de ſes familiers s'eſtonna imprudemment de ce qu'il auoit fié ſa vie à ce jeune homme, & que ce jeune homme auoit fait vn ſoûris impudent, il fit non ſeulement mourir le depoſitaire de ſon manteau & de ſon épée ; mais encore le ſonge-creux qui auoit excité ſon ſoûris.

Le meſme Dionyſius vouloit touſiours du ſang pour des paroles, vn homme vn jour parlant de luy dans la boutique d'vn barbier, diſoit entre autres choſes qu'il eſtoit tellement affermy, qu'il ſeroit moins difficile de rompre vn diamant que de détruire ſa tyrannie, le Barbier qui eſtoit de la conuerſation tomba d'accord que Dionyſius eſtoit redoutable ; mais venant à faire reflexion ſur les neceſſitez où les hommes ſont ſujets, il ne puſt s'empeſcher de dire qu'vne gorge ſur laquelle l'on paſſoit le raſoir, n'eſtoit pourtant pas ſi difficile à couper qu'on s'imaginoit, cet entretien fut rapporté à Dionyſius, Dionyſius voulut voir ceux qui l'auoient mis ſur le tapis, & apres qu'il les euſt raillez, il les fit mettre en croix.

Il y a de la peine à ſatisfaire à la multitude des Loix, & c'eſt ce qui a fait dire à Tite-Liue que cette eſpece de multitude auoit eſbranſlé les fondemens de l'Empire.

Qu'Alexandre vſa mal de ſa victoire enuers Betis ? tu ne mourras pas comme tu l'as deſiré, dit-il à ce jeune Prince, que le mal-heur des armes auoit mis entre ses mains, ie te feray souffrir tous les maux que merite vn ennemy opiniastre, Betis regarda Alexandre non seulement d'vn visage asseuré; mais encore dédaigneux, quoy dit le Roy tu m'obserueras sans rien dire? ha! ie vaincray ta fierté, & si ie n'en tire des paroles, au moins en tirerai-je des soûpirs, Alexandre transporté de rage luy fit passer des corroies à trauers les talons, & comme il vit qu'il respiroit encore, il le fit attacher à des cheuaux fougueux, & en cet estat il luy fit faire cent tours.

Il y a des actions qui semblent n'estre pas bien criminelles, & qui neantmoins le sont bien, vn estranger à Rome qui s'arresta vn jour à la boutique d'vn Peintre, ne se contenta pas de dire quelques paroles contre Henry Quatriéme, il donna mesme quelques coups de baguette à son portrait, ces paroles & ces actions furent rapportées à Clement Huictiéme, Clement Huictiéme fit d'abord aprehender cet insolent, & sans attendre les formalitez de la Iustice, il vengea par la corde l'indiscretion de la main.

Philippe Auguste, dit Dieu Donné, auoit raison de punir les blasphemateurs; mais il n'auoit pas raison de les faire jetter dans la riuiere, il faut donner au pecheur le temps de se reconnoistre, ce Prince fit bien d'abandonner au pillage & au glaive ceux qui le Vendredi Saint faisoient mourir quelques Chrestiens en croix, en derision de la Croix de Iesus-Christ; mais quelque besoin d'argent qu'il eust, il ne ne fit pas bien de rappeller les Iuifs, ce rappel rendit son zele suspect.

Il est tres-perilleux d'offenser celuy qui est le Maistre des vengeances, ou il punit, ou il inspire la punition. Vn Prestre passant par le bourg d'Estrode sur la riuiere de Meducie, fut offensé & en sa personne, & en sa beste, les villageois firent des derisions de l'vne, & couperent la queuë de l'autre, comme cette insolence des-honoroit le Maistre que le Prestre seruoit, Dieu apezantit son bras sur ceux qui l'auoient faites, les descendans de cette racaille naquirent auecque des queuës, & quoy que cette engeance ait peri insensiblement, les disgraces de cette naissance sont encores si fraiches que la plus grande injure qu'on puisse faire à vn Anglois, c'est de l'appeller *Choné* : l'on peut adjouster à cet exemple la punition d'vn soldat qui receut les coups qu'il auoit donnez, Saint Remi supplia Clovis de lui faire rendre vn vase qu'on auoit enleué de l'Eglise de Rheims qui auoit esté saccagée, Clovis demanda fort ciuilement aux Soldats ce vase, tous les Soldats à l'exception d'vn, dirent qu'il falloit le rendre ; mais apres que celuy qui n'en estoit pas tombé d'accord eut dit hautement que Clovis deuoit estre content du partage qui luy estoit escheu, il frappa sur ce que Clovis demandoit, Clovis piqué de cette action fit mettre son armée en bataille, & dés qu'en visitant les rangs il eut apperceu le soldat qu'il cherchoit, il luy dit en jettant ses armes à terre, mon ami sortez d'icy vous estes mal armé, le ſoldat qui ne pût digerer cet affront, ſe baiſſa pour ramaſſer ſes armes ; mais Clovis penſa d'abord aux coups qu'il auoit donné au vaſe, & dans cette penſée il le fit expirer ſous les coups.

Que Seneque auoit raiſon de loüer Puluiller? il n'interrompit point ſon ſacrifice à la nouuelle de la mort de ſon fils, & il fit voir en ce rencontre qu'il reueroit les Dieux, lors que les Dieux eſtoient irritez contre luy.

Les grands crimes veulent les grands chaſtimens, la Reine Brunehault ſouffrit trois jours durant des tourmens inconceuables, elle fut expoſée en ſuite ſur vn chameau à la riſée des Soldats, & enfin elle fut attachée à la queuë d'vn cheual indompté, Saint Gregoire louë cette Princeſſe, il la traite meſme de Religieuſe ; mais comme dit Aimoine, c'eſtoit parce qu'elle reſpectoit les Prelats, qu'elle auoit fait baſtir des Monaſteres, & qu'elle faiſoit du bien aux Egliſes.

Quelque mauuais traitement qu'on puiſſe receuoir de ſon pere, l'on n'a jamais raiſon d'en venir au parricide, les Perſes, dit Herodote, croyoient qu'vn enfant eſtoit incapable de ce meurtre, & que ſi quelques enfans auoient commis ce crime, ç'auoit eſté par des enfans ſuppoſez.

L'on ne doit pas pour quelques reproches courir aux dernieres extremitez, la ſœur de Cambiſes qui eſtoit auſſi ſa femme, fut ſi viuement piquée du meurtre que Cambiſes auoit commis en la perſonne de ſon frere, qu'eſtant vn jour à table elle ne pût s'empescher de luy demander luy montrant vne laictuë dont elle auoit separé les feüilles, si cette laictuë luy sembloit plus belle en cet estat qu'en pomme, Cambises qui ne pensoit point à ce que pensoit sa sœur, luy dit qu'elle luy sembloit plus belle en pomme qu'en feüilles, à ces mots cette sœur affligée s'écria, ha! si vous eussiez ressemblé à la laictuë en pomme vous n'eussiez pas comme vous auez fait dépoüillé la maison de Cyrus. Cambises surprit de cette repartie, entra en fureur, & sans considerer que celle qui luy parloit estoit vne sœur, vne femme, vne Reine, & vne femme grosse, il luy donna tant de coups de pieds qu'il aduança ses couches.

S'il falloit punir toutes les femmes adulteres, où trouueroit-t'on assez de bourreaux? Sesostris fut aduerti par l'Oracle qu'il recouureroit la veuë s'il lauoit ses yeux de l'vrine d'vne honneste femme, il éprouua non seulement la sienne; mais encores vn grand nombre d'autres, & sur ce qu'à l'exception d'vne simple femme, il auoit vainement tanté le remede, il fit assembler toutes les femmes qu'il auoit mal-heureusement éprouuées, & là il fit mettre le feu.

Le peché du chef n'est pas tousiours le peché des membres, cependant Clotaire piqué de ce que Chramne son fils auoit armé contre luy, ne se contenta pas de brusler tout vif dans vne chaumiere ce mesme fils, il voulut encores que la femme de Chramne & ses enfans suiuissent sa destinée.

Il y a deub auoir vne Loy surnaturelle, parce que l'homme a vne fin sur-humaine.

La Prudence & la Loy ne sont pas vne mesme chose, la Prudence conseille, & la loy commande.

Peu de gens, comme j'ay dit ailleurs, sçauent compasser le chastiment à l'offense, Fredegonde souffroit impatiément les moindres injures, cette cruelle Princesse qui sceut que Pretextat Archeuesque de Roüen auoit dit quelque chose contre elle, jura d'abord sa perte, & sans considerer ni le jour de Pasques ni la dignité du sacrifice, elle luy fit porter le poignard jusques dessus l'Autel.

Tous ceux qui souffrent ne sont pas capables de souffrir tousiours, Chilperic pour peu de chose traita cruellement Meroüée, Meroüée qui ne pouuoit plus opposer la patience d'vn fils à la barbarie d'vn pere, pria vn nommé Galien de le tuër, Galien émeu des souffrances de Meroüée, luy plongea son espée dans le sein, Chilperic transporté de colere de ce qu'en tuant son fils on luy auoit dérobé l'occasion d'assouuir sa rage, fit chercher Galien de tous costez, & dés qu'il l'eut entre ses mains, il luy fit couper le nez, les oreilles, & les poingts

Si les enfans doiuét auoir du respect pour leur pere & mere, les peres & meres doiuent auoir de la tendresse pour leurs enfans, Fredegonde mal satisfaite de sa fille perdit pour elle les sentimens de la nature, & elle l'eût vn jour estranglée entre le couuercle & le rebord d'vn coffre si quelques Dames ne fussent venuës à son secours.

Il n'y a pas moins d'injustice à fauoriser le crime qu'à combattre l'innocence.

Nostre Histoire ne nous fournit pas seulement des exemples de cruauté, l'Histoire d'Espagne nous en fournit aussi, la mort du fils de Philippe Second estant resoluë, le fils fit supplier le Roy de luy accorder la grace, qu'auant que de mourir il eût la satisfaction de le voir, le Roy accorde cette requeste, le fils se presente; mais quoy que prosterné aux pieds du Roy, il luy representast que c'estoit son sang qu'il alloit répandre, Philippe ne parut point émeu, il le regarda indifferemment, & enfin il se contenta de luy dire que quand il auoit de mauuais sang, il donnoit son bras au Chirurgien.

Charlemagne aimoit l'exercice de Iuge, il faisoit souuent de sa chambre le lieu de ses Arrests.

Quand ie lis l'Histoire de Solyman Deuxiéme, i'entre en admiration, dés que Solyman fut monté sur le Trosne, il fit assembler tous ceux qui pouuoient estre mécontens de son pere, & il leur dit que s'ils pouuoient luy faire voir qu'il leur eust injustement retenu quelque chose, il leur en feroit la restitution.

Il y a deux sortes d'vsure, il y en a vne qu'on appelle conuentionnelle, & il y en a vne autre qu'on appelle compensatoire, la premiere est tyrannique, & l'autre est raisonnable.

La Loy, dit l'Apostre, est le truchement du peché, elle le fait connoistre.

Ciceron en ses Offices, dit qu'on doit cesser d'estre amy dés qu'on est Iuge.

Les anciens Gaulois estoient si exacts aux heures du conseil de guerre, que ceux qui arriuoient les derniers receuoient tousiours quelque fascheux traitement.

Il arriue souuent que les enfans sont ce que les peres ont esté, Charles le Chauue qui auoit bien donné de la peine à Loüis Debonnaire, son pere, eût des enfans qui luy donnerent les mesmes peines, & entre les autres l'on compte Caroloman, ce Prince embrassa le Breuiaire; mais abusant de l'estat Ecclesiastique, ou pour mieux dire deuenant apostat, Charles luy fit crever les yeux.

Vn Prince irrité ne reconnoist pour juste que ce qui flatte sa passion, Tamberlan fit saccager Sebaste, qui est la ville capitale de la Lycie, & sans considerer que parmy le peuple il y a des innocens, il répandit le sang de six-vingts mille hommes.

Mahomet Second qui sur le moindre soupçon joüoit des cousteaux, fit ouurir le ventre à ses pages dans l'opinion qu'il eût qu'il auoient dérobé vn concombre, ce mesme Empereur qui punissoit estrangement les moindres fautes, fit vn jour fendre en deux grand nombre de prisonniers, il arriua qu'vn bœuf qui reconnût son Maistre alla aupres de ses membres pour les couurir de terre, Mahomet qui sceut cette action, fut touché de cette gratitude, il fit rassembler les membres, il les fit enterrer, & non content d'auoir en ce rencontre amoli la dureté de son naturel; il voulut que le bœuf fût nourri dans son Serrail.

Quoy que la reconnoissance soit naturelle, elle éclate plus dans les belles ames que dans les ames vulgaires, il est raisonnable, dit la femme de Darius, à Alexandre, que nous fassions pour toy les mesmes prieres que nous faisions pour Darius, puisque tu ne le surpasses pas seulement en bon-heur; mais encore en vertu, tu m'appelles ta mere, tu m'honores encore du titre de Reine, & moy ie n'ay point de honte de confesser que ie suis ta soûmise, que ie suis ta seruante, ce n'est pas que ie ne sçaches bien de quelle éminence ie suis tombée, que ie ne me resouuienne de l'éclat de ma gloire; mais ta victoire est modeste, ton empire est doux, & quelque sensible que tu sois aux disgraces de ma maison, le souuenir de mes prosperitez passées ne me rend point insupportable l'estat de ma fortune presente.

La Loy de grace peut estre plus facilement étouffée dans le cœur de l'homme, que la Loy naturelle, la Loy de grace quelque puissante qu'elle soit, n'est pas proportionnée à nostre nature, & la Loy naturelle qui est proportionée à nostre essence, est enracinée en nostre estre.

Il vaut ordinairement mieux se regler par les Loix escrites que par les Loix viuantes, les Loix escrites sont incorruptibles, & les hommes sont foibles.

Quelque diuersité qu'il y ait dans le Droit Ciuil, ce Droit est à la Loy naturelle ce que les branches sont au tronc.

La Loy appartient à la raison, de la mesme façon que le rayon appartient à l'astre.

Il y a dans l'entendement vne lumiere vniuerselle, qui sert d'exemple au mesme entendement.

Le bien commun est vne idée generale sur laquelle le Legislateur doit prendre ses mesures.

Dieu qui est la bonté mesme reconnoist tost ou tard ceux qui l'ont serui. Cresus qui vit que le feu dont il estoit menacé commençoit à l'approcher eut recours au Ciel, ceux qui estoient les spectateurs inutiles de cet embrasement, douterent fort du secours que Cresus esperoit; mais comme Cresus auoit fait autre-fois des offrandes qui auoient esté agreables aux Dieux, l'air qui estoit serain deuint nuageux, & les nuages se fondirent en deluges.

Les Loix, dit Aristote, ne consistent pas aux paroles, elle consistent au sens, il en est de mesme de l'Escriture Sainte, qui est comme le Code & le Digeste des Chrestiens, elle n'est pas dans les paroles, dit S. Hierosme, elle est dans l'intelligence, elle n'est pas sur la sur-face, elle est dans le corps, elle n'est pas dans les termes comme dans les feüilles, elle est dans la raison supreme comme dans les racines.

Quelques grands defauts qu'eust Selim, il eût de la tendresse pour son cheual, ce cheual le sauua vn jour de la poursuite de son pere, & pour marque qu'il n'estoit n'estoit pas ingrat, dit Paul Ioue, il le fit mener en Perse auecque vne couuerture d'or, il le fit conduire de là en Egypte, & quand il fut mort, il luy fit bastir vn superbe sepulchre.

Il y a abrogation de loy, nullité de loy, derogation à la loy, declaration de loy, & dispense de loy, l'abrogation d'vne loy veut dire qu'vne loy est éteinte, nullité de loy veut dire qu'vne loy a trouué son sepulchre dans son berceau, derogation à la loy veut dire qu'vne loy est en partie suiuie, declaration de loy veut dire qu'vne loy est expliquée, dispense de loy veut dire qu'vne loy souffre quelque exemption.

La declaration en matiere de loy ne demande que de la doctrine. La dispense veut de l'authorité, cette authorité a des exemples dans les Escritures, Dieu commanda à Osée d'épouser vne putain, Dieu commanda à Abraham de tuër Isaac, & Dieu permit aux Iuifs de piller les Egyptiens.

Darius fit bien voir qu'il n'auoit pas moins de reconnoissance que sa femme, il receut vn jour dãs son alteration vn verre d'eau d'vn nommé Philostrate, & parce qu'estant sur le point d'expirer sous le faix de ses infortunes, il n'estoit plus en estat de faire du bien à Philostrate, mon amy, luy dit-il, voicy le dernier de mes mal-heurs, tu m'as donné à boire, & ie ne puis seulement recompenser vn verre d'eau.

S'il y eût de l'impudence aux Phegiens, il y eût de la cruauté en Dionysius, ce tyran demanda vn jour aux Phegiens vne fille en mariage, le Capitaine general répondit qu'on luy en donneroit vne s'il vouloit épouser la fille du bourreau, Dionysius fut transporté d'vn si sanglant affront, & entrant de viue force dans la Ville, il fit prendre d'abord & Pithon & son fils. Il balança quelque-temps par où il commanceroit sa vangeance ; mais enfin il commança par le dernier, & apres qu'il eût fait foüetter l'autre, il le fit jetter dans la riuiere.

Qui veut bien regner, dit vn grand Personnage, doit establir dans son Royaume le Royaume de Dieu.

Il n'y a point eu de nation quelque méchante qu'elle ait esté, qui n'ait aimé ses bien-faicteurs: Les Iuifs, dit Platon, honoroient mesme les asnes, parce que dans les grandes secheresses ces animaux leurs découuroient des sources d'eau. Les Egyptiens estoient aussi fort reconnoissans, ils consacroient à leurs bien-faicteurs vn arbre dont les feüilles representoient la figure d'vne langue, & dont le fruict representoit la forme du cœur.

La cruauté a ses chastimens, Iosephe attribuë à ce vice l'estrange maladie d'Herode; mais il deuoit plutost l'attribuer à la mort des innocens, cette maladie qui en renfermoit plusieurs, consistoit en vne chaleur lente, en vne faim insatiable, en vn vlcere puant, en vne colique, en vne enflure, en vne colique passion, en vn rongement de vers, en vne érection continuelle, & en vn estouffement d'estomach.

Qu'il y a peu de Charles Duc de Calabre ? ce

Duc qui estoit Lieutenant du Palais de Naples, fit mettre vne clochette deuant la porte de ce Palais, & donna permission à toutes sortes de personnes de la tirer, vne fille qui auoit esté possedée par vn Gentil-homme, eût recours à la clochette, le Duc descend, il interroge le Gentil-homme sur les plaintes de la fille, le Gentil homme confesse qu'il la veuë; mais il soustient que ç'a esté de son consentement, le Duc luy commande de luy donner cent florins d'or, le Gentil-homme obeït sur le champ, le Duc ne se contenta pas d'auoir fait faire en cela quelque acte de justice, il voulut que la complaignante receût quelque confusion, & pour cet effet, ayant retiré le Gentil-homme à l'écart, il luy commanda de suiure la fille, & de faire semblant de luy vouloir oster ce qu'il luy auoit donné, la fille qui se vit pressée ne se fut pas plutost deffaite des mains du Gentil-homme, qu'elle retourna au Duc pour luy faire de nouuelles plaintes, le Duc qui la maltraita d'abord de l'œil & du geste, luy dit, allez mamie n'y retournez plus, si vous eussiez eu autant de soin pour conseruer vostre honneur que vous en auez eu pour conseruer vostre argent, vous ne l'eussiez pas perdu.

La loy de la chair n'est demeurée en l'homme qu'en punition du peché originel.

Comme la loy naturelle fait connoistre à tous les hommes qu'il faut aimer le bien, & fuïr le mal, l'on peut dire qu'elle commande en general l'acte de toutes les vertus, puisque toutes les vertus Morales sont fondées sur la lumiere naturelle, & qu'elles tendent toutes à la pratique du bien, & à l'éloignement du mal.

Il n'y a que Dieu qui puisse sans injustice changer les loix naturelles, la loy diuine est superieure à la loy commune, & cette loy ne peut changer les choses, que pour le bien des choses mesmes.

Les loix escriptes, dit vn Ancien, n'ont esté données que pour corriger les abus des loix naturelles.

Vn homme sage fait le bien sans peine, & comme dit vn grand Docteur, la loy qui luy est vn joug ne luy est point vn poids.

La publication est de l'essence de la loy, la loy est vne mesure qui doit estre connuë.

# DES VERTVS QVI NE SONT pas Cardinales.

## DE LA LIBERALITE'

NOvs auons consideré la liberalité au regard de la justice, nous la considerons icy au regard d'elle-mesme.

La liberalité est vne vertu par laquelle on modere le desir des richesses.

### *Des extremitez de la liberalité.*

LA liberalité a pour excez la prodigalité, & pour defaut l'auarice.

Il y a diuers prodigues, il y en a qui sont entierement prodigues, & il y en a d'autres qui sont en partie prodigues, & en partie auares.

Les premiers qui sont vains, ce sont ceux qui donnent plus que leur condition ne permet. Les deuxiémes qui sont ignorans, ce sont ceux qui donnent au de là du merite de ceux qui reçoiuent, & les derniers qui sont aueugles, ce sont ceux qui donnent de telle sorte qu'ils deuiennent enfin comme incapables de faire des dons.

Entre les prodigues meslez, ceux qui reçoiuent injustement pour contenter la passion dereglée qu'ils ont de donner, ſont en partie auares, parce qu'ils reçoiuent injuſtement, & que c'eſt vne des qualitez de ceux qui ſont inſatiables d'argent, & ils ſont en partie prodigues, parce qu'ils donnent indifferemment à toutes ſortes de perſonnes, & que c'eſt vn defaut qui diſtingue eſſentiellement le prodigue du liberal, & de l'auare. Ceux qui ne reçoiuent rien & qui ne donnent rien, ſont en partie prodigues, parce que les prodigues comme ſimplement prodigues, n'ont point d'inclination à receuoir, & ils ſont en partie auares, parce que les auares comme ſimplement auares, ne ſçauent ce que c'eſt que de faire des diſtributions. Ceux enfin qui donnent pour receuoir, ſont en partie prodigues, parce qu'ils donnent, & que c'eſt le propre des liberaux & des prodigues de faire des largeſſes, & ils ſont en partie auares, parce qu'ils donnent pour receuoir, & que c'eſt le propre des eſclaues du bien, de faire trafic de leurs dons.

### *Des cauſes de la liberalité.*

LA liberalité a ſix cauſes, elle a vne cauſe objectiue, vne cauſe materielle, vne cauſe efficiente, vne cauſe ſubjectiue, vne cauſe Morale, & vne cauſe formelle.

Les richeſſes conſiderées comme des matieres de dons, ſont ſes cauſes objectiues, parce que ce ſont les objets de la paſſion qu'elle modere.

Le deſir des richeſſes eſt ſa cauſe materielle, parce qu'elle modere cette paſſion.

La connoissance est sa cause efficiente, parce comme j'ay dit tant de fois, qu'il faut estre éclairé pour compasser ses actions de telle sorte qu'on les reduise au point de la mediocrité.

La volonté est sa cause subjectiue, parce qu'on range la liberalité sous la justice, & que la justice reside dans l'appetit intellectuel.

L'espece de justice qui se trouue à faire le bien des honnestes gens est sa cause Morale, parce que le liberal comme liberal ne depart ses richesses qu'à ceux qu'il juge capables d'en faire vn bon vsage.

L'exercice à l'entour des richesses considerées comme des matieres de dons est sa cause formelle, parce qu'il n'y a que la liberalité qui s'exerce à l'entour de ces sortes de choses.

### *Diuision de la liberalité.*

IL y a trois sortes de liberalité, il y en a vne qui est considerante, & qui est suspecte, il y en a vne autre qui n'est point suspecte, & qui est considerante, & il y en a vne autre qui est tout ensemble & considerante & bizare, la premiere se trouue en ceux qui font part librement de leur bourse, & de leurs dépoüilles aux gens de merite; mais qui le font la trompette sonnante, c'est à dire deuant tout le monde, la deuxiéme se rencontre en ceux qui selon la nature des presens, & la condition des personnes donnent tantost en public, & tantost en particulier, & la derniere se remarque en ceux qui quelques liberaux qu'ils soient aiment tellement l'argent present, qu'ils donnent plus librement mille escus en ordonnance que cent pistolles en monnoye, le Duc d'Orleans estoit du nombre des derniers.

*Des effets de la liberalité.*

LA liberalité a des suites considerables, elle reçoit, elle donne, elle donne vtilemẽt, elle donne auec grace, elle donne proportionnément, elle donne auec promptitude, elle donne en cachette, elle donne en public, elle donne sans crainte, elle donne sans esperance. Le liberal reçoit, parce que s'il refusoit les biens qui luy appartiennent, il refuseroit les moyens d'exercer la liberalité, il donne, parce que s'il receuoit & qu'il ne fust point donnant, il seroit plutost auare que liberal, il donne vtilement, parce que la liberalité est vne vertu, que les actions de la vertu doiuent estre vertueuses, & que ce n'est pas faire, par exemple, vne action de cette nature, que de faire present d'vn liure libertin à vn esprit foible, d'vn instrument funeste à vn esprit querelleux, il donne auecque promptitude, parce que celuy qui tarde à donner aime encore la matiere de ses distributions, & qu'il implique contradiction, qu'vn homme soit liberal, & qu'il soit attaché aux choses dont il se deffait, il donne auecque grace, parce que celuy qui donne de mauuaise façon, témoigne qu'il donne plus par importunité que par inclination, par molesse que par habitude, il donne proportionnément, parce que celuy qui donne plus qu'il ne doit donner, & qui donne moins qu'on qu'on ne doit pretendre, fait voir qu'il manque de jugement, & que celuy qui manque d'vne partie si importante, manque de la vertu qui la renferme, il donne en cachette, parce qu'il y a des dons qui sont comme honteux à ceux qui les reçoiuent, & que celuy qui fait ces sortes de dons deuant cent témoins, est plus fastueux que liberal, il donne en public, parce qu'il y a des presens qui honorent ceux à qui on les fait, & que de faire à l'écart ces sortes de dons, ce seroit soustraire aux yeux de toute vne Cour des exemples considerables, il donne sans crainte, parce que celuy qui donne pour s'exempter de quelque mal dont il est menacé, est esclaue de la peur, & que celuy qui donne par le mouuement de cette passion, donne aux puissances redoutables ce qu'il refuseroit mesme aux vertus éclatantes, il donne enfin sans esperance, parce que celuy qui donne pour receuoir est passionné des biens du monde, & que celuy qui aime ardamment les richesses est opposé à la vertu qui les distribuë.

*Reflexions sur la liberalité, & sur ses opposez.*

A QVOY bon de faire de si grands amas d'argent ? nous pouuons bien augmenter nos rentes, dit Seneque; mais nous ne pouuons agrandir nostre corps.

Il est bon de se deffaire de ses surabondances, les bleds se couchent par vne trop grande fertilité, les branches se rompent par vne trop grande charge,

& les esprits s'amollissent par vne trop grande fortune.

Que les auares sont aueugles ? les enfans distribuent sans retenuë ce qu'ils ont acquis sans trauail.

Comme les auares communiquent souuent leur vice à ceux qui les approchent, l'on a eu raison de les comparer aux hiebles qui sont des plantes qui croissent non seulement plus qu'on ne veut ; mais encores qui empeschent que les bonnes plantes ne croissent.

Il ne faut pas s'estonner si les auares regardent sans émotion les incommoditez de leur prochain, les miseres particulieres semblent donner lustre à leur abondance, & les spectacles pitoyables semblent justifier leur auidité.

Si vn auare faisoit reflexion sur les choses qui se passent dans la nature, il seroit horriblement auare s'il ne deuenoit secourable, les intelligences meuuent les Cieux pour le bien des choses sublunaires, les corps celestes répandent leurs rayons & leurs influances, les pierres pretieuses combattent les maladies, les grands arbres seruent d'appuy aux petites plantes, l'ame qui pense bien faire enuoye des esprits à la partie blessée, les bestes sont officieuses enuers les hommes, & si Suidas est croyable, le nid de tous les oyseaux deuient le nid du petit Cynelle.

Quelle folie de loger dans nos cœurs ce que la nature a mis sous nos pieds.

L'auarice, dit Seneque, est vn vice bien dur à ployer.

Charles Quatriesme fit par vne mesme condescendance vne action liberale & interessée, il permit au Pape de leuer des decimes sur le Clergé de France, & il prit part à cette leuée.

Si les particuliers font des actions Souueraines par la liberalité, pourquoy les Rois n'en feroient-ils pas par la mesme vertu, seroit-il raisonnable qu'ils fussent esclaues en vn point où les esclaues mesmes deuiennent des Souuerains.

Les graces tardiues, dit vn Ancien, font des ingrats.

Il faut regler ses dons, Antigonne dit vn jour à vn Philosophe qui luy auoit demandé vne obole, que c'estoit trop peu pour vn Roy, & sur ce que le mesme Philosophe luy demanda vn talent, il répondit que c'estoit trop pour vn cinique.

En matiere de reception de presens, l'on doit plutost regarder le visage que les mains.

On donne plutost le nom de liberal à celuy qui donne auecque raison, qu'à celuy qui retient auec justice.

Il y a bien des Rois qui ne font pas ce que faisoit Auguste, dit Dieu Donné, la plusspart des Rois donnent leurs vestemens aux Comediens, & Auguste Roy de France donnoit ses habits aux pauures.

La liberalité ne garde pas moins la mediocrité en la recepte qu'en la dépense.

Il eſt mal-aiſé de paruenir à de grands biens par de bonnes voyes, & c'eſt ce qui obligea vn excellent homme de dire vn jour à vn riche Affranchy, que dés qu'il auoit eſté honteux de la qualité d'homme de bien, il auoit trouué le ſecret de deuenir opulent.

Comme Ceſar auoit l'ame extraordinairement bien-faiſante, il diſoit ſouuent qu'il n'arriuoit point à ces oreilles de voix plus agreables que les prieres & les demandes.

Sçauez-vous ce que c'eſt, dit vn Ancien, que de deuenir paſſionné des biens du monde, c'eſt deuenir eſclaue de ſes ſujets.

Que ceux qui font mourir par poiſon les perſonnes qu'ils ont dépoüillées ſont d'eſtranges Medecins ! ils gueriſſent les bleſſeures de l'auarice par les armes de la cruauté.

L'intereſt remuë la pluſpart des hommes, & l'on remarque meſme dans les volatils, que les oyſeaux de proye fondent plutoſt ſur la perdrix qui eſt graſſe, que ſur la pie qui eſt maigre.

Qui butine eſt ordinairement butiné, Neron & Agripine firent empoiſonner Pallas & Narciſſe, pour prendre ſur eux ce qu'ils auoient pris ſur Claude.

Les grandes richeſſes de Darius furent les aiguillons des Macedoniens.

Il ne faut pas meſurer ſes deſirs ſur ſa moleſſe, il les faut meſurer ſur ſa neceſſité.

Comme le Laboureur, dit S. Paul, qui ſeme peu

ne reçoit ordinairement qu'vne petite moisson, celuy aussi qui donne peu ne reçoit souuent qu'vne petite recompense.

Quand l'on assiste vn homme dans sa misere, l'on jette vne semence dans son sein.

Les prodigues ressemblent aux torrens qui inondent & qui n'arrosent pas, c'est à dire qu'ils font des largesses à des gens qui n'ont pas la vertu de tirer aduantage de ce qui passe par leurs mains.

Il est quelque-fois plus perilleux aux peuples d'estre riches que d'estre pauures, Saint Ambroise rapporte là-dessus que la Hongrie auoit vendu des grains qu'elle n'auoit pas semez.

Le mesme âge qui confirme l'auare, guerit le prodigue.

Si la fin denomme les actions, n'inferons point de ce qu'vn tel ou tel donne, qu'il soit liberal ou prodigue, l'on donne souuent des fleurs pour des fruits, des choses de petite importance pour des choses de grande valeur.

Ne choquons point par nostre auarice la fin pour laquelle le Ciel nous comble de faueurs, nous sommes au respect des bien-faits de Dieu ce que la Lune est au Soleil, & ce que les canaux sont aux sources, la Lune ne reçoit la lumiere que pour la communiquer, les canaux ne reçoiuent l'eau que pour la répandre, & l'homme ne reçoit des biens que pour les épancher.

Il ne faut pas, dit Symmache, que l'épargne des

Princes se grossisse des dépoüilles de leurs sujets, il faut qu'elle se remplisse des pertes de leurs ennemis.

L'édifice du bon-heur éternel n'est pas mal fondé lors qu'il est estably sur l'aumosne.

Le pauure doit gagner le Ciel par la patience, & le riche par la charité.

Si Alexandre se fust proposé d'aller chez les Scythes qui est vne nation miserable, peu de gens se fussent proposez de suiure Alexandre.

Quoy que l'auarice soit ordinairement craintiue, S. Ambroise a raison de dire que c'est vne passion qui étouffe la pudeur.

Il est quelque-fois perilleux de se diuertir aux dépens des miserables, vn pauure du temps de l'Empereur Phocas demanda vn jour la passade à des Mariniers, & sur ce que le Pilote répondit en se moquant qu'il n'y auoit dans son vaisseau que des pulces, que tout donc, dit le pauure, demeure pulce, cette imprecation, dit Baronius, eût son effet, ce qui estoit dans le vaisseau sembla pulce, & quoy qu'auant la repartie du mendiant il y eût dans le vaisseau quantité de viures, il fallut pour viure que le Pilote & les Mariniers abandonnassent leur maison flotante.

Le prodigue qui rapine n'est pas tant aimé de ceux qu'il comble, qu'il est haï de ceux qu'il pille.

Quelques exhortations qu'on fasse aux auares de penser à l'autre monde, ils n'ont rien de si present au cœur que la passion du present.

Dieu n'a mis l'abondance dans vn sujet que pour chasser la disette d'vn autre.

Si l'on donne aux grands, & que ces mesmes grands soient auares, ils demandent des choses qu'on ne peut leur donner, afin que le mesme refus qui leur tient lieu de mécontentement leur puisse tenir lieu d'excuse.

Philon-Iuif dit qu'on ne peut mieux imiter Dieu que par les bien-faits.

Les graces mal placées, dit Ennius, sont steriles.

Vn riche de Constantinople estant malade donna vne grande somme de deniers aux pauures à la persuasion d'vn de ses amis; mais estant reuenu en santé il voulut rauoir son argent, celuy qui auoit fait faire le don aduertit les pauures, & quelques gens d'Eglise, & il dit deuant eux qu'il estoit content de rendre la somme que les pauures auoient receuës, si le conualescent se deffendoit d'auoir eu intention de faire vne charité, le guery qui estoit present se deffendit d'auoir eu les mouuemens qui pouuoient ce sembloit faire tort à son esperance; mais à peine eût-il dit qu'il n'auoit pas eu dessein de faire vne charité, qu'il tomba roide mort.

Que les Perses auoient vne belle coustume? Aristote dit que les Princes de cette nation ne se mettoient jamais à table que les trompettes sonnantes n'eussent appellé les pauures à la porte de leur Palais, & qu'ils ne pratiquoient cette charitable coustume, que parce qu'ils tenoient que le reste des tables Royales appartenoit aux mendians.

Les presens ont quelque chose de tentatif, & l'Histoire de France remarque sur ce sujet que saint Loüis mesme confessa au sieur de Ioinuille qu'il n'auoit donné audiance à l'Abbé de Cluny qu'en veuë des deux cheuaux qu'il luy auoit emmenez.

Il y a des auares rusez, l'Empereur Athanase qui ne vouloit pas passer pour vn ruineur de gens, & qui neantmoins vouloit ruiner les peuples, faisoit quelques largesses à ses sujets pour couurir ses rapines.

La charité, dit vn Ancien, est le coin Royal, qui donne le prix à nos actions.

Ie trouue bon auec Machiauel, que les Princes soient liberaux des dépoüilles de leurs ennemis; mais ie ne trouue pas bon contre luy que les Princes soient auares des reuenus de leur Domaine, le Prince qui est liberal s'acquiert vn double empire, & il vaut mieux estre maistre des cœurs que des autres parties.

On dit d'vn homme qui auoit secouru dans la derniere misere vne femme grosse, qu'il auoit empesché la mort d'vn enfant à qui la nature n'auoit pas encore donné le jour.

Sidonius Euesque d'Auuergne, loüe vn Prelat de son temps de ce qu'il ne donnoit pas moins au silence qu'à la demande, à la honte qu'à la hardiesse.

Il faut que les plus grands honorent de dons ceux qui sont au dessous d'eux, les grands Seigneurs de l'Asie enuoyoient quelque-fois des robbes à ceux qui n'estoient pas de leur rang.

Theodoric

Theodoric comme remarque Caſſiodore, ſon premier Miniſtre, fut ſi ſecourable dans vne ſterilité publique, qu'il fit diſtribuer du bled à vil prix à tous les pauures d'Italie, & le fils de Dagobert dans vne ſterilité ſemblable, engagea meſme l'argenterie de S. Denis pour ſuruenir aux pauures de France, il eſt vray que l'action du dernier fut blaſmée; mais il n'y a point de vaſes ſi ſacrez que le corps viuant des pauures Chreſtiens, ils ſont le domicile du S. Eſprit, & les anciens Canons qui ſuppoſent cette verité, permettent en cas de neceſſité d'aliener la dépoüille des Egliſes.

Les Treſors ſont des ſources, ils doiuent eſtre conuertis en ruiſſeaux.

Vn homme demande en donnant, dit Euripide, quand il donne à vn plus riche que ſoy.

Les fleuues les plus conſiderables prennent le plus long chemin, afin qu'auant que de ſe rendre à la mer ils ayent le loiſir de faire cent tours, pour humecter les terres qui ont beſoin de leur paſſage.

Quelque belle que ſoit la liberalité, elle a quelque-fois des actes deſagreables, Alexandre qui ne ſçauoit pas que le trauail en laine eſtoit vn opprobre chez les Perſes, ne faſcha pas peu la femme de Darius lors qu'il luy preſenta l'ouurage d'vne de ſes ſœurs, & ie croy qu'il eût bien eu de la peine à eſſuyer ſes larmes ſi la qualité de la perſonne qui auoit mis la main à ce trauail n'eût eſté vne ſuffiſante excuſe.

Que le Philosophe Demonax qui auoit esté si secourable enuers les hommes, fit vn jour vn beau souhait ? il souhaita qu'apres sa mort les chiens & les corbeaux le mangeassent, afin que les bestes à leur tour receussent quelque bien de luy.

Vn Ancien qui estoit passionné de la liberalité, disoit à son aduantage, qu'il y auoit moins de gloire à deffaire cent mille hommes qu'à mettre vn homme à son aise.

Autre chose est de donner à manger à celuy qui a faim, & autre chose est d'aimer la sainte pauureté, la premiere action est vn secours qu'on accorde à la nature, & l'autre est vn respect qu'on rend à la grace.

Il est plus honorable, dit Caton le Censeur, de commander à ceux qui ont de l'or que d'en auoir.

L'Empereur Adrian auoit tant d'aduersion pour les mauuais ménagez, qu'il les faisoit promener honteusement dans le contour de l'amphiteatre.

Mahomet qui auoit l'aduersion d'Adrian, appelloit les prodigues les freres du diable.

En beaucoup d'endroits de la Grece, les grands dépensiers estoient priuez du sepulchre de leurs ancestres.

Quoy que le Cardinal de Ioyeuse fust plus considerable par son opulence que par sa liberalité, il dépensa neantmoins en deux fois prés de cent mille escus en œuures pieuses ; mais il fit cette dépense en vn temps où il n'auoit presque plus besoin des biens du monde, & cette dépense estoit fort peu de chose au respect des tresors qu'il laissoit.

Iamais Reine ne fut plus liberale ni plus aumosniere que la Reine Marguerite, elle entretenoit ordinairement cent vnze pauures, & la raison de ce nombre estoit que les vsuriers extraordinairement auides, prenoient dix pour cent, & vn pour ces dix, & qu'elle vouloit faire en bien ce qu'ils faisoient en mal.

C'est mal se deffendre, dit S. Cyprian, que de se deffendre de faire des charitez, parce qu'on a beaucoup d'enfans, plus Iob auoit d'enfans, & plus il faisoit de sacrifices.

Quoy n'auoir pas pitié de ses semblables? & l'Histoire dit qu'en Turquie, il y a mesme des hospitaux pour les bestes.

Quand les biens sont distribuez sans jugement, ils sont ordinairement receus sans obligation.

Vn Empereur de Rome, dit vn beau mot, quand il dit que tout le bien qui luy restoit estoit celuy qui ne luy restoit plus.

Encores qu'on ait accusé Vespasien d'auarice, il n'estoit menagé que pour estre liberal, venez à moy, dit-il vn jour aux Egyptiens, comme vous allez à vostre Nil, venez puiser dans mes tresors comme vous allez puiser dans le sein de vostre fleuue.

Virgile traita vn jour Auguste de Boulanger, la raison de cela estoit que cet Empereur quelque riche qu'il fust ne donnoit que du pain aux Poëtes.

Les grands biens, dit Fabrice, ſont des fardeaux aux grandes ames.

Ceux qui font plus de dépenſes qu'ils ne doiuent ſont ſujets à manquer au beſoin, auſſi les compare-t'on à ce fol dont parle l'Hiſtoire, qui allumoit ſa lampe au plus grand du jour, & qui manquoit d'huile quand le Soleil s'eſtoit retiré.

Tybere quelque méchant qu'il fuſt eſtoit aſſez donnant, vn grand Auteur dit que de toutes les vertus, il ne retint que la liberalité.

## DE LA MAGNIFICENCE.

LA magnificence est vne vertu par laquelle on se comporte de telle sorte dans les dépenses honorables & éclatantes, qu'on reduit ses actions au poinct de la mediocrité.

### *Des extremitez de la magnificence.*

QVOY que les extremitez de la magnificence passent pour anonymes, neantmoins celuy qui tombe dans l'excez peut passer pour insolent, pour remply de fumée, & celuy qui tombe dans le defaut peut passer pour retenu, pour reserré, pour mesquin.

### *Des causes de la magnificence.*

LA magnificence a autant de causes que la liberalité, elle a vne cause objectiue, vne cause materielle, vne cause efficiente, vne cause subjectiue, vne cause Morale, & vne cause formelle.

Les grandes dépenses sont sa cause objectiue, parce qu'elle s'exerce à l'entour des choses éclatantes.

Le desir des richesses est sa cause materielle, parce qu'elle modere ce mouuement.

La connoissance est sa cause efficiente, parce qu'il faut estre homme de discernement pour compasser ses actions.

La volonté est sa cause subjectiue, parce que la magnificence peut estre mise sous la justice, & que la justice loge dans l'appetit intellectuel.

La gloire de Dieu, l'honneur du Prince, l'vtilité du peuple, & la bien-seance du particulier, sont ses causes Morales, parce que la magnificence qui ne s'occupe qu'à l'entour des dépenses splendides, ne peut auoir comme vertu que ces quatre motifs.

L'exercice à l'entour des dépenses honorables est sa cause formelle, parce qu'il n'y a que la magnificence qui s'exerce à l'entour de ces sortes de matieres.

### *Diuision de la magnificence.*

IL y a deux especes de magnificence, il y en a vne qui est religieuse, & il y en a vne autre qui est profane, la magnificence religieuse consiste à establir des fonds pour la construction des Temples, pour l'entretien des Monasteres, pour la reparation des Eglises, & la magnificence profane consiste à fonder des reuenus pour la construction des Acqueducs, pour la decoration des Villes, pour la commodité des peuples, la derniere magnificence doit paroistre dans les Ambassades, & dans les entrées de Villes, dans l'enuoy des Ambassadeurs, & dans la reception des Princes, dans la pompe des ceremonies, & dans la dépense des nopces.

## *Des effets de la magnificence.*

LE magnifique donne plusieurs marques de la qualité qu'il porte, il fait promptement les dépenses qu'il doit faire, il delibere peu, il est réjoüy quand il fait de grandes dépenses, & il parle modestement des dépenses qu'il a faites. Il fait promptement les dépenses qu'il doit faire, parce qu'il a l'habitude de paroistre, & que comme habitué à paroistre, il ne rencontre rien chez luy qui combatte l'execution de son deuoir. Il delibere peu, c'est à dire qu'il ne recherche pas les moyens de paroistre à peu de frais, parce que celuy qui tombe dans cette recherche a de la peine à se défaire des deniers qu'il doit liurer, & que celuy qui ressent cette peine a encore trop d'amour pour les choses dont il deuroit auoir de la moderation. Il se réjoüy quand il fait de grandes dépenses, parce que le plaisir suit les actions de la vertu, & que les actions de la magnificence consistent à faire des dépenses éclatantes. Il parle modestement des dépenses qu'il a faites, parce que celuy qui veut persuader qu'il a fait quelque chose d'extraordinaire est plus vain que magnifique, & que la magnificence n'agit que pour des fins raisonnables.

## *Reflexions sur la magnificence & sur ses opposez.*

IL y a des hommes qui sont assez dépensiers pour donner de riches couuertures à leurs liures, & qui ne sont pas assez curieux pour procurer de riches tresors à leur esprit, ces sortes de gens flattent les yeux de ce qui deuroit contenter la curiosité, & ils regardent les liures plutost comme des ornemens de gallerie, que comme des instrumens d'estude.

Comme les Rois de Boëme, d'Escosse, d'Arragon, de Nauarre, & de Maillorque, s'estoient rendus à la Cour de Philippe de Valois, il ne faut pas s'estonner si Froissart parle de cette Cour comme de la plus magnifique du monde.

Il y a des somptuositez incommodes, le Pape Paul mourut sous la pezanteur de ses pierreries.

Le plus & le moins de la magnificence doiuent estre rapportés à trois choses, ils doiuent estre rapportez à celuy qui dépense, à la fin pour laquelle la dépense est faite, & à la chose en quoy consiste la dépense. Vn Roy doit faire de plus grandes dépenses qu'vn Duc. Vn Ministre d'estat doit faire de plus grandes dépenses pour le bien public que pour le bien particulier, & les maisons Royales doiuent estre plus ornées que les maisons populaires.

Vn Philosophe reprocha vn jour de bonne grace à vn vicieux qui auoit des meubles exquis, & des chambres dorées l'excez de sa dépense, lors qu'apres luy auoir craché au visage, il luy dit qu'il n'auoit rien trouué chez luy de si sale que sa face.

Il est perilleux que les peuples n'attribuent leur desolation aux dépenses excessiues de leur Prince, Berangé Comte de Prouence n'eût pas cette pensée, il s'abandonna au luxe & à la profusion, & peu s'en fallut

fallut aussi que ses sujets accablez d'imposts ne l'exterminassent.

Les Anciens estoient grandement dépensiers en jeux & en tombeaux, ie dis grandement dépensiers, parce que la veritable magnificence exclud les dépenses superfluës.

Il est ridicule d'estre éclatant en choses viles, comme en des pots de chambre.

L'Histoire nous aprend qu'il y a des nations où les grands Seigneurs portent aux pieds ce que nos Damoiselles portent aux oreilles.

Mithridate estoit tellement dépensier en armes, qu'il portoit vn pomeau d'épée qui valoit plus de cent mille escus.

L'on peut faire de grandes dépenses les jours que les nations solemnisent; mais il faut que ces dépenses seruent à renouueller les amitiez.

Comme Alexandre se promettoit tout des Dieux, il fit vn jour vn sacrifice, où il brusla tant d'encens, que Leonidas son gouuerneur, y trouuant à redire, luy dit qu'il attendist à en faire vn si grand vsage, quand il auroit conquis les lieux d'où on le luy apportoit. Alexandre estant en l'Arabie heureuse, & se resouuenant des paroles de Leonidas, ne se contenta pas de luy enuoyer quantité de parfums, il luy manda que les Dieux rendoient à vsure les offrandes qu'on leur faisoit, & par consequent qu'il ne fust plus vne autre-fois si retenu lors qu'il s'agiroit de leur faire honneur. Le mesme Prince ayant fait dessein d'aller aux Indes, fit donner des lames d'argent aux boucliers de ſes Soldats, & des mords d'or aux brides de ſes cheuaux, & ſur ce qu'on s'étonna de la dépenſe qu'il auoit faite en cela, il dit qu'il ne l'auoit faite que pour accouſtumer ſes gens au mépris des choſes les plus conſiderables. Le meſme Prince enfin qui trouua de bonnes raiſons pour juſtifier la dépenſe de ſes ſacrifices, & qui en trouua de paſſables pour excuſer la magnificence de ſes troupes, eût bien eu de la peine à en trouuer qui euſſent eſté de poids ſi on luy eût demandé pourquoy il auoit dépenſé aux funerailles d'Epheſtion huit millions deux cens mille eſcus, & pourquoy, par la dépenſe qu'il auoit faite de cent lict d'or, il auoit joint l'ancienne pompe des Perſes à la nouuelle moleſſe des Macedoniens.

A quoy penſoit Diocletian lors qu'il portoit des chauſſures de pierreries? la magnificence doit-elle paroiſtre en des choſes viles.

Encores ſi les dépenſes exceſſiues qu'on fait ſeruoient au public, i'excuſerois en quelque façon la vanité des gens; mais quel profit apportoit au public les perles de Cleopatre, de la valeur de neuf cens mille liures, & le vaſe de cryſtal de Trulla, du prix de trois millions.

Quelque deſagreable que ſoit le vice, il y a de certains excés qui plaiſent à la pluſpart des grands Seigneurs, Ceſar fit vn feſtin où il y auoit vingt-deux mille tables, Neron, diſent Dion & Suetone, ne marchoit jamais qu'il n'euſt mille litieres, & Popée ſa femme ne faiſoit tirer ſes coches que par des attelages d'or, & que par des mulets superbes.

De toutes les dépenses que fit Alexandre, ie n'en trouue gueres de plus raisonnables que celles qu'il fit pour faciliter à son precepteur la connoissance de la Physique, ce dessein est retourné à l'aduantage des siecles, & nous ne sçaurions pas tant de choses si Aristote en eût sceu moins.

Il y auoit quelque chose à loüer & à blasmer en Marcus, il estoit loüable de ce qu'il auoit fait construire vn theatre qui pouuoit seruir à la recreation des peuples; mais il estoit blasmable de ce qu'outré le nombre innombrable de statuës de bronze qu'on voyoit entre les colomnes des trois estages qui le composoient, il auoit tapissé d'vne thoile d'or le contour de l'espace, qui selon le raport des Historiens eust pû renfermer prés de cent mille hommes.

La pluspart des hommes ne se piquent point de s'immortaliser dans la memoire des gens de bien, ils ne se piquent que de s'immortaliser dans la durée des pierres, & ils meurent contens pourueu qu'ils laissent des Palais dont les fondemens auoisinent les abismes, & dont les pinacles touchent les Cieux.

Peu de gens sçauent en quoy consiste la belle dépense, vn Gouuerneur d'Athenes qui pensoit passer pour magnifique, passa pour remply de fumée, lors qu'à faire joüer la Medée & l'Antigone, il fit plus de dépense qu'il n'en eût fallu pour conquerir les Perses.

Entre les profusions d'vn particulier, l'on remarque celles que fit vn jour vn amy de Neron en vn souppé qu'il luy donna, on dit qu'il dépensa en patisserie & en confitures cent mille escus.

L'Histoire remarque que la profusion de Rome dura depuis la bataille d'Actium jusqu'à l'Empire de Galba, & que Vespasien acheua de l'abolir.

Quelle estrange magnificence de vouloir éclater aux dépens d'autruy ? Neron fut entaché de cette fausse vertu, il fit bastir vn Palais sur les cendres de sa patrie, & il le fit si vaste, qu'on y trouuoit des forests & des solitudes.

Ce n'est pas sans sujet qu'on parle du luxe d'Antisthenes Roy des Sybarites, ce Prince ne se montroit qu'vne fois l'année, & lors qu'il paroissoit, on le voyoit reuestu d'vne robbe trainante si diuersifiée en figures, si delicate en coups d'aiguilles, & si riche en pierreries, que cette seule robbe que les Carthaginois achepterent, coustoit deux milions d'or.

Que ie louë Cosme de Medicis qui fût surnommé le pere de la patrie ? il estoit magnifique en hospitaux & en Eglises.

Il y a cent gens qui dépensent au delà de leurs forces, & ils ne considerent pas, dit Iuuenal, qu'il y a bien de la difference entre vne caisse pleine d'or & vn petit sac d'argent.

Caton qui n'estoit que mediocrement riche, n'auoit garde d'imiter la profusion de Lentule, il sçauoit trop bien que celuy qui fait des dépenses incommodes est souuent reduit à ne pouuoir faire les dépenses necessaires.

Les Sages ne reglent pas tant leurs dépenses sur leur reuenu que sur leur qualité, Narcisse & Palas qui firent des dépenses proportionnées à leur fortune, furent odieux aux Romains, c'estoient des Affranchis, & leurs dépenses n'auoient point de rapport auec leur condition.

Quand les Rois de Perse vouloient faire voir leur magnificence, ils paroissoient sous des treilles qui estoient chargées en quelques endroits de grappes d'émeraudes, & en quelques autres de grappes d'escarboucles, & ils s'asseyoient sur des lits qui auoient des piliers d'or, & des aigrettes de toutes sortes de pierreries.

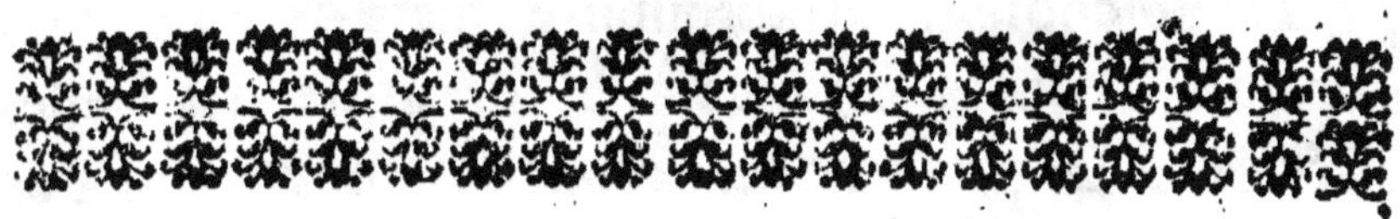

## DE LA MAGNANIMITÉ

La magnanimité est vne habitude qui est comme composée de l'excellence de toutes les vertus, & l'on peut dire pour parler plus Philosophiquement, que c'est vne vertu par laquelle l'on se comporte de la tres-belle maniere dans les actions & dans les paroles.

### *Des extremitez de la magnanimité.*

La magnanimité a pour excez la presomption, & pour defaut la pusillanimité

Celuy qui croit estre capable des grandes choses, & qui en est incapable est presomptueux, celuy qui croit estre incapable des grandes choses, & qui en est capable est pusillanime.

Le presomptueux & le magnanime semblent estre vne mesme chose ; mais la raison des motifs, les qualitez du naturel, & la contrarieté des habitudes en font les differences. Le presomptueux desire l'honneur, afin que la reputation luy procure des charges & des emplois. Le magnanime desire l'honneur ; mais c'est pour exciter à la vertu ceux qui considerent les recompenses qui la suiuent. Le presomptueux éleue ceux qui ont du merite, afin de persuader par là qu'il connoist en quoy consiste la vertu. Le magnanime esleue aussi ceux qui ont quelque chose d'extraordinaire ; mais c'est pour les animer de plus en plus à la pratique des belles actions. Le presomptueux haït ses ennemis, parce qu'en luy voulant du mal ils veulent du mal aux fanfarons. Le magnanime haït ses ennemis aussi ; mais c'est parce qu'en le haïssant ils haïssent les vertueux. Le presomptueux ne sçait ce que c'est que de s'humilier deuant les riches du monde, parce qu'il est tellement remply de soy-mesme, qu'il ne veut ceder à personne. Le magnanime ne sçait aussi ce que c'est que de s'abbaisser deuant les grands de terre ; mais c'est parce qu'il n'est émeu ny des douceurs de l'esperance, ny des considerations de la crainte.

### *Des causes de la magnanimité.*

LA magnanimité a six causes, elle a vne cause objectiue, vne cause materielle, vne cause efficiente, vne cause subjectiue, vne cause Morale, & vne cause formelle.

Les grandes actions & le grand honneur sont ses causes objectiues, parceque le magnanime se propose tout ce qu'il y a de plus excellent dans la pratique des vertus, & que le grand honneur est vne suite de l'excellence des actes. Pour porter le jour dans cet article, l'on peut dire que le magnanime se propose principalement les grandes actions, qu'il se propose accessoirement le grand honneur qu'il reçoit du plaisir, lors qu'on luy rend vn grand honneur, & qu'il ne se réjoüit pas beaucoup lors.

qu'on luy rend le mesme honneur. Qu'il se propose principalement les grandes actions, parce qu'il est extremément vertueux. Qu'il se propose accessoirement le grand honneur, parce que le grand honneur est vne suite des grandes actions. Qu'il reçoit du plaisir lors qu'on luy rend vn grand honneur, parce qu'il est bien aise que les recompenses égallent les actions, & qu'on rende à la vertu ce qui luy appartient, & qu'il ne se réjoüit pas beaucoup lors qu'on luy rend le mesme honneur, parce qu'vne joye extraordinaire suppose vn honneur impreueu, & que cette impreuoyance persuade ou qu'on n'a pas toutes les qualitez qu'on pense, ou que si on les a, l'on ignore ses propres aduantages.

Le desir de l'honneur est la cause materielle de la magnanimité, parce qu'elle modere ce desir.

La connoissance est sa cause efficiente, parce qu'il faut des rayons pour conduire les actions au point que la prudence prescrit.

L'entendement, la volonté, & les deux appetits sont ses causes subjectiues, parce que la magnanimité renferme les vertus cardinales, que la prudence appartient à l'entendement, que la justice releue de la volonté, que la temperance loge dans l'appetit concupiscible, & que la force reside dans l'appetit irascible.

La gloire de Dieu, l'honneur du Prince, & le bien de la patrie, sont ses causes Morales, parce que la magnanimité est aux vertus Morales ce que la charité est aux vertus Chrestiennes, qu'elle renferme toutes les vertus, qu'elle exclud tous les vices, & qu'elle démentiroit sa nature, si le bruit de la renommée & l'éclat des richesses estoient ses motifs.

Se comporter de la tres-belle maniere dans les paroles & dans les actions, est sa cause formelle, parce que c'est principalement cette maniere d'agir qui la distingue des autres vertus.

*Diuision de la magnanimité.*

TOVS les souuerains degrez des vertus Morales peuuent en quelque façon passer pour des magnanimitez; mais si la magnanimité est comme composée de l'excellence de toutes les vertus Morales, il n'y a à proprement parler qu'vne magnanimité: puisque celuy, par exemple, qui est tout moderé dans les plaisirs, & qui n'est pas tres-ferme dans les hazards manque de quelques degrez de perfection, & que là où quelque manquement notable se trouue, la quintessence de toutes les vertus Morales ne s'y trouue point.

*Des effets de la magnanimité.*

LE magnanime admire peu de choses, parce que les choses admirables sont rares, que celuy qui est sujet à l'admiration a peu de connoissance, que celuy qui a peu de connoissance louë plus qu'il ne doit, que celuy qui louë plus qu'il ne doit manque de jugement, que celuy qui manque de jugement manque de prudence, & que celuy qui manque de prudence peche contre l'ame de toutes les vertus.

Il ne se resouuient pas des injures qu'on a pretendu luy faire, parce qu'elles sont injustes, & qu'il méprise les personnes méprisables.

Il ne parle gueres des autres hommes, parce qu'il y a peu de grands personnages, & qu'à son égard les grands personnages n'ont rien qui le surprenne.

Il ne se plaint point de sa mauuaise fortune, parce qu'il est content de la possession de ses vertus, & qu'il sçait qu'il y a vne puissance majeure, dont l'on ne peut changer les decrets.

Il ne recherche pas les petits perils, parce que celuy qui s'y expose nous apprend qu'il veut combattre des ennemis proportionnés à sa foiblesse.

Il s'expose courageusement aux grands perils, parce qu'il recherche vn grand honneur, c'est à dire, parce qu'il se propose de faire tout ce qui peut seruir de sujet à vne tres-haute estime.

Il estime la vie, & il méprise la mort. Il estime la vie, parce qu'il est bon citoyen, que le bon citoyen doit referer sa conduite au bien de la patrie, & que la vie est vn moyen sans lequel on ne peut agir. Il méprise la mort par la mesme raison qu'il est bon citoyen, parce qu'en cette qualité il doit rapporter ses actions au bien du public, & que quand il est question de joüer de son reste ou de se resoudre à estre le spectateur de la subuersion de l'estat, il doit preferer sa perte à sa conseruation.

Il reçoit rarement, parce qu'il se contente de peu.

Il donne plus qu'il ne reçoit, parce qu'il veut surpasser les autres en vertu.

Il se resouuient plus du bien qu'il a fait, que de celuy qu'il a receu, parce qu'il y a plus de plaisir à bien faire qu'à souffrir le bien-fait.

Il aime ouuertement, parce qu'il n'aime que les gens de bien.

Il haït ouuertement, parce qu'il ne haït que les vicieux.

Il prefere ce qui est injustement condamné à ce qui est injustement suiuy, parce qu'il s'attache moins à l'exemple qu'à la raison.

Enfin quand il est obligé de parler, il dit toujours ce qu'il pense, parce que les menaces ne peuuent l'intimider, que les promesses ne peuuent le corrompre.

*Reflexions sur la magnanimité & sur ses opposez.*

LEs Heros tombent quelque-fois dans quelques foiblesses, Alexandre confirma cette verité lors que dans le déplaisir qu'il ressentit de la mort d'vn de ses mignons, il commanda qu'on brusiast le Temple d'Esculape.

Quelque aduantage, dit l'Histoire, que Cesar eût sur ses ennemis, il ne tua jamais soldat qu'il ne l'eust trouué en posture de se deffendre.

Qu'vn Heros mourant profera vn jour de belles paroles lors que sur la demande qu'on luy fit, s'il ne craignoit point de passer le pas, il répondit que comme toutes les choses du monde deuoient passer, il auroit mauuaise grace d'apprehender de jetter vn dernier soûpir.

A peine Scipion le beau pere de Pompée fut-il mal-heureusement arriué en Affrique, qu'il se poignarda, & comme les ennemis qui estoient entrez dans son vaisseau demandoient par raillerie comment se portoit le General, il répondit d'vn cœur aussi fier que mourant qu'il se portoit bien.

Si le magnanime, comme il n'en faut pas douter, aime mieux la vie de l'ame que la vie du corps, il ne faut pas s'estonner s'il aime mieux viure dans la pauureté que dans la honte.

Vn enchanteur promit vn jour au Duc d'Anjou & au Comte de Sauoye de mettre en leur possession vn Chasteau qui estoit à leur bien-seance ; mais comme ces Princes ne vouloient point deuoir leurs conquestes à des moyens diffamans, tant s'en faut qu'ils receussent fauorablement cette proposition, qu'ils firent trancher la teste à ceux qui l'auoient faite.

Lit-on rien de plus fier que ce que répondit Alexandre à vn Prince qui voulut capituler auec luy. Ie ne suis pas venu en vostre pays, luy dit-il, pour prendre ce que vous voudrez me donner, ie ne suis venu icy que pour vous laisser ce que ie ne voudray pas retenir.

Il ne faut pas s'estonner si les flatteurs font quelque chose aupres des superbes, les superbes aiment les loüanges, & il est des superbes, dit Plutarque, comme des tonneaux, l'on tire d'eux quelque chose lors qu'on leur donne du vent.

Vne Grecque qui auoit eu des enfans du Gouuerneur de Rhodes ne sceut pas plutost qu'il estoit mort à la deffense de son fort, qu'elle imprima vn fer chaud en forme de croix sur le front de ses enfans qui n'estoient pas encore baptisez, & ensuite elle n'eût pas plutost coupé la gorge à ces innocens, de crainte qu'estans esclaues ils n'embrassassent la religion de Mahomet, qu'elle prit les armes de son amy, qu'elle courut à la meslée, & qu'elle signala sa mort par cent belles actions.

Apres qu'vn Capitaine de Caualerie qui estoit Thracien eut violé vne femme de condition, il luy demanda encore où estoient ses tresors; cette femme qui conceuoit vn funeste dessein, luy dit en luy montrant vn puits, que c'estoit le depositaire de ses richesses, & comme sur cette réponse, il se hazarda de regarder dedans, la Dame alors prit si bien ses mesures qu'elle le precipita au fonds, le trompeur qui se vit trompé fit tous ses efforts pour regagner le bord; mais ce fut en vain, la femme courut aux pierres, & quoy que du fonds du puits il se deffendist, il trouua la mort où il pensoit trouuer la fortune. Dés qu'on sceut ce qui s'estoit passé, on la mena deuant Alexandre, Alexandre qui la vit si resoluë, la regarda quelque temps sans luy rien dire; mais apres qu'il eût gardé le silence, il luy demanda quelle elle estoit, ie suis sœur luy dit-elle de Theagenes, qui fut General des Thebains, &

qui mourut pour la deffense de son païs, & si vous voulez sçauoir encore qui ie suis, ie suis vne femme qui a esté violée par vn de vos Capitaines, & qui a vengé sur son corps l'injure qu'il a faite au mien. Que si vous voulez que ma mort suiue la sienne, sçachez qu'apres la perte que i'ay faite, il n'y a point de supplice que ie n'affronte gayement, & que quelque diligence qu'on puisse apporter à me faire perir, ie mourray tousiours trop tard, puisque i'ay honte de suruiure & à mon honneur & à ma liberté.

Si vn Ancien blasme Pericles de ce qu'il estoit trop remply de soy-mesme, qui peut excuser Ciceron? il est vray que Quintilien fait son Apologie; mais il ne le loüe pas de ce qu'il s'est loüé, & quand il le loüeroit de sa jactance, qui seroit son approbateur?

Pourquoy vser de tant de menaces, dit Theodorus à vn tyran? tu n'as en ta puissance qu'vne pinte de sang, & tu te trompes bien, si tu t'imagines que j'aime mieux pourir en terre que dessus.

Caxius Iulius qui remercia Caligule de ce que l'ayant condamné à la mort, il l'auoit deliuré d'vne vie qui luy estoit à charge, fut extraordinairement plaint de tous ceux qui le connoissoient, & comme auant que de mourir, il leut sur le visage de ses spectateurs les marques de leur tristesse, peut-estre leur dit-il, estes-vous en peine de sçauoir si l'ame est immortelle, si cela est ne soyez pas tant inquietés, ie sçauray bien tost ce qu'elle est ou ce qu'elle n'est pas.

Vn Heros ne regle pas ses actions sur ses mécontentemens, il les regle sur son deuoir, Themistocles fut injustement banny, & quoy que s'estant retiré chez Xerces, on luy offrist vne puissante armée pour marcher contre sa patrie, il aima mieux se tuer que de répandre le sang de ses concitoyens.

Chereas qui mourut sous Claudius de la mesme espée dont il auoit tué Caligule, alla à la mort en riant, & sur ce qu'vn nommé Luppus qui estoit vn des compagnons de son supplice, se plaignoit de ce qu'on luy auoit osté sa robbe, il luy dit d'vn ton railleur, vrayement ie ne pensois pas que les loups fussent sujets au froid.

Encore que l'action de Mutius soit connuë de la plusspart du monde, ie croirois luy faire tort si ie n'en disois icy quelque chose, Mutius va au camp de Porsena, & pensant tuer ce Roy qu'il ne connoissoit pas trop bien, il se mit en estat de tuer quelque autre ennemy, le fait estant diuulgué, Porsena fait venir Mutius dans sa tante, Mutius paroist deuant Porsena d'vn visage asseuré, & quoy que pour le punir de son attentat, on luy mette la main droite dans la braise, il voit sa main degoutante de graisse & de sang d'vn air si constant & si paisible, que Porsena estonné de cette grandeur d'ame, luy fit rendre son épée? Mutius qui fut touché de cette action, luy dit, tu ne m'as pas vaincu par la crainte? tu m'as vaincu par l'honnesteté? aussi te dirai-je dans le ressentiment que i'ay de ta vertu, qu'il y a trois cens Romains qui sont répandus dans ton camp pour te tuer, que le sort d'attenter sur ta vie est aujourd'huy tombé sur moy, & que comme tu es digne de l'amitié des Romains, ie suis tres-aise d'auoir manqué mon coup.

Que l'Inca Atahualpa estoit orgueilleux ? il croyoit que la terre estoit indigne de son crachat, & qu'il n'honoroit pas mesme peu les Dames quand il crachoit dans leur main.

Arria montra bien que la vertu estoit quelque-fois plus femelle que masle, lors qu'en retirant vn poignard de son sein, elle dit hardiment à Pœtus son mary qu'il prist courage ; que cet instrument ne faisoit point de mal.

Dés que Philopœmene qui fut pris en vn combat sanglant vit venir le poison, il demanda au bourreau si tous les caualiers qui auoient secondé son courage estoient sauuez, & sur ce que le bourreau luy dit que la pluspart d'entre-eux s'estoient heureusement retirez, bon, luy dit-il, l'affaire va bien, nous n'auons pas esté entierement mal-heureux.

Auguste parlant de ceux qui apres sa mort pouuoient aspirer à l'Empire, dit que Lepidus auoit assez de bonnes qualitez pour occuper le Trosne; mais qu'il n'auoit pas assez de courage pour faire valoir ses vertus.

Quelque-temps apres la mort de Pyrrhus, le fils du victorieux rencontrant le fils du deffunct en vn estat disconuenable à sa naissance, l'aborda auec des paroles fort douces, & le mena ensuite chez son pere, Antigonne qui se resouuint de l'action que son

ſon fils auoit faite à la mort de Pyrrhus, luy dit que cette derniere action luy plaiſoit plus que l'autre; mais qu'ayant veu Helenus couuert d'vn méchant manteau, il deuoit luy en donner vn qui fuſt digne de luy, ce Prince qui traita le mieux qu'il pût le fils de Pyrrhus, obſerua ſes paroles & ſa contenance, & il le trouua ſi doux & ſi modeſte que joignant la liberalité au regal, il luy remit ſur la teſte la couronne de ſon pere.

Trouue-t'on dans l'Hiſtoire vne plus grande conſtance que celle que fit paroiſtre Caleanus dans le ſupplice qu'Alexandre luy fit ſouffrir, ce braue s'agença honneſtement ſur le braſier, & quoy qu'il ſentiſt la rigueur d'vn feu extremément ardent, il demeura dans la poſture qu'il auoit choiſie, ſans dire vne parole qui fuſt indigne de la grandeur de ſon courage.

Vn jeune homme Sicilien nommé Anthoine, ayant eſté pris ſur mer fut mené deuant Mahomet, dés que Mahomet le vit, il luy demanda qui l'auoit porté à entreprendre la perte de ſes vaiſſeaux. Comme tu es l'ennemy commun des Chreſtiens, luy dit-il, il t'eſt facile de juger quel a eſté mon motif, & tu peux bien penſer que ſi i'euſſe eu autant d'accez aupres de ta perſonne que i'en auois aupres de ton armée nauale, tu ne ſerois pas en eſtat de m'interroger, ce courage qui ſentoit le Mutius, ne trouua pas en Mahomet vn Porſena, Mahomet extremément piqué écumoit de rage, & quoy qu'il admiraſt la hardieſſe du jeune homme, il voulut qu'il fuſt ſcié par le milieu du corps. Le Senat de Veniſe maria la ſœur d'Anthoine aux dépens du public, & non content de cette reconnoiſſance, il donna encore à ſon frere vne penſion fort conſiderable.

On dit que Darius euſt vaincu Alexandre, s'il y euſt eu dans ſon armée des gens qui euſſent oſé vaincre.

Le Duc de Mayence fit vn jour vne action bien religieuſe, ce Prince entendoit la Meſſe dans l'Egliſe des Peres Ieſuiſtes lors qu'on luy vint dire qu'il ſe ſauuaſt; mais comme ſi cet aduis luy euſt eſté indifferent, il répondit qu'il ne ſortiroit point qu'il n'eût veu le Corps du Sauueur du monde.

Il faut enuiſager bien noblement le bien public pour preferer le bien des peuples à ſa vie. Le Roy Codmet conformément à l'Oracle achepta par ſa mort volontaire la victoire d'Athenes, & Decius qui auoit la meſme tendreſſe, achepta auſſi par la meſme mort le ſalut de Rome.

De Noüailles Eueſques d'Acs, fut enuoyé vers Selim Deuxieſme par Charles Neufieſme pour des affaires de haute importance, auſſi-toſt qu'il fut à la porte les Capigis le prirent ſous les bras pour le mener en cet eſtat où eſtoit le grand Seigneur; mais il ne ſe contenta pas de les repouſſer à coups de coudes, il leur dit hautement qu'ils ſe retiraſſent, que la liberté d'vn François & la dignité d'vn Eueſque ne permettoiét pas qu'on l'introduiſiſt comme vn eſclaue aux lieux où il deuoit ſe rendre. Dés qu'il fut deliuré de l'importunité des Capigis, il s'inclina seulement deuant l'Empereur, & sur ce qu'ensuite on luy demanda le present, il répondit qu'il n'en faisoit point, que l'Empereur le demandoit comme vn tribut, & que les Rois de France n'estoient point tributaires.

Vn domestique de Galba auoit vne si haute opinion de son esprit, que quelque bons conseils qu'on donnast au Prince, il rejettoit tous ceux qu'il ne donnoit pas.

La pluspart des grands hommes ont esté presomptueux, Enée disoit qu'il estoit l'esprit & le cœur de la Sagesse, & Hector qui n'estoit pas moins vain que luy, se vantoit d'estre le bras de la force, Pompée prit le nom de grand, Fabius prit celuy de tres-grand, Octauius prit la qualité d'Auguste, Otho prit pour surnom le miracle du monde, & Tite affecta pour éloge les delices du genre humain, Trajan voulut estre appellé le tres-bon, Antonin voulut estre nommé le pieux, & Marc Marcel voulut passer pour l'épée & le bouclier de l'Empire, enfin Alexandre permit qu'on le reconnust pour Iupiter, Pyrrhus souffrit qu'on l'appellast l'aigle Royale, Ptolomée & Bajazet trouuerent bon qu'on les traittast de foudre, & Demetrius ne trouua pas mauuais qu'on le traittast de preneur de Villes.

Il y a des naturels qui ne tardent gueres à montrer la grandeur de leur courage, Caton qui ne sortoit que de l'enfance eut horreur de voir des testes de Citoyen dans la maison de Sylla, il demanda pourquoy les peres ne se defaisoient point de ce tyran, & quoy qu'on luy eust representé le danger qu'il y auoit d'attenter à sa personne, il fit resolution de porter vn poignard sous sa robbe & de luy enfoncer dans le sein, l'Histoire dit qu'il eût executé son entreprise si ceux dont il dependoit en quelque façon ne l'eussent conjuré de changer de dessein ; mais son gouuerneur qui decouurit le secret en aduertit ses parens, & ses parens le detournerent de l'action.

Ciceron qui connoissoit le naturel mol de son frere, luy dit vn jour ; gardez vous bien de vous relascher, l'Oracle qui a dit connois-toy toy-mesme, n'a pas tant prononcé ces paroles pour nous porter à rabatre nostre orgueil, que pour nous exciter à reconnoistre nos aduantages.

Quelle force d'ame à Hyperides ? il fut mené à Corinthe deuant Antipater, Antipater luy fit donner la gesne ; mais de crainte qu'vne douleur continuée ne fist tort à son courage, & qu'elle ne luy fist decouurir ses secrets, il se tronçonna la langue.

Bayart quelque mourant qu'il fust voulut qu'on le mit contre vn arbre, & qu'on luy tournast le visage vers l'ennemy.

Il y a des hommes qui croyent estre au dessus de la nature humaine, vn certain Empereur au rapport de Glycas, pensoit que le Soleil dependoit de ses mouuemens, & dans cette imagination, il luy enuoyoit tous les matins des lettres pour luy permettre de paroistre sur ses terres, Chosroës qui ne croyoit pas estre moindre que cet Empereur, voulut que ſon Troſne fût au deſſus d'vn ciel d'airain, que ce ciel roulaſt ſous ſes pieds comme nous roullons ſous les globes, & qu'en de certains temps ce meſme ciel euſt ſes éclairs, ſon tonnerre, & ſes foudres, le meſme Prince ne ſe contenta pas d'auoir quelque choſe de particulier quant à ſon Troſne, il voulut auoir quelque choſe de particulier quant à ſon boire, & parce qu'auant ſa deffenſe les peuples alloient puiſer de l'eau au fleuue de Coaſpes, il fit ſçauoir qu'il retenoit ce fleuue pour ſa boiſſon, & que ceux qui iroient puiſer de l'eau ſeroient mis à mort.

Le Roy Vvortimer voulut qu'on l'enterraſt prés du port de Stonar, où il auoit deffait Eugiſt, afin que ſon ombre tinſt en bride les ennemis, & Scipion l'Affricain voulut auſſi qu'on plaçaſt ſon tombeau de telle ſorte qu'il regardaſt l'Affrique, afin que ſes cendres miſſent en allarme les Cartaginois.

Vne fille de la ville de Coccine qui eſtoit contemporaine de la Pucelle d'Orleans, ne ſceût pas plutoſt que ſon pere eſtoit mort à la breſche, qu'animée contre le Turc, elle y court, elle y vole, & y fait des actions ſi heroïques, que ſa valeur ſauua ſa patrie. Laureſtan qui eſtoit General des Venitiens luy donna double paye, & les Capitaines à l'imitation de leur General partagerent auec elle leur ſolde. Laureſtan qui en faiſoit vne eſtime tres-particuliere, la voulut marier à vn des plus braues Capitaines de l'armée; mais elle faiſoit plus d'eſtat de la vertu que de la fortune, & en remerciant Laurestan, elle luy dit qu'il ne falloit pas seulement prendre garde au courage, qu'il falloit prendre garde encore à la personne, & qu'elle ne se marieroit jamais qu'elle n'eût exactement connu la probité de celuy qu'elle épouseroit.

Ie ne sçay quel estoit le plus orgueilleux ou de Sardanapale, ou de Chosroes, Sardanapale ne croyoit pas octroyer peu de chose quand il donnoit la liberté de baiser son gand qui estoit au bout d'vne lance, & il ne consideroit pas peu les grands de sa Cour quand il permettoit qu'ils vécussent sous sa table des morceaux de viande qu'il jettoit.

Que l'esprit de Neron estoit remply de sa personne, ce Prince pouuoit bien juger qu'il estoit plus nuisible à l'estat qu'aduantageux, cependant il croyoit qu'en tombant l'Empire tomberoit.

La pluspart des grands Seigneurs ne se contentent pas d'estre presomptueux, ils se plaisent à donner des marques de leur presomption, & entre les gens de cet ordre, il y en a eu qui pour persuader qu'ils pouuoient tout reduire en cendres, faisoient marcher deuant eux des brasiers, Clearque le tyran d'Heraclée qui estoit du rang de ces presomptueux, ne marchoit jamais qu'on ne portast deuant luy quelque chose d'étonnant, & qu'on ne criast à ceux qu'on rencontroit, fuyez, fuyez, voicy le tonnerre, voicy le foudre, Agamemnon qui estoit encore du nombre de ces orgueilleux, ne marchoit jamais qu'vn page ne portast deuant luy vne teste de lyon, &

qu'vn Herault ne criast au peuple, craignez, craignez, voicy le Roy de tous les Rois, voicy la terreur de tous les hommes.

Ceux qui ont veu les païs les plus reculez, disent que le Grand Cham de Tartarie s'imagine estre quelque Dieu, & que de crainte que ses sujets n'offensent la pureté de sa personne, il veut qu'auant qu'ils l'approchent ils passent à trauers des feux qui sont allumez deuant son Trosne.

Y a-t'il jamais eu vne fidelité plus constante que la fidelité d'Epicharis, cette femme qui auoit promis qu'elle ne decouuriroit jamais ce que quelques Romains luy auoient confié, fut mise à la question, elle souffrit genereusement les rigueurs de cette tentatiue; mais de crainte qu'enfin elle ne succombast sous la grauité des maux dont elle estoit encore menacée, elle fit vn lags courant d'vn linge qui luy couuroit la gorge, & elle trompa par ce funeste licol l'esperance de ses bourreaux.

On ne peut assez loüer la franchise de Subrius Flauius, qui estoit chef d'vne cohorte Pretorienne. Ie t'ay aimé, dit-il à Neron, tant que tu as fait paroistre que tu estois digne de l'Empire; mais ie ne t'ay pû souffrir dés que tu es deuenu matricide, cocher, bouffon, & incendiaire, à peine Neron qui estoit extraordinairement piqué, & qui auoit desia donné ordre à Vejanius de faire mourir ce genereux personnage, eut-il reïteré son commandement, que Vejanius se mit en estat de l'executer, Flauius qui apprehendoit plus le defaut d'adresse du bourreau que le tranchant du glaive, luy dit que le bois sur lequel il deuoit poser sa teste n'estoit pas fait selon les regles de l'art, & sur ce que Vejanius luy répondit qu'il ne se mist point en peine, qu'il songeast seulement à bien tendre le col, plaise aux Dieux repartit-il, que tu sçaches aussi bien frapper que ie sçauray bien me mettre.

Que Lucain meritoit vne autre destinée? comme ce Poëte sentit que la chaleur estoit sur le point d'abandonner ses membres, il se resouuint de la description qu'il auoit autre-fois faite d'vn soldat mourant, & comme il ne pouuoit mieux exprimer sa debilité que par le recit des vers qui auoient exprimé celle du soldat, il redit pour dernieres paroles ces vers lugubres.

Vn presomptueux ne sçait ce que c'est que de deference, l'Histoire dit, que sur l'esleĉtion d'vn Grand Maistre de Malte l'on remit la nomination à vn nommé Gazon qui estoit simple Cheualier, & que sans considerer que quelque bonne qualité qu'on ait, il est indecent de s'estimer ouuertement plus que les autres, il eut l'effronterie de se nommer.

Porphire, dit Eusebe, estoit si orgueilleux, qu'il ne pouuoit souffrir qu'on le reprit, & Donat estoit encore si superbe, qu'il voulut mesme que les Euesques iurassent par son nom.

Entre les gens de Lettres, il n'y en a gueres eu qui ayent esté plus presomptueux qu'Horace, ce Poëte ne suiuoit point la route des autres, & pour

excuser

excuser sa singularité, il disoit qu'il n'auoit point juré de se faire des Maistres.

Attila qui vit dans les peintures de Milan qu'on auoit peint les Empereurs Romains dans des Trosnes d'or, & qu'on auoit mis les Scythes à leurs pieds, voulut qu'on le peignist dans vn Trosne d'or, & qu'on representast les Empereurs Romains sous des porteurs de sacs.

Saint Cyprien fit bien voir la grandeur de son ame, lors qu'il rendit graces à Dieu du supplice auquel il fut condamné, & qu'il voulut qu'on donnast vingt escus à celuy qui luy couperoit la teste.

Les Ambassadeurs que les Alemans enuoyerent à Alexandre, n'estoient pas moins presomptueux que ce Prince, apres qu'Alexandre les eut receus, il leur demanda par maniere d'entretien quelle estoit la chose qu'ils apprehendoient le plus, les Ambassadeurs qui virent bien qu'il croyoit qu'ils redoutoient sa puissance, luy répondirent qu'ils ne craignoient rien, & que s'ils auoient à craindre quelque chose, ce seroit que le Ciel ne tombast sur eux.

Vne parole orgueilleuse en attire vne autre, Eumenes dans vne action de ceremonie, dit à Antigonne qu'il vouloit qu'il luy deferast, parce qu'il estoit le plus puissant, & Antigonne qui trouua mauuais cette façon de parler, luy répondit qu'il ne reconnoistroit jamais de plus puissant que luy tant qu'il auroit son épée à son costé.

Vous estes menacé du naufrage, dit-on vn jour

à Pompée, cet aduis eust pû intimider quelque autre que ce grand Capitaine; mais quoy que Pompée ne doutast point du peril, qu'on mette dit-il les voisles au vent, il n'est pas necessaire que ie viue, il est necessaire que j'aille.

Que Solyman estoit vain? il juroit par son chef sacré & Imperial.

Alexandre se deffendit de courir aux jeux Olimpiques, il ne vouloit courir que contre des Rois, ce Prince fit vn jour vne action digne de sa renommée, il demanda au Roy Porus qu'il auoit fait prisonnier comment il le traitteroit, le Roy Porus luy répondit Royalement, quoy luy repartit-il, tu ne diras rien autre chose? non luy dit-il, tout est compris sous ce mot, Alexandre fit grand estat de cette parole courageusement prononcée, & il eut ensuite vne si haute opinion de Porus, qu'il le remit en son Royaume.

Dans les guerres de Hongrie, vne femme Chrestienne au siege Dagyra combattit contre le Turc auec sa mere & son mary, & quoy que sa mere luy eust dit qu'il falloit qu'elle se retirast du combat, pour rendre à son mary mort les derniers deuoirs, tant s'en faut qu'elle obeïst, qu'apres luy auoir répondu que ce n'estoit pas le temps de faire des funerailles, elle prit l'épée de son mary, courut au fort de la meslée, tua trois Turcs, & emporta ensuite sur ses épaules ce qu'elle auoit le plus tendrement aimé.

Apres que Caracalla eut ensanglanté ses mains du

ſang de Geta ſon frere, il voulut que Papinian donnaſt par ſon éloquence quelque couleur à cette eſtrange action; mais comme ce genereux Iuriſconſulte qui auoit eſté à bon droit l'admiration de l'Empereur Seuere, eſtoit incapable d'vne laſche crainte, il répondit hautement au meurtrier, qu'il eſtoit bien plus aiſé de faire vn fratricide que de le juſtifier.

Que ne peut-on pas dire en faueur de la magnanimité, ne fuſt-ce pas elle qui anima Sceuole contre vne armée de Barbares, qui expoſa Sicilinus à quarente cinq playes, qui apprit à Scynegirus qui auoit eu les mains coupées, à prendre auec les dents vn vaiſſeau de l'armée ennemie, & qui enſeigna enfin à vn ſoldat Romain qui fut emporté ſur la trompe d'vn élephant à preuenir l'effroy d'vne ſi eſtrange aduanture, & à vaincre meſme l'animal qui l'auoit emporté.

# DES PETITES VERTVS.

## DE LA MODESTIE.

CELVY qui s'estime digne des grandes choses, & qui effectiuement en est digne, est magnanime. Celuy qui est capable des grandes choses, & qui croit en estre incapable est pusillanime. Celuy qui est indigne des grandes choses, & qui croit en estre digne est presomptueux, & celuy enfin qui n'est capable que de petites choses, & qui conforme ses sentimens à sa foiblesse est modeste.

Ie croy que le defaut du modeste consiste à ne s'estimer digne d'aucune chose, & que l'excez du mesme modeste consiste à auoir vn peu trop bonne opinion de sa personne, ie dis que l'excez du modeste consiste à auoir vn peu trop bonne opinion de sa personne, afin de distinguer ce petit excez de l'excez du magnanime, qui consiste en vne presomption insupportable.

### *Reflexions sur la modestie, & sur ses opposez.*

ON disoit d'vn homme qu'il auoit de la pudeur pour les veritez qui luy estoient fauorables, & qu'il auoit de la retenuë pour les veritez qui luy estoient aduantageuses.

Vn Ancien parlant d'vn modeste, disoit que s'il falloit de la façon pour le loüer, il n'en falloit point pour le reprendre.

Quelques-vns opposent la modestie à la magnanimité, comme le petit au grand, & quelques autres opposent la mesme modestie à la chasteté, comme la partie au tout.

Saint Paul parlant du Seigneur, dit qu'il luy auoit mis en main le tymon, lors qu'il ne sçauoit qu'à peine les moindres offices du vaisseau.

Comme le modeste n'est pas en passe de pretendre aux honneurs du monde, il prefere souuent la vie solitaire à la vie ciuile.

Il y a difference entre le modeste & l'humble, parce que le modeste a tousiours de petites perfections, & que l'humble a quelque-fois de grandes vertus, que le premier comme modeste s'abbaisse tousiours en consideration des petites qualitez dont il est reuestu, & que l'autre comme humble s'abbaisse tousiours en veuë des obligations qu'il a au premier principe.

Caton qui n'estoit pas trop modeste, disoit que comme il auoit fait de grandes choses, il en pouuoit dire de grandes de sa personne.

Quoy que chacun doiue regler ses sentimens selon l'estat où il se trouue, neantmoins S. Bernard dit que comme celuy qui passe sous vne porte basse ne peut se blesser lors qu'il se baisse plus qu'il ne doit, celuy qui s'abbaisse aussi plus qu'il ne faut ne peut se faire tort.

Iob montroit bien qu'il estoit modeste lors que parlant à la pourriture, il disoit qu'elle l'auoit engendré, & que parlant aux vers, il disoit qu'ils estoient sa mere & sa sœur.

Que Neron dit vn beau mot au commancement de son regne? on luy decernoit de grands honneurs, & comme il n'estoit pas encore corrompu, ils seront de saison, dit-il à ceux qui les luy rendoient, lors que ie les auray meritez,

Ie ne m'estonne pas si vn bel esprit a dit que si l'on mettoit les robbes de nos femmes de Partisans sous des pressoirs, le sang du peuple en sortiroit, les adjustemens de ces sortes de creatures passent le luxe des Princesses, & ils sont si pompeux, qu'il faut des desolations de Villes pour les entretenir.

Soyons inégaux tant qu'on voudra par la difference des sepultures, les cendres nous égaleront.

Qu'est-ce que nous faisons quand nous dorons nos Palais? nous ne faisons autre chose, dit vn Ancien, que de nous delecter dans le mensonge, parce que ces dorures ne dorent que du bois, & que le bois est la matiere des vers, & de la pourriture.

Sur ce qu'on dit à Calicratidas Capitaine General des Lacedemoniens, que les sacrifices le menaçoient de mort, il répondit modestement ie le croy; mais la conseruation de Spartes ne depend pas d'vn seul homme.

Quelque éleué que fust Vespasien, il parloit

souuent de la bassesse de son extraction.

Quand Domitian parloit de ce qu'il auoit ordonné, il disoit souuent nostre Seigneur & nostre Dieu l'a ainsi voulu.

Qu'Antonin eut affaire à vn Philosophe immodeste, ce Prince qui fit venir Apolonius pour estre le precepteur de son fils, creut qu'au lieu d'aller loger en vne hostellerie ce sçauant viendroit prendre son appartement au Palais de l'Empereur ; mais quelque priere que l'Empereur luy fist de le venir voir, il ne receut de luy pour toute réponse que le Maistre ne deuoit point aller trouuer le disciple, comme Antonin estoit doux, il se contenta de luy mander que celuy qui auoit fait le plus deuoit faire le moins, & que comme il estoit venu de loin pour instruire le jeune Prince, il s'estonnoit fort qu'il eust trouué le chemin plus long de son logis au Palais, que de Chalcis à Rome.

Commode quelques foibles vertus qu'il eust, ne sçauoit ce que c'estoit que d'estre modeste, il rebattoit souuent que la Pourpre luy auoit seruy de lange, & que le Trosne luy auoit seruy de berceau.

Ce ne fut pas vne action peu modeste à Antigonne lors qu'ayant gagné vne bataille, il refera la gloire du succez à son pere, & voulut qu'on luy deferast le triomphe.

L'Empereur Charles le Quint, auant que de quitter les honneurs du monde, fit vne ample description de ses faits d'armes, & le Duc d'Alue qui n'estoit pas moins vain que l'Empereur, fit faire vne superbe inscription sur le monument de ses victoires.

Encore que Diocletian eust de belles qualitez, il dit qu'il ne quittoit l'Empire que parce qu'il ne se jugeoit pas capable de surmonter toutes les difficultez du gouuernement.

Apelles & Polycletus sont bien dignes de trouuer icy leur place, ces Peintres quelques admirables qu'ils fussent ne mettoient jamais au bas de leurs tableaux, Apelles ou Polycletus a fait cecy, ils mettoient tousiours, Apelles ou Polycletus faisoit cela, & ils n'vsoient de ce temps imparfait que pour marquer l'imperfection de leurs ouurages.

Tous ceux qui ont droit de pretendre aux grands honneurs ne se soucient pas de les receuoir, Scipion ne refusa seulement pas en Espagne le titre de Roy, il refusa encore à Rome la qualité de Dictateur perpetuel, & il ne voulut pas mesme qu'aux lieux publics on luy dressast des statuës.

Chose estrange! le mesme homme qui paroist modeste en vn rencontre, paroist quelque-fois vain en vn autre, Scipion dont ie viens de parler, fit de beaux refus, & neantmoins il disoit quelquefois qu'il n'estoit jamais moins seul que quand il estoit en compagnie.

Saint Gregoire se déguise & se cache, pour ne point occuper le saint Siege; mais vne Colombe de feu qui le caresse & qui le découure, triomphe de sa modestie.

Il

Il y a si cela se peut dire de saintes immodesties, Iob dans son liure, ne fait pas moins le panegyrique de sa patience que l'histoire de ses mal-heurs, Dauid en beaucoup d'endroits parle de l'innocence de ses mains, de la pureté de son cœur, de la grandeur de son zele, de la justice de ses actions, & de la benignité de son naturel, & S. Paul qui n'estoit pas tousiours sobre sur ses loüanges, se vantoit d'auoir de la naissance, d'estre Bourgeois de Rome, d'auoir heureusement estudié, d'estre éclairé dans les Mysteres, & d'auoir surmonté cent fatigues, & cent affronts.

Ceux qui ont oüy dire que la gloire estoit vn ombre, qui suiuoit ceux qui la fuyoient, s'abbaissent assez souuent; mais comme ils ne s'abbaissent qu'afin qu'on les éleue, vn bel esprit a eu raison de les comparer à ces mariées qui fuyent afin qu'on les courre, & qui ne se soucieroient pas de se dérober si elles estoient asseurées qu'on ne les cherchast pas.

Vn Auteur parlant de la vanité de Ciceron, l'appelloit la cantharide de ses ouurages.

Ie ne condamne pas tous ceux qui se loüent, ie condamne ceux qui se loüent sans estre obligez de se loüer, Caton sans estre obligé de se deffendre estoit sujet à faire ses éloges, & il fut mesme vn jour assez immodeste pour dire que Caton ne deuoit pas tant à Rome, que le peuple Romain deuoit à Caton.

Quelque grand Roy que fust François Premier,

il ne juroit jamais que foy de Gentil-homme.

On dit que celuy qui se loüe ressemble à vn visage qui fait montre de son fard, & que celuy qui se blasme ressemble à vn malade qui fait parade de son infirmité.

Que les Romains auoient vne sotte coustume: les parens des morts faisoient chez eux leur oraison funebre.

Il y a des gens qui quoy qu'ils connoissent leur foiblesse ne laissent pas de vouloir donner par l'éclat des apparences de hauts sentimens de leur personne. Ces hommes nouueaux, comme parle vn Ancien, qui veulent cacher sous leur luxe l'obscurité de leur naissance, ressemblent aux derniers Romains, qui pour cacher la pauureté de leurs ancestres rehaussoient leurs cabanes, & déguisoient leurs chaumieres.

Quoy que Tybere eût refusé le nom de Seigneur, & le titre de Pere de la Patrie, & qu'il eût trouué mauuais qu'on eust appellé ses exercices des occupations diuines, il ne trouuoit pas bon qu'on se meslast d'examiner ses desseins, de controller ses faueurs, de censurer ses amours, en vn mot, de discourir de ses actions, & c'est pour ce sujet qu'on entendoit parler de luy, lors qu'on disoit de son temps qu'il estoit mal-aisé de viure sous vn Prince qui haïssoit le faste, & qui n'aimoit pas la franchise, qui haïssoit la flatterie, & qui n'aimoit pas la liberté.

Ha! que Pyrrhus auoit des sentimens raisonnables, lòrs que faisant reflexion sur sa qualité de Roy, il confessoit qu'elle estoit meslée de plusieurs seruitudes, & que considerant la necessité où elle estoit reduite de se seruir des moindres sujets, il disoit aux Soldats qui le traitoient d'aigle qu'il estoit plus obligé de son éleuation à leurs aisles, c'est à dire à leur secours, qu'à sa vaillance.

Ce n'est pas merueille si S. Loüis qui estoit vn si grand Roy, signoit Loüis de Poissy humble Sergent, c'est à dire vn humble seruiteur de Iesus-Christ, il estoit touché d'en haut, & il correspondoit aux graces du Seigneur.

Ie n'approuue point ceux qui encherissent ce qui est tres-precieux de soy-mesme, & qui veulent augmenter la veneration des peuples par des affiquets d'épousée, l'Empereur Leon fils de Constantin qui mourut de la lepre, se trouua mal de son luxe, il enrichit sa Couronne de tant de perles, & il la porta si souuent, que son cerueau extraordinairement refroidy luy donna la mort.

Nicias dit vn jour à Sophocles qu'il parlast le premier, parce qu'il estoit le plus ancien, & Sophocles luy répondit qu'encore que cela fût vray, il deuoit parler le premier, parce qu'il estoit le plus venerable.

A quoy bon d'estre modeste en paroles, & d'estre fastueux en ornemens, le Sage ne veut point estre enueloppé en des étoffes precieuses, il méprise l'exterieur, il ne veut point paroistre sous la pompe des financiers, il ne tient compte des honneurs, il ne veut point marcher ſous l'éclat des Fauoris, il n'aime point la ſeruitude.

Les Romains portoient leurs habits chez les eſtrangers, cette couſtume eſtoit loüable, ils ne vouloient rien tenir de ceux auquels ils donnoient des loix, ie ſouhaiterois que nous imitaſſions en cela les Romains, vn Chreſtien doit aller dans le monde comme dans vn lieu qu'il a deub reduire ſous ſon empire, & il doit ſe reſouuenir qu'on ne doit point porter les liurées des choſes qu'on a ſoûmiſes, que les curioſitez mondaines s'accordent mal auec les vertus Chreſtiennes, & que ſi l'on doit paroiſtre en ce mal-heureux paſſage, ce ne doit pas eſtre en adjuſtemens; mais en bonnes œuures.

Sylla eſtoit vn faux modeſte, il s'abbaiſſoit deuant ceux dont il auoit affaire, & il ſe faiſoit adorer de ceux qui auoient affaire de luy.

L'Empereur Adrian fit vn jour vne action qui me plaiſt fort, il fit donner vn souflet à vn de ſes Affranchis qui ſe promenoit immodeſtement auec des Senateurs, & il luy fit dire qu'il ne ſe promenaſt plus dauantage au milieu de ceux qui pouuoient deuenir ſes Maiſtres.

Henry Quatrieſme Roy de France, dit aux Eſtats qu'il ne les auoit pas conuoquez comme auoient fait ſes predeceſſeurs, afin qu'ils approuuaſſent ſes volontez, au contraire, qu'il ne les auoit aſſemblez qu'afin qu'ils luy donnaſſent des conſeils vtiles, & il adjouſta à ces paroles modeſtes, que comme de ſe reduire en cet eſtat s'eſtoit ſe mettre en tutelle, ils pouuoient bien juger que c'estoit vne enuie qui ne prenoit gueres ny aux victorieux, ny aux barbes grises.

Quelle modestie à vn Empereur ? quelques Romains qui allerent vn jour rendre action de graces à Claudius des emplois qu'il leur auoit donnez, furent fort ciuilement accueillis de ce Prince, & & parce qu'ils ne pouuoient se lasser de reconnoistre les effets de sa bonté, finissez vos remerciemens, leur dit Claudius, ils deuancent ceux que ie deurois vous faire, vn Empereur adjousta-t'il, ne peut estre par tout, & il n'a pas peu d'obligation à ceux qui dans les fonctions de leurs charges luy aident à maintenir la Republique.

## DE LA MANSVETVDE.

LA mansuetude est vne vertu par laquelle on modere la colere.

Quoy qu'on ne donne point de nom aux extremitez de cette vertu, l'on peut donner le nom de precipitation à son excez, & le nom de stupidité à son defaut.

Il y a des choses qui doiuent exciter la colere, comme l'impieté, parce que Dieu est nostre Pere, & que qui offense le pere offense les enfans, & il y a des choses qui ne doiuent point exciter la colere comme l'indiscretion, parce que les causes excusent en quelque façon les effets, & que l'indiscretion tient plus de l'imprudence que de la malice.

Celuy qui n'entre pas en colere quand il le faut est ignorant ou insensible, celuy qui entre en colere quand il le faut, mais qui s'emporte, est violent, celuy qui n'entre pas en colere quand il ne le faut pas est considerant, & celuy enfin qui entre en colere quand il le faut, & qui proportionne la passion à l'injure est mansuetudinaire.

### *Reflexions sur la mansuetude & sur ses opposez.*

LEs grands courages aiment mieux auoir des ennemis redoutables que des ennemis impuissans, & c'est pour cette raison qu'on dit que d'estropier ses ennemis ce n'est pas courage c'est cruauté, ce n'est pas hardiesse c'est precaution.

Quelque mépris que les ennemis vaincus ayent témoigné auant le combat, il n'y a ordinairement que les goujats qui fassent le massacre des victoires.

L'Histoire rapporte qu'vn Melindas Cartaginois, fut tellement piqué de la lascheté de son fils qu'il vit fuïr dans vne bataille, qu'à son retour il le fit enseuelir dans le ventre d'vne vache.

Ie ne diray point comme disent beaucoup de gens que comme les orages ne se forment point dans les corps superieurs, la colere ne se forme point dans les esprits sublimes, tous les hommes ont leurs ressentimens, la nature en cela n'a point fait de priuilegiez, & toute la difference qui se trouue entre-eux, c'est que les vns se retiennent, & que les autres s'emportent, que les vns preuiennent l'excez, & que les autres suiuent la saillie.

Les coleres immoderées confondent quelquefois les innocens auec les coupables, Carnisius fit tuër, rostir, & presenter à table vn petit enfant, & comme sa femme qu'il tenoit pour adultere, fut extremément surprise de la nouueauté de ce mets, voilà, luy dit-il, les fruits de vostre arbre.

Quand la mansuetude ne reprime pas la colere, il est perilleux que la colere qui n'est pas reprimée tombe dans l'ame des mélancoliques, cette sorte de colere est tenace & ingenieuse, & c'est de ses inuentions que les bourreaux ont tiré la discipline des tourmens, & la methode des supplices.

L'on doit excuser les premiers mouuemens, ils sont plus surprenans que malicieux.

Il y en a qui tiennent que la mansuetude est plutost vn defaut d'ire, qu'vne mediocrité en l'ire, Beaujou est de ce sentiment; mais la mansuetude agit, & le defaut d'ire n'agit point, la mansuetude est tousiours loüable, & le defaut d'ire est quelque-fois vicieux.

Les coleres attisées & rafraischies laissent quel-que-fois des haines insolentes & fastueuses. Les Suisses qui deffirent le Duc de Bourgongne confirmerent ce que j'aduance, lors qu'apres auoir amassé toutes les testes des ennemis qu'ils auoient vaincus, ils bastirent inhumainement vne Chapelle, comme parle vn tres-bel esprit, de materiaux humains.

Lors que le bien qu'on a fait est plus grand que le mal qu'on a voulu faire, il faut plus donner à l'effet qu'à la volonté.

L'innocence de la fin doit excuser la liberté de l'action, Lucius Ennius Cheualier Romain, fut mis en justice pour auoir fait fondre la statuë de l'Empereur; mais comme ce n'auoit esté que pour en faire de la vaisselle, le Prince lùy pardonna.

Le Sultan Asam fit vne action dont ie me souuiendray tousiours, il prit l'Empereur Diogene, & bien que cet Empereur fut insupportable dans son infortune, il le fit mettre à sa table, comme le Sultan discouroit sur la vengeance, il demanda à son prisonnier

prisonnier ce qu'il luy eût fait s'il l'eût eu en sa puissance, j'eusse meurtry ton corps, luy répondit-il, & moy, repartit le Sultan, ie ne feray pas la mesme chose, en effet, il traita doucement Diogene, & sa bonté alla mesme jusqu'à ce point qu'il fit tout son possible pour le remettre sur le Trosne.

Il y a des temps qui doiuent effacer les injures, Loüis Douziesme se representant ce qu'il estoit, & ce qu'il auoit esté, dit qu'il falloit vser sobrement de la puissance du Sceptre, qu'il seroit indecent à vn Roy de France de venger les querelles d'vn Duc d'Orleans, ce Prince fit encore vne action qui merite le bronze, il marqua d'vne croix le nom de tous ceux qui l'auoient autre-fois desobligé, cette marque ne fut pas plutost diuulguée que les coupables s'absenterent; mais comme son dessein estoit tout contraire à leurs pensées, il les fit reuenir, & lors qu'il fut deuant eux, il leur dit, vous deuiez demeurer, la croix que j'auois adjoustée à vos noms ne signifioit pas le gibet, elle signifioit l'oubly des injures.

Quoy que les Comediens & les Escoliers representassent le Prince dont ie viens de dire quelque chose, auec des paroles railleuses, il ne s'en piquoit point, & hors l'honneur des Dames, il souffroit la liberté du peuple.

On se comporte ordinairement dans les offences selon son naturel, Alexandre se moquoit des moqueurs, Tybere dissimuloit ses ressentimens,

Titus ne tenoit compte des brocards, & Auguste recompensoit ses ennemis.

Scipion l'Affricain estoit au dessus des discours insolens, quelques-vns dirent vn jour de luy qu'il n'estoit pas grand Soldat, cette parole eût peut estre transporté quelqu'autre que luy ; mais bien éloigné de s'en venger, il dit doucement à ceux qui luy auoient fait cet impudent rapport, ie ne m'étonne pas de ce qu'on trouue à redire à ma retenuë, ma mere ne m'a pas fait pour estre simple caualier, elle m'a fait pour estre General.

Qui n'admireroit le procedé dont vsa le Vvalstain à l'endroit d'vn soldat, ce General ayant eu aduis qu'vn simple caualier le traitoit d'animal, le fit venir chez luy, & le traita fort honorablement, & apres qu'il luy eut fait quelque present, il luy dit, il faut auoüer mon amy que tu es vn grand Philosophe, de dire que les hommes sont des animaux, & que ta science merite bien d'estre reconnuë.

Sur ce que les amis de Socrate s'estonnerent du peu d'estat qu'il faisoit des coups de pied qu'il auoit publiquement receus d'vn jeune homme, hé quoy mes amis, dit Socrate ! où est le sujet d'étonnement? si vn cheual auoit regimbé contre vous, auriez-vous bonne grace d'en poursuiure la reparation deuant l'Areopage, cette réponse ne fut pas plutost faite qu'elle courut toute la ville, & celuy qu'elle deshonoroit fut tellement piqué de la cohuë qu'elle excita, que de honte il s'en pendit.

On dit du mesme Socrate deux bonnes choses, on dit qu'il ne mangeoit jamais que son appetit ne fust venu, & qu'il ne se ressentoit jamais des injures que le desir de se venger ne fust passé?

Herodote rapporte que chez les Perses il n'estoit permis ny aux Maistres de traiter rigoureusement vn domestique pour vne seule faute, ny aux Rois de faire mourir vn sujet pour vn seul crime.

C'est rendre nos ennemis contens, dit Seneque, que de leur témoigner qu'ils empeschent que nous ne le soyons.

Vn vindicatif disoit vn jour vne mauuaise chose, il disoit que le pardon des injures estoit la plus grande de toutes les liberalitez, qu'il coustoit incomparablement moins de donner son bien que ses ressentimens.

Il faut que la prudence regle la douceur, on multiplie quelque-fois les injures lors qu'on les pardonne.

Celuy qui vse de la vengeance n'en doit auoir comme on dit, ny faim ny soif.

Cesar alla au deuant de sa colere, lors qu'il fit jetter d'abord au feu les memoires de son ennemy.

Comme le plus haut planette marche lentement, plus les hommes sont éleuez, & moins ils doiuent estre émeus, Adrian qui entendoit cette Morale ne voulut point dans sa dignité tirer raison de ceux qui auoient retardé sa promotion à l'Empire, & quoy qu'vn jour il eust rencontré fort à propos vn de ses ennemis, il se representa d'abord heureusement pour luy qu'il estoit Empereur, & dans cette consideration, il ne luy fit que dire sçaches que tu m'as eschappé.

La mansuetude, dit vn Ancien, n'employe point le vinaigre, elle n'employe que le baume.

Quoy que Loüis le Debonnaire Roy de France, eût souuent en bouche rien de trop, on disoit souuent de luy qu'il auoit trop d'indulgence, en effet, il fit bien voir que son cœur démentoit en cela sa langue, puis qu'encore qu'il eût esté contraint par vn Arrest qui le chargeoit d'impostures, de demander pardon des fautes qu'il n'auoit point commises, d'oster son baudrier, de déposer ses habits imperiaux, & de prendre vn habit de penitent, il ne laissa pas de reprendre sans aigreur les choses qu'il auoit déposées, d'oublier les affronts qu'on luy auoit fait essuyer, & de pardonner mesme à ses propres enfans, qui auoient esté le ressort des machines qu'on auoit dressées contre luy.

Il est particulierement decent à ceux qui sont attachez par le sang, & par l'interest, de tirer raison de l'injure qu'on a faite au deffunct, & la Iurisprudence Romaine qui estoit de ce sentiment, priuoit de la succession ceux qui negligeoint la vengeance des parens.

## DE LA FIDELITE.

LA fidelité eſt vne vertu par laquelle on garde inuiolablement les iuſtes promeſſes.

L'excez de cette vertu conſiſte à tenir indifferamment tout ce qu'on a promis, & le defaut de la meſme vertu conſiſte à ne tenir pas tout ce qu'on a juſtement juré.

### *Reſlexions ſur la fidelité, & ſur ſes oppoſez.*

LA parole icy requiert trois choſes, elle requiert que celuy qui la donne ſoit en pouuoir de la donner, & en ce ſens tous ceux qui ſont ſous des peres & ſous des tuteurs, ſous des ſuperieurs & ſous des maiſtres, ne peuuent s'engager. Elle requiert encore que celuy qui donne ſa parole la donne juſtement, & en ce ſens tous ceux qui ont fait des promeſſes indecentes & ruineuſes ſont diſpenſez de s'acquitter. Elle requiert enfin que celuy qui donne ſa parole la donne librement, & en ce ſens tous ceux qui ont eſté violentez à s'engager peuuent ſe dédire.

Il y a des hommes qui ſont ſi entiers en leurs paroles, que quoy qu'on ait extorqué leurs promeſſes, ils ne laiſſent pas de les tenir, Ioſué eſtoit du nombre de ceux dont ie parle, il eſtoit inuiolable en ſes paroles, & quoy meſme que ſur de faux rapports il eût donné la foy aux Gabaonites, qui estoient les ennemis du peuple de Dieu, il ne laissa pas de la leur garder.

L'infidelité armée, dit vn Ancien, ruine les affaires, & c'est pour cette raison que les Politiques recommandent tant la fidelité aux Souuerains.

Celuy qui ne rougit point d'estre parjure, ne rougit point d'estre infidelle, qui ne craint pas le plus grand mal, ne craint pas le moindre.

Si nul n'est tenu à sa parole qu'elle n'ait esté receuë, vn homme ne fait point vn acte obligatoire quand il fait vne promesse qu'on n'accepte point.

Diodore Sicilien dit, que les Egyptiens punissoient les parjures du supplice des impies.

L'Auteur du Ministre d'Estat parlant de la Maison d'Austriche, dit qu'elle est sujette à violer les traittez dont l'obseruation luy est dommageable, & dont l'inobseruation luy est aduantageuse.

Il y a deux sortes de paroles, il y en a vne qui est explicite, & il y en a vne autre qui est sous-entenduë, la derniere est quelque-fois la reputation des hommes, on compte sur elle comme sur vn pacte, & l'action qui la dément est vne espece de trahison, Ciceron compta sur la bonne odeur d'vn de ses domestiques qui s'appelloit Philologue; mais comme l'effet ne correspondit pas à son attente, il fut reduit à presenter sa teste à ceux qui le poursuiuirent. La trahison de Philologue fut si mal receuë de celuy mesme qui s'en estoit seruy, qu'Anthoine liura le traistre à Pomponia, Pomponia qui estoit la veufue de Ciceron, ne receut gueres moins de joye de la possession de Philologue qu'elle auoit receu de déplaisir de la mort de son mary, elle fit souffrir cent maux à Philologue, & fut plus lasse que saoule, des tourmens qu'elle luy fit endurer, elle le contraignit de porter les dents sur sa personne, de faire rostir vne partie de luy-mesme, & de nourrir sa chair de sa propre chair.

Alexandre fit bien voir que la parole d'vn grand Roy est inuiolable, lors que sur le conseil que Parmenion luy donna de manquer de foy où il alloit, il répondit qu'il le feroit s'il estoit Parmenion.

Il ne faut pas que la parole ait le gain pour fondement, si cela auoit lieu, les pactions suiuroient les caprices de la fortune, & où le profit ne se trouueroit point l'infidelité s'y trouueroit.

Les Romains n'estimoient pas peu la foy, ils mirent sa statuë dans le Capitole aupres de celle de Iupiter.

Quoy que Sextus Pompeius tint ses ennemis dans son vaisseau, c'est à dire Auguste, Marc-Antoine, & Lepidus, & que le Capitaine du nauire le voulust porter à s'en deffaire, l'infidelité ne luy vint point en la pensée, & il rejetta noblement la proposition que le Capitaine luy auoit faite.

Tite-Liue tenoit qu'on deuoit estre perfide aux perfides, Saint Augustin qui auoit esté nourry en vne meilleure escole, vouloit qu'on tint sa parole & aux amis, & aux ennemis.

Que Canillus est digne de loüange ? il vit dans sa

tente vn certain precepteur des enfans nobles de la ville de Falerie, accompagné de ces mesmes enfans, & sur ce qu'apres luy auoir demandé ce qui l'emmenoit en ce lieu, il luy répondit qu'en luy emmenant les enfans qu'il voyoit, il pouuoit bien juger que ce n'estoit que pour luy liurer s'il vouloit la ville d'où ils estoient, ha ! méchant, s'écria Canillus, que tu es lasche ? que tu es perfide ? hé s'il n'y a point d'alliance particuliere entre les Falisques & nous ! n'y a-t'il pas entre nous & eux vne alliance naturelle, à peine ce grand homme eut-il couuert de confusion ce traitre, qu'il voulut que ses disciples le fustigeassent, & qu'en cet estat ils le conduisissent à Falerie.

On s'offense bien moins d'vne discourtoisie que d'vne infidelité, on n'est pas obligé d'estre courtois, on est obligé d'estre fidelle.

Celuy qui promet plus qu'on n'attend donne ordinairement moins qu'on n'espere.

Fabius merite icy des éloges, le Senat ne trouua pas bon l'accord qu'il auoit fait auec Hannibal de quelques prisonniers, & parce que cette opposition eût pû faire tort à Fabius, si Fabius n'eût troué le moyen de s'acquitter de sa parole, ce sage Romain vendit quelques-vnes de ses terres, & paya de cette vente les rançons dont il estoit conuenu.

Le Concile de Constance décharge de la foy ceux qui l'ont donnée à ceux qui n'en ont point, c'est à dire aux Heretiques.

Quelque soin qu'eust Alexandre de sçauoir où estoit

estoit Darius, il n'en eut point de nouuelles, les Perses estoient extremément fidelles à leurs Princes.

On dit que les Turcs sont tellement entachez du vice de la perfidie, qu'il est comme impossible d'estre Turc & fidelle.

Vn Païsan Espagnol de la contrée de Termeste, tua Piso qui estoit Gouuerneur de cette contrée à cause de ses exactions. Dés que l'assassin fut pris, il fut appliqué à la question; mais tant s'en faut qu'il découurist ceux qui l'auoient porté à cette extremité, que les exhortant à paroistre, il leur promit qu'il tiendroit la promesse qu'il leur auoit faite. Comme le lendemain l'on estoit sur le point d'augmenter ses tourmens, il se défit des mains de ses bourreaux, & il fit pour cet effet vn si puissant effort que conformément à son dessein, il se brisa la teste contre vne muraille.

Ie n'approuue point ce que dit Monsieur de Rohan, que ce qui oste la reputation aux personnes priuées, la conserue aux personnes publiques, vn Marchand a besoin de parole, vn Prince a besoin de la mesme chose, & comme le premier perd son credit quand il est infidelle, l'autre perd son authorité quand il est trompeur.

Le perfide est ennemy de la societé, il abuse de la parole qui en est le lien.

Platon permettoit qu'on gagnast vn criminel par de fausses promesses.

Il n'y a point de grandeur à acquerir, dit vn Moderne, ny d'establissement à faire qui puisse reparer les bréches de la foy, & purger la honte du parjure.

Pyrrhus qui sçauoit que les marques de la punition estoient capables de tenir en bride ceux qui estoient capables de commettre les mesmes fautes, fit donner à vn Capitaine de son armée vne selle dont les sangles estoient faites de la peau d'vn traitre, afin que le crime du mort luy vint en la pensée, & que les marques du chastiment qu'on en auoit fait luy en rafraischissent le souuenir.

Vne infidelité demande vne precaution, aussi dit-on que de se reposer aujourd'huy sur vne foy qui fut violée hier, ce seroit se reposer sur le bord d'vn precipice.

On doit fausser sa foy aux méchans, lors qu'on a promis de viure comme ils viuent.

Il est permis encore de manquer de parole quand l'on a juré la ruine de son ennemy.

Lysander eut vn mauuais sentiment quand il dit qu'il falloit surprendre les enfans par des osselets, & qu'il falloit tromper les hommes par des sermens.

On deffit vn jour sur vn accommodemét quelques trouppes de Cesar, & comme la lascheté ne manque quelque-fois pas d'excuses, ceux qui auoient fait cette méchante action enuoyerent quelques Notables pour la colorer, Cesar qui retint les enuoyez marcha à la teste de son armée, & surprenant les ennemis il en fit vn horrible carnage, Caton honteux de ce procedé conclud dans le Senat qu'il falloit liurer Cesar aux ennemis, & appaiser par ce moyen la colere des Dieux ; mais Cesar deffendit vertement sa cause, & il soustint enfin qu'il estoit permis de violer le droit des gens lors qu'on auoit affaire à des gens qui l'auoient violé.

## DE L'AFFABILITE'.

L'AFFABILITE' est vne vertu par laquelle on loüe moderement ce qu'il faut loüer, & par laquelle on desapprouue moderement aussi ce qu'il faut desapprouuer.

Ceux qui loüent tous les discours & toutes les actions tombent dans l'excez, & cet excez qui s'appelle complaisance quand il n'a point pour but le profit, s'appelle flatterie quand il a pour fin l'interest. Ceux qui blasment tous les discours & toutes les actions tombent dans le defaut, & ce defaut s'appelle contradiction.

### *Reflexions sur l'affabilité & sur ses opposez.*

L'AFFABILITE' est de la conuersation des honnestes gens, elle n'est ny querelleuse ny babillarde, elle paroist sous vn visage doux & serieux, & comme les éloges qu'elle donne sont sans fard, les censures qu'elle fait sont sans aigreur.

Vn flateur joüe quatre roolles. S'il est question de quelque defaut qui ne soit pas bien visible, il fait l'aueugle, il témoigne à la personne qui en est entachée, qu'elle s'attribuë des imperfections inconnuës. S'il est question de quelque defaut qui soit extremément visible, il fait le douteux, il témoigne à la personne qui en est atteinte, qu'il ne sçait s'il doit mettre au rang des vices celuy dont elle rougit. S'il est question de quelque vertu commune, il fait l'amplificateur, il témoigne à la personne qui en est reuestuë, qu'elle ne porte pas assez haut les dons que le Ciel luy a faits, enfin s'il est question de quelque qualité éclatante, il fait l'hyperbolique, il témoigne à la personne qui la possede qu'elle a quelque chose de diuin.

La flatterie doit sa naissance à l'auarice, & la complaisance doit son origine à l'amour.

Chose estrange! il y a des hommes qui sont tellement discordans, qu'ils condamneroient toutes choses s'ils condamnoient leur humeur contredisante.

Il faut se défaire, dit vn Moderne, de tout ce qui sent l'air de l'écolle, vn ignorant paisible continuë-t'il est preferable à vn sçauant contentieux.

Quelques-vns comparent les flateurs aux moulins, les moulins ne donnent de la farine qu'à proportion du vent qu'ils reçoiuent, & les flatteurs ne donnent des loüanges qu'à proportion des biens qu'on leurs depart; mais la farine est salutaire, & les flatteries sont pernicieuses, la farine nourrit le corps, & les flatteries empoisonnent l'esprit.

La flaterie, dit vn Ancien, est pire que le faux témoignage, le faux témoignage ne trompe que celuy qui juge, & la flaterie corrompt celuy qu'on flate.

Comme celuy qu'on flate deuient l'adorateur de ses vices, l'on a eu raison de dire que les fausses loüanges introduisoient l'idolatrie.

De tous les vices il n'y en a point qui confonde les choses comme la flaterie, elle bastit des Temples à ceux qui ne meritent pas des sepulchres, elle traite d'hommes diuins des bestes humaines, elle rend aux Claudius les honneurs qu'on doit aux Augustes, elle ensence les Caligules & les Nerons, elle presente des sacrifices à ceux qui ont tout sacrifié à leurs dereglemens.

Pleût à Dieu que les grands imitassent l'Empereur Sigismond, ce Prince qui sçauoit de quelle nature estoit le venin de la flaterie, donna vn jour vn souflet à vn Courtisan qui luy debitoit de fausses marchandises.

Encore si l'on auoit si peu de connoissance de soy-mesme, qu'on doutast de la fausseté des loüanges qu'on receuroit, j'excuserois en quelque façon ceux qui entendroient agreablement leurs éloges; mais ie ne puis excuser icy le Pape Iean Vingt-Troisiesme, ce Pontife estoit fort connoissant, & neantmoins il prestoit si aisément l'oreille aux douceurs qu'on luy disoit, qu'il n'eut point de honte de dire vn jour à vn flateur, qu'encore que les hautes qualitez qu'il luy attribuoit fussent fausses, il estoit rauy de l'entendre.

Cambyses fit assembler vn jour plusieurs Iurisconsultes pour sçauoir d'eux s'il n'y auoit point de Loy qui permist à son frere d'épouser sa sœur, les Iurisconsultes qui vouloient adoucir vne fascheuse réponse par vne agreable fausseté, luy répondirent qu'à la verité il n'y auoit point de Loy expresse qui permist cette sorte de mariage; mais qu'il y en auoit vne qui donnoit plein pouuoir aux Rois de Perse de faire tout ce qu'ils voudroient.

Il y a des gens, dit Iuuenal, qui passeroient mal la nuit si tout le jour ils n'auoient contredit quelqu'vn.

La flaterie, dit vn Ancien, est vne espece de sacrilege, la verité est venuë du Ciel en Terre, & elle la prophane.

Quoy qu'il y ait des complaisans ridicules, la plus-part du monde loüe les complaisans, ce sont des esprits applicables à tous sens, ce sont des humeurs accessibles à toutes complexions.

Il n'y a point d'écolle d'où il sorte de si mauuais dogmes que de l'écolle des flateurs, est-il question d'éteindre entierement les semences de vertu qui restent en vn Prince, écoutez ses pendans d'oreilles, ils ne feindront point de luy dire que pour s'esleuer il est quelque-fois permis de marcher sur le propre corps de son pere, que l'vtilité aux grands doit estre la mesure de leurs actions, qu'vne bonne conscience est incommode à ceux qui sont en estat d'executer de grands desseins, & que si les injustes portent des noms odieux, l'on tire de grands aduantages de ses déreglemens.

Vn Prelat qu'on auoit relegué en vn lieu fort desagreable, s'ennuyoit fort au lieu de son bannissement, & pour chasser l'oysiueté par la satyre, il escriuoit contre tout le monde. Quelques-vns de ses amis qui trouuoient à redire à cette estrange occupation, luy dirent vn jour qu'ils ne sçauoient d'où luy venoit cette humeur, ne vous en mettez pas en peine, leur répondit-il, ceux qui logent comme moy sur vn tas de pierre en jettent aux allans & aux venans.

Quelque riche que fust Seneque, Ausone dit qu'il fut assez interessé pour donner au Senat par la bouche de Neron quelque couleur à la mort d'Agripine.

On dispose ordinairement d'vn pourceau quand on le caresse, on dispose ordinairement d'vn homme quand on le flate.

Il n'y a point de complaisance qui ne suppose l'amour; mais l'amour regarde quelque-fois plus l'objet pour lequel l'on tombe dans l'imitation, que les personnes qu'on imite, Saint Paul m'inspire ce sentiment, il s'accommodoit aux Iuifs qui estoient dans l'obseruance de l'ancienne Loy, c'estoit plus pour les gagner à Dieu que pour l'amour d'eux-mesmes.

Quoy qu'Auguste vinst de receuoir vne disgrace sur mer, vn homme fut assez flateur pour luy dire qu'vn poisson qui s'estoit éleué du fonds de l'eau estoit cheu à ses pieds, & qu'il n'auoit fait cette action que pour luy rendre hommage de l'Ocean dont il le reconnoissoit Seigneur.

Il y a des hommes qui ne pouuant obseruer le milieu, font de ceux qu'ils voyent: ou des Dieux: ou des bestes.

Qu'il

Qu'il y a de lasches complaisances, Prusias Roy de Bithinie escouta fauorablement la demande de Flaminius, & quoy que cette demande allast à la perte d'Annibal qui s'estoit retiré chez ce Roy, Prusias considera si peu ce qu'il deuoit à l'hospitalité, qu'Annibal qui estoit desia caduc fust tombé entre les mains de Flaminius, si ayant appris la cruelle resolution de Prusias il ne se fust tué.

Ce n'est pas d'aujourd'huy qu'on donne des noms specieux aux Souuerains, François Deuxiesme Roy de France, fut surnommé le Roy sans vice.

Ceux qui se meslent de flater sont joliment comparés aux Chirurgiens, & aux Pomadiers, ils ont de l'onguent pour toutes sortes de playes, ils ont du fard pour toutes sortes de laideurs.

La flaterie, dit vn Moderne, est vne voix bien douce, il est bien mal-aisé de luy refuser l'oreille.

Comme l'amour propre est bien aise d'estre confirmé en ses erreurs, il ne faut pas s'estonner, dit Plutarque, si le flateur domestique fait bon visage aux flateurs estrangers.

Ie ne pense jamais à la complaisance de Flaminius que ie n'aye horreur ? son Bardache eut enuie de voir tuer vn homme, Flaminius fit tuer sur le champ vn de ses esclaues.

On dit que les flateurs sont comme les poux, les poux quittent les corps morts, & les flateurs abandonnent les hommes disgraciez.

Quoy que les taons & les flateurs se fichent aupres des oreilles, il y a de la difference entre-eux, les taons ne se fichent aupres des oreilles que pour tourmenter les torreaux, les flateurs ne s'emparent du mesme endroit que pour corrompre les hommes.

Qui pensez-vous qui fasse en partie les tyrans? ce sont les flateurs, ils donnent de beaux noms aux excez, & aux defauts, & comme ils entretiennent par ce moyen l'erreur des méchans, l'on peut dire qu'ils contribuent aux impietez & aux violences, aux exactions & aux massacres.

Encore que Tybere fust fort attaché à ses plaisirs, vn flateur luy dit en plein Senat, escoute Cesar, ie t'en prie, nous nous plaignons de toy, & personne jusques icy n'a osé en découurir la cause; mais enfin il faut que ie te die que tu penses trop à nous, & que tu ne penses pas assez à toy, que tu as trop de zele pour ton peuple, & que tu n'as pas assez d'amour pour ton repos.

Au lieu de dire vostre Majesté, on disoit autrefois aux Princes vostre Eternité, & ce qui s'appelle aujourd'huy felonie, s'appelloit autre-fois impieté.

Ceux qui aimoient la Reine Marguerite la traitoient de Deesse, & comme ce mot frappoit souuent ses oreilles, elle conceut vne si haute estime de sa personne, qu'elle voulut qu'on l'appellast toûjours Vranie.

Alexandre écriuit vn jour aux Ephesiens qu'il leur rendroit les dépenses qu'ils auoient faites à la construction d'vn Temple s'ils vouloient mettre son nom au frontispice de ce bastiment, les Ephesiens qui trouuerent à redire à cette proposition, se deffendirent de l'accepter. Vn autre que celuy qui auoit esté porteur de la lettre eût peut-estre dit à son Prince les raisons du refus; mais comme il auoit reconnu de longue main qu'Alexandre receuoit mal les fascheuses nouuelles, & qu'il estoit susceptible de flaterie, il luy manda qu'apres son depart il auoit fait reflexion sur la condition dont il estoit le porteur, & qu'encore que les Ephesiens l'eussent escoutée, il trouuoit qu'il ne deuoit pas en poursuiure l'acceptation, puisqu'il estoit au dessus de la nature humaine, & qu'il estoit indecent à vn Dieu de consacrer quelque chose aux Dieux.

Il n'y a point de gens plus pernicieux aux Estats dit Quintecurse, que les flateurs, ils font plus de mal par la langue que les ennemis n'en font par le fer.

De tous les hommes il n'y en eut jamais de plus complaisant qu'Alcibiade, il estoit magnifique à Athenes, il estoit laborieux à Thebes, il estoit frugal à Spartes, il estoit yurongne chez les Thraciens, & il estoit chasseur chez les Perses.

Il y a des complaisances dénaturées, Alexandre en eut vne lors qu'encore qu'Olimpias sa mere fust viuante, il ne laissa pas d'assister aux secondes nopces de Philippe.

Vn Moine nommé Hubaud, fit vn Poëme Latin de trois cens vers à la loüange de la Chauuette,

& en faueur de Charles le Chauue.

Apres que Cambyſes eut frappé le fils de Prexaſpes, il le fit ouurir, & trouuant qu'il auoit donné droit au cœur, il dit d'vn viſage riant en ſe tournant vers le pere, hé bien Prexaſpes ? n'eſt-il pas vray que c'eſt à tort que les Perſes me traitent d'yurogne ? comme Prexaſpes vit qu'il auoit affaire à vn furieux, il fut contraint pour ſauuer ſa vie de blaſmer les Perſes, & de loüer le Prince, & de dire meſme à ſon aduantage qu'il ne croyoit pas que les Dieux puſſent égaler ſon adreſſe.

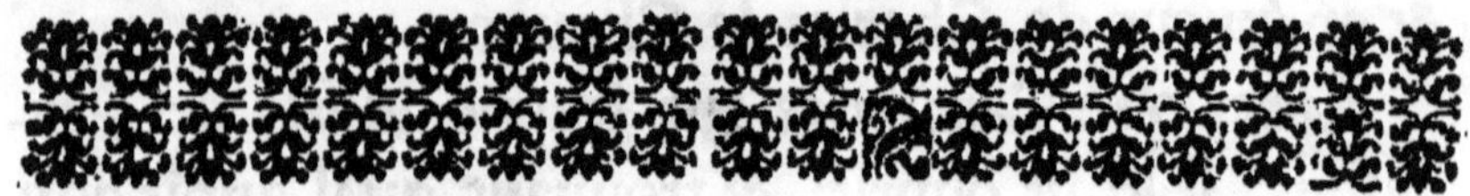

## DE LA GRAVITE

LA grauité est vne vertu par laquelle on modere l'esprit pensif, & l'humeur enjoüée.

Celuy qui tombe dans l'excez de cette vertu est appellé songe-creux, & celuy qui tombe dans le defaut de la mesme vertu est appellé rieux perpetuel.

### *Reflexions sur la grauité & sur ses opposez.*

VN homme fait mal le réveur quand il fait d'vn lieu de conuersation vn lieu de solitude.

Comme on fuït les choses déplaisantes, il ne faut pas s'étonner si l'on fuït les songe-creux, celuy qui est entaché de ce vice joüe tousiours vn mauuais personnage, il fait de trois choses l'vne, ou l'affligé, ou le stupide, ou le dédaigneux, s'il fait l'affligé, il combat par sa contenance les jeux & les ris, s'il fait le stupide, il refroidit la conuersation, & s'il fait le dédaigneux, il porte la confusion sur le visage des gens.

Quoy que toutes les vertus morales soient presque de tous les âges, & de toutes les conditions, neantmoins la grauité conuient plus aux vieillards qu'aux jeunes, aux gens de robbe qu'aux gens d'épée.

Craſſus ne rioit jamais, Democrite rioit toûjours.

Il faut imiter Socrate, il faut paroiſtre entre le gay & le retenu, c'eſt à dire entre le rieux, & le mélancolique.

Iuuenal declame contre les Grecs qui eſtoient habituez à Rome, & entre les choſes qu'il debite contre eux, il dit à peu prés qu'ils rioient quand on rioit, qu'ils auoient chaud quand l'on faiſoit le ſuant, & qu'ils grimaçoient quand l'on faiſoit la moüe.

Vne ſageſſe taciturne vaut mieux qu'vne gayeté babillarde.

Le regret ſuit ordinairement de prés l'enjoüement, que la prudence ne precede point.

## DE LA SERIOSITÉ.

La seriosité est vne vertu par laquelle on regle tellement son entretient, qu'on n'excite ny le chagrin, ny les éclats de rire.

Celuy qui ne dit pas vn bon mot pour diuertir les gens est appellé rustique, & celuy qui dit toutes sortes de mots pour faire rire est appellé bouffon.

### *Reflexions sur la seriosité & sur ses opposez.*

Les Comiques sont bien receus à la Cour, parce que la Cour est ordinairement le rendez-vous des gens mols & effeminez, & que les gens de cette humeur sont ennemis de toutes les choses qui bandent l'esprit.

On disoit d'vn ancien Comique qu'il estoit extrauagant au dehors, & sage au dedans.

Vn bouffon volontaire achepte honteusement la liberté de tout dire.

Le bouffon qui dit à François Premier qu'il auoit vn liure de fous, où il auoit mis Charles le Quint, n'estoit pas vn veritable fol, François Premier fut assez estonné du discours de ce plaisant, & sur ce qu'il luy demanda pourquoy il auoit mis l'Empereur en son Catalogue, il luy répondit que c'estoit parce qu'en passant par la France il s'est exposé à estre arresté, le Roy qui prenoit plaisir à le pousser à bout, luy repartit, hé que feras-tu de moy ? si non seulement ie le laisse passer ; mais encore si ie luy mets entre les mains les places de nostre compromis, sçauez-vous ce que ie feray, dit le bouffon, j'osteray Charles le Quint hors de mon liure, & ie vous mettray en sa place.

Vn Moderne n'impose point à Erasme quand il dit qu'il estoit plus propre pour le Theatre que pour l'Academie, qu'il auoit mieux étudié les Entretiens de Lucian, que les Dialogues de Platon.

Ciceron quelque sage qu'il fust estoit vn peu Comique.

Comme Alexandre faisoit de grands biens à ceux qui le faisoient rire, Agis qui estoit tout ensemble & flateur & dissimulé, s'écria vn jour deuant ce Prince, ô quel abus ! Alexandre surpris de cette exclamation, en voulut sçauoir la cause, & sur ce qu'il pressa Agis de l'oster hors de peine, Agis luy répondit, voulez-vous que ie vous satisfasse, c'est qu'il me fasche fort que vous qui estes de la semence de Iupiter preniez plaisir aux bouffons.

Vn Empereur auoit tort de comparer les Comiques à ces boëtes qui representent des grotesques, ces boëtes ne sont ordinairement remplies que de choses specieuses, & les Comiques ne sont ordinairement pleins que de pensées ridicules.

DE

## DE LA STVDIOSITÉ.

LA studiosité est vne vertu par laquelle on modere le desir de connoistre.

Celuy qui porte sa curiosité au delà de son deuoir est dans l'excez, & celuy qui n'étend pas sa curiosité jusqu'au point où il la doit porter, est dans le defaut, le premier peut estre appellé ardent & auide, & l'autre peut estre appellé negligent & paresseux.

Il faut remarquer que le curieux déreglé peche en trois choses, qu'il peche lors qu'il veut connoistre clairement ce qu'on ne peut connoistre à fonds, qu'il peche encore lors qu'il veut apprendre de mauuaises choses, & qu'il peche enfin lors qu'en estudiant les choses indifferentes, il s'esloigne par cet estude de l'estude des choses necessaires.

### *Reflexions sur la studiosité, & sur ses opposez.*

QVELLE folie de ne vouloir pas estudier, parce qu'il y a long-temps qu'on neglige l'étude.

Il y a de certaines puissances qui veulent estre reduites en acte, le petit mouton veut pousser auant qu'il ait des cornes, l'enfant mesme veut raisonner auant qu'il ait de la raison.

On ne doit pas ſe propoſer toutes les diſciplines, l'entendement a ſes bornes, & l'on remarque que ceux qui ſe propoſent toutes les ſciences n'en ſçauent pas vne.

Quoy que la pluſpart de nos anciens Maiſtres ayent parlé de toutes choſes, ils ſe ſont particulierement reſtreints à quelques-vnes. Il n'y a eu que la Morale qui ait eſté la grande occupation de Socrate. Il n'y a eu que la Metaphyſique qui eſtoit la Theologie des anciens Philoſophes, qui ait eſté le grand étude de Platon. Il n'y a eu que la Logique & la Morale qui ayent eſté la grande application d'Ariſtote. Il n'y a eu que la Phyſique qui ait eſté le grand trauail de Democrite, enfin il n'y a eu que la Medecine qui ait eſté le grand exercice d'Hypocrate.

Quelque ſpirituel que fuſt Eraſme, l'on dit qu'il eût mieux ſceu ce qu'il ſçauoit s'il n'eût pas voulu ſçauoir toutes choſes.

Le couſteau de Delphe, dont parle Ariſtote, ſeruoit à toutes ſortes d'vſages; mais il ne reüſſiſſoit jamais.

On ne reçoit pas de petits aduantages de la Philoſophie, Ciceron qui fait ſon panegyrique, dit enfin qu'elle eſt la mere des bonnes Loix.

Le meſme Caton qui blaſmoit la Philoſophie ſubtile & caqueteuſe, pratiquoit la Philoſophie vertueuſe & medecinale.

Il ne faut jamais jurer ſur la Philoſophie, à peine connoiſt-on le dehors des choſes, & il y a autant de difference entre l'eſſence & les accidens, qu'entre les corps & les habits.

Alphonſe Roy d'Arragon, comparoit aux boſſus ceux qui auoient bien des liures, & qui ne les voyoient point. Vn des familiers de ce meſme Roy vantoit vn jour les richeſſes de ce Prince, & ſur ce qu'il luy demanda ſi vne Majeſté ſi opulente que la ſienne pouuoit deuenir pauure, oüy, luy répondit-il, ſi elle trouuoit la ſageſſe à l'enchere.

Quoy qu'on puiſſe dire, il n'y a rien en la nature de plus eſtendu que le doute, toutes les choſes ont diuers viſages, & il n'y a point de raiſons quelques puiſſantes qu'elles ſoient qui n'ayent leurs contre-diſans.

Si l'on veut que ie m'aſſujettiſſe aux principes, dit Charon, qu'on conuienne des principes.

Tous les eſprits ne ſont pas propres à penetrer les choſes, Pericide deuint fol, dit Plutarque, pour auoir recherché trop curieuſement les cauſes de la folie.

Les liures ſont à l'eſprit ce que les medicamens ſont aux corps, & ce fut à mon aduis pour cette raiſon qu'vn Roy d'Egypte nommé Oſmanduas, appelloit les Bibliotheques les infirmeries de l'ame.

Que ie condamne ceux qui apprennent le meſtier des autres, c'eſt comme ſi vn Aduocat au lieu de digerer ſon Digeſte s'amuſoit aux réveries de la Fable, & aux fictions de la Poëſie. Le compilateur des Anciens rapporte là-deſſus qu'vn Roy qui auoit quelque teinture de la Muſique, ſe vanta vn jour deuant vn illuſtre Muſicien d'eſtre grand homme en cet art, & que ſur ce qu'il ſouſtint meſme qu'il eſtoit plus Muſicien que celuy qui l'écoutoit, le Muſicien luy répondit, à Dieu ne plaiſe, Sire, que vous en ſçachiez autant que moy.

Il faut bien auoir de la paſſion pour les lettres, quand on hazarde ſa vie pour elles, Euclide pour oüir les leçons de Socrate, alloit nuictamment à Athenes veſtu en ſeruante, parce qu'il eſtoit deſfendu aux Megariens ſur peine de la corde d'aller en cette Ville.

Vn Sebaſtien Roy de Portugal, eſtoit né auec de ſi belles diſpoſitions pour le cabinet, & pour le camp, qu'on diſoit de luy qu'il ne manquoit au Portugais qu'vn autre Ariſtote pour faire de Sebaſtien vn autre Alexandre.

Lors que Platon au rapport de Plutarque approcha de ſa mort, il remercia les Dieux de trois choſes, il les remercia de n'auoir point eſté beſte; mais homme : de n'auoir point eſté barbare; mais Grec : de n'auoir point eſté du temps des anciens Philoſophes; mais du viuant de Socrate.

Il faut taſcher d'adoucir les armes par les lettres, les Grecs & les Romains eſtoient comme on dit, au poil & à la plume.

Les lettres inſpirent quelque reſpect, Pline remarque que les oyſeaux funeſtes s'éloignoient meſme des Temples & des foreſts qui eſtoient conſacrez à Minerue.

Il eſt des hommes qui ne ſont point pourueus de

ſcience comme des vaiſſeaux qui ne ſont point letez, ils ſont incapables de reſiſter aux moindres contentions d'eſprit.

La pluſpart de nos premiers Maiſtres ont eſté inſtruits par des eſtrangers, Clement Alexandrin dit que Platon fut enſeigné à Heliopolis par vn nommé Senuphide, Clearque dit qu'Ariſtote fut inſtruit par vn Iuif, qui luy donna quelque teinture de la ſageſſe des Egyptiens, & l'Hiſtoire qui rapporte que Pytagore fut éclairé par vn nommé Souchede, dit qu'il ſe fit circoncir pour auoir plus d'accez auec les Rabbins.

Comme les Anciens ne communiquoient pas bien aiſément leurs ſciences, vn Moderne dit de bonne grace qu'ils n'en eſtoient pas les Heraults, qu'ils en eſtoient les Geoliers, qu'ils n'en eſtoient pas les producteurs, qu'ils en eſtoient les tyrans.

Les Polonois qui trouuerent eſtrange que les Courtiſans de Henry Troiſieſme ne parlaſſent pas Latin, dirent que le tiers Eſtat qui étudioit en France, auoit les plus belles marques de la Nobleſſe.

Quelque grand homme qu'on ſoit en vne ſcience, on laiſſe touſiours quelque choſe aux âges ſuiuans, Veſalue grand Anatomiſte a trouué qu'Ariſtote & Galien ont obmis pluſieurs choſes conſiderables, Pline s'eſt vanté d'auoir adjouſté à l'Hiſtoire des animaux, ce qu'Ariſtote auoit ignoré, & Rhegius qui rapporte ces authoritez, dit que Leomene a traité Pline de menteur, & d'ignorant.

Il y a des choſes qu'on ne ſçauroit trop bien ſçauoir, Saint Gregoire de Nazianze qui estoit de ce sentiment, se plaignoit de ce que quelques Beneficiers qui s'estoient jettez dans la charge Pastorale, se mesloient d'enseigner ce qu'ils n'auoient pas trop bien appris.

Les ouurages de l'imagination sont éclatans. Les operations de la raison sont sombres, aussi les compare-t'on à ces peintures fines, qui ne paroissent belles qu'aux yeux sçauans.

Il y a des terres sauuages dans les hommes, c'est à dire qu'il y a des esprits qui empirent à mesure qu'on tâche de les ameliorer.

Vn bel esprit discourant de la science, dit qu'elle n'enfle jamais qu'elle ne trouue de l'enflure.

Petrarque qui parle fort aduantageusement de Robert Troisiesme Roy de Naples, asseure que ce Prince dit vn jour que s'il falloit perdre sa science ou son Royaume, il prefereroit sa science à sa Couronne.

Ceux qui veulent excuser les sciences, disent que le crime n'est pas aux instrumens, qu'il n'est qu'en la personne de ceux qui les manient.

Comme il y a des hommes qui n'adorent que leurs ouurages, il ne faut pas s'estonner s'il y en a qui s'éloignent de la foule, & qui se jettent à l'écart, s'il y en a qui pour faire parler d'eux aiment mieux estre les Auteurs d'vne opinion particuliere, que les sectateurs d'vne doctrine commune.

## DE LA PROPRETÉ.

LA propreté eſt vne vertu par laquelle on modere les ſoins qui regardent tout enſemble & le corps & l'adjuſtement.

On appelle effeminez ceux qui tombent dans l'excez, & on appelle ſales ceux qui tombent dans le defaut.

### *Reflexions ſur la propreté & ſur ſes oppoſez.*

IL eſt perilleux d'auoir vn ſoin extraordinaire des choſes dont la veuë eſt tentatiue.

Les Grands veulent des ſuiuans faſtueux.

Il ne faut pas touſiours meſurer la propreté de ſes habits ſur l'eſtat de ſa fortune, vn Cordonnier ſeroit quelque-fois plus proprement habillé qu'vn Procureur. Il ne faut pas non plus touſiours regler la propreté de ſes adjuſtemens ſur la grandeur de ſa naiſſance, vn Aduocat ſeroit quelque-fois plus proprement veſtu qu'vn Preſident. Il faut touſiours meſurer la propreté de ſa perſonne ſur ſa condition. Il faut touſiours regler l'eſtat de ſon exterieur ſur ſa charge, la raiſon de cecy eſt qu'il y a des fortunes qui excedent les conditions, qu'il y a des naiſſances qui ſurpaſſent les charges, & que ſi l'on prenoit ſes alignemens ſur le bien & ſur l'extraction, les apparences confondroient les dignitez, l'exte-rieur ruineroit les familles.

La pluſpart des premiers Rois de France auoient vn ſoin ſi exact de leur perſonne, qu'vn Hiſtorien ne feint point de dire qu'ils effaçoient meſme en propreté les plus propres Dames de leur Cour.

Quelque agreable que ſoit la propreté, vn Ancien dit que d'eſtre tres-ſoigneux d'oſter les moindres choſes qui s'attachent quelque-fois aux habits, c'eſt vn indice comme aſſeuré d'vne baſſeſſe d'eſprit.

## DE LA CLEMENCE.

LA clemence est vne vertu par laquelle les Souuerains tendent plus à la douceur qu'à la seuerité.

L'excez de cette vertu peut estre appellé sotte indulgence, & le defaut de la mesme vertu peut estre appellé cruauté.

*Reflexions sur la clemence & sur ses opposez.*

IE ne trouue pas qu'vn Prince ait la veritable clemence lors qu'apres auoir égorgé tout vn peuple, il neglige quelques coupables, ie considere cette sorte de clemence comme vne indignation amortie, & pour mieux dire auec vn Ancien, comme vne cruauté lassée.

Comme il ne faut pas tout pardonner, il ne faut pas tout punir, Philon-Iuif dit là-dessus, qu'vn homme qui ne fait point de grace n'en merite point.

L'on donnoit à Iupiter l'éloge de tres-bon, auant que de luy donner celuy de tres-puissant.

Quoy que la cruauté ne fasse mal qu'à quelques-vns, elle donne de la crainte à tous, & comme de la crainte naissent les continuelles allarmes, des continuelles allarmes naissent les conjurations.

Le Fils de Dieu estoit tellement clement, qu'il

donna aux Chrestiens vn chef infirme.

Selon quelques predictions, deux Praticiens deuoient passer par le glaive, Tite qui sceut ces predictions, répondit que ce ne seroit pas sous son regne qu'elles seroient verifiées, cependant les Praticiens dont ie viens de parler, attenterent sur la vie de Tite. Il y a grande apparence que cette action eust démenty vn autre que cet Empereur, si cet Empereur n'eût esté vn des meilleurs Princes du monde; mais tant s'en faut qu'elle l'émeût, qu'apres auoir dit à ses ennemis qui aspiroient à l'empire, que l'empire estoit vn don des destinées, il les combla de caresses & de presens, & leur donna mesme le diuertissement des spectacles.

L'Histoire de nos Rois remarque que les plus illustres d'entre-eux ont esté les plus doux, & elle compte entre ses clemens, Philippe Auguste, Saint Loüis, Charles le Sage, Charles Septiesme, Loüis Douziéme, François Premier, & Henry Deuxiéme.

Neron qui estoit du commencement extremément doux, deuint enfin extremément rigoureux, pour peu qu'on luy dépleust, il faisoit attacher des hommes à des poteaux ensoulfrez, & comme de nuit il y faisoit mettre le feu, quelques Auteurs ont dit que sa cruauté faisoit des flambeaux martyrs, & des torches souffrantes.

Tout ce qui est cruel au sens ne l'est pas toûjours à la raison, les derniers crimes veulent les dernieres rigueurs.

S'il y a des vengeances cruelles, il y a de cruelles indulgences.

Athenes garda quelque temps les Loix de Dracon, qui puniſſoit de mort tous les crimes ; mais comme elle s'en trouua mal, elle fit éleuer vn autel à la miſericorde.

Que ſeroit-ce, dit vn Ancien ? s'il y auoit autant de bras pour punir les crimes, qu'il y a d'yeux pour les remarquer.

Maximin puniſſoit les vifs par les morts, c'eſt à dire qu'il faiſoit attacher les vns aux autres.

Encore que toutes les cruautez ſoient horribles, celles qui ne naiſſent point de la colere ; mais de quelques conſiderations impertinentes, ſont plus horribles que les autres, vne certaine mere dont parle l'Hiſtoire, tomba dans la derniere cruauté lors qu'elle demembra vne de ſes filles, parce qu'elle eſtoit née boſſuë, & vne Reine d'Egypte nommée Blazide, tomba dans la meſme inhumanité lors qu'elle fit eſtouffer ſon fils dans ſon berceau, parce qu'il eſtoit né blanc.

Tybere qui ne connoiſſoit la clemence que de nom, ne ſe contentoit pas de faire boire exceſſiuement la pluſpart de ceux dont il vouloit ſe défaire, il leur faiſoit lier ſi étroittement les conduits vrinaux qu'il les faiſoit creuer.

Le tyran de Syracuſe qui vouloit que ſa cruauté regnaſt tranquillement, faiſoit couper la langue à la pluſpart de ceux qu'il affligeoit.

Theodoſe écriuant vn jour à ſon fils Honorius, luy dit ces belles paroles, mon fils puiſque les Dieux ont des aduantages ſur nous en beaucoup de choſes, faiſons au moins en ſorte que nous les puiſſions égaler en clemence.

Dites de moy tout ce qu'il vous plaira, dit Antigonne à ſes Soldats, de ce que ie vous ay mené dans des lieux fangeux, le chagrin d'vn faſcheux voyage eſt ſujet à quelque ſaillie ; mais enfin il faut que vous m'aymiez, puiſque i'ay aidé à vous faire ſortir des lieux où ie vous ay conduits, & qu'en aidant à vous retirer de vos fatigues, i'ay eu part à vos trauaux.

Liuia dit vn jour à Auguſte que les Princes clemens regnoient ſur les cœurs, qu'ils n'eſtoient pas moins aimez de leurs voiſins que de leurs ſujets.

Vn Prince doit traiter à la douceur les fautes où la ſurpriſe a plus de part que la malice.

Quoy cruelle, dit vn jour l'Empereur Antonin à ſa femme, qui eſtoit faſchée du peu de ſentiment qu'il témoignoit des paroles piquantes qu'on laſchoit contre luy ? hé qui a procuré le nom de pieux à ton pere, ſi ce n'eſt la clemence ?

Quelques amis de Veſpaſien luy parlerent vn jour plus aigrement qu'ils ne deuoient, Veſpaſien qui eſtoit indulgent, ſe contenta de leur dire qu'ils entendoient mal à cultiuer les anciennes amitiez, & qu'ils deuoient conſiderer qu'il y auoit touſiours de l'homme dans l'homme.

Vn Gentil-homme du Mans voulut vn jour aſſaſſiner le Duc de Guiſe, le Duc qui en eut aduis le fit prendre, & comme ſur les interrogations que ce Prince luy fit, il appris que ce n'auoit eſté que le zele du Caluinisme qui l'auoit porté à cet attentat, allez luy dit-il, mon ami, ne formez plus de semblable dessein, si vostre religion vous apprend à assassiner ceux qui ne vous ont jamais offencé, la mienne m'apprend à pardonner à ceux qui nous veulent du mal.

La Iurisprudence Romaine inclinoit à la douceur, puisqu'elle laissoit vn interuale de dix jours entre les Arrests de mort & leur execution, & qu'en donnant ce temps, elle donnoit loisir à l'Empereur de rechercher des excuses dignes de sa clemence.

Les Romains sçauoient bien distinguer ceux qui faisoient la guerre de leur chef, d'auec ceux qui la faisoient par contrainte, & c'est pour cette raison que dans les Villes qu'ils emportoient, ils épargnoient les esclaues & les estrangers.

Si les Princes ont quelque pente à la clemence, qu'ils ne jurent pas sur Machiauel, cet estrange politique dit que la douceur est vne vertu qui fait des importuns.

Les Seueres & les Domitians vantoient la clemence, & neantmoins ils estoient cruels.

Quoy que Marc-Antonin fust assez exact à punir les crimes d'Estat, il pardonnoit tous les crimes de leze-Majesté.

Vne action de clemence est quelque-fois aduantageuse, aussi l'Histoire Romaine dit-elle que les vingt-trois armées d'Auguste n'asseurerent pas tant sa domination, que la douceur dont il vsa enuers Cornellius.

Tite se fit Souuerain Pontife, afin, disoit-il, d'auoir les mains nettes de sang.

Quelle apparence d'offenser celuy qui souffre si patiément qu'on l'offense, il faut estre bien dénaturé pour maltraiter ceux qui ont beaucoup de douceur.

Plus les Princes sont redoutables, & plus ont-ils bonne grace de se laisser vaincre à la clemence.

Il ne faut pas brusler les maisons, il faut chasser le mauuais air, il ne faut pas massacrer les errans, il faut combattre les erreurs.

Les Elephans & les Lyons s'adoucissent quand leurs ennemis s'abbaissent.

Vn soldat qui coucha vn jour en joüe Henry Quatriesme, qu'on appelloit alors le Nauarrois, fut surpris en son action, le Roy qui auoit veu sa posture l'enuoya à la potence; mais comme le soldat ne luy auoit fait que la peur, il ne voulut que luy faire la peur aussi.

Quelques soldats dans la débauche médirent de Pyrrhus, Pyrrhus qui en fut aduerty les fit venir, & comme sur l'interrogation qu'il leur fit, ils confesserent franchement qu'ils en auroient bien dit dauantage si le vin ne leur eust manqué, il prit cette confession pour argent content.

Luculle qui fit la guerre à Tygrane, ne fit pas de grands progrés en cette occasion, parce qu'il estoit inexorable, & que les soldats estoient mécontens, Pompée qui prit sa place, fit de grandes expeditions en cette guerre, parce qu'il estoit humain, & que les soldats estoient affectionnez.

Comme vn jour clair & tranquille est plus agreable qu'vn air obscur & tempestueux, vn Prince est plus charmant quand son front est ouuert & vny, que quand ses yeux sont agars & allumez.

Il y a des bestes qu'on ne peut tuer qu'on ne gaste ses doigts, il y a des vengeances qu'on ne peut prendre qu'on ne ternisse sa gloire.

Quelques-vns veulent que les Princes soient rigoureux, Romulus estoit de ce sentiment, il voulut qu'on donnast des foudres aux Dieux qui seroient adorez dans l'étenduë de son Empire.

Il faut tantost punir, & tantost pardonner, la crainte & l'amour maintiennent les Estats, & Cyrus qui n'estoit encore qu'vn enfant confirmoit ce que j'aduance, lors qu'il disoit que ces deux passions estoient les bras du Prince.

Les Egyptiens representoient vn bon Prince auec vn Sceptre, qui auoit au bout d'enhaut la teste d'vn animal benin, & qui auoit au bout d'en bas la teste d'vn animal farouche, la Cigogne qui tenoit le dessus signifioit la clemence, & l'Hippotame qui tenoit le dessous signifioit la rigueur..

Il est honteux à vn Prince, dit vn grand Auteur, de se plaire au bruit des chaines.

Seneque dit que la cruauté irrite plus qu'elle ne corrige, qu'elle voit souuent commettre ce que souuent elle punit.

Quoy qu'Auguste fust naturellement humain, l'auteur que ie viens de citer dit, qu'à force de donner son jugement sur la matiere des peines, il deuint mauuais ménager du ſang des hommes. Nos peres qui apprehenderent qu'vn ſemblable inconuenient n'arriuaſt, voulurent que la Chambre Criminelle des Parlemens changeaſt de trois mois en trois mois, & que pour cet effet, elle fuſt appellée la Tournelle.

Capitolinus rapporte que la debonnaireté de Marc-Antonin fit deux effets fort conſiderables, que des mediſans elle en fit des retenus, & que des bonnes gens elle en fit de tres-bonnes perſonnes.

## *DE LA VERACITE.*

LA veracité que nous auons cy-deuant considerée au regard de la justice, & que nous considerons icy au regard d'elle-mesme, est vne vertu par laquelle on découure en temps & lieu les veritez qu'il faut découurir.

Ceux qui sans la necessité de parler découurent au premier venu leurs pensées, leurs desseins, sont dans l'excez, & ceux qui dans l'obligation de parler disent presque à tout le monde le contraire de ce qu'ils pensent, & de ce qu'ils projettent, sont dans le defaut. Les premiers peuuent estre appellez inconsiderez & babillards, & les autres peuuent estre appellez couuerts & dissimulez.

### *Reflexions sur la veracité & sur ses opposez.*

LEs Perses, comme j'ay dit ailleurs, portoient leurs enfans à trois choses, ils les portoient à tirer de l'arc, à monter à cheual, & à dire la verité, Herodote dit que la mesme nation auoit en horreur ceux qui estoient endetez, parce, continuë-t'il, qu'ils auoient en horreur le mensonge, & qu'ils tenoient que tout debiteur estoit menteur.

Crescena qui tenoit bon dans vn Chasteau, en sortit enfin sur la parole de l'Empereur Othon; mais cet Empereur ne tint pas sa parole, il le fit traisner par des bœufs indomptez, & pour couronner sa perfidie, il le fit attacher à vne potence, Pierre Damien qui parle de son repentir, dit qu'il porta le cilice, qu'il coucha sur la dure, & que pour mieux expier son faux serment, il alla mesme nuds pieds en pelerinage.

Vn homme qui estoit extremément ingenu, disoit que d'alterer la verité ce n'estoit pas vn moindre crime, que de violer vn sepulchre, que de falsifier vn testament, & que d'empoisonner vne fontaine.

Quelques-vns tiennent que comme nul n'est obligé de procurer sa perte, celuy qui a tué, peut sans crime nier son crime.

Chose estrange! la pluspart des grands font profession de mentir, & cependant ils ne peuuent souffrir vn démenty.

La bouche menteuse, dit Salomon, donne la mort à l'ame, & le mesme Auteur dans l'Ecclesiaste, ne feint point de dire, qu'il vaut mieux conuerser auec des larrons qu'auec des menteurs.

Il ne suffit pas au mensonge pour estre vn peché, disent quelques-vns, d'estre vicieux en son expression, il faut qu'il le soit en sa fin, & c'est pour cette raison que ces Messieurs croyent qu'il est excusable, lors que de deux choses l'vne, ou qu'il procure quelque bien, ou qu'il empesche quelque mal.

L'on dispensoit les Vestales de joindre le serment au témoignage, parce qu'on supposoit qu'il ne sortoit rien de leur bouche qui ne fust conforme à la verité.

Philostrate dit que les Indiens declaroient incapables de la Magistrature ceux qui auoient esté conuaincus de mensonge.

Comme l'on peut mentir à bonne intention, l'on peut dire la verité à mauuaise fin.

L'Empereur Charles le Quint disoit qu'il ne falloit pas se défier de ce que disoit le Cardinal Tournon, qu'il falloit se défier de ce qu'il ne disoit pas.

Ce n'est pas d'aujourd'huy qu'il y a des hommes qui aiment mieux faire triompher l'opinion que la verité, les Sophistes sont presque aussi vieux que le monde.

Il y a bien de la difference entre celuy qui ne dit pas ce qu'il pense, & celuy qui dit le contraire de sa pensée, le premier est retenu, & l'autre est dissimulé.

La verité qui est dite sans consideration, peut blesser sans profit.

Vn Espagnol n'a pas mal rencontré lors qu'il a dit que la verité estoit quelque-fois si verte, qu'elle deuenoit desagreable au goust.

Il y a des dissimulez qui se seruent des doubles ententes pour excuser heureusement le contraire de ce qu'ils affirment, Saluste qui me vient d'abord en la pensée, dit qu'encore que les Romains eussent engagé leur foy aux Dieux de Samothrace, de ne point faire mourir le Roy Persée, ils le firent mourir, & que cóme ils le firent mourir dans le sommeil, ils allegueront qu'il estoit impossible d'oster la vie à ceux qui estoient au nombre des morts.

Les Theologiens appellent volonté de ſigne celle qui ne tend qu'à donner de l'exercice à l'obeïſſance, & à la foy, l'on peut mettre au rang de ces ſortes de volonté la feinte dont Dieu vſa enuers Abraham.

Il y a des arts diſſimulez, la Politique a ſes pretextes, la Milice a ſes ſtratagêmes, la Peinture a ſes loingtains, & la Logique a ſes équiuoques.

Quoy qu'Alexandre fuſt regulier en beaucoup de choſes, il fit charger des gens de guerre auſquels il auoit donné parole qu'il les laiſſeroit ſortir ſeurement, & comme quelques-vns qui reſterent de la défaite, luy reprocherent par écrit qu'en leur promettant la vie ſauue, il auoit parlé contre ſon intention, il répondit qu'il leur auoit bien promis de leur eſtre humain où il eſtoit; mais qu'il ne leur auoit pas promis de leur eſtre fauorable où il n'étoit pas. Maxime qui commandoit dans Rome du temps de l'Empereur Valens, promit aux ennemis de n'vſer enuers eux ny du fer ny du feu, & ſur ce qu'en ſuite il les fit aſſommer, il dit qu'il y auoit pluſieurs genres de mort.

Vn certain Sultan deuant Negrepont ſe ſeruit auſſi des doubles ententes, il promit à vn Venitien qui auoit vertement deffendu cette Ville qu'il luy ſauueroit la teſte; mais dés qu'il fut maiſtre de cette place, il le fit ſcier par le milieu du corps, & ſur ce que quelques-vns luy repreſenterent adroitement qu'il auoit dit le contraire de ce qu'il projettoit, il allegua pour toute raiſon que s'il auoit donné asseurance de la teste, il n'auoit pas donné asseurance de la ceinture. Polybe qui dit quelque chose sur la matiere des doubles ententes, rapporte que les Locriens tromperent les Siciliens par les mesmes inuentions, qu'apres qu'ils eurent mis secrettement de la terre dans leurs souliers, & des testes d'oignons sur leurs épaules, ils jurerent qu'ils viuroient de leur part bons amis auec eux, tant que la terre qu'ils auoient mis sous leurs pieds les soustiendroit, & que les testes qu'ils portoient sur leurs épaules les accompagneroient, qu'il arriua à quelque-temps de là qu'auant que de desobliger les Siciliens, ils se défirent de leur terre & de leurs oignons, & qu'ils dirent pour toute deffense que leur rupture auoit suiuy la nature de leur pacte. Enfin vn certain General d'armée qui auoit octroyé vne tréve de trente jours, fit de nuict d'estranges hostilitez, & parce que ce lasche procedé excita des plaintes, il répondit qu'il y auoit difference entre les jours & les nuits, que son traité parloit des vns, & qu'il ne parloit pas des autres.

Quand l'on n'est pas obligé de porter son cœur sur ses lévres, & que pour des considerations importantes, l'on porte sur les mesmes lévres le contraire de ce que le cœur pense, l'on tombe dans vne certaine dissimulation que les gens d'affaires appellent politique, & quoy que cet acte soit vicieux, qu'il détourne les paroles de la fin pour lesquelles elles ont esté instituées, neantmoins il y a de grands personnages qui prennent sa défense, &

qui bien esloignés de le condamner le vantent & le conseillent. Vne personne publique peut déguiser ses pensées & ses desseins, lors que l'estat peut tirer plus d'auantage de la feintise que de la naïueté, & c'est en ce sens qu'on dit que s'il y a des franchises indiscretes, il y a des dissimulations judicieuses.

Il est permis dit-on de faire le renard quand il est inutile de faire le lyon, Theodose vsa de finesse enuers Maxime, & les Iurisconsultes parlant des tyrans, appellent bon, dol, le déguisement dont l'on se sert enuers eux.

Les anciens qui tenoient pour vn crime horrible le violement des sermens, firent dresser l'Autel de la Foy aupres d'vn Iupiter foudroyant, pour montrer que le Ciel ne pouuoit souffrir les perfides, & que si les hommes les épargnoient, les Dieux ne les épargnoient pas.

Vn nommé Godeuin qui auoit contribué à la mort d'Alfred frere d'Edoüard Roy d'Angleterre, fut soupçonné de ce meurtre par les frequens regards qu'Edoüard luy jetta vn jour dans vn festin, & comme Godeuin creut qu'en combattant ce soupçon par des conditions funestes, Edoüard pourroit changer de sentiment, ie veux, dit-il au Roy, (qui toutes les fois qu'il parloit d'Alfred, jettoit les yeux sur luy,) que le premier morceau que ie mangeray m'étrangle si j'ay trempé au meurtre de vostre frere, ces paroles furent les dernieres paroles de Godeuin, le morceau qu'il prit ne pût passer, & en étouffant ce menteur, il punit sur le champ le crime dont il estoit complice.

Les Meſſalins & les Euchites furent appellez d'vn nom qui conuenoit à leur hypocriſie, ie veux dire Saccophores, parce qu'ils ſe reueſtoient de ſacs, & qu'ils eſtoient orgueilleux, qu'ils s'habilloient en penitens, & qu'ils eſtoient diſſolus.

Il ſemble meſme que l'Ocean ait de l'aduerſion pour les fauſſes apparences, il jette ſur le riuage ces conques qui ont l'éclat de l'argent, & qui n'en ont pas la nature.

Si les Loix condamnent à la mort ceux qui falſifient l'argent, pourquoy ne condamnent elles pas à la meſme choſe ceux qui falſifient la parole, puiſque la parole eſt plus noble que l'argent, & que ſon abus par conſequent eſt plus criminel.

Ceux qui s'attribuent des perfections qu'ils n'ont pas ſont arrogans, & ceux qui ſe deffendent des vertus qu'ils ont ſont diſſimulez, les premiers ſe vantent pour trois raiſons, ils ſe vantent ou pour affoiblir vn mauuais ſentiment, ou pour receuoir des honneurs extraordinaires, ou pour eſtre preferés à leurs riuaux, les derniers ſe rauallent auſſi pour trois motifs, ils ſe rauallent ou pour ſurprendre la ſimplicité des credules, ou pour effacer l'opinion qu'on peut auoir de leur orgueil, ou pour n'eſtre pas vn ſujet de confuſion à ceux qui ſont peu conſiderables.

Iudith qui ſurprit Holoferne ne fut pas loüée, dit Saint Thomas, pour ſa tromperie, elle fut loüée pour ſon zele, Rachab qui ſauua les eſpions de Ioſué, ne fut pas recompenſée non plus pour ſon mensonge, elle le fut pour sa tendresse, enfin les sages femmes qui donnerent le change à Pharaon, ne furent pas salairiées, dit S. Augustin, pour leur bayes, elles le furent pour leur bonté.

Balzac qui se moque de ceux qui prennent plaisir à combattre la verité, dit vne jolie chose, lors qu'il dit que comme il n'y a point de petit Masson qui ne puisse briser les statuës de Phidias, il n'y a point de petit Sophiste qui ne puisse choquer les ouurages d'Aristote, le mesme Auteur dit encore joliment sur le mesme sujet, que comme il n'y a point de goujat qui ne puisse estre le boute-feu d'vne Ville, dont vn grand Prince aura esté le fondateur, il n'y a point de pointilleux qui ne puisse estre l'antagoniste d'vne doctrine, dont vn grand Philosophe aura esté le chef.

Il y a deux sortes de dissimulation, il y en a vne qui consiste à dire le contraire de ce qu'on pense, & il y en a vne autre qui consiste à paroistre ce qu'on n'est pas, la derniere qui ne regarde que l'exterieur, peut passer pour vne hypocrisie.

Ceux qui sont francs, dit vn Ancien, font de leur visage des horloges, ils marquent au dehors les mouuemens du dedans.

Vn nommé Geneuosius qui estoit accoustumé à imposer aux gens, sema par vengeance des impostures contre l'honneur de Heduige femme de Ladislas Roy de Pologne, & comme il estoit important d'arrester le cours de ces calomnies, les grands du Royaume le condamnerent à dire le

contraire

contraire de ce qu'il auoit dit contre Heduige, & à aboyer mesme comme vn chien sous la table de cette Reine.

Il y en a qui voyent le cœur dés qu'ils voyent le visage.

L'hypocrisie bastit quelque-fois des Eglises, & renuerse quelque-fois des Trosnes.

Il faut tousiours penser à ce qu'on dit; mais il ne faut pas tousiours dire ce qu'on pense.

Les flateurs sont ennemis jurez de la verité; ils font du mensonge vne vertu.

Ie tiens que de ne pas découurir à vn homme les defauts qui le des-honorent, ce n'est pas vn moindre defaut de charité que de ne montrer pas le chemin à vn voyageur, lors qu'il s'écarte de son chemin, que de ne pas courir à l'eau, lors que le voisin est menacé du feu, que de ne pas détourner vn aueugle, lors que le defaut de veuë le conduit au precipice, que de ne pas aduertir son amy, lors qu'on conspire contre sa vie.

Ce n'est pas estre peu heureux à la Cour de trouuer vn visage parmy tant de masques.

Les ruses & les stratagesmes qui peuuent passer pour des dissimulations militaires ont eu des approbateurs, Dieu mesme commanda à Iosué de dresser des embusches, & l'Histoire ne dit point qu'il eût trouué mauuais la feinte dont Iehu se seruit pour exterminer tous ceux qui sacrifieroient à Baal.

Comme du commencement Caligule fit semblant d'aimer la vertu, l'on appelloit les premiers jours qu'il monta sur le Trosne les renaissances de Rome.

Il y a bien des gens qui ressemblent aux perdrix de Paphlagonie, c'est à dire qui ont deux cœurs.

Mecenas fit vn jour vne action de franchise, qui merite la memoire des derniers siecles, Auguste qui estoit transporté de colere contre quelques criminels, estoit sur le point de passer les bornes de la raison, lors que son fauory qui ne pût alors approcher de son siege luy fit tenir vn billet, où il l'aduertit qu'il estoit hors de soy-mesme, & que les jugemens qu'il rendoit tenoient plus de la barbarie d'vn bourreau que de la moderation d'vn Prince.

Qui eust creu que Tybere eût esté ce qu'il estoit? il loüoit les courtois, il blasmoit les flateurs, il disoit parlant des medisans, qu'ils estoient en vne Ville où l'on auoit la liberté de tout penser, & de tout dire, & il disoit parlant de soy, qu'il estoit le Pasteur du peuple, & que le Pasteur deuoit se contenter de tondre. Cependant il estoit naturellement vindicatif, cruel, exacteur, & il découurit si bien dans la suite des temps ce que dans les commencemens il auoit caché, qu'il creut qu'il faisoit grace quand il ostoit la vie, & qu'il ne faisoit pas durer les tourmens, qu'il creut qu'il faisoit faueur, quand il rauissoit le bien, & qu'il n'abbatoit pas la teste, qu'il creut qu'il faisoit grace, quand il faisoit massacrer les peres, & qu'il n'exterminoit pas la race.

Platon reconnoist six especes de demons, & les

derniers qui sont ceux qui fuyent la lumiere, il les appelle les demons d'imposture.

Il ne faut pas que la langue demente le cœur, la parole, comme dit vn grand homme, doit estre le visage de l'ame.

La probité d'vn muet est plus estimable que l'éloquence d'vn fourbe.

Tout ce qui paroist n'a pas la realité de ce qui est, il y a beaucoup de gens qui démolissent lors qu'ils feignent de bastir, qui arrachent lors qu'ils font semblant de planter.

Il y a des faussetez heureuses, Vatinius qui estoit contrefait de corps & d'esprit, se vengea si bien par la voye des impostures, des pieces qu'on luy faisoit, que de simple garçon Cordonnier, il deuint sous Neron le plus riche de Rome.

Vn Courtisan disoit vn jour qu'il condamnoit en son cœur les Fauoris vicieux, & que quand les mesmes Fauoris estoient décheus de leur faueur, il les condamnoit à son de trompe.

Ciceron en ses Offices fait difference entre la feintise, & la dissimulation, il dit que la feintise fait accroire vne chose qui n'est pas, & que la dissimulation dit ce qui n'est pas, & cache ce qui est.

Le Pape Gregoire parlant des hypocrites, disoit que c'estoit des hommes de cartilages, qui auoient l'apparence des os, & qui n'en auoient pas la fermeté, que c'estoit des sepulchres blanchis, qui ne montroient que des choses precieuses, & qui ne renfermoient que des choses viles.

Tybere qui feignit au commencement de son regne qu'il n'estoit pas capable de porter tout le faix de l'Empire, dit qu'il tascheroit de s'acquitter de la part du Gouuernement qui seroit commise à ses soins, Asinus Gallus qui estoit vn brusque, luy demanda quelle place il vouloit choisir, Tybere qui auoit commencé son discours par la feintise, voulut finir par elle, & quoy qu'il fust surpris d'vne demande si peu attenduë, il répondit que sa modestie luy deffendoit le choix en vne chose dont il seroit bien aise d'estre entierement déchargé, comme Asinus qui reprit ses esprits vit qu'il auoit parlé trop librement, & que quelque effort que fist Tybere de cacher son mécontentement, l'indignation estoit peinte sur son visage, il essaya d'adoucir par la dissimulation ce qu'il auoit excité par la franchise, & pour reüssir en cela, il repartit que son dessein n'auoit pas esté de separer ce qui estoit inseparable, & que si ses paroles auoient ce sembloit fait connoistre le contraire, ce n'auoit esté que pour faire confesser à Tybere que comme la Republique n'auoit qu'vn corps, elle ne deuoit auoir qu'vne ame.

De quelle corruption l'argent n'est-il point capable? Numerus Atticus Preteur, escouta fauorablement les propositions qu'on luy fit, & pour vingtcinq mille escus, il jura publiquement qu'il auoit veu monter Auguste au Ciel.

L'or le plus coloré n'est pas le meilleur, les roses les plus vermeilles ne sont pas tousiours les plus odoriferentes, les actions les plus esclatantes ne sont pas tousiours les mieux intentionnées.

Dagobert qui auoit caché ses vices, parce qu'on estoit tres-mécontent des vices de Lothaire, reprit enfin ses premieres habitudes; mais de crainte, dit Goulu, en ses Memoires de Bourgongne, qu'on ne se sousleuast enfin contre ses déreglemens, il fit de necessité vertu.

Que Maldoin estoit dissimulé? il fit tuër l'Empereur Antonin par Martial, & cependant il le mit au rang des Dieux.

Les rochers les plus couuerts sont les plus dangereux, les esprits les plus cachez sont les plus redoutables.

Vn Prelat d'Aquitaine disoit vn jour que les vices les plus honteux se paroient des apparences les plus belles.

Le flateur donne aux vices le nom des vertus, il appelle la paresse tranquillité, la timidité retenuë, l'impudence hardiesse, l'insolence franchise, l'orgueil magnanimité, la profusion magnificence, l'auarice ménage, la temerité vaillance, & la débauche belle humeur.

Il n'y a pas tant de masques pour les visages, qu'il y en a pour les actions.

Le Leuitique deffendoit qu'on presentast le Cygne en sacrifice, parce disent les Interpretes, que les Cygnes ont le plumache blanc & la chair noire, il deffendoit encore qu'on presentast en sacrifice l'Autruche, parce disent les mesmes Interpretes, qu'elle a l'apparence des volatils, & qu'elle n'a pas l'vsage du vol.

Mal-heur à celuy, dit l'Ecclesiaste, qui entre dans la terre par deux trous.

Quand Mahomet tomboit de son mal ordinaire, il attribuoit sa cheute à la violente inspiration de Dieu.

Comme il y a des arbres qui ont l'escorce fort douce, & le noyau fort amer, il y a des hommes qui ont l'apparence fort benigne, & le dedans fort rude.

Vn Sage a eu raison de dire que de faire l'hypocrite, c'estoit aller en Enfer par le chemin du Paradis.

On dit que Platon fit vn jour vn cercle de gens de Lettres, qu'il mit les Philosophes au plus haut, & qu'il plaça les Sophistes au plus bas.

Artaxerces feignit vn jour que son corcelet estoit fort court, & qu'il seroit bien aise de le changer à celuy d'Artabanus, qui estoit vn des plus grands Officiers de son armée, Artabanus qui ne croyoit pas qu'il eust affaire à vn ennemy, défit son corcelet; mais à peine fut-il desarmé que le Prince luy passa l'espée au trauers du corps.

Pourueu que la guerre soit juste, dit S. Augustin, il n'importe de quelle maniere on la fasse.

Constantin qui estoit fils du Grand Constantin, ne sçauoit à qui se fier, & pour sçauoir à qui il pourroit auoir confiance, il fit semblant de vouloir départir les dignitez de l'Empire à ceux qui quitteroient le Christianisme, la feinte reüssit, la pluspart de ses sujets renoncerent à la Religion Catholique, & il apprit par là de quelles gens il deuoit faire ses amis.

Vn boiteux à beau se tenir droit, on voit bien tost son clochement, vn dissimulé a beau se déguiser, on découure bien tost son masque.

Quelle hypocrisie d'auoir le cœur impie, & les léures religieuses.

Le monde, dit vn bel Esprit, est vn theatre où les fictions ont les premiers roolles.

Il y a des mensonges innocens, Moyse promit aux enfans d'Israël qu'il les introduiroit en la terre promise, & Moyse mesme n'y entra pas, Ionas predit à Niniue que dans la quarantaine elle seroit détruite, & sa destruction fut differée, enfin Helie predit que les jours d'Achab seroient mal-heureux, & les mal-heurs dont il les menaçoit n'arriuerent qu'apres la mort d'Achab.

L'hypocrisie ne s'occuppe qu'aux couleurs, & aux surfaces, elle corrige les gestes, elle reforme les cheueux, elle retrecit les colets, mais elle ne retranche pas l'auarice, elle ne circoncit pas l'ambition, elle n'abbaisse pas la superbe.

Vn Euesque parlant d'vn Cardinal qui vouloit persuader aux Anglois par les malles de velours qu'il faisoit porter sur les mulets qu'il estoit extremément argenteux, dit que ces malles n'estoient remplies que de cailloux, & que le reste de son équipage n'étoit qu'vne belle tromperie.

Que Caligule fit vne forte action lors qu'il fit de grands presens à vn Senateur qui jura qu'il auoit veu monter au Ciel Drusilla, il pouuoit bien penser que Drusilla estoit bien éloignée de monter au Ciel, puis qu'encore qu'elle fuſt ſa ſœur elle auoit couché auec luy, & qu'elle auoit fait cent autres actions qui meritoient plutoſt le foudre que l'apotheoſe.

Comme la verité engendre la hayne, vn celebre Sermonnaire a dit joliment ce me ſemble, que c'étoit vne belle Dame qui auoit vne laide fille.

Quelques Heretiques comme les Priſcillianiſtes, ont creu que le parjure n'eſtoit pas vn peché.

Dieu puny quelque-fois les menteurs, vn certain Elfrede alla à Rome pour ſe purger par ſerment deuant le Pape Iean Dixieſme du crime que juſtement on luy imputoit, dés qu'il fut deuant l'Autel de S. Pierre, il ne fit point difficulté de deffendre ſon crime par des ſermens horribles, & dés qu'il eut acheué de jurer, il fit vne cheute dont il mourut.

Ne faiſons point d'eſtat de ces hommes d'emprunt, de ces hommes de Theatre, & pour parler comme vn Ancien, de ces carreaux de parades, qui ont le dos de velours & le ventre de paille.

DE

## DE L'AMITIE'.

L'Amitie' à proprement parler n'eſt autre choſe qu'vne fauorable diſpoſition de noſtre volonté, à faire pour vne perſonne dont nous connoiſſons familierement le merite, tout ce qu'vne honneſte tendreſſe peut exiger de nous.

### *Reflexions ſur l'amitié, & ſur ſes oppoſez.*

LEs femmes ſe rapportent aux marys comme les parties nobles ſe rapportent au chef. Les enfans ſe rapportent aux progeniteurs comme les rameaux ſe rapportent à la racine, & les citoyens ſe rapportent au Prince comme les lignes ſe rapportent à l'angle.

Ceux qui tiennent que l'affection des femmes eſt foible, & que l'affection des hommes eſt forte, n'ont pas mal rencontré lors qu'ils ont dit que de joindre vn homme à vne femme, c'eſtoit joindre vne ficelle à vn cable.

Quand le corps & l'eſprit ſont agreables, l'amitié, dit vn Ancien, qui les a pour objet eſt haſtiue, riante, & ineſbranſlable.

L'amitié vnit les contraires, celuy qui a pluſieurs amis eſt quelque-fois obligé en meſme temps d'eſtre triste & joyeux.

On ne doit pas rompre pour peu de chose, la remonstrance corrige quelque-fois plus que le diuorce.

Quelle affection les enfans ne doiuent-ils point auoir pour leurs peres ? puisqu'ils en reçoiuent l'estre, la nourriture, & l'éducation, & quel empire les peres ne doiuent-ils point auoir sur leurs enfans, puis que comme Dieu donne l'existence, l'aliment, & la science, il semble que les parens qui donnent les mesmes choses, soient enuers leurs enfans ce que Dieu est enuers les peres.

L'amitié selon la doctrine de Platon, renferme cinq choses, elle renferme l'honnesteté, la constance, l'vnion, la communauté, & la ressemblance, elle renferme l'honnesteté, la vertu est son fondement, elle renferme la constance, son fondement est comme inesbranslable, elle renferme l'vnion, le diuorce est vn effet de haine, elle renferme la communauté, où le tien & le mien se rencontrent, les interests sont diuisez, elle renferme la ressemblance, de l'affection qu'on a pour sa personne, naist l'affection qu'on a pour tout ce qui la represente.

Comme celuy qui aime bien est tousiours remply de ce qu'il aime, Socrate qui estoit vn jour ennuyé des loüanges que Critobule donnoit à Clineas, luy dit que les loüanges qu'il donnoit si souuent à son amy commençoient à luy estre à charge, ie ne doute point, dit Critobule, qu'elles ne vous importunent ; mais comme ie n'ay point d'autre image que celle de Clineas, il ne faut pas s'estonner si mes paroles n'ont point d'autre objet que ses loüanges.

Saluste dit que la veritable amitié consiste à auoir les mesmes desirs, & à ressentir les mesmes craintes.

La palme separée du palmier, perd peu à peu son feüillage, son fruit, & son humidité.

Pline rapporte qu'il y a vne espece de pommier qui ne produit que des jumelles, & que dés qu'on frappe vne de ses pommes l'autre s'en ressent.

L'amitié, dit S. Ambroise, n'est pas vn commerce, c'est vne vertu, elle n'est pas le fruict des biens de la fortune, elle est la production des biens de l'ame.

Comme les plantes qui croissent auec promptitude sont ordinairement les premieres moissons de la mort, les amitiez qui se contractent aux premiers abords sont souuent les premiers joüets de l'inconstance.

Platon dit, que celuy qui ne correspond pas comme il faut à l'amitié, est homicide, & la raison qu'il en allegue, est que celuy qui est aimé, & qui ne correspond pas comme il faut à celuy qui l'aime, arrache le cœur des gens, & qu'il ne met pas son cœur en la place de ceux dont il triomphe.

L'on ne peut exciter l'affection sans l'affection, il est impossible d'allumer vn flambeau auec vne torche éteinte.

Il y a des hommes qui ressemblent à de certaines antes, qui la premiere année deuiennent feüillués, & qui l'année suiuante deuiennent arides.

Estre separé de son amy, c'est estre separé de l'ame de son ame.

Vn Ancien dit qu'en matiere d'amitié mal fondée, il vaut mieux dechirer que de découdre.

Zenon au rapport de Laërce, vouloit que nostre amy fust vn nous-mesme.

Tous ceux, dit S. Augustin, qui pardonnent nos pechez, ne doiuent pas porter le nom d'amis, tous ceux aussi qui chastient nos fautes, ne doiuent pas porter le nom d'aduersaires.

Il vaut mieux estre aimé auec vn peu de seuerité, que d'estre trompé auec vn peu de complaisance.

Le Prouerbe parlant des amis, dit que ce sont des moderateurs dans la prosperité, & des consolateurs dans l'infortune.

Il semble que les bestes soient capables de quelque espece d'amitié, vn des Historiens de Flandre rapporte que deux vautours que Florent Comte de Hollande auoit tendrement nourris, l'accompagnerent à la prison, à la mort, & à l'enterrement.

La volonté d'vn amant, dit vn Ancien, qui est antée en la personne qu'il aime, prend sa teinture, c'est à dire icy ses humeurs, ses inclinations.

Qu'est-ce que l'amitié ? vn Philosophe répond tres-bien que c'est vne ame qui est distribuée en deux corps.

L'amitié ne consiste seulement pas en l'exclusion de tout ce qui peut desobliger l'amy, elle consiste encore en l'inclusion de tout ce qui peut luy plaire.

Qui ne feroit estat de l'amitié ? elle est honneste

par la vertu, elle eſt plaiſante par la conuerſation, & elle eſt vtile par les conſeils.

Plutarque dit que l'amitié eſt le ciment de la vie ciuile, & qu'elle n'adjouſte pas moins de plaiſirs aux proſperitez qu'elle oſte de douleurs aux diſgraces.

Ce n'eſt pas eſtre peu amy que de témoigner de l'affection, non ſeulement quand elle ne peut eſtre reconnuë; mais encore quand elle peut eſtre punie.

Il eſt vtile, dit Ariſtote, de faire prouiſion d'vn amy qui nous découure à nous-meſme.

Diogene ne rencontra pas mal, quand il dit que pour faire vn honneſte homme, il falloit de deux choſes l'vne, ou qu'il euſt de tres-bons amis, ou qu'il euſt de tres-aſpres aduerſaires.

L'amitié dit-on a trois marques, & ces marques ne ſont autre choſe que les careſſes, que la confidence, & que la communauté.

Alexandre eſtoit tendre à l'amitié, ce Prince qui vit vn jour dans vne place la ſtatuë d'vn nommé Theodectes, fut bien aiſe de voir en cette marque d'honneur les recompenſes de la vertu de ſon amy, & comme il auoit eſtudié ſous Ariſtote auec Theodectes, il ne ſe contenta pas de ſe promener ſouuent à l'entour de ſa ſtatuë, il ietta deſſus quantité de couronnes de fleurs.

L'Hiſtoire des Indes rapporte qu'vn Prince deuint ſi paſſionné d'vn de ſa Cour, que cet amy venant à mourir, il voulut à toute force qu'on l'enterraſt tout vif dans ſa ſepulture, & il eſt à croire, dit la meſme Hiſtoire, qu'il eût executé ſon deſſein ſi ayant imprimé tres-fortement l'image du mort en son imagination, il n'eût creu qu'il estoit ressuscité.

Passer la vie auec vn veritable amy, c'est la passer auec vne personne dont les discours adoucissent les peines, dont la prudence demesle les affaires, dont le courage dissipe les apprehensions, & dont la presence engendre la joye.

Les Peintres ont representé l'amitié sous la fleur de la jeunesse, cela nous apprend que la vraye amitié ne vieillit point, ils luy ont mis sur la teste vne couronne de myrthe, cela nous apprend que la vraye amitié ne perd point sa vigueur, ils luy ont mis sous le bras droit vn chien, cela nous apprend que la vraye amitié est fidelle, ils luy ont mis à la main gauche vn bouquet de lys & de roses, cela nous apprend que la vraye amitié vit dans la suauité, dans la douceur, ils luy ont mis vne teste de mort sous les pieds, cela nous apprend que la vraye amitié subsiste apres la sepulture, ils luy ont donné vn cube, cela nous apprend que la vraye amitié est inesbranslable, & ils luy ont donné enfin vne viole montée, cela nous apprend que la vraye amitié est pacifique.

Il n'y a rien de plus considerable dans la vie que l'amitié, aux jeunes elle sert de frein, aux vieillards elle sert de soulagement, aux puissans elle sert de maintien, & aux pauures elle sert de secours.

L'Histoire parle-t'elle d'vne amitié plus constante que celle qui estoit entre Damon & Pithias, vn de ces deux amis qui auoit esté condamné à la mort par Denis, demanda quelques jours pour donner ordre aux affaires de ſa maiſon, & ſur le refus que luy fit le tyran, l'autre qui obtint ce delay, ſe mit en ſa place. Quelque temps ſe paſſa ſans qu'on eust des nouuelles de celuy qui eſtoit en liberté; mais comme l'on eſtoit ſur le point d'executer la caution, le cautionné reuint, Denis qui fut eſtonné de cette fidelité, loüa extraordinairement celuy qui eſtoit de retour, & tant s'en faut qu'il penſaſt à le faire mourir, qu'il le pria de le receuoir au nombre de ſes amis.

L'amitié vnifie les hommes, d'vn Alexandre elle en fit vn Epheſtion, & d'vn Dauid elle en fit vn Ionathas.

On demanda vn jour à vn Philoſophe ce que c'eſtoit que l'amitié, il répondit que ce n'eſtoit autre choſe que ce qui ne reconnoiſſoit pour bornes que les choſes impoſſibles.

Vn des plus beaux eſprits de noſtre temps a eu raiſon de dire qu'il n'eſtoit pas des veritables amitiez comme de ces plantes delicates, qui ont ſouuent beſoin des ſoins du jardinier, les choſes ſolides ſe maintiennent par leur propre fermeté, & quelque negligence qu'on ait pour elles, elles ſont touſiours ce qu'elles doiuent eſtre.

Vn Prince aima ſi tendrement Metrodore, que la mauuaiſe fortune auoit fait ſon eſclaue, qu'il ne pût ſe reſoudre à luy donner la liberté, Metrodore qui aimoit reciproquement ce Prince ſe tua, & ſur ce qu'auant de paſſer le pas, quelques-vns de ſes familiers luy demanderent pourquoy il vouloit ſe tuër, il répondit qu'en l'estat où il estoit, il n'estoit maistre que de sa vie, & que comme il auoit desia vescu quelques années l'esclaue de son Patron, il vouloit mourir librement l'amy de son amy.

Ie ne trouue pas contre vn Ancien, qu'il y ait difference entre l'amour & l'amitié, comme il y en a entre la chaleur de la fiévre, & la chaleur de la nature, il n'est pas moins naturel à l'homme d'aimer le corps que l'esprit, les choses agreables que les choses solides.

Qu'Alexandre dit vn beau mot, quand il dit qu'Antipater connoissoit mal les tendresses de la nature, qu'il ne sçauoit pas que les larmes d'vne mere estoient capables d'effacer tous les rapports d'vn confident.

Argesilaus estoit reprehensible en son amitié, il seruoit ses amis à tort, & à droit, on dit qu'il estoit aimé de tous ceux qui le connoissoient, & que comme il auoit gagné ce qui deuoit estre commun, c'est à dire le cœur des citoyens, les Ephores le condamnerent à l'amande.

FIN.

# PRIVILEGE DV ROY.

LOVIS par la grace de Dieu Roy de France & de Nauarre ; A nos Amez & Feaux Conseillers, les Gens tenans nos Cours de Parlement, Maistres des Requestes de nostre Hostel, Baillifs, Seneschaux, Preuosts, leurs Lieutenans, & tous autres nos Iusticiers & Officiers qu'il appartiendra, Salut. L'inclination qu'a le Sieur RENE' BARY nostre Conseiller & Historiographe ordinaire, de montrer son application dans les sciences, par les diuerses compositions qu'il fait ; & d'estre vtile au public, par l'exposition des Ouurages qu'il acheue de temps en temps, nous ayant donné sujet de croire que *les parties de toute la Philosophie* qu'il desire mettre au jour sont d'vn merite considerable, & qu'elles ne seront pas moins bien receuës des personnes de l'vn & de l'autre Sexe qui s'occupent à l'estude, que les autres Liures qu'il a cy-deuant fait imprimer : NOVS POVR CES CAVSES, luy auons permis & permettons par ces presentes de faire imprimer, vendre & debiter en tous les lieux de nostre obeïssance, par tel Imprimeur, Libraire ou autre qu'il voudra choisir, l'Ouurage intitulé *La fine Philosophie accommodée à l'intelligence des Dames*, en tels volumes, tels marges, tels caracteres, & autant de fois que bon luy semblera, durant dix années, à compter du jour que chaque volume sera acheué d'imprimer pour la premiere fois : Faisons deffences tres-expresses à toutes sortes de personnes de quelque qualité & condition qu'elles soient, d'imprimer, vendre ny debiter en aucun lieu de nostre obeïssance, ledit Ouurage, sans le consentement dudit Sieur BARY, ou de ceux qui auront droit de luy, sous pretexte d'augmentation, de correction, de changement de titres, de fausse marge ou autrement, & en quelque sorte & maniere que ce soit, à peine de trois mil liures d'amende, payable sans déport par chacun des contreuenans, applicable vn tiers à Nous, vn tiers à l'Hostel Dieu de Paris, & l'autre tiers audit Sieur BARY, ou à la personne dont il se sera seruy; de confiscation des exemplaires contrefaits, & de tous dépens, dommages & interests, à condition qu'il sera mis deux exemplaires de chaque volume en nostre Bibliotheque publique, & vn en celle de nostre tres-cher & Feal Cheualier, Chancelier de France, le Sieur Seguier, auant que de les exposer en vente, à peine de nullité des presentes. Voulons que de leur contenu vous fassiez ioüir plainement & paisiblement l'Exposant, comme aussi ceux qui auront son droit, sans souffrir qu'ils y reçoiuent aucun empeschement, qu'en mettant au commencement ou à la fin de chaque volume, vn Extraict des presentes, elles soient tenuës pour deuëment signifiées, & que foy y soit adjoustée, & aux coppies collationnées par vn de nos Amez & Feaux Conseillers & Secretaires, comme à l'Original: Commandons au premier nostre Huissier ou Sergent sur ce requis, de faire pour l'execution des presentes, tous Exploits necessaires, sans demander autre permission: Car tel est nostre plaisir: Nonobstant clameur de Haro, Chartre Normande, & autres Lettres à ce contraires. Donné à Paris le 26. jour de Nouembre l'an de grace 1659. Et de nostre regne le 17. Signé, Par le Roy en son Conseil, THONIER.

Et ledit Sieur BARY a cedé & transporté son droit de Priuilege *pour la Logique & la Morale*, à la vefve Geruais Alliot, pour en joüir selon l'accord fait entr'eux.

*Registré sur le Liure de la Communauté.*

Les Exemplaires ont esté fournis.

Ladite Morale a esté acheuée d'imprimer pour la premiere fois, le huictiesme jour de Iuillet mil six cens soixante trois.

## *Correction des fautes qui sont suruenuës en l'Impression.*

COmme ma coppie estoit fort broüillée, il ne faut pas s'estonner si en quelques endroits l'on a mesme pris pour de bonnes periodes des periodes rayées, toute la grace que ie demande icy, c'est qu'auant de me censurer, l'on jette les yeux sur mon errata.

Page premiere lisez entant, p. 5. l. entant, p. 15. l. en son estre, p. 18. l. de bien ou de mal, dans la mesme p. l. dans l'imagination, p. 29. l. specifioit, p. 34 l. sous vn autre toict. p. 49. l. qu'on ait p. 51. l. contentement. p. 58. l. les plaisirs sensuels sont fuyards, P. 69. l. que cette beauté soit, p. 98. l. qui soient obligez d'estre plus, dans la mesme p. l. & ils les éteignent, dit S. Ambroise, s'ils, p. 99. l. & que comme il auoit appris à assembler les lettres de l'Alphabet, il, p. 101. l. il y a souuent, p. 112. lisez qu'Eunapius surnommé, p. 113. l. quel moyen de ne s'en point, p. 119. l. ce n'estoit pas encore, ce n'estoit pas aussi, p. 136. l. qui détruira sa grossierté, dans la mesme p. l. pourra, p. 191. l. la conscience n'est autre chose aussi, p. 200. l. & que comme l'exemption de la difficulté est vne espece de bien, elle considere la difficulté comme vne espece de mal, p. 205. l. que les animaux, p. 207. l. que les Heros ne sont pas sujets, p. 226. lisez qui est a l'amitié ce que, p. 240. l. édifices publics, p. 250. l. qu'on peut dire. p. 258. l. & que les belles choses representées, p. 262. l. dans l'ame d'vn fils, p. 263. l. les Ministres de sa haine, p. 273 l. d'ornement, l. est vn acheminement, 273. l. quand il disoit qu'il, p. 274. l. *leurs diuerses qualitez, passions*. p. 228. l. si le plaisir a eu ses victimes, p. 319. l. sont au vertueux, l. encore sont au pilote, l. aussi qu'il eust mieux aimé qu'elle l'eust nourry, p. 331. l. n'est pas si poignante, p. 342. l. Cesar confirme, p. 343. l. & que c'est en cela qu'elle differe du plaisir, p. 377. l. & violant les loix de la guerre, fit, p. 381. l. que la brauoure, p. 402. l. trouble, p. 416. l. il obserua quelques iours, p. 458. l. dont l'on croit estre exemp, p. 476. ne l. point les pyrates, cet article estoit rayé, p. 479. ne l. point ce n'est pas sans raison qu'on dit que l'enuie n'en veut, &c. cet article estoit rayé, p. 481. l. n'ont point d'ombre, p. 533. l. veu, p. 536. l. est le milieu des actions humaines, 540. l. indecent à toutes, p. 543. l. ce n'est pas assez, p. 548. l Clement Alexandrin semble canoniser le premier, & S. Hierosme semble sanctifier l'autre, 551. l. puisque Saint Augustin a dit p. 553. l. l'or corrobore le cœur, il appartient au Soleil, vsez dans la mesme periode du mesme mot d'appartient, p. 554. il ne faut pas imiter, p. 562. l. quelque bon visage que fasse vn homme confirmé dans le vice à ceux ausquels il est obligé, il ne s'y faut point fier, vn homme qui est ingrat enuers Dieu, le peut bien estre enuers les hommes, dans la mesme p. l. le corps humain renferme, 570. l. de suite apres le mot d'exercices, le mot d'artisant, p. 591. l. hé mon amy, p. 600. l. ordonna, p. 646. l. est preferable, p. 651. l. vn grand Pere de l'Eglise, p. 661. l. les rosées, p. 68.. l. souris imprudent, p. 691. l. qui l'auoient faite, p 694. traitoit cruellement, dans la mesme p. l. les pere & mere, p. 700. ne l. que colique passion, ne l point enflure, p. 716. l. que les peuples attribuent, p. 762. l. sur ce qu'il consideroit les hommes comme des animaux, ne l. point de dire que les hommes sont des animaux, p. 764. l. les affronts qu'il auoit essuyez, de pardonner à ceux mesme qui, &c. p. 767. l. & enfin plus lasse que saoulle, &c. p. 769. ne l. point qui estoit Gouuerneur de cette contrée, p. 770, l. gagner les enfans, p. 784. l. precieuses, p. 794. l. Patrices.

www.ingramcontent.com/pod-product-compliance
Lightning Source LLC
Chambersburg PA
CBHW060535280326
41932CB00011B/1294

*9782012824904*